Gustav Karpeles (Hg.)

Heinrich Heines Autobiographie
Nach seinen Werken, Briefen und Gesprächen

Karpeles, Gustav (Hg.): Heinrich Heines Autobiographie. Nach seinen
Werken, Briefen und Gesprächen
Hamburg, SEVERUS Verlag 2015

ISBN: 978-3-86347-977-0
Druck: SEVERUS Verlag, Hamburg, 2015
Nachdruck der Originalausgabe von 1888

Der SEVERUS Verlag ist ein Imprint der Diplomica Verlag GmbH.

Bibliografische Information der Deutschen Nationalbibliothek:
Die Deutsche Nationalbibliothek verzeichnet diese Publikation in der
Deutschen Nationalbibliografie; detaillierte bibliografische Daten sind im
Internet über http://dnb.d-nb.de abrufbar.

© SEVERUS Verlag
http://www.severus-verlag.de, Hamburg 2015
Printed in Germany
Alle Rechte vorbehalten.

Der SEVERUS Verlag übernimmt keine juristische Verantwortung oder
irgendeine Haftung für evtl. fehlerhafte Angaben und deren Folgen.

Heinrich Heine's Autobiographie.

Nach seinen Werken, Briefen und Gesprächen.

Herausgegeben

von

Gustav Karpeles.

Vorwort.

Ich übergebe hier der deutschen Lesewelt ein Buch, welches für die Kenntniß, das Verständniß und die Würdigung Heinrich Heine's von entscheidender Bedeutung werden dürfte. Da nun einmal alle Hoffnung auf die vielberufenen Memoiren Heine's geschwunden, da es so gut wie feststeht, daß ein derartiges Werk nicht existirt, so dürften diese Geständnisse des Dichters wohl mit Fug und Recht als seine Memoiren gelten, die uns Kunde geben von seinem Leben und Lieben, von seinem Freundesgefühl und seinen Antipathien, von seinem Wollen und Streben, von seinem Dichten und Schaffen, von seinen Hoffnungen, seinen Träumen und Idealen.

Und zwar die treueste und zuverlässigste Kunde, da der Dichter in diesen Bekenntnissen keineswegs die Subjectivität zur Selbstvergötterung erhebt. Es ist vielmehr der echte und wahre Heine, der uns hier mit voller Offenheit die Historie seines Lebens erzählt.

Ich selbst habe nichts hinzugefügt und nichts hinweggenommen. Wo es nöthig war, ein verbindendes Wort einzuschalten, habe ich dies durch Klammern hervorgehoben, wo der Zusammenhang eine Auslassung erforderte, habe ich diese durch mehrere Punkte erkennbar angedeutet.

Drei große Perioden sind in dem Verhältniß des deutschen Volkes zu Heine seit dessen Tode scharf zu unterscheiden: Die Periode gänzlicher Vernachlässigung, die mit dem Hinscheiden des Dichters beginnt, die Periode eifriger Befehdung, die dieser naturgemäß folgen mußte, und endlich die Periode warmer Anerkennung, die nun gekommen ist. Für diese Rennaissanceperiode möchte das vorliegende Buch als ein treuer und zuverlässiger Führer sich empfehlen.

In einer wunderbaren Naturscenerie, die manche Analogien zu dem Leben des Dichters bietet, schreibe ich diese Begleitzeilen zu der Geschichte seines Erdenwallens. Da mein Auge über das Papier hinausschweift, blickt es über das weithin aufrauschende, im Abendsonnengold erstrahlende Meer in die blaue Ferne, über das Meer, das der Dichter geliebt wie seine Seele, und mit dem er sich selbst in Sturm wie in der Ruhe so gern verglichen hat. Vor der Thür des Albergo erzählt ein altes sorrentinisches Mütterchen ihren athemlos lauschenden Enkelkindern lange und merkwürdige Geschichten, in denen Sturm und Sonnenschein gar oft abwechseln, und die der seltsam zusammengewürfelten Zuhörerschaft Lachen und Thränen zugleich oder unmittelbar hintereinander entlocken. Die Alte erzählt eben mit Humor und Phantasie, ja vielleicht sogar auch mit Weltschmerz das Märchen ihres Lebens — und dem Dichter wolltest Du solches verwehren?

Sorrent, den 20. März 1888.

G. K.

Inhaltsverzeichniß.

Seite

Erstes Buch. Kindheit und Jugend. (1799—1819.)

Erstes Capitel. Die Kindertage 5
Zweites Capitel. Im Lyceum 13
Drittes Capitel. Die Mutter 21
Viertes Capitel. Sippen und Magen 26
Fünftes Capitel. Die blasse Josepha 57
Sechstes Capitel. Erste Lectüre 68
Siebentes Capitel. In Frankfurt a. M. 72
Achtes Capitel. Hamburg 76
Neuntes Capitel. Amalie Heine 81
Zehntes Capitel. Die erste Seereise 90

Zweites Buch. Studentenjahre. (1819—1825.)

Erstes Capitel. Bonn 95
Zweites Capitel. Die kleine Veronika 104
Drittes Capitel. Göttingen 114
Viertes Capitel. In Berlin 125
Fünftes Capitel. Die Tragödien und das lyrische Intermezzo . 148
Sechstes Capitel. In Lüneburg 154
Siebentes Capitel. Die Heimkehr 156
Achtes Capitel. Abschluß der Universitätsjahre 163

Drittes Buch. Wanderjahre. (1825—1831.)

Erstes Capitel. Das Meer 179
Zweites Capitel. Die Reisebilder 186
Drittes Capitel. Norderney 196
Viertes Capitel. Neue Kämpfe 202
Fünftes Capitel. London 208
Sechstes Capitel. Das Buch der Lieder 220
Siebentes Capitel. Herbstreisen 225
Achtes Capitel. Die Politischen Annalen 232
Neuntes Capitel. Die italienische Reise 238
Zehntes Capitel. Ein Sommer in Potsdam 245
Elftes Capitel. Graf Platen 248
Zwölftes Capitel. Hamburger Leben 254
Dreizehntes Capitel. Die Juli=Revolution 261

Viertes Buch. **Im Exil.** (1831—1848.)

Seite

Erstes Capitel. Erste Eindrücke von Paris	273
Zweites Capitel. Die Cholera	286
Drittes Capitel. Französische Zustände	292
Viertes Capitel. Der Saint-Simonismus	299
Fünftes Capitel. Der Salon	302
Sechstes Capitel. Die französische Uebersetzung der Reisebilder	307
Siebentes Capitel. Ueber Deutschland	311
Achtes Capitel. In der Fremde	314
Neuntes Capitel. Mathilde Heine	322
Zehntes Capitel. Das junge Deutschland	327
Elftes Capitel. Schriftstellernöthen	344
Zwölftes Capitel. Theaterbriefe	364
Dreizehntes Capitel. Literarische Projecte	380
Vierzehntes Capitel. Freunde und Feinde	387
Fünfzehntes Capitel. Ludwig Börne	400
Sechzehntes Capitel. Oeffentliches Leben	426
Siebzehntes Capitel. Duell und Heirath	432
Achtzehntes Capitel. Atta Troll	439
Neunzehntes Capitel. Reise in die Heimath	450
Zwanzigstes Capitel. Der Erbschaftsstreit	474

Fünftes Buch. **Die Matratzengruft.** (1848—1856.)

Erstes Capitel. Die Krankheit	501
Zweites Capitel. Der „Romanzero"	522
Drittes Capitel. Das Testament	530
Viertes Capitel. Die Geständnisse	537
Fünftes Capitel. Lutetia	554
Sechstes Capitel. Von der Matratzengruft	560
Siebentes Capitel. Letzte Lebensjahre	566
Noten	572

Erstes Buch.

Kindheit und Jugend.

(1799—1819.)

Ich habe in der That, theure Dame, die Denkwürdigkeiten meiner Zeit, insofern meine eigene Person damit als Zuschauer oder als Opfer in Berührung kam, so wahrhaft und getreu als möglich aufzuzeichnen gesucht.

Diese Aufzeichnungen, denen ich selbstgefällig den Titel „Memoiren" verlieh, habe ich jedoch schier zur Hälfte wieder vernichten müssen, theils aus leidigen Familien-Rücksichten, theils auch wegen religiöser Skrupeln.

Ich habe mich seitdem bemüht, die entstandenen Lakunen nothdürftig zu füllen, doch ich fürchte, posthume Pflichten oder ein selbstquälerischer Ueberdruß zwingen mich, meine Memoiren vor meinem Tode einem neuen Autodafé zu überliefern und was alsdann die Flammen verschonen, wird vielleicht niemals das Tageslicht der Oeffentlichkeit erblicken...

Nach diesen Bekenntnissen, theure Dame, werden Sie leicht zur Einsicht gelangen, daß ich Ihnen nicht, wie Sie wünschen, die Lectüre meiner Memoiren und Briefschaften gewähren kann.

Jedoch, ein Höfling Ihrer Liebenswürdigkeit, wie ich es immer war, kann ich Ihnen kein Begehr unbedingt verweigern und, um meinen guten Willen zu bekunden, will ich in anderer Weise die holde Neugier stillen, die aus einer liebenden Theilnahme an meinen Schicksalen hervorgeht.

Ich habe die folgenden Blätter in dieser Absicht niedergeschrieben, und die biographischen Notizen, die für Sie ein Interesse haben, finden Sie hier in reichlicher Fülle. Alles Bedeutsame und Charakteristische ist hier treuherzig mitgetheilt, und die Wechselwirkung äußerer Begebenheiten und innerer Seelenereignisse offenbart Ihnen die Signatura meines Seins und Wesens.

Die Hülle fällt ab von der Seele, und Du kannst sie betrachten in ihrer schönen Nacktheit. Da sind keine Flecken, nur Wunden. Ach! und nur Wunden, welche die Hand der Freunde, nicht die der Feinde geschlagen hat!

Die Nacht ist stumm. Nur draußen klatscht der Regen auf die Dächer und ächzet wehmüthig der Herbstwind.

Das arme Krankenzimmer ist in diesem Augenblick fast wohllustig heimlich, und ich sitze schmerzlos im großen Sessel. Da tritt dein holdes Bild herein, ohne daß sich die Thürklinke bewegt, und Du lagerst dich auf das Kissen zu meinen Füßen. Lege dein schönes Haupt auf meine Kniee und horche, ohne aufzublicken.

Ich will Dir das Märchen meines Lebens erzählen.

Wenn manchmal dicke Tropfen auf dein Lockenhaupt fallen, so bleibe dennoch ruhig; es ist nicht der Regen, welcher durch das Dach sickert. Weine nicht und drücke mir nur schweigend die Hand.

Erstes Capitel.

Die Kindertage.

Um meine Wiege spielten die letzten Mondlichter des acht=
zehnten und das erste Morgenroth des neunzehnten Jahrhunderts.

Die Mutter erzählt, sie habe während ihrer Schwangerschaft
im fremden Garten einen Apfel hängen sehen, ihn aber nicht
abbrechen wollen, damit ihr Kind kein Dieb werde. Mein Leben
hindurch behielt ich ein geheimes Gelüste nach schönen Aepfeln,
aber verbunden mit Respect vor fremdem Eigenthum und Abscheu
vor Diebstahl . . . .

Was das Datum meiner Geburt betrifft, so bemerke ich,
daß ich laut meinem Taufschein am 13. Dezember 1799 geboren
bin, und zwar zu Düsseldorf am Rhein.[1])

Da alle unsere Familien=Papiere durch die Feuersbrunst in
Hamburg zu Grunde gegangen und in den Düsseldorfer Archiven
das Datum meiner Geburt nicht richtig angegeben sein kann aus
Gründen, die ich nicht sagen will, so ist Obiges allein authentisch,
jedenfalls authentischer als die Erinnerungen meiner Mutter,
deren alterndes Gedächtniß keine verloren gegangenen Papiere
ersetzen kann . . . .

Ort und Zeit sind auch wichtige Momente: ich bin geboren
zu Ende des skeptischen achtzehnten Jahrhunderts und in einer
Stadt, wo zur Zeit meiner Kindheit nicht blos die Franzosen,
sondern auch der französische Geist herrschte: Zu Düsseldorf am
Rheine . . . .

Ja, Madame, dort bin ich geboren und ich bemerke dieses
ausdrücklich für den Fall, daß etwa nach meinem Tode sieben
Städte — Schilda, Krähwinkel, Polkwitz, Bochum, Dülken,
Göttingen und Schöppenstedt — sich um die Ehre streiten, meine

Vaterstadt zu sein. Düsseldorf ist eine Stadt am Rhein, es leben da 16000 Menschen und viele hunderttausend Menschen liegen noch außerdem da begraben. Und darunter sind manche, von denen meine Mutter sagt, es wäre besser, sie lebten noch, z. B. mein Großvater und mein Oheim, der alte Herr von Geldern und der junge Herr von Geldern, die beide so berühmte Doctoren waren und so viele Menschen vom Tode kurirt, und doch selber sterben mußten.²) Und die fromme Ursula, die mich als Kind auf den Armen getragen, liegt auch dort begraben. Und es wächst ein Rosenstrauch auf ihrem Grab — Rosenduft liebte sie so sehr im Leben, und ihr Herz war lauter Rosenduft und Güte . . . .

* *
*

   Das war in jener Kinderzeit,
   Als ich noch trug ein Flügelkleid
   Und in die Kinderschule ging,
   Wo ich das A B C anfing —
   Ich war das einz'ge kleine Bübchen
   In jenem Vogelkäfigstübchen,
   Ein Dutzend Mädchen, allerliebst
   Wie Vöglein, haben dort gepiepst,
   Gezwitschert und getirilirt,
   Auch ganz erbärmlich buchstabirt.
   Frau Hindermans im Lehnstuhl saß,³)
   Die Brille auf der langen Nas',
   (Ein Eulenschnabel war's vielmehr)
   Das Köpflein wackelnd hin und her,
   Und in der Hand die Birkenruth',
   Womit sie schlug die kleine Brut,
   Das weinend kleine arme Ding,
   Das harmlos einen Fehl beging. — —
   Es wurde von der alten Frau
   Geschlagen, bis es braun und blau. —
   Mißhandelt und beschimpft zu werden,
   Das ist des Schönen Loos auf Erden.

* *
*

  Auch der alte kluge Kanonikus liegt dort begraben. Gott, wie elend sah er aus, als ich ihn zuletzt sah! Er bestand nur noch aus Geist und Pflastern, und studirte dennoch Tag und Nacht, als wenn er besorgte, die Würmer möchten einige Ideen zu wenig in seinem Kopfe finden. Auch der kleine Wilhelm liegt dort, und daran bin ich schuld. Wir waren Schulkameraden im Franziskanerkloster und spielten auf jener Seite desselben, wo zwischen steinernen Mauern die Düssel fließt, und

ich sagte: „Wilhelm, hol' doch das Kätzchen, das eben hineinge=
fallen" — und lustig stieg er hinab auf das Brett, das über
dem Bach lag, riß das Kätzchen aus dem Wasser, fiel aber selbst
hinein, und als man ihn herauszog, war er naß und todt. Das
Kätzchen hat noch lange Zeit gelebt.⁴) . . . .

> Dem Einen die Perle, dem andern die Truhe,
> O, Wilhelm Wisetzki, du starbest so frühe —
> Doch die Katze, die Katz' ist gerettet.
>
> Der Balken brach, worauf er gekommen,
> Da ist er im Wasser umgekommen —
> Doch die Katze, die Katz' ist gerettet.
>
> Wir folgten der Leiche, dem lieblichen Knaben,
> Sie haben ihn unter Maiblumen begraben —
> Doch die Katze, die Katz' ist gerettet.
>
> Bist klug gewesen, du bist entronnen
> Den Stürmen, hast früh ein Obdach gewonnen —
> Doch die Katze, die Katz' ist gerettet.
>
> Bist früh entronnen, bist klug gewesen,
> Noch eh' du erkranktest, bist du genesen —
> Doch die Katze, die Katz' ist gerettet.
>
> Seit langen Jahren, wie oft, o Kleiner,
> Mit Neid und Wehmuth gedenk' ich deiner —
> Doch die Katze, die Katz' ist gerettet.

* * *

Die Stadt Düsseldorf ist sehr schön und, wenn man in der
Ferne an sie denkt und zufällig dort geboren ist, wird einem
wunderlich zu Muthe. Ich bin dort geboren und es ist mir,
als müßte ich gleich nach Hause gehn. Und wenn ich sage,
nach Hause gehn, so meine ich die Bolkerstraße und das Haus,
worin ich geboren bin.⁵) Dieses Haus wird einst sehr merk=
würdig sein, und der alten Frau, die es besitzt, habe ich sagen
lassen, daß sie bei Leibe das Haus nicht verkaufen solle. Für
das ganze Haus bekäme sie doch jetzt kaum soviel, wie schon
allein das Trinkgeld betragen wird, das einst die grünver=
schleierten, vornehmen Engländerinnen dem Dienstmädchen geben,
wenn es ihnen die Stube zeigt, worin ich das Licht der Welt
erblickt, und den Hühnerwinkel, worin mich Vater gewöhn=
lich einsperrte, wenn ich Trauben genascht, und auch die braune
Thür, worauf Mutter mich die Buchstaben mit Kreide schreiben
lehrte — ach Gott! Madame, wenn ich ein berühmter Schrift=

steller werde, so hat das meiner armen Mutter genug Mühe gekostet! . . .

* * *

   Mein Kind, wir waren Kinder,
   Zwei Kinder, klein und froh;
   Wir krochen ins Hühnerhäuschen,
   Versteckten uns unter das Stroh.

   Wir krähten wie die Hähne,
   Und kamen Leute vorbei —
   „Kikereküh!" Sie glaubten
   Es wäre Hahnengeschrei.

   Die Kisten auf unserem Hofe,
   Die tapezierten wir aus,
   Und wohnten drin beisammen
   Und machten ein vornehmes Haus.

   Des Nachbarn alte Katze
   Kam öfters zum Besuch;
   Wir machten ihr Bückling' und Knixe
   Und Komplimente genug.

   Wir haben nach ihrem Befinden
   Besorglich und freundlich gefragt;
   Wir haben seitdem dasselbe
   Mancher alten Katze gesagt.

   Wir saßen auch oft und sprachen
   Vernünftig, wie alte Leut',
   Und klagten, wie alles besser
   Gewesen zu unserer Zeit;

   Wie Lieb und Treu und Glaube
   Verschwunden aus der Welt,
   Und wie so theuer der Kaffee
   Und wie so rar das Geld! — — —

   Vorbei sind die Kinderspiele,
   Und alles rollt vorbei, —
   Das Geld und die Welt und die Zeiten,
   Und Glauben und Lieb' und Treu'.

* * *

Aber mein Ruhm schläft jetzt noch in den Marmorbrüchen von Carrara. Der Makulatur=Lorbeer, womit man meine Stirne schmückt, hat seinen Duft noch nicht durch die ganze Welt verbreitet, und wenn jetzt die grünverschleierten, vornehmen Engländerinnen nach Düsseldorf kommen, so lassen sie das berühmte Haus noch unbesichtigt und gehn direkt nach dem Marktplatze und betrachten die dort in der Mitte stehende schwarze, kolossale

Reiterstatue. Diese soll den Kurfürsten Jan Wilhelm[6]) vorstellen. Er trägt einen schwarzen Harnisch, eine tiefherabhängende Allongeperrücke. — Als Knabe hörte ich die Sage, der Künstler, der diese Statue gegossen, habe während des Gießens mit Schrecken bemerkt, daß sein Metall nicht dazu ausreiche, und da wären die Bürger der Stadt herbeigelaufen und hätten ihm ihre silbernen Löffel gebracht, um den Guß zu vollenden — und nun stand ich stundenlang vor dem Reiterbilde und zerbrach mir den Kopf, wie viel silberne Löffel wohl darin stecken mögen, und wie viel Apfeltörtchen man wohl für all' das Silber bekommen könnte? Apfeltörtchen waren damals nämlich meine Passion — jetzt ist es Liebe, Wahrheit, Freiheit und Krebssuppe — und eben, unweit des Kurfürstenbildes, an der Theaterecke, stand gewöhnlich der wunderlich gebackene, säbelbeinige Kerl mit der weißen Schürze und dem umgehängten Korbe voll lieblich dampfender Apfeltörtchen, die er mit einer unwiderstehlichen Diskantstimme anzupreisen wußte: „Die Apfeltörtchen sind ganz frisch, eben aus dem Ofen, riechen so delicat!" —

Wahrlich, wenn in meinen späteren Jahren der Versucher mir beikommen wollte, sprach er immer mit solcher lockender Diskantstimme, und bei Signora Giulietta wäre ich keine volle zwölf Stunden geblieben, wenn sie nicht den süßen, duftenden Apfeltörtchenton angeschlagen hätte. Und wahrlich, nie würden Apfeltörtchen mich so sehr gereizt haben, hätte der krumme Hermann sie nicht so geheimnißvoll mit seiner weißen Schürze bedeckt — und die Schürzen sind es, welche — doch sie bringen mich aus dem Context, ich sprach ja von der Reiterstatue, die so viel silberne Löffel im Leibe hat und keine Suppe, und den Kurfürsten Jan Wilhelm darstellt.

Er soll ein braver Mann gewesen sein und sehr kunstliebend und selbst sehr geschickt . . . .

Damals waren die Fürsten noch keine geplagte Leute, wie jetzt, und die Krone war ihnen am Kopfe festgewachsen, und des Nachts zogen sie noch eine Schlafmütze darüber und schliefen ruhig, und ruhig zu ihren Füßen schliefen die Völker, und wenn diese des Morgens erwachten, so sagten sie: „Guten Morgen, Vater!" und jene antworteten: „Guten Morgen, liebe Kinder!"

Aber es wurde plötzlich anders. Als wir eines Morgens

zu Düsseldorf erwachten und „Guten Morgen, Vater!" sagen wollten, da war der Vater abgereist und in der ganzen Stadt war nichts als stumpfe Beklemmung. Es war überall eine Art Begräbnißstimmung, und die Leute schlichen schweigend nach dem Markte, und lasen den langen papiernen Anschlag auf der Thür des Rathhauses. Es war ein trübes Wetter, und der dünne Schneider Kilian stand dennoch in seiner Nankingjacke, die er sonst nur im Hause trug, und die blauwollenen Strümpfe hingen ihm herab, daß die nackten Beinchen betrübt hervorguckten und seine schmalen Lippen bebten, während er das angeschlagene Plakat vor sich hinmurmelte. Ein alter pfälzischer Invalide las etwas lauter, und bei manchem Worte träufelte ihm eine klare Thräne in den weißen, ehrlichen Schnauzbart. Ich stand neben ihm und weinte mit und frug ihn, warum wir weinten. Und da antwortete er: „Der Kurfürst läßt sich bedanken." Und dann las er wieder und bei den Worten: „für die bewährte Unterthanstreue" „und entbinden Euch eurer Pflichten," da weinte er noch stärker. — Es ist wunderlich anzusehen, wenn so ein alter Mann mit verblichener Uniform und vernarbtem Soldatengesicht plötzlich so stark weint. Während wir lasen, wurde auch das kurfürstliche Wappen vom Rathhause heruntergenommen, alles gestaltete sich so beängstigend öde, es war, als ob man eine Sonnenfinsterniß erwarte, die Herren Rathsherren gingen so abgedankt und langsam umher, sogar der allgewaltige Gassenvogt sah aus, als wenn er nichts mehr zu befehlen hätte und stand da so friedlich-gleichgültig, obwohl der tolle Aloysius sich wieder auf ein Bein stellte und mit närrischer Grimasse die Namen der französischen Generale herschnatterte, während der besoffene krumme Gumpertz sich in der Gosse herumwälzte und ‚ça ira, ça ira'! sang.

Ich aber ging nach Hause und weinte und klagte: „Der Kurfürst läßt sich bedanken." Meine Mutter hatte ihre liebe Noth, ich wußte, was ich wußte, ich ließ mir nichts ausreden, ich ging weinend zu Bette und in der Nacht träumte mir, die Welt habe ein Ende — die schönen Blumengärten und grünen Wiesen wurden wie Teppiche vom Boden aufgenommen und zusammengerollt, der Gassenvogt stieg auf eine hohe Leiter und nahm die Sonne vom Himmel herab, der Schneider Kilian stand dabei und sprach zu sich selber: „Ich muß nach Hause gehen und mich hübsch anziehen, denn ich bin todt und soll noch heute begraben werden" — und es wurde immer dunkler, spärlich schimmerten oben einige Sterne, und auch diese fielen herab wie gelbe Blätter im Herbste, allmählich verschwanden die Menschen, ich armes Kind irrte ängstlich umher, stand endlich vor der Weidenhecke eines wüsten Bauernhofes und sah dort einen Mann, der mit dem Spaten die Erde aufwühlte und neben ihm ein häßlich hämisches Weib, das etwas wie einen abgeschnittenen Menschenkopf in der Schürze hielt, und das war der Mond, und sie legte ihn ängstlich sorgsam in die offene Grube — und hinter mir stand der pfälzische Invalide und schluchzte und buchstabirte: „Der Kurfürst läßt sich bedanken."

Als ich erwachte, schien die Sonne wieder wie gewöhnlich durch das Fenster, auf der Straße ging die Trommel, und als ich in unsere Wohnstube trat und meinem Vater, der im weißen Pudermantel saß, einen guten Morgen bot, hörte ich, wie der leichtfüßige Friseur ihm während des Frisirens haarklein erzählte, daß heute auf dem Rathhause dem neuen Großherzog Joachim gehuldigt werde, und daß dieser von der besten Familie sei und die Schwester des Kaisers Napoleon zur Frau bekommen, und auch wirklich viel Anstand besitze und sein schönes, schwarzes Haar in Locken trage und nächstens seinen Einzug halten und sicher allen Frauenzimmern gefallen müsse. Unterdessen ging das Getrommel auf der Straße immerfort, und ich trat vor die Hausthür und besah die einmarschirenden französischen Truppen, das freudige Volk des Ruhmes, das singend und klingend die Welt durchzog, die heiter ernsten Grenadiergesichter, die Bärenmützen, die dreifarbigen Kokarden, die blinkenden Bajonette, die Voltigeurs voll Lustigkeit und point d'honneur und den allmächtig großen silbergestickten Tambourmajor, der seinen Stock mit dem vergoldeten Knopf bis an die erste Etage werfen konnte und seine Augen sogar bis zur zweiten Etage, wo ebenfalls schöne Mädchen am Fenster saßen. Ich freute mich, daß wir Einquartirung bekämen — meine Mutter freute sich nicht — und ich eilte nach dem Marktplatz. Da sah es jetzt ganz anders aus, es war als ob die Welt neu angestrichen worden, ein neues Wappen hing am Rathhause, das Eisengeländer an dessen Balkon war mit gestickten Sammetdecken überhängt, französische Grenadiere standen Schildwache, die alten Herren Rathsherren hatten neue Gesichter angezogen und trugen ihre Sonntagsröcke und sahen sich an auf französisch und sprachen bon jour, aus allen Fenstern guckten Damen, neugierige Bürgersleute und blanke Soldaten füllten den Platz, und ich nebst andern Knaben, wir kletterten auf das große Kurfürsten-Pferd und schauten davon herab in das bunte Marktgewimmel. Nachbars Pitter und der lange Kunz hätten bei dieser Gelegenheit beinah den Hals gebrochen und das wäre gut gewesen; denn der eine entlief nachher seinen Eltern, ging unter die Soldaten, desertirte, und wurde in Mainz todtgeschossen, der andere aber machte späterhin geographische Untersuchungen in fremden Taschen, wurde deshalb wirkendes Mitglied einer öffentlichen Spinn-Anstalt, zerriß die eisernen Bande, die ihn an diese und an das Vaterland fesselten, kam glücklich über das Wasser und starb in London durch eine allzuenge Kravatte, die sich von selbst zugezogen, als ihm ein königlicher Beamter das Brett unter den Beinen wegriß. — Der lange Kunz sagte uns, daß heute keine Schule sei, wegen der Huldigung. Wir mußten lange warten, bis diese losgelassen wurde. Endlich füllte sich der Balkon des Rathhauses mit bunten Herren, Fahnen und Trompeten, und der Herr Bürgermeister in seinem berühmten rothen Rock hielt eine Rede, die sich etwas in die Länge zog, wie Gummi elasticum oder wie eine gestrickte Schlafmütze, in die man einen Stein geworfen — nur nicht den Stein der Weisen — und manche Redensarten konnte ich ganz deutlich vernehmen, z. B., daß man uns glücklich machen wolle — und beim letzten Worte wurde die Trompete geblasen und die Fahnen geschwenkt und die Trommel gerührt und Vivat gerufen — und während ich selber Vivat rief, hielt ich mich fest an dem alten Kurfürsten. Und das that Noth, denn mir wurde ordentlich schwindlig, ich glaubte schon, die Leute ständen auf den Köpfen, weil sich die Welt herumgedreht, das Kurfürstenhaupt mit der Allonge-Perücke nickte und flüsterte: „Halt fest an mir!" — Und erst durch das Kanoniren, das jetzt auf dem Walle losging, ernüchterte ich mich und stieg vom Kurfürstenpferd langsam wieder herab.

Als ich nach Hause ging, sah ich wieder, wie der tolle Aloysius auf einem Beine tanzte, während er die Namen der französischen Generäle herschnarrte, und wie sich der krumme Gumpertz besoffen in der Gosse herumwälzte und ça ira, ça ira brüllte — und zu meiner Mutter sagte ich: Man will uns glücklich machen und deßhalb ist heute keine Schule.

Zweites Kapitel.

Im Lyceum.

Den andern Tag war die Welt wieder ganz in Ordnung, und es war wieder Schule nach wie vor, und es wurde wieder auswendig gelernt nach wie vor — die römischen Könige, die Jahreszahlen, die nomina auf im, die verba irregularia, Griechisch, Hebräisch, Geographie, deutsche Sprache, Kopfrechnen — der Kopf schwindelt mir noch davon — Alles mußte auswendig gelernt werden. Und Manches davon kam mir in der Folge zu statten. Denn hätte ich nicht die römischen Könige auswendig gewußt, so wäre es mir ja späterhin ganz gleichgültig gewesen, ob Niebuhr bewiesen oder nicht bewiesen hat, daß sie niemals wirklich existirt haben. Und wußte ich nicht jene Jahreszahlen, wie hätte ich mich späterhin zurecht finden wollen in dem großen Berlin, wo ein Haus dem andern gleicht wie ein Tropfen Wasser oder wie ein Grenadier dem andern, und wo man seine Bekannten nicht zu finden vermag, wenn man ihre Hausnummer nicht im Kopfe hat . . . . . . Wie gesagt, die Jahreszahlen sind durchaus nöthig, ich kenne Menschen, die nichts weiter als ein paar Jahreszahlen im Kopfe hatten und damit in Berlin die rechten Häuser zu finden wußten, und jetzt schon ordentliche Professoren sind. Ich aber hatte in der Schule meine Noth mit den vielen Zahlen! Mit dem eigentlichen Rechnen ging es noch schlechter. Am besten begriff ich das Subtrahiren, und da giebt es eine sehr praktische Hauptregel: „4 von 3 geht nicht, da muß ich 1 borgen" — ich rathe aber jedem, in solchen Fällen immer einige Groschen mehr zu borgen; denn man kann nicht wissen —

Was aber das Lateinische betrifft, so haben Sie gar keine Idee davon, Madame, wie das verwickelt ist. Den Römern würde gewiß nicht Zeit genug übrig geblieben sein, die Welt zu erobern, wenn sie das Latein erst hätten lernen sollen. Diese glücklichen Leute mußten schon in der Wiege, welche Nomina den Accusativ auf im haben. Ich hingegen mußte sie im Schweiße meines Angesichts auswendig lernen; aber es ist doch immer gut, daß ich sie weiß. Denn hätte ich z. B. den 20. Juli 1825,

als ich öffentlich in der Aula zu Göttingen lateinisch disputirte —
Madame, es war der Mühe werth zuzuhören — hätte ich da sinapem
statt sinapim gesagt, so würden es vielleicht die anwesenden
Füchse gemerkt haben, und das wäre für mich eine ewige Schande
gewesen. Vis, buris, sitis, tussis, cucumis, amussis, cannabis,
sinapis — diese Wörter, die so viel Aufsehen in der Welt ge=
macht haben, bewirkten dieses, indem sie sich zu einer bestimmten
Klasse schlugen und dennoch eine Ausnahme blieben; deshalb
achte ich sie sehr und daß ich sie bei der Hand habe, wenn ich
sie etwa plötzlich brauchen sollte, das giebt mir in manchen
trüben Stunden des Lebens viel innere Beruhigung und Trost.
Aber, Madame, die verba irregularia — sie unterscheiden sich
von den verbis regularibus dadurch, daß man bei ihnen noch
mehr Prügel bekömmt — sie sind gar entsetzlich schwer. In
den dumpfen Bogengängen des Franziskanerklosters, unfern der
Schulstube, hing damals ein großer, gekreuzigter Christus von
grauem Holze, ein wüstes Bild, das noch jetzt zuweilen des
Nachts durch meine Träume schreitet und mich traurig ansieht
mit starren, blutigen Augen — vor diesem Bilde stand ich oft
und betete: O, Du armer, ebenfalls gequälter Gott, wenn es
Dir nur irgend möglich ist, so sieh doch zu, daß ich die verba
irregularia im Kopf behalte.

Vom Griechischen will ich gar nicht sprechen; ich ärgere
mich sonst zuviel. Die Mönche im Mittelalter hatten so ganz
Unrecht nicht, wenn sie behaupteten, daß das Griechische eine
Erfindung des Teufels sei. Gott kennt die Leiden, die ich dabei
ausgestanden. Mit dem Hebräischen ging es besser, denn ich
hatte immer eine große Vorliebe für die Juden, obgleich sie bis
auf diese Stunde meinen guten Namen kreuzigen; aber ich
konnte es doch im Hebräischen nicht soweit bringen wie meine
Taschenuhr, die viel intimen Umgang mit Pfänderverleihern hatte
und dadurch manche jüdische Sitte annahm — z. B. des Sonn=
abends ging sie nicht — und die heilige Sprache lernte und sie
auch späterhin grammatisch trieb; wie ich denn oft in schlaflosen
Nächten mit Erstaunen hörte, daß sie beständig vor sich hin=
pickerte: katal, katalta, katalti — kittel, kittalta, kittalti — —
pokat, pokadeti — pikat — pik — pik — —

Indessen von der deutschen Sprache begriff ich viel mehr.
Und die ist doch nicht so gar kinderleicht. Denn wir armen

Deutschen, die wir schon mit Einquartirungen, Militärpflichten,
Kopfsteuern und tausenderlei Abgaben geplagt sind, wir haben uns
noch obendrein den Abelung aufgesackt und quälen aus einander
mit dem Accusativ und Dativ. Viel deutsche Sprache lernte
ich vom alten Rector Schallmeyer, einem braven geistlichen Herrn,
der sich meiner von Kind auf annahm. Aber ich lernte auch
etwas derart vom Professor Schramm, der ein Buch über den
ewigen Frieden geschrieben hat und in dessen Klasse sich meine
Mitbuben am meisten rauften . . . . . .
  Aus den frühesten Anfängen erklären sich die spätesten Er=
scheinungen. In dieser Beziehung kommt mir oft ein Gespräch
in den Sinn, das ich mit meiner Mutter führte, vor etwa
acht Jahren, wo ich die hochbetagte Frau, die schon damals
80jährig, in Hamburg besuchte.[8]) Eine sonderbare Aeußerung ent=
schlüpfte ihr, als wir von den Schulen, worin ich meine Knaben=
zeit zubrachte, und von meinen katholischen Lehrern sprachen,
worunter sich, wie ich jetzt erfuhr, manche ehemalige Mitglieder
des Jesuitenordens befanden. Wir sprachen viel von unserm
alten, lieben Schallmeyer, dem in der französischen Periode die
Leitung des Düsseldorfer Lyceums als Rector anvertraut war,
und der auch für die oberste Klasse Vorlesungen über Philosophie
hielt, worin er unumwunden die freigeistigsten griechischen Systeme
auseinandersetzte, wie grell diese auch gegen die orthodoxen Dogmen
abstachen, als deren Priester er selbst zuweilen in geistlicher
Amtstracht am Altar fungirte. Es ist gewiß bedeutsam, und
vielleicht einst vor den Assisen im Thale Josaphat kann es mir
als circonstance atténuante angerechnet werden, daß ich schon
im Knabenalter den besagten philosophischen Vorlesungen bei=
wohnen durfte. Diese bedenkliche Begünstigung genoß ich vor=
zugsweise, weil der Rector Schallmeyer sich als Freund unserer
Familie ganz besonders für mich interessirte; einer meiner Ohme,
der mit ihm zu Bonn studirt hatte, war dort sein akademischer
Pylades gewesen, und mein Großvater errettete ihn einst aus
einer tödtlichen Krankheit. Der alte Herr besprach sich deshalb
sehr oft mit meiner Mutter über meine Erziehung und künftige
Laufbahn, und in solcher Unterredung war es, wie mir meine
Mutter später in Hamburg erzählte, daß er ihr den Rath er=
theilte, mich dem Dienste der Kirche zu widmen und nach Rom
zu schicken, um in einem dortigen Seminar katholische Theologie

zu studiren; durch die einflußreichen Freunde, die der Rector Schallmeyer unter den Prälaten des höchsten Ranges besaß, versicherte er, im Stande zu sein, mich zu einem bedeutenden Kirchenamte zu fördern. Als mir dieses meine Mutter erzählte, bedauerte sie sehr, daß sie dem Rathe des geistreichen alten Herrn nicht Folge geleistet, der mein Naturell frühzeitig durchschaut hatte und wohl am richtigsten begriff, welches geistige und physische Klima demselben am angemessensten und heilsamsten gewesen sein möchte. Die alte Frau bereute jetzt sehr, einen so vernünftigen Vorschlag abgelehnt zu haben; aber zu jener Zeit träumte sie für mich sehr hochfliegende weltliche Würden, und dann war sie eine Schülerin Rousseau's, eine strenge Deistin, und es war ihr auch außerdem nicht recht, ihren ältesten Sohn in jene Soutane zu stecken, welche sie von deutschen Priestern mit so plumpem Ungeschick tragen sah. Sie wußte nicht, wie ganz anders ein römischer Abbate dieselbe mit einem graziösen Schick trägt und wie kokett er das schwarzseidene Mäntelchen achselt, das die fromme Uniform der Galanterie und Schöngeisterei ist im ewig schönen Rom. . . .

Während ich in einem Zuge fortschrieb und Allerlei dabei dachte, habe ich mich unversehens in die alten Schulgeschichten hineingeschwatzt, und ich ergreife diese Gelegenheit, um Ihnen, Madame, zu zeigen, wie es nicht meine Schuld war, wenn ich von der Geographie so wenig lernte, daß ich mich späterhin nicht in der Welt zurechtzufinden wußte. Damals hatten nämlich die Franzosen alle Grenzen verrückt, alle Tage wurden die Länder neu illuminirt; die sonst blau gewesen, wurden jetzt plötzlich grün, manche wurden sogar blutroth, die bestimmten Lehrbuchseelen wurden so sehr vertauscht und vermischt, daß kein Teufel sie mehr erkennen konnte, die Landesprodukte änderten sich ebenfalls, Cichorien und Runkelrüben wuchsen jetzt, wo sonst nur Hasen und hinterherlaufende Landjunker zu sehen waren, auch die Charaktere der Völker änderten sich, die Deutschen wurden gelenkig, die Franzosen machten keine Komplimente mehr, die Engländer warfen das Geld nicht mehr zum Fenster hinaus und die Venetianer waren nicht schlau genug . . .

Kurz und gut, in solchen Zeiten kann man es in der Geographie nicht weit bringen.

Da hat man es doch besser in der Naturgeschichte, da können

nicht soviel Veränderungen vorgehen, und da giebt es bestimmte Kupferstiche von Affen, Känguruh's, Zebra's, Naßhornen u. s. w. Weil mir solche Bilder im Gedächtnisse blieben, geschah es in der Folge sehr oft, daß mir manche Menschen beim ersten Anblick gleich wie alte Bekannte vorkamen.

Auch in der Mythologie ging es gut. Ich hatte meine liebe Freude an dem Göttergesindel, das so lustig nackt die Welt regierte. Ich glaubte nicht, daß jemals ein Schulknabe im alten Rom die Hauptartikel des alten Katechismus, z. B. die Liebschaften der Venus, besser auswendig gelernt hat, als ich. . . Am allerbesten aber erging es mir in der französischen Klasse des Abbé d'Aulnoi, eines emigrirten Franzosen, der eine Menge Grammatiken geschrieben und eine rothe Perücke trug und gar pfiffig umhersprang, wenn er seine Art poétique und seine Histoire allemande vortrug. — Er war im ganzen Gymnasium der Einzige, welcher deutsche Geschichte lehrte. . .

Er hatte mehrere französische Grammatiken, sowie auch Chrestomatien, worin Auszüge deutscher und französischer Klassiker, zum Uebersetzen für seine verschiedenen Klassen geschrieben; für die obersten veröffentlichte er auch eine „Art oratoire" und eine „Art poëtique", zwei Büchlein, wovon das erstere Beredsamkeits-Recepte aus Quintilian enthielt, angewendet auf Beispiele von Predigten Fléchier's, Massillion's, Bourdaloue's und Bossuet's, welche mich nicht allzusehr langweilten. Aber gar das andere Buch, das die Definitionen von der Poesie: l'art de peindre par les images, den faden Abhub der alten Schule von Batteux, auch die französische Prosodie und überhaupt die ganze Metrik der französischen Poesie enthielt, welch ein schrecklicher Alp. Ich kenne auch jetzt nichts Abgeschmackteres, als das metrische System der französischen Poesie, dieser art de peindre par les images, wie die Franzosen dieselbe definiren, welcher verkehrte Begriff vielleicht dazu beiträgt, daß sie immer in die malerische Paraphrase gerathen. . .

So denk' ich jetzt und so fühlt' ich schon als Knabe, und man kann sich leicht vorstellen, daß es zwischen mir und der alten Perücke zu offenen Feindseligkeiten kommen mußte, als ich ihm erklärte, wie es mir rein unmöglich sei, französische Verse zu machen. Er sprach mir allen Sinn für Poesie ab und nannte mich einen Barbaren des Teutoburger Waldes. Ich denke noch mit Entsetzen daran, daß ich aus der Chrestomatie des Professors die Anrede des Kaiphas an den Sanhedrin aus den Hexametern der Klopstock'schen Messiade in französische Alexandriner übersetzen sollte! Es war ein Raffinement von Grausamkeit, die alle Passionsqualen des Messias selbst übersteigt und die selbst dieser nicht ruhig erduldet hätte. Gott verzeih', ich verwünschte die Welt und die fremden Unterdrücker, die uus ihre Metrik aufbürden wollten, und ich war nahe dran ein Franzosenfresser zu werden. Ich hätte für Frankreich sterben können, aber französische Verse machen — nimmermehr!

Durch den Rector und meine Mutter wurde der Zwist beigelegt. Letztere war überhaupt nicht damit zufrieden, daß ich Verse machen lernte und seien es auch nur französische. Sie hatte nämlich damals die größte Angst, daß ich ein Dichter werden möchte; das wäre das Schlimmste, sagte sie immer, was mir passiren könne. Die Begriffe, die man damals mit dem Namen Dichter verknüpfte, waren nämlich nicht sehr ehrenhaft, und ein Poet war ein zerlumpter, armer Teufel, der für ein Paar Thaler ein Gelegenheitsgedicht verfertigt und am Ende im Hospital stirbt. . . .

Indessen auch das Französische hat seine Schwierigkeiten, und zur Erlernung desselben gehört viel Einquartirung, viel Getrommel, viel apprendre par coeur und vor allem darf man keine Bête allemande sein. Da gab es manches saure Wort. Ich erinnere mich noch so gut als wäre es erst gestern geschehen, daß ich durch la réligion viel Unannehmlichkeiten erfahren. Wohl sechsmal erging an mich die Frage: Henry, wie heißt der Glaube auf französisch? Und sechsmal und immer weinerlicher antwortete ich: Er heißt: le crédit. Und beim siebenten Male, kirschbraun im Gesichte, rief der wüthende Examinator: Er heißt: la réligion — und es regnete Prügel und alle Kameraden lachten. Madame! Seit der Zeit kann ich das Wort réligion nicht erwähnen, ohne daß mein Rücken blau vor Schrecken und meine Wange roth vor Scham wird. Und ehrlich gestanden, le crédit hat mir im Leben mehr genützt als la réligion. —

Man muß den Geist der Sprache kennen und diesen lernt man am besten durch Trommeln. Parbleu! Wieviel verdanke ich nicht dem französischen Tambour, der so lange bei uns im Quartier lag und wie ein Teufel aussah und doch von Herzen so engelgut war und so ganz vorzüglich trommelte. Es war eine kleine, bewegliche Figur mit einem fürchterlichen schwarzen Schnurrbart, worunter sich die rothen Lippen trotzig hervorbäumten, während die feurigen Augen hin- und herschossen. Ich kleiner Junge hing an ihm wie eine Klette und half ihm seine Knöpfe spiegelblank putzen und seine Weste mit Kreide weißen — denn Monsieur Le Grand wollte gern gefallen — und ich folgte ihm auch auf die Wache, nach dem Appell, nach der Parade — da war nichts als Waffenglanz und Lustigkeit — les jours de fête sont passés! Monsieur Le Grand wußte nur wenig gebrochenes Deutsch, nur die Hauptausdrücke — Brod, Kuß, Ehre — doch konnte er sich auf der Trommel sehr gut verständlich machen; z. B. wenn ich nicht wußte, was das Wort liberté bedeute, so trommelte er den Marseiller Marsch — und ich verstand ihn . . .

Auf ähnliche Weise lehrte er mich auch die neuere Geschichte. Ich verstand zwar nicht die Worte, die er sprach, aber da er während des Sprechens beständig trommelte, so wußte ich doch, was er sagen wollte. Im Grunde ist das die beste Lehrmethode. Die Geschichte von der Erstürmung der Bastille, der Tuilerien u. s. w. begreift man erst recht, wenn man weiß, wie bei solchen Gelegenheiten getrommelt wurde . . .

Ist nun das Trommeln ein angeborenes Talent oder hab' ich es frühzeitig ausgebildet, genug, es liegt mir in den Gliedern, in Händen und Füßen, und äußert sich oft unwillkürlich. Zu Berlin saß ich einst im Collegium des Geheimraths Schmalz . . . über das Völkerrecht, und es war ein langweiliger Sommer-Nachmittag, und ich saß auf der Bank und hörte immer weniger — der Kopf war mir eingeschlafen — doch plötzlich ward ich aufgeweckt durch das Geräusch meiner eigenen Füße, die wach geblieben waren und wahrscheinlich zugehört hatten, daß just das Gegentheil vom Völkerrecht vorgetragen und auf Constitutions-Gesinnung geschimpft wurde, und meine Füße, die mit ihren kleinen Hühneraugen das Treiben der Welt besser durchschauen als der Geheimrath mit seinen großen Juno-Augen, diese armen, stummen Füße, unfähig, durch Worte ihre unmaßgebliche Meinung auszusprechen, wollten sich durch Trommeln verständlich machen und trommelten so stark, daß ich dadurch schier ins Malheur kam.

Verdammte, unbesonnene Füße! Sie spielten mir einen ähnlichen Streich, als ich einmal in Göttingen bei Professor Saalfeld⁷) hospitirte und dieser mit seiner steifen Beweglichkeit auf dem Katheder hin- und hersprang und sich echauffirte, um auf den Kaiser Napoleon recht ordentlich schimpfen zu können — nein, arme Füße, ich kann es euch nicht verdenken, daß ihr damals getrommelt, ja, ich würde es euch auch nicht einmal verdacht haben, wenn ihr in eurer stummen Naivetät euch noch fußtrittdeutlicher ausgesprochen hättet. Wie darf ich, der Schüler Le Grand's, den Kaiser schmähen hören? Den Kaiser! den Kaiser! den großen Kaiser!

Denke ich an den großen Kaiser, so wird es in meinem Gedächtnisse wieder recht sommergrün und goldig, eine lange Linden-Allee taucht blühend empor, auf den laubigen Zweigen sitzen singende Nachtigallen, der Wasserfall rauscht, auf runden Beeten stehen Blumen und bewegen traumhaft ihre schönen Häupter — und ich stand mit ihnen in wunderlichem Verkehr. Die geschminkten Tulpen grüßten mich bettelstolz herablassend, die nervenkranken Lilien nickten wehmüthig zärtlich, die trunkenen rothen Rosen lachten mir schon von weitem entgegen, die Nachtviolen seufzten — mit den Myrthen und Lorbeeren hatte ich damals noch keine Bekanntschaft, denn sie lockten nicht durch schimmernde Blüte, aber mit den Reseden, womit ich jetzt so schlecht stehe, war ich ganz besonders intim. — Ich spreche vom Hofgarten zu Düsseldorf, wo ich oft auf dem Rasen lag und andächtig zuhörte, wenn mir Monsieur Le Grand von den Kriegsthaten des großen Kaisers erzählte und dabei die Märsche schlug, die während jener Thaten getrommelt wurden, so daß ich Alles lebendig sah und hörte. Monsieur Le Grand trommelte, daß fast mein eignes Trommelfell dadurch zerrissen wurde. . .

Aber wie ward mir erst, als ich ihn selber sah mit hochbegnadigten Augen, ihn selber, Hosiannah! den Kaiser.

Es war eben in der Allee des Hofgartens zu Düsseldorf. Als ich mich durch das gaffende Volk drängte, dachte ich an die Thaten und Schlachten, die mir Monsieur Le Grand vorgetrommelt hatte, mein Herz schlug den Generalmarsch — und dennoch dachte ich zu gleicher Zeit an die Polizeiverordnung, daß man bei fünf Thaler Strafe nicht mitten durch die Allee reiten dürfe — und der Kaiser mit seinem Gefolge ritt mitten durch die Allee, die schauernden Bäume beugten sich vorwärts, wo er vorbei kam, die Sonnenstrahlen zitterten furchtsam neugierig durch das grüne Laub, und am blauen Himmel oben schwamm sichtbar ein goldner Stern. Der Kaiser trug seine scheinlose, grüne Uniform und das kleine, welthistorische Hütchen. Er ritt ein weißes Rößlein und das ging so ruhig stolz, so sicher, so ausgezeichnet.. Nachlässig, fast hängend saß der Kaiser, die eine Hand hielt hoch den Zaum, die andere klopfte gutmüthig den Hals des Pferdchens.. Der Kaiser ritt ruhig mitten durch die Allee. Kein Polizeidiener widersetzte sich ihm; hinter ihm, stolz auf schnaubenden Rossen und belastet mit Gold und Geschmeide, ritt sein Gefolge; die Trommeln wirbelten, die Trompeten erklangen, neben mir drehte sich der tolle Aloysius und schnarrte die Namen seiner Generale; unferne brüllte der besoffene Gumpertz und das Volk rief tausendstimmig: Es lebe der Kaiser!

Drittes Capitel.

Die Mutter.

Meine Mutter hatte große, hochfliegende Pläne mit mir im Sinn, und alle Erziehungspläne zielten darauf hin. Sie spielte die Hauptrolle in meiner Entwickelungsgeschichte; sie machte die Programme aller meiner Studien und schon vor meiner Geburt begannen ihre Erziehungspläne. Ich folgte gehorsam ihren ausgesprochenen Wünschen, jedoch gestehe ich, daß sie schuld war an der Unfruchtbarkeit meiner meisten Versuche und Bestrebungen in bürgerlichen Stellen, da dieselben niemals meinem Naturell entsprachen. Letzteres, weit mehr als die Weltbegebenheiten, bestimmte meine Zukunft.

In uns selbst liegen die Sterne unseres Glücks. Zuerst war es die Pracht des Kaiserreichs, die meine Mutter blendete und da die Tochter eines Eisenfabrikanten unserer Gegend, die mit meiner Mutter sehr befreundet war, eine Herzogin geworden[8]) und ihr gemeldet hatte, daß ihr Mann sehr viele Schlachten gewonnen und bald auch zum König avanciren würde, — ach da träumte meine Mutter für mich die goldensten Epauletten oder die brodirtesten Ehrenchargen am Hofe des Kaisers, dessen Dienst sie mich ganz zu widmen beabsichtigte. Deßhalb mußte ich jetzt vorzugsweise diejenigen Studien betreiben, die einer solchen Laufbahn förderlich, und obgleich im Lyceum schon hinlänglich für mathematische Wissenschaften gesorgt war und ich bei dem liebenswürdigen Professor Brewer vollauf mit Geometrie, Statik, Hydrostatik, Hydraulik u. s. w. gefüttert ward und in Logarithmen und Algebra schwamm, so mußte ich doch noch Privatunterricht in dergleichen Disciplinen nehmen, die mich in den Stand setzen sollten, ein großer Stratege oder nöthigenfalls der Administrator von eroberten Provinzen zu werden.[9])

Mit dem Fall des Kaiserreichs mußte auch meine Mutter der prachtvollen Laufbahn, die sie für mich geträumt, entsagen....

Sie ist jetzt eine Matrone von 87 Jahren und ihr Geist hat durch das Alter nicht gelitten; über meine wirkliche Denkart hat sie sich nie eine Herrschaft angemaßt und war für mich immer die Schonung und Liebe selbst.

Ihr Glauben war ein strenger Deismus, der ihrer vorwaltenden Vernunftrichtung ganz angemessen. Sie war eine Schülerin Rousseau's, hatte dessen „Emile" gelesen, säugte selbst ihre Kinder und Erziehungswesen war ihr Steckenpferd. Sie selbst hatte eine gelehrte Erziehung genossen und war die Studiengefährtin eines Bruders gewesen, der ein ausgezeichneter Arzt ward, aber früh starb. Schon als ganz junges Mädchen mußte sie ihrem Vater die lateinischen Dissertationen und sonstige gelehrte Schriften vorlesen, wobei sie oft den Alten durch ihre Fragen in Erstaunen setzte.

Ihre Vernunft und ihre Empfindung war die Gesundheit selbst, und nicht von ihr erbte ich den Sinn für das Phantastische und die Romantik. Sie hatte, wie ich schon erwähnt, eine Angst vor Poesie, entriß mir jeden Roman, den sie in meinen Händen fand, erlaubte mir keinen Besuch des Schauspiels, versagte mir alle Theilnahme an Volksspielen, überwachte meinen Umgang, schalt die Mägde, welche in meiner Gegenwart Gespenstergeschichten erzählten, kurz, sie that alles Mögliche, um Aberglauben und Poesie von mir zu entfernen.

Sie war sparsam, aber nur in Bezug auf ihre eigene Person; für das Vergnügen andrer konnte sie verschwenderisch sein und da sie das Geld nicht liebte, sondern nur schätzte, schenkte sie mit leichter Hand und setzte mich oft durch ihre Wohlthätigkeit und Freigebigkeit in Erstaunen.

Welche Aufopferung bewies sie dem Sohne, dem sie in schwieriger Zeit nicht blos das Programm seiner Studien, sondern auch die Mittel dazu lieferte! Als ich die Universität bezog, waren die Geschäfte meines Vaters in sehr traurigem Zustand, und meine Mutter verkaufte ihren Schmuck, Halsband und Ohrringe von großem Werthe, um mir das Auskommen für die vier ersten Universitätsjahre zu sichern.

Ich war übrigens nicht der Erste in unserer Familie, der auf der Universität Edelsteine aufgegessen und Perlen verschluckt hatte. Der Vater meiner Mutter, wie diese mir einst erzählte, erprobte dasselbe Kunststück. Die Juwelen, welche das Gebetbuch seiner verstorbenen Mutter verzierten, mußten die Kosten seines Aufenthalts auf der Universität bestreiten, als sein Vater, der alte Lazarus de Geldern, durch einen Successionsprozeß mit einer verheiratheten Schwester in große Armuth gerathen war, er, der von seinem Vater ein Vermögen geerbt hatte, von dessen Größe mir eine alte Großmuhme so viele Wunderdinge erzählte.[10])

Das klang dem Knaben immer wie Märchen von tausend und einer Nacht, wenn die Alte von den großen Palästen und den persischen Tapeten und dem massiven Gold- und Silbergeschirr erzählte, die der gute Mann, der am Hofe des Kurfürsten und der Kurfürstin so viele Ehren genoß, so kläglich einbüßte. Sein Haus in der Stadt war das große Hotel in der Rheinstraße; das jetzige Krankenhaus in der Neustadt gehörte ihm ebenfalls, sowie ein Schloß bei Gravenberg, und am Ende hatte er kaum, wo er sein Haupt hinlegen konnte.

* * *

In der That ... ich weiß nicht genau, was ich dachte und fühlte, Bilder aus der Kindheit zogen mir dämmernd durch den Sinn, ich dachte an das Schloß meiner Mutter, an den wüsten Garten dort, an die schöne Marmor-Statue, die im grünen Grase lag .... Ich habe „das Schloß meiner Mutter" gesagt, aber ich bitte Sie, bei Leibe, denken Sie sich darunter nichts Prächtiges und Herrliches! An diese Benennung habe ich mich nun einmal gewöhnt; mein Vater legte immer einen ganz besonderen Ausdruck auf die Worte „das Schloß!" und er lächelte dabei immer so eigenthümlich. Die Bedeutung dieses Lächelns begriff ich erst später, als ich, ein etwa zwölfjähriges Bübchen, mit meiner Mutter nach dem Schlosse reiste. Es war meine erste Reise. Wir fuhren den ganzen Tag durch einen dichten Wald, dessen dunkle Schauer mir immer unvergeßlich bleiben, und erst gegen Abend hielten wir still vor einer langen Querstange, die uns von einer großen Wiese trennte. Wir mußten fast eine halbe Stunde warten, ehe aus der nahegelegenen Lehmhütte der Junge kam, der die Sperre weghob und uns einließ. Ich sage „der Junge", weil die alte Marthe ihren vierzigjährigen Neffen noch immer den Jungen nannte. . .

Unser Bedienter, der ebenfalls die Benennung „Schloß" oft vernommen, machte ein sehr verwundertes Gesicht, als der Junge uns zu dem kleinen, gebrochenen Gebäude führte, wo der selige Herr gewohnt. Er ward aber schier bestürzt, als meine Mutter ihm befahl, die Betten hineinzubringen. Wie konnte er ahnen, daß auf dem „Schlosse" keine Betten befindlich! Und die Ordre meiner Mutter, daß er Bettung für uns mitnehmen solle, hatte er entweder ganz überhört, oder als überflüssige Mühe unbeachtet gelassen.

Das kleine Haus, das nur eine Etage hoch, in seinen besten Zeiten höchstens fünf bewohnbare Zimmer enthalten, war ein kummervolles Bild der Vergänglichkeit. Zerschlagene Möbel, zersetzte Tapeten, keine einzige Fensterscheibe ganz verschont, hie und da der Fußboden aufgerissen, überall die häßlichen Spuren der übermüthigsten Soldatenwirthschaft. „Die Einquartierung hat sich immer bei uns sehr amüsirt," sagte der Junge mit einem blödsinnigen Lächeln. Die Mutter aber winkte, daß wir sie allein lassen möchten, und während der Junge mit Johann sich beschäftigte, ging ich den Garten besehen. Dieser bot ebenfalls den trostlosesten Anblick der Zerstörniß. Die großen Bäume waren zum Theil verstümmelt, zum Theil niedergebrochen und hämische Wucherpflanzen erhoben sich über die gefallenen Stämme. Hier und da, an den aufgeschossenen Taxusbüschen, konnte man die ehemaligen Wege erkennen. Hie und da standen auch Statuen, denen meistens die Köpfe, wenigstens die Nasen fehlten. Ich erinnere mich einer Diana, deren untere Hälfte von dunklem Epheu auf's Lächerlichste umwachsen war, so wie ich mich einer

Göttin des Ueberflusses erinnere, aus deren Füllhorn lauter mißduftendes Unkraut hervorblühte. Nur eine Statue war, Gott weiß wie, von der Bosheit der Menschen und der Zeit verschont geblieben. Von ihrem Postamente freilich hatte man sie herabgestürzt ins hohe Gras, aber da lag sie unverstümmelt, die marmorne Göttin mit den reinschönen Gesichtszügen und mit dem straffgetheilten edlen Busen, der wie eine griechische Offenbarung aus dem hohen Grase hervorglänzte. Ich erschrak fast, als ich sie sah; dieses Bild flößte mir eine sonderbar schwüle Scheu ein, und eine geheime Blödigkeit ließ mich nicht lange bei seinem holden Anblick verweilen.

Als ich wieder zu meiner Mutter kam, stand sie am Fenster, verloren in Gedanken, das Haupt gestützt auf ihrem rechten Arm, und die Thränen flossen ihr unaufhörlich über die Wangen. So hatte ich sie noch nie weinen sehen. Sie umarmte mich mit hastiger Zärtlichkeit und bat mich um Verzeihung, daß ich durch Johanns Nachlässigkeit kein ordentliches Bett bekommen werde. „Die alte Marthe," sagte sie, „ist schwer krank und kann Dir, liebes Kind, ihr Bett nicht abtreten. Johann soll Dir aber die Kissen aus dem Wagen so zurechtlegen, daß Du darauf schlafen kannst und er mag Dir auch seinen Mantel zur Decke geben. Ich selber schlafe hier auf Stroh; es ist das Schlafzimmer meines seligen Vaters; es sah sonst hier viel besser aus. Laß mich allein!" Und die Thränen schossen ihr noch heftiger aus den Augen.

War es nun das ungewohnte Lager, oder das aufgeregte Herz, es ließ mich nicht schlafen. Der Mondschein drang so unmittelbar durch die zerbrochenen Fensterscheiben, und es war mir, als wolle er mich herauslocken in die helle Sommernacht. Ich mochte mich rechts oder links wenden auf meinem Lager, ich mochte die Augen schließen oder wieder ungeduldig öffnen, immer mußte ich an die schöne Marmorstatue denken, die ich im Grase liegen sehen. Ich konnte mir die Blödigkeit nicht erklären, die mich bei ihrem Anblick erfaßt hatte; ich ward verdrießlich ob dieses kindischen Gefühls und „Morgen" sagte ich leise zu mir selber, „morgen küssen wir Dich, Du schönes Marmorgesicht, wir küssen Dich eben auf die schönen Mundwinkel, wo die Lippen in ein so holdseliges Grübchen zusammenschmelzen!" Eine Ungeduld, wie ich sie noch nie gefühlt, rieselte dabei durch alle meine

Glieder; ich konnte dem wunderbaren Drange nicht länger gebieten und endlich sprang ich auf mit keckem Muthe und sprach: „Was gilt's, und ich küsse Dich noch heute, Du liebes Bildniß!" Leise, damit die Mutter meine Tritte nicht höre, verließ ich das Haus, was um so leichter, da das Portal zwar noch mit einem großen Wappenschild, aber mit keinen Thüren mehr versehen war; und hastig arbeitete ich mich durch das Laubwerk des wüsten Gartens. Auch kein Laut regte sich und alles ruhte stumm und ernst im stillen Mondschein. Die Schatten der Bäume waren wie angenagelt auf der Erde. Im grünen Grase lag die schöne Göttin ebenfalls regungslos, aber kein steinerner Tod, sondern nur ein stiller Schlaf schien ihre lieblichen Glieder gefesselt zu halten, und als ich ihr nahete, fürchtete ich schier, daß ich sie durch das geringste Geräusch aus ihrem Schlummer erwecken könnte. Ich hielt den Athem zurück, als ich mich über sie hinbeugte, um die schönen Gesichtszüge zu betrachten; eine schauerliche Beängstigung stieß mich von ihr ab, eine knabenhafte Lüsternheit zog mich wieder zu ihr hin; mein Herz pochte, als wollte ich eine Mordthat begehen und endlich küßte ich die schöne Göttin mit einer Inbrunst, mit einer Zärtlichkeit, mit einer Verzweiflung, wie ich nie mehr geküßt habe in diesem Leben. Auch nie habe ich diese grauenhafte süße Empfindung vergessen können, die meine Seele durchfluthete, als die beseligende Kälte jener Marmorlippen meinen Mund berührte. . . .

Viertes Capitel.

Sippen und Magen.

Nach meiner Mutter beschäftigte sich mit (meiner Bildung) ganz besonders ihr Bruder, mein Oheim Simon de Geldern. Er ist todt seit zwanzig Jahren.[11]) Er war ein Sonderling von unscheinbarem, ja sogar närrischem Aeußern. Eine kleine, gehäbige Figur mit einem bläßlichen, strengen Gesichte, dessen Nase zwar griechisch geradlinicht, aber um ein Drittel länger war, als die Griechen ihre Nasen zu tragen pflegten.

In seiner Jugend sagte man, sei diese Nase von gewöhnlicher Größe gewesen und nur durch die üble Gewohnheit, daß er sich beständig daran zupfte, soll sie sich so ungebührlich in die Länge gezogen haben. Fragten wir Kinder den Ohm, ob das wahr sei, so verwies er uns solche respectwidrige Reden mit großem Eifer und zupfte sich dann wieder an der Nase.

Er ging ganz altfranzösisch gekleidet, trug kurze Beinkleider, weißseidene Strümpfe, Schnallenschuhe und nach der alten Mode einen ziemlich langen Zopf, der, wenn das kleine Männchen durch die Straßen tippelte, von einer Schulter zur andern flog, allerlei Kapriolen schnitt und sich über seinen eignen Herrn zu moquiren schien.

Oft, wenn der gute Onkel in Gedanken vertieft saß oder die Zeitung las, überschlich mich das frevle Gelüste, heimlich sein Zöpfchen zu ergreifen und daran zu ziehen, als wäre es eine Hausklingel, worüber ebenfalls der Ohm sich sehr erboste, indem er jammernd die Hände rang über die junge Brut, die vor nichts mehr Respect hat, weder durch die menschliche noch durch göttliche Autorität mehr in Schranken zu halten und sich endlich an dem Heiligsten vergreifen werde.

War aber das Aeußere des Mannes nicht geeignet, Respect einzuflößen, so war sein Inneres, sein Herz desto respectabler und es war das bravste und edelmüthigste Herz, das ich hier auf Erden kennen lernte. Es war eine Ehrenhaftigkeit in dem Manne, die an den Rigorismus der Ehre in altspanischen Dramen erinnerte, und auch in der Treue glich er den Helden derselben. Er hatte nie Gelegenheit der „Arzt seiner Ehre" zu werden, doch ein „standhafter Prinz" war er in ebenso ritterlicher Größe, obleich er nicht in vierfüßigen Trochäen beclamirte, garnicht nach Todespalmen lechzte und statt des glänzenden Rittermantels ein scheinloses Röckchen mit Bachstelzenschwanz trug.

Er war durchaus kein sinnenfeindlicher Asket, er liebte die Kirmeßfeste, die Weinstube des Gastwirths Rasia, wo er besonders gern Krammetsvögel aß mit Wachholderbeeren — aber alle Krammetsvögel dieser Welt und alle ihre Lebensgenüsse opferte er mit stolzer Entschiedenheit, wenn es die Idee galt, die er für wahr und gut erkannte. Und er that dies mit solcher Anspruchslosigkeit, ja Verschämtheit, daß niemand merkte, wie eigentlich ein heimlicher Märtyrer in dieser spaßhaften Hülle steckte.

Nach weltlichen Begriffen war sein Leben ein verfehltes. Simon de Geldern hatte im Collegium der Jesuiten seine sogenannten humanistischen Studien, Humaniora, gemacht, doch als der Tod seiner Eltern ihm die völlige, freie Wahl einer Lebenslaufbahn ließ, wählte er gar keine, verzichtete auf jedes sogenannte Brodstudium der ausländischen Universitäten und blieb lieber daheim zu Düsseldorf in der „Arche Noäh," wie das kleine Haus hieß, welches ihm sein Vater hinterließ und über dessen Thüre das Bild der Arche Noäh recht hübsch ausgemeißelt und bunt kolorirt zu schauen war.

Von rastlosem Fleiße, überließ er sich hier allen seinen gelehrten Liebhabereien und Schnurrpfeifereien, seiner Bibliomanie und besonders seiner Wuth des Schriftstellerns, die er besonders in politischen Tagesblättern und obskuren Zeitschriften ausließ. Nebenbei gesagt, kostete ihm nicht blos das Schreiben, sondern auch das Denken die größte Anstrengung.

Entstand diese Schreibwuth vielleicht durch den Dang, gemeinnützig zu wirken? Er nahm Theil an allen Tagesfragen und das Lesen von Zeitungen und Broschüren trieb er bis zur Manie, aber nicht eigentlich wegen seiner Gelahrtheit, sondern weil sein Vater und sein Bruder Doctoren der Medizin gewesen. Und die alten Weiber ließen es sich nicht ausreden, daß der Sohn des alten Doctors, der sie so oft kurirt, nicht auch die Heilmittel seines Vaters geerbt haben müsse, und wenn sie erkrankten, kamen sie zu ihm gelaufen mit ihren Urinflaschen, mit Weinen und Bitten, daß er dieselben besehen möchte, ihnen zu sagen, was ihnen fehle. Wenn der alte Oheim solcher Weise in seinen Studien gestört wurde, konnte er in Zorn gerathen und die alten Trullen mit ihren Urinflaschen zum Teufel wünschen und davonjagen.

Dieser Oheim war es nun, der auf meine geistige Bildung großen Einfluß geübt und dem ich in solcher Beziehung unendlich viel zu verdanken habe. Wie sehr auch unsere Ansichten verschieden und so kümmerlich auch seine literärischen Bestrebungen waren, so regten sie doch vielleicht in meiner Brust die Lust zu schriftlichen Versuchen.

Der Ohm schrieb einen alten steifen Kanzleistyl, wie er auf den Jesuitenschulen, wo Latein die Hauptsache, gelehrt wird und konnte sich nie leicht befreunden mit meiner Ausdrucksweise, die

ihm zu leicht, zu spielend, zu irreverenziös vorkam. Aber sein
Eifer, womit er mir die Hülfsmittel des geistigen Fortschritts
zuwies, waren für mich von größtem Nutzen.

Er beschenkte schon den Knaben mit den schönsten, kostbarsten
Werken, er stellte zu meiner Verfügung seine eigene Bibliothek,
die an klassischen Büchern und wichtigen Tagesbroschüren so
reich war, und er erlaubte mir sogar, auf dem Söller der
Arche Noäh in den Kisten herumzukramen, worin sich die alten
Bücher und Scripturen des seligen Großvaters befanden.

Welche geheimnißvolle Wonne jauchzte im Herzen des Knaben,
wenn er auf jenem Söller, der eigentlich eine große Dachstube war,
ganze Tage verbringen konnte.

Es war nicht eben ein schöner Aufenthalt, und die einzige Be=
wohnerin desselben, eine dicke Angorakatze, hielt nicht sonderlich
auf Sauberkeit, und nur selten fegte sie mit ihrem Schweife ein
Bischen den Staub und das Spinngeweb fort von dem alten
Gerümpel, das dort aufgestapelt lag.

Aber mein Herz war so blühend jung, und die Sonne schien
so heiter durch die kleine Lukarne, daß mir alles von einem
phantastischen Lichte übergossen schien und die alte Katze selbst
mir wie eine verwünschte Prinzessin vorkam, die, wohl plötzlich
aus ihrer thierischen Gestalt wieder befreit, sich in der vorigen
Schöne und Herrlichkeit zeigen dürfte, während die Dachkammer
sich in einen prachtvollen Palast verwandeln würde, wie es in
allen Zaubergeschichten zu geschehen pflegt.

Doch die alte, gute Märchenzeit ist verschwunden. Die Katzen
bleiben Katzen, und die Dachstube der Arche Noäh blieb eine
staubige Rumpelkammer, ein Hospital für uncurablen Hausrath,
eine Salpetrière für alte Möbel, die den äußersten Grad der
Dekrepitüde erlangt, und die man doch nicht vor die Thüre schmeißen
darf, aus sentimentaler Anhänglichkeit und Berücksichtigung der
frommen Erinnerungen, die sich damit verknüpft.

Da stand eine morsch zerbrochene Wiege, worin meine
Mutter einst gewiegt worden; jetzt lag darin die Staatsperücke
meines Großvaters, die ganz vermodert war und vor Alter
kindisch geworden zu sein schien. Der verrostete Galanterie=
degen des Großvaters und eine Feuerzange, die nur einen Arm
hatte und anderes invalides Eisengeschirr hing an der Wand.
Daneben auf einem wackligen Brette stand der ausgestopfte

Papagei der seligen Großmutter, der ganz entfiedert und nicht mehr grün, sondern aschgrau war und mit dem einzigen Glasauge, das ihm geblieben, sehr unheimlich aussah.

Hier stand auch ein großer grüner Mops von Porzellan, welcher inwendig hohl war; ein Stück des Hintertheils war abgebrochen und die Katze schien für dieses chinesische und japanische Kunstwerk einen großen Respect zu hegen; sie machte vor demselben allerlei devote Katzenbuckel und hielt es vielleicht für ein göttliches Wesen; die Katzen sind so abergläubisch.

In einem Winkel lag eine alte Flöte, welche einst meiner Mutter gehört; sie spielte darauf, als sie noch ein junges Mädchen war, und eben jene Dachkammer wählte sie zu ihrem Concertsaal, damit der alte Herr, ihr Vater, nicht von der Musik in seiner Arbeit gestört oder auch ob dem sentimentalen Zeitverlust, dessen sich seine Tochter schuldig machte, unwirrsch würde. Die Katze hatte jetzt diese Flöte zu ihrem liebsten Spielzeug erwählt, indem sie an dem verblichenen Rosa-Band, das an der Flöte befestigt war, dieselbe hin und her auf dem Boden rollte.

Zu den Antiquitäten der Dachkammer gehörten auch Weltkugeln, die wunderlichsten Planetenbilder und Kolben und Retorten, erinnernd an astrologische und alchymistische Studien.

In den Kisten, unter den Büchern des Großvaters befanden sich auch viele Schriften, die auf solche Geheimwissenschaften Bezug hatten. Die meisten Bücher waren freilich medizinische Scharteken. An philosophischen war kein Mangel, doch neben dem erzvernünftigen Cartesius befanden sich auch Phantasien von Paracelsus, von Helmont und gar Agrippa von Nettesheim, dessen „Philosophia occulta" ich hier zum ersten Mal zu Gesicht bekam. Schon den Knaben amüsirte die Dedikations-Epistel an den Abt Trithem, dessen Antwortschreiben beigedruckt, wo dieser Compère dem andern Charlatan seine bombastischen Komplimente mit Zinsen zurückerstattet.

Der beste und kostbarste Fund jedoch, den ich in den bestaubten Kisten machte, war ein Notizenbuch von der Hand eines Bruders meines Großvaters, den man den Chevalier oder den Morgenländer nannte, und von welchem die alten Muhmen immer viel zu singen und zu sagen wußten. Dieser Großoheim, welcher ebenfalls Simon de Geldern hieß, muß ein sonderbarer Heiliger

gewesen sein. Den Zunamen „der Morgenländer" empfing er,
weil er große Reisen im Orient gemacht und sich bei seiner
Rückkehr immer in orientalische Tracht kleidete. Am längsten
scheint er in den Küstenstädten Nord=Afrikas, namentlich in den
marokkanischen Staaten, verweilt zu haben, wo er von einem
Portugiesen das Handwerk eines Waffenschmieds erlernt und
dasselbe mit Glück betrieb. Er wallfahrtete nach Jerusalem, wo
er in der Verzückung des Gebetes auf dem Berge Moria ein
Gesicht hatte. Was sah er? Er offenbarte es nie. Ein un=
abhängiger Beduinenstamm, der sich nicht zum Islam, sondern
zu einer Art Mosaismus bekannte und in einer der unbekannten
Oasen der nordafrikanischen Sandwüste gleichsam sein Absteige=
quartier hatte, wählte ihn zu seinem Anführer oder Scheik.
Dieses kriegerische Völkchen lebte in Fehde mit allen Nachbar=
stämmen und war der Schrecken der Karawanen. Europäisch
zu reden: mein seliger Großoheim, der fromme Visionär vom
heiligen Berge Moria, ward Räuberhauptmann. In dieser
schönen Gegend erwarb er auch jene Kenntnisse von Pferdezucht
und jene Reiterkünste, womit er nach seiner Heimkehr ins Abend=
land so viele Bewunderung erregte.

An den verschiedenen Höfen, wo er sich lange aufhielt,
glänzte er auch durch seine persönliche Schönheit und Stattlich=
keit, sowie auch durch die Pracht der orientalischen Kleidung,
welche besonders auf die Frauen ihren Zauber übte. Er imponirte
wohl noch am meisten durch sein vorgebliches Geheimwissen und
niemand wagte es, den allmächtigen Necromanten bei seinen
hohen Gönnern herabzusetzen. Der Geist der Intrigue fürchtete
die Geister der Kabbala. Nur sein eigener Uebermuth konnte
ihn ins Verderben stürzen, und sonderbar geheimnißvoll schüttelten
die alten Muhmen ihre greisen Köpflein, wenn sie etwas von
dem galanten Verhältniß munkelten, worin der „Morgenländer"
mit einer sehr erlauchten Dame stand und dessen Entdeckung ihn
nötigte, aufs schleunigste den Hof und das Land zu verlassen.
Nur durch die Flucht, mit Hinterlassung aller seiner Habselig=
keiten, konnte er dem sichern Tode entgehen, und eben seiner
erprobten Reiterkunst verdankte er seine Rettung.

Nach diesem Abenteuer scheint er in England einen sichern,
aber kümmerlichen Zufluchtsort gefunden zu haben; ich schließe
solches aus einer zu London gedruckten Brochüre des Großoheims,

welche ich einst, als ich in der Düsseldorfer Bibliothek bis zum
höchsten Bücherbrette kletterte, zufällig entdeckte. Es war ein
Oratorium in französischen Versen, betitelt: „Moses auf dem
Horeb" und hatte vielleicht Bezug auf die erwähnte Vision. Die
Vorrede war aber in englischer Sprache geschrieben und von
London datirt; die Verse, wie alle französischen Verse, gereimtes
lauwarmes Wasser, aber in der englischen Prosa der Vorrede
verrieth sich der Unmuth eines stolzen Mannes, der sich in einer
dürftigen Lage befindet.

Aus dem Notizenbuch des Großoheims konnte ich nicht viel
Sicheres ermitteln; es war vielleicht aus Vorsicht meistens mit
arabischen, syrischen und koptischen Buchstaben geschrieben, worin
sonderbar genug französische Citate vorkamen z. B. sehr oft der Vers:
    Où l'innocence périt c'est un crime de vivre.

Mich frappirten auch manche Aeußerungen, die ebenfalls in
französischer Sprache geschrieben; letztere scheint das gewöhnliche
Idiom des Schreibenden gewesen zu sein.

Eine räthselhafte Erscheinung, schwer zu begreifen, war dieser
Großoheim. Er führte eine jener wunderlichen Existenzen, die
nur im Anfang und in der Mitte des achtzehnten Jahrhunderts
möglich gewesen; er war halb Schwärmer, der für kosmopolitische,
weltbeglückende Utopien Propaganda machte, halb Glücksritter,
der im Gefühl seiner individuellen Kraft die morschen Schranken
einer morschen Gesellschaft durchbricht oder überspringt. Jeden=
falls war er ganz ein Mensch.

Sein Charlatanismus, den wir nicht in Abrede stellen, war
nicht von gemeiner Sorte. Er war kein gewöhnlicher Charlatan,
der den Bauern auf den Märkten die Zähne ausreißt, sondern
er drang muthig in die Paläste der Großen, denen er den
stärksten Backzahn ausriß, wie weiland Ritter Hüon von Bour=
beaux dem Sultan von Babylon that. Klappern gehört zum
Handwerk, sagt das Sprichwort, und das Leben ist ein Handwerk
wie jedes andere.

Und welcher bedeutende Mensch ist nicht ein bischen Charlatan?
Die Charlatane der Bescheidenheit sind die schlimmsten mit ihrem
demüthig thuenden Dünkel! Wer gar auf die Menge wirken
will, bedarf einer charlatanischen Zuthat. Der Zweck heiligt
die Mittel...

Wie dem auch sei, dieser Großohm hat die Einbildungskraft

des Knaben außerordentlich beschäftigt. Alles, was man von ihm erzählte, machte einen unauslöschlichen Eindruck auf mein junges Gemüth, und ich versenkte mich so tief in seine Irrfahrten und Schicksale, daß mich manchmal am hellen, lichten Tage ein unheimliches Gefühl ergriff und es mir vorkam, als sei ich selbst mein seliger Großoheim und als lebte ich nur eine Fortsetzung des Lebens jenes längst Verstorbenen!

In der Nacht spiegelte sich dasselbe retrospektiv zurück in meine Träume. Mein Leben glich damals einem großen Journal, wo die obere Abtheilung die Gegenwart, den Tag mit seinen Tagesberichten und Tagesdebatten enthielt, während in der unteren Abtheilung die poetische Vergangenheit in fortlaufenden Nacht= träumen wie eine Reihenfolge von Romanfeuilletons sich phan= tastisch kund gab.

In diesen Träumen identifizirte ich mich gänzlich mit meinem Großohm, und mit Grauen fühlte ich zugleich, daß ich ein anderer war und einer anderen Zeit angehörte. Da gab es Verhältnisse, wovon ich früher keine Ahnung hatte, und doch wandelte ich dort mit sicherem Fuß und sicherem Verhalten.

Da begegneten mir Menschen in brennend bunten, sonder= baren Trachten und mit abenteuerlich wüsten Physiognomien, denen ich dennoch wie alten Bekannten die Hand drückte; ihre wildfremde, nie gehörte Sprache verstand ich, zu meiner Ver= wunderung antwortete ich ihnen sogar in derselben Sprache, während ich mit einer Heftigkeit gestikulirte, die mir nie eigen war, und während ich sogar Dinge sagte, die mit meiner gewöhn= lichen Denkweise widerwärtig kontrastirten.

Dieser wunderliche Zustand dauerte wohl ein Jahr, und obgleich ich wieder ganz zur Einheit des Selbstbewußtseins kam, blieben doch geheime Spuren in meiner Seele. Manche Idio= synkrasie, manche fatale Sympathien und Antipathien, die gar nicht zu meinem Naturell passen, ja sogar manche Handlungen, die im Widerspruch mit meiner Denkweise sind, erkläre ich mir als Nachwirkungen aus jener Traumzeit, wo ich mein eigener Großoheim war.

Wenn ich Fehler begehe, deren Entstehung mir unbegreiflich erscheint, schiebe ich sie gern auf Rechnung meines morgen= ländischen Doppelgängers. Als ich einst meinem Vater eine solche Hypothese mittheilte, um ein kleines Versehen zu be=

schönigen, bemerkte er schalkhaft: er hoffe, daß mein Großoheim keine Wechsel unterschrieben habe, die mir einst zur Bezahlung präsentirt werden könnten.

Es sind mir keine solche orientalischen Wechsel vorgezeigt worden, und ich habe genug Nöte mit meinen eigenen occidentalischen Wechseln gehabt.

Aber es giebt gewiß noch schlimmere Schulden als Geldschulden, welche uns die Vorfahren zur Tilgung hinterlassen. Jede Generation ist eine Fortsetzung der andern und ist verantwortlich für ihre Thaten. Die Schrift sagt: die Väter haben Härlinge (unreife Trauben) gegessen und die Enkel haben davon schmerzhaft taube Zähne bekommen.

Es herrscht eine Solidarität der Generationen, die auf einander folgen, ja die Völker, die hinter einander in die Arena treten, übernehmen eine solche Solidarität, und die ganze Menschheit liquidirt am Ende die große Hinterlassenschaft der Vergangenheit. . .

Ich will hierüber keine Untersuchungen eröffnen, und meine persönlichen Bekenntnisse verfolgend will ich vielmehr die Gelegenheit benutzen, die sich mir hier bietet, wieder durch ein Beispiel zu zeigen, wie die harmlosesten Thatsachen zuweilen zu den böswilligsten Insinuationen von meinen Feinden benutzt worden. Letztere wollen nämlich die Entdeckung gemacht haben, daß ich bei biographischen Mittheilungen sehr viel von meiner mütterlichen Familie, aber gar nichts von meinen väterlichen Sippen und Magen spräche, und sie bezeichneten solches als ein absichtliches Hervorheben und Verschweigen und beschuldigten mich derselben eiteln Hintergedanken, die man auch meinem seligen Kollegen Wolfgang Goethe vorwarf.

Es ist freilich wahr, daß in dessen Memoiren sehr oft von dem Großvater von väterlicher Seite, welcher als gestrenger Herr Schultheiß auf dem Römer zu Frankfurt präsidirte, mit besonderem Behagen die Rede ist, während der Großvater von mütterlicher Seite, der als ehrsames Flickschneiderlein auf der Bockenheimer Gasse auf dem Werktische hockte und die alten Hosen der Republik ausbesserte, mit keinem Worte erwähnt wird.

Ich habe Goethen in Betreff dieses Ignorirens nicht zu vertreten, doch was mich selbst betrifft, möchte ich jene böswilligen und oft ausgebeuteten Interpretationen und Insinuationen dahin berichtigen, daß es nicht meine Schuld ist, wenn in meinen Schriften von einem väterlichen Großvater nie gesprochen ward. Die Ursache ist ganz einfach: ich habe nie viel von ihm zu sagen gewußt. Mein seliger Vater war als fremder Mann nach meiner Geburtsstadt Düsseldorf gekommen und besaß hier keine Anverwandten, keine jener alten Muhmen und Basen, welche die weiblichen Barden sind, die der jungen Brut tagtäglich die alten Familienlegenden mit epischer Monotonie vorsingen, während sie die bei den schottischen Barden obligate Dudelsackbegleitung durch das Schnarren ihrer Nasen ersetzen. Nur über die großen Kämpen des mütterlichen Clans konnte von dieser Seite mein junges Gemüth frühe Eindrücke empfangen, und ich horchte mit Andacht, wenn die alte Bräunle oder Brunhildis erzählte.

Mein Vater selbst war sehr einsilbiger Natur, sprach nicht gern, und einst als kleines Bübchen, zur Zeit, wo ich die Werkeltage in der öden Franziskaner-Klosterschule, jedoch die Sonntage zu Hause zubrachte, nahm ich hier eine Gelegenheit wahr, meinen Vater zu befragen, wer mein Großvater gewesen sei. Auf diese Frage antwortete er, halb lachend, halb unwirsch: „Dein Großvater war ein kleiner Jude und hatte einen großen Bart."

Den andern Tag, als ich in den Schulsaal trat, wo ich bereits meine kleinen Kameraden versammelt fand, beeilte ich mich sogleich, ihnen die wichtige Neuigkeit zu erzählen, daß mein Großvater ein kleiner Jude war, welcher einen langen Bart hatte.

Kaum hatte ich diese Mittheilung gemacht, als sie von Mund zu Mund flog, in allen Tonarten wiederholt ward, mit Begleitung von nachgeäfften Thierstimmen. Die Kleinen sprangen über Tische und Bänke, rissen von den Wänden die Rechentafeln, welche auf den Boden purzelten nebst den Tintenfässern, und dabei wurde gelacht, gemeckert, gegrunzt, gebellt, gekräht — ein Höllenspektakel, dessen Refrain immer der Großvater war, der ein kleiner Jude gewesen und einen großen Bart hatte.

Der Lehrer, welchem die Klasse gehörte, vernahm den Lärm und trat mit zornglühendem Gesichte in den Saal und fragte gleich nach dem Urheber dieses Unfugs. Wie immer in solchen Fällen geschieht: ein jeder suchte kleinlaut sich zu disculpiren, und am Ende der Untersuchung ergab es sich, daß ich Aermster überwiesen ward, durch meine Mittheilung über meinen Großvater den ganzen Lärm veranlaßt zu haben, und ich büßte meine Schuld durch eine bedeutende Anzahl Prügel.

Es waren die ersten Prügel, die ich auf dieser Erde empfing, und ich machte bei dieser Gelegenheit schon die philosophische Betrachtung, daß der liebe Gott, der die Prügel erschaffen, in seiner gütigen Weisheit auch dafür sorgte, daß derjenige, welcher sie ertheilt, am Ende müde wird, indem sonst am Ende die Prügel unerträglich würden.

Der Stock, womit ich geprügelt ward, war ein Rohr von gelber Farbe, doch die Streifen, welche dasselbe auf meinem Rücken ließ, waren dunkelblau. Ich habe sie nicht vergessen.

Auch den Namen des Lehrers, der mich so unbarmherzig schlug, vergaß ich nicht: er war der Pater Dickerscheit; er wurde bald von der Schule entfernt, aus Gründen, die ich ebenfalls nicht vergessen, aber nicht mittheilen will.

Der Liberalismus hat den Priesterstand oft genug mit Unrecht verunglimpft, und man könnte ihm wohl jetzt einige Schonung angedeihen lassen, wenn ein unwürdiges Mitglied Verbrechen begeht, die am Ende doch nur der menschlichen Natur oder vielmehr Unnatur beizumessen sind.

Wie der Name des Mannes, der mir die ersten Prügel ertheilte, blieb mir auch der Anlaß im Gedächtniß, nämlich meine unglückliche genealogische Mittheilung, und die Nachwirkung jener frühen Jugendeindrücke ist so groß, daß jedesmal, wenn von kleinen Juden mit großen Bärten die Rede war, mir eine unheimliche Erinnerung gruselnd über den Rücken lief. „Gesottene Katze scheut den kochenden Kessel," sagt das Sprüchwort, und jeder wird leicht begreifen, daß ich seitdem keine große Neigung empfand, nähere Auskunft über jenen bedenklichen Großvater und seinen Stammbaum zu erhalten oder gar dem großen Publikum, wie einst dem kleinen, dahinbezügliche Mittheilungen zu machen.[12])

Meine Großmutter väterlicherseits, von welcher ich ebenfalls nur wenig zu sagen weiß, will ich jedoch nicht unerwähnt lassen. Sie war eine außerordentlich schöne Frau und einzige Tochter eines Banquiers zu Hamburg, der wegen seines Reichthums weit und breit berühmt war. Diese Umstände lassen mich vermuthen, daß der kleine Jude, der die schöne Person aus dem Hause ihrer hochbegüterten Eltern nach seinem Wohnorte Hannover heimführte, noch außer seinem großen Barte sehr rühmliche Eigenschaften besessen und sehr respectabel gewesen sein muß.

Er starb früh, eine junge Wittwe mit sechs Kindern, sämmtlich Knaben im zartesten Alter, zurücklassend. Sie kehrte nach Hamburg zurück und starb dort ebenfalls nicht sehr hochbetagt.

Im Schlafzimmer meines Oheims Salomon Heine zu Hamburg sah ich einst das Porträt der Großmutter. Der Maler, welcher in Rembrandtscher Manier nach Licht- und Schatteneffekten haschte, hatte dem Bilde eine schwarze klösterliche Kopfbedeckung, eine fast ebenso strenge, dunkle Robe und den pechdunkelsten Hintergrund ertheilt, so daß das vollwangichte, mit einem Doppelkinn versehene Gesicht wie ein Vollmond aus nächtlichem Gewölk hervorschimmerte.

Ihre Züge trugen noch die Spuren großer Schönheit, sie waren zugleich milde und ernsthaft, und besonders die Morbidezza der Hautfarbe gab dem ganzen Gesicht einen Ausdruck von Vornehmheit eigenthümlicher Art; hätte der Maler der Dame ein großes Kreuz von Diamanten vor die Brust gemalt, so hätte man sicher geglaubt, das Porträt irgend einer gefürsteten Aebtissin eines protestantischen abligen Stiftes zu sehen.

Von den Kindern meiner Großmutter haben, so viel ich weiß, nur zwei ihre außerordentliche Schönheit geerbt, nämlich mein Vater und mein Oheim Salomon Heine, der verstorbene Chef des hamburgischen Bankierhauses dieses Namens.

Die Schönheit meines Vaters hatte etwas Überweiches, Charakterloses, fast Weibliches. Sein Bruder besaß vielmehr eine männliche Schönheit, und er war überhaupt ein Mann, dessen Charakterstärke sich auch in seinen edelgemessenen, regelmäßigen Zügen imposant, ja manchmal sogar verblüffend offenbarte.

Seine Kinder waren alle, ohne Ausnahme, zur entzückendsten Schönheit emporgeblüht, doch der Tod raffte sie dahin in ihrer Blüte, und von diesem schönen Menschenblumenstrauß leben jetzt nur zwei, der jetzige Chef des Bankierhauses und seine Schwester.[13]

Ich hatte alle diese Kinder so lieb, und ich liebte auch ihre Mutter, die ebenfalls so schön war und früh dahinschied, und alle haben mir viele Thränen gekostet. Ich habe wahrhaftig in diesem Augenblicke nöthig, meine Schellenkappe zu schütteln, um die weinerlichen Gedanken zu überklingeln.

Ich habe oben gesagt, daß die Schönheit meines Vaters etwas Weibliches hatte. Ich will hiermit keineswegs einen Mangel an Männlichkeit andeuten: letztere hat er zumal in seiner Jugend oft erprobt, und ich selbst bin am Ende ein lebendes Zeugniß derselben. Es sollte das keine unziemliche Aeußerung sein; im Sinne hatte ich nur die Formen seiner körperlichen Erscheinung, die nicht straff und brall, sondern vielmehr weich und zärtlich gerundet waren. Den Conturen seiner Züge fehlte das Markierte, und sie verschwammen ins Unbestimmte. In seinen späteren Jahren ward er fett, aber auch in seiner Jugend scheint er nicht eben mager gewesen zu sein.

In dieser Vermuthung bestätigt mich ein Porträt, welches seitdem in einer Feuersbrunst bei meiner Mutter verloren ging und meinen Vater als einen jungen Menschen von etwa achtzehn oder neunzehn Jahren, in rother Uniform, das Haupt gepudert und versehen mit einem Haarbeutel, darstellt.

Dieses Porträt war günstigerweise mit Pastellfarbe gemalt. Ich sage günstigerweise, da letztere, weit besser als die Oelfarbe mit dem hinzukommenden Glanzleinenfirniß, jenen Blüthenstaub wiedergeben kann, den wir auf den Gesichtern der Leute, welche Puder tragen, bemerken, und die Unbestimmtheit der Züge vortheilhaft verschleiert. Indem der Maler auf besagtem Porträt mit den kreideweiß gepuderten Haaren und der ebenso weißen Halsbinde das rosige Gesicht enkadrirte, verlieh er demselben durch den Contrast ein stärkeres Colorit, und es tritt kräftiger hervor.

Auch die scharlachrothe Farbe des Rocks, die auf Oelgemälden so schauderhaft uns angrinst, macht hier im Gegentheil einen guten Effect, indem dadurch die Rosenfarbe des Gesichts angenehm gemildert wird.

Der Typus von Schönheit, der sich in den Zügen desselben aussprach, erinnerte weder an die strenge, keusche Idealität der griechischen Kunstwerke, noch an den spiritualistisch schwärmerischen, aber mit heidnischer Gesundheit geschwängerten Stil der Renaissance; nein, besagtes Porträt trug vielmehr ganz den Charakter einer Zeit, die eben keinen Charakter besaß, die minder die Schönheit als das Hübsche, das Niedliche, das Kokett=zierliche liebte; einer Zeit, die es in der Fadheit bis zur Poesie brachte, jener süßen,

geschnörkelten Zeit des Rococo, die man auch die Haarbeutelzeit
nannte, und die wirklich als Wahrzeichen, nicht an der Stirn,
sondern am Hinterkopfe, einen Haarbeutel trug. Wäre das
Bild meines Vaters auf besagtem Porträt etwas mehr Miniatur
gewesen, so hätte man sagen können, der vortreffliche Watteau
habe es gemalt, um mit phantastischen Arabesken von bunten
Edelsteinen und Goldflittern umrahmt auf einem Fächer der Frau
von Pompadour zu paradiren.

Bemerkenswerth ist vielleicht der Umstand, daß mein Vater
auch in seinen späteren Jahren der altfränkischen Mode des
Puders treu blieb und bis an sein seliges Ende sich alle Tage
pudern ließ, obgleich er das schönste Haar, das man sich denken
kann, besaß. Es war blond, fast golden und von einer Weich=
heit, wie ich sie nur bei chinesischer Flockseide gefunden.

Den Haarbeutel hätte er gewiß ebenfalls gern beibehalten,
jedoch der fortschreitende Zeitgeist war unerbittlich. In dieser
Bedrängniß fand mein Vater ein beschwichtigendes Auskunfts=
mittel. Er opferte nur die Form, das schwarze Säckchen (sachet),
den Beutel; die langen Haarlocken jedoch selbst trug er seitdem
wie ein breitgeflochtenes Chignon mit kleinen Kämmchen auf
dem Haupte befestigt. Diese Haarflechte war bei der Weichheit
der Haare und wegen des Puders fast gar nicht bemerkbar, und
so war mein Vater doch im Grunde kein Abtrünniger des alten
Haarbeutelthums, und er hatte nur, wie so mancher Krypto=
Orthodoxe, dem grausamen Zeitgeiste sich äußerlich gefügt.

Die rothe Uniform, worin mein Vater auf dem erwähnten
Porträt abconterfeit ist, deutet auf hannöversche Dienstverhältnisse.
Im Gefolge des Prinzen Ernst von Cumberland befand sich
mein Vater zu Anfang der französischen Revolution und machte
den Feldzug in Flandern und Brabant mit, in der Eigenschaft
eines Proviantmeisters oder Commissarius, oder, wie es die
Franzosen nennen, eines officier de bouche; die Preußen nennen
es einen „Mehlwurm".

Das eigentliche Amt des blutjungen Menschen war aber das
eines Günstlings des Prinzen, eines Brummels[14]) au petit pied
und ohne gestreifte Kravatte, und er theilte auch am Ende das
Schicksal solcher Spielzeuge der Fürstengunst. Mein Vater blieb
zwar zeitlebens fest überzeugt, daß der Prinz, welcher später
König von Hannover ward, ihn nie vergessen habe, doch mußte

er sich nie zu erklären, warum der Prinz niemals nach ihm schickte, niemals sich nach ihm erkundigen ließ, da er doch nicht wissen konnte, ob sein ehemaliger Günstling nicht in Verhältnissen lebte, wo er etwa seiner bedürftig sein möchte.

Aus jener Feldzugsperiode stammen manche bedenkliche Liebhabereien meines Vaters, die ihm meine Mutter nur allmählich abgewöhnen konnte. Z. B. er ließ sich gern zu hohem Spiel verleiten, protegirte die dramatische Kunst oder vielmehr ihre Priesterinnen, und gar Pferde und Hunde waren seine Passion. Bei seiner Ankunft in Düsseldorf, wo er sich aus Liebe für meine Mutter als Kaufmann etablirte, hatte er zwölf der schönsten Gäule mitgebracht. Er entäußerte sich aber derselben auf ausdrücklichen Wunsch seiner jungen Gattin, die ihm vorstellte, daß dieses vierfüßige Kapital zu viel Hafer fresse und gar nichts eintrage.

Schwerer ward es meiner Mutter, auch den Stallmeister zu entfernen, einen vierschrötigen Flegel, der beständig mit irgend einem aufgegabelten Lump im Stalle lag und Karten spielte. Er ging endlich von selbst in Begleitung einer goldenen Repetiruhr meines Vaters und einiger anderer Kleinodien von Werth.

Nachdem meine Mutter den Taugenichts los war, gab sie auch den Jagdhunden meines Vaters ihre Entlassung mit Ausnahme eines einzigen, welcher Joly hieß, aber erzhäßlich war. Er fand Gnade in ihren Augen, weil er eben gar nichts von einem Jagdhund an sich hatte und ein bürgerlich treuer und tugendhafter Haushund werden konnte. Er bewohnte im leeren Stalle die alte Kalesche meines Vaters, und wenn dieser hier mit ihm zusammentraf, warfen sie sich wechselseitig bedeutende Blicke zu. Ja, Joly, seufzte dann mein Vater, und Joly wedelte wehmüthig mit dem Schwanze.

Ich glaube, der Hund war ein Heuchler, und einst in übler Laune, als sein Liebling über einen Fußtritt allzu jämmerlich wimmerte, gestand mein Vater, daß die Kanaille sich verstelle. Am Ende ward Joly sehr räudig, und da er eine wandelnde Kaserne von Flöhen geworden, mußte er ersäuft werden, was mein Vater ohne Einspruch geschehen ließ. — Die Menschen sacrifiziren ihre vierfüßigen Günstlinge mit derselben Indifferenz, wie die Fürsten die zweifüßigen.

Aus der Feldlagerperiode meines Vaters stammte auch wohl

seine grenzenlose Vorliebe für den Soldatenstand oder vielmehr für das Soldatenspiel, die Lust an jenem lustigen, müßigen Leben, wo Goldflitter und Scharlachlappen die innere Leere verhüllen und die berauschte Eitelkeit sich als Muth geberden kann.

In seiner junkerlichen Umgebung gab es weder militärischen Ernst, noch wahre Ruhmsucht; von Heroismus konnte gar nicht die Rede sein. Als die Hauptsache erschien ihm die Wachtparade, das klirrende Wehrgehenke, die straffanliegende Uniform, so kleidsam für schöne Männer.

Wie glücklich war daher mein Vater, als zu Düsseldorf die Bürgergarden errichtet wurden und er als Offizier derselben die schöne dunkelblaue, mit himmelblauen Sammetaufschlägen versehene Uniform tragen und an der Spitze seiner Kolonnen an unserem Hause vorbeidefiliren konnte. Vor meiner Mutter, welche erröthend am Fenster stand, salutirte er dann mit allerliebster Courtoisie; der Federbusch auf seinem breieckigen Hute flatterte da so stolz, und im Sonnenlicht blitzten freudig die Epauletten.

Noch glücklicher war mein Vater in jener Zeit, wenn die Reihe an ihn kam, als commandirender Offizier die Hauptwache zu beziehen und für die Sicherheit der Stadt zu sorgen. An solchen Tagen floß auf der Hauptwache eitel Rüdesheimer und Aßmannshäuser von den trefflichsten Jahrgängen, Alles auf Rechnung des commandirenden Offiziers, dessen Freigebigkeit seine Bürgergardisten, seine Krethi und Plethi, nicht genug zu rühmen wußten.

Auch genoß mein Vater unter ihnen eine Popularität, die gewiß ebenso groß war, wie die Begeisterung, womit die alte Garde den Kaiser Napoleon umjubelte. Dieser freilich verstand seine Leute in anderer Weise zu berauschen. Den Garden meines Vaters fehlte es nicht an einer gewissen Tapferkeit, zumal wo es galt, eine Batterie von Weinflaschen, deren Schlünde vom größten Kaliber, zu erstürmen. Aber ihr Heldenmuth war doch von einer andern Sorte als die, welche wir bei der alten Kaisergarde fanden. Letztere starb und übergab sich nicht, während die Gardisten meines Vaters immer am Leben blieben und sich oft übergaben.

Was die Sicherheit der Stadt Düsseldorf betrifft, so mag

es sehr bedenklich damit ausgesehen haben in den Nächten, wo mein Vater auf der Hauptwache commandirte. Er trug zwar Sorge, Patrouillen auszuschicken, die singend und klirrend in verschiedenen Richtungen die Stadt durchstreiften. Es geschah einst, daß zwei solcher Patrouillen sich begegneten und in der Dunkelheit die Einen die Andern als Trunkenbolde und Ruhestörer arretiren wollten. Zum Glück sind meine Landsleute ein harmlos fröhliches Völkchen, sie sind im Rausche gutmüthig, „ils ont le vin bon." und es geschah kein Malheur; sie übergaben sich wechselseitig.

Eine grenzenlose Lebenslust war ein Hauptzug im Charakter meines Vaters, er war genußsüchtig, frohsinnig, rosenlaunig. In seinem Gemüthe war beständig Kirmeß, und wenn auch manchmal die Tanzmusik nicht sehr rauschend, so wurden doch immer die Violinen gestimmt. Immer himmelblaue Heiterkeit und Fanfaren des Leichtsinns. Eine Sorglosigkeit, die des vorigen Tages vergaß und nie an den kommenden Morgen denken wollte.

Dieses Naturell stand im wunderlichsten Widerspruch mit der Gravität, die über sein strengruhiges Antlitz verbreitet war und sich in der Haltung und jeder Bewegung des Körpers kundgab. Wer ihn nicht kannte und zum ersten Male diese ernsthafte, gepuderte Gestalt und diese wichtige Miene sah, hätte gewiß glauben können, einen von den sieben Weisen Griechenlands zu erblicken. Aber bei näherer Bekanntschaft merkte man wohl, daß er weder ein Thales noch ein Lampsakus [15]) war, der über kosmogenische Probleme nachgrüble. Jene Gravität war zwar nicht erborgt, aber sie erinnerte doch an jene antiken Basreliefs, wo ein heiteres Kind sich eine große tragische Maske vor das Antlitz hält.

Er war wirklich ein großes Kind mit einer kindlichen Naivetät, die bei platten Verstandesvirtuosen sehr leicht für Einfalt gelten konnte, aber manchmal doch irgend einen tiefsinnigen Ausspruch das bedeutendste Anschauungsvermögen (Intuition) verrieth.

Er witterte mit seinen geistigen Fühlhörnern, was die Klugen erst langsam durch die Reflexion begriffen. Er dachte weniger mit dem Kopfe als mit dem Herzen und hatte das liebenswürdigste Herz, das man sich denken kann. Das Lächeln, das manchmal um seine Lippen spielte, und mit der oben erwähnten

Gravität gar drollig anmuthig contrastierte, war der süße Wider=
schein seiner Seelengüte.

Auch seine Stimme, obgleich männlich, klangvoll, hatte etwas
Kindliches, ich möchte fast sagen etwas, das an Waldtöne, etwa
an Rothkehlchenlaute erinnerte; wenn er sprach, so drang seine
Stimme so direct zum Herzen, als habe sie gar nicht nöthig
gehabt, den Weg durch die Ohren zu nehmen.

Er redete den Dialekt Hannovers, wo, wie auch in der
südlichen Nachbarschaft dieser Stadt, das Deutsche am besten
ausgesprochen wird. Das war ein großer Vortheil für mich,
daß solchermaßen schon in der Kindheit durch meinen Vater mein
Ohr an eine gute Aussprache des Deutschen gewöhnt wurde,
während in unserer Stadt selbst jenes fatale Kauderwelsch des
Niederrheins gesprochen wird, das zu Düsseldorf noch einiger=
maßen erträglich, aber in dem nachbarlichen Köln wahrhaft ekel=
haft wird. Köln ist das Toskana einer klassisch schlechten Aus=
sprache des Deutschen, und Kobes klingelt mit Marizzebill [16])
in einer Mundart, die wie faule Eier klingt, fast riecht.

In der Sprache der Düsseldorfer merkt man schon einen
Uebergang in das Froschgequäke der holländischen Sümpfe. Ich
will der holländischen Sprache bei Leibe nicht ihre eigenthüm=
lichen Schönheiten absprechen, nur gestehe ich, daß ich kein Ohr
dafür habe. Es mag sogar wahr sein, daß unsere eigene deutsche
Sprache, wie patriotische Linguisten in den Niederlanden behauptet
haben, nur ein verdorbenes Holländisch sei. Es ist möglich.

Dieses erinnert mich an die Behauptung eines kosmopolitischen
Zoologen, welcher den Affen für den Ahnherrn des Menschen=
geschlechts erklärt; die Menschen sind nach seiner Meinung nur
ausgebildete, ja überbildete Affen. Wenn die Affen sprechen
könnten, sie würden wahrscheinlich behaupten, daß die Menschen
nur ausgeartete Affen seien, daß die Menschheit ein verdorbenes
Affenthum, wie nach der Meinung der Holländer die deutsche
Sprache ein verdorbenes Holländisch ist.

Ich sage: wenn die Affen sprechen könnten, obgleich ich von
solchem Unvermögen des Sprechens nicht überzeugt bin. Die
Neger am Senegal versichern steif und fest, die Affen seien
Menschen ganz wie wir, jedoch klüger, indem sie sich des Sprechens
enthalten, um nicht als Menschen anerkannt und zum Arbeiten
gezwungen zu werden; ihre scurrilen Affenspäße seien lauter

Pfiffigkeit, wodurch sie bei den Machthabern der Erde für untauglich erscheinen möchten, wie wir Andre ausgebeutet zu werden.

Solche Entäußerung aller Eitelkeit würde mir von diesen Menschen, die ein stummes Incognito beibehalten und sich vielleicht über unsere Einfalt lustig machen, eine sehr hohe Idee einflößen. Sie bleiben frei in ihren Wäldern, dem Naturzustand nie entsagend. Sie könnten wahrlich mit Recht behaupten, daß der Mensch ein ausgearteter Affe sei.

Vielleicht haben unsere Vorfahren im achtzehnten Jahrhundert dergleichen schon geahnt, und indem sie instinktmäßig fühlten, wie unsere glatte Uebercivilisation nur eine gefirnißte Fäulniß ist, und wie es nöthig sei, zur Natur zurückzukehren, suchten sie sich unserem Urtypus, dem natürlichen Affenthum, wieder zu nähern. Sie thaten das Mögliche, und als ihnen endlich, um ganz Affe zu sein, nur noch der Schwanz fehlte, ersetzten sie diesen Mangel durch den Zopf. So ist die Zopfmode ein bedeutsames Symptom eines ernsten Bedürfnisses und nicht ein Spiel der Frivolität — — doch ich suche vergebens durch das Schellen meiner Kappe die Wehmuth zu überklingeln, die mich jedesmal ergreift, wenn ich an meinen verstorbenen Vater denke.

Er war von allen Menschen derjenige, den ich am meisten auf dieser Erde geliebt. Er ist jetzt todt seit länger als 25 Jahren.[17] Ich dachte nie daran, daß ich ihn einst verlieren würde, und selbst jetzt kann ich es kaum glauben, daß ich ihn wirklich verloren habe. Es ist so schwer, sich von dem Tod der Menschen zu überzeugen, die wir so innig liebten. Aber sie sind auch nicht todt, sie leben fort in uns und wohnen in unserer Seele.

Es verging seitdem keine Nacht, wo ich nicht an meinen seligen Vater denken mußte, und wenn ich des Morgens erwache, glaube ich oft noch den Klang seiner Stimme zu hören, wie das Echo eines Traumes. Alsdann ist mir zu Sinn, als müßt ich mich geschwind ankleiden und zu meinem Vater hinabeilen in die große Stube, wie ich als Knabe that.

Mein Vater pflegte immer sehr früh aufzustehen und sich an seine Geschäfte zu begeben, im Winter wie im Sommer, und ich fand ihn gewöhnlich schon am Schreibtisch, wo er ohne aufzublicken mir die Hand hinreichte zum Kusse. Eine schöne, feingeschnittene, vornehme Hand, die er immer mit Mandelkleie wusch. Ich sehe sie noch vor mir, ich sehe noch jedes blaue Aederchen, das diese blendend weiße Marmorhand durchrieselte. Mir ist, als steige der Mandelduft prickelnd in meine Nase, und das Auge wird feucht.

Zuweilen blieb es nicht beim bloßen Handkuß, und mein Vater nahm mich zwischen seine Kniee und küßte mich auf die Stirn. Eines Morgens umarmte er mich mit ganz ungewöhnlicher Zärtlichkeit und sagte: „Ich habe diese Nacht etwas Schönes von dir geträumt und bin sehr zufrieden mit dir, mein lieber Harry." Während er diese naiven Worte sprach, zog ein Lächeln um seine Lippen, welches zu sagen schien: mag der Harry sich noch so unartig in der Wirklichkeit aufführen, ich werde dennoch, um ihn ungetrübt zu lieben, immer etwas Schönes von ihm träumen.

Harry ist bei den Engländern der familiäre Name derjenigen, welche Henri heißen, und entspricht ganz meinem deutschen Tauf= namen „Heinrich". Die familiären Benennungen des letztern sind in dem Dialekte meiner Heimath äußerst mißklingend, ja fast scurril, z. B. Heinz, Heinzchen, Hinz. Heinzchen werden oft auch die kleinen Hauskobolde genannt, und der gestiefelte Kater im Puppenspiel und überhaupt der Kater in der Volksfabel heißt „Hinze".

Aber nicht um solcher Mißlichkeit abzuhelfen, sondern um einen seiner besten Freunde in England zu ehren, ward von meinem Vater mein Name anglisirt. Mr. Harry war meines Vaters Geschäftsführer (Correspondent) in Liverpool; er kannte dort die besten Fabriken, wo Velveteen fabrizirt wurde, ein Handelsartikel, der meinem Vater sehr am Herzen lag, mehr aus Ambition als aus Eigennutz, denn obgleich er behauptete, daß er viel Geld an jenem Artikel verdiene, so blieb solches doch sehr problematisch, und mein Vater hätte vielleicht noch Geld hinzugesetzt, wenn es darauf ankam, den Velveteen in besserer Qualität und in größerer Quantität abzusetzen als seine Competitoren. Wie denn überhaupt mein Vater eigentlich keinen berechnenden Kaufmannsgeist hatte, obgleich er immer rechnete, und der Handel für ihn vielmehr ein Spiel war, wie die Kinder Soldaten oder Kochen spielen.

Seine Thätigkeit war eigentlich nur eine unaufhörliche Ge= schäftigkeit. Der Velveteen war ganz besonders seine Puppe, und er war glücklich, wenn die großen Frachtkarren abgeladen wurden und schon beim Abpacken alle Handelsjuden der benach=

barten Gegend die Hausflur füllten; denn die letzteren waren
seine besten Kunden, und bei ihnen fand sein Velveteen nicht
bloß den größten Absatz, sondern auch ehrenhafte Anerkennung.

Da du, theurer Leser, vielleicht nicht weißt, was „Velveteen"
ist, so erlaube mir, dir zu erklären, daß dieses ein englisches
Wort ist, welches sammtartig bedeutet, und man benennt damit
eine Art Sammt von Baumwolle, woraus sehr schöne Hosen,
Westen, sogar Kamisole verfertigt werden. Es trägt dieser Klei=
dungsstoff auch den Namen „Manchester" nach der gleichnamigen
Fabrikstadt, wo derselbe zuerst fabriziert wurde.

Weil nun der Freund meines Vaters, der sich auf den Ein=
kauf des Velveteens am besten verstand, den Namen Harry führte,
erhielt auch ich diesen Namen, und Harry ward ich genannt in
der Familie und bei Hausfreunden und Nachbarn.

Ich höre mich noch jetzt sehr gern bei diesem Namen nennen,
obgleich ich demselben auch viel Verdruß, vielleicht den empfind=
lichsten Verdruß meiner Kindheit verdankte. Erst jetzt, wo ich
nicht mehr unter den Lebenden lebe und folglich alle gesellschaft=
liche Eitelkeit in meiner Seele erlischt, kann ich ohne Befangenheit
davon sprechen.

Hier in Frankreich ist mir gleich nach meiner Ankunft in
Paris mein deutscher Name „Heinrich" in „Henri" übersetzt
worden, und ich mußte mich darin schicken und auch endlich hier
zu Lande selbst nennen, da das Wort Heinrich dem französischen
Ohr nicht zusagte, und überhaupt die Franzosen sich alle Dinge
in der Welt recht bequem machen. Auch den Namen „Henri
Heine" haben sie nicht recht aussprechen können, und bei den
meisten heiße ich Mr. Enri Enn; von vielen wird dieses in
ein Enrienne zusammmengezogen, und einige nannten mich Mr.
Un rien.

Das schadet mir in mancherlei literärischer Beziehung, ge=
währt aber auch wieder einigen Vortheil. Z. B. unter meinen
edlen Landsleuten, welche nach Paris kommen, sind manche, die
mich hier gern verlästern möchten, aber da sie immer meinen
Namen deutsch aussprechen, so kommt es den Franzosen nicht in
den Sinn, daß der Bösewicht und Unschuldbrunnenvergifter, über
den so schrecklich geschimpft ward, kein anderer als ihr Freund
Monsieur Enrienne sei, und jene edlen Seelen haben vergebens
ihren Tugendeifer die Zügel schießen lassen; die Franzosen wissen

nicht, daß von mir die Rede ist, und die transrhenanische Tugend hat vergebens alle Bolzen der Verleumdung abgeschossen.

Es hat aber, wie gesagt, etwas Mißliches, wenn man unsern Namen schlecht ausspricht. Es giebt Menschen, die in solchen Fällen eine große Empfindlichkeit an den Tag legen. Ich machte mir mal den Spaß, den alten Cherubini zu befragen, ob es wahr sei, daß der Kaiser Napoleon seinen Namen immer wie Scherubini und nicht wie Kerubini ausgesprochen, obgleich der Kaiser des Italienischen genugsam kundig war, um zu wissen, wo das italienische ch wie ein qu oder k ausgesprochen wird. Bei dieser Anfrage expectorirte sich der alte Maestro mit höchst komischer Wuth.

Ich habe dergleichen nie empfunden.

Heinrich, Harry, Henri, — alle diese Namen klingen gut, wenn sie von schönen Lippen gleiten. Am besten freilich klingt Signor Enrico. So hieß ich in jenen hellblauen, mit großen silbernen Sternen gestickten Sommernächten jenes edlen und unglücklichen Landes, das die Heimath der Schönheit ist und Raphael Sanzio von Urbino, Joachimo Rossini und die Prinzipessa Christiana Belgiojoso hervorgebracht hat.

Da mein körperlicher Zustand mir alle Hoffnung raubt, jemals wieder in der Gesellschaft zu leben, und letztere wirklich nicht mehr für mich existirt, so habe ich auch die Fesseln jener persönlichen Eitelkeit abgestreift, die jeden behaftet, der unter den Menschen, in der sogenannten Welt sich herumtreiben muß.

Ich kann daher jetzt mit unbefangenem Sinn von dem Mißgeschick sprechen, das mit meinem Namen „Harry" verbunden war und mir die schönsten Frühlingsjahre des Lebens vergällte und vergiftete.

Es hatte damit folgende Bewandtniß. In meiner Vaterstadt wohnte ein Mann, welcher der „Dreckmichel" hieß, weil er jeden Morgen mit einem Karren, woran ein Esel gespannt war, die Straßen der Stadt durchzog und vor jedem Hause still hielt, um den Kehricht, welchen die Mädchen in zierlichen Haufen zusammengekehrt, aufzuladen und aus der Stadt nach dem Mistfelde zu transportiren. Der Mann sah aus wie sein Gewerbe, und der Esel, welcher seinerseits wie sein Herr aussah, hielt still vor den Häusern oder setzte sich in Trab, je nachdem die Modulation war, womit der Michel ihm das Wort „Haarüh!" zurief.

War solches sein wirklicher Name oder nur ein Stichwort? Ich weiß nicht, doch so viel ist gewiß, daß ich durch die Aehnlichkeit jenes Wortes mit meinem Namen Harry außerordentlich viel Leid von Schulkameraden und Nachbarskindern auszustehen hatte. Um mich zu nergeln, sprachen sie ihn ganz so aus, wie der Dreckmichel seinen Esel rief, und ward ich darob erbost, so nahmen die Schälke manchmal eine ganz unschuldige Miene an und verlangten, um jede Verwechselung zu vermeiden, ich sollte sie lehren, wie mein Name und der des Esels ausgesprochen werden müßten, stellten sich aber dabei sehr ungelehrig, meinten, der Michel pflege die erste Silbe immer sehr lang anzuziehen, während er die zweite Silbe immer schnell abschnappen lasse; zu anderen Zeiten geschehe das Gegentheil, wodurch der Ruf wieder ganz meinem eigenen Namen gleichlautete, und indem die Buben in der unsinnigsten Weise alle Begriffe und mich mit dem Esel und wieder diesen mit mir verwechselten, gab es tolle coq-à-l'âne, über die jeder andere lachen, aber ich selbst weinen mußte.[18])

Als ich mich bei meiner Mutter beklagte, meinte sie, ich solle nur suchen, viel zu lernen und gescheit zu werden, und man werde mich dann nie mit einem Esel verwechseln.

Aber meine Homonymität mit dem schäbigen Langohr blieb mein Alp. Die großen Buben gingen vorbei und grüßten „Haarüh!" die kleineren riefen mir denselben Gruß, aber in einiger Entfernung. In der Schule ward dasselbe Thema mit raffinirter Grausamkeit ausgebeutet; wenn nur irgend von einem Esel die Rede war, schielte man nach mir, der ich immer erröthete, und es ist unglaublich, wie Schulknaben überall Anzüglichkeiten hervorzuheben oder zu erfinden wissen.

Z. B. der eine frug den andern: Wie unterscheidet sich das Zebra von dem Esel des Bileam Sohn Boers? Die Antwort lautet: Der eine spricht zebräisch und der andere sprach hebräisch. — Dann kam die Frage: Wie unterscheidet sich aber der Esel des Dreckmichels von seinen Namensvetter, und die impertinente Antwort war: den Unterschied wissen wir nicht. Ich wollte dann zuschlagen, aber man beschwichtigte mich, und mein Freund Dietrich, der außerordentlich schöne Heiligenbildchen zu verfertigen wußte und auch später ein berühmter Maler wurde, suchte mich einst bei einer solchen Gelegenheit zu trösten, indem er mir ein

Bild versprach. Er malte für mich einen heiligen Michael — aber der Bösewicht hatte mich schändlich verhöhnt. Der Erzengel hatte die Züge des Dreckmichels, sein Roß sah aus wie dessen Esel, und statt einen Drachen durchstach die Lanze das Aas einer todten Katze.

Sogar der blondlockichte, sanfte, mädchenhafte Franz,[19]) den ich so sehr liebte, verrieth mich einst, er schloß mich in seine Arme, lehnte seine Wange zärtlich an die meinige, blieb lange sentimental an meiner Brust und — rief mir plötzlich ins Ohr ein lachendes Haarüh! — das schnöde Wort im Davonlaufen beständig modulirend, daß es weithin durch die Kreuzgänge des Klosters wiederhallte.

Noch roher behandelten mich einige Nachbarskinder, Gassenbuben jener niedrigsten Klasse, welche wir in Düsseldorf „Haluten" nannten, ein Wort, welches Etymologienjäger gewiß von den Heloten der Spartaner ableiten würden.

Ein solcher Halut war der kleine Jupp, welches Joseph heißt, und den ich auch mit seinem Vatersnamen Flaber benennen will, damit er beileibe nicht mit dem Jupp Rörsch verwechselt werde, welcher ein ganz artiges Nachbarskind war, und wie ich zufällig erfahren, jetzt als Postbeamter in Bonn lebt. Der Jupp Flader trug immer einen langen Fischerstecken, womit er nach mir schlug, wenn er mir begegnete. Er pflegte mir auch gern Roßäpfel an den Kopf zu werfen, die er brühwarm, wie sie aus dem Backofen der Natur kamen, von der Straße aufraffte. Aber nie unterließ er dann auch das fatale Haarüh! zu rufen und zwar in allen Modulationen.

Der böse Bub war der Enkel der alten Frau Flader, welche zu den Clientinnen meines Vaters gehörte. So böse der Bub war, so gutmüthig war die arme Großmutter, ein Bild der Armuth und des Elends, aber nicht abstoßend, sondern nur herzzerreißend. Sie war wohl über 80 Jahre alt, eine große Schlottergestalt, ein weißes Ledergesicht mit blassen Kummeraugen, eine weiche, röchelnde, wimmernde Stimme, und bettelnd ganz ohne Phrase, was immer furchtbar klingt.

Mein Vater gab ihr immer einen Stuhl, wenn sie kam, ihr Monatsgeld abzuholen an den Tagen, wo er als Armenpfleger seine Sitzungen hielt.

Von diesen Sitzungen meines Vaters als Armenpfleger blieben

mir nur diejenigen im Gedächtniß, welche im Winter stattfanden, in der Frühe des Morgens, wenn's noch dunkel war. Mein Vater saß dann an einem großen Tische, der mit Geldtüten jeder Größe bedeckt war; statt der silbernen Leuchter mit Wachskerzen, deren sich mein Vater gewöhnlich bediente und womit er, dessen Herz so viel Takt besaß, vor der Armuth nicht prunken wollte, standen jetzt auf dem Tische zwei kupferne Leuchter mit Talg= lichtern, die mit der rothen Flamme des dicken, schwarzgebrannten Dochtes gar traurig die anwesende Gesellschaft beleuchteten.

Das waren arme Leute jedes Alters, die bis in den Vor= saal Queue machten. Einer nach dem andern kam, seine Tüte in Empfang zu nehmen, und mancher erhielt zwei; die große Tüte enthielt das Privatalmosen meines Vaters, die kleine das Geld der Armenkasse.

Ich saß auf einem hohen Stuhle neben meinem Vater und reichte ihm die Tüten. Mein Vater wollte nämlich, ich sollte lernen, wie man giebt, und in diesem Fache konnte man bei meinem Vater etwas Tüchtiges lernen.

Viele Menschen haben das Herz auf dem rechten Fleck, aber sie verstehen nicht zu geben, und es dauert lange, ehe der Wille des Herzens den Weg bis zur Tasche macht; zwischen dem guten Vorsatz und der Vollstreckung vergeht langsam die Zeit wie bei einer Postschnecke. Zwischen dem Herzen meines Vaters und seiner Tasche war gleichsam schon eine Eisenbahn eingerichtet. Daß er durch die Actionen solcher Eisenbahn nicht reich wurde, versteht sich von selbst. Bei der Nord= oder Lyon=Bahn ist mehr verdient worden.

Die meisten Clienten meines Vaters waren Frauen und zwar alte, und auch in späteren Zeiten, selbst damals, als seine Um= stände sehr unglänzend zu sein begannen, hatte er eine solche Clientel von bejahrten Weibspersonen, denen er kleine Pensionen verabreichte. Sie standen überall auf der Lauer, wo sein Weg ihn vorüberführen mußte, und er hatte solchermaßen eine geheime Leibwache von alten Weibern, wie einst der selige Robespierre.

Unter dieser altersgrauen Garde war manche Vettel, die durchaus nicht aus Dürftigkeit ihm nachlief, sondern aus wahrem Wohlgefallen an seiner Person, an seiner freundlichen und immer liebreichen Erscheinung.

Er war ja die Artigkeit in Person, nicht bloß den jungen,

sondern auch den älteren Frauen gegenüber, und die alten Weiber, die so graufam sich zeigen, wenn sie verletzt werden, sind die dankbarste Nation, wenn man ihnen einige Aufmerksamkeit und Zuvorkommenheit erwiesen, und wer in Schmeicheleien bezahlt sein will, der findet in ihnen Personen, die nicht knickern, während die jungen, schnippischen Dinger uns für alle Zuvorkommenheiten kaum eines Kopfnickens würdigen.

Da nun für schöne Männer, deren Specialität darin besteht, daß sie schöne Männer sind, die Schmeichelei ein großes Bedürfniß ist und es ihnen dabei gleichgiltig ist, ob der Weihrauch aus einem rosichten oder welken Munde kommt, wenn er nur stark und reichlich hervorquillt, so begreift man, wie mein theurer Vater, ohne eben darauf speculirt zu haben, dennoch in seinem Verkehr mit den alten Damen ein gutes Geschäft machte.

Es ist unbegreiflich, wie groß oft die Dosis Weihrauch war, mit welcher sie ihn eindampften, und wie gut er die stärkste Portion vertragen konnte. Das war sein glückliches Temperament, durchaus nicht Einfalt. Er wußte sehr wohl, daß man ihm schmeichle, aber er wußte auch, daß Schmeichelei, wie Zucker, immer süß ist, und er war wie das Kind, welches zu der Mutter sagt: Schmeichle mir ein bischen, sogar ein bißchen zu viel.

Das Verhältniß meines Vaters zu den besagten Frauen hatte aber noch außerdem einen ernsteren Grund. Er war nämlich ihr Rathgeber, und es ist merkwürdig, daß dieser Mann, der sich selber so schlecht zu rathen wußte, dennoch die Lebensklugheit selber war, wenn es galt, anderen in mißlichen Vorfallenheiten einen guten Rath zu ertheilen. Er durchschaute dann gleich die Position, und wenn die betrübte Clientin ihm auseinandergesetzt, wie es ihr in ihrem Gewerbe immer schlimmer gehe, so that er am Ende einen Ausspruch, den ich so oft, wenn alles schlecht ging, aus seinem Munde hörte, nämlich: „In diesem Falle muß man ein neues Fäßchen anstechen". Er wollte damit anrathen, daß man nicht in einer verlorenen Sache eigensinnig ferner beharren, sondern etwas Neues beginnen, eine neue Richtung einschlagen müsse. Man muß dem alten Faß, woraus nur saurer Wein und nur sparsam tröpfelt, lieber gleich den Boden ausschlagen und „ein neues Fäßchen anstechen!" Aber statt dessen legt man sich faul mit offenem Mund unter das trockene Spundloch und hofft auf süßeres und reichlicheres Rinnen.

Die Almosen des Vaters.

Als die alte Hanne meinem Vater klagte, daß ihre Kundschaft abgenommen und sie nichts mehr zu brocken und, was für sie noch empfindlicher, nichts mehr zu schlucken habe, gab er ihr erst einen Thaler und dann sann er nach. Die alte Hanne war früher eine der vornehmsten Hebammen, aber in späteren Jahren ergab sie sich etwas dem Trinken und besonders dem Tabakschnupfen; da in ihrer rothen Nase immer Thauwetter war, und der Tropfenfall die weißen Betttücher der Wöchnerinnen sehr verbräunte, so ward die Frau überall abgeschafft. —

Nachdem mein Vater nun reiflich nachgedacht, sagte er endlich: Da muß man ein neues Fäßchen anstechen, und diesmal muß es ein Branntweinfäßchen sein; ich rathe euch, in einer etwas vornehmen, von Matrosen besuchten Straße am Hafen einen kleinen Likörladen zu eröffnen, ein Schnapslädchen.

Die Ex-Hebamme folgte diesem Rath, sie etablirte sich mit einer Schnapsbutik am Hafen, machte gute Geschäfte, und sie hätte gewiß ein Vermögen erworben, wenn nicht unglücklicherweise sie selbst ihre beste Kunde gewesen wäre. Sie verkaufte auch Tabak, und ich sah sie oft vor ihrem Laden stehen mit ihrer roth aufgedunsenen Schnupftabaksnase, eine lebende Reclame, die manchen gefühlvollen Seemann anlockte.

Zu den schönen Eigenschaften meines Vaters gehörte vorzüglich seine große Höflichkeit, die er, als ein wahrhaft vornehmer Mann, ebenso sehr gegen Arme wie gegen Reiche ausübte. Ich bemerkte dieses besonders in den oberwähnten Sitzungen, wo er, den armen Leuten ihre Geldtüte verabreichend, ihnen immer einige höfliche Worte sagte.

Ich konnte da etwas lernen, und in der That, mancher berühmte Wohlthäter, der den armen Leuten immer die Tüte an den Kopf warf, daß man mit jedem Thaler auch ein Loch in den Kopf bekam, hätte hier bei meinem höflichen Vater etwas lernen können. Er befragte die meisten armen Weiber nach ihrem Befinden und er war so gewohnt an die Redeformel: „Ich habe die Ehre", daß er sie auch anwandte, wenn er mancher Vettel, die etwa unzufrieden und patzig, die Thüre zeigte.

Gegen die alte Flader war er am höflichsten, und er bot ihr immer einen Stuhl. Sie war auch wirklich so schlecht auf den Beinen und konnte mit ihrer Handkrücke kaum forthumpeln.

Als sie zum letzten Mal zu meinem Vater kam, um ihr

Monatsgeld abzuholen, war sie so zusammenfallend, daß ihr
Enkel, der Jupp, sie führen mußte. Dieser warf mir einen
sonderbaren Blick zu, als er mich an dem Tische neben meinem
Vater sitzen sah. Die Alte erhielt außer der kleinen Tüte auch
noch eine ganz große Privattüte von meinem Vater, und sie
ergoß sich in einen Strom von Segenswünschen und Thränen.

Es ist fürchterlich, wenn eine alte Großmutter so stark weint.
Ich selbst hätte weinen können, und die alte Frau mochte es
mir wohl anmerken. Sie konnte nicht genug rühmen, welch ein
hübsches Kind ich sei, und sie sagte, sie wollte die Muttergottes
bitten, dafür zu sorgen, daß ich niemals im Leben Hunger leiden
und bei den Leuten betteln müsse.

Mein Vater ward über diese Worte etwas verdrießlich, aber
die Alte meinte es ehrlich; es lag in ihrem Blick etwas so
Geisterhaftes aber zugleich Frömmiges und Liebreiches, und sie
sagte zuletzt zu ihrem Enkel: Geh, Jupp, und küsse dem lieben
Kinde die Hand. Der Jupp schnitt eine säuerliche Grimasse,
aber er gehorchte dem Befehl der Großmutter; ich fühlte auf
meiner Hand seine brennenden Lippen wie den Stich einer Viper.
Schwerlich konnte ich sagen, warum, aber ich zog aus der Tasche
alle meine Fettmännchen und gab sie dem Jupp, der mit einem
roh blöden Gesicht sie Stück vor Stück zählte und endlich ganz
gelassen in die Tasche seiner Bux steckte.

Zur Belehrung des Lesers bemerke ich, daß „Fettmännchen"
der Name einer fettigdicken Kupfermünze, die ungefähr einen
Sou werth ist.

Die alte Flader ist bald darauf gestorben, aber der Jupp
ist gewiß noch am Leben, wenn er nicht seitdem gehenkt worden
ist. — Der böse Bube blieb unverändert. Schon den andern
Tag nach unserm Zusammentreffen bei meinem Vater begegnete
ich ihm auf der Straße. Er ging mit seiner wohlbekannten
langen Fischerruthe. Er schlug mich wieder mit diesem Stecken,
warf auch wieder nach mir mit einigen Roßäpfeln und schrie
wieder das fatale Haarüh! und zwar so laut und die Stimme
des Dreckmichels so treu nachahmend, daß der Esel desselben,
der sich mit dem Karren zufällig in einer Nebengasse befand,
den Ruf seines Herrn zu vernehmen glaubte und ein fröhliches
J=A erschallen ließ.

Wie gesagt, die Großmutter des Jupp ist bald darauf ge=

storben und zwar in dem Ruf einer Hexe, was sie gewiß nicht war, obgleich unsere Zippel steif und fest das Gegentheil behauptete.

Zippel war der Name einer noch nicht sehr alten Person, welche eigentlich Sibylle hieß, meine erste Wärterin war und auch später im Hause blieb. Sie befand sich zufällig im Zimmer am Morgen der erwähnten Scene, wo die alte Flaber mir so viele Lobsprüche ertheilte und die Schönheit des Kindes bewunderte. Als die Zippel diese Worte hörte, erwachte in ihr der alte Volkswahn, daß es den Kindern schädlich sei, wenn sie solchermaßen gelobt werden, daß sie dadurch erkranken oder von einem Uebel befallen werden, und um das Uebel abzuwenden, womit sie mich bedroht glaubte, nahm sie ihre Zuflucht zu dem vom Volksglauben als probat empfohlenen Mittel, welches darin besteht, daß man das gelobte Kind dreimal anspucken muß. Sie kam auch gleich auf mich zugesprungen und spuckte mir hastig dreimal auf den Kopf.

Doch dieses war erst ein provisorisches Bespeien, denn die Wissenden behaupten, wenn die bedenkliche Lobspende von einer Hexe gemacht worden, so könne der böse Zauber nur durch eine Person gebrochen werden, die ebenfalls eine Hexe, und so entschloß sich die Zippel, noch denselben Tag zu einer Frau zu gehen, die ihr als Hexe bekannt war und ihr auch, wie ich später erfahren, manche Dienste durch ihre geheimnißvolle und verbotene Kunst geleistet hatte. Diese Hexe bestrich mir mit ihrem Daumen, den sie mit Speichel angefeuchtet, den Scheitel des Hauptes, wo sie einige Haare abgeschnitten; auch andere Stellen bestrich sie solchermaßen, während sie allerlei Abrakadabra-Unsinn dabei murmelte, und so ward ich vielleicht schon frühe zum Teufelspriester ordinirt.

Jedenfalls hat diese Frau, deren Bekanntschaft mir seitdem verblieb, mich späterhin, als ich schon erwachsen, in die geheime Kunst injicirt.

Ich bin zwar selbst kein Hexenmeister geworden, aber ich weiß, wie gehext wird, und besonders weiß ich, was keine Hexerei ist.

Jene Frau nannte man die Meisterin oder auch die Göchin, weil sie aus Goch gebürtig war, wo auch ihr verstorbener Gatte, der das verrufene Gewerbe eines Scharfrichters trieb, sein

Domicil hatte und von nah und fern zu Amtsverrichtungen gerufen wurde. Man wußte, daß er seiner Wittwe mancherlei Arcana hinterlassen, und diese verstand es, diesen Ruf auszubeuten.

Ihre besten Kunden waren Bierwirthe, denen sie die Todtenfinger verkaufte, die sie noch aus der Verlassenschaft ihres Mannes zu besitzen vorgab. Das sind Finger eines gehenkten Diebes, und sie dienen dazu, das Bier im Fasse wohlschmeckend zu machen und zu vermehren. Wenn man nämlich den Finger eines Gehenkten, zumal eines unschuldig Gehenkten, an einem Bindfaden befestigt im Fasse hinabhängen läßt, so wird das Bier dadurch nicht bloß wohlschmeckender, sondern man kann aus besagtem Fasse doppelt, ja vierfach so viel zapfen, wie aus einem gewöhnlichen Fasse von gleicher Größe. Aufgeklärte Bierwirthe pflegen ein rationaleres Mittel anzuwenden, um das Bier zu vermehren, aber es verliert dadurch an Stärke.

Auch von jungen Leuten zärtlichen Herzens hatte die Meisterin viel Zuspruch und versah sie mit Liebesträuken, denen sie in ihrer charlatanischen Latinitätswuth, wo sie das Latein noch lateinischer klingen lassen wollte, den Namen eines Philtrariums ertheilte; den Mann, der den Trank seiner Schönen eingab, nannte sie den Philtrarius, und die Dame hieß dann die Philtrariata.

Es geschah zuweilen, daß das Philtrarium seine Wirkung verfehlte oder gar eine entgegengesetzte hervorbrachte. . .

Die Meisterin rettete den Ruf ihrer Kunst, indem sie behauptete, den unglücklichen Philtrarius mißverstanden und geglaubt zu haben, er wolle von seiner Liebe geheilt sein.

Besser als ihre Liebesträuke waren die Rathschläge, womit die Meisterin ihre Philtrarien begleitete; sie rieth nämlich immer etwas Gold in der Tasche zu tragen, indem Gold sehr gesund sei und besonders dem Liebenden Glück bringe. Wer erinnert sich nicht hier an des ehrlichen Jago's Worte im „Othello", wenn er dem verliebten Rodrigo sagt: „Put money in your purse!"

Mit dieser großen Meisterin stand nun unsere Zippel in intimer Bekanntschaft, und wenn es eben jetzt nicht mehr Liebesträuke waren, die sie hier kaufte, so nahm sie doch die Kunst der Göchin manchmal in Anspruch, wenn es galt, an einer

beglückten Nebenbuhlerin, die ihren eigenen ehemaligen Schatz
heirathete, sich zu rächen . . . .

*   *   *

„Sonne, du klagende Flamme!"

Das ist der Schlußreim des alten Liebs,
Das oft meine Amme gesungen —
„Sonne, du klagende Flamme!" das hat
Wie Waldhornruf geklungen.

Es kommt im Lied ein Mörder vor,
Der lebt' in Lust und Freude;
Man findet ihn endlich im Walde gehenkt
An einer grauen Weide.

Des Mörders Todesurtheil war
Genagelt am Weidenstamme;
Das haben die Rächer der Fehme gethan —
„Sonne, du klagende Flamme!"

Die Sonne war Kläger, sie hatte bewirkt,
Daß man den Mörder verdamme.
Ottilie hatte sterbend geschrien:
„Sonne, du klagende Flamme!"

Und denk' ich des Liedes, so denk' ich auch
Der Amme, der lieben Alten;
Ich sehe wieder ihr braunes Gesicht
Mit allen Runzeln und Falten.

Sie war geboren im Münsterland
Und wußte in großer Menge
Gespenstergeschichten, grausenhaft
Und Märchen und Volksgesänge.

Wie pochte mein Herz, wenn die alte Frau
Von der Königstochter erzählte,
Die einsam auf der Heide saß,
Und die goldenen Haare strählte.

Mit stockendem Athem horchte ich hin,
Wenn die Alte ernster und leiser
Zu sprechen begann und vom Rothbart sprach,
Von unserem heimlichen Kaiser.

Sie hat mir versichert, er sei nicht todt,
Wie da glauben die Gelehrten;
Er hause versteckt in einem Berg
Mit seinen Waffengefährten.

———— ———— ————

Wie klingen sie lieblich, wie klingen sie süß,
Die Märchen der alten Amme!
Mein abergläubisches Herze jauchzt:
„Sonne, du klagende Flamme!"

Fünftes Capitel.

Die blasse Josepha.

Es war aber wahrlich nicht die Hexerei, was mich zuweilen zur Göcherin trieb. Ich unterhielt die Bekanntschaft mit der Göcherin, und ich mochte wohl schon in einem Alter von sechzehn Jahren sein, als ich öfter als früher nach ihrer Wohnung ging, hingezogen von einer Hexerei, die stärker war als alle ihre lateinisch bombastischen Philtraria. Sie hatte nämlich eine Nichte, welche ebenfalls kaum 16 Jahre alt war, aber, plötzlich aufgeschossen zu einer hohen schlanken Gestalt, viel älter zu sein schien. Das plötzliche Wachsthum war auch schuld, daß sie äußerst mager war. Sie hatte jene enge Taille, welche wir bei den Quarteronen in Westindien bemerken, und da sie kein Korsett und kein Dutzend Unterröcke trug, so glich ihre enganliegende Kleidung dem nassen Gewand einer Statue. Keine marmorne Statue konnte freilich mit ihr an Schönheit wetteifern, da sie das Leben selbst und jede Bewegung die Rhythmen ihres Leibes, ich möchte sagen, sogar die Musik ihrer Seele offenbarte. Keine von den Töchtern der Niobe hatte ein edler geschnittenes Gesicht; die Farbe desselben, wie ihre Haut überhaupt, war von einer etwas wechselnden Weiße. Ihre großen tiefdunkeln Augen sahen aus, als hätten sie ein Räthsel aufgegeben und warteten ruhig auf die Lösung, während der Mund mit den schmalen hochauf=

geschürzten Lippen und den kreideweißen, etwas länglichen Zähnen zu sagen schien: Du bist dumm und wirst vergebens rathen.

Ihr Haar war roth, ganz blutroth und hing in langen Locken bis über ihre Schultern hinab, so daß sie dasselbe unter dem Kinn zusammenbinden konnte. Das gab ihr aber das Aussehen, als habe man ihr den Hals abgeschnitten, und in rothen Strömen quölle daraus hervor das rothe Blut.

Die Stimme der Josepha, oder des rothen „Sefchen", wie man die schöne Nichte der Göcherin nannte, war nicht besonders wohllautend, und ihr Sprachorgan war manchmal bis zur Klang=losigkeit verschleiert; doch plötzlich, wenn die Leidenschaft eintrat, brach der metallreichste Ton hervor, der mich ganz besonders durch den Umstand ergriff, daß die Stimme der Josepha mit der meinigen eine so große Aehnlichkeit hatte.

Wenn sie sprach, erschrak ich zuweilen und glaubte, mich selbst sprechen zu hören, und auch ihr Gesang erinnerte mich an Träume, wo ich mich selber mit derselben Art und Weise singen hörte.

Sie wußte viele alte Volkslieder und hat vielleicht bei mir den Sinn für diese Gattung geweckt, wie sie gewiß den größten Einfluß auf den erwachenden Poeten übte, so daß meine ersten Gedichte der „Traumbilder", die ich bald darauf schrieb, ein düstres und grausames Kolorit haben wie das Verhältniß, das damals seine blutrünstigen Schatten in mein junges Leben und Denken warf.[20])

Unter den Liedern, die Josepha sang, war ein Volkslied, das sie von der Zippel gelernt, und welches diese auch mir in meiner Kindheit oft vorgesungen, so daß ich zwei Strophen im Gedächtniß behielt, die ich um so lieber hier mittheilen will, da ich das Gedicht in keiner der vorhandenen Volksliedersammlungen fand. Sie lauten folgendermaßen — zuerst spricht der böse Tragig:

„Otilje lieb, Otilje mein,
Du wirst wohl nicht die letzte sein —
Sprich, willst du hängen am hohen Baum?
Oder willst du schwimmen im blauen See?
Oder willst du küssen das blanke Schwert,
Was der liebe Gott bescheert?"

Hierauf antwortet Otilje:

> „Ich will nicht hängen am hohen Baum,
> Ich will nicht schwimmen im blauen See,
> Ich will küssen das blanke Schwert,
> Was der liebe Gott bescheert!"

Als das rothe Sefchen einst das Lied singend an das Ende dieser Strophe kam, und ich ihr die innere Bewegung abmerkte, ward auch ich so erschüttert, daß ich in ein plötzliches Weinen ausbrach, und wir fielen uns beide schluchzend in die Arme, sprachen kein Wort, wohl eine Stunde lang, während uns die Thränen aus den Augen rannen und wir uns wie durch einen Thränenschleier ansahen.

Ich bat Sefchen, mir jene Strophen aufzuschreiben, und sie that es, aber sie schrieb sie nicht mit Tinte, sondern mit ihrem Blute; das rothe Autograph kam mir später abhanden, doch die Strophen blieben mir unauslöschlich im Gedächtniß.

Der Mann der Göchin war der Bruder von Sefchens Vater, welcher ebenfalls Scharfrichter war, doch da derselbe früh starb, nahm die Göchin das kleine Kind zu sich. Aber als bald darauf ihr Mann starb und sie sich in Düsseldorf ansiedelte, übergab sie das Kind dem Großvater, welcher ebenfalls Scharfrichter war und im Westfälischen wohnte.

Hier, in dem „Freihaus", wie man die Scharfrichterei zu nennen pflegt, verharrte Sefchen bis zu ihrem vierzehnten Jahre, wo der Großvater starb und die Göchin die ganz Verwaiste wieder zu sich nahm.

Durch die Unehrlichkeit ihrer Geburt führte Sefchen von ihrer Kindheit bis ins Jungfrauenalter ein vereinsamtes Leben, und gar auf dem Freihof ihres Großvaters war sie von allem gesellschaftlichen Umgang abgeschieden. Daher ihre Menschenscheu, ihr sensitives Zusammenzucken vor jeder fremden Berührung, ihr geheimnißvolles Hinträumen, verbunden mit dem störrigsten Trutz, mit der patzigsten Halsstarrigkeit und Wildheit.

Sonderbar! sogar in ihren Träumen, wie sie mir einst gestand, lebte sie nicht mit Menschen, sondern sie träumte nur von Thieren.

In der Einsamkeit der Scharfrichterei konnte sie sich nur mit den alten Büchern des Großvaters beschäftigen, welcher letztere ihr zwar Lesen und Schreiben selbst lehrte, aber doch äußerst wortkarg war.

Manchmal war er mit seinen Knechten auf mehrere Tage abwesend, und das Kind blieb dann allein im Freihaus, welches nahe am Hochgericht in einer waldigen Gegend sehr einsam gelegen war. Zu Hause blieben nur drei alte Weiber mit greisen Wackelköpfen, die beständig ihre Spinnräder schnurren ließen, hüstelten, sich zankten und viel Branntwein tranken.

Besonders in Winternächten, wo der Wind draußen die alten Eichen schüttelte, und der große flackernde Kamin so sonderbar heulte, ward es dem armen Sefchen sehr unheimlich im einsamen Hause; denn alsdann fürchtete man auch den Besuch der Diebe, nicht der lebenden, sondern der todten, der gehenkten, die vom Galgen sich losgerissen und an die niederen Fensterscheiben des Hauses klopften und Einlaß verlangten, um sich ein bißchen zu wärmen. Sie schneiden so jämmerlich verfrorene Grimassen. Man kann sie nur dadurch verscheuchen, daß man aus der Eisenkammer ein Richtschwert holt und ihnen damit droht; alsdann huschen sie wie ein Wirbelwind von bannen.

Manchmal lockt sie nicht bloß das Feuer des Heerdes, sondern auch die Absicht, die ihnen vom Scharfrichter gestohlenen Finger wieder zu stehlen. Hat man die Thür nicht hinlänglich verriegelt, so treibt sie auch noch im Tode das alte Diebesgelüste, und sie stehlen die Laken aus den Schränken und Betten. Eine von den alten Frauen, die einst einen solchen Diebstahl noch zeitig bemerkte, lief dem todten Diebe nach, der im Winde das Laken flattern ließ, und einen Zipfel erfassend, entriß sie ihm den Raub, als er den Galgen erreicht hatte und sich auf das Gebälke desselben flüchten wollte.

Nur an Tagen, wo der Großvater sich zu einer großen Hinrichtung anschickte, kamen aus der Nachbarschaft die Collegen zum Besuche, und dann wurde gesotten, gebraten, geschmaust, getrunken, wenig gesprochen und gar nicht gesungen. Man trank aus silbernen Bechern, statt daß dem unehrlichen Freimeister oder gar seinen Freiknechten in den Wirthshäusern, wo sie einkehrten, nur eine Kanne mit hölzernem Deckel gereicht wurde, während man allen anderen Gästen aus Kannen mit zinnernen Deckeln zu trinken gab. An manchen Orten wird das Glas zerbrochen, woraus der Scharfrichter getrunken; niemand spricht mit ihm, jeder vermeidet die geringste Berührung. Diese Schmach ruht auf seiner ganzen Sippschaft, weshalb auch die Scharfrichterfamilien nur untereinander heirathen.

Als Sefchen, wie sie mir erzählte, schon acht Jahr alt war, kam an einem schönen Herbsttage eine ungewöhnliche Anzahl von Gästen aufs Gehöft des Großvaters, obgleich eben keine Hinrichtung oder sonstige peinliche Amtspflicht zu vollstrecken stand. Es waren ihrer wohl über ein Dutzend, fast alle sehr alte Männchen mit eisgrauen oder kahlen Köpfchen, die unter ihren langen rothen Mänteln ihr Richtschwert und ihre sonntäglichsten, aber ganz altfränkischen Kleider trugen. Sie kamen, wie sie sagten, um zu „tagen", und was Küche und Keller am kostbarsten besaß, ward ihnen beim Mittagsmahl aufgetischt.

Es waren die ältesten Scharfrichter aus den entferntesten Gegenden, hatten einander lange nicht gesehen, schüttelten sich unaufhörlich die Hände, sprachen wenig, und oft in einer geheimnißvollen Zeichensprache und amüsirten sich in ihrer Weise, das heißt „moulaient tristement", wie Froissart von den Engländern sagte, die nach der Schlacht bei Poitiers bankettirten.

Als die Nacht hereinbrach, schickte der Hausherr seine Knechte aus dem Hause, befahl der alten Schaffnerin, aus dem Keller drei Dutzend Flaschen seines besten Rheinweins zu holen und auf den Steintisch zu stellen, der draußen vor den großen, einen Halbkreis bildenden Eichen stand; auch die Eisenleuchter für die Kienlichter befahl er dort aufzustellen und endlich schickte er die Alte nebst den zwei anderen Vetteln mit einem Vorwande aus dem Hause. Sogar an des Hofhundes kleinem Stall, wo die Planken eine Oeffnung ließen, verstopfte er dieselbe mit einer Pferdedecke; der Hund ward sorgsam angekettet.

Das rothe Sefchen ließ der Großvater im Hause, er gab ihr den Auftrag, den großen silbernen Pokal, worauf die Meergötter mit ihren Delphinen und Muscheltrompeten abgebildet, rein auszuschwenken und auf den erwähnten Steintisch zu stellen, — dann aber, setzte er mit Befangenheit hinzu, solle sie sich unverzüglich in ihrem Schlafkämmerlein zu Bette begeben.

Den Neptunspokal hat das rothe Sefchen ganz gehorsamlich ausgeschwenkt und auf den Steintisch zu den Weinflaschen gestellt, aber zu Bette ging sie nicht, und von Neugier getrieben verbarg sie sich hinter einem Gebüsche nahe bei den Eichen, wo sie zwar wenig hören, jedoch alles genau sehen konnte, was vorging.

Die fremden Männer mit dem Großvater an ihrer Spitze kamen feierlich paarweis herangeschritten und setzten sich auf hohen Holzblöcken im Halbkreis um den Steintisch, wo die Harzlichter angezündet worden und ihre ernsthaften, steinharten Gesichter gar grauenhaft beleuchteten.

Sie saßen lange schweigend, oder vielmehr in sich hinein=murmelnd, vielleicht betend. Dann goß der Großvater den Pokal voll Wein, den jeder nun austrank und mit wieder neu eingeschenktem Wein seinem Nachbar zustellte; nach jedem Trunk schüttelte man sich auch biberbe die Hände.

Endlich hielt der Großvater eine Anrede, wovon das Sefchen wenig hören konnte und gar nichts verstand, die aber sehr traurige Gegenstände zu behandeln schien, da große Thränen aus des alten Mannes Augen herabtropften und auch die anderen alten Männer bitterlich zu weinen anfingen, was ein entsetzlicher Anblick war, da diese Leute sonst so hart und verwittert aus=sahen wie die grauen Steinfiguren vor einem Kirchenportal — und jetzt schossen Thränen aus den stieren Steinaugen, und sie schluchzten wie die Kinder.

Der Mond sah dabei so melancholisch aus seinen Nebel=schleiern am sternlosen Himmel, daß der kleinen Lauscherin das Herz brechen wollte vor Mitleid. Besonders rührte sie der Kummer eines kleinen alten Mannes, der heftiger als die anderen weinte und so laut jammerte, daß sie ganz gut einige seiner Worte vernahm — er rief unaufhörlich: „O Gott! o Gott! das Unglück dauert schon so lange, das kann eine menschliche Seele nicht länger ertragen. O Gott, Du bist ungerecht, ja ungerecht." — Seine Genossen schienen ihn nur mit großer Mühe beschwichtigen zu können.

Endlich erhob sich wieder die Versammlung von ihren Sitzen, sie warfen ihre rothen Mäntel ab, und jeder sein Richt=schwert unter dem Arm haltend, je zwei und zwei begaben sie sich hinter einen Baum, wo schon ein eiserner Spaten bereit stand, und mit diesem Spaten schaufelte einer von ihnen in wenigen Augenblicken eine tiefe Grube. Jetzt trat Sefchens Großvater heran, welcher seinen rothen Mantel nicht wie die anderen abgelegt hatte, und langte darunter ein weißes Packet hervor, welches sehr schmal, aber über eine Brabanter Elle lang sein mochte und mit einem Bettlaken umwickelt war; er legte dasselbe sorgsam in die offene Grube, die er mit großer Hast wieder zudeckte.

Das arme Sefchen konnte es in seinem Versteck nicht länger aushalten; bei dem Anblick jenes geheimnißvollen Begräbnisses sträubten sich ihre Haare, das arme Kind trieb die Seelenangst von dannen, sie eilte in ihr Schlafkämmerlein, barg sich unter die Decke und schlief ein.

Am anderen Morgen erschien dem Sefchen Alles wie ein Traum, aber da sie hinter dem bekannten Baum den aufgefrischten Boden sah, merkte sie wohl, daß alles Wirklichkeit war. Sie grübelte lange darüber nach, was dort wohl vergraben sein mochte: ein Kind? ein Tier? ein Schatz? — sie sagte aber Niemandem von dem nächtlichen Begebniß, und da die Jahre vergingen, trat dasselbe in den Hintergrund ihres Gedächtnisses.

Erst fünf Jahre später, als der Großvater gestorben und die Göcherin ankam, um das Mädchen nach Düsseldorf abzuholen, wagte dasselbe der Muhme ihr Herz zu eröffnen. Diese aber war über die seltsame Geschichte weder erschrocken noch verwundert, sondern höchlich erfreut, und sie sagte, daß weder ein Kind, noch eine Katze, noch ein Schatz in der Grube verborgen läge, wohl aber das alte Richtschwert des Großvaters, womit derselbe hundert armen Sündern den Kopf abgeschlagen habe. Nun sei es aber Brauch und Sitte der Scharfrichter, daß sie ein Schwert, womit hundertmal das hochnothpeinliche Amt verrichtet worden, nicht länger behalten oder gar benutzen; denn ein solches Richtschwert sei nicht wie andere Schwerter, es habe mit der Zeit ein heimliches Bewußtsein bekommen und bedürfe am Ende der Ruhe im Grabe wie ein Mensch.

Auch werden solche Schwerter, meinen viele, durch das viele Blutvergießen zuletzt grausam und sie lechzen manchmal nach Blut, und oft um Mitternacht könne man deutlich hören, wie sie im Schranke, wo sie aufgehenkt sind, leidenschaftlich rasseln und rumoren; ja, einige werden so tückisch und boshaft ganz wie unsereins und bethören den Unglücklichen, der sie in Händen hat, so sehr, daß er die besten Freunde damit verwundet. So habe mal in der Göcherin eigenen Familie ein Bruder den andern mit einem Schwerte erstochen.

Nichtsdestoweniger gestand die Göcherin, daß man mit einem solchen Hundertmordschwert die kostbarsten Zauberstücke verrichten könne, und noch in derselben Nacht hatte sie nichts Eiligeres zu thun, als an dem bezeichneten Baum das verscharrte Richtschwert auszugraben, und sie verwahrte es seitdem unter anderem Zaubergeräthe in ihrer Rumpelkammer.

Als sie einst nicht zu Hause war, bat ich Sefchen, mir jene Kuriosität zu zeigen. Sie ließ sich nicht lange bitten, ging in die besagte Kammer und trat gleich darauf hervor mit einem ungeheuren Schwerte, das sie trotz ihrer schmächtigen Arme sehr kräftig schwang, während sie schalkhaft drohend die Worte sang:

„Willst Du küssen das blanke Schwert,
Das der liebe Gott beschert?"

Ich antwortete darauf in derselben Tonart: „Ich will nicht küssen das blanke Schwert — ich will das rothe Sefchen küssen!" und da sie sich aus Furcht, mich mit dem fatalen Stahl zu verletzen, nicht zur Gegenwehr setzen konnte, mußte sie es geschehen lassen, daß ich mit großer Herzhaftigkeit die feinen Hüften umschlang und die trotzigen Lippen küßte. Ja, trotz dem Richtschwert, womit schon hundert arme Schelme geköpft worden, und trotz der Infamia, womit jede Berührung des unehrlichen Geschlechtes jeden behaftet, küßte ich die schöne Scharfrichterstochter.

Ich küßte sie nicht bloß aus zärtlicher Neigung, sondern auch aus Hohn gegen die alte Gesellschaft und alle ihre dunklen Vorurtheile, und in diesem Augenblicke loderten in mir auf die ersten Flammen jener zwei Passionen, welchen mein späteres Leben gewidmet blieb: die Liebe für schöne Frauen und die Liebe für die französische Revolution, den modernen furor francese. wovon ich auch ergriffen ward im Kampf mit den Landsknechten des Mittelalters.

Ich will meine Liebe für Josepha nicht näher beschreiben. So viel aber will ich gestehen, daß sie doch nur ein Präludium war, welches den großen Tragödien meiner reiferen Periode voranging. So schwärmt Romeo erst für Rosalinde, ehe er seine Julia sieht.

In der Liebe giebt es ebenfalls, wie in der römisch-katholischen Religion, ein provisorisches Fegfeuer, in welchem man sich erst an das Gebratenwerden gewöhnen soll, ehe man in die wirkliche ewige Hölle geräth.

Hölle? Darf man der Liebe mit solcher Unart erwähnen? Nun, wenn ihr wollt, will ich sie auch mit dem Himmel vergleichen. Leider ist in der Liebe nie genau zu ermitteln, wo sie anfängt, mit der Hölle oder mit dem Himmel die größte Aehnlichkeit zu bieten, so wie man auch nicht weiß, ob nicht die Engel, die uns darin begegnen, etwa verkappte Teufel sind, oder ob die Teufel dort nicht manchmal verkappte Engel sein mögen.

Aufrichtig gesagt: welche schreckliche Krankheit ist die Frauenliebe! Da hilft keine Inoculation. Sehr gescheidte und erfahrene Aerzte rathen zu Ortsveränderung und meinen mit der Entfernung von der Zauberin zerreiße auch der Zauber. Das Prinzip der Homöopathie, wo das Weib uns heilet von dem Weibe, ist vielleicht das probateste.

So viel wirst Du gemerkt haben, theurer Leser, daß die Inoculation der Liebe, welche meine Mutter in meiner Kindheit versuchte, keinen günstigen Erfolg hatte. Es stand geschrieben, daß ich von dem großen Uebel, den Pocken des Herzens, stärker als andere Sterbliche heimgesucht werden sollte, und mein Herz trägt die schlecht vernarbten Spuren in so reichlicher Fülle, daß es aussieht wie eine Gipsmaske des Mirabeau oder wie die Façade des Palais Mazarin nach den glorreichen Juliustagen oder gar wie die Reputation der größten tragischen Künstlerin.

Giebt es aber gar kein Heilmittel gegen das fatale Gebreste? Jüngst meinte ein Psychologe, man könne dasselbe bewältigen, wenn man gleich im Beginn des Ausbruchs einige geeignete Mittel anwende. Diese Vorschrift mahnt jedoch an das alte naive Gebetbuch, welches Gebete für alle Unglücksfälle, womit der Mensch bedroht ist, und unter anderen ein mehrere Seiten langes Gebet enthält, das der Schieferdecker abbeten solle, sobald er sich vom Schwindel ergriffen fühle und in Gefahr sei, vom Dache herabzufallen.

Ebenso thöricht ist es, wenn man einen Liebeskranken anräth, den Anblick seiner Schönen zu fliehen und sich in der Einsamkeit an der Brust der Natur Genesung zu suchen. Ach, an dieser grünen Brust wird er nur Langeweile finden, und es wäre rathsamer, daß er, wenn nicht alle seine Energie erloschen, an ganz anderen und sehr weißen Brüsten wo nicht Ruhe, sondern heilsame Unruhe suchte, denn das wirksamste Gegengift gegen die Weiber sind die Weiber; freilich hieße das, den Satan durch Beelzebub bannen, und dann ist in solchem Falle die Medizin oft noch verderblicher als die Krankheit. Aber es ist immer eine Chance und in trostlosen Liebeszuständen ist der Wechsel der Inamorata gewiß das Rathsamste, und mein Vater dürfte auch hier mit Recht sagen: Jetzt muß man ein neues Fäßchen anstechen.

Ja, laßt uns zu meinem lieben Vater zurückkehren, dem irgend eine mildthätige alte Weiberseele meinen öfteren Besuch bei der Göcherin und meine Neigung für das rothe Sefchen denuncirt hatte. Diese Denunciationen hatten jedoch keine andere Folge, als meinem Vater Gelegenheit zu geben, seine liebenswürdige Höflichkeit zu bekunden. Denn Sefchen sagte mir bald, ein sehr vornehmer und gepuderter Mann in Begleitung eines andern sei ihr auf der Promenade begegnet, und als ihm sein Begleiter einige Worte zugeflüstert, habe er sie freundlich angesehen und im Vorbeigehen grüßend seinen Hut vor ihr abgezogen.

Nach der näheren Beschreibung erkannte ich in dem grüßenden Manne meinen lieben gütigen Vater.

Nicht dieselbe Nachsicht zeigte er, als man ihm einige irreligiöse Spöttereien, die mir entschlüpft, hinterbrachte. Man hatte mich der Gottesleugnung angeklagt, und mein Vater hielt mir deswegen eine Standrede, die längste, die er wohl je gehalten und die folgendermaßen lautete: „Lieber Sohn! Deine Mutter läßt dich beim Rector Schallmeyer Philosophie studiren. Das ist ihre Sache. Ich, meinestheils, liebe nicht die Philosophie, denn sie ist lauter Aberglauben, und ich bin Kaufmann und habe meinen Kopf nöthig für mein Geschäft. Du kannst Philosoph sein, soviel du willst, aber ich bitte dich, sage nicht öffentlich was Du denkst, denn du würdest mir im Geschäft schaden, wenn meine Kunden erführen, daß ich einen Sohn habe, der nicht an Gott glaubt; besonders die Juden würden keine Velveteens bei mir mehr kaufen, und sind ehrliche Leute, zahlen prompt und haben auch recht, an der Religion zu halten. Ich bin dein Vater und also älter als du und dadurch auch erfahrener; du darfſt mir alſo aufs Wort glauben, wenn ich mir erlaube, dir zu ſagen, daß der Atheismus eine große Sünde iſt."

* * *

Ich habe eigentlich immer eine Vorliebe für den Katho=licismus gehabt, die aus meiner Jugend herſtammt und mir durch die Liebenswürdigkeit katholiſcher Geiſtlicher eingeflößt iſt. Einer von dieſen war ein Freund meines Vaters und Lehrer der Philoſophie an unſerer Schule. . . Und weil ich ſo von Jugend auf gewöhnt war, Freiſinnigkeit und Katholicismus ver=eint zu ſehen, ſind mir die katholiſchen Riten immer nur als etwas Schönes, als eine liebliche Jugenderinnerung entgegen=getreten, und niemals als etwas erſchienen, das dem Gedanken der Menſchheitsentwickelung ſchädlich ſei. . . Zudem knüpft ſich auch noch eine andere Jugenderinnerung daran. Als meine Eltern das kleine Haus verließen, in welchem wir zuerſt gewohnt hatten, kaufte mein Vater eines der ſtattlichſten Häuſer in Düſſel=dorf, welches das Onus hatte, bei den Prozeſſionen einen Altar zu errichten, und er ſetzte eine Ehre darein, dieſen Altar ſo ſchön und reich als möglich auszuſtatten. Das waren denn immer Feiertage für mich, dieſe Ausſtaffirungen des Prozeſſions=altars. Es dauerte aber nur, bis die Preußen nach Düſſeldorf kamen, da nahm man uns das Recht.

* *

Den hochwürdigen, jetzt verſtorbenen Herrn Schallmeyer — bei Lebzeiten katholiſcher Geiſtlicher und Rektor des Düſſeldorfer Gymnaſiums — verehre ich als den erſten Ausbildner meines Geiſtes und Herzens. Ich genoß den beſonderen Unterricht dieſes Mannes, als ich unter die Zahl der Schüler ſeines Gymna=ſiums aufgenommen war, deſſen ſämmtliche Klaſſen ich der Reihe nach durchmachte, und ich verließ dann erſt dieſe Freiſtatt der Wiſſenſchaft, als beim Ausbruch des zweiten Krieges gegen die Franzoſen die oberſte Klaſſe des Gymnaſiums von all' ihren Schülern verlaſſen wurde, deren größten Theil (und ich unter dieſer Zahl) ſeine Dienſte dem Vaterlande darbot, das jedoch unſre Anerbietungen wenig benützte, da bald nachher der Pariſer Friede geſchloſſen ward.

Sechstes Kapitel.

Erste Lectüre.

Seltsam! „Leben und Thaten des scharfsinnigen Junkers Don Quixote von La Mancha, beschrieben von Miguel de Cervantes Saavedra" war das erste Buch, das ich gelesen habe, nachdem ich schon in ein verständiges Knabenalter getreten und des Buchstabenwesens einigermaßen kundig war. Ich erinnere mich noch ganz genau jener kleinen Zeit, wo ich mich eines frühen Morgens vom Hause wegstahl und nach dem Hofgarten eilte, um dort ungestört den Don Quixote zu lesen. Es war ein schöner Maitag, lauschend im stillen Morgenlichte lag der blühende Frühling und ließ sich loben von der Nachtigall, seiner süßen Schmeichlerin, und diese sang ihr Loblied so caressirend weich, so schmelzend enthusiastisch, daß die verschämtesten Knospen aufsprangen, und die lüsternen Gräser und die duftigen Sonnenstrahlen sich hastiger küßten, und Bäume und Blumen schauerten vor eitlem Entzücken. Ich aber setzte mich auf eine alte moosige Steinbank in der sogenannten Seufzerallee unfern des Wasserfalls, und ergötzte mein kleines Herz an den großen Abenteuern des kühnen Ritters. In meiner kindischen Ehrlichkeit nahm ich alles für baaren Ernst; so lächerlich auch dem armen Helden von dem Geschicke mitgespielt wurde, so meinte ich doch, das müsse so sein, das gehöre nun mal zum Heldenthum, das Ausgelachtwerden ebenso gut wie die Wunden des Leibes, und jenes verdroß mich ebenso sehr, wie ich diese in meiner Seele mitfühlte. Ich war ein Kind und kannte nicht die Ironie, die Gott in die Welt hineingeschaffen, und die der große Dichter in seiner gedruckten Kleinwelt nachgeahmt hatte — und ich konnte die bittersten Thränen vergießen, wenn der edle Ritter für all' seinen Edelmuth nur Undank und Prügel genoß; und da ich, noch ungeübt im Lesen, jedes Wort laut aussprach, so konnten Vögel und Bäume, Bach und Blumen alles mit anhören, und da solche unschuldige Naturwesen ebenso wie die Kinder von der Weltironie nichts wissen, so hielten sie gleichfalls alles für baaren Ernst, und weinten mit mir über die Leiden des armen Ritters, sogar eine alte ausgediente Eiche schluchzte und der Wasserfall schüttelte heftiger seinen weißen Bart, und schien zu schelten auf die Schlechtigkeit der Welt. Wir fühlten, daß der Heldensinn des Ritters darum nicht mindere Bewunderung verdient, wenn ihm der Löwe ohne Kampfluft den Rücken zukehrte, und daß seine Thaten um so preisenswerther, je schwächer und ausgedorrter sein Leib, je morscher die Rüstung, die ihn schützte, und je armseliger der Klepper, der ihn trug. Wir verachteten den niedrigen Pöbel, der den armen Helden so prügelroh behandelte, noch mehr aber den hohen Pöbel, der, geschmückt mit buntseidenen Mänteln, vornehmen Redensarten und Herzogstiteln, einen Mann verhöhnte, der ihm an Geisteskraft und Edelsinn so weit überlegen war. Dulcinea's Ritter stieg immer höher in meiner Achtung und gewann immer mehr meine Liebe, je länger ich in dem wundersamen Buche las, was in demselben Garten täglich geschah, so daß ich schon im Herbst das Ende der Geschichte erreichte, — und nie werde ich den Tag vergessen, wo ich von dem kummervollen Zweikampfe las, worin der Ritter so schmählich unterliegen mußte!

Es war ein trüber Tag, häßliche Nebelwolken zogen dem grauen Himmel entlang, die gelben Blätter fielen schmerzlich von den Bäumen, schwere Thränentropfen hingen an den letzten Blumen, die gar traurig welk die sterbenden Köpfchen senkten, die Nachtigallen waren längst verschollen, von allen Seiten starrte mich an das Bild der Vergänglichkeit, — und mein Herz wollte schier brechen, als ich las, wie der edle Ritter betäubt und zermalmt am Boden lag und, ohne das Visier zu erheben, als wenn er aus dem Grabe gesprochen hätte, mit schwacher, kranker Stimme zu dem Sieger hinaufsprach: „Dulcinea ist das schönste Weib der Welt und ich der unglücklichste Ritter auf Erden, aber es ziemt sich nicht, daß meine Schwäche diese Wahrheit verleugne — stoßt zu mit der Lanze, Ritter!"

Ach! dieser leuchtende Ritter vom silbernen Monde, der den muthigsten und edelsten Mann der Welt besiegte, war ein verkappter Barbier! . . . .

Das ist nun lange her . . . . . so Vieles hat sich seitdem ereignet! Was mir so herrlich dünkte, jenes chevalereske und katholische Wesen jener Ritter, die im abligen Turnei sich hauen und stechen, jene sanften Knappen und sittigen Edelfrauen, jene Nordlandshelden und Minnesänger, jene Mönche und Nonnen, jene Vätergrüfte mit Ahnungsschauern, jene blassen Entsagungs= gefühle mit Glockengeläute und das ewige Wehmuthgewimmer, wie bitter ward es mir seitdem verleidet! Ja, einst war es anders. Wie oft auf den Trümmern des alten Schlosses zu Düsseldorf am Rhein saß ich und beclamirte vor mich hin das schönste aller Uhland'schen Lieder:

„Der schöne Schäfer zog so nah
Vorüber an dem Königsschloß.
Die Jungfrau von der Zinne sah,
Da war ihr Sehnen groß.

Sie rief ihm zu ein süßes Wort:
„O dürft' ich gehn hinab zu Dir!
Wie glänzen weiß die Lämmer dort,
Wie roth die Blümlein hier!"

Der Jüngling ihr entgegenbot:
„O kämest Du herab zu mir,
Wie glänzen so die Wänglein roth,
Wie weiß die Arme Dir!"

Und als er nun mit stillem Weh
In jeder Früh vorüber trieb,
Da sah er hin, bis in der Höh'
Erschien sein holdes Lieb.

Dann rief er freundlich ihr hinauf:
„Willkommen, Königstöchterlein!"
Ihr süßes Wort ertönte drauf:
„Viel Dank, Du Schäfer mein!"

Der Winter floh, der Lenz erschien,
Die Blümlein blühten reich umher;
Der Schäfer thät zum Schlosse ziehn,
Doch sie erschien nicht mehr.

Er rief hinauf so klagevoll:
„Willkommen, Königstöchterlein!"
Ein Geisterlaut herunterscholl:
„Ade, Du Schäfer mein!"

Wenn ich nun auf den Ruinen des alten Schlosses saß und dieses Lied beclamirte, hörte ich auch wohl zuweilen, wie die Nixen im Rhein, der dort vorbeifließt, meine Worte nachäfften, und das seufzte und das stöhnte aus den Fluthen mit komischem Pathos: „Ein Geisterlaut herunterscholl: Ade, Du Schäfer mein!"

Ich ließ mich aber nicht stören von solchen Neckereien der Wasserfrauen, selbst wenn sie bei den schönsten Stellen in Uhlands Gedichten ironisch kicherten. Ich bezog solches Gekicher damals bescheidentlich auf mich selbst, namentlich gegen Abend, wenn die Dunkelheit hereinbrach und ich mit etwas erhobener Stimme beclamirte, um dadurch die geheimnißvollen Schauer zu überwinden, die mir die alten Schloßtrümmer einflößten. Es ging nämlich die Sage, daß dort des Nachts eine Dame ohne Kopf umherwandle. Ich glaubte manchmal ihre lange, seidene Schleppe vorbeirauschen zu hören, und mein Herz pochte..... Das war die Zeit, wo ich für die Gedichte von Ludwig Uhland begeistert war...... Viele neue Lenze sind unterdessen hervorgeblüht, doch mangelte ihnen immer ihr mächtigster Reiz, denn ach! ich glaube nicht mehr den süßen Lügen der Nachtigall, der Schmeichlerin des Frühlings; ich weiß, wie schnell seine Herrlichkeit verwelkt, und wenn ich die jüngste Rosenknospe erblicke, sehe ich sie im Geiste schmerzroth aufblühen, erbleichen und von den Winden verweht. Ueberall sehe ich einen verkappten Winter.

In meiner Brust aber blüht noch jene flammende Liebe, die sich sehnsüchtig über die Erde emporhebt, abenteuerlich herumschwärmt in den weiten, gähnenden Räumen des Himmels, dort zurückgestoßen wird von den kalten Sternen und wieder heimsinkt zur kleinen Erde, und mit Seufzern und Jauchzen gestehen muß, daß es doch in der ganzen Schöpfung nichts Schöneres und Besseres giebt, als das Herz der Menschen. Diese Liebe ist die Begeisterung, die immer göttlicher Art, gleichviel, ob sie thörichte oder weise Handlungen verübt. Und so hat der kleine Knabe keineswegs unnütz seine Thränen verschwendet, die er über die Leiden des närrischen Ritters vergoß, ebensowenig wie späterhin der Jüngling, als er manche Nacht im Studirstübchen weinte über den Tod der heiligsten Freiheitshelden, über König Agis von Sparta, über Cajus und Tiberius Gracchus von Rom, über Jesus von Jerusalem und über Robespierre und Saint Just von Paris...

Siebentes Capitel.

In Frankfurt a. M.

Meine Mutter begann jetzt in andrer Richtung eine glänzende Zukunft für mich zu träumen.

Das Rothschild'sche Haus, mit dessen Chef mein Vater vertraut war, hatte zu jener Zeit seinen fabelhaften Flor bereits begonnen; auch andere Fürsten der Bank und der Industrie hatten in unserer Nähe sich erhoben, und meine Mutter behauptete, es habe jetzt die Stunde geschlagen, wo ein bedeutender Kopf im merkantilischen Fache das ungeheuerlichste erreichen und sich zum höchsten Gipfel der weltlichen Macht emporschwingen könne. Sie beschloß daher, daß ich eine Geldmacht werden sollte, und jetzt mußte ich fremde Sprachen, besonders Englisch, Geographie, Buchhalten, kurz alle auf den Land- und Seehandel und Gewerbskunde bezüglichen Wissenschaften studiren....

Mein seliger Vater ließ mich im Jahre 1815 auf längere Zeit in Frankfurt a. M. zurück. Um etwas vom Wechselgeschäft und von Colonialwaaren kennen zu lernen, mußte ich das Comptoir eines Banquiers meines Vaters und die Gewölbe eines großen Specereihändlers besuchen; erstere Besuche dauerten drei Wochen, letztere vier Wochen, doch lernte ich bei dieser Gelegenheit, wie man Wechsel ausstellt und wie Muskatnüsse aussehen.[21])

Ein berühmter Kaufmann, bei welchem ich ein apprenti millionaire werden sollte, meinte, ich hätte kein Talent zum Erwerb, und lachend gestand ich ihm, daß er wohl Recht haben möchte....

* * *

Zwei Monate verlebte ich damals in Frankfurt, und im Bureau des Banquiers brachte ich, wie gesagt, nur drei Wochen zu. Daraus mag wohl der absichtliche Irrthum entstanden sein, den ich einmal in einem deutschen Blatte las, ich sei nämlich zwei Jahre lang in Frankfurt bei einem Banquier im Dienste gestanden. Gott weiß, ich wäre gern Banquier geworden, es war zuweilen mein Lieblingswunsch gewesen, ich konnte es aber nicht dazu bringen. Ich habe früh eingesehen, daß den Banquiers einmal die Weltherrschaft anheim falle.

* * *

Es war im Jahre 1815 nach Christi Geburt, daß mir der Name Börne zuerst an's Ohr klang. Ich befand mich mit meinem Vater auf der Frankfurter Messe, wohin er mich mitgenommen, damit ich mich in der Welt einmal umsehe; das sei bildend. Da bot sich mir ein großes Schauspiel. In den sogenannten Hütten, oberhalb der Zeil, sah ich die Wachsfiguren, wilde Thiere, außerordentliche Kunst= und Naturwerke. Auch zeigte mir mein Vater die großen, sowohl christlichen wie jüdischen Magazine, worin man die Waaren zehn Procent unter dem Fabrikpreis auskauft und man doch immer betrogen wird. Auch das Rathhaus, den Römer, ließ er mich sehen, wo die deutschen Kaiser gekauft wurden, zehn Procent unter dem Fabrikpreis. Der Artikel ist am Ende ganz ausgegangen. Einst führte mich mein Vater ins Lesecabinet einer der △=Logen oder □=Logen, wo er oft soupirte, Kaffee trank, Karten spielte und sonstige Freimaurerarbeiten verrichtete. Während ich im Zeitungslesen vertieft lag, flüsterte mir ein junger Mensch, der neben mir saß, leise ins Ohr:

„Das ist der Doctor Börne, welcher gegen die Komödianten schreibt!"

Als ich aufblickte, sah ich einen Mann, der, nach einem Journal suchend, mehrmals im Zimmer sich hin= und her bewegte und bald wieder zur Thür hinausging. So kurz auch sein Verweilen, so blieb mir doch das ganze Wesen des Mannes im Gedächtniß, und noch heute könnte ich ihn mit diplomatischer Treue abkonterfeien. Er trug einen schwarzen Leibrock, der noch ganz neu glänzte und blendend weiße Wäsche; aber er trug dergleichen nicht wie ein Stutzer, sondern mit einer wohlhabenden Nachlässigkeit, wo nicht gar mit einer verdrießlichen Indifferenz, die hinlänglich bekundete, daß er sich mit dem Knoten der weißen Kravatte nicht lange vor dem Spiegel beschäftigt und daß er den Rock gleich angezogen, sobald ihn der Schneider gebracht, ohne lange zu prüfen, ob er zu eng oder zu weit.

Er schien weder klein noch groß von Gestalt, weder mager noch dick; sein Gesicht war weder roth noch blaß, sondern von einer angerötheten Blässe oder verblaßten Röthe und, was sich darin zunächst aussprach, war eine gewisse ablehnende Vornehmheit, ein gewisses Dedain, wie man es bei Menschen findet, die sich besser als ihre Stellung fühlen, aber an der Leute Anerkenntniß zweifeln. Es war nicht jene geheime Majestät, die man auf dem Antlitz eines Königs oder eines Genies, die sich incognito unter der Menge verborgen halten, entdecken kann; es war vielmehr jener revolutionäre, mehr oder minder titanenhafte Mißmuth, den man auf den Gesichtern der Prätendenten jeder Art bemerkt. Sein Auftreten, seine Bewegung, sein Gang hatte etwas Sicheres, Bestimmtes, Charaktervolles. Sind außerordentliche Menschen heimlich umflossen von dem Ausstrahlen ihres Geistes? Ahnet unser Gemüth dergleichen Glorie, die wir mit den Augen des Leibes nicht sehen können? Das moralische Gewitter in einem solchen außerordentlichen Menschen wirkt vielleicht elektrisch auf junge, noch nicht abgestumpfte Gemüther, die ihm nahen, wie das materielle Gewitter auf Katzen wirkt. Ein Funken aus den Augen des Mannes berührte mich, ich weiß nicht wie, aber ich vergaß nicht diese Berührung und vergaß nie den Doctor Börne, welcher gegen die Komödianten schrieb.

Ja, er war damals Theater=Kritiker und übte sich an den Helden der Bretterwelt. Wie mein Universitätsfreund Dieffenbach, als wir in Bonn studirten,[22]) überall, wo er einen Hund oder eine Katze erwischte, ihnen gleich die Schwänze abschnitt, aus purer Schneidelust, was wir ihm damals, als die armen Bestien gar entsetzlich heulten, so sehr verargten, später aber ihm gern verziehen, da ihn diese Schneidelust zu dem größten Operateur Deuschlands machte, so hat sich auch Börne zuerst an Komödianten versucht und manchen jugendlichen Uebermuth, den er damals beging an den Heigeln, Weidnern, Ursprüngen und dergleichen unschuldigen Thieren, muß man ihm zugutehalten für die besseren Dienste, die er später als großer politischer Operateur mit seiner gewetzten Kritik zu leisten verstand.

* * *

Erinnerung.

Was willst du, traurig liebes Traumgebilde?
Ich sehe dich, ich fühle deinen Hauch!
Du schaust mich an mit wehmuthvoller Milde;
Ich kenne dich, und ach! Du kennst mich auch.

Ich bin ein kranker Mann jetzund, die Glieder
Sind lebensmatt, das Herz ist ausgebrannt,
Mißmuth umflort mich, Kummer drückt mich nieder;
Viel anders war's, als ich dich einstens fand!

In stolzer Kraft und von der Heimath ferne
Jagte ich da nach einem alten Wahn;
Die Erd' wollt ich zerstampfen, und die Sterne
Wollt ich reißen aus der Himmelsbahn. —

Frankfurt, du hegst viel Narren und Bösewichter,
Doch lieb' ich dich; du gabst dem deutschen Land
Manch guten Kaiser und den besten Dichter
Und bist die Stadt, wo ich die Holde fand.

Ich ging die Zeil entlang, die schöngebaute,
Es war die Messe just, die Schacherzeit,
Und bunt war das Gewimmel und ich schaute
Wie träumend auf des Volks Geschäftigkeit.

Da sah ich sie! Mit heimlich süßem Staunen
Erblickt ich da die schwebende Gestalt,
Die sel'gen Augen und die sanften Braunen —
Es zog mich fort mit seltsamer Gewalt.

Und über Markt und Straßen gings und weiter,
Bis an ein Gäßchen, schmal und traulich klein —
Da dreht sich um die Holde, lächelt heiter
Und schlüpft ins Haus — ich eilte hinterbrein...

Und sie war schön! — Schöner ist nicht gewesen
Die Göttin, als sie stieg aus Wellenschaum.
Vielleicht war sie das wunderschöne Wesen,
Das ich geahnt im frühen Knabentraum!

Ich hab' es nicht erkannt! Es war umnachtet
Mein Sinn und fremder Zauber mich umwand.
Vielleicht das Glück, wonach ich stets geschmachtet,
Ich hielt's im Arm — und hab' es nicht erkannt!

Doch schöner war sie noch in ihren Schmerzen,
Als nach drei Tagen, die ich wundersüß
Verträumt an ihrem wundersüßen Herzen,
Der alte Wahn mich weitereilen hieß;

Als sie mit wildverzweifelnder Geberde
Und aufgelöstem Haar die Hände rang,
Und endlich niederstürzte auf die Erde
Und laut und weinend meine Knie umschlang!

Ach Gott es hatte sich in meinen Sporen
Ihr Haar verwickelt — bluten sah ich sie —
Und doch riß ich mich los — und hab' verloren
Mein armes Kind und wieder sah ich's nie!

Fort ist der alte Wahn, jedoch das Bildniß
Des armen Kinds umschwebt mich, wo ich bin.
Wo irrst du jetzt, in welcher kalten Wildniß?
Dem Elend und dem Gram gab ich dich hin!

Achtes Capitel.

Hamburg.

(An Franz von Zuccalmaglio.)

Es zieht mich nach Nordland ein goldner Stern;
Ade, mein Bruder! Denk mein in der Fern'!
Bleib treu, bleib treu der Poesie!
Verlaß das süße Bräutchen nie!
Bewahr' in der Brust wie einen Hort
Das liebe, schöne deutsche Wort!
Und kommst du mal nach dem Norderland
So lausche nur am Norderstrand;
Und lausche, bis fern sich ein Klingen erhebt,
Und über die feiernden Fluthen schwebt,
Dann mag's wohl sein, daß entgegen dir zieht
Des wohlbekannten Sängers Lied.
Dann greif auch du in dein Saitenspiel
Und gieb mir süßer Kunden viel:
Wies dir, mein trauter Sänger, ergeht
Und wies meinen Lieben allen ergeht,
Und wie es ergeht der schönen Maid,
Die so manches Jünglingsherz erfreut,
Und in manches gesendet viel Gluth hinein,
Die blühende Rose am blühenden Rhein!

Und auch vom Vaterland Kunde gieb:
Ob's noch das Land der treuen Lieb',
Ob der alte Gott noch in Deutschland wohnt
Und niemand mehr dem Bösen frohnt.
Und wie Dein süßes Lied erklingt
Und heitere Märchen hinüberbringt,
Wohl über die Wogen zum fernen Strand;
So freut sich der Sänger im Norderland.

* * *

Die Stadt Hamburg ist eine gute Stadt; lauter solide Häuser. Hier herrscht nicht der schändliche Macbeth, sondern hier herrscht Banko. Der Geist Banko's herrscht überall in diesem kleinen Freistaate, dessen sichtbares Oberhaupt ein hoch= und wohl= weiser Senat ist. In der That, es ist ein Freistaat, und hier findet man die größte politische Freiheit. Die Bürger können hier thun, was sie wollen und der hoch= und wohlweise Senat kann hier ebenfalls thun, was er will; jeder ist hier freier Herr seiner Handlungen. Es ist eine Republik. Hätte Lafayette nicht das Glück gehabt, den Ludwig Philipp zu finden, so würde er gewiß seinen Franzosen die hamburgischen Senatoren und Ober= alten empfohlen haben. Hamburg ist die beste Republik. Seine Sitten sind englisch und sein Essen ist himmlisch. Wahrlich es giebt Gerichte zwischen den Wandrahmen und dem Dreckwall, wovon unsere Philosophen keine Ahnung haben. Die Hamburger sind gute Leute und essen gut. Ueber Religion, Politik und Wissen= schaft sind ihre respectiven Meinungen sehr verschieden, aber in Betreff des Essens herrscht das schönste Einverständniß.... Ham= burg ist erbaut von Karl dem Großen und wird bewohnt von 80 000 kleinen Leuten, die alle mit Karl dem Großen, der in Aachen begraben liegt, nicht tauschen würden. Vielleicht beträgt die Bevölkerung von Hamburg gegen 100 000; ich weiß es nicht genau, obgleich ich ganze Tage lang auf den Straßen ging, um mir dort die Menschen zu betrachten. Auch habe ich gewiß manchen Mann übersehen, indem die Frauen meine besondere Aufmerksamkeit in Anspruch nahmen. Letztere fand ich durchaus nicht mager, sondern meistens korpulent, mitunter reizend schön und im Durchschnitt von einer gewissen wohlhabenden Sinnlich= keit, die mir bei Leibe nicht mißfiel. Wenn sie in der romantischen Liebe sich nicht allzu schwärmerisch zeigen und von der großen

Leidenschaft des Herzens wenig ahnen, so ist das nicht ihre
Schuld, sondern die Schuld Amor's, des kleinen Gottes, der
manchmal die schärfsten Liebespfeile auf seinen Bogen legt, aber aus
Schalkheit oder Ungeschick viel zu tief schießt und statt des Herzens
der Hamburgerinnen nur ihren Magen zu treffen pflegt. Was die
Männer betrifft, so sah ich meistens untersetzte Gestalten, ver=
ständige kalte Augen, kurze Stirn, nachlässig herabhängende
rothe Wangen, die Eßwerkzeuge besonders ausgebildet, der Hut
wie festgenagelt auf dem Kopfe und die Hände in beiden Hosen=
taschen, wie einer, der eben fragen will: Was hab' ich zu be=
zahlen?"

*   *   *

(An **Christian Sethe in Düsseldorf**.   Hamburg, den 6. Juli 1816.)

Ja, ich will jetzt an meinen Freund Christian schreiben.
Zwar ist es nicht die dazu am besten geeignete Stunde. Wunder=
seltsam ist mir zu Muthe und bin gar zu herzbewegt und habe
mich wohl in Acht zu nehmen, daß kein leises Wörtlein ent=
schlüpfe, das mir den innern Gemüthszustand verrathen kann...
Mir geht's gut. Bin mein eigener Herr und stehe so ganz für
mich allein und steh' so stolz und fest und hoch und schau' die
Menschen tief unter mir so klein, so zwergenklein; und hab'
meine Freude dran. Christian, Du kennst ja den eitlen Prahl=
hans? Doch:

> Wenn die Stunde kommt, wenn das Herz mir schwillt,
> Und blühender Zauber dem Busen entquillt,
> Dann greif ich zum Griffel rasch und wild
> Und male mit Worten das Zaubergebild. —

Aber auch verwünschte Prahlerei! Es scheint, als sei mir
die Muse untreu geworden und habe mich allein nach Norden
ziehen lassen und sei zurückgeblieben. Ist auch ein Weib. Oder
fürchtet sie sich vor den furchtbaren Handelsanstalten, die ich
mache? Wahr ist es. Es ist ein verludertes Kaufmannsnest
hier... Mancher deutsche Sänger hat sich hier schon die
Schwindsucht an den Hals gesungen....

Freu Dich, freu Dich: In vier Wochen sehe ich Molly;
mit ihr kehrt auch meine Muse zurück! Seit zwei Jahren

hab' ich sie nicht gesehen. Altes Herz, was freust Du Dich und schlägst so laut! —

* * *

(Hamburg, den 27. October 1816.)

Sie liebt mich nicht! — Mußt, lieber Christian, dieses letzte Wörtchen ganz leise, leise aussprechen. In dem ersten Wörtchen liegt der ewige lebendige Himmel, aber auch in dem letzten liegt die ewige lebendige Hölle. — Könntest Du Deinem armen Freunde nur ein bischen ins Gesicht sehen, wie er so ganz bleich aussieht und gewaltig verstört und wahnsinnig, so würde sich Dein gerechter Unmuth wegen des langen Schweigens sehr bald zur Ruhe legen; am besten wäre es zwar, wenn Du einen einzigen Blick in seine innere Seele werfen könntest, — Du würdest mich erst recht lieb gewinnen ... Du weißt, Christian, von demselben Augenblick an, als ich Dich zum ersten Male sah, ward ich unwillkürlich zu Dir hingezogen und, ohne mir selber davon Rechenschaft geben zu können, warst Du mir immer ganz unendlich lieb und theuer. Ich glaube Dir in dieser Hinsicht schon längst davon gesprochen zu haben: wie oft ich in Deinen Gesichtszügen und vorzüglich in Deinen Augen etwas bemerkte, was mich auf eine unbegreifliche Art zugleich von Dir abstieß und zugleich wieder gewaltsam zu Dir hinzog, sodaß ich meinte, im selben Augenblick liebendes Wohlwollen und auch wieder den bittersten, schnöden, eiskalten Hohn darin zu erkennen. Und siehe, dieses nämliche räthselhafte Etwas habe ich auch in Molly's Blicken gefunden. Und eben dieses ist es, was mich auch so ganz confus macht. Denn obgleich ich die unleugbarsten, unumstößlichsten Beweise habe, daß ich nichts weniger als von ihr geliebt werde, — Beweise, die sogar Rector Schallmeyer für grundlogisch erkennen und kein Bedenken tragen würde, seinem eigenen Systeme oben anzustellen — so will doch das arme liebende Herz noch immer nicht sein concedo geben und sagt immer: Was geht mich deine Logik an, ich habe meine eigne Logik. — Ich habe sie wiedergesehen.

Dem Teufel meine Seele,
Dem Henker sei der Leib,
Doch ich allein erwähle
Für mich das schöne Weib.

Hu! schauderst Du nicht, Christian? Schaudere nur, ich
schaudre auch. — Verbrenne den Brief. Gott sei meiner armen
Seele gnädig. Ich habe diese Worte nicht geschrieben. — Da
saß ein bleicher Mensch auf meinem Stuhle, der hat sie ge=
schrieben. Das kommt, weil es Mitternacht ist. O Gott!
Wahnsinn sündigt nicht. — Sieh, Christian, nur Dein Freund
konnte seinen Blick zum Allerhöchsten erheben. (Erkennst Du
ihn hieran?) Freilich scheint es auch, als wenn es sein Ver=
derben sein wird. Aber Du kannst Dir auch kaum vorstellen,
lieber Christian, wie mein Verderben so herrlich und lieblich
aussieht! — Aut Caesar, aut nihil, war immer mein Wahl=
spruch. Alles an Allem.

Ich bin ein wahnsinniger Schachspieler. Schon beim ersten
Stein habe ich die Königin verloren und doch spiele ich noch
und spiele — um die Königin. Soll ich weiter spielen? —

Nur halte mich, o Gott, in sicherer Hut vor der schleichenden
finstern Macht der Stunde. — Entfernt von ihr, lange Jahre
glühende Sehnsucht im Herzen tragen, das ist Höllenqual und
drängt höllisches Schmerzgeschrei hervor. Aber in i h r e r Nähe
sein und doch ewige lange Wochen nach ihrem alleinseligmachenden
Anblick oft vergebens schmachten . . . . . o Christian, da kann
auch das frömmste und reinste Gemüth in wilder, wahnsinniger
Gottlosigkeit auflodern. —

Das ist auch eine herzkränkende Sache, daß sie meine schönen
Lieder, die ich nur für sie gedichtet habe, so bitter und schnöde
gedemüthigt und mir überhaupt in dieser Hinsicht sehr häßlich
mitgespielt hat. — Aber, solltest Du wohl glauben, die Muse
ist mir demohngeachtet jetzt noch weit lieber als je. Sie ist
mir eine getreue, tröstende Freundin geworden, die ist so heimlich
süß und ich liebe sie recht inniglich.

Ich dichte viel, denn ich habe Zeit genug, und die u n =
g e h e u r e n H a n d e l s s p e c u l a t i o n e n machen mir nicht
viel zu schaffen; ob meine jetzigen Poesien besser sind als
die frühern, weiß ich nicht; nur das ist gewiß, daß sie viel
sanfter und süßer sind wie in Honig getauchter Schmerz.
Ich bin auch gesonnen, sie bald (das kann jedoch noch viele
Monate dauern) in Druck zu geben. Aber das ist die Schwere=
nothsache: da es dazu lauter Minnelieder sind, würde es mir
als Kaufmann ungeheuer schädlich sein; ich kann Dir dies nicht

so ganz erklären, denn Du kennst nicht den Geist, der hier herrscht . . . .

Ich lebe hier ganz isolirt; aus obigen Andeutungen kannst Du Dir dies sehr leicht erklären. Mein Oheim lebt auf dem Lande. Dort geht es sehr geziert und geschwänzelt zu und der freie, unbefangene Sänger sündigt sehr oft gegen die Etikette . . .

Der Neffe vom großen (???) Heine ist zwar überall gern gesehen und empfangen; schöne Mädchen schielen nach ihm hin und die Busentücher steigen höher und die Mütter calculiren, aber — aber — bleib' allein! niemand bleibt mir übrig als ich selbst.

Und wer dieser Sonderling ist, das weiß Christian besser als ich . . .

Onkel will mich hier weghaben. Auch Vater beschwert sich, daß ich keine Geschäfte mache, ohngeachtet der großen Ausgaben; aber coûte ce que coûte bleib' ich hier.

Neuntes Capitel.

Amalie Heine.

Im wunderschönen Monat Mai,
Als alle Knospen sprangen,
Da ist in meinem Herzen
Die Liebe aufgegangen.

Im wunderschönen Monat Mai,
Als alle Vögel sangen,
Da hab' ich ihr gestanden
Mein Sehnen und Verlangen.

Die Rosen, die Lilje, die Taube, die Sonne,
Die liebt' ich einst alle in Liebeswonne.
Ich lieb' sie nicht mehr, ich liebe alleine
Die Kleine, die Feine, die Reine, die Eine;
Sie selber, aller Liebe Bronne,
Ist Rose und Lilje und Taube und Sonne.

Wenn ich in deine Augen seh',
So schwindet all mein Leid und Weh;
Doch wenn ich küsse deinen Mund,
So werd' ich ganz und gar gesund.

Wenn ich mich lehn' an deine Brust
Kommt's über mich wie Himmelslust;
Doch wenn du sprichst: „Ich liebe dich!"
So muß ich weinen bitterlich.

———

Lehn deine Wang' an meine Wang',
Dann fließen die Thränen zusammen!
Und an mein Herz drück' fest bein Herz,
Dann schlagen zusammen die Flammen!

Und wenn in die große Flamme fließt
Der Strom von unsern Thränen
Und wenn dich mein Arm gewaltig umschließt —
Sterb' ich vor Liebessehnen!

———

Ich will meine Seele tauchen
In den Kelch der Lilje hinein;
Die Lilje soll klingend hauchen
Ein Lied von der Liebsten mein.

Das Lied soll schauern und leben
Wie der Kuß von ihrem Mund,
Den sie mir einst gegeben
In wunderbar süßer Stund'.

———

Auf Flügeln des Gesanges,
Herzliebchen, trag' ich dich fort,
Fort nach den Fluren des Ganges,
Dort weiß ich den schönsten Ort.

Dort liegt ein rothblühender Garten
Im stillen Mondenschein;
Die Lotosblumen erwarten
Ihr trautes Schwesterlein.

Die Veilchen kichern und kosen
Und schaun nach den Sternen empor;
Heimlich erzählen die Rosen
Sich duftende Märchen ins Ohr.

Es hüpfen herbei und lauschen
Die frommen, klugen Gazelln
Und in der Ferne rauschen
Des heiligen Stromes Welln.

Dort wollen wir niedersinken
Unter dem Palmenbaum,
Und Lieb' und Ruhe trinken
Und träumen seligen Traum.

* * *

Die Lotosblume ängstigt
Sich vor der Sonne Pracht,
Und mit gesenktem Haupte
Erwartet sie träumend die Nacht.

Der Mond, der ist ihr Buhle,
Er weckt sie mit seinem Licht,
Und ihm entschleiert sie freundlich
Ihr frommes Blumengesicht.

Sie blüht und glüht und leuchtet,
Und starret stumm in die Höh';
Sie duftet und weinet und zittert,
Vor Liebe und Liebesweh.

* * *

Du liebst mich nicht, du liebst mich nicht,
Das kümmert mich gar wenig;
Schau' ich dir nur ins Angesicht,
So bin ich froh wie'n König.

Du hassest, hassest mich sogar,
So spricht dein rothes Mündchen;
Reich' es mir nur zum Küssen dar,
So tröst' ich mich, mein Kindchen.

* * *

Liebste, sollst mir heute sagen:
Bist du nicht ein Traumgebild
Wie's in schwülen Sommertagen
Aus dem Hirn des Dichters quillt?

Aber nein, ein solches Mündchen,
Solcher Augen Zauberlicht,
Solch ein liebes, süßes Kindchen,
Das erschafft der Dichter nicht.

Basilisken und Vampyre,
Lindenwürm' und Ungeheu'r,
Solche schlimme Fabelthiere,
Die erschafft des Dichters Feu'r

Aber dich und deine Tücke
Und dein holdes Angesicht
Und die falschen frommen Blicke —
Das erschafft der Dichter nicht.

———

Wie die Wellenschaumgeborne,
Strahlt mein Lieb in Schönheitsglanz,
Denn sie ist das auserkorene
Bräutchen eines fremden Manns.

Herz, mein Herz, du vielgeduldiges,
Grolle nicht ob dem Verrath;
Trag es, trag es, und entschuldig es
Was die holde Thörin that.

———

Ich grolle nicht, und wenn das Herz auch bricht,
Ewig verlornes Lieb! ich grolle nicht.
Wie du auch strahlst in Diamantenpracht,
Es fällt kein Strahl in deines Herzens Nacht.

Das weiß ich längst. Ich sah dich ja im Traum,
Und sah die Nacht in deines Herzens Raum,
Und sah die Schlang', die dir am Herzen frißt,
Ich sah, mein Lieb, wie sehr du elend bist.

———

Das ist ein Flöten und Geigen,
Trompeten schmettern drein;
Da tanzet den Hochzeitreigen
Die Herzallerliebste mein.

Das ist ein Klingen und Dröhnen,
Von Pauken und Schallmein
Dazwischen schluchzen und stöhnen
Die guten Engelein.

———

Und wüßten's die Blumen, die kleinen,
Wie tief verwundet mein Herz,
Sie würden mit mir weinen
Zu heilen meinen Schmerz.

Und wüßten's die Nachtigallen,
Wie ich so traurig und krank,
Sie ließen fröhlich erschallen
Erquickenden Gesang.

Und wüßten sie mein Wehe,
Die goldnen Sternelein,
Sie kämen aus ihrer Höhe
Und sprächen Trost mir ein.

Die alle können's nicht wissen,
Nur Eine kennt meinen Schmerz:
Sie hat ja selbst zerrissen,
Zerrissen mir mein Herz.

Sie haben dir Viel erzählet
Und haben Viel geklagt;
Doch, was meine Seele gequälet,
Das haben sie nicht gesagt.

Sie machten ein großes Wesen
Und schüttelten kläglich das Haupt,
Sie nannten mich den Bösen
Und du hast alles geglaubt.

Jedoch das Allerschlimmste,
Das haben sie nicht gewußt;
Das Schlimmste und das Dümmste,
Das trug ich geheim in der Brust.

Die Linde blühte, die Nachtigall sang,
Die Sonne lachte mit freudiger Lust;
Da küßtest du mich, und dein Arm mich umschlang,
Da preßtest du mich an die schwellende Brust.

Die Blätter fielen, der Rabe schrie hohl,
Die Sonne grüßte verdrossenen Blicks;
Da sagten wir frostig einander: „Lebwohl!"
Da knixtest du höflich den höflichsten Knix.

Du bliebest mir treu am längsten,
Und hast dich für mich verwendet,
Und hast mir Trost gespendet
In meinen Nöthen und Aengsten.

Du hast mir Trank und Speise,
Und hast mir Geld geborget,
Und hast mich mit Wäsche versorget,
Und mit dem Paß für die Reise.

Mein Liebchen, daß Gott dich behüte
Noch lange vor Hitz' und vor Kälte,
Und daß er dir nimmer vergelte
Die mir erwiesene Güte!

―――

Die Welt ist so schön und der Himmel so blau,
Die Lüfte wehen so lind und so lau,
Und die Blumen winken auf blühender Au,
Und funkeln und glitzern im Morgenthau,
Und die Menschen jubeln, wohin ich schau' —
Und doch möcht' ich im Grabe liegen,
Und mich an mein todtes Liebchen schmiegen.

―――

Ein Fichtenbaum steht einsam
Im Norden auf kahler Höh',
Ihn schläfert; mit weißer Decke
Umhüllen ihn Eis und Schnee.

Er träumt von einer Palme,
Die fern im Morgenland
Einsam und schweigend trauert
Auf brennender Felsenwand.

―――

Ich hab' dich geliebt und liebe dich noch!
Und fiele die Welt zusammen,
Aus ihren Trümmern stiegen doch
Hervor meiner Liebe Flammen.

―――

Sie haben mich gequälet,
Geärgert, blau und blaß,
Die einen mit ihrer Liebe,
Die andern mit ihrem Haß.

Sie haben das Brod mir vergiftet,
Sie gossen mir Gift ins Glas,
Die einen mit ihrer Liebe,
Die andern mit ihrem Haß.

Doch sie, die mich am meisten
Gequälet, geärgert, betrübt,
Die hat mich nie gehasset,
Und hat mich nie geliebt.

Wenn Zwei von einander scheiden,
So geben sie sich die Händ',
Und fangen an zu weinen
Und seufzen ohne End'.

Wir haben nicht geweinet,
Wir seufzten nicht „Weh!" und „Ach!"
Die Thränen und die Seufzer,
Die kamen hintennach.

Am Kreuzweg wird begraben,
Wer selber sich brachte um;
Dort wächst eine blaue Blume
Die Armesünderblum'.

Am Kreuzweg stand ich und seufzte;
Die Nacht war kalt und stumm.
Im Mondschein bewegte sich langsam
Die Armesünderblum'.

* *

Schöne Wiege meiner Leiden,
Schönes Grabmal meiner Ruh',
Schöne Stadt, wir müssen scheiden, —
Lebe wohl! ruf' ich dir zu.

Lebe wohl, du heil'ge Schwelle,
Wo da wandelt Liebchen traut;
Lebe wohl, du heil'ge Stelle,
Wo ich sie zuerst geschaut.

Hätt' ich dich doch nie gesehen,
Schöne Herzenskönigin!
Nimmer wär' es dann geschehen,
Daß ich jetzt so elend bin.

Nie wollt' ich dein Herze rühren,
Liebe hab' ich nie erfleht;
Nur ein stilles Leben führen
Wollt' ich, wo dein Odem weht.

Doch du drängst mich selbst von hinnen,
Bittre Worte spricht dein Mund;
Wahnsinn wühlt in meinen Sinnen,
Und mein Herz ist krank und wund.

Und die Glieder matt und träge
Schlepp' ich fort am Wanderstab,
Bis mein müdes Haupt ich lege
Ferne in ein kühles Grab.

Warte, warte, wilder Schiffsmann,
Gleich folg' ich zum Hafen dir;
Von zwei Jungfraun nehm' ich Abschied,
Von Europa und von ihr.

Blutquell, rinn' aus meinen Augen,
Blutquell, brich aus meinem Leib,
Daß ich mit dem heißen Blute
Meine Schmerzen niederschreib'.

Ei, mein Lieb, warum just heute
Schauderst du, mein Blut zu sehn?
Sahst mich bleich und herzeblutend
Lange Jahre vor dir stehn!

Kennst du noch das alte Liedchen
Von der Schlang' im Paradies,
Die durch schlimme Apfelgabe
Unsern Ahn ins Elend stieß?

Alles Unheil brachten Aepfel!
Eva bracht' damit den Tod,
Eris brachte Trojas Flammen,
Du brachtst beides, Flamm' und Tod.

*   *

Die alten, bösen Lieder,
Die Träume schlimm und arg,
Die laßt uns jetzt begraben;
Holt einen großen Sarg.

Hinein leg ich gar Manches,
Doch sag' ich noch nicht, was,
Der Sarg muß sein noch größer
Wie's Heidelberger Faß.

Und holt eine Todtenbahre
Von Brettern fest und dick!
Auch muß sie sein noch länger
Als wie zu Mainz die Brück'.

Und holt mir auch zwölf Riesen,
Die müssen noch stärker sein
Als wie der heil'ge Christoph
Im Dom zu Köln am Rhein.

Sie sollen den Sarg forttragen
Und senken ins Meer hinab;
Denn solchem großen Sarge
Gebührt ein großes Grab.

Wißt Ihr, warum der Sarg wohl
So groß und schwer mag sein?
Ich legt' auch mein Lieben
Und meinen Schmerz hinein.

Böses Geträume.

Im Traume war ich wieder jung und munter —
Es war das Landhaus, hoch am Bergesrand,
Wettlaufend lief ich dort den Pfad hinunter,
Mit mir mein muntres Mühmchen Hand in Hand.

Wie das Persönchen fein formirt! Die süßen
Meergrünen Augen zwinkern nixenhaft.
Sie steht so fest auf ihren kleinen Füßen,
Ein Bild von Zierlichkeit, vereint mit Kraft.

Der Ton der Stimme ist so treu und innig,
Man glaubt zu schaun bis in der Seele Grund;
Und alles, was sie spricht, ist klug und sinnig;
Wie eine Rosenknospe ist der Mund.

Es ist nicht Liebesweh, was mich beschleichet,
Ich schwärme nicht, ich bleibe bei Verstand; —
Doch wunderbar ihr Wesen mich erweichet,
Und heimlich bebend küß' ich ihre Hand.

Ich glaub', am Ende brach ich eine Blume,
Die gab ich ihr und sprach ganz laut dabei:
„Heirathe mich, du allerliebste Muhme,
Damit ich fromm wie Du und glücklich sei."

Was sie zur Antwort gab, das weiß ich nimmer,
Denn ich erwachte jählings — und ich war
Wieder ein Kranker, der im Krankenzimmer
Gelähmt am Boden liegt seit manchem Jahr. — —

Zehntes Capitel.

Die erste Seereise.

Es war ein gar lieblicher Frühlingstag, als ich zum erstenmale die Stadt Hamburg verlassen. Noch sehe ich, wie im Hafen die goldenen Sonnenlichter auf die betheerten Schiffsbäuche spielen, und ich höre noch das heitere, langhingesungene Hoiho! der Matrosen. So ein Hafen im Frühling hat überdies die freundlichste Aehnlichkeit mit dem Gemüth eines Jünglings, der zum erstenmal in die Welt geht, sich zum erstenmal auf die hohe See des Lebens hinauswagt — noch sind alle seine Gedanken buntbewimpelt, Uebermuth schwellt alle Segel seiner Wünsche, hoiho! — aber bald erheben sich die Stürme, der Horizont verdüstert sich, die Windsbraut heult, die Planken krachen, die Wellen zerbrechen das Steuer, und das arme Schiff zerschellt an romantischen Klippen oder strandet auf seicht prosaischem Sand — oder vielleicht morsch und gebrochen, mit gekapptem Mast, ohne ein einziges Anker der Hoffnung, gelangt es wieder heim in den alten Hafen, und vermodert dort, abgetakelt kläglich, als ein elendes Wrack!

Aber es giebt auch Menschen, die nicht mit gewöhnlichen Schiffen verglichen werden dürfen, sondern mit Dampfschiffen. Diese tragen ein dunkles Feuer in der Brust, und sie fahren gegen Wind und Wetter — ihre Rauchflagge flattert wie der schwarze Federbusch des nächtlichen Reiters, ihre Zackenräder sind wie kolossale Pfundsporen, womit sie das Meer in die Wellenrippen stacheln, und das widerspenstig schäumende Element muß ihrem Willen gehorchen wie ein Roß — aber sehr oft platzt der Kessel und der innere Brand verzehrt uns.

Doch ich will mich aus der Metapher wieder herausziehen und auf ein wirkliches Schiff setzen, welches von Hamburg nach Amsterdam fährt. Es war ein schwedisches Fahrzeug, hatte außer dem Helden dieser Blätter auch Eisenbarren geladen und sollte wahrscheinlich als Rückfracht eine Ladung Stockfische nach Hamburg oder Eulen nach Athen bringen.

Die Ufergegenden der Elbe sind wunderlieblich, besonders hinter Altona, bei Rainville. Unfern liegt Klopstock begraben.

Ich kenne keine Gegend, wo ein todter Dichter so gut begraben liegen kann wie dort. Als lebendiger Dichter dort zu leben, ist schon weit schwerer. Wie oft hab' ich dein Grab besucht, Sänger des Messias, der du so rührend wahr die Leiden Jesu besungen! Du hast aber auch lang' genug auf der Königstraße hinter dem Jungfernstieg gewohnt, um zu wissen, wie Propheten gekreuzigt werden.[23]

Den zweiten Tag gelangten wir nach Curhafen, welches eine hamburgische Colonie. Die Einwohner sind Unterthanen der Republik und haben es hier gut. Wenn sie im Winter frieren, werden ihnen aus Hamburg wollene Decken geschickt, und in allzu= heißen Sommertagen schickt man ihnen auch Limonade. Als Proconsul residirt dort ein hoch= und wohlweiser Senator. Er hat jährlich ein Einkommen von 20,000 Mark und regiert über 50 000 Seelen. Es ist dort auch ein Seebad, welches vor an= deren Seebädern den Vortheil bietet, daß es zugleich ein Elbbad ist. Ein großer Damm, worauf man spazieren gehen kann, führt nach Ritzebüttel, welches ebenfalls zu Curhafen gehört. ...

Unvergeßlich bleibt mir diese erste Seereise. Meine alte Groß= muhme hat mir so viele Wassermährchen erzählt, die jetzt alle wieder in meinem Gedächtnisse aufblühten. Ich konnte ganze Stunden lang auf dem Verdecke sitzen und an die alten Geschichten denken, und wenn die Wellen murmelten, glaubte ich die Großmutter sprechen zu hören. Wenn ich die Augen schloß, dann sah ich sie leibhaftig vor mir sitzen, mit dem einzigen Zahn in dem Munde, und haftig bewegte sie wieder die Lippen, und erzählte die Geschichte vom fliegenden Holländer.[24]

Ich hätte gern die Meernixen gesehen, die auf weißen Klippen sitzen und ihr grünes Haar kämmen; aber ich konnte sie nur singen hören.

Wie angestrengt ich auch manchmal in die klare See hinab= schaute, so konnte ich doch nicht die versunkenen Städte sehen, worin die Menschen, in allerlei Fischgestalten verwünscht, ein tiefes, wundertiefes Wasserleben führen. Es heißt, die Lachse, und alte Rochen sitzen dort, wie Damen geputzt, am Fenster und fächern sich und gucken hinab auf die Straße, wo Schell= fische in Rathsherrentracht vorbeischwimmen, wo junge Mode= heringe nach ihnen hinauflorgniren, und wo Krabben, Hummer und sonstig niedriges Krebsvolk umherwimmelt. Ich habe aber nicht so tief hinabsehen können, und nur die Glocken hörte ich unten läuten.

In der Nacht sah ich mal ein großes Schiff mit ausgespannten blutroten Segeln vorbeifahren, daß es aussah wie ein dunkler Riese in einem weiten Scharlachmantel. War das der fliegende Holländer?

*   *   *

An meine Mutter B. Heine,
geborene van Gelbern.

1.

Ich bin's gewohnt, den Kopf recht hoch zu tragen,
Mein Sinn ist auch ein bischen starr und zähe;
Wenn selbst der König mir in's Antlitz sähe,
Ich würde nicht die Augen niederschlagen.

Doch, liebe Mutter, offen will ich's sagen:
Wie mächtig auch mein stolzer Muth sich blähe,
In deiner selig süßen, trauten Nähe
Ergreift mich oft ein demuthvolles Zagen.

Ist es dein Geist, der heimlich mich bezwinget,
Dein hoher Geist, der alles kühn durchdringet,
Und blitzend sich zum Himmelslichte schwinget?

Quält mich Erinnerung, daß ich verübet
So manche That, die dir das Herz betrübet,
Das schöne Herz, das mich so sehr geliebet!

2.

Im tollen Wahn hatt' ich dich einst verlassen,
Ich wollte gehn die ganze Welt zu Ende,
Und wollte sehn, ob ich die Liebe fände,
Um liebevoll die Liebe zu umfassen.

Die Liebe suchte ich auf allen Gassen,
Vor jeder Thüre streckt' ich aus die Hände,
Und bettelte um g'ringe Liebesspende, —
Doch lachend gab man mir nur kaltes Hassen.

Und immer irrte ich nach Liebe, immer
Nach Liebe, doch die Liebe fand ich nimmer,
Und kehrte um nach Hause, krank und trübe.

Doch da bist du entgegen mir gekommen,
Und ach! was da in deinem Aug' geschwommen,
Das war die süße, langgesuchte Liebe.

Zweites Buch.

Studentenjahre.
(1819—1825.)

Erstes Capitel.

Bonn.

Da bald darauf eine große Handelskrisis entstand, und wie viele unserer Freunde, auch mein Vater sein Vermögen verlor, da platzte die merkantilische Seifenblase, und schneller und kläglicher als die imperiale, und meine Mutter mußte nun wohl eine andere Laufbahn für mich träumen.

Sie meinte jetzt, ich müsse durchaus Jurisprudenz studiren. Sie hatte nämlich bemerkt, wie längst in England, aber auch in Frankreich und im constitutionellen Deutschland der Juristenstand allmächtig sei, und besonders die Advocaten durch die Gewohnheit des öffentlichen Vortrags die schwatzenden Hauptrollen spielen und dadurch zu den höchsten Staatsämtern gelangen. Meine Mutter hatte ganz richtig beobachtet. Da eben die neue Universität Bonn errichtet, wo die juristische Fakultät von den berühmtesten Professoren besetzt war, schickte mich meine Mutter unverzüglich nach Bonn, wo ich zu Mackeldey's und Welcker's Füßen saß und die Manna ihres Wissens einschlürfte.[25])

* * *

Im Jahre (1819) hörte ich zu Bonn in einem und demselben Semester vier Collegien, worin meistens deutsche Antiquitäten aus der blauesten Zeit tractirt wurden, nämlich: 1) Geschichte der deutschen Sprache bei Schlegel, der fast drei Monate lang die barocksten Hypothesen über die Abstammung der Deutschen entwickelte, 2) die Germania des Tacitus bei Arndt, der in den altdeutschen Wäldern jene Tugenden suchte, die er in den Salons der Gegenwart vermißte, 3) Germanisches Staatsrecht bei Hüllmann, dessen historische Ansichten noch am wenigsten vag sind und 4) Deutsche Urgeschichte bei Radloff, der am Ende des Semesters noch nicht weiter gekommen war, als bis zur Zeit des Sesestris. —

*   *   *

Ein deutscher Dichter war ehemals ein Mensch, der einen abgeschabten, zerrissenen Rock trug, Kindtauf= und Hochzeit=Gedichte für einen Thaler das Stück verfertigte, statt der guten Gesellschaft, die ihn abwies, desto bessere Getränke genoß, auch wohl des Abends betrunken in der Gosse lag, zärtlich geküßt von Luna's gefühlvollen Strahlen. Wenn sie alt geworden waren, pflegten diese Menschen noch tiefer in ihr Elend zu versinken, und es war freilich ein Elend ohne Sorge, oder dessen einzige Sorge darin besteht, wo man den meisten Schnaps für das wenigste Geld haben kann.

So hatte auch ich mir einen deutschen Dichter vorgestellt. Wie angenehm verwundert war ich daher Anno 1819, als ich, ein ganz junger Mensch, die Universität Bonn besuchte und dort die Ehre hatte, den Herrn Dichter A. W. Schlegel, das poetische Genie, von Angesicht zu Angesicht zu sehen. Es war, mit Ausnahme des Napoleon, der erste große Mann, den ich damals gesehen, und ich werde nie diesen erhabenen Anblick vergessen. Noch heute fühle ich den heiligen Schauer, der durch meine Seele zog, wenn ich vor seinem Katheder stand und ihn sprechen hörte.

Ich trug damals einen weißen Flauschrock, eine rothe Mütze, lange, blonde Haare und keine Handschuhe. Herr A. W. Schlegel trug aber Glacéhandschuhe und war noch ganz nach der neuesten Pariser Mode gekleidet; er war ganz parfümirt von guter Gesellschaft und eau de mille fleurs; er war die Zierlichkeit und Eleganz selbst, und wenn er vom Großkanzler von England sprach, setzte er hinzu „mein Freund", und neben ihm stand sein Bedienter in der freiherrlichst Schlegel'schen Hauslivree und putzte die Wachslichter, die auf silbernen Armleuchtern brannten und nebst einem Glase Zuckerwasser vor dem Wundermanne auf dem Katheder standen. Livreebedienter! Wachslichter! Silberne Armleuchter! Mein Freund, der Großkanzler von England! Glacéhandschuhe! Zuckerwasser! Welche unerhörte Dinge im

Collegium eines deutschen Professors! Dieser Glanz blendete uns junge Leute nicht wenig, und mich besonders, und ich machte auf Herrn Schlegel damals drei Oden ...

1.

Der schlimmste Wurm: des Zweifels Dolchgedanken;
Das schlimmste Gift: an eigner Kraft verzagen,
Das wollt' mir fast des Lebens=Mark zernagen;
Ich war ein Reis, dem seine Stützen sanken.

Da mochtest du das arme Reis beklagen,
An deinem güt'gen Wort läßt du es ranken;
Und dir, mein hoher Meister, soll ich's danken,
Wird einst das schwache Reislein Blüthen tragen.

O mögst du's ferner noch so sorgsam warten,
Daß es als Baum einst zieren kann den Garten
Der schönen Fee, die dich zum Liebling wählte.

Von jenem Garten meine Amm' erzählte:
Dort lebt ein heimlich wunderfüßes Klingen,
Die Blumen sprechen und die Bäume singen.

2.

Im Reifrockputz mit Blumen reich verzieret,
Schönpfläſterchen auf den geſchminkten Wangen,
Mit Schnabelschuhn, mit Stickerein behangen,
Mit Thurmfrisur und wespengleich geschnüret:

So war die Aftermuse ausstaffiret,
Als sie einst kam, dich liebend zu umfangen.
Du bist ihr aber aus dem Weg gegangen,
Und irrtest fort, von dunklem Trieb geführet.

Da fandest du ein Schloß in alter Wildniß
Und drinnen lag, wie'n holdes Marmor=Bildniß,
Die schönste Maid in Zauberschlaf versunken.

Doch wich der Zauber bald bei deinem Gruße,
Aufwachte lächelnd Deutschlands echte Muse
Und sank in deine Arme liebestrunken.

3.

Zufrieden nicht mit deinem Eigenthume,
Sollt' noch des Rheines Niblungshort dich laben,
Nahmst du vom Themseſtrand die Wundergaben,
Und pflücktest kühn des Tago=Ufers Blume.

Der Tiber haft du manch Kleinod entgraben,
Die Seine mußte zollen deinem Ruhme, —
Du drangest gar zu Brahma's Heiligthume,
Und wolltst auch Perlen aus dem Ganges haben.

Du geiz'ger Mann, ich rath' dir, sei zufrieden
Mit dem, was selten Menschen ward beschieden,
Denk' an's Verschwenden jetzt, statt an's Erwerben.

Und mit den Schätzen, die du ohn' Ermüden
Zusammen haft geschleppt aus Nord und Süden,
Mach' reich den Schüler jetzt, den luft'gen Erben.

* * *

(An **Fritz v. Benghem.**[20])   Bonn, den 15. Juli 1820.

Es war mir recht erfreulich, lieber Fritz, einen Brief von Dir zu erhalten. Mit Vergnügen habe ich daraus ersehen, daß Du Dich wohl befindest, aber mit Leidwesen sah ich auch, daß Du, der sonst so gern Musen und Busen gereimt hat, sich jetzt so ganz und gar vom Busen der Musen losreißen will . . . . Auch ich hab' mal (schöner Busen halber) die Musen vernachlässigt. Meine Bestrafung hast Du selbst gesehen, nämlich meine poetische Unfruchtbarkeit vom vorigen Winter, die mich insofern ärgerte, da ich mich auf immer von den Musen verlassen wähnte und nicht einmal ein poetisches Klagelied hierüber zu Stande bringen konnte. Aber der alte S ch l e g e l, der überhaupt mit den Damen umzugehen versteht, hat die zürnenden Schönen wieder mit mir versöhnt . . .

Ueber mein Verhältniß mit Schlegel könnte ich Dir viel Erfreuliches schreiben. Mit meinen Poesien war er sehr zufrieden und über die Originalität derselben fast freudig erstaunt. Ich bin zu eitel, um mich hierüber zu wundern . . . Je öfter ich zu ihm komme, desto mehr finde ich, welch ein großer Kopf er ist und daß man von ihm sagen kann:

Unsichtbare Grazien ihn umrauschen,
Um neue Anmuth von ihm zu erlauschen.

Seine erste Frage ist immer: wie es mit der Herausgabe meiner Gedichte stehe? und scheint solche sehr zu wünschen. Auch Du, lieber Fritz, scheinst mich hierüber ebenfalls zu fragen. Leider habe ich, wegen der vielen Veränderungen, die ich auf

Schlegels Rath gemacht habe, noch viele Gedichte wieder abzu=
schreiben und viele ganz neue Gedichte und metrische Ueber=
setzungen der Engländer noch hinzuzuschreiben. Letztere gelingen
mir besonders gut und werden meine poetische Gewandtheit be=
währen. Genug des Selbstlobs.

Du kannst Dir nicht vorstellen, lieber Fritz, wie oft und wie
lebhaft ich an Dich denke. Umsomehr, da ich jetzt ein höchst
trauriges, fränkelndes und einsames Leben führe. Neue
Freundschaften zu suchen ist bei dem jetzigen Zustand der Dinge
ein mißliches und unrathsames Geschäft; und was meine alten
Freunde betrifft, so scheine ich denselben nicht mehr zu scheinen.

Steinmann, ein Jude, ein Poet, der Prinz Wittgenstein und
dessen Hofmeister sind jetzt mein ganzer Umgang.²⁷) Die Ferien
über will ich wieder hierbleiben und durchochsen; October aber
werde ich mich nach Göttingen verfügen und werde auf meiner
Durchreise Dich in Hamm besuchen.

Das ist wieder eine von jenen freundlichen Rosen, die auf
meinem dornichten Lebenswegen so sparsam gestreut sind.

O lieber Fritz! Die Dornen ritzen mich jeden Augenblick;
aber sie können mir nicht mehr so sehr wehe thun wie sonst. Denn
ich sehe jetzt ein, daß die Menschen Narren sind, wenn sie über
große Schmerzen klagen. Der Schmerz ist nicht so groß, aber
die Brust, die ihn beherbergen soll, ist zu enge . . .

* * *

Die Nacht auf dem Drachenfels.
An Fritz von Beughem.²⁸)

Um Mitternacht war schon die Burg erstiegen,
Der Holzstoß flammte auf am Fuß der Mauern,
Und, wo die Burschen lustig niederkauern,
Erscholl das Lied von Deutschlands heil'gen Siegen.

Wir tranken Deutschlands Wohl aus Rheinweinkrügen,
Wir sahn den Burggeist auf dem Thurme lauern,
Viel' dunkle Ritterschatten uns umschauern,
Viel' Nebelfrau'n bei uns vorüberfliegen.

Und aus den Thürmen steigt ein tiefes Aechzen,
Es klirrt und rasselt und die Eulen krächzen;
Dazwischen heult des Nordsturms Wuthgebrause. —

Sieh nun, mein Freund, so eine Nacht durchwacht' ich
Auf hohem Drachenfels, doch leider bracht' ich
Den Schnupfen und den Husten mit nach Hause.

* * *

Die Freunde.

An J. B. Rousseau.[20]

Dein Freundesgruß konnte mir die Brust erschließen,
Die dunkle Herzenskammer mir entriegeln;
Ich bin umfächelt wie von Zauberflügeln,
Und heimathliche Bilder mich begrüßen.

Den alten Rheinstrom seh' ich wieder fließen,
In seinem Blau sich Berg und Burgen spiegeln;
Goldtrauben winken von den Rebenhügeln,
Die Winzer klettern und die Bäume sprießen.

O, könnt' ich hin zu dir, zur dir, Getreuer,
Der du noch an mir hängst, so wie sich schlingt
Der grüne Epheu um ein morsch Gemäuer.

O, könnt' ich hin zu dir und leise lauschen
Bei deinem Lied, derweil Rothkehlchen singt
Und still des Rheines Wogen mich umrauschen.

* * *

Fresko-Sonette an Christian Sethe.

1.

Ich tanz' nicht mit, ich räuch're nicht den Klötzen,
Die außen goldig sind, inwendig Sand;
Ich schlag' nicht ein, reicht mir ein Bub' die Hand,
Der heimlich mir den Namen will zerfetzen.

Ich beug' mich nicht vor jenen hübschen Metzen,
Die schamlos prunken mit der eignen Schand';
Ich zieh' nicht mit, wenn sich der Pöbel spannt
Vor Siegeswagen seiner eiteln Götzen.

Ich weiß es wohl, die Eiche muß erliegen,
Derweil das Rohr am Bach durch schwankes Biegen
In Wind und Wetter stehn bleibt, nach wie vor.

Doch sprich, wie weit bringt's wohl am End' solch Rohr?
Welch Glück! als ein Spazierstock dient's dem Stutzer,
Als Kleiderklopfer dient's dem Stiefelputzer.

2.

Gieb her die Larv', ich will mich jetzt maskiren,
In einen Lumpenkerl, damit Halunken,
Die prächtig in Charaktermasken prunken,
Nicht wähnen, ich sei einer von den ihren.

Gieb her gemeine Worte und Manieren,
Ich zeige mich in Pöbelart versunken,
Verleugne all' die schönen Geistesfunken,
Womit jetzt fade Schlingel kokettiren.

So tanz' ich auf dem großen Maskenballe,
Umschwärmt von deutschen Rittern, Mönchen, Kön'gen,
Von Harlekin gegrüßt, erkannt von Wen'gen.
Mit ihrem Holzschwert prügeln sie mich alle.
Das ist der Spaß. Denn wollt' ich mich entmummen,
So müßte all' das Galgenpack verstummen.

3.

Ich lache ob den abgeschmackten Laffen,
Die mich anglotzen mit den Bocksgesichtern;
Ich lache ob den Füchsen, die so nüchtern
Und hämisch mich beschnüffeln und begaffen.

Ich lache ob den hochgelahrten Affen,
Die sich aufblähn zu stolzen Geistesrichtern;
Ich lache ob den feigen Bösewichtern,
Die mich bedrohn mit giftgetränkten Waffen.

Denn wenn des Glückes hübsche Siebensachen
Uns von des Schicksals Händen sind zerbrochen,
Und so zu unsern Füßen hingeschmissen;

Und wenn das Herz im Leibe ist zerrissen,
Zerrissen und zerschnitten und zerstochen, —
Dann bleibt uns doch das schöne gelle Lachen.

4.

Im Hirn spukt mir ein Märchen wunderfein,
Und in dem Märchen klingt ein feines Lied,
Und in dem Liede lebt und webt und blüht
Ein wunderschönes zartes Mägdelein.

Und in dem Mägdlein wohnt ein Herzchen klein,
Doch in dem Herzchen keine Liebe glüht;
In dieses lieblos frostige Gemüth
Kam Hochmuth nur und Uebermuth hinein.

Hörst du, wie mir im Kopf das Märchen klinget?
Und wie das Liedchen summet ernst und schaurig?
Und wie das Mägdlein kichert, leise, leise?

Ich fürchte nur, daß mir der Kopf zerspringet, —
Und ach! da wär's doch gar entsetzlich traurig,
Käm' der Verstand mir aus dem alten Gleise.

5.

Hüt' dich, mein Freund, vor grimmen Teufelsfratzen,
Doch schlimmer sind die sanften Engelsfrätzchen.
Ein solches bot mir einst ein süßes Schmätzchen,
Doch wie ich kam, da fühlt' ich scharfe Tatzen.

Hüt' dich, mein Freund, vor schwarzen alten Katzen,
Doch schlimmer sind die weißen jungen Kätzchen;
Ein solches macht ich einst zu meinem Schätzchen,
Doch thät mein Schätzchen mir das Herz zerkratzen.

O süßes Frätzchen, wundersüßes Mädchen!
Wie konnte mich dein klares Aeuglein täuschen?
Wie konnt' dein Pfötchen mir das Herz zerfleischen?

O meines Kätzchens wunderzartes Pfötchen!
Könnt' ich dich an die glühnden Lippen pressen,
Und könnt' mein Herz verbluten unterdessen!

6.

Wie nähm' die Armut bald bei mir ein Ende,
Wüßt ich den Pinsel kunstgerecht zu führen
Und hübsch mit bunten Bildern zu verzieren
Der Kirchen und der Schlösser stolze Wände.

Wie flösse bald mir zu des Goldes Spende,
Wüßt' ich auf Flöten, Geigen und Klavieren
So rührend und so fein zu musiciren,
Daß Herrn und Damen klatschten in die Hände.

Doch, ach! mir Armen lächelt Mammon nie;
Denn leider, leider! trieb ich dich alleine,
Brotloseste der Künste, Poesie!

Und ach! wenn andre sich mit vollen Humpen
Zum Gotte trinken im Champagnerweine,
Dann muß ich dürsten, oder ich muß — pumpen.

7.

Du sahst mich oft im Kampf mit jenen Schlingeln,
Geschminkten Katzen und bebrillten Pudeln,
Die mir den blanken Namen gern besudeln,
Und mich so gerne ins Verderben züngeln.

Du sahest oft, wie mich Pedanten hudeln,
Wie Schellenkappenträger mich umklingeln,
Wie gift'ge Schlangen um mein Herz sich ringeln;
Du sahst mein Blut aus tausend Wunden sprudeln.

Du aber standest fest gleich einem Thurme;
Ein Leuchtthurm war dein Kopf mir in dem Sturme,
Dein treues Herz war mir ein guter Hafen.

Wohl wogt um jenen Hafen wilde Brandung,
Nur wen'ge Schiff' erringen dort die Landung,
Doch ist man dort, so kann man sicher schlafen.

Die Freunde.

8.

Ich möchte weinen, doch ich kann es nicht;
Ich möcht' mich rüstig in die Höhe heben,
Doch kann ich's nicht; am Boden muß ich kleben,
Umkrächzt, umzischt von eklem Wurmgezücht.

Ich möchte gern mein heitres Lebenslicht,
Mein schönes Lieb, allüberall umschweben,
In ihrem selig süßen Hauche leben, —
Doch kann ich's nicht, mein krankes Herze bricht.

Aus dem gebrochnen Herzen fühl' ich fließen
Mein heißes Blut, ich fühle mich ermatten,
Und vor den Augen wird's mir trüb und trüber.

Und heimlich schauernd sehn' ich mich hinüber
Nach jenem Nebelreich, wo stille Schatten
Mit weichen Armen liebend mich umschließen.

* * *

An Fritz Steinmann.

Die Schlechten siegen, untergehn die Wackern;
Statt Myrthen lobt man nur die dürren Pappeln,
Worin die Abendwinde tüchtig rappeln,
Statt stiller Gluth lobt man nur helles Flackern.

Vergebens wirst du den Parnaß beackern
Und Bild auf Bild und Blum' auf Blume stapeln,
Vergebens wirst du dich zu Tode zappeln —
Verstehst du's nicht, noch vor dem Ei zu gackern.

Auch mußt du wie ein Kampfstier dich behörnen,
Und Schutz- und Trutz-Kritiken schreiben lernen,
Und kräftig oft in die Posaune schmettern.

Auch schreib nicht für die Welt, schreib für Pöbel,
Der Knalleffect sei deiner Dichtung Hebel —
Und bald wird dich die Gallerie vergöttern.

* * *

In Fritz von Beughem's Stammbuch.
(Mit einer Ansicht des Klosters Nonnenwerth. Den 7. März 1820.)

Oben auf dem Rolandseck
Saß einmal ein Liebesgeck,
Seufzte sich fast das Herz heraus,
Kuckt' sich fast die Augen aus
Nach dem hübschen Klösterlein,
Das da liegt am stillen Rhein.

Fritz von Beughem! denk auch fern
Jener Stunde, als wir gern
Oben hoch von Daniels Kniff
Schauten nach dem Felsenriff,
Wo der kranke Ritter saß,
Dessen Herze nie genas.

* * *

Liebesgruß.
(An Prinz Alexander von Wittgenstein.)

Eine große Landstraß ist unsre Erd',
Wir Menschen sind Passagiere;
Man rennt und jaget, zu Fuß und zu Pferd
Wie Läufer oder Couriere.

Man fährt sich vorüber, man nicket, man grüßt,
Mit dem Taschentuch aus der Karosse;
Man hätte sich gerne geherzt und geküßt,
Doch jagen von hinnen die Rosse.

Kaum treffen wir uns auf derselben Station,
Herzliebster Prinz Alexander,
Da bläst schon zur Abfahrt der Postillon,
Und bläst uns schon auseinander.

Zweites Capitel.

Die kleine Veronika.

Sei es durch den einförmigen Ruderschlag, oder durch das Schaukeln des Fahrzeugs, oder durch den Duft der Bergufer, worauf die Freude wächst, immer geschieht es, daß auch der Betrübteste seltsam beruhigt wird, wenn er in der Frühlingsnacht in einem leichten Kahne leicht dahin fährt auf dem lieben, klaren Rheinstrom. Wahrlich, der alte gutherzige Vater Rhein kann's nicht leiden, wenn seine Kinder weinen; thränenstillend wiegt er sie auf seinen treuen Armen, und erzählt ihnen seine schönsten Märchen, und verspricht ihnen seine goldigsten Schätze, vielleicht gar den uralt versunkenen Niblungshort . . .

O, da ist ein schönes Land, voll Lieblichkeit und Sonnenschein. Im blauen Strome spiegeln sich die Bergesufer mit ihren Burgruinen und Waldungen und alterthümlichen Städten.
— Dort vor der Hausthür sitzen die Bürgersleute des Sommerabends, und trinken aus großen Kannen, und schwatzen vertraulich,

wie der Wein, Gottlob! gedeiht, und wie die Gerichte durchaus
öffentlich sein müssen, und wie die Marie Antoinette so mir nichts
dir nichts guillotinirt worden, und wie die Tabaksregie den Tabak
vertheuert, und wie alle Menschen gleich sind, und wie der Görres
ein Hauptkerl ist.³⁰)

Ich habe mich nie um dergleichen Gespräche bekümmert,
und saß lieber bei den Mädchen am gewölbten Fenster, und
lachte über ihr Lachen, und ließ mich mit Blumen ins Gesicht
schlagen, und stellte mich böse, bis sie mir ihre Geheimnisse
oder irgend eine andere wichtige Geschichte erzählten. Die schöne
Gertrud war bis zum Tollwerden vergnügt, wenn ich mich zu
ihr setzte; es war ein Mädchen wie eine flammende Rose, und
als sie mir einst um den Hals fiel, glaubte ich, sie würde verbrennen und verduften in meinen Armen. Die schöne Katharine
zerfloß in klingender Sanftmuth, wenn sie mit mir sprach, und
ihre Augen waren von einem so reinen, innigen Blau, wie ich
es noch nie bei Menschen und Thieren und nur selten bei Blumen
gefunden; man sah gern hinein und konnte sich so recht viel
Süßes dabei denken. Aber die schöne Hedwig liebte mich; denn
wenn ich zu ihr trat, beugte sie das Haupt zur Erde, so daß
die schwarzen Locken über das erröthende Gesicht herabfielen, und
die glänzenden Augen wie Sterne aus dunklem Himmel hervor-
leuchteten. Ihre verschämten Lippen sprachen kein Wort, und
auch ich konnte ihr nichts sagen. Ich hustete und sie zitterte.
Sie ließ mich manchmal durch ihre Schwester bitten, nicht so
rasch die Felsen zu besteigen, und nicht im Rheine zu baden,
wenn ich mich heiß gelaufen oder getrunken. Ich behorchte
manchmal ihr andächtiges Gebet vor dem Marienbildchen, das,
mit Goldflitter geziert und von einem brennenden Lämpchen
umflittert, in einer Nische der Hausflur stand; ich hörte deutlich,
wie sie die Mutter Gottes bat: ihm das Klettern, Trinken und
Baden zu verbieten. Ich hätte mich gewiß in das schöne Mädchen
verliebt, wenn sie gleichgültig gegen mich gewesen wäre; und ich
war gleichgültig gegen sie, weil ich wußte, daß sie mich liebte.

Die schöne Johanna war die Base der drei Schwestern, und
ich setzte mich gern zu ihr. Sie wußte die schönsten Sagen, und
wenn sie mit der weißen Hand zum Fenster hinauszeigte nach den
Bergen, wo das alles passirt war, was sie erzählte, so wurde
mir ordentlich verzaubert zu Muthe, die alter Ritten stiegen sicht-

bar aus den Burgruinen und zerhackten sich die eisernen Kleider, die Lorelei stand wieder auf der Bergesspitze und sang hinab ihr süß verderbliches Lied, und der Rhein rauschte so vernünftig beruhigend und doch zugleich neckend schauerlich — und die schöne Johanna sah mich an so seltsam, so heimlich, so räthselhaft traulich, als gehörte sie selbst zu den Märchen, wovon sie eben erzählte. Sie war ein schlankes, blasses Mädchen, sie war todtkrank und sinnend, ihre Augen waren klar wie die Wahrheit selbst, ihre Lippen fromm gewölbt, in den Zügen ihres Antlitzes lag eine große Geschichte, aber es war eine heilige Geschichte — etwa eine Liebeslegende? Ich weiß nicht, und ich hatte auch nie den Muth, sie zu fragen. Wenn ich sie lange ansah, wurde ich ruhig und heiter, es ward mir, als sei stiller Sonntag in meinem Herzen und die Engel darin hielten Gottesdienst.

In solchen guten Stunden erzählte ich ihr Geschichten aus meiner Kindheit, und sie hörte immer ernsthaft zu, und seltsam! wenn ich mich nicht mehr auf die Namen besinnen konnte, so erinnerte sie mich daran. Wenn ich sie alsdann mit Verwunderung fragte, woher sie die Namen wisse, so gab sie lächelnd zur Antwort, sie habe sie von den Vögeln erfahren, die an den Fliesen ihres Fensters nisteten — und sie wollte mich gar glauben machen, dieses seien die nämlichen Vögel, die ich einst als Knabe mit meinem Taschengelde den hartherzigen Bauernjungen abgekauft habe und dann frei fortfliegen lassen. Ich glaube aber, sie wußte alles, weil sie so blaß war und wirklich bald starb. Sie wußte auch, wann sie sterben würde, und wünschte, daß ich Andernach den Tag vorher verlassen möchte. Beim Abschied gab sie mir beide Hände — es waren weiße, süße Hände, und rein wie eine Hostie — und sie sprach: du bist sehr gut, und wenn du böse wirst, so denke wieder an die kleine, todte Veronika.

Haben ihr die geschwätzigen Vögel auch diesen Namen verrathen? Ich hatte mir in erinnerungssüchtigen Stunden so oft den Kopf zerbrochen und konnte mich nicht mehr auf den lieben Namen erinnern.

Jetzt, da ich ihn wieder habe, will mir auch die früheste Kindheit wieder im Gedächtnisse hervorblühen, und ich bin wieder ein Kind und spiele mit andern Kindern auf dem Schloßplatze zu Düsseldorf am Rhein.

* * *

Es war ein klarer, fröstelnder Herbsttag, als ein junger Mensch von studentischem Ansehen durch die Allee des Düsseldorfer Hofgartens langsam wanderte, manchmal, wie aus kindischer Lust, das raschelnde Laub, das den Boden bedeckte, mit den Füßen aufwarf, manchmal aber auch wehmüthig hinaufblickte nach den dürren Bäumen, woran nur noch wenige Goldblätter hingen. Wenn er so hinaufsah, dachte er an die Worte des Glaukos: [31])

„Gleich wie Blätter im Walde, so sind die Geschlechter der Menschen;
Blätter verweht zur Erde der Wind nun, andere treibt dann
Wieder der knospende Wald, wenn neu auflebet der Frühling:
So der Menschen Geschlecht, dies wächst und jenes verschwindet

In früheren Tagen hatte der junge Mensch mit ganz andern Gedanken an eben dieselben Bäume hinaufgesehen, und er war damals ein Knabe und suchte Vogelnester oder Sommerkäfer, die ihn gar sehr ergötzten, wenn sie lustig dahinsummten, sich der hübschen Welt erfreuten, und zufrieden waren mit einem saftig grünen Blättchen, mit einem Tröpfchen Thau, mit einem warmen Sonnenstrahl, und mit dem süßen Kräuterduft. Damals war des Knaben Herz ebenso vergnügt wie die flatternden Thierchen. Jetzt aber war sein Herz älter geworden, die kleinen Sonnenstrahlen waren darin erloschen, alle Blumen waren darin abgestorben, sogar der schöne Traum der Liebe war darin verblichen, im armen Herzen war nichts als Muth und Gram, und damit ich das Schmerzlichste sage — es war mein Herz.

Denselben Tag war ich zur alten Vaterstadt zurückgekehrt, aber ich wollte nicht darin übernachten und sehnte mich nach Godesberg, um zu den Füßen meiner Freundin mich niederzusetzen und von der kleinen Veronika zu erzählen. Ich hatte die lieben Gräber besucht. Von allen lebenden Freunden und Verwandten hatte ich nur einen Ohm und eine Muhme wiedergefunden. Fand ich auch sonst noch bekannte Gestalten auf der Straße, so kannte mich doch niemand mehr, und die Stadt selbst sah mich an mit fremden Augen, viele Häuser waren unterdessen neu angestrichen worden, aus den Fenstern guckten fremde Gesichter, um die alten Schornsteine flatterten abgelebte Spatzen, alles sah so tobt und doch so frisch aus, wie Salat, der auf einem Kirchhofe wächst.... Nur der alte Kurfürst erkannte mich, er stand noch auf dem alten Platz, aber er schien magerer geworden zu sein. Eben weil er immer mitten auf dem Markte

stand, hatte er alle Misere der Zeit mit angesehen, und von
solchem Anblick wird man nicht fett. Ich war wie im Traume,
und dachte an das Märchen von den verzauberten Städten, und
ich eilte zum Thore hinaus, damit ich nicht zu früh erwachte.
Im Hofgarten vermißte ich manchen Baum, und mancher war
verkrüppelt, und die vier großen Pappeln, die mir sonst wie
grüne Riesen erschienen, waren klein geworden. Einige hübsche
Mädchen gingen spazieren, buntgeputzt, wie wandelnde Tulpen.
Und diese Tulpen hatte ich gekannt, als sie noch kleine Zwiebelchen
waren; denn ach! es waren ja Nachbarskinder, womit ich einst
„Prinzessin im Thurme" gespielt hatte. Aber die schönen Jung=
frauen, die ich einst als blühende Rosen gekannt, sah ich jetzt
als verwelkte Rosen und in manche hohe Stirne, deren Stolz
mir einst das Herz entzückte, hatte Saturn mit seiner Sense tiefe
Runzeln eingeschnitten. Jetzt erst, aber ach! viel zu spät, ent=
deckte ich, was der Blick bedeuten sollte, den sie einst dem schon
jünglinghaften Knaben zugeworfen; ich hatte unterdessen in der
Fremde manche Parallelstellen in schönen Augen bemerkt. Tief
bewegte mich das demüthige Hutabnehmen eines Mannes, den
ich einst reich und vornehm gesehen, und der seitdem zum Bettler
herabgesunken war; wie man denn überall sieht, daß die Menschen,
wenn sie einmal im Sinken sind, wie nach dem Newtonschen
Gesetze, immer entsetzlich schneller und schneller ins Elend herab=
fallen. Wer mir aber gar nicht verändert schien, das war der
kleine Baron, der lustig wie sonst durch den Hofgarten tänzelte,
mit der einen Hand den linken Rockschoß in die Höhe haltend,
mit der andern Hand sein dünnes Rohrstöckchen hin und her
schwingend; es war noch immer dasselbe freundliche Gesichtchen,
dessen Rosenröthe sich nach der Nase hin concentrirt, es war
noch immer das alte Kegelhütchen, es war noch immer das alte
Zöpfchen, nur daß aus diesem jetzt einige weiße Härchen, statt
der ehemaligen schwarzen Härchen, hervorkamen. Aber so ver=
gnügt er auch aussah, so wußte ich dennoch, daß der arme
Baron unterdessen viel Kummer ausgestanden hatte; sein Gesichtchen
wollte es mir verbergen, aber die weißen Härchen seines Zöpfchens
haben es mir hinter seinem Rücken verrathen. Und das Zöpfchen selber
hätte es gerne wieder abgeleugnet und wackelte gar wehmüthig lustig.

Ich war nicht müde, aber ich bekam doch Lust, mich noch
einmal auf die hölzerne Bank zu setzen, in die ich einst den

Namen meines Mädchens eingeschnitten. Ich konnte ihn kaum wiederfinden, es waren so viele neue Namen darüber hingeschnitzelt. Ach! einst war ich auf dieser Bank eingeschlafen und träumte von Glück und Liebe. „Träume sind Schäume." Auch die alten Kinderspiele kamen mir wieder in den Sinn, auch die alten, hübschen Märchen! Aber ein neues falsches Spiel, und ein neues häßliches Märchen klang immer hindurch, und es war die Geschichte von zwei armen Seelen, die einander untreu wurden, und es nachher in der Treulosigkeit so weit brachten, daß sie sogar dem lieben Gotte die Treue brachen. Es ist eine böse Geschichte, und wenn man just nichts Besseres zu thun weiß, kann man darüber weinen. O Gott! einst war die Welt so hübsch, und die Vögel sangen dein ewiges Lob, und die kleine Veronika sah mich an mit stillen Augen, und wir saßen vor der marmornen Statue auf dem Schloßplatz. — Auf der einen Seite liegt das alte, verwüstete Schloß, worin es spukt und Nachts eine schwarzseidene Dame ohne Kopf mit langer, rauschender Schleppe herumwandelt; auf der andern Seite ist ein hohes, weißes Gebäude, in dessen oberen Gemächern die bunten Gemälde mit goldnen Rahmen wunderbar glänzten, und in dessen Untergeschosse so viele tausend mächtige Bücher standen, die ich und die kleine Veronika oft mit Neugier betrachteten, wenn uns die fromme Ursula an die großen Fenster hinanhob — späterhin, als ich ein großer Knabe geworden, erkletterte ich dort täglich die höchsten Leitersprossen, und holte die höchsten Bücher herab und las darin so lange, bis ich mich vor nichts mehr, am wenigsten vor Damen ohne Kopf, fürchtete, und ich wurde so gescheit, daß ich alle alten Spiele und Märchen und Bilder und die kleine Veronika und sogar ihren Namen vergaß. . . .

Als wir hinaufgingen, spielte das Kind mit der Blume, welche es in der Hand hielt: es war ein Resedazweig. Plötzlich führte sie denselben an ihre Lippen und gab ihn mir sodann. Als ich das Jahr darauf in den Ferien heimkam, war die kleine Veronika todt. Und seither ist trotz aller Schwankungen meines Herzens die Erinnerung an sie doch stets lebendig geblieben. Warum? Wie? Ist es nicht seltsam, geheimnisvoll? Denke ich noch zuweilen an diese Geschichte, so empfinde ich ein schmerzliches Gefühl, wie bei der Erinnerung an ein großes Unglück . . .

* * *

Während ich aber, auf der alten Bank des Hofgartens sitzend, in die Vergangenheit zurückträumte, hörte ich hinter mir verworrene Menschenstimmen, welche das Schicksal der armen Franzosen beklagten, die, im russischen Kriege als Gefangene nach Sibirien geschleppt, dort mehrere lange Jahre, obgleich schon Frieden war, zurückgehalten worden und jetzt erst heimkehrten. Als ich aufsah, erblickte ich wirklich diese Waisenkinder des Ruhmes; durch die Risse ihrer zerlumpten Uniformen lauschte das nackte Elend, in ihren verwitterten Gesichtern lagen tiefe, klagende Augen, und obgleich verstümmelt, ermattet und meistens hinkend, blieben sie doch noch immer in einer Art militairischen Schrittes, und seltsam genug! ein Tambour mit einer Trommel schwankte voran; und mit innerem Grauen ergriff mich die Erinnerung an die Sage von den Soldaten, die des Tags in der Schlacht gefallen und des Nachts wieder vom Schlachtfelde aufstehen und mit dem Tambour an der Spitze nach ihrer Vaterstadt marschiren...

Wahrlich, der arme französische Tambour schien halb verwest aus dem Grabe gestiegen zu sein, es war nur ein kleiner Schatten in einer schmutzig zerfetzten grauen Kapotte, ein verstorben gelbes Gesicht mit einem großen Schnurrbarte, der wehmüthig herabhing über die verblichenen Lippen, die Augen waren wie verbrannter Zunder, worin nur noch wenige Fünkchen glimmen, und dennoch, an einem einzigen dieser Fünkchen erkannte ich Monsieur Le Grand.

Er erkannte auch mich, und zog mich nieder auf den Rasen, und da saßen wir wieder wie sonst, als er mir auf der Trommel die französische Sprache und die neuere Geschichte docirte. Es war noch immer die wohlbekannte alte Trommel, und ich konnte mich nicht genug wundern, wie er sie vor russischer Habsucht geschützt hatte. Er trommelte jetzt wieder wie sonst, jedoch ohne dabei zu sprechen. Waren aber die Lippen unheimlich zusammengekniffen, so sprachen desto mehr seine Augen, die sieghaft aufleuchteten, indem er die alten Märsche trommelte. Die Pappeln neben uns erzitterten, als er wieder den rothen Guillotinenmarsch erdröhnen ließ. Auch die alten Freiheitskämpfe, die alten Schlachten, die Thaten des Kaisers trommelte er wie sonst, und es schien, als sei die Trommel selber ein lebendiges Wesen, das sich freute, seine innere Lust aussprechen zu können. Ich hörte

wieder den Kanonendonner, das Pfeifen der Kugeln, den Lärm
der Schlacht, ich sah wieder den Todesmuth der Garde, ich sah
wieder die flatternden Fahnen, ich sah wieder den Kaiser zu
Roß — aber allmählich schlich sich ein trüber Ton in jene
freudigsten Wirbel, aus der Trommel drangen Laute, worin das
wildeste Jauchzen und das entsetzlichste Trauern umheimlich ge=
mischt waren, es schien ein Siegesmarsch und zugleich ein Todten=
marsch, die Augen Le Grands öffneten sich geisterhaft weit, und
ich sah darin nichts als ein weites, weißes Eisfeld, bedeckt mit
Leichen, es war die Schlacht bei der Moskwa.

Ich hätte nie gedacht, daß die alte, harte Trommel so schmerz=
liche Laute von sich geben könnte, wie jetzt Monsieur Le Grand
daraus hervorzulocken wußte. Es waren getrommelte Thränen,
und sie tönten immer leiser, und wie ein trübes Echo brachen
tiefe Seufzer aus der Brust Le Grands. Und dieser wurde
immer matter und gespenstischer, seine dürren Hände zitterten
vor Frost, er saß wie im Traume, und bewegte mit seinen
Trommelstöcken nur die Luft, und horchte wie auf ferne Stimmen,
und endlich schaute er mich an mit einem tiefen, abgrundtiefen,
flehenden Blick — ich verstand ihn — und dann sank sein
Haupt herab auf die Trommel...

Monsieur Le Grand hat in diesem Leben nie mehr ge=
trommelt. Auch seine Trommel hat nie mehr einen Ton von
sich gegeben, sie sollte keinem Feinde der Freiheit zu einem
servilen Zapfenstreich dienen, ich hatte den letzten, flehenden Blick
Le Grands sehr gut verstanden, und zog sogleich den Degen
aus meinem Stock und zerstach die Trommel.

* * *

Madame, ich will ein neues Kapitel anfangen, und Ihnen
erzählen, wie ich nach dem Tode Le Grands in Godesberg
ankam...

Als ich zu Godesberg ankam, setzte ich mich wieder zu den
Füßen meiner schönen Freundin, — und neben mir legte sich
ihr brauner Dachshund — und wir Beide sahen hinauf in
ihr Auge...

Ich und der braune Dachshund lagen still zu den Füßen
der schönen Frau, und schauten und horchten. Sie saß neben
einem alten eisgrauen Soldaten, einer ritterlichen Gestalt mit

Quernarben auf der gefurchten Stirne. Sie sprachen beide von den sieben Bergen, die das schöne Abendroth bestrahlte, und von dem blauen Rhein, der unfern groß und ruhig vorbeifluthete. — Was kümmert uns das Siebengebirge und das Abendroth und der blaue Rhein und die segelweißen Kähne, die darauf schwammen und die Musik, die aus einem Kahne erscholl, und der Schafskopf von Student, der darin so schmelzend und lieblich sang — ich und der braune Dachs, wir schauten in das Auge der Freundin und betrachteten ihr Antlitz, das aus den schwarzen Flechten und Locken, wie der Mond aus dunkeln Wolken, rosigbleich hervorglänzte. — Es waren hohe griechische Gesichtszüge, kühngewölbte Lippen, umspielt von Wehmuth, Seligkeit und kindischer Laune, und wenn sie sprach, so wurden die Worte etwas tief, fast seufzend angehaucht und dennoch ungeduldig rasch hervorgestoßen — und wenn sie sprach, und die Rede wie ein warmer, heiterer Blumenregen aus dem schönen Mund herniederflockte — o! dann legte sich das Abendroth über meine Seele, es zogen hindurch mit klingendem Spiel die Erinnerungen der Kindheit, vor allem aber, wie Glöcklein, erklang in mir die Stimme der kleinen Veronika — und ich ergriff die schöne Hand der Freundin, und drückte sie an meine Augen, bis das Klingen in meiner Seele vorüber war — und dann sprang ich auf und lachte, und der Dachs bellte, und die Stirne des alten Generals furchte sich ernster, und ich setzte mich wieder und ergriff wieder die schöne Hand und küßte sie und erzählte von der kleinen Veronika. . . .

* *

Madame, Sie können sich kaum vorstellen, wie hübsch die kleine Veronika, aussah, als sie in dem kleinen Särglein lag. Die brennenden Kerzen, die rund umher standen, warfen ihren Schimmer auf das bleiche, lächelnde Gesichtchen und auf die rothseidenen Röschen und rauschenden Goldflitterchen, womit das Köpfchen und das weiße Todtenhemdchen verziert war — die fromme Ursula hatte mich Abends in das stille Zimmer geführt, und als ich die kleine Leiche, mit den Lichtern und Blumen, auf dem Tische ausgestellt sah, glaubte ich anfangs, es sei ein hübsches Heiligenbildchen von Wachs; doch bald erkannte ich das liebe Antlitz, und frug lachend, warum die kleine Veronika so still sei, und die Ursula sagte: Das thut der Tod.

Und als sie sagte: Das thut der Tod — Doch ich will heute diese Geschichte nicht erzählen, sie würde sich zu sehr in die Länge ziehen, ich müßte auch vorher von der lahmen Elster sprechen, die auf dem Schloßplatz herumhinkte und dreihundert Jahr' alt war, und ich könnte ordentlich melancholisch werden. — Ich bekomme plötzlich Lust, eine andere Geschichte zu erzählen, und die ist lustig und paßt auch an diesen Ort, denn es ist die eigentliche Geschichte, die in diesem Buche vorgetragen werden sollte.

* * *

In der Brust des Ritters war nichts als Nacht und Schmerz. Die Dolchstiche der Verleumdung hatten ihn gut getroffen, und wie er dahinging über den Sankt Markusplatz, war ihm zu Muthe, als wollte sein Herz brechen und verbluten. Seine Füße schwankten vor Müdigkeit — das edle Wild war den ganzen Tag gehetzt worden, und es war ein heißer Sommertag — der Schweiß lag auf seiner Stirne, und als er in die Gondel stieg, seufzte er tief. Er saß gedankenlos in dem schwarzen Gondelzimmer, gedankenlos schaukelten ihn die weichen Wellen, und trugen ihn den wohlbekannten Weg in die Brenta — und als er vor dem wohlbekannten Palaste ausstieg, hörte er, Signora Laura sei im Garten.

Sie stand, gelehnt an die Statue des Laokoon, neben dem rothen Rosenbaum am Ende der Terrasse, unfern von den Trauerweiden, die sich wehmüthig herabbeugen über den vorbeiziehenden Fluß. Da stand sie lächelnd, ein weiches Bild der Liebe, umduftet von Rosen. Er aber erwachte wie aus einem schwarzen Traume, und war plötzlich wie umgewandelt in Milde und Sehnsucht. „Signora Laura!" — sprach er — „ich bin elend und bedrängt von Haß und Noth und Lüge" — und dann stockte er und stammelte: — „aber ich liebe Euch" — und dann schoß eine freudige Thräne in sein Auge, und mit feuchten Augen und flammenden Lippen rief er: — „Sei mein Mädchen und liebe mich!"

Es liegt ein geheimnißdunkler Schleier über dieser Stunde, kein Sterblicher weiß, was Signora Laura geantwortet hat, und wenn man ihren guten Engel im Himmel darob befragt, so verhüllt er sich und seufzt und schweigt.

Einsam stand der Ritter noch lange bei der Statue des Laokoon, sein Antlitz war ebenso verzerrt und weiß, bewußtlos entblätterte er alle Rosen des Rosenbaums, er zerknickte sogar die jungen Knospen — der Baum hat nie wieder Blüthen getragen — in der Ferne klagte eine wahnsinnige Nachtigall, die Trauerweiden flüsterten ängstlich, dumpf murmelten die kühlen Wellen der Brenta, die Nacht kam heraufgestiegen mit ihrem Mond und ihren Sternen — ein schöner Stern, der schönste von allen, fiel vom Himmel herab.

Drittes Capitel.

Göttingen.

(An Dr. H. Schulz in Hamm.)

Der Sommer 1820 schwebt mir noch im Gedächtniß. Die schönen Thäler um Hagen, der freundliche Overweg in Unna, die angenehmen Tage in Hamm, der herrliche Fritz v. Beughem, Sie, Wundermann, die Alterthümer in Soest, selbst die Paderborner Heide, Alles steht noch lebendig vor mir. Ich höre noch immer, wie die alten Eichenwälder mich umrauschen, wie jedes Blatt mir zuflüstert: Hier wohnten die alten Sachsen, die am spätesten Glauben und Germanenthum einbüßten. Ich höre noch immer, wie ein uralter Stein mir zuruft: „Wanderer, steh', hier hat Armin den Varus geschlagen!" Man muß zu Fuß, und zwar wie ich, in österreichischen Landwehrtagemärschen Westphalen durchwandern, wenn man den kräftigen Ernst, die biedere Ehrlichkeit und anspruchslose Tüchtigkeit seiner Bewohner kennen lernen will.

* * *

Die Stadt Göttingen, berühmt durch ihre Würste und Universität, gehört dem Könige von Hannover und enthält 999 Feuerstellen, diverse Kirchen, eine Entbindungsanstalt, eine Sternwarte, eine Bibliothek und einen Rathskeller, wo das Bier sehr gut ist… Die Stadt selbst ist schön, und gefällt einem am besten, wenn man sie mit dem Rücken ansieht. Sie muß schon sehr lange stehen; denn ich erinnere mich, als ich vor fünf Jahren dort imatriculirt und bald darauf consiliirt wurde, hatte sie schon dasselbe graue, altkluge Ansehen und war schon vollständig eingerichtet mit Schnurren, Pudeln, Dissertationen, Thédansant's, Wäscherinnen, Compendien, Taubenbraten, Guelfenorden, Promotionskutschen, Pfeifenköpfen, Hofräthen, Justizräthen, Relegationsräthen, Profaxen und anderen Faxen. Einige behaupten sogar, die Stadt sei zur Zeit der Völkerwanderung erbaut worden, und jeder deutsche Stamm habe damals ein ungebundenes Exemplar seiner Mitglieder darin zurückgelassen und davon stammten alle die Vandalen, Friesen, Schwaben, Teutonen, Sachsen, Thüringer u. f. w., die noch heutzutage in Göttingen hordenweis und geschieden durch Farben der Mützen und der Pfeifenquäste über die Weender Straße einherziehen, auf den blutigen Wahlstätten der Rasenmühle, des Ritschenkruges und Bovden's sich ewig unter einander herumschlagen, in Sitten und Gebräuchen noch immer wie zur Zeit der Völkerwanderung dahinleben und theils durch ihre duces, welche Haupthähne heißen, theils durch ihr uraltes Gesetzbuch, welches Comment heißt, und in den legibus barbarorum eine Stelle verdient, regiert werden.[32])

Im Allgemeinen werden die Bewohner Göttingens eingetheilt in Studenten, Professoren, Philister und Vieh, welche vier Stände doch nichts weniger als streng geschieden sind.… Die Namen aller Studenten und aller ordentlichen und unordentlichen Professoren hier herzuzählen, wäre zu weitläufig; auch sind mir in diesem Augenblicke nicht alle Studentennamen im Gedächtnisse und unter den Professoren sind manche, die gar keinen Namen haben. Die Zahl der Göttinger Philister muß sehr groß sein, wie Sand oder besser gesagt, wie Koth am Meer; wahrlich wenn, ich sie des Morgens mit ihren schmutzigen Gesichtern und weißen Rechnungen vor den Pforten des akademischen Gerichtes aufgepflanzt sehe, so mochte ich kaum begreifen, wie Gott nur soviel Lumpenpack erschaffen konnte.

Ausführlicheres über die Stadt Göttingen läßt sich sehr bequem nachlesen in der Topographie derselben von K. F. H. Marx. Obzwar ich gegen den Verfasser, der mein Arzt war und mir viel

Liebes erzeigte, die heiligsten Verpflichtungen hege, so kann ich doch sein Werk nicht unbedingt empfehlen und ich muß tadeln, daß er jener falschen Meinung, als hätten die Göttingerinnen allzugroße Füße, nicht streng genug widerspricht.[33]) Ja ich habe mich sogar seit Jahr und Tag mit einer ernsten Widerlegung dieser Meinung beschäftigt, ich habe deßhalb vergleichende Anatomie gehört, die seltensten auf der Bibliothek excerpirt, auf der Weender Straße stundenlang die Füße der vorübergehenden Damen studirt. und in der grundgelehrten Abhandlung, so die Resultate dieser Studien enthalten wird, spreche ich 1) von den Füßen überhaupt; 2) von den Füßen bei den Alten; 3) von den Füßen der Elephanten; 4) von den Füßen der Göttingerinnen; 5) stelle ich Alles zusammen, was über diese Füße schon auf Ullrichs Garten gesagt worden; 6) betrachte ich diese Füße in ihrem Zusammenhang; und endlich 7) wenn ich nur so großes Papier auftreiben kann, füge ich noch hinzu einige Kupfertafeln mit dem Facsimile Göttingischer Damenfüße. . .

* * *

(An Friedrich Steinmann. Göttingen, 29. October 1821.)

. . Schon während ich diese Zeilen schreibe, verfliegt allmählich meine vergnügte Stimmung; die alten Schmerzen begeben sich wieder nach ihrer alten Kneipe, welche leider meine eigene Brust ist, und diese ganze Familie S ch m e r z beginnt dort wieder ihr altes Treiben; die blinde Großmutter W e h m u t h höre ich trippeln, ein neugeborenes Töchterlein höre ich greinen, Fräulein R e u e — so wird diese Kleine getauft und in ihrem ewigen Gegreine unterscheide ich die Worte: „Du hätteſt in Bonn bleiben sollen."

Das sind ärgerliche Worte. Doch was hilft's, wenn ich sie in allerlei Variationen nachgreine und die ganze Tonleiter durchseufze! — Ich habe es ja nicht besser gewollt und war nicht viel klüger als der Junge, der zufällig seine Schuhe in den Rhein fallen ließ und aus Aerger seine Strümpfe denselben nachwarf.

Ja wie sehr ich mich auch dadurch blamire, so will ich euch doch ehrlich bekennen, daß ich mich hier furchtbar ennuyire.

Steifer, patenter, schnöder Ton. Jeder muß hier wie ein Abge=
schiedener leben. Nur gut ochsen kann man hier. Das war's
auch, was mich herzog. Oft, wenn ich in den Trauerweiden=
Alleen meines paradiesischen Beul ³⁴) zur Zeit der Dämmerung
bummelte, sah ich im Verklärungsglanze vor mir schweben den
leuchtenden Genius des Ochsens, in Schlafrock und Pantoffeln,
mit der einen Hand Mackeldey's Institutionen emporhaltend und
mit der andern Hand hinzeigend nach den Thürmen von Georgia
Augusta's. Sogar die lauten Wogen des Rheins hatten mir
alsdann oft mahnend zugeraufcht:

> Ochsen, deutsche Jüngling, endlich
> Reite deine Schwänze nach;
> Einst bereust du, daß du schändlich
> Haft vertrödelt manchen Tag!

Klingt das nicht höchst tragisch? .. Wie ich bis zur Zeit
meiner Abreise gelebt, was ich in Beul gesagt und gesungen,
und wie ich mich noch zuletzt in Bonn herumgetrieben habe,
wirst du gewiß schon Rousseau erzählt haben, lieber Steinmann;
ich habe jetzt bis auf einige Zeilen den dritten Akt meiner Tragödie
geschlossen. Das war der schwerste und längste Akt. Hoffentlich
werde ich diesen Winter die beiden übrigen Akte auch vollenden.
Wenn das Stück auch nicht gefallen wird, so wird es doch
wenigstens ein großes Aufsehen erregen. In dieses Stück habe
ich mein eigenes Selbst hineingeworfen, mitsammt meinen Para=
doxen, meiner Weisheit, meiner Liebe, meinem Hasse und meiner
ganzen Verrücktheit. Sobald ich es ganz fertig habe, übergebe
ich es ohne Weiteres dem Drucke. Es wird schon auf's Theater
kommen — gleichviel wann — Anstrengung hat mir das Stück
schon genug gekostet. Und aufrichtig gesagt, ich fange bald an
zu glauben, daß eine gute Tragödie zu schreiben viel schwerer
sei, als eine gute Klinge zu schlagen ... Ueber meine Gedichte
nächstens. Du siehst, mein guter Steinmann, daß ich gegen
meine Gewohnheit viel auf einmal gedichtet habe ...

* * *

(An **Friedrich v. Beughem.** Göttingen, den 9. November 1820.)

Es schien mir bis jetzt noch gar nicht in diesem gelehrten Neste. Hätte ich nicht die Länge des Wegs aus Erfahrung gekannt, so wäre ich richtig wieder nach Bonn zurückgelaufen. Patente Pomadehengste, Prachtausgaben wässrichter Prosaiker, plastisch ennuyante Gesichter — da hast du das hiesige Burschen= personal. Aber die Professoren sind hier erst recht viel lederner als in Bonn. Nur Sartorius, welcher deutsche Geschichte liest, und bei welchem ich die freundlichste Aufnahme gefunden, hat mich fast entzückt; ganze Abende habe ich schon bei ihm zugebracht.

Ich höre Benekens Collegium über altdeutsche Sprache mit großem Vergnügen. Denk Dir, Fritz, nur neun, sage neun Stu= dios hören dieses Collegium.[35]) Unter 1300 Studenten, worunter doch gewiß tausend Deutsche, sind nur 9, die für die Sprache, für das innere Leben und für die geistigen Reliquien ihrer Väter Interesse haben ...

Ich erinnere mich dankbar, lieber Fritz, an all' das Gute und Herzerfreuende, das Du mir in Hamm erzeigt hast; ich werde schon Satisfaction zu nehmen wissen. Du, guter Fritz, Du gehörst wahrlich zu jenen seltnern Menschen, durch deren Freund= schaft das Gemüth nicht gewaltsam aufgeregt und im tollen Tanz der Gefühle mit sich herumgeschleudert, sondern still er= quickt, von alten Wunden geheilt, ich möchte fast sagen, ver= edelt wird. Und mein tolles, zerrissenes und verwildertes Ge= müth, wie sehr bedarf dieses einer solchen Besänftigung, Heilung und Veredlung! —

* * *

(An **F. A. Brockhaus.** Göttingen, den 7. November 1820.)

Beiliegend erhalten Sie ein Manuskript, betitelt: „Traum und Lied," welches ich Ihnen zum Verlag anbiete. Ich weiß sehr gut, daß Gedichte in diesem Augenblick kein großes Publi= kum ansprechen, und daher als Verlagsartikel nicht sonderlich geliebt sein mögen. Deshalb aber habe ich mich eben an Sie, Herr Brockhaus, gewandt, da es mir auch nicht unbekannt ge= blieben sein konnte, daß es Ihnen beim Verlag von Poesien auch ein bischen um die Poesie selbst zu thun ist, und daß Sie das anspruchslos Gute in unserer schönen Literatur ebenso wirksam zu befördern suchen, wie Sie den gespreizten Dünkel niederzuzerren und zu aller Welts Freude zu bemüthigen wissen.

Ich kann daher auch, nach dem Beispiel mehrerer meiner Freunde, einem Manne wie Sie die Bestimmung des Honorars gänzlich überlassen, und bemerke nur, daß mir am letzteren weit weniger gelegen ist, als an dem guten Papier und Druck, womit Sie gewöhnlich Ihre Verlagsartikel so liberal ausstatten.

Ich wünsche recht sehr, daß Sie selbst mein Manuskript durchlesen möchten, und bei Ihrem bekannten richtigen Sinn für Poesie bin ich überzeugt, daß Sie wenigstens der ersten Hälfte dieser Gedichte die strengste Originalität nicht absprechen werden. Dieses letztere, welches heutzutage schon etwas werth ist, mußten mir auch die zähesten Kunstrichter zugestehen, vorzüglich mein Meister A. W. von Schlegel, welcher (vorigen Winter und Sommer in Bonn) meine Gedichte mehrmals kritisch durchhechelte, manche Auswüchse derselben hübsch ausmerzte, manches Schöne besser aufstutzte, und das Ganze, Gott sei Dank, ziemlich lobte.

Da mich leidige Verhältnisse zwingen, jedes Gedicht, dem man irgend eine politische Deutung unterlegen könnte, zu unterdrücken, und meist nur erotische Sachen in dieser Sammlung aufzunehmen, so mußte solche freilich ziemlich mager ausfallen. Doch außer sechs Gedichten, welche ich vor ca. vier Jahren in einer Hamburger Zeitschrift „Der Wächter" abdrucken ließ, sind alle Gedichte des Manuskripts noch ungedruckt, und sie mögen schon hinreichen als Belege zu meinen Ansichten über neuere Poesie, welche in dem beigelegten Aufsatze zusammengedrängt ausgesprochen sind. [36])

* * *

Es ist eine eigne Sache um die Schriftstellerei. Der eine hat Glück in der Ausübung derselben, der andere hat Unglück. Das schlimmste Mißgeschick trifft vielleicht meinen Freund Heinrich Kitzler, Magister Artium zu Göttingen. [37]) Keiner dort ist so gelehrt, keiner so ideenreich, keiner so fleißig wie dieser Freund, und dennoch ist bis auf diese Stunde noch kein Buch von ihm auf der Leipziger Messe zum Vorschein gekommen. Der alte Stiefel auf der Bibliothek lächelte immer, wenn Heinrich Kitzler ihn um ein Buch bat, dessen er sehr bedürftig sei für ein Werk, welches er eben unter der Feder habe. Es wird noch lange unter der Feder bleiben! murmelte dann der alte Stiefel, während er die Bücherleiter hinaufstieg. Sogar die Köchinnen lächelten, wenn sie auf der Bibliothek die Bücher abholten „für den Kitzler." Der Mann galt allgemein für einen Esel, und im Grunde war er nur ein ehrlicher Mann. Keiner kannte die wahre Ursache, warum nie ein Buch von ihm herauskam, und nur durch Zufall entdeckte ich sie, als ich ihn einst um Mitternacht besuchte, um mein Licht bei ihm anzuzünden; denn er war mein Stubennachbar. Er hatte eben ein großes Werk über die Vortrefflichkeit des Christenthums vollendet; aber er schien sich darob keineswegs zu freuen und betrachtete mit Wehmuth sein Manuskript. Nun wird dein Name doch endlich, sprach ich zu ihm, im Leipziger Meßkatalog unter den fertig gewordenen Büchern prangen! Ach nein, seufzte er aus tiefster Brust, auch dieses Werk werde ich ins Feuer werfen müssen, wie die vorigen . . . Und nun vertraute er mir sein schreckliches Geheimniß. Den armen Magister traf wirklich das schlimmste Mißgeschick, jedesmal wenn er ein Buch schrieb. Nachdem er nämlich für das Thema, daß er beweisen wollte, alle seine Gründe entwickelt, glaubte er sich verpflichtet, die Einwürfe, die etwa ein Gegner anführen könnte, ebenfalls mitzutheilen; er ergrübelte alsdann vom entgegengesetzten Standpunkte aus die scharfsinnigsten Argumente, und indem diese unbewußt in seinem Gemüthe Wurzel faßten, geschah es immer, daß, wenn das Buch fertig war, die Meinungen des armen Verfassers sich allmählich umgewandelt hatten, und eine dem Buche ganz entgegengesetzte Ueberzeugung in seinem Geiste erwachte. Er war alsdann auch ehrlich genug, den Lorbeer des literarischen Ruhmes auf dem Altare der Wahrheit zu opfern, d. h. sein Manuskript ins Feuer zu werfen. Darum seufzte er aus so tiefster Brust, als er die Vortrefflichkeit des Christenthums bewiesen hatte. Da habe ich nun, sprach er traurig, zwanzig Körbe Kirchenväter excerpirt; da habe ich nun ganze Nächte am Studirtische gehockt und Acta sanctorum gelesen, während auf deiner Stube Punsch getrunken und der Landesvater gesungen wurde; da habe ich nun für theologische Novitäten, deren ich zu meinem Werke bedurfte, 38 sauer erworbene Thaler an Vandenhoeck & Ruprecht [38]) bezahlt, statt mir für das Geld einen Pfeifenkopf zu kaufen; da habe ich nun gearbeitet wie ein Hund seit zwei Jahren, zwei kostbaren Lebensjahren . . . und alles, um mich lächerlich zu machen, um wie ein ertappter Prahler die Augen niederzuschlagen, wenn die Frau Kirchenräthin Planck [39]) mich fragt: Wann wird Ihre Vortrefflichkeit des Christenthums herauskommen? Ach! das Buch ist fertig, fuhr der arme Mann fort, und würde auch dem Publikum gefallen; denn ich habe den Sieg des Christenthums über das Heidenthum darin verherrlicht und ich habe bewiesen, daß dadurch auch die Wahrheit und die Vernunft über Heuchelei und Wahnsinn gesiegt. Aber ich Unglückseligster, in tiefster Brust fühle ich, daß — —

Sprich nicht weiter! rief ich mit gerechter Entrüstung, wage nicht, Verblendeter, das Erhabene zu schwärzen und das Glänzende in den Staub zu ziehen! Wenn du auch die Wunder des Evangeliums leugnen möchtest, so kannst du doch nicht leugnen, daß der Sieg des Evangeliums selber ein Wunder war. . . .

Ich sprach diese Worte mit desto würdigerem Ausdruck, da ich an jenem Abend sehr viel Eimbecker Bier zu mir genommen hatte, und meine Stimme desto volltönender erscholl.

Heinrich Kitzler ließ sich aber dadurch keineswegs verblüffen, und mit einem ironisch schmerzlichen Lächeln sprach er: Bruderherz! gieb dir keine überflüssige Mühe. Alles, was du jetzt sagst, habe ich selber in diesem Manuskripte weit besser und weit gründlicher auseinandergesetzt. Hier habe ich den verworfenen Weltzustand zur Zeit des Heidenthums aufs grellste ausgemalt, und ich darf mir schmeicheln, daß meine kühnen Pinselstriche an die Werke der besten Kirchenväter erinnern . . . Das ist die schönste Parthie meines Werkes, wo ich begeisterungsvoll schildere, wie das junge Christenthum, der kleine David, mit dem alten Heidenthum in die Schranken tritt und diesen großen Goliath tödtet. Aber ach! dieser Zweikampf erscheint mir seitdem in einem sonderbaren Lichte — — — Ach! alle Lust und Liebe für meine Apologie versiegte mir in der Brust, als ich mir lebhaft ausdachte, wie etwa ein Gegner den Triumph des Evangeliums schildern könnte . . . Ja, ich muß gestehen, daß mich endlich für die Reste des Heidenthums, jene schönen Tempel und Statuen, ein schauerliches Mitleid anwandelte; denn sie gehörten nicht mehr der Religion, die schon lange, lange vor Christi Geburt todt war, sondern sie gehörten der Kunst, die da ewig lebt. Es trat mir einst feucht in die Augen, als ich zufällig auf der Bibliothek die „Schutzrede für die Tempel" las, worin der alte Grieche Libanius die frommen Barbaren aufs schmerzlichste beschwor, jene theuren Meisterwerke zu schonen, womit der bildende Geist der Hellenen die Welt verziert hatte. Aber vergebens!.. Nein, fuhr der Magister fort in seiner Rede, ich will nicht nachträglich durch Herausgabe dieses Buches theil nehmen an solchem Frevel, nein, das will ich nimmermehr ... Und euch, ihr zerschlagenen Statuen der Schönheit, euch, ihr Manen der todten Götter, euch, die ihr nur noch liebliche Traumbilder seid im Schattenreiche der Poesie, euch opfere ich dieses Buch!

Bei diesen Worten warf Heinrich Kitzler sein Manuskript in die Flammen des Kamins, und von der Vortrefflichkeit des Christenthums blieb nichts übrig als graue Asche.

Dieses geschah zu Göttingen im Winter 1820, einige Tage vor jener verhängnißvollen Neujahrsnacht, wo der Pedell Doris die fürchterlichsten Prügel bekommen und zwischen der Burschenschaft und den Landsmannschaften fünfundachtzig Duelle kontrahirt wurden. Es waren fürchterliche Prügel, die damals wie ein hölzerner Platzregen auf den breiten Rücken des armen Pedells herabfielen. Aber als guter Christ tröstete er sich mit der Ueberzeugung, daß wir dort oben im Himmel einst entschädigt werden für die Schmerzen, die wir unverdienter Weise hienieden erduldet haben. Das ist nun lange her. Der alte Doris hat längst ausgeduldet und schlummert in seiner friedlichen Ruhestätte vor dem Weender Thore. Die zwei großen Parteien, die einst die Wahlplätze von Bovden, Ritschenkrug und Rasenmühle mit dem Schwertergeklirr ihrer Polemik erfüllten, haben längst im Gefühl ihrer gemeinschaftlichen Nichtigkeit aufs zärtlichste Brüderschaft getrunken, und auf den Schreiber dieser Blätter hat ebenfalls das Gesetz der Zeit seinen mächtigen Einfluß geübt. In meinem Hirne gaukeln minder heitere Farben als damals, und mein Herz ist schwer geworden; wo ich einst lachte, weine ich jetzt, und ich verbrenne mit Unmuth die Altarbilder meiner ehemaligen Andacht.

Es gab eine Zeit, wo ich jedem Kapuziner, den ich auf der Straße begegnete, gläubig die Hand küßte. Ich war ein Kind, und mein Vater ließ mich ruhig gewähren, wohl wissend, daß meine Lippen sich nicht immer mit Kapuzinerfleisch begnügen würden. Und in der That, ich wurde größer und küßte schöne Frauen . . . Aber sie sahen mich manchmal an mit so bleichem Schmerze, und ich erschrak in den Armen der Freude . . . Hier war ein Unglück verborgen, das Niemand sah und voran jeder litt; und ich dachte darüber nach. Ich habe auch darüber nachgedacht, ob Entbehrung und Entsagung wirklich allen Genüssen dieser Erde vorzuziehen sei, und ob diejenigen, die hienieden sich mit Disteln begnügt haben, dort oben desto reichlicher mit Ananassen gespeist werden? Nein, wer Disteln gegessen, war ein Esel, und wer die Prügel bekommen hat, der behält sie. Armer Doris!

Doch es ist mir nicht erlaubt, mit bestimmten Worten hier von allen den Dingen zu reden, worüber ich nachgedacht, und noch weniger ist es mir erlaubt, die Resultate meines Nachdenkens mitzutheilen. Werde ich mit verschlossenen Lippen ins Grab hinabsteigen müssen, wie so manche andere? . . .

* * *

(An **Friedrich Steinmann**. Göttingen, 4. Februar 1821.)

Staune! Staune! — Ich habe hier das Consilium abeundi erhalten! Ich habe wegen allerlei Mißhelligkeiten schon seit drei Monaten in beständiger Unruhe gelebt, war von manchem fatalen Pech heimgesucht und wurde endlich vorige Woche

wegen Uebertretung der Duellgesetze

auf ein halbes Jahr consiliirt. Nur unter dem Vorwand, daß ich zu krank sei, das Zimmer zu verlassen, hat man mir erlaubt, noch einige Tage hier zu bleiben. [40]) Du kannst Dir jetzt meine Verdrießlichkeit wohl vorstellen; sehnsüchtig Spieße von Hause erwartend, Papier aufräumend, gezwungen, das Zimmer zu hüten, so sitze ich schon den ganzen Morgen und schreibe soeben jemand ins Stammbuch:

„Selig dämmernd sonder Harm
Liegt der Mensch in Freundes Arm;
Da kommt plötzlich wie's Verhängniß
Des Consiliums Bedrängniß,
Und weit fort von seinen Lieben
Muß der Mensch sich weiter schieben."

Aber wohin soll ich mich schieben? Nach Bonn gehe ich Verhältnisse halber auf keinen Fall zurück. Ich erwarte, daß man mir von Haus die Universität bestimmen wird, wohin ich mich begeben soll. Wahrscheinlich wird es Berlin sein . . .

Ich habe mit aller Kraftanstrengung (am „Almonsor") gearbeitet, kein Herzblut und keinen Gehirnschweiß dabei geschont, habe bis auf einen halben Akt das Ganze fertig und zu meinem Entsetzen finde ich, daß dieses von mir angestaunte und vergötterte Prachtwerk nicht allein keine gute Tragödie ist, sondern garnicht einmal den Namen einer Tragödie verdient. Ja, entzückend schöne Stellen und Scenen sind drin; Originalität schaut überall daraus hervor, überall funkeln überraschend poetische Bilder und Gedanken, sobaß das Ganze gleichsam in einem zauberhaften Diamantschleier blitzt und leuchtet. So spricht der eitle Autor, der Enthusiast für Poesie. Aber der strenge Kritiker und der unerbittliche Dramaturg trägt eine ganz anders geschliffene Brille, schüttelt den Kopf und erklärt das Ganze für — eine schöne Drahtfigur. „Eine Tragödie muß drastisch sein" — murmelt er, und das ist das Todesurtheil der meinigen. — Habe ich kein dramatisches Talent? Leicht möglich. Oder haben die französischen Tragödien, die ich sonst sehr bewundert habe, unbewußt ihren alten Einfluß ausgeübt? Dies Letztere ist etwas wahrscheinlicher. Denke Dir, in meiner Tragödie sind alle drei Einheiten höchst gewissenhaft beachtet. Fast nur vier Personen hört man immer sprechen und der Dialog ist fast so preziös geglättet und gerundet, wie in der „Phèdre" oder in der „Zaire" — Du wunderst Dich? Das Räthsel ist leicht gelöst: ich habe versucht, auch im Drama romantischen Geist mit streng plastischer Form zu verbinden. Deßhalb wird meine Tragödie ein gleiches Schicksal haben mit Schlegels „Jon". Nämlich weil letzterer ebenfalls in polemischer Absicht geschrieben ist . . .

Nun muß ich endlich doch in den sauren Apfel beißen und Dir sagen, wie es mit meinen Gedichten steht. Du thust mir Unrecht, wenn Du glaubst, daß ich an der Verzögerung der Herausgabe Schuld bin. Ich habe dieselben von Brockhaus zurückerhalten mit der äußerst zierlichen und höflichsten Antwort: daß er gar zu sehr in diesem Augenblick mit Verlagsartikeln überladen sei. Ich will jetzt sehen, daß ich sie irgend anders unterbringe. Es ist dem großen Göthe ebenso gegangen mit

seinem erften Produkt. Meine Tragödie werde ich trotz ihrer
Mängel dennoch drucken laffen. Lebe wohl!
Ich werde wahrfcheinlich übermorgen abreifen.

Viertes Capitel.

In Berlin.

Berlin ift gar keine Stadt, fondern Berlin giebt bloß den
Ort dazu her, wo fich eine Menge Menfchen — und zwar darunter
viele Menfchen von Geift — verfammeln, denen der Ort ganz
gleichgiltig ift; diefe bilden das geiftige Berlin. Der durch=
reifende Fremde fieht nur die langgeftreckten, uniformen Häufer,
die langen, breiten Straßen, die nach der Schnur und meiftens
nach dem Eigenwillen eines Einzelnen gebaut find und keine
Kunde geben von der Denkweife der Menge. Nur Sonntags=
kinder vermögen etwas von der Privatgefinnung der Einwohner
zu errathen, wenn fie die langen Häuferreihen betrachten, die
fich wie die Menfchen felbft von einander fern zu halten ftreben,
erftarrend in gegenfeitigem Groll. Nur einmal in einer Mond=
nacht, als ich etwas fpät von Lutter und Wegener heimkehrte,
fah ich, wie jene harte Stimmung fich in milde Wehmuth auf=
gelöft hatte, wie die Häufer, die einander fo feindlich gegenüber
ftanden, fich gerührt baufällig chriftlich anblickten, und fich ver=
föhnt in die Arme ftürzen wollten; fo daß ich armer Menfch,
der in der Mitte der Straße ging, zerquetfcht zu werden fürchtete.
Manche werden diefe Furcht lächerlich finden, und auch ich lächelte
darüber, als ich nüchternen Blicks den andern Morgen durch
eben jene Straße wanderte, und fich die Häufer wieder fo
profaifch entgegen gähnten. Es find wahrlich mehrere Flafchen
Poefie dazu nöthig, wenn man in Berlin etwas Anderes fehen
will als todte Häufer und Berliner. Hier ift es fchwer, Geifter
zu fehen. Die Stadt enthält fo wenig Alterthümlichkeit, und ift
fo neu; und doch ift diefes Neue fchon fo alt, fo welk und ab=
geftorben. Denn fie ift größtentheils, wie gefagt, nicht aus der

Gesinnung der Masse, sondern Einzelner entstanden. Der große Fritz ist wohl unter diesen Wenigen der vorzüglichste; was er vorfand, war nur feste Unterlage, erst von ihm erhielt die Stadt ihren eigentlichen Charakter, und wäre seit seinem Tode nichts mehr daran gebaut worden, so bliebe sie ein historisches Denkmal von dem Geiste jenes prosaisch wundersamen Helden, der die raffinirte Geschmacklosigkeit und blühende Verstandesfreiheit, das Seichte und das Tüchtige seiner Zeit, recht deutsch-tapfer in sich ausgebildet hatte. Potsdam z. B. erscheint uns als ein solches Denkmal; durch seine öden Straßen wandern wir wie durch die hinterlassenen Schriftwerke des Philosophen von Sanfouci, es gehört zu dessen oeuvres posthumes, und obgleich es jetzt nur steinerne Makulatur ist und des Lächerlichen genug enthält, so betrachten wir es doch mit ernstem Interesse, und unterdrücken hie und da eine aufsteigende Lachlust, als fürchteten wir, plötzlich einen Schlag auf den Rücken zu bekommen, wie von dem spanischen Röhrchen des alten Fritz...

* * *

Und als ich so lange, so lange gesäumt,
In fremden Landen geschwärmt und geträumt:
Da ward meiner Liebsten zu lang die Zeit,
Und sie nähete sich ein Hochzeitkleid,
Und hat mit zärtlichen Armen umschlungen
Als Bräut'gam den dümmsten der dummen Jungen.

Mein Liebchen ist so schön und mild,
Noch schwebt vor mir ihr süßes Bild,
Die Veilchenaugen, die Rosenwänglein,
Die glühen und blühen, jahraus, jahrein.
Daß ich von solchem Lieb konnt' weichen,
War der dümmste von meinen dummen Streichen.

Die Erde war so lange geizig.
Da kam der Mai, und sie ward spendabel,
Und alles lacht und jauchzt und freut sich,
Ich aber bin nicht zu lachen kapabel.

Die Blumen sprießen, die Glöcklein schallen,
Die Vögel sprechen wie in der Fabel;
Mir aber will das Gespräch nicht gefallen,
Ich finde alles miserabel.

Die Hochzeit der Geliebten.

Das Menschenvolk mich ennuyiret,
Sogar der Freund, der sonst passabel; —
Das kömmt, weil man „Madam" tituliret
Mein süßes Liebchen, so süß und aimabel.

Du Lilje meiner Liebe,
Du stehst so träumend am Bach,
Und schaust hinein so trübe
Und flüsterst „Weh" und „Ach!"
„Geh fort mit deinem Gekose!
Ich weiß es, du falscher Mann,
Daß meine Cousine, die Rose,
Dein falsches Herz gewann."

Im nächt'gen Traum hab' ich mich selbst geschaut,
In schwarzem Galafrack und seidner Weste,
Manschetten an der Hand, als ging's zum Feste,
Und vor mir stand mein Liebchen, süß und traut.

Ich beugte mich und sagte: „Sind Sie Braut?
Ei! ei! so gratulier' ich, meine Beste!"
Doch fast die Kehle mir zusammenpreßte
Der langgezogne, vornehm kalte Laut.

Und bittre Thränen plötzlich sich ergossen
Aus Liebchens Augen, und in Thränenwogen
Ist mir das holde Bildniß fast zerflossen.

O süße Augen, fromme Liebessterne,
Obschon ihr mir im Wachen oft gelogen,
Und auch im Traum, glaub' ich euch dennoch gerne!

Was treibt und tobt mein tolles Blut?
Was flammt mein Herz in wilder Gluth?
Es kocht mein Blut und schäumt und gärt,
Und grimme Gluth mein Herz verzehrt.

Das Blut ist toll, und gärt und schäumt,
Weil ich den bösen Traum geträumt:
Es kam der finstre Sohn der Nacht,
Und hat mich keuchend fortgebracht.

Er bracht' mich in ein helles Haus,
Wo Harfenklang und Saus und Braus,
Und Fackelglanz und Kerzenschein;
Ich kam zum Saal, ich trat hinein.

Das war ein luftig Hochzeitsfest;
Zu Tafel saßen froh die Gäst'.
Und wie ich nach dem Brautpaar schaut', —
O weh! mein Liebchen war die Braut.

Das war mein Liebchen wunnesam,
Ein fremder Mann war Bräutigam;
Dicht hinterm Ehrenstuhl der Braut,
Da blieb ich stehn, gab keinen Laut.

Es rauscht Musik, — gar still stand ich;
Der Freudenlärm betrübte mich.
Die Braut, sie blickt so hochbeglückt,
Der Bräut'gam ihre Hände drückt.

Der Bräut'gam füllt den Becher sein
Und trinkt daraus, und reicht gar fein
Der Braut ihn hin; sie lächelt Dank, —
O weh! mein rothes Blut sie trank.

Die Braut ein hübsches Aepflein nahm,
Und reicht es hin dem Bräutigam.
Der nahm sein Messer, schnitt hinein, —
O weh! Das war das Herze mein.

Sie äugeln süß, sie äugeln lang,
Der Bräut'gam kühn die Braut umschlang.
Und küßt sie auf die Wangen roth,
O weh! mich küßt der kalte Tod.

Wie Blei lag meine Zung' im Mund,
Daß ich kein Wörtlein sprechen kunnt'.
Da rauscht' es auf, der Tanz begann;
Das schmucke Brautpaar tanzt voran.

Und wie ich stand so leichenstumm,
Die Tänzer schweben flink herum; —
Ein leises Wort der Bräut'gam spricht,
Die Braut wird roth, doch zürnt sie nicht. —

Jenny.

Im Jahre achtzehnhundertsiebzehn
Sah ich ein Mädchen, wunderbar
Dir ähnlich an Gestalt und Wesen,
Auch trug sie ganz wie du das Haar.

Ich geh' auf Universitäten,
Sprach ich zu ihr, ich komm' zurück
In kurzer Zeit, erwarte meiner. —
Sie sprach: „Du bist mein einz'ges Glück."

Drei Jahre schon hatt' ich Pandekten
Studirt, als ich am ersten Mai
Zu Göttingen die Nachricht hörte,
Daß meine Braut vermählet sei.

Es war am ersten Mai! Der Frühling
Zog lachend grün durch Feld und Thal,
Die Vögel sangen, und es freute
Sich jeder Wurm im Sonnenstrahl.

Ich aber wurd blaß und kränklich,
Und meine Kräfte nahmen ab;
Der liebe Gott nur kann es wissen,
Was ich des Nachts gelitten hab'.

* * *

Ich habe vierthalb Jahre in Berlin gelebt, wo ich mit den ausgezeichnetsten Gelehrten auf freundschaftlichem Fuße stand und wo ich von einem Degenstich in die Lende heimgesucht wurde, den mir ein gewisser S ch a l l e r aus Danzig beigebracht, dessen Namen ich nie vergessen werde, weil er der einzige Mensch ist, der es verstanden hat, mich aufs empfindlichste zu verwunden.[41]

* * *

Von meinem sechzehnten Jahre an habe ich Verse gemacht. Meine ersten Poesien wurden im Jahre 1821 zu Berlin gedruckt. . . . Durch Professor Gubitz hatte sich die Mauer'sche Buchhandlung zum Verlag meiner Gedichte b e q u e m t und außer vierzig Frei=Exemplaren . . . habe ich keinen Pfennig erhalten.

* * *

(An **Goethe.** Berlin, den 29. December 1821.)

Ich hätte hundert Gründe, Ew. Excellenz meine Gedichte zu schicken. Ich will nur einen anführen: Ich liebe Sie. Ich glaube, das ist ein hinreichender Grund. — Meine Poetereien, ich weiß es, haben noch wenig Werth; nur hier und da wäre Manches zu finden, woraus man sehen könnte, was ich mal zu geben im Stande bin. Ich war lange nicht mit mir einig über das Wesen der Poesie. Die Leute sagten mir: Frage Schlegel. Dieser sagte mir: Lese Goethe. Das hab' ich ehrlich gethan. Und wenn mal etwas Rechtes aus mir wird, so weiß ich, wem ich es verdanke. Ich küsse die heilige Hand, die mir und dem ganzen deutschen Volke den Weg zum Himmelreich gezeigt hat. . . .

* * *

(An **Adolf Müllner**. Berlin, den 30. December 1821.)

Wenn ich Dichter geworden bin, so war Ew. Wohlgeboren „Schuld" schuld daran. Diese war mein Lieblingsbüchlein, und ich hatte dieses so lieb, daß ich es als Liebesgeschenk der Geliebten verehrte. Schreiben Sie auch so etwas, sagte die Holde mit spöttischem Tone. Versteht sich, daß ich hoch und theuer versicherte, noch etwas Besseres zu schreiben.

Aber Ew. Wohlgeboren können es mir aufs Wort glauben, daß es mir bis auf diese Stunde noch nicht gelingen wollte, meine Versicherung zu erfüllen. Indessen zweifle ich nicht im Geringsten, daß ich in einigen Jahren den Alleinherrscher im Reiche der Dramas von seinem Bretterthrone verdrängen werde. „Schrecken Dich nicht —s und —s blutige Häupter, in kritischen Blättern warnend aufgesteckt? Nicht das Verderben vieler Tausende, die ihre Schmach in gleichem Wagniß fanden?" Nein, ich bin unerschrocken.

Wo ein großer Bau unternommen wird, da fallen auch Späne; und das sind die Gedichte, die ich heute so frei bin Ew. Wohlgeboren zu überreichen. Letzteres geschieht nicht, weil ich Ew. Wohlgeboren so sehr verehre; ich hüte mich wohl, dieses merken zu lassen. Auch geschieht es nicht aus Dankbarkeit für die schönen Abende, die ich Ew. Wohlgeboren verdanke; denn erstens bin ich undankbar von Natur, weil ich ein Mensch bin, zweitens bin ich undankbar gegen Dichter aus Gewohnheit, weil ich ein Deutscher bin, und drittens kann jetzt von Dankbarkeit gegen Ew. Wohlgeboren bei mir gar nicht die Rede sein, weil ich jetzt glaube, daß ich selbst Dichter bin.

Den beiliegenden Band Gedichte übersende ich Ew. Wohlgeboren, bloß weil ich eine Rezension derselben im litt. Blatte zu sehen wünsche.

Ich gewinne viel, wenn die Rezension gut ausfällt, d. h. nicht gar zu bitter ist. Denn ich habe in einem hiesigen liter. Klub gewettet, daß Hofrath Müllner mich parteilos rezensiren wird, selbst wenn ich sage, daß ich zu seinen Antagonisten gehöre. . .

* * *

Ich bin heute sehr verdrießlich, mürrisch, ärgerlich, reizbar; der Mißmuth hat der Phantasie den Hemmschuh angelegt und sämmtliche Witze tragen schwarze Trauerflöre. Glauben Sie nicht, daß etwa eine Weiberuntreue die Ursache sei. Ich liebe die Weiber noch immer; als ich in Göttingen von allem weiblichen Umgang abgeschlossen war, schaffte ich mir wenigstens eine Katze an; aber weibliche Untreue könnte nur noch auf meine Lachmuskeln wirken. Glauben Sie nicht, daß etwa meine Eitelkeit schmerzlich beleidigt worden sei; die Zeit ist vorbei, wo ich des Abends meine Haare mühsam in Papillotten zu drehen pflegte, einen Spiegel beständig in der Tasche trug und mich 25 Stunden des Tages mit dem Knüpfen der Halsbinde beschäftigte. Denken Sie auch nicht, daß vielleicht Glaubensscrupel mein zartes Gemüth quälend beunruhigten; ich glaube jetzt nur noch an den pythagoräischen Lehrsatz und an's königlich Preußische Landrecht. Nein! eine weit vernünftigere Ursache bewirkt meine Betrübniß: mein köstlichster Freund, der Liebenswürdigste der Sterblichen, Eugen von Breza, ist vorgestern abgereist.[42]) Das war der einzigste Mensch, in dessen Gesellschaft ich mich nicht langweilte, der einzige, dessen originelle Witze mich zur Lebenslustigkeit aufzuheitern vermochten und in dessen süßen, edlen Gesichtszügen ich deutlich sehen konnte, wie einst meine Seele aussah, als ich noch ein schönes, reines Blumenleben führte und mich noch nicht befleckt hatte, mit dem Haß und mit der Lüge! . .

Seit einigen Monaten habe ich den preußischen Theil Polens die Kreuz und die Quer durchstreift; in dem russischen Theil bin ich nicht weit gekommen, nach dem österreichischen gar nicht. Von den Menschen habe ich sehr viel und aus allen Theilen Polens kennen gelernt. Diese waren freilich meistens nur Edelleute und zwar die vornehmsten. Aber wenn auch mein Leib sich blos in den Kreisen der höheren Gesellschaft, in dem Schloßbann der polnischen Großen bewegte, so schweifte der Geist doch oft auch in den Hütten des niedern Volkes.

* * *

Wenn ich vor dem Gemälde des Delaroche (die beiden Prinzen im Tower, die Richard der Dritte ermorden ließ) stand, kam es mir immer ins Gedächtniß, wie ich einst auf einem schönen Schlosse im theuern Polen vor dem Bilde des Freundes stand und mit seiner holden Schwester von ihm sprach und ihr Auge heimlich verglich mit den Augen des Freundes. Wir sprachen auch von dem Maler des Bildes, der kurz vorher gestorben war, und wie die Menschen dahinsterben, einer nach dem andern — ach! der liebe Freund selbst ist jetzt todt... Die holden Lichter der schönen Schwester sind ebenfalls erloschen; ihr Schloß ist abgebrannt und es wird mir einsam, ängstlich zu Muthe, wenn ich bedenke, daß nicht blos unsere Lieben so schnell aus der Welt verschwinden, sondern sogar von dem Schauplatz, wo wir mit ihnen gelebt, keine Spur zurückbleibt, als hätte nichts davon existirt, als sei alles nur ein Traum...

Wie heftig wurde ich einst, als ... mein bester Freund, während wir auf der Terrasse eines Schlosses spaziren gingen, die Besserblütigkeit des Adels mir zu beweisen suchte! Indem wir disputirten, beging sein Bedienter ein kleines Versehen und der hochgeborene Herr schlug den niedriggeborenen Knecht ins Gesicht, daß das unedle Blut hervorschoß und stieß ihn noch obendrein die Terrasse hinab. Ich war damals zehn Jahre jünger und warf den edlen Grafen sogleich ebenfalls die Terrasse hinab — er war mein bester Freund — und er brach ein Bein. Als ich ihn nach seiner Genesung wiedersah — er hinkte nur noch ein bischen — war er doch noch immer von seinem Adels=stolz nicht kurirt und behauptete frischweg: der Adel sei als Vermittler zwischen Volk und König eingesetzt, nach dem Beispiele Gottes, der zwischen sich und den Menschen die Engel gesetzt hat, die seinem Thron zunächst stehen, gleichsam ein Adel des Himmels. Holder Engel, antwortete ich, gehe einmal einige Schritte auf und ab — er that es — und der Vergleich hinkte.

* * *

(An **Christian Sethe.** Berlin, den 21. Januar 1823.)

Ich schicke Dir mit der nächsten Post meinen Aufsatz über Polen, den ich für Breza und unter dem Wasser der Sturzbäder geschrieben und den Herr Gubitz auf schändliche Weise mit Surrogatwitzen verändert und die Zensur tüchtig zusammengestrichen. Dieser Aufsatz hat mich bei den Baronen und Grafen sehr verhaßt gemacht; auch höhern Ortes bin ich schon hinlänglich angeschwärzt . . .

(An **Maximilian Schottky**.) Berlin, den 4. Mai 1823.)

Ich habe mit lächelnder Gleichgültigkeit den dummen Brief gelesen, der im „Gesellschafter" gegen mein Memoire über Polen abgedruckt war; daß in den Posener Zeitungsblättern noch fischweibrigere Schimpfreden gegen mich geführt worden, hörte ich bald darauf und habe mir dieser Tage jene Blätter zu verschaffen gewußt. Daß ich hierbei ebenfalls nur die Achseln zuckte, können Sie sich wohl vorstellen . . .[43])

(An **Immanuel Wohlwill**. Berlin, den 1. April 1823.)

Daß Dir mein Memoire über Polen gefallen, das ist sehr edel von Dir. Von allen Seiten hat man meiner scharfen Auffassung Polens großes Lob gezollt, nur ich selbst kann in dieses Lob nicht einstimmen. Ich war in diesem Winter und bin noch jetzt in einem zu elenden Zustande, um etwas Gutes zu Tage zu fördern. Dieser Aufsatz hat das ganze Großherzogthum Posen in Bewegung gesetzt . . .

* * *

Ich habe (Grabbe) in Berlin kennen gelernt, wo wir beide studirten. Es war in ihm ein seltsames Gemisch von Demuth und unbezwinglichem Poetendünkel. Er hielt mich für sehr reich, weil ich damals — ich weiß nicht durch welchen Zufall — einen schönen Mantel besaß und er behauptete, daß ich von diesem Mantel behaglich durchwärmt, süßlich glühende Lieder bequem dichten könnte, während er, in einem fadenscheinigen, lebensmüden Rocke, dem unverschämten Berliner Wind ausgesetzt, seine dramatischen Stoffe aus dem fernen Norden holen müsse. . .

Ich las einmal in der Biographie des armen Dietrich

Grabbe, daß das Laster des Trunks, woran derselbe zu Grunde gegangen, ihm durch seine eigene Mutter frühe eingepflanzt worden sei, indem sie dem Knaben, ja dem Kinde Branntwein zu trinken gegeben habe. Diese Anklage, die der Herausgeber der Biographie aus dem Munde feindseliger Verwandter erfahren, scheint grundfalsch, wenn ich mich der Worte erinnere, womit der selige Grabbe mehrmals von seiner Mutter sprach, die ihn oft gegen „bat Suppen" mit den nachdrücklichsten Worten verwarnte.⁴⁴)

Sie war eine rohe Dame, die Frau eines Gefängnißwärters und wenn sie ihren jungen Wolf-Dietrich karessirte, mag sie ihn wohl manchmal mit den Tatzen einer Wölfin auch ein bischen gekratzt haben. Aber sie hatte doch ein echtes Mutterherz und bewährte solches, als ihr Sohn nach Berlin reiste, um dort zu studiren.

Beim Abschied, erzählte mir Grabbe, drückte sie ihm ein Packet in die Hand, worin, weich umwickelt mit Baumwolle, sich ein halb Dutzend silberner Löffel nebst sechs dito kleinen Kaffeelöffeln und ein großer dito Potagelöffel befand, ein stolzer Hausschatz, dessen die Frauen aus dem Volke sich nie ohne Herzbluten entäußern, da sie gleichsam eine silberne Decoration sind, wodurch sie sich von dem gewöhnlichen zinnernen Pöbel zu unterscheiden glauben. Als ich Grabbe kennen lernte, hatte er bereits den Potagelöffel, den Goliat, wie er ihn nannte, aufgezehrt. Befragte ich ihn manchmal, wie es ihm gehe, antwortete er mit bewölkter Stirn lakonisch: ich bin an meinem dritten Löffel, oder ich bin an meinem vierten Löffel. Die großen gehen dahin, seufzte er einst, und es wird sehr schmale Bissen geben, wenn die kleinen, die Kaffeelöffelchen, an die Reihe kommen, und wenn diese dahin sind, giebt's gar keine Bissen mehr.

Leider hatte er recht, und je weniger er zu essen hatte, desto mehr legte er sich auf's Trinken und ward ein Trunkenbold. Anfangs Elend und später häuslicher Gram trieben den Unglücklichen, im Rausche Erheiterung oder Vergessenheit zu suchen, und zuletzt mochte er wohl zur Flasche gegriffen haben, wie andere zur Pistole, um dem Jammerthum ein Ende zu machen. Glauben Sie mir, sagte mir einst ein naiver westphälischer Landsmann Grabbes, der konnte viel vertragen und

wäre nicht gestorben, weil er trank, sondern er trank, weil er
sterben wollte; er starb durch Selbsttrunk.

Obige Ehrenrettung einer Mutter ist gewiß nie am unrechten
Platz; ich versäumte bis jetzt, sie zur Sprache zu bringen, da
ich sie in einer Charakteristik Grabbes aufzeichnen wollte; diese
kam nie zu Stande und auch in meinem Buche „de l'Allemagne"
konnte ich Grabbe's nur flüchtig erwähnen.

Obige Notiz ist mehr an den deutschen als den französischen
Leser gerichtet, und für letzteren will ich hier nur bemerken, daß
besagter Dietrich Grabbe einer der größten deutschen Dichter war
und von allen unseren dramatischen Dichtern wohl als derjenige
genannt werden darf, der die meiste Verwandtschaft mit Shake=
speare hat. Er mag weniger Saiten auf seiner Leyer haben
als andere, die dadurch ihn vielleicht überragen, aber die Saiten,
die er besitzt, haben einen Klang, der nur bei dem großen Briten
gefunden wird. Er hat dieselben Plötzlichkeiten, dieselben Natur=
laute, womit uns Shakespeare erschreckt, erschüttert, entzückt.

Aber alle seine Vorzüge sind verdunkelt durch eine Geschmack=
losigkeit, einen Cynismus und eine Ausgelassenheit, die das
Tollste und Abscheulichste überbieten, was je ein Gehirn zu Tage
gefördert. Es ist aber nicht Krankheit, etwa Fieber oder Blöd=
sinn, was dergleichen hervorbrachte, sondern eine geistige In=
toxikation des Genies. Wie Plato den Diogenes sehr treffend
einen wahnsinnigen Sokrates nannte, so könnte man unsern
Grabbe leider mit doppeltem Rechte einen betrunkenen Shakespeare
nennen.

In seinen gedruckten Dramen sind jene Monstrositäten sehr
gemildert, sie befanden sich aber grauenhaft grell in dem Manu=
skript seines „Gothland", einer Tragödie, die er mir einst, als
er mir noch ganz unbekannt war, überreichte, oder vielmehr vor
die Füße schmiß mit den Worten: ich wollte wissen, was an
mir sei, und da habe ich dieses Manuskript dem Professor Gubitz
gebracht, der darüber den Kopf geschüttelt und um meiner los
zu werden, mich an Sie verwies, der ebenso tolle Grillen im
Kopfe trüge wie ich und mich daher weit besser verstünde, —
hier ist nun der Bulk![45])

Nach diesen Worten, ohne Antwort zu erwarten, trobbelte
der närrische Kauz wieder fort, und da ich eben zu Frau v.
Varnhagen ging, nahm ich das Manuskript mit, um ihr die

Primeur eines Dichters zu verschaffen; denn ich hatte an den wenigen Stellen, die ich las, schon gemerkt, daß hier ein Dichter war.

Wir erkennen das poetische Wild schon am Geruch. Aber der Geruch war diesmal zu stark für weibliche Nerven, und spät schon gegen Mitternacht, ließ mich Frau von Varnhagen rufen und beschwor mich um Gottes Willen, das entsetzliche Manuskript wieder zurückzunehmen, da sie nicht schlafen könne, solange sich dasselbe noch im Hause befände. Einen solchen Eindruck machten Grabbe's Produktionen in ihrer ursprünglichen Gestalt.

* * *

(Ludwig Marcus) kam Anno 1820 nach Berlin, um Medicin zu studiren, verließ aber bald diese Wissenschaft. Dort zu Berlin sah ich ihn zuerst, und zwar im Collegium von Hegel, wo er oft neben mir saß und die Worte des Meisters gehörig nachschrieb. Er war damals zweiundzwanzig Jahre alt, doch seine äußere Erscheinung war nichts weniger als jugendlich. Ein kleiner, schmächtiger Leib, wie der eines Jungen von acht Jahren, und im Antlitz eine Greisenhaftigkeit, die wir gewöhnlich mit einem verbogenen Rückgrat gepaart finden. Eine solche Mißförmigkeit aber war nicht an ihm zu bemerken, und eben über diesen Mangel wunderte man sich. Diejenigen, welche den verstorbenen Moses Mendelssohn persönlich gekannt, bemerkten mit Erstaunen die Aehnlichkeit, welche die Gesichtszüge des Marcus mit denen jenes berühmten Weltweisen darboten, der sonderbarer Weise ebenfalls aus Dessau gebürtig war. . .

Aber dem Geiste nach war Marcus wirklich ein ganz naher Verwandter jenes großen Reformators der deutschen Juden, und in seiner Seele wohnte ebenfalls die größte Uneigennützigkeit, der duldende Stillmuth, der bescheidene Rechtsinn, lächelnde Verachtung des Schlechten, und eine unbeugsame, eiserne Liebe für die unterdrückten Glaubensgenossen. Das Schicksal derselben war, wie bei jenem Moses, auch bei Marcus der schmerzlich glühende Mittelpunkt aller seiner Gedanken, das Herz seines Lebens. Schon damals in Berlin war Marcus ein Polyhistor, er stöberte in allen Bereichen des Wissens, er verschlang ganze Bibliotheken, er verwühlte sich in allen Sprachschätzen des Alterthums und der Neuzeit, und die Geographie, im generellsten wie im partikularsten Sinne, war am Ende sein Lieblingsstudium geworden; es gab auf diesem Erdball kein Factum, keine Ruine, kein Idiom, keine Narrheit, keine Blume, die er nicht kannte — aber von allen Geistesexkursionen kam er immer gleichsam nach Hause zurück zu der Leidensgeschichte Israels, zu der Schädelstätte Jerusalems und zu dem kleinen Väterdialect Palästinas, um dessentwillen er vielleicht die semitischen Sprachen mit größerer Vorliebe als die andern betrieb. Dieser Zug war wohl der hervorstechend wichtigste im Charakter des Ludwig Marcus...

Ich machte ihn einst glücklich, als ich ihn bat, mir aus arabischen und talmudischen Schriften Alles zu compiliren, was auf die Königin von Saba Bezug hat. Dieser Arbeit, die sich vielleicht noch unter meinen Papieren befindet, verdanke ich es, daß ich noch zu heutiger Stunde weiß, weßhalb die Könige von Abyssinien sich rühmen, aus dem Stamme David entsprossen zu sein: sie leiten diese Abstammung von dem Besuch her, den ihre Aeltermutter, die besagte Königin von Saba, dem weisen Salomo zu Jerusalem abgestattet.[46])

Ich habe bereits angedeutet, daß irgend ein Interesse der jüdischen Geschichte immer letzter Grund und Antrieb war bei den gelehrten Arbeiten des seligen Marcus; inwieweit dergleichen auch bei seinen abyssinischen Studien der Fall war, und wie auch diese ihn ganz frühzeitig in Anspruch genommen, ergiebt sich unabweisbar aus einem Artikel, den er schon damals zu Berlin in der „Zeitschrift für Kultur und Wissenschaft des Judenthums" abdrucken ließ. Er behandelt nämlich darin die Beschneidung bei den Abyssinerinnen. Wie herzlich lachte der verstorbene Gans, als er mir in jenem Aufsatze die Stelle zeigte, wo der Verfasser den Wunsch aussprach, es möchte Jemand diesen Gegenstand bearbeiten, der demselben besser gewachsen sei.

Die äußere Erscheinung des kleinen Mannes, die nicht selten zum Lachen reizte, verhinderte ihn jedoch keineswegs, zu den ehrenwerthesten Mitgliedern jener Gesellschaft zu zählen, welche die obenerwähnte Zeitschrift herausgab, und eben unter dem Namen: „Verein für Cultur und Wissenschaft des Judenthums" eine hochfliegend große, aber unausführbare Idee verfolgte.[47]) Geistbegabte und tiefherzige Männer versuchten hier die Rettung einer längstverlorenen Sache, und es gelang ihnen höchstens, auf den Wahlstätten der Vergangenheit die Gebeine der ältern Kämpfer aufzufinden. Die ganze Ausbeute jenes Vereins besteht in einigen historischen Arbeiten, in Geschichtsforschungen, worunter namentlich die Abhandlungen des Dr. Zunz über die spanischen Juden im Mittelalter zu den Merkwürdigkeiten der höheren Kritik gezählt werden müssen.

Wie dürfte ich von jenem Vereine reden, ohne dieses vortrefflichen Zunz zu erwähnen, der in einer schwankenden Uebergangsperiode immer die unerschütterliche Umwandelbarkeit offenbarte, und troß seinem Scharfsinn, seiner Skepsis, seiner Gelehrsamkeit, dennoch treu blieb dem selbst gegebenen Worte, der großmüthigen Grille seiner Seele. Mann der Rede und der That, hat er geschaffen und gewirkt, wo andere träumten, und muthlos hinsanken.

Ich kann nicht umhin, auch hier meinen lieben Bendavid zu erwähnen, der mit Geist und Charakterstärke eine großartig urbane Bildung vereinigte und, obgleich schon hochbejahrt, an den jugendlichsten Irrgedanken des Vereins Theil nahm. Er war ein Weiser nach antikem Zuschnitt, umflossen vom Sonnenlicht griechischer Heiterkeit, ein Standbild der wahrsten Tugend, und pflichtgehärtet wie der Marmor des kategorischen Imperativs seines Meisters Immanuel Kant. Bendavid war Zeit seines Lebens der eifrigste Anhänger der Kantischen Philosophie, für diese litt er in seiner Jugend die größten Verfolgungen, und dennoch wollte er sich nie trennen von der alten Gemeinde des mosaischen Bekenntnisses, er wollte nie die äußere Glaubenscokarde ändern. Schon der Schein einer solchen Verläugnung erfüllte ihn mit Widerwillen und Ekel. Lazarus Bendavid war, wie gesagt, ein eingefleischter Kantianer, und ich habe damit auch die Schranken seines Geistes angedeutet. Wenn wir von Hegelscher Philosophie sprachen, schüttelte er sein kahles Haupt und sagte, das sei Aberglaube. Er schrieb ziemlich gut, sprach aber viel besser. Für die Zeitschrift des Vereins lieferte er einen merkwürdigen Aufsatz über den Messiasglauben bei den Juden, worin er mit kritischem Scharfsinn zu beweisen suchte, daß der Glaube an einen Messias durchaus nicht zu den Fundamentalartikeln der jüdischen Religion gehöre und nur als zufälliges Beiwerk zu betrachten sei.

Das thätigste Mitglied des Vereins, die eigentliche Seele desselben, war M. Moser, der vor einigen Jahren starb, aber schon im jugendlichen Alter nicht bloß die gründlichsten Kenntniffe befaß, fondern auch durchglüht war von dem großen Mitleid für die Menfchheit, von der Sehnfucht, das Wiffen zu verwirklichen in heilfamer That. Er war unermüdlich in philantropifchen Beftrebungen, er war fehr praktifch und hat in fcheinlofer Stille an allen Liebeswerken gearbeitet. Das große Publikum hat von feinem Thun und Schaffen nichts erfahren, er focht und blutete incognito, fein Name ift ganz unbekannt geblieben, und fteht nicht eingezeichnet in dem Abreßkalender der Selbftaufopferung. Unfere Zeit ift nicht fo ärmlich, wie man glaubt; fie hat erftaunlich viele folcher anonymen Märtyrer hervorgebracht.

Der Nekrolog des verftorbenen Marcus leitete mich unwillkürlich zu dem Nekrolog des Vereins, zu deffen ehrenwertheften Mitgliedern er gehörte, und als deffen Präfident der fchon erwähnte, jetzt ebenfalls verftorbene Eduard Gans fich geltend machte. Diefer hochbegabte Mann kann am wenigften in Bezug auf befcheidene Selbftaufopferung, auf anonymes Märtyrerthum gerühmt werden. Ja, wenn auch feine Seele fich rafch und weit erfchloß für alle Heilsfragen der Menfchheit, fo ließ er doch felbft im Raufche der Begeifterung niemals die Perfonalintereffen außer acht. Eine witzige Dame, zu welcher Gans oft des Abends zum Thee kam, machte die richtige Bemerkung, daß er während der eifrigften Discuffion und trotz feiner großen Zerftreutheit dennoch, nach dem Teller der Butterbröde hinlangend, immer diejenigen Butterbröde ergreife, welche nicht mit gewöhnlichem Käfe, fondern mit frifchem Lachs bedeckt waren.

Die Verdienfte des verftorbenen Gans um deutfche Wiffenfchaft find allgemein bekannt. Er war einer der rührigften Apoftel der Hegel'fchen Philofophie, und in der Rechtsgelahrtheit kämpfte er zermalmend gegen jene Lakaien des altrömifchen Rechts, welche, ohne Ahnung von dem Geifte, der in der alten Gefetzgebung einft lebte, nur damit befchäftigt find, die hinterlaffene Garderobe derfelben auszuftäuben, von Motten zu fäubern, oder gar zu modernem Gebrauche zurecht zu flicken. Gans fuchtelte folchen Servilismus felbft in feiner eleganteften Livree. Wie wimmert unter feinen Fußtritten die arme Seele des Herrn von Savigny! Mehr noch durch Wort als durch Schrift förderte Gans die Entwickelung des deutfchen Freiheitsfinnes, er entfeffelte die gebundenften Gedanken und riß der Lüge die Larve ab. Er war ein beweglicher Feuergeist, deffen Witzfunken vortrefflich zündeten, oder wenigstens herrlich leuchteten. Aber den trübsinnigen Ausspruch des Dichters (im zweiten Theile des „Fauft"):

> „Alt ist das Wort, doch bleibet hoch und wahr der Sinn,
> Daß Scham und Schönheit nie zusammen, Hand in Hand,
> Den Weg verfolgen über der Erde grünen Pfad.
> Tief eingewurzelt wohnt in beiden alter Haß,
> Daß, wo sie immer auch des Weges sich
> Begegnen, jede der Gegnerin den Rücken kehrt" —

dieses fatale Wort müssen wir auch auf das Verhältniß der Genialität zur Tugend anwenden, diese beiden leben ebenfalls in beständigem Hader und kehren sich manchmal verdrießlich den Rücken. Mit Bekümmerniß muß ich hier erwähnen, daß Gans in Bezug auf den erwähnten „Verein für Cultur und Wissenschaft des Judenthums" nichts weniger als tugendhaft handelte, und sich die unverzeihlichste Felonie zu schulden kommen ließ. Sein Abfall war um so widerwärtiger, da er die Rolle eines Agitators gespielt und bestimmte Präsidialpflichten übernommen hatte. Es ist hergebrachte Pflicht, daß der Capitain immer der letzte sei, der das Schiff verläßt, wenn dasselbe scheitert. — Gans aber rettete sich selbst zuerst. Wahrlich in moralischer Beziehung hat der kleine Marcus den großen Gans überragt, und er konnte hier ebenfalls beklagen, daß Gans seiner Aufgabe nicht besser gewachsen war.

Wir haben die Theilnahme des Marcus an dem Verein für Kultur und Wissenschaft des Judenthums als einen Umstand bezeichnet, der uns wichtiger und denkwürdiger erschien als all' sein stupendes Wissen und seine sämmtlichen gelehrten Arbeiten. Ihm selber mag ebenfalls die Zeit, wo er den Bestrebungen und Illusionen jenes Vereins sich hingab, als die sonnigste Blüthenstunde seines kümmerlichen Lebens erschienen sein. Deshalb mußte hier jenes Vereines ganz besonders Erwähnung geschehen, und eine nähere Erörterung seines Gedankens wäre wohl nicht überflüssig. Aber der Raum und die Zeit und ihre Hüter gestatten in diesen Blättern keine solche ausgeführte Darstellung, da letztere nicht bloß die religiösen und bürgerlichen Verhältnisse der Juden, sondern auch die aller deistischen Secten auf diesem Erdball umfassen müßte. Nur so viel will ich hier aussprechen, daß der esoterische Zweck jenes Vereins nichts anderes war, als eine Vermittlung des historischen Judenthums mit der modernen Wissenschaft, von welcher man annahm, daß sie im Laufe der Zeit zur Weltherrschaft gelangen würde. Unter ähnlichen Umständen, zur Zeit des Philo, als die griechische Philosophie allen alten Dogmen den Krieg erklärte, ward in Alexandrien ähnliches versucht, mit mehr oder minderem Mißgeschick. Von schismatischer Aufklärerei war hier nicht die Rede, und noch weniger von jener Emanzipation, die in unsern Tagen manchmal so ekelhaft geistlos durchgeträtscht wird, daß man das Interesse dafür verlieren könnte. . .

* * *

Ich konnte leicht prophezeien, welche Lieder einst in Deutschland gepfiffen und gezwitschert werden dürften, denn ich sah die Vögel ausbrüten, welche später die neuen Sangesweisen anstimmten. Ich sah, wie Hegel mit seinem fast komisch ernsthaften Gesichte als Bruthenne auf den fatalen Eiern saß, und ich hörte sein Gackern; ehrlich gesagt, selten verstand ich ihn, und erst durch späteres Nachdenken gelangte ich zum Verständniß seiner Worte. Ich glaube, er wollte gar nicht verstanden sein, und daher sein verklausulirter Vortrag, daher vielleicht auch seine Vorliebe für Personen, von denen er wußte, daß sie ihn nicht verständen, und denen er um so bereitwilliger die Ehre seines nähern Umgangs gönnte. So wunderte sich jeder in Berlin über den intimen Verkehr des tiefsinnigen Hegel mit dem verstorbenen Heinrich Beer, einem Bruder des durch seinen Ruhm allgemein bekannten und von den geistreichsten Journalisten gefeierten Giacomo Meyerbeer. Jener Beer, nämlich der Heinrich, war ein schier unkluger Gesell, der auch wirklich späterhin von seiner Familie für blödsinnig erklärt und unter Curatel gesetzt wurde, weil er, anstatt sich durch sein großes Vermögen einen Namen zu machen in der Kunst oder Wissenschaft, vielmehr für läppische Schnurrpfeifereien seinen Reichthum vergeudete und z. B. eines Tages für sechstausend Thaler Spazierstöcke gekauft hatte. Dieser arme Mensch, der weder für einen großen Tragödiendichter, noch für einen großen Sterngucker, oder für ein lorbeerbekränztes musikalisches Genie, einen Nebenbuhler von Mozart und Rossini, gelten wollte und lieber sein Geld für Spazierstöcke ausgab — dieser aus der Art geschlagene Beer genoß den vertrautesten Umgang Hegels, er war der Intimus des Philosophen, sein Pylades, und begleitete ihn überall wie sein Schatten. Der ebenso witzige wie talentbegabte Felix Mendelssohn suchte einst dieses Phänomen zu erklären, indem er behauptete: Hegel verstände den Heinrich Beer nicht. Ich glaube aber jetzt, der wirkliche Grund jenes intimen Umgangs bestand darin, daß Hegel überzeugt war, Heinrich Beer verstände nichts von allem, was er ihn reden höre, und er konnte daher in seiner Gegenwart sich ungenirt allen Geistesergießungen des Moments überlassen. Ueberhaupt war das Gespräch von Hegel immer eine Art von Monolog, stoßweis hervorgeseufzt mit klangloser Stimme; das Barocke der Ausdrücke frappirte mich oft, und von letztern blieben mir viele im Gedächtniß. Eines schönen, hellgestirnten Abends standen wir beide nebeneinander am Fenster, und ich, ein zweiundzwanzigjähriger junger Mensch, ich hatte eben gut gegessen und Kaffee getrunken, und ich sprach mit Schwärmerei von den Sternen und nannte sie den Aufenthalt der Seligen. Der Meister aber brümmelte vor sich hin: „Die Sterne, hum! hum! die Sterne sind nur ein leuchtender Aussatz am Himmel." Um Gotteswillen, rief ich, es giebt also droben kein glückliches Lokal, um dort die Tugend nach dem Tode zu belohnen? Jener aber, indem er mich mit seinen bleichen Augen stier ansah, sagte schneidend: „Sie wollen also noch ein Trinkgeld dafür haben, daß Sie Ihre kranke Mutter gepflegt und Ihren Herrn Bruder nicht vergiftet haben?" — Bei diesen Worten sah er sich ängstlich um, doch er schien gleich wieder beruhigt, als er bemerkte, daß nur Heinrich Beer herangetreten war, um ihn zu einer Parthie Whist einzuladen. . .

Man hat mir von mancher Seite gezürnt, daß ich den Vorhang fortriß von dem deutschen Himmel und jedem zeigte, daß alle Gottheiten des alten Glaubens daraus verschwunden, und daß dort nur eine alte Jungfer sitzt mit bleiernen Händen und traurigem Herzen: die Nothwendigkeit. — Ach! ich habe nur früher gemeldet, was doch jeder selber erfahren mußte, und was damals so befremdlich klang, wird jetzt auf allen Dächern geprebigt, jenseits des Rheines. Und in welchem fanatischen Tone manchmal werden die antireligiösen Predigten abgehalten! Wir haben jetzt Mönche des Atheismus, die Herrn von Voltaire lebendig braten würden, weil er ein verstockter Deist ist. Ich muß gestehen, diese Musik gefällt mir nicht, aber sie erschreckt mich auch nicht, denn ich habe hinter dem Maëstro gestanden, als er sie componirte, freilich in sehr unbeutlichen und verschnörkelten Zeichen, damit nicht jeder sie entziffre — ich sah manchmal, wie er sich ängstlich umschaute, aus Furcht, man verstünde ihn. Er liebte mich sehr, denn er war sicher, daß ich ihn nicht verrieth, ich hielt ihn damals für servil. Als ich einst unmuthig war über das Wort: „Alles, was ist, ist vernünftig," lächelte er sonderbar und bemerkte: „Es könnte auch heißen: „Alles, was vernünftig ist, muß sein." Er sah sich hastig um, beruhigte sich aber bald, denn nur Heinrich Beer hatte das Wort gehört. Später erst verstand ich solche Redensarten. So verstand ich auch erst spät, warum er in der Philosophie der Geschichte behauptet hatte: das Christenthum sei schon deshalb ein Fortschritt, weil es einen Gott lehre, der gestorben, während die heidnischen Götter von keinem Tode etwas wußten. . .

* * *

(An **Karl Immermann.** Berlin, den 14. Januar 1823.)

Ich hoffe, daß Ihnen in der Verlegernoth der **Legationsrath Barnhagen von Ense** nützlich sein wird. . . . Er ist ein Mann, dessen äußere Stellung, Charakter, Kritik und Loyalität das höchste Vertrauen verdient, dessen Zuneigung ich mir ebenfalls durch die schöne Vermittlerin Poesie erworben habe, der übrigens der Einzigste ist, auf den ich in diesem falschen Neste mich verlassen kann und dessen freundschaftliche Theilnahme an Ihrem Wirken das Schönste und Beste ist, was Ihnen hier meine Vermittlung erwerben konnte. Ich habe ihm Ihren Brief an mich gleich mitgetheilt, und um Ihnen eine Freude zu machen, schicke ich Ihnen das Billet, das mir vorgestern **Barnhagens Frau** darüber geschrieben. . . . Uebrigens ist das die geistreichste Dame, die ich je kennen gelernt. . . . Mit Freude habe ich Ihre letzten Worte über meine Poetereien gelesen; Ihre schöne Freimüthigkeit beweist mir, daß Sie es gut mit mir meinen. . . . Ich freue mich wie ein Kind

auf das Erscheinen meines eigenen Buches; eben weil so viel in=
fames Gesindel mich anfeindet. . . . Ich habe den Grundsatz
angenommen, Alles zu ignoriren, was man über mich schimpft
und schimpfen wird. Ich weiß, es hat sich ordentlich eine
Societät gebildet, die systematisch durch schnöde Gerüchte und
öffentliche Kothbewerfung mich in Harnisch bringen will. . . .
Leben Sie wohl! Gedenken Sie meiner mit Wohlwollen.
Wenn Sie mich aus einzelnen Ausdrücken und Beschwernissen
für einen Kleinigkeitskrämer halten, so will ich Ihnen gern ge=
stehen, daß ich es bin. Vielleicht rührt's her von meinem Ge=
sundheitszustand, vielleicht aber weil ich noch so halb Kind bin.
Es ist ein Kniff, daß ich mir gern die Kindheit so lange als
möglich erhalte, eben weil sich im Kinde Alles abspiegelt: die
Mannheit, das Alter, die Gottheit, sogar die Verruchtheit und
die Convenienz. . . .

(An Karl Immermann. Berlin, den 24. December 1822.)

Sie sollten schon längst einen Brief von mir haben. Wie
ich die menschenversöhnenden Liebesworte las, die Sie vorigen
Sommer im „Anzeiger" über meine „Gedichte" ausgesprochen,
nahm ich mir vor, Ihnen zu schreiben. . . . Ich gestehe es,
Sie sind bis jetzt der Einzige, der die Quelle meiner dunklen
Schmerzen geahnt. Ich hoffe aber, bald ganz von Ihnen ge=
kannt zu werden; vielleicht gelang es mir in meiner nächsten
poetischen Schrift, den Passe-partout zu meinem Gemüths=
lazarethe niedergelegt zu haben. Ich werde dieses Büchlein bald
in Druck geben und es wird zu meinen größten Seelenfreuden
gehören, wenn ich es Ihnen mittheile; eigentlich sind es doch
nur Wenige, für die man schreibt, besonders wenn man, wie
ich gethan, sich mehr in sich selbst zurückgezogen. Dieses Buch
wird meine kleinen malitiös=sentimentalen Lieder, ein bildervolles
südliches Romanzen=Drama und eine sehr kleine nordisch düstere
Tragödie enthalten. Thoren meinen, ich müßte wegen des west=
fälischen Berührungspunktes (man hat Sie bisher für einen
Westfalen gehalten) mit Ihnen rivalisiren, und sie wissen nicht,
daß der schöne, klar leuchtende Diamant nicht verglichen werden
kann mit dem schwarzen Stein, der blos wunderlich geformt ist,
und woraus der Hammer der Zeit böse, wilde Funken schlägt.

Aber was gehen uns die Thoren an. . . . Kampf dem verjährten Unrecht, der herrschenden Thorheit und dem Schlechten! Wollen Sie mich zum Waffenbruder in diesem heiligen Kampfe, so reiche ich Ihnen freudig die Hand. Die Poesie ist am Ende doch nur eine schöne Nebensache. —

* * *

(An **Ferdinand Dümmler.**   Berlin, den 5. Januar 1823.)

Gemeinschaftliche Bekannte haben mir Ihre Thätigkeit und Loyalität gerühmt. Weil ich, durch Erfahrung gewitzigt, diese beiden Eigenschaften bei einem Buchhändler am höchsten achte, mehr als jedes andere Interesse, so mache ich Ihnen hiermit das Anerbieten, ein Buch von mir in Verlag zu nehmen. Dieses enthält: 1) eine kleine Tragödie (etwa 3½ Druckbogen stark), deren Grundidee ein Surrogat für das gewöhnliche Fatum sein soll, und die Lesewelt gewiß vielfach beschäftigen wird, 2) ein größeres dramatisches Gedicht, genannt „Almansor", dessen Stoff religiös-polemisch ist, die Zeitinteressen betrifft, und vielleicht etwas mehr als sechs Bogen beträgt, und 3) ein drei bis drei und ein halb Druckbogen starker Cyklus humoristischer Lieder im Volkstone, wovon in Zeitschriften Proben standen, die durch ihre Originalität viel Interesse, Lob und bittern Tadel erregt. Die kleine Tragödie, die ich für die Bühne bestimmt habe, und die gewiß auch aufgeführt wird, nenne ich Ihnen und theile ich Ihnen mit, sobald ich Sie meinem Anerbieten nicht abgeneigt finde; ich wünsche nämlich nicht, daß sie hier bekannt werde, bevor der Druck angefangen, und ich habe sie hier nur zwei Personen, den Professor Gubitz und den Legationsrathe Varnhagen v. Ense, lesen lassen.

Ueber meinen eigenen Werth als Dichter darf ich selbst wohl kein Urtheil fällen. Nur das bemerke ich, daß meine Poetereien in ganz Deutschland ungewöhnliche Aufmerksamkeit erregt, und daß selbst die feindliche Heftigkeit, womit man hie und da über dieselbe gesprochen, kein übles Zeichen sein möchte. . .

Ich glaube nicht, daß ich hier in Berlin sehr bekannt bin; aber desto mehr bin ich es in meiner Heimath, am Rhein und in Westfalen, wo man, wie ich von allen Seiten erfahre, auf das Erscheinen meines lang erwarteten poetischen Buches sehr gespannt ist, und wo dasselbe gewiß den größten Absatz finden wird.

(An **Christian Sethe**. Berlin, den 21. Januar 1823.)

Du bist nicht mehr hier. Das ist das Thema; alles Uebrige ist Glosse. Krank, isolirt, angefeindet und unfähig das Leben zu genießen, so leb' ich hier.

Ich schreibe jetzt fast gar nichts und brauche Sturzbäder. Freunde habe ich fast gar keine jetzt hier; ein Rudel Schurken haben sich auf alle mögliche Weise bestrebt, mich zu verderben, verbinden sich mit alten Titularfreunden u. s. w. — Meine Dramen werden gewiß in sechs bis acht Wochen erscheinen...

(An **Imanuel Wohlwill**.[48]) Berlin, den 1. April 1823.)

Glaube nur nicht, Aimabalster, daß an der so lange verzögerten Beantwortung Deines lieben Briefes eine Freundschaftserkaltung von meiner Seite Schuld sei. Nein, wahrlich, obschon in diesem strengen Winter manche Freundschaft eingefroren ist, so hat sich Dein geliebtes dickes Bild aus den engen Pforten meines Herzens noch nicht herauswinden können und der Name... Wohlwill schwebt warm und lebendig in meinem Gedächtnisse. Noch gestern sprachen wir von Dir $1\frac{1}{2}$ Stunden — unter wir mußt Du immer verstehen: ich und Moser...

Es freut mich, daß es Dir in den Armen der aimablen Hammonia zu behagen beginnt; mir ist diese Schöne zuwider. Mich täuscht nicht der goldgestickte Rock; ich weiß, sie trägt ein schmutziges Hemd auf dem gelben Leibe und mit den schmelzenden Liebesseufzern: „Rindfleisch! Banko!" sinkt sie an die Brust des Meistbietenden. — Vielleicht thue ich aber der guten Stadt Hamburg Unrecht; die Stimmung, die mich beherrschte, als ich dort einige Zeit lebte, war nicht dazu geeignet, mich zu einem unbefangenen Beurtheiler zu machen; mein inneres Leben war brütendes Versinken in den düstern, nur von phantastischen Lichtern durchblitzten Schacht der Traumwelt, mein äußeres Leben war toll, wüst, cynisch, abstoßend; mit einem Worte, ich machte es zum schneidenden Gegensatz meines innern Lebens, damit mich dieses nicht durch sein Uebergewicht zerstöre. Ja, amice, es war ein großes Glück für mich, daß ich just aus dem Philosophie=

Auditorium kam, als ich in den Circus des Welttreibens trat, mein eignes Leben philosophisch construiren konnte und objectiv anschauen — wenn mir auch jene höhere Ruhe und Besonnenheit fehlte, die zur klaren Anschauung eines großen Lebensschauplatzes nöthig ist. Ich weiß nicht, ob Du mich verstanden; wenn Du einst meine Memoiren liest und einen Hamburger Menschentroß geschildert findest, wovon ich einige liebe, mehrere hasse und die meisten verachte, so wirst Du mich besser verstehen; jetzt möge das Gesagte nur dazu bienen, einige Aeußerungen in Deinen lieben Briefen zu beantworten und Dir zu erklären, warum ich Deinen Wunsch nicht erfüllen kann, diesen Frühling nach Hamburg zu kommen — obschon ich nur wenige Meilen davon entfernt sein werde. Ich reise nämlich in vier Wochen nach Lüneburg, wo meine Familie lebt, bleibe dort sechs Wochen und reise alsdann nach dem Rhein und, wenn's mir möglich ist, nach Paris. Mein Oheim hat mir noch zwei Jahre zum Studiren zugesetzt und ich habe es nicht nöthig, meinen früheren Plan gemäß in Sarmatien eine Professur zu suchen. Ich denke, daß sich bald manches geändert haben wird, daß ich keine Schwierigkeiten haben werde, mich am Rhein zu fixiren... Die Hauptsache ist die Herstellung meiner Gesundheit, ohne welche alle Pläne thöricht sind. Gott möge mir nur Gesundheit geben, für das Uebrige will ich selbst sorgen...

(An **Rahel Varnhagen von Ense.** Berlin, den 12. April 1823.)

Ich reise nun bald ab, und ich bitte Sie, werfen Sie mein Bild nicht ganz und gar in die Polterkammer der Vergessenheit. Ich könnte wahrhaftig keine Repressalien anwenden, und wenn ich mir auch hundertmal des Tages vorsagte: „Du willst Frau von Varnhagen vergessen!" es ginge doch nicht. Vergessen Sie mich nicht! Sie dürfen sich nicht mit einem schlechten Gedächtnisse entschuldigen. Ihr Geist hat einen Contrakt geschlossen mit der Zeit; und wenn ich vielleicht nach einigen Jahrhunderten das Vergnügen habe, Sie als die schönste und herrlichste aller Blumen im schönsten und herrlichsten aller Himmelsthäler wiederzusehen, so haben Sie wieder die Güte, mich arme Stechpalme (oder werde ich noch was Schlimmeres sein?) mit Ihrem freundlichen Glanze und lieblichen Hauche, wie einen alten Bekannten, zu begrüßen. Sie thun es gewiß; haben Sie ja schon Anno 1822 und 1823 ähnliches gethan, als Sie mich kranken, bittern, mürrischen, poetischen und unausstehlichen Menschen mit einer Artigkeit und Güte behandelt, die ich gewiß in diesem Leben nicht verdient, und nur wohlwollenden Erinnerungen einer früheren Connaissance verdanken muß...

Fünftes Capitel.

Die Tragödien und das lyrische Intermezzo.

(An **Immanuel Wohlwill.** Berlin, den 7. April 1823.)

Ich schicke Dir dieser Tage meine „Tragödien". Ich habe dieselben meinem Oheim Salomon Heine dedicirt. Hast Du ihn gesehen? Er ist einer von den Menschen, die ich am meisten achte; er ist edel und hat angeborne Kraft. Du weißt, Letzteres ist mir das Höchste.

(An **Friedrich Steinmann.** Berlin, den 10. April 1823.)

Aergerliche Stürme, Verlust des Allerliebsten, Krankheit und Unmuth und dergleichen schöne Dinge mehr sind seit zwei Jahren die hervorstechenden Punkte in dem Leben Deines Freundes. . . Meine „Tragödien" haben eben die Presse verlassen. Ich weiß, man wird sie sehr herunterreißen. Aber ich will Dir im Vertrauen gestehen: sie sind sehr gut, besser als meine Gedichte= sammlung, die keinen Schuß Pulver werth ist.

(An **Karl Immermann.** Berlin, den 10. April 1823.)

Ja, ich verspreche es, das kleinliche Gefühl, kleinlich zu er= scheinen, soll mich nie mehr befangen, wenn ich Ihnen Con= fessionen machen möchte. Eben eine solche Hauptconfession liegt im „Ratcliff", und ich habe die Marotte, zu glauben, daß Sie zu der kleinen Zahl Menschen gehören, die ihn verstehn. Ich bin von dem Werthe dieses Gedichtes überzeugt; denn es ist wahr oder ich selbst bin eine Lüge; alles Andere, was ich geschrieben und noch schreibe, mag untergehn und wird untergehn. Ob mir der kleine neugeborene Balg Freude machen wird? Schwerlich wird diese so groß sein, wie das Herzeleid, das ich schon voraussehe. Die hiesigen Kröten- und Ungeziefer-Coterien haben mir jetzt schon ihre schmutzigen Zeichen der Aufmerksamkeit geschenkt; man hat sich schon mein Buch zu verschaffen gewußt, ehe es ganz aus der Presse war, und, wie ich höre, will man dem „Almansor" eine Tendenz unterschieben und diese auf eine Weise in's Gerücht bringen, die mein ganzes Wesen empört und mit souverainem Ekel erfüllt. . . . Die vermaledeite Bildersprache, in welcher ich den „Almansor" und seine orientalischen Consorten sprechen lassen mußte, zogen mich ins Breite. Außerdem fürchte ich, werden die Frommen im Lande an diesem Stücke viel auszusetzen haben. . .

(An **Maximilian Schottky**.   Berlin, den 4. Mai 1823.)

Ich hoffe, daß Ihnen die Tragödien gefallen, und daß Sie mit meiner jetzigen Behandlungsweise des Volksliedes, wie ich sie im „lyrischen Intermezzo" zeige, zufrieden sein werden. Bei den kleinen Liedern haben mir Ihre kurzen österreichischen Tanzreime mit dem epigrammatischen Schlusse oft vorgeschwebt.

(An **Wilhelm Müller**.   Hamburg, den 7. Juni 1826.)

Ich bin groß genug, Ihnen offen zu bekennen, daß mein kleines „Intermezzo"-Metrum nicht blos zufällige Aehnlichkeit mit Ihrem gewöhnlichen Metrum hat, sondern daß es wahrscheinlich seinen geheimsten Tonfall Ihren Liedern verdankt, indem es die lieben Müller'schen Lieder waren, die ich zu eben der Zeit kennen lernte, als ich das „Intermezzo" schrieb. Ich habe sehr früh schon das deutsche Volkslied auf mich einwirken lassen; späterhin, als ich in Bonn studirte, hat mir August Schlegel viel metrische Geheimnisse aufgeschlossen, aber ich glaube erst in Ihren Liedern den reinen Klang und die wahre Einfachheit, wonach ich immer strebte, gefunden zu haben. Wie rein, wie klar sind Ihre Lieder, und sämmtlich sind es Volkslieder. In meinen Gedichten hingegen ist nur die Form einigermaßen volksthümlich, der Inhalt gehört der conventionellen Gesellschaft. Ja, ich bin groß genug, es sogar bestimmt zu wiederholen, und Sie werden es mal öffentlich ausgesprochen finden, daß mir durch die Lektüre Ihrer 77 Gedichte zuerst klar geworden, wie man aus den alten vorhandenen Volksliederformen neue Formen bilden kann, die ebenfalls volksthümlich sind, ohne daß man nöthig hat, die alten Sprachholperigkeiten und Unbeholfenheiten nachzuahmen. Im zweiten Theile Ihrer Gedichte fand ich die Form noch reiner, noch durchsichtig klarer — doch, was spreche ich viel von Formwesen, es drängt mich mehr, Ihnen zu sagen, daß ich keinen Liederdichter außer Goethe so sehr liebe, wie Sie...

(An **Moses Moser**. Lüneburg, den .. Mai 1823.)

In Hinsicht der Aufnahme meiner „Tragödien" habe ich hier meine Furcht bestätigt gefunden. Der Succeß muß den üblen Eindruck verwischen. Was die Aufnahme derselben bei meiner Familie betrifft, so hat meine Mutter die Tragödien und Lieder zwar gelesen, aber nicht sonderlich goutirt, meine Schwester tolerirt sie bloß, meine Brüder verstehen sie nicht, und mein Vater hat sie gar nicht gelesen.

(An den Baron **de la Motte Fouque**. Lüneburg, den 10. Juni 1822.)

Mein „Almansor" wird Sie nicht ganz angesprochen haben. Ich hatte dieses Gedicht früher verworfen, erst durch starkes Zureden der Freunde bequemte ich mich dazu, es drucken zu lassen und jetzt, wo es manchen Beifall findet, vielmehr als der „Ratcliff", habe ich doch noch nicht angefangen, günstiger darüber zu urtheilen. Ich weiß nicht, wie es kommt, aber dieses helle, milde Gedicht ist mir im höchsten Grade unheimlich, statt daß ich mit Behagen an den düstern steinernen „Ratcliff" denke. — Ich erinnere mich: die Romanze von Donna Clara und Don Gasairos im „Zauberring", an die ich in den bedeutendsten Lebens-Situationen lebhaft gedacht und die ich in manchen Augenblicken selber geschrieben zu haben vermeine, diese liebliche Romanze hat mir oft vorgeschwebt, als ich den „Almansor" schrieb.[49])

Die Aufführung des „Almansor."

(An **Friedrich Wilhelm Gubitz.** Lüneburg, den 21. October 1823.)

Ich kann Ihnen nicht oft genug wiederholen, daß alles, was Sie für die Verbreitung meiner Tragödien thun, Ihnen im Himmel vergütet wird. Am Rhein möchte man den unkatholischen „Almansor" ganz ignoriren, in Braunschweig, wo ihn der echt=poetische Klingemann nach seiner Bearbeitung auf's Theater ge=bracht, ist er ausgepfiffen worden; in Braunschweig lebt auch mein Busenfreund Köchy.⁵⁰)

(An **Moses Moser.** Lüneburg, den 30. September 1823.)

Ich sah unlängst die „Elegante Welt" und sah daraus, daß Köchy jetzt in Braunschweig lebt, indem ich in dieser Zeitschrift Artikel über das Braunschweiger Theater las, woran ich die Feder dieses Menschen erkannte. Ich bin überzeugt, dieser Kerl hat in Braunschweig entweder das Ausgepfiffenwerden des „Almansors" eingeleitet oder wenigstens angeregt. Ich weiß, wie dergleichen Dinge gemacht werden, ich kenne die Nieder=trächtigkeit der Menschen, und jetzt wirst Du die Wichtigkeit der wenigen Maßregeln, die ich beim Erscheinen des „Almansor" nehmen mußte, genugsam einsehen. Ich höre, das Stück sei ausgetrampelt worden; hast Du nichts Spezielles gehört? Braun=schweiger Meßjuden haben diese Nachricht in ganz Israel ver=breitet, und in Hamburg bin ich ordentlich condolirt worden. Die Geschichte ist mir sehr fatal, sie influenzirt schlecht auf meine Lage, und ich weiß nicht, wie dieses zu repariren ist. Die Welt mit den dazu gehörigen Dummköpfen ist mir nicht so gleichgültig, wie Du glaubst. —

(An **Josef Lehmann.** Lüneburg, den 26. Juni 1823.)

Ich habe noch immer nicht die Hoffnung aufgegeben, den „Ratcliff" aufgeführt zu sehen, obschon ich keine Schauspieler cajolirt und keine Schauspielerinnen fetirt habe, und es überhaupt nicht verstehe, etwas mühsam auf die Bretter hinaufzuschmuggeln. Ich denke, das Schreiben und Sprechen über das Stück bringt es auf die Bühne.

* *
*

Lyrisches Intermezzo.
(An Salomon Heine.)

Meine Qual und meine Klagen
Hab' ich in dieses Buch geschlossen.
Und wenn du es aufgeschlagen
Hat sich dir mein Herz erschlossen.

Almansor.

Glaubt nicht, es sei so ganz und gar phantastisch,
Das hübsche Lied, das ich euch freundlich biete!
Hört zu: Es ist halb episch und halb drastisch,
Dazwischen blüht manch lyrisch zarte Blüthe;
Romantisch ist der Stoff, die Form ist plastisch,
Das Ganze aber kam aus dem Gemüthe;
Es kämpfen Christ und Moslem, Nord und Süden,
Die Liebe kommt am End' und macht den Frieden.

Ratcliff.
(An Rudolf Christiani.   Weihnachten 1823.)

Mit starken Händen schob ich von den Pforten
Des Geisterreichs die rost'gen Riegel;
Vom rothen Buch der Liebe riß ich dorten
Die urgeheimnißvollen sieben Siegel;
Und was ich schaute in den ew'gen Worten,
Das bring' ich dir in dieses Liebes Spiegel.
Ich und mein Name werden untergehen,
Doch dieses Lied muß ewiglich bestehen!

(An Friedrich Merckel.   Hamburg, den 12. April 1826.)

Ich habe die süße Liebe gesucht,
Und hab' den bittern Haß gefunden;
Ich habe geseufzt, ich habe geflucht,
Ich habe geblutet aus tausend Wunden.

Auch hab ich mich ehrlich Tag und Nacht
Mit Lumpengesindel herumgetrieben,
Und als ich all' diese Studien gemacht,
Da hab' ich ruhig den „Ratcliff" geschrieben.

Der „William Ratcliff" wurde nur wenig bekannt; in der That, der Name seines Verlegers war Dümmler. Dieser Tragödie oder dramatisirten Ballade gewähre ich mit gutem Fug jetzt einen Platz in der Sammlung meiner Gedichte, weil sie als eine bedeutsame Urkunde zu den Prozeßacten meines Dichterlebens gehört. Sie resümirt nämlich meine poetische Sturm= und Drang=Periode, die sich in den „Jungen Leiden" des „Buchs der Lieder" sehr unvollständig und dunkel kund giebt. Der junge Autor, der hier mit schwerer, unbeholfner Zunge nur träumerische Naturlaute lallt, spricht dort im „Ratcliff", eine wache, mündige Sprache und sagt unverhohlen sein letztes Wort. Dieses Wort wurde seitdem ein Losungswort, bei dessen Ruf die fahlen Gesichter des Elends wie Purpur aufflammen und die rothbäckigen Söhne des Glücks zu Kalk erbleichen. Am Herde des ehrlichen Tom im „Ratcliff" brodelt schon die große Suppenfrage, worin jetzt tausend verdorbene Köche herumlöffeln, und die täglich schäumender überkocht. Ein wunderliches Sonntagskind ist der Poet; er sieht die Eichenwälder, welche noch in der Eichel schlummern, und er hält Zwiesprache mit den Geschlechtern, die noch nicht geboren sind. Sie wispern ihm ihre Geheimnisse, und er plaudert sie aus auf öffentlichem Markt. Aber seine Stimme verhallt im lauten Getöse der Tagesleidenschaften; wenige hören ihn, keiner versteht ihn. Friedrich Schlegel nannte den Geschichts= schreiber einen Propheten, der rückwärts schaue in die Vergangen= heit; — man könnte mit größerem Fug von dem Dichter sagen, daß er ein Geschichtsschreiber sei, dessen Auge hinausblicke in die Zukunft.

Ich schrieb den „William Ratcliff" zu Berlin unter den Linden in den letzten drei Tagen des Januars 1821,[51]) als das Sonnenlicht mit einem gewissen lauwarmen Wohlwollen die schneebedeckten Dächer und die traurig entlaubten Bäume be= glänzte. Ich schrieb in einem Zuge und ohne Brouillon. Während dem Schreiben war es mir, als hörte ich über meinem Haupte ein Rauschen, wie der Flügelschlag eines Vogels.. Als ich meinen Freunden, den jungen Berliner Dichtern, davon erzählte, sahen sie sich einander an mit einer sonderbaren Miene, und versicherten mir einstimmig, daß ihnen nie dergleichen beim Dichten passirt sei.

Sechstes Capitel.

In Lüneburg.

(An **Moses Moser**.) Lüneburg, im Mai 1823.)

Dienstag Abend bin ich in Lübtheen angelangt, nachdem ich Montag Nacht und den ganzen darauf folgenden Tag immerwährend gefahren und gerüttelt wurde, und mich über das lästige Geschwätze der Reisegesellschaft ärgerte und meinen Phantasien Audienz gab und viel fühlte und an Dich dachte... Den 22. Juni heirathet meine Schwester, die Hochzeit ist wahrscheinlich in der Nähe von Hamburg. Ich werde wohl mehrere Monate hier bleiben und mich langweilen.

(An den Baron **Friedrich de la Motte Fouque**. Lüneburg, den 10. Juni 1823.)

Ich lebe hier sehr isolirt, da meine Eltern noch nicht lange in Lüneburg wohnen, sich sehr zurückziehen und ich hier keinen Menschen kenne. Ich will aber zu meiner Erheiterung in vierzehn Tagen eine Reise nach Hamburg machen und acht oder, wenn ich mich amüsire, vierzehn Tage dort bleiben.

(An **Karl Immermann**. Lüneburg, den 10. Juni 1823.)

Ich lebe jetzt seit einigen Wochen hier in Lüneburg im Schoße meiner Familie, wo ich so lange bleiben will, bis mein kranker Kopf wieder gesund wird. Dieses scheint sehr langsam von statten gehen zu wollen und die Götter mögen sich meines armen Reiseplanes erbarmen. Ich sehe voraus, lieber Immermann, daß es sich noch sehr lange herumziehen wird, bis ich nach der Knipperdollingstadt komme, und dem Dichter, mit dem ich hoffe alt zu werden, die Hand schüttele. Sie haben selbst einen ähnlichen Ausdruck gebraucht, und Sie können es kaum glauben, wie mich dieses aus großartigem Selbstgefühle natürlich hervorgegangene Wort bis in tiefster Seele bewegt hat. Die ewigen Götter wissen's, daß ich gleich in der ersten Stunde, wo ich in Ihren Tragödien las, Sie für das erkannte, was Sie sind; und ich bin ebenso sicher in dem Urtheile, das ich über mich selbst fälle. Jene Sicherheit entspringt nicht aus träumerischer Selbsttäuschung, sie entspringt vielmehr aus dem klaren Bewußtsein, aus der genauen Kenntniß des Poetischen und seines natürlichen Gegensatzes, des Gemeinen...

(An **Varnhagen von Ense.** Lüneburg, den 17. Juni 1823.)

Günstige Umstände haben in der letzten Zeit meine Eltern und auch meine Geschwister mit so viel Erfreulichem und Behaglichem umgeben, daß ich auch für mich einer heiteren Zukunft entgegensehen würde, wenn ich nicht wüßte, daß das Schicksal gegen deutsche Poeten seine bösen Nücken selten unausgeübt läßt. Ich kann Ihnen, lieber Varnhagen, über meine nächste Lebensweise doch noch nichts Bestimmtes sagen, da ich erst nächste Woche, am Hochzeitstage meiner Schwester, meinen Oheim, von dem Manches abhängt, sprechen werde. Führt dieses zu keiner Bestimmtheit, so finde ich solche in Hamburg, wohin ich bald nach der Hochzeit zu reisen gedenke, obschon durch den Anblick dieser Stadt die schmerzlichsten Empfindungen in mir aufgeregt werden...

(An **Moses Moser.** Lüneburg, den 28. Juni 1823.)

Ich lebe hier ganz isolirt; mit keinem einzigen menschlichen Menschen komme ich in Berührung, weil meine Eltern sich von allem Umgang zurückgezogen. Ich habe hier also bloß mit den Bäumen Bekanntschaft gemacht, und diese zeigen sich jetzt wieder in dem alten grünen Schmuck und mahnen mich an alte Tage und rauschen mir alte vergessene Lieder ins Gedächtniß zurück und stimmen mich zur Wehmuth. So vieles Schmerzliche taucht jetzt in mir auf und überwältigt mich und dies ist es vielleicht, was meine Kopfschmerzen vermehrt oder besser gesagt in die Länge zieht; denn sie sind nicht mehr so stark wie in Berlin, aber anhaltender... Mit meinem Oheim stehe ich noch nicht auf dem Fuße, auf dem ich zu stehen wünschte, um mit Sicherheit feste Lebenspläne für die Folge entwerfen zu können. Erst nach meiner Zurückkunft von Hamburg kann ich Dir in dieser Hinsicht etwas Bestimmtes sagen... Hamburg wird viele schmerzliche Erinnerungen in mir aufregen, doch wird es von großem

Nutzen sein, daß ich hinreise . . Ein mir feindliches Hundepack
umlagert meinen Oheim. Ich werde vielleicht Bekanntschaften
in Hamburg machen, die in dieser Hinsicht ein Gegengewicht
bilden können. Nur ahnt's mir, daß ich mit meiner abstoßenden
Höflichkeit und Ironie und Ehrlichkeit mir mehr Menschen ver=
feinden als befreunden werde . . . Ich werde Dir bei meiner
Rückkunft von Hamburg viel zu schreiben haben! Grüße mir
Gans und Zunz, sowie auch seine Frau.⁵²) Sage ihnen, daß ich
viel an sie denke; welches auch ganz natürlich ist, da ich hier
ganz isolirt lebe und noch nicht die letzten Eindrücke Berlins in
mir verdrängt werden konnten. Dich, lieber Moser, sehe ich
überall, und es ist vielleicht etwas mehr als krankhafte Weichlich=
keit, wenn ich auf die wehmüthigste Weise überwältigt werde
von dem Wunsche, wieder mit Dir zusammen zu leben. Geben
die Götter, daß dieser Wunsch in Erfüllung gehe! Hamburg?
Sollte ich dort noch so viele Freude finden können, als ich schon
Schmerzen dort empfand? Dieses ist freilich unmöglich. . .

Siebentes Capitel.

Die Heimkehr.

(An **Moses Moser**. Lüneburg, den 24. Juni 1823.)

Den 22. habe ich mit meiner Familie auf dem Zollenspieker
der Vermählung meiner Schwester beigewohnt. Es war ein
schöner Tag der Festlichkeit und Eintracht. Das Essen war gut,
die Betten waren schlecht, und mein Oheim Salomon war sehr
vergnügt. Ich glaube, ich werde in der Folge auf ziemlich
guten Fuß mit ihm kommen; **äußerlich** leben wir auf dem
besten, er cajolirt mich sogar **öffentlich**.

(Hamburg, den 11. Juni 1823.)

Ich bin in der größten Unruhe, meine Zeit ist spärlich
bemessen, und ich habe heute keine Commission für Dich und ich
schreibe Dir doch. Auch hat sich noch nichts Aeußerliches mit

mir zugetragen; — ihr Götter! Desto mehr Innerliches. Die alte Leidenschaft bricht nochmals mit Gewalt hervor. Ich hätte nicht nach Hamburg gehen sollen; wenigstens muß ich machen, daß ich sobald als möglich fortkomme. Ein arger Wahn kömmt in mir auf, ich fange an, selbst zu glauben, daß ich geistig anders organisirt sei und mehr Tiefe habe als andere Menschen. Ein düsterer Zorn liegt wie eine glühende Eisendecke auf meiner Seele; ich lechze nach ewiger Nacht. —

Von meiner Familie bin ich sehr gut empfangen worden. Mein Oheim, Salomon Heine, hat mir die herrlichsten Dinge versprochen, ist aber leider gestern um 6 Uhr Morgens, halb in Geschäften, halb zur Recreation von hier abgereist...

(Ritzebüttel, den 23. August 1823.)

Ich war zu einer schlimmen Zeit in Hamburg. Meine Schmerzen machten mich unerquicklich und durch den Todesfall einer Cousine und die dadurch entstandene Bestürzung in meiner Familie fand ich auch nicht viel Erquickliches bei andern. Zu gleicher Zeit wirkt die Magie des Ortes furchtbar auf meine Seele und ein ganz neues Princip tauchte in derselben auf; dieses Gemüthsprincip wird mich wohl eine Reihe Jahre lang leiten und mein Thun und Lassen bestimmen. Wäre ich ein Deutscher — und ich bin kein Deutscher, siehe: Rühs, Fries und a. O.[53]) — so würde ich Dir über dieses Thema lange Briefe, lange Gemüthsrelationen schreiben; aber doch sehne ich mich danach, Dir in vertrauter Stunde meinen Herzensvorhang aufzudecken und Dir zu zeigen, wie die neue Thorheit auf der alten gepfropft ist....

* * *

In mein gar zu dunkles Leben
Strahlte einst ein süßes Bild;
Nun das süße Bild erblichen,
Bin ich gänzlich nachtumhüllt.

Wenn die Kinder sind im Dunkeln,
Wird beklommen ihr Gemüth,
Und um ihre Angst zu bannen,
Singen sie ein lautes Lied.

Ich, ein tolles Kind, ich singe,
Jetzo in der Dunkelheit;
Klingt das Lied auch nicht ergötzlich,
Hat's mich doch von Angst befreit.

———

Als ich auf der Reise zufällig
Der Liebsten Familie fand,
Schwesterchen, Vater und Mutter,
Sie haben mich freudig erkannt.

Sie fragten nach meinem Befinden,
Und sagten selber sogleich:
Ich hätte mich gar nicht verändert,
Nur mein Gesicht sei bleich.

Ich fragte nach Muhmen und Basen,
Nach manchem langweil'gen Geselln,
Und nach dem kleinen Hündchen
Mit seinem sanften Belln.

Auch nach der vermählten Geliebten
Fragte ich nebenbei;
Und freundlich gab man zur Antwort,
Daß sie in den Wochen sei.

Und freundlich gratulirt' ich,
Und lispelte liebevoll,
Daß man sie von mir recht herzlich
Vieltausendmal grüßen soll.

Schwesterchen rief dazwischen:
„Das Hündchen, sanft und klein,
Ist groß und toll geworden,
Und ward ertränkt im Rhein."

Die Kleine gleicht der Geliebten,
Besonders wenn sie lacht;
Sie hat dieselben Augen,
Die mich so elend gemacht.

———

Am fernen Horizonte
Erscheint, wie ein Nebelbild,
Die Stadt mit ihren Thürmen,
In Abenddämm'rung gehüllt.

Ein feuchter Windzug kräuselt
Die graue Wasserbahn;
Mit traurigem Takte rudert
Der Schiffer in meinem Kahn.

Die Sonne hebt sich noch einmal
Leuchtend vom Boden empor,
Und zeigt mir jene Stelle,
Wo ich das Liebste verlor.

Sei mir gegrüßt, du große,
Geheimnisvolle Stadt,
Die einst in ihrem Schoße
Mein Liebchen umschlossen hat.

Sagt an ihr, Thürme und Thore,
Wo ist die Liebste mein?
Euch hab' ich sie anvertrauet,
Ihr solltet mir Bürge sein.

Unschuldig sind die Thürme,
Sie konnten nicht von der Stell',
Als Liebchen mit Koffern und Schachteln
Die Stadt verlassen so schnell.

Die Thore jedoch, die ließen
Mein Liebchen entwischen gar still;
Ein Thor ist immer willig
Wenn eine Thörin will.

Still ist die Nacht, es ruhen die Gassen,
In diesem Hause wohnte mein Schatz;
Sie hat schon längst die Stadt verlassen,
Doch steht noch das Haus auf demselben Platz.

Da steht auch ein Mensch und starrt in die Höhe,
Und ringt die Hände vor Schmerzensgewalt;
Mir graust es, wenn ich sein Antlitz sehe —
Der Mond zeigt mir meine eigne Gestalt.

Du Doppelgänger, du bleicher Geselle!
Was äffst du nach mein Liebesleid,
Das mich gequält auf dieser Stelle
So manche Nacht in alter Zeit?

* * *

Und als ich euch meine Schmerzen geklagt,
Da habt ihr gegähnt und nichts gesagt;
Doch als ich sie zierlich in Verse gebracht,
Da habt ihr mir große Elogen gemacht.

„Sag, wo ist dein schönes Liebchen,
Das du einst so schön besungen,
Als die zaubermächt'gen Flammen
Wunderbar dein Herz durchdrungen?"

Jene Flammen sind erloschen,
Und mein Herz ist kalt und trübe,
Und dies Büchlein ist die Urne
Mit der Asche meiner Liebe.

* * *

(An **Moses Moser**. Ritzebüttel, den 26. August 1823.)

Das Seebad, das ich hier brauche, bekömmt mir sehr gut; wäre nur nicht die fatalen Gemüthsbewegungen! Meine Nerven sind sehr gestärkt, und wenn die Kopfschmerzen nachlassen, werde ich noch in diesem Jahre viel Kräftiges schreiben. — Wo ich diesen Winter zubringen werde, weiß ich noch nicht; Du siehst, daß ich jetzt ein Mann bin, der heute nicht weiß, wovon er übermorgen leben soll. . . .

* * *

(Lüneburg, den 27. September 1823.)

Ich bin jetzt wieder in Lüneburg, in der Residenz der Langenweile. Mit meiner Gesundheit sieht es eigen aus; gestärkte Nerven, aber anhaltender Kopfschmerz. Dieser bringt mich noch immer zur Verzweiflung, da ich jetzt wieder an meiner Juristerei arbeite. — Ich werde auf vielfache Weise gereizt und gekränkt und bin ziemlich erbittert jetzt auf jene faden Gesellen, die ihren reichlichen Lebensunterhalt von einer Sache ziehen, für die ich die größten Opfer gebracht und lebenslang geistig bluten muß.[54]) Mich, mich muß man erbittern! Just zu einer Zeit, wo ich mich ruhig hingestellt habe, die Wogen des Judenhasses gegen mich anbranden zu lassen. Von allen Seiten empfinde ich die Wirkungen des Hasses, der doch kaum emporgekeimt ist. Freunde, mit denen ich den größten Theil meines Lebens verbracht, wenden sich von mir. Bewunderer werden Verächter; die ich am meisten liebe, hassen mich am meisten, Alle suchen zu schaden. Du fragst in Deinen Briefen so oft, ob Rousseau geschrieben; ich finde diese Frage sehr überflüssig. Ganz andre Freunde haben mir abgesagt und widersagt. Von der großen lieben Rotte, die mich persönlich nicht kannte, will ich gar nicht sprechen. —

Unterdessen sind meine Familien- und Finanz-Umstände die schlechtesten. Du nennst mein Verfahren gegen meinen Oheim Mangel an Klugheit. Du thust mir Unrecht; ich weiß nicht, warum ich just gegen meinen Oheim jene Würde nicht behaupten soll, die ich gegen alle anderen Menschen zeige. Du weißt, ich bin kein delikater, zartfühlender Jüngling, der roth wird, wenn er Geld borgen muß und stottert, wenn er von dem besten Freunde Hülfe verlangt. Ich glaube, Dir brauche ich das nicht zu beschwören; Du hast es selbst erlebt, daß ich in solchen Fällen ein dickhäutiges Gefühl habe; aber ich habe doch die Eigenheit, von meinem Onkel, der zwar viele Millionen besitzt, aber nicht gern einen Groschen mißt, durch keine freundschaftliche oder gönnerschaftliche Verwendung Geld zu erpressen. . Für solche Genügsamkeit bin ich auch dadurch belohnt worden, daß mein Oheim mich in Hamburg, wo ich viele Tage auf seinem Landhause verbrachte, sehr ehrte und sehr auszeichnete und genädig ansah. Und am Ende bin ich doch der Mann, der nicht anders zu handeln vermag und den keine Geldrücksicht bewegen sollte, etwas von seiner inneren Würde zu veräußern. . .

(Lüneburg, den 5. November 1823.)

Empört hat es mich, aus Deinem Briefe zu ersehen, daß man von Hamburg aus Schlechtes von mir gesagt und geschrieben. . . . Ich erwarte von Dir, daß Du mir Alles offenherzig schreibst; es ist mir **unendlich** viel daran gelegen, zu wissen, was man in Hamburg von mir spricht. Wahrlich, dort in Hamburg habe ich nicht wie ein Egoist gehandelt! Ich habe trotz aller Nebenrücksichten mich nicht entschließen können, der widerwärtigen Gebrechlichkeit zu huldigen und auf die Kraft zu schmähen. . .

(An **Ludwig Robert.** Lüneburg, den 27. November 1823.)

Es giebt nichts Neues zu hören, lieber Robert, außer, daß ich noch lebe und Sie liebe. Letzteres wird ebenso lange dauern als das Erstere, dessen Dauer sehr unbestimmt ist. Ueber das Leben hinaus verspreche ich nichts. Mit dem letzten Odemzuge ist alles vorbei: Freude, Liebe, Aerger, Makkaroni, Normal-

Theater, Linden, Himbeer=Bonbons, Macht der Verhältnisse, Klatschen, Hundegebell, Champagner —. Es ist wahrlich eine düstere Stimmung, in der ich seit zwei Monaten hinbrüte; ich sehe nichts als offene Gräber, Dummköpfe und wandelnde Rechenexempel. Selten fällt mir ein Sonnenstrahl ins Herz, ein Sonnenstrahl, wie der freundliche Gruß der schönen Schwäbin, und wie die Nachricht, daß auch Ludwig Robert meiner nicht vergessen hat... Vielleicht erleben Sie es noch, meine Bekenntnisse zu lesen und zu sehen, wie ich meine Zeitgenossen betrachtet und wie mein ganzes, trübes, drangvolles Leben **in das Uneigen= nützigste**, in die Idee übergeht. Es liegt mir viel, sehr viel an der Anerkennung der Masse, und doch giebts niemand, der wie ich den Volksbeifall verachtet und seine Persönlichkeit vor den Aeußerungen desselben verbirgt... Ich spreche schon zu viel. ... Aber es geht mir immer wie Ihrer Schwester, der Varn= hagen; die muß auch, wie sie mir sagte, große Briefe schreiben, wenn sie etwas sagen will. Grüßen Sie mir vielmals die liebe, gute, kleine Frau mit der großen Seele. Sagen Sie ihr, daß es ein seltener Fall ist, wenn ich nicht an sie denke. Ich möchte gern an Frau von Varnhagen schreiben, aber es würde mir zu viel Schmerzen machen; ohne falsch zu sein, könnte ich Herrn von Varnhagen nicht unerwähnt lassen....[55])

(An **Moses Moser**. Lüneburg, den 28. November 1823.)

Ludwig Robert ist mir sehr lieb. Er hat sich nicht kleinlich gegen mich gezeigt, und das ist viel in dieser kleinlichen, egoisti= schen Welt. Seine Schwester liebe ich auch sehr. Varnhagen ist mir noch immer lieb, aber eine feindliche Stunde hat uns beide auf immer geschieden. Bei meinem Zusammentreffen mit ihm in Hamburg hat er mich verletzt, und Du weißt, wie reizbar ich da war. Nicht wahr, die Varnhagen ist schön? Habe ich Dir viel gesagt? — Sie vereinigt in sich die Jokaste und die Julia, das Antikste und Modernste. In Betreff meiner Pläne für die Zukunft habe ich nichts geändert. Bei Göttingen bleibt's.

(Noch immer Lüneburg, den 9. Januar 1824.)

Verdrießlich hat es mich gemacht, daß Du meinen Wunsch, kurze Briefe von Dir zu haben, auf eine Art, die fast eine

Unart ist, auf eine grämliche, pikirte Weise glossirt. Um des lieben Himmels Willen ein Mensch, der den Hegel und den Valmiki im Original liest und versteht, kann eine meiner gewöhnlichsten Geistes-Abbreviaturen nicht verstehen! Um Gottes Willen, wie müssen mich erst die übrigen Menschen mißverstehen, wenn Moser, ein Schüler Friedländers und Zeitgenosse von Gans, Moser, Moses Moser, mein Erzfreund, der philosophische Theil meiner selbst, die korrekte Pracht-Ausgabe eines wirklichen Menschen, l'homme de la liberté et de la vertu, der secrétaire perpétuel des Vereins, der Epilog von „Nathan dem Weisen", der Normal-Humanist, — wo halte ich? — ich will nur sagen, wie schlimm es für mich aussieht, wenn auch Moser mich mißversteht. —

Vom Verein schreibst Du mir wenig. Denkst Du etwa, daß die Sache unserer Brüder mir nicht mehr so sehr am Herzen liege wie sonst? Da irrst Du Dich gewaltig. Wenn mich auch mein Kopfübel jetzt niederdrückt, so habe ich es doch nicht aufgegeben zu wirken. „Verwelke meine Rechte, wenn ich Deiner vergesse, Jeruscholayim!" sind ungefähr die Worte des Psalmisten, und es sind auch noch immer die meinigen. Ich wollte, ich könnte mich eine einzige Stunde mit Dir unterhalten über das, was ich, meist durch die eigene Lage angeregt, über Israel gedacht und Du würdest sehen, wie — die Eselzucht auf dem Steinweg gedeiht und wie Heine immer Heine sein wird und muß. . . .

Achtes Capitel.

Abschluß der Universitätsjahre.

(An **Moses Moser.** Hannover, den 21. Januar 1824.)

Ich bin übermorgen in Göttingen und begrüße wieder den ehrwürdigen Carcer, die läppischen Löwen auf dem Weender Thore, und den Rosenstrauß auf dem Grabe der schönen Cäcilie.[56]) Ich finde vielleicht keinen einzigen meiner früheren Bekannten in Göttingen, das hat was Unheimliches. Ich glaube auch, daß ich die erste Zeit sehr verdrießlich leben werde, dann gewöhne ich mich an meinen Zustand, befreunde mich peu à peu mit dem Unabwendbaren, und am Ende ist mir der Platz ordentlich lieb geworden, und es macht mir Schmerzen, wenn ich davon scheiden muß. Es ist mir immer so gegangen, so halb und halb auch in Lüneburg.

(O weh, Göttingen, den 2. Februar 1824.)

Lieber Moser! Ich bin jetzt schon neun Tage hier d. h. die Langeweile verzehrt mich schon, aber ich habe es ja selbst gewollt, und es ist gut, und still davon! Ich will nie mehr klagen. Ich las gestern Abend die Briefe Rousseau's, und sah wie langweilig es ist, wenn man sich beständig beklagt, aber ich klage ja nur meiner Gesundheit wegen und — das mußt Du mir bezeugen — die Schufte, die durch Machinationen mir das Leben zu vergiften suchen, haben mir den alten Gram entlockt. Ich fühle mich groß genug dazu. Ich lebe jetzt ganz in meiner Jurisprudenz. Wenn Du glaubst, daß ich kein guter Jurist werde, so irrst Du Dich. Du magst immerhin mich als Advokat verwerfen, aber äußere dieses nicht gegen andere Leute, sonst muß ich wahrhaft Hungers sterben. Ich will aus der Wagschale der Themis mein Mittagsbrod essen und nicht mehr aus der knappen Schüssel meines Oheims. Die Vorgänge von vorigem Sommer haben einen düsteren, dämonischen Eindruck auf mich gemacht; ich bin nicht groß genug, um Erniedrigung zu ertragen. Am Ende ist vielleicht auch mehr Schlechtes an mir als Gutes; ob zwar beides in colossalen Massen. Ich liebe dennoch das Gute, und darum auch Dich, guter Moser. Hier ist alles still und in der Hauptsache anders als bei Euch. In Berlin bekümmert man sich mehr um die lebendigen Menschen, hier in Göttingen mehr um die todten. Dort beschäftigt man sich mehr mit der Politik, hier mehr mit der Literatur derselben . . .

(Göttingen, den 25. Februar 1824.)

Ich lebe sehr still. Das Corpus juris ist mein Kopfkissen. Dennoch treibe ich noch manches Andere, z. B. Chronikenlesen und Biertrinken. Die Bibliothek und der Rathskeller ruiniren mich. Auch die Liebe quält mich. Es ist nicht mehr die frühere, die einseitige Liebe zu einer Einzigen. Ich bin nicht mehr

Monotheist in der Liebe, sondern wie ich mich zum Doppelbier
hinneige, so neige ich mich auch zu einer Doppelliebe. Ich
liebe die mediceische Venus, die hier auf der Bibliothek steht,
und die schöne Köchin des Hofrath Bauer.[57]) Ach! und bei beiden
liebe ich unglücklich! . . .

(Göttingen, den 19. März 1824.)

Ich hege den Plan, wenn ich mich in vierzehn Tagen nicht
gar zu schlecht befinde, nach Berlin zu reisen und dort einige
Wochen zu verleben. Wir haben nämlich vier Wochen Ferien.
Das Leben hier macht mich bis zur Entsetzlichkeit melancholisch;
für meine Kopfschmerzen, die mich wieder anhaltend plagen, ist
eine durchrüttelnde Reise heilsam und dann — ich könnte Dir
wohl glauben machen, daß Du es endlich bist, der mich am
meisten nach Berlin zieht, und ich habe es mir auch gestern den
ganzen Tag eingebildet, aber diesen Morgen im Bette frug ich
mich selbst, ob ich wohl nach Göttingen reisen würde, wenn Du
in Göttingen und ich in Berlin wäre? . . . Verlange überhaupt
keine Kraftäußerung von mir, wie Du in Deinem Briefe
verlangst; mag es mit meiner Poesie aus sein oder nicht, und
mögen unsre ästhetischen Leute in Berlin von mir sagen, was
sie wollen — was geht das uns an? Ich weiß nicht, ob man
Recht hat, mich als ein erloschenes Licht zu betrachten, ich weiß
nur, daß ich nichts schreiben will, so lange meine Kopfnerven
mir Schmerzen machen. Ich fühle mehr als je den Gott in
mir und mehr als je die Verachtung gegen den großen Haufen; aber
früh oder spät muß ja die Flamme des Geistes im Menschen
erlöschen; von längerer Dauer — vielleicht von ewiger Dauer —
ist jene Flamme, die als Liebe (die Freundschaft ist ein Funke
derselben) diesen morschen Leib durchströmt. Ja, Moser, wenn
diese Flamme erlöschen sollte, dürftest Du ängstlich werden.
Noch hat's keine Gefahr; ich fühle ihren Brand . . Lebe wohl,
behalte mich lieb und begnüge Dich mit dem, was ich bin und
sein will und grüble nicht darüber, wie ich sein könnte! —

(Göttingen, den 17. Mai 1824.)

Ich bin in zweimal 24 Stunden von Berlin hergereist.
Mittwoch um 6 Uhr hörte ich noch im Wagen den lieben Ton
Deiner Stimme und Sonnabend um 6 Uhr klangen schon in

mein Ohr die ennuyanten Laute Göttinger Philister und
Studenten . . So bin ich nun hier und lebe ganz isolirt und
höre Pandekten, und sitze jetzt auf meiner Kneipe mit der Brust
voll unverstandener Sehnsucht und den Kopf voll von noch
unverstandenerem juristischem Wischiwaschi.

(Göttingen, den 25. Juni 1824).

Ich lebe hier im alten Geleise, das heißt, ich habe acht
Tage in der Woche meine Kopfschmerzen, stehe morgens um $^1/_25$
auf und überlege, was ich zuerst anfangen soll; unterdessen
kommt langsam die neunte Stunde herangeschlichen, wo ich mit
meiner Mappe nach dem göttlichen Meister eile — in der That,
ich bin mit Meister vollkommen zufrieden und werde die Pandekten mit seiner und Gottes Hülfe loskriegen. Außerdem treibe
ich viel Chroniken-Studium und ganz besonders viel historia
judaica. Letztere wegen Berührung mit dem „Rabbi", und vielleicht
auch wegen inneren Bedürfnisses. Ganz eigene Gefühle bewegen
mich, wenn ich jene traurigen Annalen durchblättere; eine Fülle
der Belehrung und des Schmerzes. Der Geist der jüdischen
Geschichte offenbart sich mir immer mehr und mehr, und diese
geistige Rüstung wird mir gewiß in der Folge sehr zu statten
kommen.

An meinem „Rabbi" habe ich erst ein Drittel geschrieben;
meine Schmerzen haben mich auf schlimme Weise darin unterbrochen und Gott weiß, ob ich ihn bald und gut vollende.
Bei dieser Gelegenheit merkte ich auch, daß mir das Talent des
Erzählens ganz fehlt. Vielleicht thue ich mir auch Unrecht und
es ist bloß die Sprödigkeit des Stoffes... Wenige poetische Ausbeute wird dieses Jahr liefern. Ich mache fast gar keine Gedichte; meine Zeit wird von meinen Kopfschmerzen und Studien
in Beschlag genommen. Und Gott weiß, ob ich dies Jahr fertig
werde! Und Gott stehe mir bei, wenn es nicht der Fall ist! —
Der Todesfall Byron's hat mich sehr bewegt. Es war der
einzige Mensch, mit dem ich mich verwandt fühlte, und wir
mögen uns wohl in manchen Dingen geglichen haben. Scherze
nur darüber, soviel Du willst. Ich las ihn selten seit einigen
Jahren; man geht lieber um mit Menschen, deren Charakter
von dem unsrigen verschieden ist. Ich bin aber mit Byron
immer behaglich umgegangen, wie mit einem völlig gleichen

Spießkameraden. Mit Shakespeare kann ich gar nicht behaglich umgehen; ich fühle nur zu gut, daß ich nicht seines Gleichen bin, er ist der allgewaltige Minister und ich bin ein bloßer Hofrath und es ist mir, als ob er mich jeden Augenblick absetzen könnte.

(Göttingen, den 20. Juli 1824.)

Ich treibe mich viel herum in Studenten-Angelegenheiten; bei den meisten Duellen bin ich Secundant oder Zeuge oder Unparteiischer oder wenigstens Zuschauer. Es macht mir Spaß, weil ich nichts Besseres habe. Und im Grunde ist es auch besser als das seichte Gewäsche der jungen und alten Dozenten unserer Georgia Augusta. Ich weiche dem Volke überall aus. Den alten Eichhorn habe ich kennen gelernt. Er hat mich zum Mitarbeiter am „Göttinger Gelehrten-Anzeiger" angeworben; auch habe ich dieser Tage von Bopp einen sehr freundschaftlichen Brief erhalten.[58])

*   *   *

Die Harzreise.

Schwarze Röcke, seidne Strümpfe,
Weiße höfliche Manschetten,
Sanfte Reden, Embrassiren —
Ach, wenn sie nur Herzen hätten!

Herzen in der Brust, und Liebe,
Warme Liebe in dem Herzen —
Ach, mich tödtet ihr Gesinge
Von erlognen Liebesschmerzen.

Auf die Berge will ich steigen,
Wo die frommen Hütten stehen,
Wo die Brust sich frei erschließet
Und die freien Lüfte wehen.

Auf die Berge will ich steigen,
Wo die dunkeln Tannen ragen,
Bäche rauschen, Vögel singen,
Und die stolzen Wolken jagen.

Lebet wohl, ihr glatten Säle!
Glatte Herren! glatte Frauen!
Auf die Berge will ich steigen,
Lachend auf euch niederschauen.

*   *   *

(An Goethe. Weimar, den 1. October 1824.)

Ew. Exzellenz
bitte ich mir das Glück zu gewähren, einige Minuten vor Ihnen zu stehen. Ich will gar nicht beschwerlich fallen, will nur Ihre Hand küssen und wieder fortgehen. Ich heiße H. Heine, bin Rheinländer, verweile seit Kurzem in Göttingen, und lebte vorher einige Jahre in Berlin, wo ich mit mehreren Ihrer alten Bekannten und Verehrer (dem sel. Wolf, Varnhagens 2c.) umging und Sie täglich mehr lieben lernte. Ich bin auch ein Poet und war so frei, Ihnen vor 3 Jahren meine „Gedichte" und vor anderthalb Jahren meine „Tragödien" nebst einem lyrischen Intermezzo (Ratcliff und Almansor) zuzusenden. Außerdem bin ich auch krank, machte deshalb auch vor 3 Wochen eine Gesundheitsreise nach dem Harze, und auf dem Brocken ergriff mich das Verlangen, zur Verehrung Goethes nach Weimar zu pilgern. Im wahren Sinne des Wortes bin ich nun hergepilgert, nämlich zu Fuße und in verwitterten Kleidern, und erwarte die Gewährung meiner Bitte...

In der That, die Uebereinstimmung der Persönlichkeit mit dem Genius, wie man sie bei außerordentlichen Menschen verlangt, fand man ganz bei Goethe. Seine äußere Erscheinung war ebenso bedeutsam wie das Wort, das in seinen Schriften lebte; auch seine Gestalt war harmonisch, klar, freudig, edel gemessen, und man konnte griechische Kunst an ihm studiren, wie an einer Antike. Dieser würdevolle Leib war nie gekrümmt von christlicher Wurmbemuth; die Züge dieses Antlitzes waren nicht verzerrt von christlicher Zerknirschung; diese Augen waren nicht christlich-sünderhaft scheu, nicht andächtelnd und himmelnd, nicht flimmernd bewegt; — nein, seine Augen waren ruhig wie die eines Gottes. Goethes Auge blieb in seinem hohen Alter ebenso göttlich wie in seiner Jugend. Die Zeit hat auch sein Haupt zwar mit Schnee bedecken, aber nicht beugen können. Er trug es ebenfalls immer stolz und hoch, und wenn er sprach, wurde er immer größer, und wenn er die Hand ausstreckte, so war es, als ob er mit dem Finger den Sternen am Himmel den Weg vorschreiben könne, den sie wandeln sollten. Um seinen Mund will man einen kalten Zug von Egoismus bemerkt haben; auch dieser Zug ist den ewigen Göttern eigen, und gar dem Vater der Götter, dem großen Jupiter, mit welchem ich

Goethe schon oben verglichen. Wahrlich, als ich ihn in Weimar besuchte und ihm gegenüberstand, blickte ich unwillkürlich zur Seite, ob ich nicht auch neben ihm den Adler sähe mit den Blitzen im Schnabel. Ich war nahe dran, ihn griechisch anzureden; da ich aber merkte, daß er Deutsch verstand, so erzählte ich ihm auf Deutsch, daß die Pflaumen auf dem Wege zwischen Jena und Weimar sehr gut schmeckten. Ich hatte in so manchen langen Winternächten darüber nachgedacht, wie viel Erhabenes und Tiefsinniges ich dem Goethe sagen würde, wenn ich ihn mal sähe. Und als ich ihn endlich sah, sagte ich ihm, daß die sächsischen Pflaumen sehr gut schmeckten. Und Goethe lächelte. Er lächelte mit denselben Lippen, womit er einst die schöne Leda, die Europa, die Danae, die Semele und so manche andre Prinzessinnen oder auch gewöhnliche Nymphen geküßt hatte. — —

* * *

(An **Moses Moser**. Göttingen, den 25. October 1824.)

Ich habe zu Fuß und meistens allein den ganzen Harz durchwandert. Ueber schöne Berge, durch schöne Wälder und Thäler bin ich gekommen und habe wieder mal frei geathmet. Ueber Eisleben, Halle, Jena, Weimar, Erfurt, Gotha, Eisenach und Kassel bin ich wieder zurückgereist, ebenfalls immer zu Fuß. Ich habe viel Herrliches und Liebes erlebt, und wenn nicht die Jurisprudenz gespenstig mit mir gewandert wäre, so hätte ich wohl die Welt sehr schön gefunden. Auch die Sorgen krochen mir nach...

Es war noch sehr früh, als ich Göttingen verließ und der gelehrte ** lag gewiß noch im Bette und träumte wie gewöhnlich, er wandle in einem schönen Garten, auf dessen Beeten lauter weiße, mit Citaten beschriebene Papierchen wachsen, die im Sonnenlichte lieblich glänzen und von denen er hier und da mehrere pflückt, und mühsam in ein neues Beet verpflanzt, während die Nachtigallen mit ihren süßesten Tönen sein altes Herz erfreuen. Vor dem Weender Thore begegneten mir zwei eingeborne kleine Schulknaben, wovon der eine zum andern sagte: „Mit dem Theodor will ich garnicht mehr umgehen, er ist ein Lumpenkerl, denn gestern wußte er nicht mal, wie der Genitiv von mensa heißt." So unbedeutend diese Worte klingen, so muß ich sie doch wiedererzählen, ja, ich möchte sie als Stadtmotto gleich auf das Thor schreiben lassen; denn die Jungen piepsen wie die Alten pfeifen, und jene Worte bezeichnen ganz den engen, trocknen Notizenstolz der hochgelahrten Georgia Augusta.

(An **Moses Moser**.   Göttingen, den 25. October 1824.)

Ich hätte Dir Vieles von der Harzreise zu erzählen; aber ich habe schon angefangen, sie niederzuschreiben, und werde sie wohl diesen Winter für Gubitz schicken. Es sollen auch Verse drin vorkommen, die Dir gefallen, schöne, edle Gefühle und der gleichen Gemüthskehricht. Was soll man thun? — Wahrhaftig, die Position gegen das abgedroschene Gebräuchliche ist ein undankbares Geschäft! — Ich war in Weimar, es giebt dort auch guten Gänsebraten. Auch war ich in Halle, Jena, Erfurt, Gotha, Eisenach und in Kassel. Große Touren, immer zu Fuß und blos mit meinem schlechten, braunen, abgeschabten Ueberrock. Das Bier in Weimar ist wirklich gut. Mündlich mehr darüber.

(Göttingen, den 30. Oktober 1824.)

Ich habe jetzt meine „Harzreise" schon zur Hälfte geschrieben und will nicht abbrechen. Diese schreibe ich in einem lebendigen, enthusiastischem Stil . . . sie enthält viel Schönes . . besonders eine Sorte Verse wird sehr gefallen, und ist im Grunde ein zusammengewürfeltes Lappenwerk.

* * *

Die „Harzreise" ist und bleibt Fragment und die bunten Fäden, die so hübsch hineingesponnen sind, um sich im Ganzen harmonisch zu verschlingen, werden plötzlich, wie von der Schere der unerbittlichen Parze, abgeschnitten. Vielleicht verwebe ich sie weiter in künftigen Liedern und, was jetzt kärglich verschwiegen ist, wird alsdann vollauf gesagt. Am Ende kommt es auch auf eins heraus, wann und wo man etwas ausgesprochen hat, wenn man es überhaupt einmal ausspricht. Mögen die einzelnen Werke immerhin Fragmente bleiben, wenn sie nur in ihrer Vereinigung ein Ganzes bilden. Durch solche Vereinigung mag hier und da das Mangelhafte ergänzt, das Schroffe ausgeglichen und das Allzuherbe gemildert werden.

Dieses würde vielleicht schon bei den ersten Blättern der „Harz=
reise" der Fall sein, und sie könnte wohl einen minder sauern
Eindruck hervorbringen, wenn man anderweitig erführe, daß der
Unmuth, den ich gegen Göttingen im Allgemeinen hege, ob=
schon er noch größer ist, als ich ihn ausgesprochen, doch˚ lange
nicht so groß ist, wie die Verehrung, die ich für einige Individuen
dort empfinde. Und warum sollte ich es verschweigen, ich
meine hier ganz besonders jenen vieltheuern Mann, der schon
in frühern Zeiten sich so freundlich meiner annahm, mir schon
damals eine innige Liebe für das Studium der Geschichte ein=
flößte, mich späterhin in dem Eifer für dasselbe bestärkte und
dadurch meinen Geist auf ruhigere Bahnen führte, meinem
Lebensmuthe heilsamere Richtungen anwies und mir überhaupt
jene historischen Tröstungen bereitete, ohne welche ich die qual=
vollen Erscheinungen des Tages nimmermehr ertragen würde.
Ich spreche von Georg Sartorius, dem großen Geschichtsforscher
und Menschen, dessen Auge ein klarer Stern ist in unserer
dunklen Zeit, und dessen gastliches Herz offen steht für alle
fremden Leiden und Freuden, für die Besorgnisse des Bettlers
und des Königs und für die letzten Seufzer untergehender Völker
und ihrer Götter . . .[59])

Auf der Reise und auch hier merkte ich, daß meine kleinen
Gedichte sich auf eine sonderbare, heimliche Art verbreiten, „in=
dessen, man wird S i e nicht lieben", sagte der große Satorius.

An den Hofrath Georg Sartorius in Göttingen.

Stolz und gebietend ist des Leibes Haltung,
Doch Sanftmuth sieht man um die Lippen schweben,
Das Auge blitzt, und alle Muskeln beben,
Doch bleibt im Reden ruhige Entfaltung.

So stehst du auf dem Lehrstuhl, von Verwaltung
Der Staaten sprechend, und vom klugen Streben
Der Cabinette, und vom Völkerleben,
Und von Germaniens Spaltung und Gestaltung.

Aus dem Gedächtniß lischt mir nie dein Bild!
In unsrer Zeit der Selbstsucht und der Rohheit
Erquickt ein solches Bild von edler Hoheit.

Doch was du mir, recht väterlich und mild,
Zum Herzen sprachst in stiller, trauter Stunde,
Das trag' ich treu im tiefen Herzensgrunde.

* * *

(An **Moses Moser.** Göttingen, den 25. October 1824.)

Blutwenig habe ich diesen Sommer geschrieben. Ein Paar Bogen an den Memoiren; Verse gar keine. Am „Rabbi" wenig, so daß kaum ein Drittel davon geschrieben ist. Er wird aber sehr groß, wohl ein dicker Band, und mit unsäglicher Liebe trage ich das ganze Werk in der Brust. Ist es ja doch ganz aus der Liebe hervorgehend, nicht aus eitel Ruhmbegier. Im Gegentheil, wenn ich der Stimme der äußeren Klugheit Gehör geben wollte, so würde ich es garnicht schreiben. Ich sehe voraus, wieviel ich dadurch verschütte und Feindseliges hervorrufe. Aber eben auch, weil es aus der Liebe hervorgeht, wird es ein unsterbliches Buch werden, eine ewige Lampe im Dome Gottes, kein verprasselndes Theaterlicht. ... Ich will Dir die Verse mittheilen, die ich gestern Abend machte, als ich über die Weender Straße trotz Regen und Wetter spazieren ging und an Dich dachte und an die Freude, wenn ich Dir mal den „Rabbi" zuschicken kann, und ich dichtete schon die Verse, die ich auf den weißen Umschlag des Exemplars als Vorwort für Dich schreiben würde — und da ich keine Geheimnisse für Dich habe, so will ich Dir schon hier jene Verse mittheilen:

Brich aus in lauten Klagen,
Du düstres Martyrerlied,
Daß ich so lang getragen
Im flammenstillen Gemüth.

Es bringt in alle Ohren
Und durch die Ohren in's Herz;
Ich habe gewaltig beschworen
Den tausendjährigen Schmerz.

Es weinen die Großen und Kleinen,
Sogar die kalten Herrn,
Die Frauen und Blumen weinen,
Es weinen am Himmel die Stern'!

Und alle die Thränen fließen
Nach Süden, im stillen Verein,
Sie fließen und ergießen
Sich all' in den Jordan hinein.

Vielleicht schicke ich Dir heute noch ein Gedicht aus dem „Rabbi", worin ich leider wieder unterbrochen worden. Ich bitte Dich sehr, das Gedicht sowie auch was ich Dir von meinen

Privatverhältnissen sage, niemandem mitzutheilen. Ein junger spanischer Jude, der sich aber aus Luxusübermuth taufen läßt, korrespondirt mit dem jungen Jehuda Abarbanel und schickt ihm jenes Gedicht, aus dem Maurischen übersetzt. Vielleicht scheut er es doch, eine nicht sehr noble Handlung dem Freunde unumwunden zu schreiben, aber er schickt ihm jenes Gedicht. — Denk nicht darüber nach. — — — —

Ich weiß nicht, was ich sagen soll, Cohen versichert mich, Gans predige das Christenthum und suche die Kinder Israel zu bekehren. Thut er dieses aus Ueberzeugung, so ist er ein Narr; thut er es aus Gleißnerei, so ist er ein Lump. Ich werde zwar nicht aufhören, Gans zu lieben; dennoch gestehe ich, weit lieber wär's mir gewesen, wenn ich statt obiger Nachricht erfahren hätte, Gans habe silberne Löffel gestohlen.

Daß Du, lieber Moser, wie Gans denken sollst, kann ich nicht glauben, obschon es Cohen versichert und sogar von Dir selber haben will. — Es wäre mir sehr leid, wenn mein eigenes Getauftsein Dir in einem günstigen Lichte erscheinen könnte. Ich versichere Dich, wenn die Gesetze das Stehlen silberner Löffel erlaubt hätten, so würde ich mich nicht getauft haben. Mündlich mehr hiervon.

* * *

O des heilgen Jugendmuthes!
O, wie schnell bist du gebändigt!
Und du hast dich, kühlern Blutes,
Mit den lieben Herrn verständigt.

Und du bist zu Kreuz gekrochen,
Zu dem Kreuz, das du verachtest,
Das du noch vor wenig Wochen
In den Staub zu treten dachtest!

O, das thut das viele Lesen
Jener Schlegel, Haller, Burke —
Gestern noch ein Held gewesen,
Ist man heute schon ein Schurke.

* * *

(An **Moses Moser.** (Göttingen, den 1. April 1825.)

Meine äußere Lage ist nicht sehr verändert; ich habe den ganzen Winter an der Jurisprudenz gearbeitet, habe manche sehr

gesunde Tage gehabt und, wenn ich in diesem Augenblick nicht
einen so schlimmen Rückfall von Schmerzen hätte, so würde ich
mich jetzt zum juristischen Promoviren melden . . . Mein Oheim
in Hamburg hat mir noch ein halb Jahr zugesetzt, aber Alles,
was er thut, geschieht auf eine unerfreuliche Weise.

(An **Professor Gustav Hugo**.⁶⁰) (Göttingen, den 16. April 1825.)

Obwohl ich in den 6 Jahren, in denen ich meinen Studien
oblag, mich stets zum juridischen Fache hielt, war es doch nie
meine Absicht, die Jurisprudenz zum einstigen Broderwerb zu
wählen; vielmehr suchte ich Geist und Herz für die Humanitäts=
studien wissenschaftlich auszubilden. Nichtsdestoweniger habe
ich mich in dieser Hinsicht keiner sehr günstigen Erfolge zu er=
freuen, da ich manche sehr nützliche hintansetzte und mit zu großer
Vorliebe die Philosophie — die Literatur des Morgenlandes,
die deutsche des Mittelalters, und die belletristische der neueren Zeit
— studirte, in Göttingen aber befleißigte ich mich ausschließlich
der Jurisprudenz. Allein, ein hartnäckiges Kopfleiden, das mich
zwei Jahre lang bis heute gequält, war mir immer ein großes
Hemmniß und trägt die Schuld, daß meine Kenntnisse nicht
meinem Fleiße und Eifer entsprechen.

(An **Moses Moser**. Göttingen, den 22. Juli 1825.)

Deinen Brief vom 5. dieses Monats hätte ich längst be=
antwortet, wenn mich nicht meine Promotion, die — von einem
Tag zum andern sich herumziehend — erst vorgestern stattfand, daran
verhindert hätte . . . Aber ich habe discutirt wie ein Kutschen=
pferd über die vierte und fünfte Thesis — Eid und Confarreatio.
Es ging sehr gut und der Dekan (Hugo) machte mir bei
dieser feierlichen Scene die größten Elogen, indem er seine Be=
wunderung aussprach, daß ein großer Dichter auch ein großer
Jurist sei. Wenn mich letztere Worte nicht mißtrauisch gegen
dieses Lob gemacht hätten, so würde ich mir nicht wenig darauf
einbilden, daß man vom Katheder herab in einer langen lateinischen
Rede mich mit Goethe verglichen und geäußert, daß nach dem
allgemeinen Urtheil meine Verse den Goetheschen an die Seite
zu setzen sind. Und dieses sagte der große Hugo aus der Fülle
seines Herzens, und privatim sagte er noch viel Schönes den=

selben Tag, als wir beide mitsammen spazieren fuhren und ich von ihm auf ein Abendessen gesetzt wurde.

* * *

Zu Göttingen war es, wo ich den Grad als „Doctor der Rechte" nach einem Privat-Examen und einer öffentlichen Disputation erhielt, bei welcher der berühmte Hugo, damals Dekan der juristischen Fakultät, mir auch nicht die kleine scholastische Förmlichkeit erließ. Obgleich dieser letztere Umstand Ihnen sehr geringfügig erscheinen mag, bitte ich Sie doch, davon Notiz zu nehmen, weil man in einem wider mich geschriebenen Buche die Behauptung aufgestellt hat, ich hätte mein akademisches Diplom nur erkauft. Und unter all' den Lügen, die man über mein Privatleben hat drucken lassen, ist diese die einzige, die ich niederschlagen möchte. Da sehen Sie den Gelehrten-Stolz! Man sage von mir, ich sei ein Bastard, ein Henkerssohn, ein Straßenräuber, ein Atheist, ein schlechter Poet — ich lache darüber; aber es zerreißt mir das Herz, meine Doctorwürde bestritten zu sehen! Unter uns gesagt: obwohl ich Doctor der Rechte bin, ist die Jurisprudenz gerade die Wissenschaft, von welcher ich unter allen am wenigsten verstehe.

Ich kann nicht umhin, Ihnen hier eine Anekdote zu erzählen, die noch heutzutage in Göttingen über mich im Umlaufe und zufällig wahr ist. Als ich mich nämlich dort bei dem Justizrath Hugo meldete, um unter seinem Dekanate Doctor juris zu werden, überreichte ich ihm zugleich die 27 Louisd'or der Promotionsgebühr. Der alte Hugo wollte das Geld nicht gleich annehmen und er sagte zu mir: „Wir müssen Sie ja erst prüfen." Hierauf antwortete ich ihm: „Prüfet Alles, das Beste behaltet." — Ich muß gestehen, daß der Alte sich äußerst freundlich gegen mich betrug, und als Dekan bei meiner öffentlichen Disputation zwar nicht meine juristischen Kenntnisse, aber meine versificirenden Talente in einer sehr schönen lateinischen Allocution rühmte.

* * *

(An **Moses Moser**.) Göttingen, den 1. Juli 1825.)

Wenn ich meinem Oheim schreibe, werde ich mir auch Gelder für eine Badereise erbitten, und wird diese Bitte erfüllt, so komme ich früher nach Berlin, als ich dachte. — Daß ich Dir von Goethe nichts geschrieben, und wie ich ihn in Weimar gesprochen, und wie er mir recht viel Freundliches und Herablassendes gesagt, daran hast Du nichts verloren. Er ist nur noch das Gebäude, worin einst Herrliches geblüht, und nur das war's, was mich an ihm interessirte. Er hat ein wehmüthiges Gefühl in mir erregt, und er ist mir lieber geworden, seit ich ihn bemitleide. Im Grunde aber sind ich und Goethe zwei Naturen, die sich in ihrer Heterogenität abstoßen müssen. Er ist von Haus aus ein leichter Lebemensch, dem der Lebensgenuß das Höchste, und der das Leben für und in der Idee wohl zuweilen fühlt und ahnt und in Gedichten ausspricht, aber nie tief begriffen und noch weniger gelebt hat. Ich hingegen bin von Haus aus ein Schwärmer, d. h. bis zur Aufopferung begeistert für die Idee, und immer gedrängt, in dieselbe mich zu zu versenken, dagegen aber habe ich den Lebensgenuß begriffen und Gefallen daran gefunden, und nun ist in mir der große Kampf zwischen meiner klaren Vernünftigkeit, die den Lebensgenuß billigt und alle aufopfernde Begeisterung als etwas Thörichtes ablehnt, und zwischen meiner schwärmerischen Neigung, die oft unversehens aufschießt, und mich gewaltsam ergreift, und mich vielleicht einst wieder in ihr uraltes Reich **hinabzieht**, wenn es nicht besser ist zu sagen: **hinaufzieht**; denn es ist noch die große Frage, ob der Schwärmer, der selbst sein Leben für die Idee hingiebt, nicht in einem Momente mehr und glücklicher lebt, als Herr von Goethe während seines ganzen sechsundsiebzigjährigen egoistisch behaglichen Lebens.

Doch ein andermal mehr hiervon; heut ist mir der Kopf ganz matt von unsäglichen Abmühungen. Wirst auch jenes Thema im „Rabbi" wiederfinden.

(Göttingen, den 22. Juli 1825.)

Ich werde wohl jetzt nicht lange mehr hier bleiben. In einem Briefe an meinen Onkel habe ich meinen Wunsch, nach einem Seebade zu reisen, durchschimmern lassen, und ich erwarte von seiner Sagacité und Gnade, daß dieser Wunsch in Erfüllung gehen wird.

Drittes Buch.

Wanderjahre.

(1825—1831.)

Erstes Capitel.

Das Meer.

(An **Ferdinand Oesterley**. Insel Norderney, 14. August 1825.)

Ueber Hals und über Kopf reiste ich ab, um hierher zeitig ins Seebad zu gelangen. Ende September werde ich in Lüneburg sein; vier Wochen bleib' ich hier und mache unterdessen oder nachher einen Abstecher nach Holland. In Emden habe ich schon den Vorgeschmack des holländischen Wesens genossen; ich wollte mich todtlachen, als ich die erste hübsche Holländerin küßte und sie phlegmatisch still hielt und nichts sagte als ein immerwährendes myn heer!

Ob ich meinen Plan ausführe und zur Bibliothekbenutzung nach Göttingen zurückkehre, das wissen die Götter. Ich soll ja hier an gar nichts denken und bloß des Morgens den Kopf in die schäumenden Wogen der Nordsee sorglos hineinstecken. — Hab' schon zehnmal gebadet und befinde mich wohl. Lebe wohl und behalte mich lieb.[61])

* * *

Ich gehe hier oft am Strande spazieren und gedenke seemännischer Wundersagen. Die anziehendste derselben ist wohl die Geschichte vom fliegenden Holländer, den man im Sturm mit aufgespannten Segeln vorbeifahren sieht, und der zuweilen ein Boot aussetzt, um den begegnenden Schiffen allerlei Briefe mitzugeben, die man nachher nicht zu besorgen weiß, da sie an längst verstorbene Personen adressirt sind. Manchmal gedenke ich auch des alten, lieben Märchens von dem Fischerknaben, der am Strande den nächtlichen Reigen der Meernixen belauscht hatte, und nachher mit seiner Geige die ganze Welt durchzog und alle Menschen zauberhaft entzückte, wenn er ihnen die Melodie des Nixenwalzers vorspielte. Die Sage erzählte mir einst ein lieber Freund, als wir im Conzerte zu Berlin solch einen wundermächtigen Knaben, den Felix Mendelssohn-Bartholdy, spielen hörten.

Einen eigenthümlichen Reiz gewährt das Kreuzen um die Insel. Das Wetter muß aber schön sein, die Wolken müssen sich ungewöhnlich gestalten, und man muß rücklings auf dem Verdecke liegen und in den Himmel sehen und allenfalls auch ein Stückchen Himmel im Herzen haben. Die Wellen murmeln alsdann allerlei wunderliches Zeug, allerlei Worte, woran liebe Erinnerungen flattern, allerlei Namen, die wie süße Ahnung in der Seele wiederklingen — „Evelina!" Dann kommen auch Schiffe vorbeigefahren, und man grüßt, als ob man sich alle Tage wiedersehen könnte. Nur des Nachts hat das Begegnen fremder Schiffe auf dem Meere etwas Unheimliches; man will sich dann einbilden, die besten Freunde, die wir seit Jahren nicht gesehen, führen schweigend vorbei, und man verlöre sie auf immer.

Ich liebe das Meer wie meine Seele.

Oft wird mir sogar zu Muthe, als sei das Meer eigentlich meine Seele selbst; und wie es im Meere verborgene Wasserpflanzen giebt, die nur im Augenblick des Aufblühens an dessen Oberfläche heraufschwimmen, und im Augenblick des Verblühens wieder hinabtauchen, so kommen zuweilen auch wunderbare Blumenbilder heraufgeschwommen aus der Tiefe meiner Seele, und duften und leuchten und verschwinden wieder — „Evelina!"

Man sagt, unfern dieser Insel, wo jetzt nichts als Wasser ist, hätten einst die schönsten Dörfer und Städte gestanden, das Meer habe sie plötzlich alle überschwemmt, und bei klarem Wetter sähen die Schiffer noch die leuchtenden Spitzen der versunkenen Kirchthürme, und mancher habe dort, in der Sonntagsfrühe, sogar ein frommes Glockengeläute gehört. Die Geschichte ist wahr denn das Meer ist meine Seele —

> „Eine schöne Welt ist da versunken,
> Ihre Trümmer blieben unten stehn,
> Lassen sich als goldne Himmelsfunken
> Oft im Spiegel meiner Träume sehn."
>
> (W. Müller.)

Erwachend höre ich dann ein verhallendes Glockengeläute und Gesang heiliger Stimmen — „Evelina!"

Geht man am Strande spazieren, so gewähren die vorbeifahrenden Schiffe einen schönen Anblick. Haben sie die blendend weißen Segel aufgespannt, so sehen sie aus wie vorbeiziehende große Schwäne. Gar besonders schön ist dieser Anblick, wenn die Sonne hinter dem vorbeisegelnden Schiffe untergeht, und dieses wie von einer riesigen Glorie umstrahlt wird.

Die Jagd am Strande soll ebenfalls ein großes Vergnügen gewähren. Was mich betrifft, so weiß ich es nicht sonderlich zu schätzen. Der Sinn für das Edle, Schöne und Gute läßt sich oft durch Erziehung den Menschen beibringen, aber der Sinn für die Jagd liegt im Blute. Wenn die Ahnen schon seit undenklichen Zeiten Rehböcke geschossen haben, so findet auch der Enkel ein Vergnügen an dieser legitimen Beschäftigung. Meine Ahnen gehörten aber nicht zu den Jagenden, viel eher zu den Gejagten, und soll ich auf die Nachkömmlinge ihrer ehemaligen Collegen losbrücken, so empört sich dawider mein Blut. Ja, aus Erfahrung weiß ich, daß nach abgesteckter Mensur es mir weit leichter wird, auf einen Jäger loszudrücken, der die Zeiten zurückwünscht, wo auch Menschen zur hohen Jagd gehörten. Gottlob, diese Zeiten sind vorüber! Gelüstet es jetzt solche Jäger, wieder einen Menschen zu jagen, so müssen sie ihn dafür bezahlen, wie z. B. den Schnellläufer, den ich vor zwei Jahren in Göttingen sah. Der arme Mensch hatte sich schon in der schwülen Sonntagshitze ziemlich müde gelaufen, als einige hannövrische Junker, die dort Humaniora studirten, ihm ein paar Thaler boten, wenn er den zurückgelegten Weg nochmals laufen wolle; und der Mensch lief, und er war todtblaß und trug eine rothe Jacke, und dicht hinter ihm im wirbelnden Staube galoppirten die wohlgenährten, edlen Jünglinge auf hohen Rossen, deren Hufen zuweilen den gehetzten keuchenden Menschen trafen, und es war ein Mensch.

Des Versuchs halber, denn ich muß mein Blut besser gewöhnen, ging ich gestern auf die Jagd. Ich schoß nach einigen Möwen, die gar zu sicher umherflatterten, und doch nicht bestimmt wissen konnten, daß ich schlecht schieße. Ich wollte sie nicht treffen und sie nur warnen, sich ein andermal vor Leuten mit Flinten in acht zu nehmen; aber mein Schuß ging fehl, und ich hatte das Unglück, eine junge Möwe todt zu schießen. Es ist gut, daß es keine alte war; denn was wäre dann aus den armen, kleinen Möwchen geworden, die, noch unbefiedert, im Sandneste der großen Düne liegen, und ohne die Mutter verhungern müßten. Mir ahndete schon vorher, daß mich auf der Jagd ein Mißgeschick treffen würde; ein Hase war mir über den Weg gelaufen.

Gar besonders wunderbar wird mir zu Muthe, wenn ich allein in der Dämmerung am Strande wandle, — hinter mir flache Dünen, vor mir das wogende, unermeßliche Meer, über mir der Himmel wie eine riesige Kryftallkuppel — ich erscheine mir dann selbst sehr ameisenklein, und dennoch dehnt sich meine Seele so meilenweit. Die hohe Einfachheit der Natur, wie sie mich hier umgiebt, zähmt und erhebt mich zu gleicher Zeit, und zwar in stärkerem Grade als jemals eine andere erhabene Umgebung. Nie war mir ein Dom groß genug; meine Seele mit ihrem alten Titanengebet strebte immer höher als die gothischen Pfeiler und wollte immer hinausbrechen durch das Dach. Auf der Spitze der Roßtrappe haben mir, beim ersten Anblick, die kolossalen Felsen in ihren kühnen Gruppirungen ziemlich imponirt; aber dieser Eindruck dauerte nicht lange, meine Seele war nur überrascht, nicht überwältigt und jene ungeheuren Steinmassen wurden in meinen Augen allmählich kleiner, und am Ende erschienen sie mir nur wie geringe Trümmer eines zerschlagenen Riesenpalastes, worin sich meine Seele vielleicht comfortabel befunden hätte...

(An **Christian Sethe**. Norderney, 1. September 1825.)

O Christian, ich bin heute in einer sehr weichen Stimmung und möchte von alten Dingen sprechen, von alter Wehmuth und neuer Thorheit, von bitterer Eselei und Süßigkeit des Schmerzes. Ich bin noch immer der alte Narr, der, wenn er kaum mit der Außenwelt Friede gemacht, gleich wieder von inneren Kriegen geplagt wird. — Es ist ein mißmüthiges Wetter, ich höre nichts als das Brausen der See. — O läg' ich doch begraben unter den weißen Dünen! — Ich bin in meinen Wünschen sehr mäßig geworden. Einst wünschte ich begraben zu sein unter einer Palme des Jordans — — — Das vermaledeit viele Abschiednehmen stimmt mich so weich, ganz in Moll. Ich habe hier wunderschöne Tage gelebt, meine Privateitelkeit wurde von holden Pfötchen allerliebst gestreichelt, ich kam fast auf den Gedanken, der Dr. Heine sei wirklich liebenswürdig, und ich schwelgte im Anschauen der schönen Dame, in deren Nähe Du mich wiedersahst. Sie protegirte mich zuletzt gar sehr — und jetzt ist sie abgereist.⁶²) Auch der Abschied von der Fürstin Solms ist mir sauer geworden, wir waren so viel zusammen und wußten uns so hübsch zu necken. Sie lobte mich viel, und Du weißt, Christian, das verfehlt nie seinen Eindruck...

* * *

Abenddämmerung.

Am blassen Meeresstrande
Saß ich gedankenbekümmert und einsam.
Die Sonne neigte sich tiefer, und warf
Glührothe Streifen auf das Wasser,
Und die weißen, weiten Wellen
Von der Fluth gedrängt,
Schäumten und rauschten näher und näher —
Ein seltsam Geräusch, ein Flüstern und Pfeifen,
Ein Lachen und Murmeln, Seufzen und Sausen,
Dazwischen ein wiegenliedheimliches Singen
Mir war, als hört' ich verschollne Sagen, —
Uralte, liebliche Märchen,
Die ich einst als Knabe
Von Nachbarskindern vernahm,
Wenn wir am Sommerabend
Auf den Treppensteinen der Hausthür
Zum stillen Erzählen niederkauerten
Mit kleinen, horchenden Herzen
Und neugierklugen Augen;
Während die großen Mädchen
Neben duftenden Blumentöpfen
Gegenüber am Fenster saßen,
Rosengesichter,
Lächelnd und mondbeglänzt.

Poseidon.

Die Sonnenlichter spielten
Ueber das weithinrollende Meer,
Fern auf der Rhede glänzte das Schiff,
Das mich zur Heimath tragen sollte;
Aber es fehlte an gutem Fahrwind,

Und ich saß noch ruhig auf weißer Düne
Am einsamen Strand.
Und ich las das Lied vom Odysseus,
Das alte, das ewig junge Lied,
Aus dessen meerdurchrauschten Blättern
Mir freudig entgegenstieg
Der Athem der Götter,
Und der leuchtende Menschenfrühling,
Und der blühende Himmel von Hellas.

Mein edles Herz begleitete treulich
Den Sohn des Laertes, in Irrfahrt und Drangsal,
Setzt sich mit ihm, seelenbekümmert,
An gastliche Herde,
Wo Königinnen Purpur spinnen,
Und half ihm lügen und glücklich entrinnen
Aus Riesenhöhlen und Nymphenarmen,
Folgte ihm nach in kimmerische Nacht,
Und in Sturm und Schiffbruch,
Und duldete mit ihm unsägliches Elend.

Seufzend sprach ich: Du böser Poseidon,
Dein Zorn ist furchtbar,
Und mir selber bangt
Ob der eignen Heimkehr.

Kaum sprach ich die Worte,
Da schäumte das Meer,
Und aus den weißen Quellen stieg
Das schilfbegränzte Haupt des Meergotts,
Und höhnisch rief er:
„Fürchte dich nicht, Poetlein!
Ich will nicht im geringsten gefährden
Dein armes Schiffchen,
Und nicht dein liebes Leben beängst'gen
Mit allzu bedenklichem Schaukeln.
Denn du, Poetlein, hast nie mich erzürnt,
Du hast mir kein einziges Thürmchen verletzt
An Priamos' heiliger Feste,
Kein einziges Härchen hast du versengt
Am Aug' meines Sohns Polyphemos,
Und dich hat niemals rathend beschützt
Die Göttin der Klugheit, Pallas Athene."

Also rief Poseidon
Und tauchte zurück ins Meer;
Und über den groben Seemannswitz
Lachten unter dem Wasser
Amphitrite, das plumpe Fischweib
Und die dummen Töchter des Nereus.

Seegespenst.

Ich aber lag am Rande des Schiffes,
Und schaute, träumenden Auges,
Hinab in das spiegelklare Wasser,
Und schaute tiefer und tiefer —
Bis tief im Meeresgrunde,
Anfangs wie dämmernde Nebel,
Jedoch allmählich farbenbestimmter,
Kirchenkuppel und Thürme sich zeigten,
Und endlich, sonnenklar, eine ganze Stadt,
Alterthümlich niederländisch,
Und menschenbelebt.
Bedächtige Männer, schwarzbemäntelt,
Mit weißen Halskrausen und Ehrenketten,
Und langen Degen und langen Gesichtern,
Schreiten über den wimmelnden Marktplatz
Nach dem treppenhohen Rathhaus,
Wo steinerne Kaiserbilder
Wacht halten mit Scepter und Schwert.
Unferne, vor langen Häuserreihn,
Wo spiegelblanke Fenster
Und pyramidisch beschnittene Linden,
Wandeln seidenrauschende Jungfern,
Schlanke Leibchen, die Blumengesichter
Sittsam umschlossen von schwarzen Mützchen
Und hervorquellendem Goldhaar.
Bunte Gesellen, in spanischer Tracht,
Stolziren vorüber und nicken.
Bejahrte Frauen,
In braunen, verschollnen Gewändern,
Gesangbuch und Rosenkranz in der Hand,
Eilen, trippelnden Schritts,
Nach dem großen Dome,
Getrieben von Glockengeläute
Und rauschendem Orgelton.

Mich selbst ergreift des fernen Klangs
Geheimnißvoller Schauer!
Unendliches Sehnen, tiefe Wehmuth
Beschleicht mein Herz,
Mein kaum geheiltes Herz; —
Mir ist, als würden seine Wunden
Von lieben Lippen aufgeküßt,
Und thäten wieder bluten, —
Heiße, rothe Tropfen,
Die lang und langsam niederfalln
Auf ein altes Haus dort unten
In der tiefen Meerstadt,
Auf ein altes hochgegiebeltes Haus,

Das melancholisch menschenleer ist
Nur daß am untern Fenster
Ein Mädchen sitzt,
Den Kopf auf den Arm gestützt,
Wie ein armes, vergessenes Kind —
Und ich kenne dich, armes, vergessenes Kind

   So tief, meertief also
Verstecktest du dich vor mir
Aus kindischer Laune,
Und konntest nicht mehr herauf,
Und saßest fremd unter fremden Leuten,
Jahrhunderte lang,
Derweilen ich, die Seele voll Gram,
Auf der ganzen Erde dich suchte,
Und immer dich suchte,
Du Immergeliebte,
Du Längstverlorene,
Du Endlichgefundene —
Ich hab' dich gefunden und schaue wieder
Dein süßes Gesicht,
Die klugen, treuen Augen,
Das liebe Lächeln —
Und nimmer will ich dich wieder verlassen,
Und ich komme hinab zu dir.
Und mit ausgebreiteten Armen
Stürz' ich hinab an dein Herz —

   Aber zur rechten Zeit noch
Ergriff mich beim Fuß der Kapitän,
Und zog mich vom Schiffsrand,
Und rief, ärgerlich lachend:
„Doktor, sind Sie des Teufels?"

Zweites Kapitel.

Die Reisebilder.

(An **Moses Moser**.   Lüneburg, October 1825.)

Sobald ich in Hamburg oder Berlin zur Ruhe komme, will ich den „Rabbi" fortsetzen. Meine letzte Reise will ich beschreiben. Meine Gedichte wachsen an und ich werde wohl Ostern ein Bändchen wieder herausgeben können. . . Auch ist mir

der Kopf voller Sorgen und ich sehe mich schon vor den
Thoren Hamburgs...

(An **Friederike Robert.** Lüneburg, den 12. Oktober 1825.)

Mit Vergnügen habe ich vernommen, schöne Frau, daß Sie
meinen Oheim, Salomon Heine, kennen gelernt. Wie hat er
Ihnen gefallen? Sagen Sie, sagen Sie! Er ist ein bedeutender
Mensch, der bei großen Gebrechen auch die größten Vorzüge hat.
Wir leben zwar in beständigen Differenzen, aber ich liebe ihn
außerordentlich, fast mehr als mich selbst. Wir haben auch in
Wesen und Charakter viel Aehnlichkeit: dieselbe störrige Keckheit,
bodenlose Gemüthsweichheit und unberechenbare Verrücktheit —
nur, daß Fortuna ihn zum Millionär und mich zum Gegentheil
d. h. zum Dichter gemacht und uns dadurch äußerlich in Ge=
sinnung und Lebensweise höchst verschieden ausgebildet hat. Ich
bitte, sagen Sie mir, wie er Ihnen gefällt? Ich werde diesen
Onkel nächste Woche wiedersehen, indem ich nach Hamburg gehe,
um mich dort als Advokat zu etabliren.

(An **Christian Sethe.** Lüneburg, den 12. November 1825.)

Ich will Dir (von Hamburg) aus ordentlich schreiben. Viel=
leicht kann ich Dir die Nachricht mittheilen, daß ich mich dort
als Advokat niederlasse, heirathe, viel schreibe u. s. w.

(An **Moses Moser.** Verdammtes Hamburg! den 14. December 1825.)

Du begehst großes Unrecht an mir! Ich will ja keine
großen Briefe, nur wenige Zeilen genügen mir! Und auch diese
erhalte ich nicht und nie war ich derselben mehr bedürftig, als
eben jetzt, wo wieder der Bürgerkrieg in meiner Brust ausge=
brochen ist, alle Gefühle sich empören — für mich, wider mich,
wider die ganze Welt. . Da sitze ich nun auf der ABCstraße,
müde vom zwecklosen Herumlaufen, Fühlen und Denken, und
draußen Nacht und neblig und höllischer Spektakel, und Groß
und Klein läuft herum nach den Buden, um Weihnachtsgeschenke
einzukaufen . . Auch Du, lieber Moser, sollst Dich über meine
Knickrigkeit nicht beklagen können und, da ich just nicht bei
Kasse bin, und Dir auch kein ordinäres Spielzeug kaufen will,
so will ich Dir etwas ganz Apartes zu Weihnachten schenken,
nämlich, das Versprechen: daß ich mich vor der Hand noch nicht

todtschießen will. Wenn Du wüßtest, was jetzt in mir vorgeht, so würdest Du einsehen, daß dieses Versprechen wirklich ein großes Geschenk ist, und Du würdest nicht lachen, wie Du es jetzt thust, sondern Du würdest so ernsthaft aussehen, wie ich in diesem Augenblick aussehe.

Vor Kurzem habe ich den „Werther" gelesen. Das ist ein wahres Glück für mich...

Was mein äußeres Leben betrifft, so ist es nicht der Mühe werth, daß ich davon spreche. Du siehst Cohen ja dieser Tage und er kann Dir erzählen, wie ich nach Hamburg gekommen, dort Advokat werden wollte und es nicht wurde. Wahrscheinlich kann Cohen Dir die Ursache nicht angeben, ich aber auch nicht. Hab' ganz andere Dinge im Kopfe, oder besser gesagt, im Herzen, und will mich nicht damit plagen, zu meinen Handlungen die Gründe aufzufinden. Ich will bis Frühjahr hier bleiben, beschäftigt mit mir selbst und, wie ich glaube, auch mit Vorarbeiten zu den Vorlesungen, die ich an der Berliner Universität halten will.

―――

Von den sieben Jahren, die ich auf deutschen Universitäten zubrachte, vergeudete ich drei schöne, blühende Lebensjahre durch das Studium der römischen Casuistik, der Jurisprudenz, dieser illiberalsten Wissenschaft... Ich brachte jenes gottverfluchte Studium zu Ende, aber ich konnte mich niemals entschließen, von solcher Errungenschaft Gebrauch zu machen, und vielleicht auch, weil ich fühlte, daß andere mich in der Advocasserie und Rabulisterei leicht überflügeln würden, hing ich meinen juristischen Doktorhut an den Nagel. Meine Mutter machte eine noch ernstere Miene als gewöhnlich. Aber ich war ein sehr erwachsener Mensch geworden, der in dem Alter stand, wo er der mütterlichen Obhut entbehren muß. Die gute Frau war ebenfalls älter geworden und, indem sie nach so manchem Fiasko die Oberleitung meines Lebens aufgegeben, bereute sie, wie wir oben gesehen, daß sie mich nicht dem geistlichen Stande gewidmet.

* * *

Sie liebten sich beide, doch keiner
Wollt' es dem andern gestehn;
Sie sahen sich an so feindlich,
Und wollten vor Liebe vergehn.

Sie trennten sich endlich und sahn sich
Nur noch zuweilen im Traum;
Sie waren längst gestorben,
Und wußten es selber kaum.

Ich unglückfel'ger Atlas! eine Welt,
Die ganze Welt der Schmerzen, muß ich tragen,
Ich trage Unerträgliches, und brechen
Will mir das Herz im Leibe.

Du stolzes Herz, du hast es ja gewollt!
Du wolltest glücklich sein, unendlich glücklich,
Oder unendlich elend, stolzes Herz,
Und jetzo bist du elend.

Zum Polterabend.

1.

Mit deinen großen, allwissenden Augen
Schaust du mich an, und du hast Recht:
Wie konnten wir zusammen taugen,
Da du so gut, und ich so schlecht!

Ich bin so schlecht und bitterblütig,
Und Spottgeschenke bring' ich dar
Dem Mädchen, das so lieb und gütig,
Und ach! sogar aufrichtig war.

2.

O, du kanntest Koch und Küche,
Loch und Schliche, Thür und Thor!
Wo wir nur zusammen strebten,
Kamst du immer mir zuvor.

Jetzt heirathest du mein Mädchen,
Theurer Freund, Das wird zu toll —
Toller ist es nur, daß ich dir
Dazu gratuliren soll!

3.

„O, die Liebe macht uns selig,
O, die Liebe macht uns reich!"
Also singt man tausendkehlig
In dem heil'gen röm'schen Reich.

Du, du fühlst den Sinn der Lieder,
Und sie klingen, theurer Freund,
Jubelnd dir im Herzen wieder,
Bis der große Tag erscheint:

Wo die Braut, mit rothen Bäckchen,
Ihre Hand in deine legt,
Und der Vater, mit den Säckchen,
Dir den Segen überträgt.

Säckchen voll mit Geld, unzählig,
Linnen, Betten, Silberzeug —
O, die Liebe macht uns selig,
O, die Liebe macht uns reich!

* * *

(An **Moses Moser**.)

Ich habe Lust, nächste Ostern unter dem Titel „Wander=
buch, erster Theil" folgende Piecen drucken zu lassen:
 1) Ein neues „Intermezzo", etwa 80 kleine Gedichte, meist
Reisebilder und wovon Du schon 33 kennst;
 2) Die „Harzreise", die Du dieser Tage im „Gesellschafter"
schon sehen wirst, aber nicht vollständig;
 3) Das Dir bekannte Memoire über Polen, völlig um=
gearbeitet und bevorwortet;
 4) Die „Seebilder", wovon Du einen Theil beikommend er=
hältst. . . Tieck und Robert haben die Form dieser Gedichte,
wenn nicht geschaffen, doch wenigstens bekannter gemacht; aber
der Inhalt gehört zu dem Eigenthümlichsten was ich geschrieben
habe. Du siehst, jeden Sommer entpuppe ich mich, und ein
neuer Schmetterling flattert hervor. Ich bin also doch nicht
auf eine bloß lyrisch=maliziöse, zweistrophige Manier beschränkt. —
Den zweiten und dritten Theil des „Wanderbuchs" bilden, will's
Gott, eine neue Sorte Reisebilder, Briefe über Hamburg und der
„Rabbi", der leider jetzt wieder liegt.

(An **Karl Simrock**.[63]) Hamburg, den 30. Dezember 1825.)

Die gute Aufnahme meiner ersten Productionen hat mich nicht
— wie es leider zu geschehen pflegt — in den süßen Glauben
hineingewiegt, ich sei nun ein für alle Male ein Genie, das
nichts zu thun braucht, als die liebe, klare Poesie geruhig aus
sich herausfließen und von aller Welt bewundern zu lassen.
Keiner fühlt mehr als ich, wie mühsam ist es, etwas Literarisches
zu geben, das noch nicht da war, und wie ungenügend es jedem
tieferen Geiste sein muß, bloß zum Gefallen des müßigen Haufens zu

schreiben... Ueber die ersten Ergüsse der lieben Flegeljahre und der Flegeljahrenliebe sind wir Beide schon hinaus und wenn wir dennoch manchmal das Lyrische hervortreten lassen, so ist es doch ganz und gar durchdrungen von einem geistigeren Elemente, von der Jronie, die bei Dir noch goethisch freundlich gaukelt, bei mir hingegen schon ins Düster=bittere überschnappt.

(An Moses Moser. Hamburg, den 9. Januar 1826.)

Ich lebe ganz isolirt, lese den Livius, revidire meine alten Ideen, ergrüble einige neue Ideen und schreibe unbedeutendes, schlechtes Zeug. Ueber meine äußeren Angelegenheiten kann ich und will ich heute wenig sprechen; soviel kann ich Dir vertrauen: es steht mit mir besser, als ich selber weiß. Wer mich am meisten quält, das bin ich immer selbst. — Im Grunde bin ich jetzt auch innerlich so sehr bewegt, daß ich an nichts Aeußeres denken kann... Mein einziger Umgang hier ist im Hause meiner Schwester, meines Oheims, des Syndikus Sieveking, und des Candidaten Wohlwill. Mein Oheim zeigt sich mir sehr gnädig, sehr gnädig..., welches um so verdienstlicher ist, da letzterer mit lauter Menschen umgeben ist, die mir feindselig sind. Ich bin jetzt bei Christ und Jude verhaßt. Ich bereue sehr, daß ich mich getauft hab'; ich sehe gar nicht ein, daß es mir seitdem besser gegangen sei; im Gegentheil, ich habe seitdem nichts als Unglück. — Ist es nicht närrisch? Kaum bin ich getauft, so werde ich als Jude verschrien. Aber ich sage Dir, nichts als Widerwärtigkeiten seitdem. — Doch still hiervon; Du bist zu sehr aufgeklärt, um nicht hierüber zu lächeln.

(Hamburg, den 24. Februar 1826.)

Ich sehe, Du hast den Marquis Posa abgelegt und möchtest nun gern den Antonio präsentiren. Glaube mir, ich bin weder Tasso noch — verrückt... Es liegt mir nichts daran, wie man von mir denkt, man kann auch sprechen von mir, was man will; ganz anders ist es aber, wenn man dieses Gedachte oder Gesprochene mir selbst, persönlich selbst, insinuirt. Das ist meine persönliche Ehre.[64])

Ich hab' mich auf der Universität zweimal geschlagen, weil man mich schief ansah und einmal geschossen, weil man mir ein unziemlich Wort sagte. Das sind Angriffe auf die Persönlichkeit, ohne deren Integrität ich selbst jetzt nicht existiren möchte. Da soll nun Cohen im Hause meines Oheim's geäußert haben, ich sei ein Spieler, lebe müßig, müsse in schlechten Händen sein, ich hätte keinen Character, kurz, dergleichen mehr, sei es, um sich wichtig zu machen, oder aus Plumpheit, die auf solche Weise zu nützen glaubte... Ja, ich bin rasend — meine persönliche Ehre aufs tiefste gekränkt; was mich aber am meisten kränkt, das ist, daß ich selbst daran Schuld bin, durch ein zu offenes und kindisches Hingeben an Freunde, oder Freunde der Freunde...

(Hamburg, den 23. April 1826.)

Das war eine gute Zeit, als der „Ratcliff" und „Almansor" bei Dümmler erschienen und Du, lieber Moser, die schönen Stellen daraus bewundertest und Dich in den Mantel hülltest und pathetisch sprachest, wie der Marquis Posa. Es war damals Winter — und doch ist es mir, als ob es damals wärmer gewesen sei als heute, den 23. April, heute, wo die Hamburger schon mit Frühlingsgefühlen herumlaufen, mit Veilchensträußern u. s. w. u. s. w. Es ist damals viel wärmer gewesen. — Ich erinnere mich, der Psalm: „Wir saßen an den Flüssen Babels" war damals Deine Force, und Du recitirtest ihn so schön, so herrlich, so rührend, daß ich jetzt noch weinen möchte und nicht blos über den Psalm. Du hattest damals auch einige sehr gute Gedanken über Judenthum, christliche Niederträchtigkeit der Proselytenmacherei, Niederträchtigkeit der Juden, die durch die Taufe nicht blos die Absicht haben, Schwierigkeiten fortzuräumen, sondern durch die Taufe etwas erlangen, etwas erschachern wollen, und dergleichen gute Gedanken mehr, die Du gelegentlich einmal aufschreiben solltest. Du bist ja selbstständig genug, als daß Du es wegen Gans nicht wagen dürftest; und was mich anbetrifft, so brauchst Du Dich wegen wegen meiner gar nicht zu geniren. Wie Solon sagte, daß man niemanden vor seinem Tode glücklich nennen könne, so kann man auch sagen, daß niemand vor seinem Tode ein braver Mann genannt werden sollte... Verzeih mir den Unmuth; er ist zumeist gegen mich selbst gerichtet. Ich stehe oft auf des Nachts und stelle mich vor den Spiegel und schimpfe mich aus. Vielleicht seh' ich des Freundes Seele jetzt für einen solchen Spiegel an; aber es kommt mir vor, als sei er nicht mehr so klar wie sonst.

Die Lage.

(An **Varnhagen von Ense.** Hamburg, den 14. Mai 1826.)

Und nun, nachdem ich es so lange aufgeschoben, muß ich Ihnen plötzlich und ganz in der Hast schreiben. Doch dieses ist auch gar kein Brief, sondern blos eine Bitte, das beifolgende Buch unserer lieben, guten, edlen Friederike in meinem Namen zu überreichen und ihr recht viel Schönes dabei zu sagen. Der eigentliche Brief, den ich Ihnen zu schreiben habe, soll nächstens folgen, und ich will Ihnen darin recht breit erzählen, wie es mir ergeht, wie ich lebe, was ich schreibe und was ich nicht schreibe. Nur soviel vor der Hand: mit meiner Gesundheit bessert es sich immer mehr, und die Luft hier ist mir besonders wohlthätig.

Meine äußeren Verhältnisse sind noch immer dieselben, es hat mir noch immer nicht gelingen wollen, mich irgendwo einzunisteln, und dieses Talent, welches Insekten und einige hiesige Doctores juris im hohen Grade besitzen, fehlt mir ganz und gar. Meinen Plan, hier zu advociren, habe ich deshalb aufgeben müssen — aber glauben Sie nur nicht, daß ich sobald von hier weggehe; es gefällt mir hier ganz ausnehmend gut; es ist hier der classische Boden meiner Liebe; Alles sieht mich an wie verzaubert, viel eingeschlafenes Leben erwacht in meiner Brust, es frühlingt wieder in meinem Herzen und wenn die alte Kopfkrankheit mich ganz verläßt, so dürfen Sie noch recht viel gute Bücher von mir erwarten. — Wenn auch meine äußere Lage peinlich ist, so schützt mich doch der Ruhm vor aller Antastung. Leider, und ich gestehe es mir selber, wird dieser Ruhm durch das Erscheinen des ersten Bandes der „Reisebilder" nicht sonderlich gefördert werden. Aber, was soll ich thun? Ich mußte etwas herausgeben und da dachte ich, wenn das Buch auch kein allgemeines Interesse anspricht und auch kein großes Werk ist, so ist doch alles, was drin ist, auf keinen Fall schlecht zu nennen ... Ich habe mir viele hülfreiche Freunde verschlagen, theils mit, theils ohne Schuld, und habe dafür an Widersachern reichlich gewonnen... Ich bin in dieser Hinsicht besorgt, nicht sowohl wegen der miserablen Wirthschaft in unserer Literatur, wo man von dem Unbedeutenden so leicht in öffentlichem Urtheil überflügelt wird, sondern auch, weil ich im zweiten Bande der „Reisebilder" über solche Misere rücksichtslos sprechen werde, die Geißel etwas schwinge und es mit den öffentlichen Anführern auf immer verderben werde. So etwas

thut Noth; wenige haben den Muth, alles zu sagen; ich habe
keine zurückgehaltenen Aeußerungen mehr zu fürchten, und Sie
sollen Ihr liebes Wunder sehen . . .

Eine andere, größere Noth war der beängstigende Gedanke,
daß das Buch im Grunde zu schlecht sei, um der geistreichsten
Frau des Universums dedicirt zu werden. Doch mich tröstete
der Gedanke, daß Frau von Varnhagen nicht an mir irre wird,
ich mag schreiben, was ich will, Gutes oder Schlechtes. Bei
Ihnen, Varnhagen, ist es etwas anders; Ihnen ist es nicht
hinreichend, daß ich zeige, wieviel Töne ich auf meiner Leier
habe, sondern Sie wollen auch die Verbindung aller dieser Töne
zu einem großen Concert — und das soll der „Faust" werden,
den ich für Sie schreibe. Denn wer hätte größeres Recht an
meinen poetischen Erzeugnissen als Derjenige, der all mein poe=
tisches Dichten und Trachten geordnet und zum Besten geleitet
hat! —

(An Karl Simrock. Hamburg, den 26. Mai 1826.)

. . Du erhältst anbei mein neuestes Büchlein, ganz frisch, wie
es aus der Presse kommt. Aus dem Inhalt siehst Du, daß es
nicht auf die Neugier berechnet ist, und daß es nicht blos das
Interesse des Tages erregen will. Ich denke in den folgenden
Bänden der Reisebilder das in Prosa zu bewirken, was Ihr mit
Euren Xenien in Hexametern zu bewirken strebt. Ich bin
nun mal ein isolirter Kauz und muß so ganz allein das Ding
versuchen . . .

In meinem nächsten Bande der „Reisebilder" sollst Du den
Rhein fließen sehen. (Ob das Publikum) an den „Nordseebildern"
Geschmack finden wird, ist sehr dubiös. Unsere gewöhnlichen
Süßwasserleser kann schon allein das ungewohnt schaukelnde
Metrum einigermaßen seekrank machen. Es geht doch nichts
über den alten ehrlichen Plattweg, das alte Gleise der alten
Landstraße. Du kannst kaum glauben, lieber Simrock, wie sehr
ich das Meer liebe; ich will in Kurzem wieder auf's Wasser,
und es kann wohl einige Zeit anwähren, bis ich wieder nach
Berlin komme.⁶⁵)

Die Reisebilder.

(An **Josef Lehmann**. Hamburg, den 26. Mai 1826.)

Sie fragen mich, wie ich hier lebe? O, lieber Lehmann, nennen Sie es, wie Sie es wollen, nur nicht — leben. In isolirter Zurückgezogenheit beschäftige ich mich blos mit den Wissenschaften und der Wiederherstellung meiner Gesundheit. Diese verbessert sich allmählich und komme ich mal ganz auf den Strumpf, so dürfen Sie viel Erfreuliches sowohl im Leben, als in der Literatur von mir erwarten . .

Es ist doch hübsch: bei so vielen Fatalitäten, die mich bedrängen, kann ich doch sicher auf meine Freunde rechnen, und unter diesen haben Sie mir immer die schönsten Beweise von Freundschaft gegeben. Und seltsam! Es ist mir in diesem Augenblick zu Muthe, als könnte es nicht anders sein, als müßten, die mich einmal ganz kennen, nicht von mir ablassen in Liebe und Freundschaft . . Mit Moser lebe ich seit einiger Zeit in beständigen Mißverständnissen. Ich schreibe ihm aber nicht mehr über mein Wollen, noch vielweniger über mein Thun, am allerwenigsten aber über meine Poeterei. Diese scheint ihn zu langweilen und, wer weiß, er mag Recht haben.

(An **Adolf Müllner**. Hamburg, den 1. Juni 1826.)

Ich wünsche, daß Sie mich in gutem Andenken behalten, und ich nehme mir daher die Freiheit, Ihnen den ersten Band meiner „Reisebilder" zukommen zu lassen. Er enthält einen Theil der Fußreise, die mich auch durch ihr Weißenfels führte und mir Gelegenheit gab, Sie zu sehen. Sie und Herr von Goethe sind übrigens die Einzigen, die ich auf dieser ganzen Reise besucht habe — und es war eine herrliche Reise durch ganz Sachsen, Thüringen, Hessen u. s. w. Wenn es Sie interessirt, können Sie im dritten Bande der „Reisebilder" mehr davon lesen. Möge der erste Theil Ihren Beifall gewinnen, und möge das mich schadlos halten für das lästige Ungemach, dessen ich des Buches halber vollauf genieße. Sie, Herr Hofrath, wissen ja selbst am Besten, um welchen Preis man die Freimüthigkeit in Deutschland ausübt. Indessen, dieser hohe Preis soll mich nicht abschrecken.

(An **Wilhelm Müller**. Hamburg, den 7. Juni 1826.)

Die „Nordsee" gehört zu meinen letzten Gedichten und Sie erkennen daraus, welche neue Töne ich anschlage und in welchen

neuen Weisen ich mich ergehe... Die Prosa nimmt mich auf in ihre
weiten Arme und sie werden in den nächsten Bänden der „Reisebilder" viel prosaisch Tolles, Herbes, Verletzendes und Zürnendes
lesen, absonderlich Polemisches. Es ist eine gar zu schlechte Zeit, und
wer die Kraft und den freien Muth besitzt, hat auch zugleich
die Verpflichtung, ernsthaft in den Kampf zu gehen gegen das
Schlechte, das sich so aufbläht, und gegen das Mittelmäßige,
das sich so breit macht, so unerträglich breit. Ich bitte, bleiben
Sie mir gewogen, werden Sie nie irre an mir und laßt uns
in gemeinschaftlichem Streben alt zusammen werden. Ich bin
eitel genug, zu glauben, daß mein Name einst, wenn wir Beide
nicht mehr sind, mit dem Ihrigen zusammen genannt wird —
darum laßt uns auch im Leben liebevoll verbunden sein.

Drittes Capitel.

Norderney.

(An **Moses Moser**. Norderney, den 8. Juli 1826.)

Jetzt schwimme ich wieder auf der Nordsee. Das Salz-
wasserelement sagt mir zu, und es wird mir wohl und leicht
zu Muth, wenn mein Kahn von den Wellen wie ein Ball hin
und hergeworfen wird, das Ersaufen ist mir ein tröstender Gedanke, der einzige Trost, den mir der grausame Priester von
Heliopolis gelassen hat — indem er dem Wasser keine Balken
untergelegt.

Wie tief begründet ist doch der Mythos des ewigen Juden!
Im stillen Waldthal erzählt die Mutter ihren Kindern das
schaurige Märchen, die Kleinen drücken sich ängstlicher an den
Herd, draußen ist Nacht — das Posthorn tönt — Schacher-
juden fahren nach Leipzig zur Messe. — Wir, die wir die
Helden des Märchens sind, wir wissen es selbst nicht. Den

weißen Bart, dessen Saum die Zeit wieder verjüngend ge=
schwärzt hat, kann kein Barbier abrasiren.

Von hier aus mache ich einen kleinen Abstecher nach Holland;
werde aber Anfangs September in Lüneburg sein, wohin Du,
wenn Du mir schreiben willst, Deinen Brief adressiren könntest.
Sag das auch meinem Bruder, der sonst nicht weiß, wo ich in
der Welt bin. — Grüß mir Lehmann sehr herzlich; er hat es
um mich verdient, daß ich mit Liebe an ihn denke.

In Cuxhafen, wo ich auf der Herreise neun Tage verbrachte,
wegen conträren Windes, habe ich viele schöne Stunden in der
Gesellschaft von Jeanette Jacobson, verehelichte Goldschmidt, ver=
bracht. Nein, ich will Dich nicht belügen, nicht der Westostwind,
sondern die westöstliche Dame selbst hat mich neun Tage in Cux=
hafen festgehalten. O, sie ist schön und liebenswürdig!

(An Friedrich Merckel.   Norderney, den 25. Juli 1826.)

Vorgestern Nacht um ein Uhr reist ich ab von Cuxhaven.
Es war eine wilde Nacht und meine Stimmung war auch nicht
von der sanftesten Sorte. Das Schiff lag hoch auf der Rhede,
und die Jolle, worin ich abfuhr, um es zu erreichen, wurde
dreimal von den unklugen Wellen in den Hafen zurückgeschlagen.
Das kleine Fahrzeug bäumte sich wie ein Pferd und wenig
fehlte, daß nicht eine Menge ungeschriebener Seebilder nebst
ihrem Verfasser zu Grunde gingen. Dennoch — möge mir der
Herr der Athomen die Sünde verzeihen — war mir in dem
Augenblick sehr wohl zu Muthe. Ich hatte nichts zu verlieren!

Das Meer war so wild, daß ich oft zu versaufen glaubte.
Aber dieses wahlverwandte Element thut mir nichts Schlimmes.
Es weiß recht gut, daß ich noch toller sein kann. Und dann,
bin ich nicht der Hofdichter der Nordsee? — Sie weiß auch,
daß ich noch eine zweite Abtheilung zu schreiben habe.

Hier sieht es sehr lebhaft aus. Die schöne Frau ist schon
hier, sowie auch die Fürstin Solms, mit der ich vorig Jahr
sehr angenehme Tage verlebte.[66]) Hab' auch schon gespielt, und
mit mehr Glück als zu Cuxhafen, wo ich fünf Louisdor verloren.

(An **Varnhagen v. Enſe.**) Norderney, den 29. Juli 1826.)

Mit meiner Geſundheit geht es immer beſſer. Zu ihrer
völligen Herſtellung brauch' ich das hieſige Seebad, und ſchwimme
wieder auf den Wellen der Nordſee, die mir jetzt ſehr gewogen
iſt, weil ſie weiß, daß ich ſie beſinge. Das Meer iſt ein braves
Element. Wenn ich lange Zeit davon entfernt bin, empfinde
ich ein ordentliches Heimweh. Meine „Nordſeebilder" ſind con
amore geſchrieben, und ich freue mich, daß ſie Ihnen gefallen.
Ueberhaupt, wie freu ich mich, daß meine Reiſebilder eine gute
Aufnahme gefunden! Entzückt, wahrhaft entzückt, faſt berauſcht
hat mich Frau von Varnhagens Brief. In der That, ich hab'
ſie nie verkannt. Ich kenne ſie ein bischen. Dabei geſtehe ich,
daß mich Niemand ſo tief verſteht und kennt, wie Frau von
Varnhagen. Als ich ihren Brief las, war's mir, als wär ich
traumhaft im Schlafe aufgeſtanden und hätte mich vor den
Spiegel geſtellt und mit mir ſelbſt geſprochen und mitunter
etwas geprahlt. Das Beſte iſt, ich brauche Frau von Varn=
hagen keine langen Briefe zu ſchreiben. Wenn ſie nur weiß,
daß ich lebe, ſo weiß ſie auch, was ich fühle und denke. Die
Gründe meiner Dedikation hat ſie, glaub' ich, beſſer errathen,
als ich ſelbſt. Mir ſchien es, als wollte ich dadurch ausſprechen,
daß ich Jemandem zugehöre. Ich lauf ſo wild in der Welt
herum, manchmal kommen Leute, die mich wohl gern zu ihrem
Eigenthum machen möchten, aber das ſind immer ſolche geweſen,
die mir nicht ſonderlich gefielen, und ſolange dergleichen der
Fall iſt, ſoll immer auf meinem Halsbande ſtehen: j'appartiens
à Madame Varnhagen. —

(An **Friedrich Merckel.**) Norberney, den 4. Auguſt 1886.)

Ich lebe hier nicht ſo vergnügt wie vorig Jahr, und daran
hat gewiß meine Stimmung mehr ſchuld, als die Menſchen hier.
Ich bin gegen dieſe oft ungerecht. So will es mich bisweilen
bedünken, als ſei die ſchöne Frau aus Celle nicht mehr ſo ſchön,
wie 1825. Auch das Meer erſcheint nicht mehr ſo romantiſch,
wie ſonſt. — Und dennoch hab' ich an ſeinem Strande das
ſüßeſte, myſtiſch lieblichſte Ereigniß erlebt, das jemals einen
Poeten begeiſtern konnte. Der Mond ſchien mir zeigen zu
wollen, daß in dieſer Welt noch Herrlichkeiten für mich vor=
handen. — Wir ſprachen kein Wort — es war nur ein langer,

tiefer Blick, der Mond machte die Musik dazu — im Vorbei=
gehen faßte ich ihre Hand, und ich fühlte den geheimen Druck
derselben — meine Seele zitterte und glühte. — Ich hab' nach=
her geweint.

Was hilft's! Wenn ich auch kühn genug bin, das Glück
rasch zu erfassen, so kann ich es doch nicht lange festhalten.
Ich fürchte, es könnte plötzlich Tag werden — nur das Dunkel
giebt mir Muth. — Ein schönes Auge, es wird noch lang in
meiner Brust leben, und dann verbleichen und in Nichts zer=
rinnen — wie ich selbst.

Der Mond ist an Schweigen gewöhnt, das Meer plappert
zwar beständig, aber man kann seine Worte selten verstehen,
und Du, der Dritte, der jetzt das Geheimniß weiß, wirst reinen
Mund halten, und so bleibt es verborgen in der eigenen Nacht.

(Norderney, den 21. August 1826.)

Mit der schönen Frau aus Celle bin ich brouillirt. Sie
sucht mich absichtlich bei jeder Gelegenheit zu kränken. Das
verdanke ich heimtückischen Zwischenschwatzereien. Ich bin doch
noch von ihr bezaubert. Unmuth und Entzücken ergreift mich,
wenn ich ihre Stimme höre. Ein verteufeltes Gefühl. Ich gehe
hier viel um mit dem Fürsten Koffolowski, einem sehr geistreichen
Mann.[67] — Leb' wohl.

* * *

Meergruß.

Thalatta! Thalatta!
Sei mir gegrüßt, du ewiges Meer!
Sei mir gegrüßt zehntausendmal
Aus jauchzendem Herzen,
Wie einst dich begrüßten
Zehntausend Griechenherzen,
Unglückbekämpfende, heimathverlangende,
Weltberühmte Griechenherzen.

Es wogten die Fluthen,
Sie wogten und brausten,
Die Sonne goß eilig herunter
Die spielenden Rosenlichter,
Die aufgescheuchten Möwenzüge
Flatterten fort, lautschreiend,

Meergruß.

Es stampften die Rosse, es klirrten die Schilde,
Und weithin erscholl es, wie Siegesruf:
„Thalatta! Thalatta!"

Sei mir gegrüßt, du ewiges Meer!
Wie Sprache der Heimath rauscht mir dein Wasser,
Wie Träume der Kindheit seh' ich es flimmern
Auf deinem wogenden Wellengebiet,
Und alte Erinnrung erzählt mir aufs neue
Von all' dem lieben, herrlichen Spielzeug,
Von all' den blinkenden Weihnachtsgaben,
Von all' den rothen Korallenbäumen,
Goldfischchen, Perlen und bunten Muscheln,
Die du geheimnißvoll bewahrst,
Dort unten im klaren Krystallhaus.

O, wie hab' ich geschmachtet in öder Fremde!
Gleich einer welken Blume
In des Botanikers blecherner Kapsel,
Lag mir das Herz in der Brust.
Mir ist, als saß ich winterlange,
Ein Kranker, in dunkler Krankenstube,
Und nun verlaff' ich sie plötzlich,
Und blendend strahlt mir entgegen
Der smaragdene Frühling, der sonnengeweckte,
Und es rauschen die weißen Blütenbäume,
Und die jungen Blumen schauen mich an
Mit bunten, duftenden Augen,
Und es duftet und summt und athmet und lacht,
Und im blauen Himmel singen die Vöglein —
Thalatta! Thalatta!

Du tapferes Rückzugherz!
Wie oft, wie bitteroft
Bedrängten dich des Nordens Barbarinnen!
Aus großen, siegenden Augen
Schoffen sie brennende Pfeile;
Mit krumgeschliffenen Worten
Drohten sie mir die Brust zu spalten;
Mit Keilschriftbillets zerschlugen sie mir
Das arme, betäubte Gehirn —
Vergebens hielt ich den Schild entgegen
Die Pfeile zischten, die Hiebe krachten,
Und von des Nordens Barbarinnen
Ward ich gedrängt bis ans Meer —
Und frei aufathmend begrüß' ich das Meer.
Das liebe, rettende Meer,
Thalatta! Thalatta!

Der Schiffbrüchige.

Hoffnung und Liebe! Alles zertrümmert
Und ich selber, gleich einer Leiche,
Die grollend ausgeworfen das Meer,
Lieg' ich am Strande,
Am öden, kahlen Strande.
Vor mir woget die Wasserwüste,
Hinter mir liegt nur Kummer und Elend,
Und über mich hin ziehen die Wolken,
Die formlos grauen Töchter der Luft,
Die aus dem Meer, in Nebeleimern,
Das Wasser schöpfen,
Und es mühsam schleppen und schleppen,
Und es wieder verschütten ins Meer,
Ein trübes, langweil'ges Geschäft,
Und nutzlos, wie mein eignes Leben.

Die Wogen murmeln, die Möwen schrillen,
Alte Erinnrungen wehen mich an,
Vergessene Träume, erloschene Bilder,
Qualvoll süße, tauchen hervor.

Es lebt ein Weib im Norden,
Ein schönes Weib, königlich schön.
Die schlanke Cypressengestalt
Umschließt ein lüstern weißes Gewand;
Die dunkle Lockenfülle,
Wie eine selige Nacht
Von dem flechtengekrönten Haupt sich ergießend,
Ringelt sich träumerisch süß
Um das süße, blasse Antlitz;
Und aus dem süßen, blassen Antlitz,
Groß und gewaltig, strahlt eine Auge,
Wie eine schwarze Sonne.

O, du schwarze Sonne, wie oft
Entzückend oft, trank ich aus dir
Die wilden Begeistrungsflammen,
Und stand, und taumelte, feuerberauscht —
Dann schwebte ein taubenmildes Lächeln
Um die hochgeschürzten, stolzen Lippen,
Und die hochgeschürzten stolzen Lippen
Hauchten Worte, süß wie Mondlicht
Und zart wie der Duft der Rose —
Und meine Seele erhob sich
Und flog, wie ein Aar, hinauf in den Himmel

Schweigt ihr Wogen und Möwen!
Vorüber ist alles, Glück und Hoffnung,
Hoffnung und Liebe! Ich liege am Boden,
Ein öder, schiffbrüchiger Mann,
Und drücke mein glühendes Antlitz
In den feuchten Sand.

Fragen.

Am Meer, am wüsten, nächtlichen Meer
Steht ein Jüngling-Mann,
Die Brust voll Wehmuth, das Haupt voll Zweifel,
Und mit düstern Lippen fragt er die Wogen:

„O löst mir das Räthsel des Lebens,
Das qualvoll uralte Räthsel,
Worüber schon manche Häupter gegrübelt,
Häupter in Hieroglyphenmützen,
Häupter in Turban und schwarzem Barett,
Perrückenhäupter und tausend andre
Arme, schwitzende Menschenhäupter —
Sagt mir, was bedeutet der Mensch?
Woher ist er kommen? Wo geht er hin?
Wer wohnt dort oben auf goldenen Sternen?"

Es murmeln die Wogen ihr ew'ges Gemurmel,
Es wehet der Wind, es fliehen die Wolken,
Es blinken die Sterne gleichgültig und kalt,
Und ein Narr wartet auf Antwort.

Viertes Capitel.

Neue Kämpfe.

(An **Friedrich Merckel**.) Lüneburg, den 6. October 1826.)

Von Campe wirst Du erfahren haben, wie es mir seit meiner Hierherkunft ergangen. Das böse Fieber hat mich abgeschreckt, nach Friesland und Holland zu reisen; die Reise ist aber darum nicht aufgegeben. Ich gehe mal von Hamburg aus mit dem Dampfschiff direct nach Amsterdam. Dennoch will ich meine letzte Reise beschreiben. Im Grunde ist es auch gleichgültig, was ich beschreibe; alles ist ja Gottes Welt und der Beachtung werth;

und was ich aus den Dingen nicht heraussehe, das sehe ich hinein. Leider befinde ich mich noch immer von Kopfschmerzen gequält, obschon das Bad mir erstaunlich heilsam war. — Hier hab' ich bereits acht große Seebilder geschrieben, höchst originell, vielleicht von nicht allzugroßem Werth, aber doch immer bemerkens= werth; und ich steh' dafür, sie werden bemerkt werden. Wenn es sich nur mit meiner Gesundheit etwas mehr bessert, so wird der zweite „Reisebilder"=Theil das wunderbarste und interessanteste Buch, das in dieser Zeit erscheinen mag. Ich übereile mich gar nicht. Lüneburg ist nicht an einem Tage gebaut. Und Lüneburg ist noch lange nicht Rom. — Hast Du nicht gehört, ob der schwarze Ungehenkte noch viel über mich herumgelogen? Ueber= haupt wäre es mir lieb, wenn ich bestimmt wüßte, gegen welche Leute er gedroht hat, mich prügeln zu lassen. Das ist mir sehr wichtig; für die Folge. Denk' daran. NB. Ich unter= streiche selten ...⁶⁸) Ich befinde mich schlecht und alles geht langsam. — Ich befinde mich schlecht und voll Poesie. — Christiani hat einen Reisenden gesprochen, der eben durch ganz Deutschland gekreuzt, und überall von meinen „Reisebildern" sprechen gehört. Gott! ich muß den zweiten Theil unendlich besser geben und es soll geschehen. — Mit Christiani verkehre ich hier wie ge= wöhnlich; er ist mir von allen Freunden der bequemste.

* * *

Diesen liebenswürd'gen Jüngling
Kann man nicht genug verehren!
Oft tractirt er mich mit Austern
Und mit Rheinwein und Liqueuren.

Zierlich sitzt ihm Rock und Höschen,
Doch noch zierlicher die Binde,
Und so kommt er jeden Morgen,
Fragt, ob ich mich wohlbefinde;

Spricht von meinem weiten Ruhme,
Meiner Anmuth, meinen Witzen;
Eifrig und geschäftig ist er,
Mir zu dienen, mir zu nützen.

Und des Abends in Gesellschaft,
Mit begeistertem Gesichte,
Declamirt er vor den Damen
Meine göttlichen Gedichte.

O, wie ist es hoch erfreulich,
Solchen Jüngling noch zu finden,
Jetzt in unsrer Zeit, wo täglich
Mehr und mehr die Bessern schwinden.

(An **Moses Moser.** Lüneburg, den 14. October 1826.)

Ich habe die letzte Zeit viel gelitten und jetzt fühl' ich mich erst wieder fähig, ruhig zu denken und zu schaffen. Im Januar werde ich wohl wieder auf eine kurze Zeit in Hamburg sein, und dort soll zu Ostern der zweite Theil der „Reisebilder" gedruckt werden. Dieser Theil soll ein außerordentliches Buch werden und großen Lärm machen. Ich muß etwas Gewaltiges geben. Die zweite Abtheilung der „Nordsee", die den zweiten Band eröffnen wird, ist weit originaler und kühner, als die erste Abtheilung und wird Dir gewiß gefallen. Ich habe eine ganz neue Bahn darin gebrochen, mit Lebensgefahr. Auch den rein freien Humor habe ich in einem selbstbiographischen Fragment versucht. Bisher hab' ich nur Witz, Ironie, Laune gezeigt, noch nie den reinen, urbehaglichen Humor. Auch soll der zweite Band eine Reihe Nordsee=Reisebriefe enthalten, worin ich „von allen Dingen und von noch einigen" spreche. Willst Du mir nicht einige neue Ideen dazu schenken? Ich kann da alles brauchen. Fragmentarische Aussprüche über den Zustand der Wissenschaften in Berlin oder Deutschland oder Europa — wer könnte die leichter hinskizziren, als Du? Und wer könnte sie besser verweben, als ich? Hegel, Sanskrit, Dr. Gans, Symbolik, Geschichte, — welche reiche Themata! Du wirst es nie bequemer bekommen; und ich seh's voraus, Du wirst nie ein ganzes Buch schreiben, und keins, was gleich die ganze Welt liest. Es ist nicht so sehr die Lust, mich mit Deinen Federn zu putzen, sondern mehr der liebevolle Zug, Dich geistig in mein geistigstes Wesen aufzunehmen, Dich, den gleichgesinntesten meiner Freunde. Willst Du aber über jene Themata etwas Abgeschlossenes schreiben, z. B. einen ganzen wichtigen Brief, so will ich ihn — versteht sich ohne Dich zu nennen — als fremde Mittheilung in dem zweiten Theile meiner „Reisebilder" aufnehmen . . .

Daß der schwarze Ungehenkte in Hamburg überall herumgelogen hat, er habe mich geprügelt, wirst Du gehört haben. Der Schweinhund hat mich bloß auf der Straße angegriffen, ein Mensch, den ich nie im Leben gesprochen habe. Jenen An=

griff (er hat mich kaum an dem Rockschoß gefaßt, und das Volksgewühl des Burstahs hat ihn gleich fortgedrängt), jenes Attentat, jenen Conat hat der Kerl noch obendrein abgeleugnet, als ich ihn deshalb bei der Polizei verklagte. Dies war mir alles, was ich wünschte. Er sagte aus, ich hätte ihn wegen eines Grolls von 1815 (ich war damals noch gar nicht in Hamburg) in meinen Schriften angegriffen und nachher auf der Straße. — Die Geschichte wurde von infamen Schurken hinlänglich benutzt. Doch wozu Dir solche schmutzige Notizen schreiben! — Laß Dich auch nicht ängstigen, wenn man Dir sagt, man wolle mir Arm und Bein entzwei schlagen. Es thut mir leid, daß ich nie gegen Dich geprahlt habe mit den Gefahren, die ich schon im Leben bestanden; für mich ist gesorgt. —

(An Karl Immermann. Lüneburg, den 14. October 1826.)

Was kein Mensch weiß, und was ich Ihnen bloß sage — und was Sie keinem Menschen wiederfagen dürfen — das ist mein Plan, mein wiedergefaßter Plan, Deutschland auf immer zu verlassen, nachdem ich diesen Winter noch einige Zeit in Hamburg verweilt, wo ich den zweiten Theil der „Reisebilder" alsdann drucken lasse. Von da soll es zur See nach Amsterdam gehen, und von da nach Paris. O, wie lieb' ich das Meer! Ich bin mit diesem wilden Element so ganz herzinnig vertraut worden, und es ist mir wohl, indem es tobt. Wollen Sie etwas in den zweiten Band meiner „Reisebilder" hineingeben, so steht Ihnen darin der beste Platz offen, und ich berechne Ihnen zwei Louisdor Honorar, die mir Campe für den Druckbogen giebt. Es wäre gar hübsch. Die „Reisebilder" sind vorderhand der Platz, wo ich dem Publikum alles vorbringe, was ich will. Sie haben enormen Absatz gefunden und werden wohl bald eine zweite Auflage erleben. Ich denke indessen, der zweite und dritte Band soll noch besser ausfallen.

(An Varnhagen v. Ense. Lüneburg, den 24. October 1826.)

Seit vier Wochen bin ich hier bei meinen Eltern, bleibe wohl noch zwei Monat, und reise von hier wieder nach Hamburg, um da den zweiten Theil meiner Reisebilder drucken zu lassen. Dort bleib ich bis Frühjahr, reise zur See nach Amsterdam, besehe Holland, und reise von da nach Paris. Ob ich den Rhein nochmals besuche, ist unbestimmt. Niemand darf aber diesen Reiseplan wissen, wenigstens niemand, der in irgend einem allzu nahen Verhältniß zu mir steht, z. B. meine Familie in Hamburg und meine Freunde in Berlin, denen ich noch immer sage, daß ich nach Berlin reise, um dort zu lesen; — wenn ich die große Reise wirklich antrete, so ist es noch immer Zeit, daß die Leute es erfahren. Ohne solche Vorsicht machen sie einen mit ihrem Geschwätz irre. In Paris will ich die Bibliothek benutzen, Menschen und Welt sehen und Materialien zu einem Buche sammeln, das europäisch werden soll.

Der zweite Theil der „Reisebilder" wird I. die zweite und dritte Abtheilung der „Nordsee" enthalten, die letztere in Prosa, die erstere wieder in colossalen Epigrammen, noch originaler und großartiger als die früheren; dann II. ein Fragment aus meinem Leben, im kecksten Humor geschrieben, welches Ihnen gefallen soll, und III. das Ihnen bekannte Memoire über Polen. — Vielleicht, wenn der Raum des Buches es erlaubt, gebe ich IV. dem Publikum: „Briefe aus Berlin, geschrieben im Jahre 1822." Aber mißverstehen Sie mich nicht, dies ist bloß eine Form, um mit besserer Bequemlichkeit alles zu sagen, was ich will, ich schreibe die Briefe eigentlich jetzt, und benutze dazu einen Theil des äußern Gerüstes der Briefe, die ich wirklich im Jahre 1822 im „Westfälischen Anzeiger" drucken ließ. Auch die dritte Abtheilung der Nordsee besteht aus Briefen, worin ich alles sagen kann, was ich will.

Und dieses alles schreib' ich Ihnen aus der ganz besonderen Absicht, damit Sie sehen, wie es mir ein Leichtes ist, im 2. Theil der Reisebilder alles einzuweben, was ich will. Haben Sie daher in dieser Hinsicht irgend einen besondern Wunsch, wünschen Sie eine bestimmte Sache ausgesprochen zu sehen, oder irgend einen unserer Intimen gegeißelt zu sehen, so sagen Sie es mir, oder was noch besser ist, schreiben Sie selber in meinem Stil die Lappen, die ich in meinem Buche einflicken soll, und sie können sich auf meine heiligste Discretion verlassen. Ich darf jetzt alles sagen und es kümmert mich wenig, ob ich mir ein Dutzend Feinde mehr oder weniger aufsacke. Wollen Sie in meine „Reisebilder" ganze Stücke, die zeitgemäß, hineingeben, oder wollen Sie mir bloß die Proskriptionsliste schicken — ich stehe ganz zu Ihrem Befehl.

Der zweite Band der Reisebilder.

(An **Friedrich Merckel**.) Lüneburg, den 16. November 1826.)

Gestern erhielt ich Brief von Varnhagens; ich will den Brief der Dame Dir mitschicken, bitte ihn beileibe niemanden zu zeigen und mir solchen gleich zurückzuschicken. Er bezieht sich hauptsächlich auf meinen Brief, vorzüglich auf meinen Plan: nach Paris zu reisen und dort ein europäisches Buch zu schreiben. Von diesem Plan darf niemand etwas wissen. Ich denke etwas Besseres zu liefern, als die Morgan;[69]) die Aufgabe ist, nur solche Interessen zu berühren, die allgemein europäisch sind. —

(An **Joseph Lehmann**.) Lüneburg, den 16. December 1827.)

In Betreff des zweiten Bandes der „Reisebilder" dürfen Sie die kühnsten Erwartungen hegen, d. h. Sie dürfen viel Kühnes erwarten; ob auch Gutes? Das ist eine andere Frage. Auf jeden Fall sollen Sie sehen, daß ich frei und edel spreche, und das Schlechte geißle, mag es auch noch so verehrt und mächtig sein. —

(An **Friedrich Merckel**.) Lüneburg, den 10. Januar 1827.)

Ich habe hier fürchterlich gearbeitet. Das verdammte Abschreiben ist das Bitterste. Die splendideste Parthie meines Buches werde ich Dir abgeschrieben gleich mittheilen können. Du wirst sehen: le petit bon homme vit encore. Das Buch wird viel Lärm machen, nicht durch Privatskandal, sondern durch die großen Weltinteressen, die es ausspricht. Napoleon und die französische Revolution stehen darin in Lebensgröße. — Sag Niemanden ein Wort davon, kaum wag' ich es, Campen mit dem Inhalt des Buches zu früh bekannt zu machen. Es muß verschickt sein, ehe man dort eine Silbe davon weiß.

Fünftes Capitel.

London.

Gar wunderlich sind doch die Menschen! Im Vaterlande brummen wir, jede Dummheit, jede Verkehrtheit dort verdrießt uns, wie Knaben möchten wir täglich davon laufen in die weite Welt; sind wir endlich wirklich in die weite Welt gekommen, so ist uns diese wieder zu weit, und heimlich sehnen wir uns oft wieder nach den engen Dummheiten und Verkehrtheiten der Heimat, und wir möchten wieder dort in der alten, wohlbekannten Stube sitzen, und uns, wenn es anginge, ein Haus hinter dem Ofen bauen, und warm drin hocken, und den „Allgemeinen Anzeiger der Deutschen" lesen. So ging es auch mir auf der Reise nach England. Kaum verlor ich den Anblick der deutschen Küste, so erwachte in mir eine kuriose Nachliebe für jene teutonischen Schlafmützen und Perrückenwälder, die ich eben noch mit Unmuth verlassen, und als ich das Vaterland aus den Augen verloren hatte, fand ich es im Herzen wieder. . . .

* * *

Ich habe das Merkwürdigste gesehen, was die Welt dem staunenden Geiste zeigen kann, ich habe es gesehen und staune noch immer — noch immer starrt in meinem Gedächtnisse dieser steinerne Wald von Häusern und dazwischen der drängende Strom lebendiger Menschengesichter mit all' ihren bunten Leidenschaften, mit all' ihrer grauenhaften Hast der Liebe, des Hungers und des Hasses — ich spreche von London.

Schickt einen Philosophen nach London; beileibe keinen Poeten! Schickt einen Philosophen hin und stellt ihn an eine Ecke von Cheapside, er wird hier mehr lernen als aus allen Büchern der letzten Leipziger Messe; und wie die Menschenwogen ihn umrauschen, so wird auch ein Meer von neuen Gedanken vor ihm aufsteigen, der ewige Geist, der darüber schwebt, wird ihn anwehen, die verborgensten Geheimnisse der gesellschaftlichen Ordnung werden sich ihm plötzlich offenbaren, er wird den Pulsschlag der Welt hörbar vernehmen und sichtbar sehen — denn wenn London die rechte Hand der Welt ist, die thätige, mächtige rechte Hand, so in jene Straße, die von der Börse nach Downingstreet führt, als die Pulsader der Welt zu betrachten. Aber schickt keinen Poeten nach London! Dieser bare Ernst aller Dinge, diese colossale Einförmigkeit, diese maschinenhafte Bewegung, diese Verdrießlichkeit der Freude selbst, dieses übertriebene London erdrückt die Phantasie und zerreißt das Herz. Und wolltet ihr gar einen deutschen Poeten hinschicken, einen Träumer, der vor jeder einzelnen Erscheinung stehen bleibt, etwa vor einem zerlumpten Bettelweib oder einem blanken Goldschmiedladen — o! dann geht es ihm erst recht schlimm, und er wird von allen Seiten fortgeschoben und gar mit einem milden God damn! niedergestoßen.

Ich hatte mir vorgenommen, über die Großartigkeit Londons, wovon ich so viel gehört, nicht zu erstaunen. Aber es ging mir wie dem armen Schulknaben, der sich vornahm, die Prügel, die er empfangen sollte, nicht zu fühlen. Die Sache bestand eigentlich in dem Umstande, daß er die gewöhnlichen Hiebe mit dem gewöhnlichen Stocke, wie gewöhnlich, auf dem Rücken erwartete, und statt dessen eine ungewöhnliche Tracht Schläge, auf einem ungewöhnlichen Platze, mit einem dünnen Röhrchen empfing. Ich erwartete große Paläste, und sah nichts als lauter kleine Häuser. Aber eben die Gleichförmigkeit derselben und ihre unabsehbare Menge imponirt so gewaltig...

* * *

(An Friedrich Merckel.) London, den 23. April 1827.)

Draußen schneit es, und in meinem Kamin ist kein Feuer, daher ein kühler Brief. Obendrein verdrießlich und krank. Schon genug gesehen und gehört, aber noch keine einzige klare Anschauung. London hat all meine Erwartungen übertroffen in Hinsicht seiner Großartigkeit, aber ich habe mich selbst verloren. Ich habe noch wenig Besuche gemacht — Deine Freunde sah ich noch nicht — und das Theater war bis jetzt meine Hauptressource. — Ich werde höchstens bis Mitte Juni in London bleiben; alsdann gehe ich auf drei Monate nach einem englischen Seebad. Ich habe letzteres durchaus nöthig. — Fürchterlich kostspielig ist das hiesige Leben, bisher habe ich noch mehr als eine Guinee täglich gebraucht, 1½ Pfund hab' ich für Beköstigung und Trinkgeld noch auf dem Dampfschiff zu bezahlen gehabt, für meine wenigen Bücher hatte ich fast ein Pfund Zoll zu bezahlen u. s. w. Bücher selbst sind hier rasend theuer. — Nichts als Nebel, Kohlendampf, Porter und Canning. — Wie wird es mir noch gehn in dieser Welt! Ich werde es, trotz meiner bessern Einsicht, nimmermehr lassen können, dumme Streiche zu machen, d. h. freisinnig zu sprechen. Ich bin begierig, von Dir zu erfahren, ob keine Regierung mir mein Buch übelgenommen. Am Ende will man doch ruhig am Herde in der Heimath sitzen, und ruhig den „Deutschen Anzeiger" oder die „Hallische Litteratur-Zeitung" lesen und ein deutsches Butterbrot essen. — Es ist hier so fürchterlich feucht und unbehaglich, und kein Mensch versteht einen, kein Mensch versteht deutsch.

(An **Varnhagen v. Ense**. London, den 1. Juni 1827.)

Mein Buch, roth gebunden für Frau v. Varnhagen, werden Sie wohl empfangen und der theuren Friederike in meinem Namen überreicht haben. Auch das Packet an Moser werden Sie an diesen befördert haben. Ich mußte die Besorgung der Bücher einem dritten überlassen, weil ich allzu schnell von Hamburg abreiste. Daher habe ich keine Zeile mitschicken können. Es war nicht die Angst, die mich wegtrieb, sondern das Klugheitsgesetz, das jedem rathet, nichts zu riskiren, wo gar nichts zu gewinnen ist. Hätte ich Aussicht gehabt, in Berlin angestellt zu werden, so wäre ich, unbekümmert um den Inhalt meines Buches, direkt dort hingereist. Ich denke, da unser Ministerium gescheut ist, habe ich jetzt mehr als je die Aussicht, angestellt zu werden, und werde wohl am Ende wieder zu Ihnen nach Berlin zurückkehren. Ich reiste ab von Hamburg just an dem Tage, wo das Buch ausgegeben wurde — (viel Selbstüberwindung,) — und habe daher von dessen Schicksalen noch kein Wort erfahren. Ich weiß sie vorher. Ich kenne meine Deutschen. Sie werden erschrecken, überlegen und nichts thun. Ich zweifle sogar, daß das Buch verboten wird. Es war aber nothwendig, daß es geschrieben wurde. In dieser seichten, servilen Zeit mußte etwas geschehen. Ich habe das meinige gethan und beschäme jene hartherzigen Freunde, die einst so viel thun wollten und jetzt schweigen. Wenn sie zusammen sind und

in Reih und Glied stehen, sind die feigsten Rekruten recht muth=
voll; aber den wahren Muth zeigt derjenige, der allein steht.
— Ich sehe auch vorher, daß die Guten des Landes mein Buch
hinlänglich herunterreißen werden, und ich kann es den
Freunden nicht verdenken, wenn sie über das gefährliche Buch
schweigen.

Mit meiner Familie stehe ich auf gutem Fuß. Ich selbst
bin darin der einzige, womit ich schlecht stehe. Viel Selbst=
kummer habe ich in dieser letzten Zeit ertragen, es will sich noch
nicht mit meinem Kopfschmerz geben, und alte Gemüthswunden
eitern. In diesem Augenblick hat mich eine starke Betäubung
wie in ein bleiernes Grab eingeschlossen Ich fürchte, daß ich
nächstens ernstlich krank werde. . .

(An **Friedrich Merckel**. London, 1. Juni 1827.)

Cotta's Propositionen sollst Du bei Leibe nicht an Campe
mittheilen, auch hast Du kein Recht dazu. Ich will bei Leibe
Campen keinen Floh ins Ohr setzen. Das wäre jetzt ohne Nutzen,
und ich hab' ihn zu lieb, um ihn unnöthiger Weise zu prickeln.
Er thut viel für meine Kinder, und ich bin dankbar. Aber
auf seine Generosität werde ich mich nie mehr verlassen. Durch
die vierzig Louis, die der Freund aufs Blaue hin mir ange=
liehen, hat er zwar viel Unmuth gestopft.[70]) Aber er hat nie
eigentliches Zutrauen zu mir gehabt; wenn ich ihm von einigen
Opfern, die ich für mein letztes Buch brachte, gesprochen, so hat
er es als eine Redensart abgelehnt, ebenfalls wenn ich ihm ver=
sichert, daß mir Cotta längst anbieten ließ, mir meine Aufsätze
fürs „Morgenblatt" aufs allerglänzendste zu honoriren — kurz,
er hat kein Vertrauen zu mir gehabt. Er soll mich aus meinen
Handlungen kennen lernen. — Ach! ich bin heute sehr ver=
drießlich. Krank und unfähig, gesund aufzufassen. Und den=
noch muß ich hier mit Gold alle jene Anschauungen aufwiegen,
die ich einsammle. Tage, wo ich ein paar Guineen ausgebe.

(An **Moses Moser**. London, 9. Juni 1827.)

Vor meiner Abreise von Hamburg habe ich Sorge getragen,
daß Dir mein Buch geschickt wurde. Du wirst daraus ersehen
haben, was ich im letzten Jahre gedacht und gefühlt und ge=
litten. Ich denke, der „Le Grand" wird Dir gefallen haben;

alles Uebrige im Buche, die Gedichte ausgenommen, ist Futter
für die Menge, die es auch mit vielem Appetit verzehrt. Ich
habe durch dieses Buch einen ungeheuren Anhang und Populari=
tät in Deutschland gewonnen; wenn ich gesund werde, kann ich
jetzt viel thun; ich habe jetzt eine weitschallende Stimme. Du
sollst sie noch oft hören, donnernd gegen Gedankenschergen und
Unterdrücker heiligster Rechte. — Ich werde eine ganz extra=
ordinäre Professur erlangen in der Universitas hoher Geister.

Wie ich hier lebe, kannst Du Dir wohl vorstellen, da Du
mich und England kennst. Ich sehe hier viel und lerne viel.
In einigen Tagen will ich in ein englisches Seebad reisen. Der
Hauptzweck meiner Reise war, Hamburg zu verlassen. Ich hoffe
die Kraft zu haben, nicht zurückzukehren. Nach Berlin zieht es
mich auch nicht sonderlich. Seichtes Leben, witziger Egoismus,
witziger Sand. Hier ist alles zu theuer und zu weitläufig.
Viel Anziehendes hier — Parlament, Westminsterabtey, englische
Tragödie, schöne Weiber. Wenn ich lebendig aus England
herauskomme, so sind die Weiber nicht Schuld dran; sie thun
das ihrige. Englische Litteratur jetzt erbärmlich, erbärmlicher
noch als die unsrige — das will viel sagen. —

(An J. H. Detmold.[71]) Ramsgate, den 28. Juli 1827.)

Lassen Sie Hoffmann und seine Gespenster, die um so ent=
setzlicher sind, da sie am hellen Mittag auf dem Markte spazieren
gehen und sich wie unser einer betragen. Und Ich bin es,
Heine ist es, der Ihnen diesen Rath giebt. Und ich gebe auch
zugleich das Beispiel, wie man sich aus jener Tiefe an den
eigenen Haaren wieder heraufzieht. — Ich bin jetzt oben, näm=
lich auf dem east-cliff zu Ramsgate, und sitze auf einem hohen
Balkon, und während ich schreibe, schaue ich hinab auf das
schöne weite Meer, dessen Wellen den Felsen hinanklimmen und
mir die freudigste Musik in Herz rauschen. Ich sage Ihnen
das, damit Sie wissen, daß mein guter Rath aus einer schönen,
gesunden Höhe herabkommt. Ich bin im Begriff, England, wo
ich seit April gelebt, wieder zu verlassen, Brabant und Holland
zu durchstreifen und nach einigen Monaten nach Deutschland
zurückzukehren.

(Ramsgate.)

Ein ungeheurer Kalkfelsen, gleich einem schönen, weißen Frauenbusen, erhebt sich über dem Meere, das verliebte Meer drängt sich an ihn heran, umspielt und bespritzt ihn neckend, und umschlingt ihn mit seinen gewaltigen Wellenarmen. Auf jenem weißen Felsen steht eine hohe Stadt, und dort, auf hohem Balkone, steht eine schöne Frau und spielt heitere Weisen auf der spanischen Guitarre.

Unter dem Balkone steht ein deutscher Dichter, und wie die holden Melodien zu ihm hinab steigen, so akkompagnirt sie seine Seele unwillkürlich, und es bringen hervor die Worte:

„O daß ich wär' das wilde Meer,
Und du der Felsen drüber her —"

Unser deutscher Dichter hat aber diese Worte nicht gesungen, sondern bloß gedacht. Erstens fehlte es ihm an Stimme, zweitens war er zu blöde. — Als er am selben Abend die schöne Frau längs der Meeresküste spazieren führte, da war er ganz und gar stumm.

Die Wellen drängten sich wilder an die weiße Felsenbrust, und über dem Wasser warf der Mond seinen langen Strahl, wie eine goldene Brücke nach dem Lande der Verheißung...

* * *

Es sind nun acht Jahre, daß ich nach London reiste, um die Sprache und das Volk dort kennen zu lernen. Hol' der Teufel das Volk mitsammt seiner Sprache! Da nehmen sie ein Dutzend einsilbiger Worte ins Maul, kauen sie, knatschen sie, spuken sie wieder aus, und das nennen sie sprechen. Zum Glück sind sie ihrer Natur nach ziemlich schweigsam, und obgleich sie uns immer mit aufgesperrtem Maule ansehen, so verschonen sie uns jedoch mit langen Conversationen. Aber wehe uns, wenn wir einem Sohne Albions in die Hände fallen, der die große Tour gemacht und auf dem Continente Französisch gelernt hat. Dieser will dann die Gelegenheit benutzen, die erlangten Sprachkenntnisse zu üben, und überschüttet uns mit Fragen über alle möglichen Gegenstände, und kaum hat man die eine Frage beantwortet, so kommt er mit einer neuen herangezogen, entweder über Alter oder Heimath oder Dauer unseres Aufenthalts, und mit diesem unaufhörlichen Inquiriren glaubt er uns aufs allerbeste zu unterhalten. Einer meiner Freunde in Paris hatte vielleicht recht, als er behauptete, daß die Engländer ihre französische Konversation auf dem Bureau des passeports erlernen. Am nützlichsten ist ihre Unterhaltung bei Tische, wenn sie ihre kolossalen Rostbeefe tranchiren und mit den ernsthaftesten Mienen uns abfragen, welch ein Stück wir verlangen, ob stark oder schwach gebraten, ob aus der Mitte oder aus der braunen Rinde, ob fett oder mager. Diese Rostbeefe und ihre Hammelbraten sind aber auch alles, was sie Gutes haben. Der Himmel bewahre jeden Christenmenschen vor ihren Saucen, die aus $^1/_3$ Mehl und $^2/_3$ Butter, oder, je nachdem die Mischung eine Abwechselung bezweckt, aus $^1/_3$ Butter und $^2/_3$ Mehl bestehen. Der Himmel bewahre auch jeden vor ihren naiven Gemüsen, die sie in Wasser abgekocht, ganz wie Gott sie erschaffen hat, auf den Tisch bringen. Entsetzlicher noch als die Küche der Engländer, sind ihre Toaste und ihre obligaten Standreden, wenn das Tischtuch aufgehoben wird, und die Damen sich von der Tafel wegbegeben, und statt ihrer ebenso viele Bouteillen Portwein aufgetragen werden . . . denn durch diese glauben sie die Abwesenheit des schönen Geschlechts aufs beste zu ersetzen. Ich sage: des schönen Geschlechtes, denn die Engländerinnen verdienen diesen Namen. Es sind schöne, weiße, schlanke Leiber. Nur der allzu breite Raum zwischen der Nase und dem Munde, der bei ihnen ebenso häufig wie bei den englischen Männern gefunden wird, hat mir oft in England die schönsten Gesichter verleidet. . .

Ja, wenn man den Engländern in einem fremden Lande begegnet, so kann man durch den Kontrast ihre Mängel erst recht grell hervortreten sehen. Es sind die Götter der Langeweile, die in blank lackirten Wagen mit Extrapost durch alle Länder jagen, und überall eine graue Staubwolke von Traurigkeit hinter sich lassen. Dazu kommt ihre Neugier ohne Interesse, ihre geputzte Plumpheit, ihre freche Blödigkeit, ihr eckiger Egoismus, und ihre öde Freude an allen melancholischen Gegenständen. Schon seit drei Wochen sieht man hier auf der Piazza del Gran Duca alle Tage einen Engländer, welcher stundenlang mit offenem Maule jenem Charlatane zuschaut, der dort, zu Pferde sitzend, den Leuten die Zähne ausreißt. Dieses Schauspiel soll den edlen Sohn Albions vielleicht schadlos halten für die Exekutionen, die er in seinem theuern Vaterlande versäumt . . . Denn nächst

Boxen und Hahnenkampf giebt es für einen Briten keinen köstlicheren Anblick, als die Agonie eines armen Teufels, der ein Schaf gestohlen oder eine Handschrift nachgeahmt hat, und vor der Fassade von Old=Baylie eine Stunde lang mit einem Strick um den Hals ausgestellt wird, ehe man ihn in die Ewigkeit schleudert. Es ist keine Uebertreibung, wenn ich sage, daß Schafdiebstahl und Fälschung in jenem häßlich grausamen Lande gleich den abscheulichsten Verbrechen, gleich Vatermord und Blut=schande, bestraft werden. Ich selber, den ein trister Zufall vor=beiführte, ich sah in London einen Menschen hängen, weil er ein Schaf gestohlen, und seitdem verlor ich alle Freude an Hammel=braten; das Fett erinnert mich immer an die weiße Mütze des armen Sünders. Neben ihm ward ein Irländer gehenkt, der die Handschrift eines reichen Bankiers nachgeahmt; noch immer sehe ich die naive Todesangst des armen Paddy, welcher vor den Assisen nicht begreifen konnte, daß man ihn einer nachgeahmten Handschrift wegen so hart bestrafe, ihn, der doch jedem Menschen=kind erlaube, seine eigne Handschrift nachzuahmen.

Ich will es Ihnen gestehen, wenn mir in England nichts munden wollte, weder Menschen noch Küche, so lag auch wohl zum Theile der Grund in mir selber. Ich hatte einen guten Vorrath von Mißlaune mit hinübergebracht aus der Heimath, und ich suchte Erheiterung bei einem Volke, das selber nur im Strudel der politischen und merkantilischen Thätigkeit seine Langeweile zu tödten weiß. Die Vollkommenheit der Maschinen, die hier überall angewendet werden, und so viele menschliche Verrichtungen übernommen, hatte ebenfalls für mich etwas Un=heimliches; dieses künstliche Getriebe von Rädern, Stangen, Cylindern und tausenderlei kleinen Häkchen, Stiftchen und Zähnchen, die sich fast leidenschaftlich bewegen, erfüllte mich mit Grauen. Das Bestimmte, das Genaue, das Ausgemessene und die Pünktlichkeit im Leben der Engländer beängstigte mich nicht minder; denn gleichwie die Maschinen in England uns wie Menschen vorkommen, so erscheinen uns dort die Menschen wie Maschinen.

Wie mein Mißbehagen in diesem Lande sich täglich steigerte, können Sie sich wohl vorstellen. Nichts aber gleicht der schwarzen Stimmung, die mich einst befiel, als ich gegen Abendzeit auf der Waterloo=Brücke stand und in die Wasser der Themse hin=

einblickte. Mir war, als spiegelte sich darin meine Seele, als schaute sie mir aus dem Wasser entgegen mit allen ihren Wundenmalen . . . Dabei kamen mir die kummervollsten Geschichten ins Gedächtniß . . . Ich dachte an die Rose, die immer mit Essig begossen worden und dadurch ihre süßesten Düfte einbüßte und frühzeitig verwelkte . . . Ich dachte an den verirrten Schmetterling, den ein Naturforscher, der den Montblanc bestieg, dort ganz einsam zwischen den Eiswänden umherflattern sah . . . Ich dachte an die zahme Aeffin, die mit den Menschen so vertraut war, mit ihnen spielte, mit ihnen speiste, aber einst bei Tische in dem Braten, der in der Schüssel lag, ihr eigenes junges Aeffchen erkannte, es haftig ergriff, damit in den Wald eilte, und sich nie mehr unter ihren Freunden, den Menschen, sehen ließ . . . Ach, mir ward so weh zu Muthe, daß mir gewaltsam die heißen Tropfen aus den Augen stürzten . . . Sie fielen hinab in die Themse und schwammen fort ins große Meer, das schon so manche Menschenthräne verschluckt hat, ohne es zu merken. . .

Es war damals eine dunkle Zeit in Deutschland, Nichts als Eulen, Censurediłte, Kerkerduft, Entsagungsromane, Wachtparaden, Frömmelei und Blödsinn; als nun der Lichtschein der Canning'schen Worte zu uns herüberleuchtete, jauchzten die wenigen Herzen, die noch Hoffnung fühlten, und was den Schreiber dieser Blätter betrifft, er küßte Abschied von seinen Lieben und Liebsten, und stieg zu Schiff, und fuhr gen London, um den Canning zu sehen und zu hören. Da saß ich nun ganze Tage auf der Gallerie der St. Stephanskapelle, und lebte in seinem Anblicke, und trank die Worte seines Mundes, und mein Herz war berauscht. Er war mittlerer Gestalt, ein schöner Mann, edel geformtes, klares Gesicht, sehr hohe Stirne, etwas Glatze wohlwollend gewölbte Lippen, sanfte, überzeugende Augen, heftig genug in seinen Bewegungen, wenn er zuweilen auf den blechernen Kasten schlug, der vor ihm auf dem Aktentische lag, aber in der Leidenschaft immer anstandsvoll, würdig, gentlemanlike. . .

Canning war einer der größten Redner seiner Zeit.[72]) Nur warf man ihm vor, daß er zu geblümt, zu geschmückt spreche. Aber diesen Vorwurf verdiente er gewiß nur in seiner früheren Periode, als er noch in abhängiger Stellung keine eigne Meinung aussprechen durfte, und er daher statt dessen nur oratorische

Blumen, geiſtige Arabesken und brillante Witze geben konnte. Seine Rede war damals kein Schwert, ſondern nur die Scheide deſſelben, und zwar eine ſehr koſtbare Scheide, woran das getriebene Goldblumenwerk und die eingelegten Edelſteine aufs reichſte blitzten. Aus dieſer Scheide zog er ſpäterhin die grade, ſchmucklose Stahlklinge hervor, und das funkelte noch herrlicher, und war doch ſcharf und ſchneidend genug. . . Dieſe Zeit wird mir ewig im Gedächtniſſe blühen, und nimmermehr vergeſſe ich die Stunde, als ich George Canning über die Rechte der Völker ſprechen hörte und jene Befreiungsworte vernahm, die wie heilige Donner über die ganze Erde rollten, und in der Hütte des Mexikaners wie des Hindu ein tröſtendes Echo zurückließen. That is my thunder! konnte Canning damals ſagen. Seine ſchöne, volle, tiefſinnige Stimme drang wehmüthig kraftvoll aus der kranken Bruſt, und es waren klare, entſchleierte, todtbekräftigte Scheideworte eines Sterbenden. Einige Tage vorher war ſeine Mutter geſtorben, und die Trauerkleidung, die er deshalb trug, erhöhte die Feierlichkeit ſeiner Erſcheinung. Ich ſehe ihn noch in einem ſchwarzen Oberrocke und mit ſeinen ſchwarzen Handſchuhen. Dieſe betrachtete er manchmal, während er ſprach, und wenn er dabei beſonders nachſinnend ausſah, dann dachte ich: Jetzt denkt er vielleicht an ſeine todte Mutter und an ihr langes Elend und an das Elend des übrigen armen Volkes, das im reichen England verhungert, und dieſe Handſchuhe ſind deſſen Garantien, daß Canning weiß, wie ihm zu Muthe iſt, und ihm helfen will. In der Heftigkeit der Rede riß er einmal einen jener Handſchuhe von der Hand, und ich glaubte ſchon, er wollte ihn der ganzen hohen Ariſtokratie von England vor die Füße werfen, als den ſchwarzen Fehdehandſchuh der beleidigten Menſchheit . . .

Die unaufhörliche Erinnerung an Shakeſpeare und durch Shakeſpeare ward mir recht deutlich während meines Aufenthalts in London, während ich, ein neugieriger Reiſender, dort von Morgens bis in die ſpäte Nacht nach den ſogenannten Merkwürdigkeiten herumlief. Jeder lion mahnte an den größern lion, an Shakeſpeare. Alle jene Orte, die ich beſuchte, leben in ſeinen hiſtoriſchen Dramen ihr unſterbliches Leben, und waren mir eben dadurch von früheſter Jugend bekannt. Dieſe Dramen kennt aber dort zu Lande nicht bloß der Gebildete, ſondern auch jeder

im Volke, und sogar der dicke Beefeater, der mit seinem rothen
Rock und rothen Gesicht im Tower als Wegweiser dient, und
dir hinter dem Mittelthor das Verlies zeigt, wo Richard seine
Neffen, die jungen Prinzen ermorden lassen, verweist dich an
Shakespeare, welcher die nähern Umstände dieser grausamen Ge=
schichte beschrieben habe. Auch der Küster, der dich in der West=
minsterabtei herumführt, spricht immer von Shakespeare, in dessen
Tragödien jene todten Könige und Königinnen, die hier in
steinernem Konterfei auf ihren Sarkophagen ausgestreckt liegen,
und für einen Schilling sechs Pence gezeigt werden, eine so
wilde oder klägliche Rolle spielen. Er selber, die Bildsäule des
großen Dichters, steht dort in Lebensgröße, eine erhabene Gestalt
mit sinnigem Haupt, in den Händen eine Pergamentrolle...
Es stehen vielleicht Zauberworte darauf, und wenn er um Mitter=
nacht die weißen Lippen bewegt und die Todten beschwört, die
dort in den Grabmälern ruhen, so steigen sie hervor mit ihren
verrosteten Harnischen und verschollenen Hofgewanden, die Ritter
der weißen und der rothen Rose, und auch die Damen heben
sich seufzend aus ihren Ruhestätten, und ein Schwertergeklirr
und ein Lachen und Fluchen erschallt... Ganz wie zu Drurylane,
wo ich die Shakespear'schen Geschichtsdramen so oft tragiren sah,
und wo Kean mir so gewaltig die Seele bewegte, wenn er ver=
zweifelnd über die Bühne rann:

„A horse, a horse, my kingdom for a horse!"

Ich müßte den ganzen Guide of London abschreiben, wenn
ich die Orte anführen wollte, wo mir dort Shakespeare in Er=
innerung gebracht wurde. Am bedeutungsvollsten geschah dieses
im Parlamente, nicht sowohl deshalb, weil das Lokal desselben
jenes Westminster=Hall ist, wovon in den Shakespear'schen Dramen
so oft die Rede, sondern weil, während ich den dortigen Debatten
beiwohnte, einige Mal von Shakespeare selber gesprochen wurde,
und zwar wurden seine Verse, nicht ihrer poetischen, sondern
ihrer historischen Bedeutung wegen citirt. Zu meiner Ver=
wunderung merkte ich, daß Shakespeare in England nicht bloß
als Dichter gefeiert, sondern auch als Geschichtsschreiber von den
höchsten Staatsbehörden, von dem Parlamente, anerkannt wird.

Wie Sie wissen, ist es nicht meine Gewohnheit, das Spiel
der Komödianten, oder wie man vornehm sagt: die Leistungen

der Künstler, mit behaglicher Wortfülle zu besprechen. Aber
Edmund Kean, dessen ich vorhin erwähnte und auf den ich noch
einmal zurückkomme, war kein gewöhnlicher Bretterheld, und ich
gestehe Ihnen, in meinem englischen Tagebuch verschmähte ich
es nicht, neben einer Kritik der weltwichtigsten Parlamentsredner
des Tages, auch über das jedesmalige Spiel von Kean meine
flüchtigen Wahrnehmungen aufzuzeichnen. Leider ist, mit so vielen
meiner besten Papiere, auch dieses Buch verloren gegangen.
Doch will es mich bedünken, als hätte ich Ihnen einmal schon
etwas über die Darstellung des Shylock von Kean daraus vor=
gelesen. Der Jude von Venedig war die erste Heldenrolle, die
ich ihn spielen sah. Ich sage Heldenrolle, denn er spielte ihn
nicht als einen gebrochenen alten Mann, als eine Art Schema
des Hasses, wie unser Devrient that, sondern als einen Helden.
So steht er noch immer in meinem Gedächtnisse, angethan mit
seinem schwarzseidenen Rockelor, der ohne Aermel ist und nur
bis ans Knie reicht, so daß das blutrothe Untergewand, welches
bis zu den Füßen hinabfällt, desto greller hervortritt. Ein
schwarzer, breiträndiger, aber zu beiden Seiten aufgekrämpter
Filzhut, der hohe Kegel mit einem blutrothen Bande umwunden,
bedeckt das Haupt, dessen Haare, sowie auch die des Bartes,
lang und pechschwarz herabhängen und gleichsam einen wüsten
Rahmen bilden zu dem gesund rothen Gesichte, worin zwei
weiße, lechzende Augäpfel schauerlich beängstigend hervorlauern.
In der rechten Hand hält er einen Stock, weniger als Stütze,
denn als Waffe. Nur den Ellbogen seines linken Arms stützt
er darauf, und in der linken Hand ruht verrätherisch nachdenk=
lich das schwarze Haupt mit den noch schwärzeren Gedanken,
während er dem Bassanio erklärt, was unter dem bis auf heutigen
Tag gültigen Ausdruck: „ein guter Mann" zu verstehen ist.
Wenn er die Parabel vom Erzvater Jacob und Laban's Schafen
erzählt, fühlt er sich wie versponnen in seinen eigenen Worten
und bricht plötzlich ab: „Ay, he was the third;" während einer
langen Pause scheint er dann nachzudenken über das, was er
sagen will, man sieht, wie sich die Geschichte in seinem Kopfe
allmählich rundet, und wenn er dann plötzlich, als habe er den
Leitfaden seiner Erzählung wieder aufgefunden, fortfährt: „No,
not take interest . . . ." so glaubt man nicht eine auswendig ge=
lernte Rolle, sondern eine mühsame selbsterdachte Rede zu hören.

Am Ende der Erzählung lächelt er auch wie ein Autor, der mit seiner Erfindung selbst zufrieden ist. . .

Aber das ist Alles vergebens. Die beste Beschreibung kann Ihnen Edmund Kean's Wesen nicht deutlich machen. Seine Deklamation, die Abgebrochenheiten seines Vortrags, haben ihm Viele mit Glück abgelauscht; denn der Papagei kann die Stimme des Adlers, des Königs der Lüfte, ganz täuschend nachahmen. Aber den Adlerblick, das kühne Feuer, das in die verwandte Sonne hineinschauen kann, Kean's Auge, diesen magischen Blitz, diese Zauberflamme. Das hat kein gewöhnlicher Theatervogel sich aneignen können. Nur im Auge Frederic Lemaitre's, und zwar während er den Kean spielte, entdeckte ich etwas,[73]) was mit dem Blick des wirklichen Kean die größte Aehnlichkeit hatte.

Sechstes Capitel.

Das Buch der Lieder.

(An **Varnhagen von Ense.** Lüneburg, den 21. October 1826.)

Meine ersten Flegeljahre, das „Intermezzo", die „Heimkehr" und zwei Abtheilungen von „Seebildern" werden einen schönen Band ausmachen, der Anfang und Ende meines lyrischen Jugendlebens enthält. Auch dieses bleibt unter uns, damit Maurer und Dümmler keinen Einspruch thun. Diese zwingen mich dazu. Erstere thun gar nichts und haben gar nichts für meine „Gedichte" gethan. Sie dürfen daher von jener beabsichtigten Sammlung meiner Gedichte nichts verlauten lassen. Sagen Sie mir aber, ob ich das Recht dazu habe? — Versteht sich, viele Gedichte werden fortgelassen, viele verändert und viele hinzugefügt.

(An **Friedrich Merckel.** Lüneburg, den 16. November 1826.)

Einige Freunde bringen darauf, daß ich eine auserlesene Gedichte=Sammlung, chronologisch geordnet und streng gewählt, herausgeben soll, und glauben, daß sie ebenso populär wie die Bürger'sche, Goethe'sche und Uhland'sche u. s. w. werden wird. Varnhagen giebt mir in dieser Hinsicht manche Regeln. Ich würde einen Theil meiner ersten Gedichte aufnehmen, ich darf es rechtlich thun, da mir Maurer keinen Pfennig Honorar, und zwar mit doloser Umgehung, gegeben hat; ich nehme fast das ganze „Intermezzo" — das könnte Dümmler mir nicht verargen — und dann die späteren Gedichte, wenn Campe, von dem ich keinen Schilling Honorar verlangen würde, das Buch vorlegen wollte, und nicht fürchtet, daß die „Reisebilder" dadurch beeinträchtigt werden. Wie gesagt, ich wollte für dieses Buch keinen Schilling verlangen, die Wohlfeilheit und die andren Erfordernisse des Popularwerdens wären meine einzigen Rücksichten; es wär' meine Freude, Maurern und Dümmlern zu zeigen, daß ich mir doch zu helfen weiß, und dieses Buch würde mein Hauptbuch sein und ein psychologisches Bild von mir geben, — die trüb=ernsten Jugendgedichte, das „Intermezzo" mit der „Heimkehr" verbunden, reine blühende Gedichte, z. B. die aus der „Harzreise" und einige neue, und zum Schluß die sämmtlichen kolossalen Epigramme. Hör' doch mal aus Campe heraus, ob ihm solch' ein Plan nicht mißfällt und ob er solchem Buch — es wäre keine gewöhnliche Gedichte=Sammlung — Absatz verspricht. — Ist das nicht der Fall, so wird dieser hübsche Plan aus meinem Gedächtniß gelöscht. Ich nenne ihn hübsch, weil ich noch manchen hübschen Einfall damit verbinde, indem ich, das Publikum kennend, an dessen Tagesinteressen zu knüpfen wüßte.

(An **Varnhagen von Ense.** Hamburg, den 19. October 1827.)

Das „Buch der Lieder" für Frau von Varnhagen wird wohl richtig angelangt sein. — Es ist nichts als eine tugendhafte Ausgabe meiner Gedichte. —

(An **Moses Moser.** Lüneburg, den 30. October 1827.)

Das „Buch der Lieder" ist nichts als eine Gesammt=Ausgabe meiner bekannten Gedichte... Es ist wunderschön ausgerüstet und wird wie ein harmloses Kauffahrteischiff unter dem Schutz des zweiten Reisebilderbandes ruhig ins Meer der Vergessenheit hinabsegeln. Daß letzteres Buch ein Kriegsschiff ist, das allzu viel Kanonen an Bord führt, hat der Welt schrecklich mißfallen.

*

(Paris, im Frühjahr 1837.)

Nicht ohne Befangenheit übergebe ich der Lesewelt den erneuerten Abdruck dieses Buches. Es hat mir die größte Ueberwindung gekostet; ich habe fast ein ganzes Jahr gezaudert, ehe ich mich zur flüchtigen Durchsicht desselben entschließen konnte. Bei seinem Anblick erwachte in mir all jenes Unbehagen, das mir einst vor zehn Jahren bei der ersten Publikation die Seele beklemmte. Verstehen wird diese Empfindung nur der Dichter oder Dichterling, der seine ersten Gedichte gedruckt sah. Erste Gedichte! Sie müssen auf nachläßigen, verblichenen Blättern geschrieben sein, dazwischen hie und da müssen welke Blumen liegen, oder eine blonde Locke, oder ein verfärbtes Stückchen Band, und an mancher Stelle muß noch die Spur einer Thräne sichtbar sein... Erste Gedichte aber, die gedruckt sind, grellschwarz gedruckt auf entsetzlich glattem Papier, diese haben ihren süßesten, jungfräulichen Reiz verloren und erregen bei dem Verfasser einen schauerlichen Mißmuth... Ja es sind nun zehn Jahre, seitdem diese Gedichte zuerst erschienen, und ich gebe sie wie damals in chronologischer Folge, und ganz voran ziehen wieder Lieder, die in jenen früheren Jahren gedichtet worden, als die ersten Küsse der deutschen Muse in meiner Seele brannten. Ach, die Küsse dieser guten Dirne verloren seitdem sehr viel von ihrer Gluth und Frische! Bei so langjährigem Verhältniß mußte die Inbrunst der Flitterwochen allmählich verrauchen, aber die Zärtlichkeit wurde manchmal um so herzlicher, besonders in schlechten Tagen, und da bewährte sie mir ihre ganze Liebe und Treue, die deutsche Muse! Sie tröstete mich in peinlichen Drangsalen, folgte mir ins Exil, erheiterte mich in bösen Stunden des Verzagens, ließ mich nie im Stich, sogar in Geldnoth wußte sie mir zu helfen, die deutsche Muse, die gute Dirne!

Eben so wenig wie an der Zeitfolge änderte ich an den Gedichten selbst. Nur hie und da in der ersten Abtheilung wurden einige Verse verbessert. Der Raumersparniß wegen habe ich die Dedicationen weggelassen. Doch kann ich nicht umhin, zu erwähnen, daß das „lyrische Intermezzo" einem Buche entlehnt ist, welches unter dem Titel „Tragödien" im Jahre 1823 erschien und meinem Oheim Salomon Heine zugeeignet worden. Die hohe Achtung, die ich diesem großartigen Manne zollte, sowie auch meine Dankbarkeit für die Liebe, die er mir damals bewiesen, wollte ich durch jene Widmung beurkunden...

Bescheidenen Sinnes und um Nachsicht bittend übergebe ich dem Publikum das Buch der Lieder; für die Schwäche dieser Gedichte mögen vielleicht meine politischen, theologischen und philosophischen Schriften einigen Ersatz bieten ... Bemerken muß ich jedoch, daß meine poetischen eben so gut wie meine politischen, theologischen und philosophischen Schriften einem und demselben Gedanken entsprossen sind und, daß man die einen nicht ver= dammen darf, ohne den andern allen Beifall zu entziehen ...

Die Liebe.

Das ist der alte Märchenwald,
Es duftet die Lindenblüthe!
Der wunderbare Mondenglanz
Bezaubert mein Gemüthe.

Ich ging fürbaß und wie ich ging,
Erklang es in der Höhe.
Das ist die Nachtigall, sie singt
Von Lieb' und Liebeswehe.

Sie singt von Lieb' und Liebesweh,
Von Thränen und von Lachen,
Sie jubelt so traurig, sie schluchzet so froh,
Vergessene Träume erwachen. —

Ich ging fürbaß und wie ich ging,
Da sah ich vor mir liegen
Auf freiem Platz ein großes Schloß,
Die Giebel hoch aufstiegen.

Verschlossene Fenster, überall
Ein Schweigen und ein Trauern;
Es schien als wohne der stille Tod
In diesen öden Mauern.

Dort vor dem Thor lag eine Sphinx,
Ein Zwitter von Schrecken und Lüsten,
Der Leib und die Tatzen wie ein Löw',
Ein Weib an Haupt und Brüsten.

Ein schönes Weib! Der heiße Blick,
Er sprach von wildem Begehren!
Die stummen Lippen wölbten sich
Und lächelten stilles Gewähren.

Die Nachtigall, sie sang so süß,
Ich konnt nicht widerstehen —
Und als ich küßte das holde Gesicht,
Da war es um mich geschehen.

>Lebendig ward das Marmorbild,
>Der Stein begann zu ächzen —
>Sie trank meiner Küsse lobernde Gluth
>Mit Dürsten und mit Lechzen.
>
>Sie trank mir fast den Odem aus —
>Und endlich, wollustheischend,
>Umschlang sie mich, meinen armen Leib
>Mit den Löwentatzen zerfleischend.
>
>Entzückende Marter und wonniges Weh!
>Der Schmerz, wie die Lust unermeßlich!
>Derweilen des Mundes Kuß mich beglückt,
>Verwunden die Tatzen mich gräßlich.
>
>Die Nachtigall sang: „O, schöne Sphinx!
>O, Liebe! Was soll es bedeuten,
>Daß du vermischest mit Todesqual
>All' deine Seligkeiten!
>
>O, schöne Sphinx! O, löse mir
>Das Räthsel, das wunderbare!
>Ich habe darüber nachgedacht
>Schon manche tausend Jahre."

Das hätte ich Alles sehr gut in guter Prosa sagen können ... Wenn man aber die alten Gedichte wieder durchliest, um ihnen Behufs eines erneueten Abdrucks einige Nachfeile zu ertheilen, dann überrascht einen unversehens die klingende Gewohnheit des Reims und Silbenfalls ... O, Phöbus Apollo! sind diese Verse schlecht, so wirst du mir gern verzeihen ... Denn du bist ein allwissender Gott, und du weißt sehr gut, warum ich mich seit so vielen Jahren nicht mehr vorzugsweise mit Maß und Gleichklang der Wörter beschäftigen konnte ... Du weißt, warum die Flamme, die einst in brillanten Feuerwerkspielen die Welt ergötzte, plötzlich zu weit ernsteren Bränden verwendet werden mußte ... Du weißt, warum sie jetzt in schweigender Gluth mein Herz verzehrt ... Du verstehst mich, großer, schöner Gott, der du ebenfalls die goldene Leier zuweilen vertauschtest mit dem starken Bogen und den tödtlichen Pfeilen ... Erinnerst du dich auch noch des Marsyas, den du lebendig geschunden? Es ist schon lange her und ein ähnliches Beispiel thät' wieder Noth ... Du lächelst, o, mein ewiger Vater!

(Paris, 20. Februar 1839.)

Siebentes Capitel.

Herbstreisen.

(An **Friedrich Merckel.**   Norderney, Norderney, Norderney, den 20. August 1827.)

Wie Du siehst, ich bin wieder in Norderney. Ich hörte, daß man hier sehr ungehalten gegen mich sei, mich todtschlagen wolle u. s. w. — und ich hatte nichts Eiligeres zu thun, als hierher zu kommen. „Nun, dazu gehörte Muth!" riefen mir einige alten Bekannten entgegen, als sie mich ankommen sahen. Indessen, ich glaube, ich bedarf hier keines Muthes; nur das Kommen selbst, die Verachtung aller etwa zu befürchtenden Anfechtungen, dazu gehörte Muth. Ich habe dieses Mal ein Recht zum Prahlen. — England hat mich in finanzieller Hinsicht zu Grunde gerichtet, dennoch will ich es nicht wie Walter Scott machen und ein schlechtes Buch, aber lucratives, schreiben.[74]) Ich bin der Ritter vom heiligen Geist . . . Ich hab' in Holland viel Spaß gehabt, doch eilte ich sehr, um hierher zu kommen und die Badezeit nicht zu versäumen. Ich bleibe wohl vier Wochen hier.

(Wangeroge, den 11. September 1827.)

Du siehst, ich blieb nicht in Norderney, ich habe dort Ordre hinterlassen, etwa nachkommende Briefe mir hierher zu schicken. . . . In Norderney habe ich mich wie ein Held gezeigt. Hab' ich mich etwa vor meiner Abreise von Hamburg etwas furchtsam erwiesen, so habe ich jetzt Alles reichlich gut gemacht. — Ich langweile mich hier schrecklich, bin ganz allein. —

Einmal war ich ganz allein ein paar Wochen mit dem Schul=meister, nachdem schon alle Leute weg waren, in Langerog. Endlich wurde es mir zu lang. Mein Hauptgepäck hätte ich schon früher abgeschickt, und nun wollte ich mit einem Male mit meinem Bündel fort über Wangeroge, durch Oldenburg nach Hamburg. Es vergingen aber Tage, ehe ein Schiff kam. Ich ließ mich nach dem ersten Schiff, das kam, hinrudern, und saß nun auf

dem Schiffe. Indeß wir hatten Windstille und der Kapitän
konnte nicht in See und wollte nicht ans Land. So blieben
wir immer an der Küste liegen, bis ich's nicht mehr aushielt,
und die Ebbe benutzte, und mit meinem Bündel auf dem Kopfe
das ganze Ende bis ans Land zu Fuß durch's Meer ging.
Nachdem war ich wieder einmal allein mit dem Schulmeister in
Langerog; da haben sie mich in die Siebels gefahren. Gott,
ist das ein merkwürdiges Leben! — Wenn ich das alles damals
hätte in Gedichten beschreiben wollen, hätt's keiner verstanden,
eben weil sie es nicht kannten. — Uebrigens kommt es mir selbst
unglaublich vor, wenn ich jetzt daran denke, daß ich, mit meinem
Bündel auf dem Kopfe, die Fluth zuletzt dicht hinter mir, zu Fuß
durch die Nordsee gegangen bin.

* * *

(An **Varnhagen von Ense.** Hamburg, den 19. Oktober 1827.)

Ich war, nachdem ich Frau v. Varnhagens Responsum er=
halten, schon im Begriff zu Ihnen zu reisen, alle Verfügungen
dazu waren schon getroffen, als ich einen Brief aus München
erhielt, der mich kurz bestimmte, dorthin zu reisen.[75]) Schon längst
hatte man mich hingewünscht. Jetzt verspricht man mir Holland
und Brabant. Auf jeden Fall finde ich dort Ruhe, das ist mir
jetzt die Hauptsache. Januar 1828 erscheinen die „politischen
Annalen" in München unter der Redaction Ihres Freundes
Heine und des Dr. Lindner. Dieses wird den Leuten das erste
Zeichen sein, was es bedeutet, daß ich in München bin. Ueber
diesen Punkt nächstens mehr. Ich habe diese Redaction ange=
nommen, weil ich überzeugt war, Sie sind nicht bloß damit zu=
frieden, sondern auch darüber erfreut. Die Tendenz sehen Sie
wohl voraus. — In einigen Tagen reise ich nach München;
unterwegs schreibe ich Ihnen . . .

Der dritte Band der Reisebilder soll erscheinen — sobald
ich ihn geschrieben habe. Noch bin ich jung, noch hab' ich keine
hungernde Frau und Kinder — ich werde daher noch frei
sprechen. Frau von Varnhagen soll zufrieden sein. Ich möchte
der lieben Freundin einen Brief schreiben, lang wie die Welt, weit=
schweifig und unerträglich wie mein eigenes Leben, aber — ich
bin im Begriff diesen Morgen eine Frau zu besuchen, die ich
in elf Jahren nicht gesehen habe und der man nachsagt, ich sei
einst verliebt in sie gewesen. Sie heißt Madame Friedländer

aus Königsberg, so zu sagen eine Cousine von mir. Den Gatten ihrer Wahl hab' ich schon gestern gesehen zum Vorgeschmack. Die gute Frau hat sich sehr geeilt, und ist gestern just an dem Tage angelangt, wo auch die neue Ausgabe meiner „Jungen Leiden" von Hoffmann Campe ausgegeben worden ist. — Die Welt ist dumm und fade und unerquicklich und riecht nach vertrockneten Veilchen.

Ich aber bin Herausgeber der „Politischen Annalen"; außerdem bin ich fest überzeugt, daß die Esel, wenn sie unter sich sind und sich ausschimpfen wollen, so schimpfen sie sich: „Mensch".

Aergert Dich Dein Auge, so reiß es aus; ärgert Dich Deine Hand, so haue sie ab; ärgert Dich Deine Zunge, so schneide sie ab... Im neuen Bedlam in London habe ich einen wahnsinnigen Politiker gesprochen, der mir geheimnißvoll vertraut hat, der liebe Gott sei eigentlich ein russischer Spion. — Der Kerl soll Mitarbeiter werden bei meinen „Politischen Annalen"...

(An **Varnhagen von Ense.** Lüneburg, den 30. Oktober 1827.)

Ich bin im Begriff von hier abzureisen (ich traue den Hannoveranern nicht sonderlich) und werde in Cassel einige Tage verweilen. Ueber Frankfurt am Main reise ich nach München. Sonnabend erst verließ ich Hamburg, mich plötzlich losreißend aus spaßhaften Verhältnissen. Es heißt dort, ich sei in die Schauspielerin Peche verliebt, sterbensverliebt. Zwei Leute wissen, daß es nicht der Fall sein kann — ich und Frau von Varnhagen. — Man will (in Berlin) wissen, Wolfgang Goethe spräche mißfällig von mir; das würde Frau von Varnhagen leid thun.[76]

*   *
*

Man hatte mir gesagt, daß (Ludwig Börne) noch immer in Frankfurt lebe und als ich Anno 1827 durch diese Stadt reisen mußte, um mich nach München zu begeben, hat ich mir bestimmt vorgenommen, dem Doktor Börne in seiner Behausung meinen Besuch abzustatten. Dies gelang mir, aber nicht ohne vieles Umherfragen und Fehlsuchen; überall wo ich mich nach ihm erkundigte, sah man mich ganz befremdlich an, und man schien in seinem Wohnorte ihn entweder wenig zu kennen oder sich noch weniger um ihn zu kümmern...

Ich hatte Mühe, den Mann wiederzuerkennen, dessen früheres Aussehen mir noch lebhaft im Gedächtnisse schwebt. Keine Spur mehr von vornehmer Unzufriedenheit und stolzer Verdüsterung. Ich sah jetzt ein zufriedenes Männchen, sehr schmächtig, aber nicht krank, ein kleines Köpfchen mit schwarzen glatten Härchen, auf den Wangen sogar ein Stück Röthe, die lichtbraunen Augen sehr munter, Gemüthlichkeit in jedem Blick, in jeder Bewegung, auch im Tone. Er empfing mich mit Herzlichkeit und Liebe, es vergingen keine drei Minuten und wir geriethen in's vertraulichste Gespräch. Wovon wir zuerst redeten? Wenn Köchinnen zusammen kommen, sprechen sie von ihrer Herrschaft, und wenn deutsche Schriftsteller zusammen kommen, sprechen sie von ihren Verlegern. Unsere Conversation begann daher mit Cotta und Campe, und als ich nach einigen gebräuchlichen Klagen die guten Eigenschaften des letzteren eingestand, vertraute mir Börne, daß er mit einer Herausgabe seiner sämmtlichen Schriften schwanger gehe und für dieses Unternehmen sich den Campe merken wolle. Ich konnte nämlich von Julius Campe versichern, daß er kein gewöhnlicher Buchhändler sei, der mit dem Edlen, Schönen, Großen nur Geschäfte machen und eine gute Conjunctur benutzen will, sondern daß er manchmal das Große, Schöne, Edle unter sehr ungünstigen Conjuncturen druckt und wirklich sehr schlechte Geschäfte damit macht. Auf solche Worte horchte Börne mit beiden Ohren, und sie haben ihn späterhin veranlaßt, nach Hamburg zu reisen und sich mit dem Verleger der „Reisebilder" über eine Herausgabe seiner sämmtlichen Schriften zu verständigen. Sobald die Verleger abgethan sind, beginnen die wechselseitigen Complimente zwischen zwei Schriftstellern, die sich zum ersten Male sprechen. Ich übergehe, was Börne über meine Vorzüglichkeit äußerte und erwähne nur den leisen Tadel, den er bisweilen in den schäumenden Kelch des Lobes einträufeln ließ. Er hatte nämlich kurz vorher den zweiten Theil der „Reisebilder" gelesen und vermeinte, daß ich von Gott, welcher Himmel und Erde erschaffen und doch so weise die Welt regiere mit zu wenig Reverenz, hingegen von dem Napoleon, welcher doch nur ein sterblicher Despot gewesen, mit übertriebener Ehrfurcht gesprochen habe . . .

Das Werk von Wolfgang Menzel war eben erschienen, und Börne freute sich kindisch, daß jemand gekommen sei, der den

Muth zeige, so rücksichtslos gegen Goethe aufzutreten. „Der Respekt", setzte er naiv hinzu, „hat mich immer davon abgehalten, dergleichen öffentlich auszusprechen. Der Menzel, der hat Muth, der ist ein ehrlicher Mann und ein Gelehrter; den müssen Sie kennen lernen, an dem werden wir noch viele Freude erleben; der hat viel Courage; der ist ein grundehrlicher Mann und ein großer Gelehrter!" Auf dieses Thema kam er noch oft zurück; ich mußte ihm versprechen, in Stuttgart den Menzel zu besuchen, und er schrieb mir gleich zu diesem Behufe eine Empfehlungskarte und ich höre ihn noch eifrig hinzusetzen: Der hat Muth, außerordentlich viel Courage; der ist ein braver, grundehrlicher Mann und ein großer Gelehrter! . . .

. . Mit drolliger Güte brang er mir das Versprechen ab, ihm drei Tage meines Lebens zu schenken; er (Börne) ließ mich nicht mehr von sich und ich mußte mit ihm in der Stadt herumlaufen, allerlei Freunde besuchen, auch Freundinnen, z. B. Madame Wohl auf dem Wollgraben.[77])

Ich erinnere mich, daß sie ihren Freund in große Verlegenheit setzte, als sie ausplaudern wollte, was er ihr bei unserm Eintritt in's Ohr geflüstert; Börne ward roth wie ein Mädchen, als sie trotz seiner Bitten mir verrieth, er habe sich geäußert: mein Besuch sei für ihn eine größere Ehre, als wenn ihn Goethe besucht hätte. Wenn ich jetzt bedenke, wie schlecht er schon damals von Goethe dachte, so darf ich mir jene Aeußerung nicht als ein allzugroßes Compliment annehmen.

Nachdem Börne mir Madame Wohl auf dem Wollgraben gezeigt, wollte er mich auch die übrigen Merkwürdigkeiten Frankfurts sehen lassen und vergnügt . . lief er mir zur Seite, als wir durch die Straßen wanderten . . . Börne schien damals . . . im Zenithe des Wohlbehagens zu stehen: „Ich bin zu gesund und kann nichts mehr schreiben," klagte er im Scherz, vielleicht auch im Ernst. „Er hat mich bis zur Dummheit kurirt," sagte Börne von seinem Arzte, zu welchem er mich führte und in dessen Haus ich auch mit ihm speiste.

Die Gegenstände, womit Börne in zufällige Berührung kam, gaben seinem Geiste nicht blos die nächste Beschäftigung, sondern wirkte auch unmittelbar auf die Stimmung seines Geistes und mit ihrem Wechsel stand seine gute oder schlechte Laune in unmittelbarer Verbindung. . . Als wir durch das Judenquartier

gingen, schienen die schwarzen Häuser ihre finsteren Schatten in
sein Gemüth zu gießen, — in der That, die Häuser jener
Straße sahen mich an, als wollten sie mir betrübsame Ge=
schichten erzählen, Geschichten, die man wohl weiß, aber nicht
wissen will, oder lieber vergäße, als daß man sie ins Gedächtniß
zurückriefe... Aus leicht begreiflichen Gründen übergehe ich die
Bemerkungen, die mein Begleiter in bitterster Fülle losließ, als
wir auf unsrer Wanderung in dem Weichbilde Frankfurts
dem Hause vorbeigingen, wo der Bundestag seine Sitzungen
hält.. Von der Ecke der Schnurstraße bis zur Börse mußten
wir uns durchdrängen; hier fließt die goldene Ader der Stadt...
Eine Strecke weiter, am Ausgang der Saalgasse, erfreuten wir
uns einer viel angenehmern Begegnung. Wir sahen nämlich
einen Rudel Knaben, welche aus der Schule kamen, hübsche
Jungen mit rosigen Gesichtchen, einen Pack Bücher unterm Arm...

Als wir über den Römerberg kamen, wollte Börne mich in
die alte Kaiserburg hinaufführen, um dort die goldene Bulle zu
betrachten... Ich übergehe hier ebenfalls die bitteren Neben=
bemerkungen. Es gab ein Thema, das man nur zu berühren
brauchte, um die wildesten und schmerzlichsten Gedanken, die in
Börne's Seele lauerten, hervorzurufen. Dieses Thema war
Deutschland und der politische Zustand des deutschen Volkes.
Börne war Patriot vom Wirbel bis zur Zehe, und das Vater=
land war seine ganze Liebe. Als wir denselben Abend wieder
durch die Judengasse gingen und das Gespräch über die In=
sassen derselben wieder anknüpften, sprudelte die Quelle des
Börne'schen Geistes um so heiterer, da auch jene Straße, die
am Tage einen düstern Anblick gewährte, jetzt aufs fröhlichste
illuminirt war, und die Kinder Israel, an jenem Abend ihr
lustiges Lampenfest feierten... Ich kann nicht umhin, bei dieser
Gelegenheit zu erwähnen, daß mich Börne während meines
Aufenthalts in Frankfurt einlud, bei einem seiner Freunde
zu Mittag zu speisen und zwar, weil derselbe, in ge=
treuer Beharrniß an jüdischen Gebräuchen, nur die berühmte
Schaletspeise vorsetzen werde; und in der That, ich erfreute mich
dort jenes Gerichtes, das vielleicht noch aegyptischen Ursprungs
und alt wie die Pyramiden ist... Auch nach Bornheim sind wir
miteinander hinausgefahren, am Sabbath, um dort Kaffee zu trinken
und die Töchter Israels zu betrachten... Es waren schöne

Mädchen und rochen nach Schalet, allerliebst. Börne zwinkerte mit den Augen. In diesem geheimnißvollen Zwinkern, in diesem unsicher lüsternen Zwinkern, das sich vor der innern Stimme fürchtet, lag die ganze Verschiedenheit unserer Gefühlsweise. . . Schon damals in Frankfurt harmonirten wir nur im Gebiete der Politik, keineswegs in den Gebieten der Philosophie, oder der Kunst oder der Natur die ihm sämmtlich verschlossen waren. Wir waren überhaupt von entgegengesetztem Wesen und diese Verschiedenheit wurzelte am Ende vielleicht nicht blos in unserer moralischen, sondern auch physischen Natur. . .

Die drei Tage, welche ich in Frankfurt in Börne's Gesell=
schaft zubrachte, verflossen in fast idyllischer Friedsamkeit; er bestrebte sich angelegentlichst, mir zu gefallen. . Er war harmlos wie ein Kind; bis zum letzten Augenblick meines Aufenthalts in Frankfurt lief er gemüthlich neben mir einher, mir an den Augen ablauschend, ob er mir vielleicht irgend eine Liebe erweisen könne. Er wußte, daß ich auf Veranlassung des alten Baron Cotta nach München reiste, um dort die Redaction der „Politischen Annalen" zu übernehmen und auch einigen projectirten literarischen In=
stituten meine Thätigkeit zu widmen. Es galt damals für die liberale Presse jene Organe zu schaffen, die späterhin so heil=
samen Einfluß üben könnten. Männiglich bekannt sind die giftigen Jämmerlichkeiten, welche die ultramontane aristokratische Propaganda gegen mich und meine Freunde ausübte.

„Hüten Sie sich, in München mit den Pfaffen zu collidiren!" waren die letzten Worte, welche mir Börne beim Abschied in's Ohr flüsterte. Als ich schon im Coupé des Postwagens saß, blickte er mir noch lange nach, wehmüthig, wie ein alter See=
mann, der sich auf's feste Land zurückgezogen hat und sich von Mitleid bewegt fühlt, wenn er einen jungen Fant sieht, der sich das erste Mal auf's Meer begiebt. . . . Der Alte glaubte da=
mals, dem tückischen Elemente auf ewig Valet gesagt zu haben und den Rest seiner Tage im sicheren Hafen beschließen zu können. Armer Mann! Die Götter wollten ihm diese Ruhe nicht gönnen! Er mußte bald wieder hinaus auf die hohe See, und dort be=
gegneten sich unsere Schiffe, während jener furchtbare Sturm wüthete, worin er zu Grunde ging. Wie das heulte, wie das krachte! Beim Licht der gelben Blitze, die aus dem schwarzen Gewölk herabschossen, konnte ich genau sehen, wie Muth und

Sorge auf dem Gesichte des Mannes schmerzlich wechselten! Er stand am Steuer seines Schiffes und trotzte den Wellen, die ihn manchmal zu verschlingen drohten, manchmal ihn nur kleinlich bespritzten und durchnäßten, was einen so kummervollen und zugleich komischen Anblick gewährte, daß man darüber weinen und lachen konnte. Armer Mann! Sein Schiff war ohne Anker und sein Herz ohne Hoffnung... Ich sah, wie der Mast brach, wie die Winde das Tauwerk zerrissen... ich sah, wie er die Hand nach mir ausstreckte... Ich durfte sie nicht erfassen; ich durfte die kostbare Ladung, die heiligen Schätze, die mir anvertraut, nicht dem sicheren Verderben preisgeben... Ich trug am Bord meines Schiffes die Götter der Zukunft.

Achtes Capitel.

Die Politischen Annalen.

(An Varnhagen v. Ense.)   Endlich München, ungefähr den 28. Nov. 1828.)

Hier bin ich vor einigen Tagen angekommen. Cotta, der einen Tag länger hier geblieben ist, um mich zu erwarten, ist bereits nach Stuttgart zurückgereist. Seine Frau ist eine liebenswürdige Dame, sie liest mit Vergnügen meine Verse, und ich gefalle ihr auch persönlich. — Es sieht hier so aus, wie ich es erwartete, nämlich herzlich schlecht. Die Leute sind besorgt, daß es mir nicht gefalle, und wissen nicht, daß ich eigentlich nur ein stilles Zimmer in der Welt suche. Ich will mich in mich in mich selbst zurückziehen und viel schreiben.

In Kassel war ich 8 Tage. Jakob Grimm, dem ich zu gefallen scheine, .. arbeitet an der Geschichte des deutschen Rechts! Ludwig Grimm hat mich gezeichnet, ein langes, deutsches Gesicht, die Augen sehnsuchtsvoll gen Himmel gerichtet.[78]) — In Frankfurt habe 3 Tage mit Börne zusammengelebt. Sprachen viel von Frau von Varnhagen. Ich hätte nie geglaubt, daß Börne so viel von mir hielte; wir waren inséparable bis zum Augenblick, wo er mich zur Post brachte. Hiernächst sah ich auf der ganzen

Reise Niemand, außer Menzel in Stuttgart. Die edlen Sänger dort hab' ich nicht gesehn. Menzels Buch über Literatur hat viel Schönes.

(An **Julius Campe**.   München, den 1. Dezember 1827.)

Die „Annalen" redigire ich mit Dr. Lindner, sowie ich auch einige Hauptartikel des „Auslandes" redigire. Seien Sie ohne Sorge, der dritte „Reisebilder"=Band leidet nicht darunter, und ihm sollen meine besten Stunden gewidmet sein. Wären nicht dergleichen Rücksichten gewesen, so hätte ich mich vielleicht be= schwätzen lassen, das „Morgenblatt", dessen Redacteur eben ge= storben, oder die Hauptredaction des „Auslandes" zu übernehmen und dabei sehr, sehr viel Geld zu verdienen. Aber ich will frei sein, und wenn das Klima wirklich so fürchterlich ist, wie man mir droht, will ich nicht gefesselt sein; finde ich meine Gesundheit gefährdet, so packe ich meinen Koffer und reise nach Italien. Ich werde nirgends verhungern, an Ehrenbezeugungen 2c. liegt mir wenig, ich will am Leben bleiben. . . Ueberall auf meiner Reise fand ich die „Reisebilder" en vogue, überall Enthusiasmus, Klage und Staunen, und ich hätte wirklich nicht geglaubt, schon so berühmt zu sein. Das hab' ich zwei Menschen zu verdanken: dem H. Heine und dem Julius Campe. Diese Beiden sollen auch zusammenhalten. Ich wenigstens werde so leicht nicht aus Verbesserungssucht und Gewinnsucht mich umändern. Ich denke, wir werden alt zusammen werden und uns immer verstehen. Nehmen Sie jetzt, wo ich doch unabhängiger als früher situirt bin, meine Versicherung unwandelbarer Gesinnung. Ich bin jetzt mit Ihnen zufrieden — doch ich schreibe heut confus, ich wollte eigentlich sagen, daß ich eben jetzt, wo ich berühmt geworden, das Schicksal deutscher Schriftsteller befürchte, nämlich frühes Hinsterben.

(An **Friedrich Merckel**.   München, Sylvesterabend 1827.)

Willst du Mord und Todtschlag verhindern, so geh' zu Campe und sage ihm, daß er alle Briefe, die für mich bei ihm ankommen mögen, auf keinen Fall an meinen Bruder Gustav geben soll. Denk dir, dieser, auf dein Beispiel sich berufend, hat die Impertinenz gehabt, Briefe, die ihm Campe für mich gegeben hat, zu erbrechen und mir — den Inhalt zu schreiben.

Ich berste vor Wuth. Mein Bruder, dem ich nicht die Geheimnisse meiner Katze, viel weniger die meiner Seele anvertraue! —

Das Klima hier tödtet mich, sonst aber gefällt es mir gut. Bin gut bewahrt. Der König ein netter Mensch. Liest mit Theilnahme die „Politischen Annalen", wie er sagt. In acht Tagen erscheint das erste Heft der „Annalen, herausgegeben von Heine und Lindner." Es ist ein kleiner Aufsatz drin von mir über Freiheit und Gleichheit.[79])

München ist eine Stadt, gebaut von dem Volke selbst, und zwar von aufeinander folgenden Generationen, deren Geist noch immer in ihren Bauwerken sichtbar, so daß man dort, wie in der Hexenszene des Macbeth, eine chronologische Geisterreihe erblickt, von dem dunkelrothen Geiste des Mittelalters, der geharnischt aus gothischen Kirchenpforten hervortritt, bis auf den gebildet lichten Geist unserer eigenen Zeit, der uns einen Spiegel entgegenhält, worin jeder sich selbst mit Vergnügen anschaut. In dieser Reihenfolge liegt eben das Versöhnende; das Barbarische empört uns nicht mehr, und das Abgeschmackte verletzt uns nicht mehr, wenn wir es als Anfänge und nothwendige Uebergänge betrachten. Wir sind ernst, aber nicht unmuthig bei dem Anblick des barbarischen Doms, der sich noch immer in stiefelknechtlicher Gestalt über die ganze Stadt erhebt und die Schatten und Gespenster des Mittelalters in seinem Schoße verbirgt. Mit ebenso wenig Unmuth, ja sogar mit spaßhafter Rührung betrachten wir die haarbeuteligen Schlösser der späteren Periode, die plump deutschen Nachäffungen der glatt französischen Unnatur, die Prachtgebäude der Abgeschmacktheit, toll schnörkelhaft von außen, von innen noch putziger dekorirt mit schreiend bunten Allegorien, vergoldeten Arabesken, Stukkaturen, und jenen Schildereien, worauf die selbigen hohen Herrschaften abconterfeit sind. Wie gesagt, dieser Anblick verstimmt uns nicht, er trägt vielmehr dazu bei, uns die Gegenwart und ihren lichten Werth recht lebhaft fühlen zu lassen, und wenn wir die neuen Werke betrachten, die sich neben den alten erheben, so ist's, als würde uns eine schwere Perrücke vom Haupte genommen und das Herz befreit von stählerner Fessel. Ich spreche hier von den heiteren Kunsttempeln und edlen Palästen, die in kühner Fülle hervorblühen aus dem Geiste

Klenze's, des großen Meisters.⁸⁰) ... Daß man aber die ganze Stadt ein neues Athen nennt, ist, unter uns gesagt, etwas ridikül, und es kostet mich viele Mühe, wenn ich sie in solcher Qualität vertreten soll.

* * *

(An **Wolfgang Menzel**. München, den 19. Januar 1828.)

Das Leben hier ist sehr angenehm, und wenn Sie eine gute Brust haben, und sonst das Klima zu vertragen glauben, rathe ich herzukommen. Kommen Sie wenigstens mal zum Besuch. Kneipen Sie bei mir, ich kann Sie bei mir beherbergen, und seien Sie mein Gastfreund in München, wie ich der Ihrige in Stuttgart. Wenn einst unsere Nachkommen in einer literarischen Schlacht sich gegenübertreffen, tauschen sie vielleicht die Rüstungen wie Glaukos und Diomedes, und ich denke, mein Enkel wird dabei Profit machen. Leben Sie wohl und bleiben mir gewogen.

(An **Friedrich Merckel**. München, den 14. März 1828.)

Ich danke Dir für Deine Berichtungen, absonderlich die Therese Heine'schen. Ich habe die Nachricht der Verlobung dieser Verwandten bloß von meinen Eltern und Dir erhalten.⁸¹) Treibe doch meinen Bruder [Gustav], daß er mir schreibe, bald, bald; ich weiß, er hat mir nöthiges mitzutheilen.

(An **Varnhagen v. Ense**. München, den 12. Februar 1828.)

Cotta behandelt mich sehr genereuse. Bis Juli hab' ich mich ihm verpflichtet, und zwar giebt er mir 100 Karolin für dieses halbe Jahr.

Nach Hamburg werde ich nie in diesem Leben zurückkehren; es sind mir Dinge von der äußersten Bitterkeit dort passirt, sie wären auch nicht zu ertragen gewesen, ohne den Umstand: daß nur ich sie weiß. —

Ich werde hier sehr ernsthaft, fast deutsch; ich glaube, das thut das Bier. Oft habe ich Sehnsucht nach der Hauptstadt, nämlich Berlin. Wenn ich mal gesund bin, will ich suchen, ob ich dort nicht leben kann. Ich bin in Bayern ein Preuße geworden. Mit welchen Menschen dort rathen Sie mir in Verbindung zu treten, um eine gute Rückkehr einzuleiten? —

(An **Wolfgang Menzel**. München, den 16. April 1828.)

Ach Menzel! wie ennuyant ist — unsre Aufsätze abgerechnet — der ganze Inhalt der „Annalen!" Ich habe mich überzeugt, daß die Deutschen keinen Sinn für Politik haben — da gar keine guten politischen Federn aufzutreiben sind. Bin noch immer krank, und sehne mich nach Italien. Schreibe blutwenig. — Kolb⁸²) kann Ihnen sagen, wie's mir geht. Hier sieht es schlecht aus. Ein Meer von kleinen Seelen und schlechtes Klima.

(München, den 12. Mai 1828.)

Wenn ich noch nicht gegen Sie aufgetreten, wahrlich, so geschah es nicht aus Mangel an gutem Willen, sondern weil ich überhaupt hier noch zu nichts Vernünftigem gekommen. Aber, da geb' ich Ihnen mein Ehrenwort drauf, entgehen werden Sie mir nicht. Diesen Winter war ich fast kopftodt und jetzt zerstreut mich der Münchener Frühling. Ich will mich daher, in 14 Tagen, ins Gebirge zur thätigen Einsamkeit zurückziehen. Ueber München wäre viel zu schreiben. Kleingeisterei von der großartigsten Art. Schelling und Görres hab' ich noch nicht gesprochen. Desto mehr sehe ich die zwei großen Lichter des Tages, die Dioskuren am Sternenhimmel der hiesigen Poesie, M. Beer und E. Schenk. Ueber des ersteren Tragödie habe ich im „Morgenblatt"⁸³) Bericht erstattet und der Welt gezeigt, wie wenig ich ihn beneide, wie wenig mich sein Ruhm pikirt — aber die böse Welt hat die Sache schief genommen und nennt es eine Mystifikation des Publikums; ich habe für meine Gutmüthigkeit leiden müssen.

(An **Johann Friedrich von Cotta**.)

Nach dem, was ich Ihnen gestern mitgetheilt, begreifen Sie leicht, daß mir viel daran gelegen ist, die beikommenden drei Bücher so bald als möglich in des Königs Hände zu befördern.⁸⁴) Bitte, vergessen Sie nicht, sie mitzunehmen, wenn Sie zum Könige gehen; es käme mir auch sehr zu gute, wenn Sie ihm andeuten wollten: der Verfasser selbst sei viel milder, besser, und vielleicht jetzt auch ganz anders, als seine früheren Werke. Ich denke, der König ist weise genug, die Klinge nur nach ihrer Schärfe zu schätzen, und nicht nach dem etwa guten oder schlimmen Gebrauch, der schon davon gemacht worden. Entschuldigen Sie, wenn ich Sie überbillig belästige; aber mein Hierbleiben hängt so sehr davon ab.

(An **Wolfgang Menzel**.) München, den 16. Juli 1828.)

Ich bin im Begriff ins Gebirge zu reisen, dort hab ich Muße und schreib' Ihnen vielleicht über das hiesige Leben! Ach! könnt' ich nur dazu beitragen, Sie hierherzuziehen! Sie haben hier Verehrer und würden das hiesige Leben goutiren.

* * *

Es war damals Winter in meiner Seele, Gedanken und Gefühle waren wie eingeschneit, es war mir so verdorrt und todt zu Muthe, dazu kam die leidige Politik, die Trauer um ein liebes gestorbenes Kind,[85]) und ein alter Nachärger und der Schnupfen. Außerdem trank ich viel Bier, weil man mich versicherte, das gäbe leichtes Blut. Doch der beste attische Breihahn wollte nicht fruchten bei mir, da ich mich in England schon an Porter gewöhnt hatte.

Endlich kam der Tag, wo alles ganz anders wurde. Die Sonne brach hervor aus dem Himmel und tränkte die Erde, das alte Kind, mit ihrer Strahlenmilch, die Berge schauerten vor Lust und ihre Schneethränen flossen gewaltig, es krachten und brachen die Eisdecken der Seen, die Erde schlug die blauen Augen auf, aus ihrem Busen quollen hervor die liebenden Blumen und die klingenden Wälder, die grünen Paläste der Nachtigallen, die ganze Natur lächelte, und dieses Lächeln hieß Frühling. Da begann auch in mir ein neuer Frühling, neue Blumen sproßten aus dem Herzen, Freiheitsgefühle, wie Rosen, schossen hervor, auch heimliches Sehnen, wie junge Veilchen, dazwischen freilich manch' unnütze Nessel. Ueber die Gräber meiner Wünsche zog die Hoffnung wieder ihr heiteres Grün, auch die Melodien der Poesie kamen wieder, wie Zugvögel, die den Winter im warmen Süden verbracht und das verlassene Nest im Norden wieder aufsuchen und das verlassene nordische Herz klang und blühte wieder wie vormals — nur weiß ich nicht, wie das alles kam. Ist es eine braune oder blonde Sonne gewesen, die den Frühling in meinem Herzen aufs neue geweckt, und all' die schlafenden Blumen in diesem Herzen wieder auf=

geküßt und die Nachtigallen wieder hineingelächelt? War es die wahlverwandte Natur selbst, die in meiner Brust ihr Echo suchte und sich gern darin spiegelte mit ihrem neuen Frühlings= glanz? Ich weiß nicht, aber ich glaube, auf der Terrasse zu Bogenhausen, im Angesicht der Tiroler Alpen, geschah meinem Herzen solch' neue Verzauberung. Wenn ich dort in Gedanken saß, war mir's oft, als sehe ich ein wunderschönes Jünglings= antlitz über jene Berge hervorlaufen, und ich wünschte mir Flügel, um hinzueilen nach seinem Residenzland Italien. Ich fühlte mich auch oft angeweht von Citronen= und Orangendüften, die von den Bergen herüberwogten, schmeichelnd und verheißend, um mich hinzulocken nach Italien. Einst sogar, in der goldenen Abenddämmerung, sah ich auf der Spitze einer Alpe ihn ganz und gar, lebensgroß, den jungen Frühlingsgott, Blumen und Lorberen umkränzten das freudige Haupt, und mit lachendem Auge und blühendem Munde rief er: Ich liebe dich, komm zu mir nach Italien!

Neuntes Capitel.

Die italienische Reise.

Während die Sonne immer schöner und herrlicher aus dem Himmel hervorblühte und Berg und Burgen mit Goldschleiern umkleidete, wurde es auch in meinem Herzen immer heißer und leuchtender, ich hatte wieder die ganze Brust voll Blumen, und diese sproßten hervor und wuchsen mir gewaltig über den Kopf, und durch die eigenen Herzblumen hindurch lächelte wieder himm= lisch die schöne Spinnerin. Befangen in solchen Träumen, selbst ein Traum, kam ich nach Italien, und da ich während der Reise schon ziemlich vergessen hatte, daß ich dorthin reiste, so erschrak ich fast, als mich all' die großen italienischen Augen ansahen, und das buntverwirrte italienische Leben mir leibhaftig, heiß und summend entgegenströmte. . .

* * *

(An **Eduard von Schenk**.) Livorno, den 27. August 1828.)

Was ich über Italien denke, werden Sie spät oder früh gedruckt lesen. Der Mangel an Kenntniß der italienischen Sprache quält mich sehr. Ich versteh' die Leute nicht und kann nicht mit ihnen sprechen. Ich sehe Italien, aber ich höre es nicht. Dennoch bin ich oft nicht ganz ohne Unterhaltung. Hier sprechen die Steine, und ich verstehe ihre stumme Sprache. Auch sie scheinen tief zu fühlen, was ich denke. So eine abgebrochene Säule aus der Römerzeit, so ein zerbröckelter Longobardenthurm, so ein verwittertes gothisches Pfeilerstück versteht mich recht gut. Bin ich doch selbst eine Ruine, die unter Ruinen wandelt. Gleich und Gleich versteht sich schon. Manchmal zwar wollen mir die alten Paläste etwas Heimliches zuflüstern, ich kann sie nicht hören vor dem dumpfen Tagesgeräusch; dann komme ich des Nachts wieder, und der Mond ist ein guter Dolmetsch, der den Lapidarstyl versteht und in den Dialekt meines Herzens zu übersetzen weiß. Ja, des Nachts kann ich Italien ganz verstehen, dann schläft das junge Volk mit seiner jungen Opernsprache, und die Alten steigen aus ihren kühlen Betten und sprechen mit mir das schönste Latein. Es hat etwas Gespenstisches, wenn man nach einem Lande kommt, wo man die lebende Sprache und das lebende Volk nicht versteht, und statt dessen ganz genau die Sprache kennt, die vor einem Jahrtausend dort geblüht und, längst verstorben, nur noch von mitternächtlichen Geistern geredet wird, eine todte Sprache.

Indessen, es giebt eine Sprache, womit man von Lappland bis Japan bei der Hälfte des menschlichen Geschlechtes sich verständlich machen kann. Und es ist die schönere Hälfte, die man par excellence das schönere Geschlecht nennt. Diese Sprache blüht in Italien ganz besonders. Wozu Worte, wo solche Augen mit ihrer Beredtsamkeit einem armen Tedesco so tief ins Herz hineinglänzen, Augen, die besser sprechen als Demosthenes und Cicero, Augen — ich lüge nicht — die so groß sind wie Sterne in Lebensgröße...

(An **Moses Moser**.) Bagni di Lucca, den 6. September 1828.)

Diesen Brief erhältst Du aus den Bädern von Lucca, wo ich jetzt bade, mit schönen Frauen schwatze, die Apenninen erklettere und tausenderlei Thorheiten begehe. Ich hätte Dir viel zu schreiben, aber ich sehe mit Entsetzen, daß das Papier fließt. — Ich werde noch 14 Tage hier bleiben, dann gehe ich nach Florenz, Bologna, Venedig. — Ich denke viel an Dich, und finde es Unrecht, daß Du mir nicht in München geantwortet. In München habe ich ein köstliches Leben geführt, und werde mit Freuden dorthin zurückkehren und immer dableiben. Während der letzten Wochen meines dortigen Aufenthalts habe ich mich von einem der besten Porträtmaler abconterfeien lassen, und da ich rasch abreiste, gab ich ihm Deine Adresse und die Ordre, das Bild an Dich nach Berlin zu schicken. Wahrscheinlich hast Du es jetzt schon erhalten. Es ist für meine Eltern in Hamburg bestimmt, und ich ließ es über Berlin reisen, damit Du und die Freunde dort es sehen könnten...[86]) Cotta quält mich, anstatt der „Politischen Annalen" ein neues Journal zu begründen. Ich weiß noch nicht, was ich thue. Ich habe keine Freunde, auf deren literarische Unterstützung ich mich verlassen könnte. Ich stehe allein. Vorderhand will ich mich noch etwas in Italien herum amüsiren. Ich lebe viel und schreibe wenig. Ich lese die schönsten Gedichte, sogar Heldengedichte. In Genua hat ein Schurke bei der Madonna geschworen, mich zu erstechen; die Polizei sogar sagte mir, solche Leute hielten gewissenhaft ihr Wort, und rieth mir, gleich abzureisen — ich blieb aber sechs Tage, und ging, wie gewöhnlich, des Nachts am Meer spazieren. — Ich lese alle Abend im Plutarch und ich sollte mich vor einem modernen Meuchelmörder fürchten?.. Wenn ich nach Deutschland zurückkehre, will ich den dritten Band der „Reisebilder" herausgeben. Man glaubt in München, ich würde jetzt nicht mehr so sehr gegen den Adel losziehen, da ich im Foyer des Noblesse lebe, und die liebenswürdigsten Aristokratinnen liebe — und von ihnen geliebt werde. Aber man irrt sich. Meine Liebe für Menschengleichheit, mein Haß gegen Clerus war nie stärker wie jetzt, ich werde fast dadurch einseitig. Aber eben um zu handeln, muß der Mensch einseitig sein. Das deutsche Volk und Moser werden eben wegen ihrer Vielseitigkeit nie zum Handeln kommen.

(An **Salomon Heine.** Lucca, den 15. September 1828.)

Diesen Brief erhalten Sie aus den Bädern von Lucca auf den Apenninen, wo ich seit vierzehn Tagen bade. Die Natur ist hier schön und die Menschen liebenswürdig. In der hohen

Bergluft, die man hier einathmet, vergißt man seine kleinen Sorgen und Schmerzen, und die Seele erweitert sich.

Ich habe diese Tage so lebhaft an Sie gedacht, ich habe so oft mich danach gesehnt, Ihnen die Hand zu küssen, daß es wohl natürlich ist, wenn ich Ihnen schreibe. Wollt ich's aufschieben, bis ich wieder herabkomme und Bitterkeit und Kummer wieder in meine Brust einziehen, so würde ich auch kummervoll Bitteres schreiben. Das soll aber nicht geschehen, ich will nicht denken an die Klagen, die ich gegen Sie führen möchte, und **die vielleicht größer sind, als Sie nur ahnen können.** Ich bitte Sie, lassen Sie daher auch etwas ab von Ihren Klagen gegen mich, da sie sich doch alle auf Geld reduziren lassen und, wenn man alle bis auf Heller und Pfennig in Bco=Mark ausrechnet, doch am Ende eine Summe herauskäme, die ein Millionär wohl weg= werfen könnte — statt daß meine Klagen unberechenbar sind, unendlich, denn sie sind geistiger Art, wurzelnd in der Tiefe der schmerzlichsten Empfindungen. Hätte ich jemals auch nur mit einem einzigen Worte, mit einem einzigen Blick die Ehrfurcht gegen Sie verletzt oder Ihr Haus beleidigt — **ich habe es nur zu sehr geliebt!** — dann hätten Sie recht, zu zürnen. Doch jetzt nicht; wenn alle Ihre Klagen zusammengezählt würden, so gingen sie doch alle in einen Geldbeutel hinein, der nicht einmal von allzu großer Fassungskraft zu sein brauchte, und sie gingen sogar mit Bequemlichkeit hinein. Und ich setze den Fall, der graue Sack wäre zu klein, um Salomon Heine's Klagen gegen mich fassen zu können, und der Sack risse — glauben Sie wohl, Onkel, daß das ebensoviel bedeutet, als wenn ein Herz reißt, das man mit Kränkungen überstopft hat?

Doch genug, die Sonne scheint heute so schön, und wenn ich zum Fenster hinausblicke, so sehe ich nichts wie lachende Berge mit Weinreben. Ich will nicht klagen, ich will Sie nur lieben, wie ich immer gethan, ich will nur an Ihre Seele denken und will Ihnen gestehen, daß diese doch noch schöner ist, als all die Herrlichkeit, die ich bis jetzt in Italien gesehen.

Leben Sie wohl und grüßen Sie mir Ihre Familie, Herr= mann, Karl und die niedliche Therese. Bedingterweise habe ich mich über ihre Vermählung gefreut. Nächst mir selber hätte ich sie keinem lieber gegönnt, wie dem Dr. Halle. Tilly ist jetzt so gut bei mir, wie bei Euch;[87]) überall folgte mir das liebliche

Gesicht, besonders am Mittelländischen Meer. Ihr Tod hat mich
beruhigt. Ich wollte nur, ich hätte einiges von ihren Schrift=
zügen. Daß wir die süßen Züge auf keinem Gemälde aufbe=
wahren, ist jammerschade. Ach! es hängt so manches überflüssiges
Gesicht an der Wand...

(An Eduard von Schenk. Florenz, den 1. October 1828.)

Ach, Schenk! die Seele ist mir so voll, so überfließend, daß
ich mir nicht anders zu helfen weiß, als indem ich einige en=
thusiastische Bücher schreibe. Im Bade zu Lucca, wo ich die
längste und göttlichste Zeit verweilte, habe ich schon zur Hälfte
ein Buch geschrieben, eine Art sentimentaler Reise. Sie und
Immermann habe ich mir meistens als Leser gedacht... Ja, lieber
Schenk, Sie werden wohl Ihren ehrlichen Namen zu diesem
Buche hergeben müssen, ohne Pardon wird's Ihnen bedicirt.
Doch seien Sie nicht in Angst, es wird Ihnen auch erst zum
Lesen gegeben, und es wird viel Artiges und meist Sanftes
enthalten. Ich muß Ihnen durchaus ein öffentliches Zeichen
meiner Gesinnungen geben, Sie haben's um mich verdient, Sie
gehören zu den Wenigen, die darauf bedacht waren, meine äußere
Stellung zu sichern, und so wahr mir Gott helfe, ich hoffe, auch
der König von Baiern wird es Ihnen einst danken. Ich fühle
viel Kraft in mir, und will sie gern zum Guten anwenden.

(An Feodor v. Tjutscheff.**) Florenz, den 11. November 1828.)

Der Stand meiner Angelegenheit betreffs meiner Ernennung
zum Professor ist Ihnen bekannt. Es war mit Herrn Schenk
verabredet, daß ich ihm, sobald ich in Italien angelangt sei,
meine Adresse mittheilen solle, damit er mir von dem königlichen
Dekret dorthin Kenntniß gebe. In dieser Erwartung schrieb ich
vor beinahe vier Wochen an Schenk, er möge mir jene Nach=
richt poste restante nach Florenz senden. Diesen Morgen an=
gelangt, eile ich zur Post, und finde keinen Brief. Ich habe
daher einen zweiten Brief an Schenk geschrieben, worin ich ihm
angezeigt, daß ich hier bleiben werde, um seine Antwort zu er=
warten. Tausend Gründe können die Ursache seines Schweigens
sein, aber da er Poet ist, vermuthe ich, daß es die Trägheit,
jene Geistesträgheit ist, die uns so arg zusetzt, wenn wir an
unsere Freunde schreiben sollen. Auch für Sie gilt diese Be=

merkung — was mich betrifft, so seien Sie überzeugt, daß ich weder an Schenk, noch an Sie schriebe, wenn ich nicht möglichst rasch die Nachrichten erhalten müßte, die mich bestimmen werden, entweder in Italien zu bleiben oder nach München zurückzukehren, was ich sofort nach Empfang meines Ernennungsdekrets thun werde.

(An **Johann Friedrich von Cotta.** Florenz, ben 11. November 1828.)

Damit Sie nicht glauben, ich sei in eine Tänzerin verliebt, und bliebe deshalb hier und wär' recht börnisch faul, so habe ich den Anfang meines italienischen Tagebuches ausgearbeitet, d. h. die starken Worte und Kapitel ausgemerzt, so daß das beikommende Manuskript im „Morgenblatte" (und zwar recht bald) abgedruckt werden kann.[89])

Ich habe seitdem in den Bädern von Lucca recht angenehme Tage verlebt, sowie auch in Livorno. Hier bin ich seit sechs Wochen, warte auf Briefe und studire schöne Künste, wozu auch das Ballett gehört. Ich mache Sie aber nochmals darauf aufmerksam, daß ich in keine Tänzerin verliebt bin, obgleich sich eine solche Liebe sehr gut mit Schnupfen und Husten verträgt und ein ebenso großes Unglück ist. Im Gegentheil, ich bin fleißig, schreibe sogar ein Buch, lese Malthus und Bentham, und habe eine neue Strafrechtstheorie aus meinem eigenen Kopfe herausgedacht, die Ihnen gefallen wird.

Was die Fortsetzung der „Annalen" betrifft, so weiß ich nicht, was ich Ihnen Bestimmtes drüber sagen soll. Wenn Sie den Wunsch hegen, sie nicht fallen zu lassen, so habe ich mir gedacht, es sei gut, den Titel einigermaßen beizubehalten und nur bequemer zu machen. „Neue Annalen; eine Zeitschrift für Politik, Litteratur und Sittenkunde", dies wär' ein Titel, der dem Redacteur die größte Freiheit ließe, ein Titel, der ihm auch gestattet, das belletristische Publikum ins Interesse zu ziehen und diejenigen Materialien, die das „Ausland" nicht brauchen kann, vollauf zu benutzen. Was die Redaction betrifft, so gestehe ich Ihnen, daß weder meine politischen Kenntnisse oder vielmehr meine Kenntnisse von der Tagespolitik, noch meine Schreibart mich zum Redacteur eines solchen Journals geeignet machen. Sollten Sie aber dennoch, Herr Baron, ganz besonders wünschen, meinen Namen als Redacteur auf den Titel der „An=

nalen" zu setzen, so will ich Ihnen darüber meine Gedanken, so weit ich sie selbst kenne, offen mittheilen...

(An **Gustav Kolb**.   Florenz, den 11. November 1828.)

Ich habe heute dem Baron Cotta geschrieben: wenn Lindner darauf besteht, von den „Annalen" zurückzutreten, so sei ich erbötig, für die Fortsetzung derselben als Redacteur genannt zu werden, und ich wünschte alsdann ganz außerordentlich, daß der Dr. Kolb sich als Mitredacteur nenne. Außerdem müsse sich mein Freund Dr. Kolb die ganze Last der Redaction aufladen, wenigstens bis nächsten Mai, wo ich nach München zurückkehre.

Lieber Kolb, der Baron Cotta kann Ihnen selbst sagen, wie wenig Privatinteresse mich dabei leitet; mein einziger Wunsch ist nur, der liberalen Gesinnung, die wenig geeignete Organe in Deutschland hat, ein Journal zu erhalten, und ich dächte, auch Sie, Kolb, bringen gern ein Opfer für einen solchen Zweck. Es ist die Zeit des Ideenkampfes, und Journale sind unsere Festungen. Ich bin gewöhnlich faul und lässig, aber wo, wie hier, ein gemeinsames Interesse ganz bestimmt gefördert wird, da wird man mich nie vermissen. Lassen Sie also die „Annalen" nicht fallen; mein Name steht Ihnen dabei zu Diensten. —

* * *

Denken Sie, ich bin nie nach Rom gekommen, ich habe Rom nie gesehen! — Es war etwas Wunderbares, daß ich nicht hinkam. Als ich in Oberitalien war, hatte ich nach Rom gewollt, fand aber, daß ich kein Geld hatte. Denn daß ich ein ganz Theil englischer Banknoten, die ich von London übrig behalten, in Italien verkaufen könne, fiel mir erst ein, als ich wieder in Deutschland war. Das wäre aber noch zu beseitigen gewesen, indeß mich überfiel eine so plötzliche, krankhafte Sehnsucht nach meinem Vater, daß ich es nicht aushalten konnte und mitten darin umkehrte. Es war anscheinend etwas Grundloses, ich konnte mir aber nicht helfen. Unterwegs erhielt ich einen Brief meines Bruders, der mir schrieb, daß unser Vater lebensgefährlich krank sei, und daß ich bei Herrn Textor in Würzburg Nachricht finden und das Weitere erfahren würde. Ich fuhr also augenblicklich nach Würzburg, und wie ich dort ankam, war mein Vater todt.⁹⁰)

Er war ein vortrefflicher Mann und ich habe Jahre lang den Verlust nicht begreifen, ihn nicht verschmerzen lernen. Es ist sonderbar, daß man nie an den Tod eines Menschen glaubt, den man nicht hat sterben sehen, daß man nicht glaubt, ein Mensch, den wir lieben, könne sterben.

Ja, ja! Da reden sie von einem Wiedersehen in verklärter Leibesgestalt! Was thue ich damit? Ich kenne ihn in seinem alten braunen Ueberrocke und so will ich ihn wiedersehen. So saß er oben am Tische, Salzfaß und Pfefferdose vor ihm, das eine rechts, das andre links, und wenn mal die Pfefferdose rechts stand und das Salzfaß links, so stellte er das um. Im braunen Ueberrocke kenne ich ihn, und so will ich ihn wiedersehen!

Zehntes Capitel.

Ein Sommer in Potsdam.

(An **Moses Moser**.)   Potsdam, den 22. April 1829.)

Ich befinde mich wohl und denke und arbeite — Ach Gott! wenn ich bedenke, wie wenig ich seit sechs Monaten gedacht und gearbeitet habe, so habe ich gute Gründe, zu denken und zu arbeiten.

(An **Friederike Robert**.)   Potsdam, den 2. Mai 1829.)

Es ist hier ein fatales Wetter, die Frühlingsblumen möchten gern gemütlich aufblühen, aber von oben bläst ein kalter Verstandeswind in die jungen Kelche, die sich ängstlich wieder schließen.

C'est tout comme chez nous! flüstert mein Herz, mein Herz, daß Sie und andre Leut', trotz des schlechten Wetters, sehr liebt.

(Potsdam, Mai 1829.)

Ein ganz einsamer Robinson bin ich hier nicht mehr. Einige Offiziere sind bei mir gelandet, Menschenfresser. Gestern Abend im Neuen Garten gerieth ich sogar in eine Damengesellschaft, und saß zwischen einigen Potsdamerinnen, wie Apoll unter den Kühen des Admet.

Vorgestern war ich in Sanssouci, wo alles glüht und blüht, aber wie! du heiliger Gott! Das ist alles nur ein gewärmter, grünangestrichener Winter, und auf den Terrassen stehen Fichtenstämmchen, die sich in Orangenbäume maskirt haben. Ich spazierte umher und sang im Kopfe:

Du moment qu'on aime, — l'on devient si doux!
Et je suis moi-même — aussi tremblant que vous.

Das singt nämlich das Ungeheuer in „Zemire und Azor". Ich armes Ungeheuer, ich armer verwünschter Prinz, bin so kummerweich gestimmt, daß ich sterben möchte. Und ach! wer todt zu sein wünscht, der ist es schon zur Hälfte. Mein großes humoristisches Werk habe ich wieder bei Seite gelegt, und mache mich jetzt aufs Neue an die italienische Reise, die den dritten Theil der Reisebilder füllen soll, und worin ich mit allen meinen Feinden Abrechnung halten will. Ich habe mir eine Liste gemacht von allen denen, die mich zu kränken gesucht, damit ich, bei meiner jetzigen weichen Stimmung, keinen vergesse. Ach, krank und elend wie ich bin, wie zur Selbstverspottung, beschreibe ich jetzt die glänzendste Zeit meines Lebens, eine Zeit, wo ich, berauscht von Uebermuth und Liebesglück, auf den Höhen der Apenninen umherjauchzte, und große, wilde Thaten träumte, wodurch mein Ruhm sich über die ganze Erde verbreitete bis zur fernsten Insel, wo der Schiffer des Abends am Heerde von mir erzählen sollte; jetzt, wie bin ich zahm geworden, seit dem Tode meines Vaters! jetzt möchte ich auf so einer fernen Insel nur das Kätzchen sein, das am warmen Heerde sitzt und zuhört, wenn von berühmten Thaten erzählt wird...

* * *

Ja, es ist höchst sonderbar, daß ich mich einst in ein Mädchen verliebte, nachdem sie schon seit sieben Jahren verstorben war. Als ich die kleine Very kennen lernte, gefiel sie mir außerordentlich gut. Drei Tage lang beschäftigte ich mich mit dieser jungen Person und fand das höchste Ergötzen an allem, was sie that und sprach, an allen Aeußerungen ihres reizend wunderlichen Wesens, jedoch ohne daß mein Gemüth dabei in überzärtliche Bewegung gerieth. Auch wurde ich einige Monate darauf nicht allzu tief ergriffen, als ich die Nachricht empfing, daß sie infolge eines Nervenfiebers plötzlich gestorben sei. Ich vergaß sie ganz gründlich, und ich bin überzeugt, daß ich jahrelang auch nicht ein einziges Mal an sie gedacht habe. Ganze sieben Jahre waren seitdem verstrichen, und ich befand mich in Potsdam, um in ungestörter Einsamkeit den schönen Sommer zu genießen. Ich kam dort mit keinem einzigen Menschen in Berührung, und mein ganzer Umgang beschränkte sich auf die Statuen, die sich im Garten von Sansfouci befinden. Da geschah es eines Tages, daß mir Gesichtszüge und eine seltsam liebenswürdige Art des Sprechens und Bewegens ins Gedächtniß traten, ohne daß ich mich dessen entsinnen konnte, welcher Person dergleichen angehörten. Nichts ist quälender als solches Herumstöbern in alten Erinnerungen, und ich war deshalb wie freudig überrascht, als ich nach einigen Tagen mich auf einmal der kleinen Very erinnerte und jetzt merkte, daß es ihr liebes, vergessenes Bild war, was mir so beunruhigend vorgeschwebt hatte. Ja, ich freute mich dieser Entdeckung wie einer, der seinen intimsten Freund ganz unerwartet wiedergefunden; die verblichenen Farben belebten sich allmählich, und endlich stand die süße kleine Person wieder leibhaftig vor mir, lächelnd, schmollend, witzig, und schöner noch als jemals. Von nun an wollte mich dieses holde Bild nimmermehr verlassen, es füllte meine ganze Seele; wo ich ging und stand, stand und ging es an meiner Seite, sprach mit mir, jedoch harmlos und ohne große Zärtlichkeit. Ich aber wurde täglich mehr und mehr bezaubert von diesem Bilde, das täglich mehr und mehr Realität für mich gewann. Es ist leicht, Geister zu beschwören, doch ist es schwer, sie wieder zurück zu schicken in ihr dunkles Nichts; sie sehen uns dann so flehend an, unser eigenes Herz leiht ihnen so mächtige Fürbitte ... Ich konnte mich nicht mehr losreißen, und ich verliebte mich in die kleine

Very, nachdem sie schon seit sieben Jahren verstorben. So lebte ich sechs Monate in Potsdam, ganz versunken in dieser Liebe. Ich hütete mich noch sorgfältiger als vorher vor jeder Berührung mit der Außenwelt, und wenn irgend Jemand auf der Straße etwas nahe an mir vorbeistreifte, empfand ich die mißbehaglichste Beklemmung. Ich hegte vor allen Begegnissen eine tiefe Scheu, wie solche vielleicht die nachtwandelnden Geister der Todten empfinden; denn diese, wie man sagt, wenn sie einem lebenden Menschen begegnen, erschrecken sich ebenso sehr, wie der Lebende erschrickt, wenn er einem Gespenste begegnet. Zufällig kam damals ein Reisender durch Potsdam, dem ich nicht ausweichen konnte, nämlich mein Bruder. Bei seinem Anblick und bei seinen Erzählungen von den letzten Vorfällen der Tagesgeschichte erwachte ich wie aus einem tiefen Traume, und zusammenschreckend fühlte ich plötzlich, in welcher grauenhaften Einsamkeit ich so lange für mich hingelebt. Ich hatte in diesem Zustande nicht einmal den Wechsel der Jahreszeiten gemerkt, und mit Verwunderung betrachtete ich jetzt die Bäume, die längst entblättert, mit herbstlichem Reife bedeckt standen. Ich verließ alsbald Potsdam und die kleine Very, und in einer andern Stadt, wo mich wichtige Geschäfte erwarteten, wurde ich durch sehr eckige Verhältnisse nnd Beziehungen sehr bald wieder in die rohe Wirklichkeit hineingequält...

Elftes Capitel.

Graf Platen.

Der Standpunkt, von wo ich den Grafen Platen zuerst gewahrte, war München, der Schauplatz seiner Bestrebungen, wo er bei allen, die ihn kennen, sehr berühmt ist und wo er gewiß, so lange er lebt, unsterblich sein wird ... Ich habe ihn selbst nie gesehen, und wenn ich mir seine Person denken will, erinnere ich mich immer an die drollige Wuth, womit einmal mein

Freund, der Doctor Lautenbacher,⁹¹) über Poeten=Narrheit im all=
gemeinen loszog und insbesondere eines Grafen Platen er=
wähnte, der mit einem Lorbeerkranze auf dem Kopfe sich auf
der öffentlichen Promenade zu Erlangen den Spaziergängern in
den Weg stellte . . .

Ebenso wenig befremdete es mich, als ich den Tag vor
meiner Abreise nach Italien von meinem Freunde, dem Doctor
Kolb, vernahm, daß der Graf Platen sehr feindselig gegen mich
gestimmt sei und mir mein Verderben schon bereitet habe in
einem Lustspiele Namens: „König Oedipus" . . . Auch andere
erzählten mir, daß mich der Graf Platen hasse und sich mir
als Feind entgegenstelle. Was die heiligen Männer betrifft,
deren fromme Wuth sich zu gleicher Zeit gegen mich kundgab,
so konnte ich ebenfalls nur gewinnen, wenn man deutlich sah,
daß ich keiner der Ihrigen sei. . .

In Norddeutschland, wohin mich plötzlich der Tod meines
Vaters zurückrief, erhielt ich endlich das ungeheure Geschöpf, das
dem großen Ei, worüber unser schöngefiederter Vogel Strauß so
lange gebrütet, endlich entkrochen war . . . Heilige Schmerzen,
die ich nicht entweihen wollte, erlaubten es mir erst zwei Mo=
nate später, als ich auf der Insel Helgoland badete, den „König
Oedipus" zu lesen, und dort, großgestimmt von dem beftän=
digen Anblick des großen, kühnen Meeres, mußte mir die klein=
liche Gesinnung und die Altflickerei des hochgeborenen Verfassers
recht anschaulich werden. Jenes Meisterwerk zeigte mir ihn
endlich ganz wie er ist, mit all' seiner blühenden Welkheit, seinen
Ueberfluß an Geistesmangel, seiner Einbildung ohne Einbildungs=
kraft . . . Am unzartesten ist er gegen Immermann. Er schont
nicht einmal Houwald, diese gute Seele. Müllner, den er,
wie er sagt, schon längst „durch wirklichen Witz urkräftig er=
legt", dieser Todte wird wieder aus dem Grabe gescharrt. Kind
und Kindeskind bleiben nicht unangetastet. Raupach ist ein Jude
. . „schmiert Tragödien im Katzenjammer". Weit schlimmerer
ergeht es „dem getauften Heine". Ja, ja! Du irrst Dich nicht,
lieber Leser, das bin ich, den er meint und im „König
Oedipus" kannst Du lesen, wie ich ein wahrer Jude bin, wie
ich, wenn ich einige Stunden Liebeslieder geschrieben, gleich
darauf mich niedersetze und Dukaten beschneide, wie ich am
Sabbat mit langbärtigen Mauscheln zusammenhocke und den

Talmud singe, wie ich in der Osternacht einen unmündigen
Christen schlachte und aus Malice immer einen unglücklichen
Schriftsteller dazu wähle — Nein, lieber Leser, ich will Dich
nicht belügen, solche gute ausgemalte Bilder stehen nicht im
„König Oedipus", und daß sie nicht darin stehen, das nur ist
der Fehler, den ich table. . . Indessen das wahre Verdienst hat
immer seinen Lohn gefunden und dem Verfasser des Oedipus
wird der seinige nicht entgehen. . .

(An **Moses Moser**. Helgoland, den 6. August 1829.)

Ich habe mich nach einem kleinen Seesturm glücklich hierher
gefunden, wo ich mich wohl und heiter auf den rothen Felsen
ergehe. Ich befinde mich in der That recht wohl und heiter. Das
Meer ist mein wahlverwandtes Element und schon sein Anblick
ist mir heilsam. Ich bin, jetzt fühle ich es erst, unsäglich elend
gewesen, als ich mich in Berlin befand; Du hast gewiß darunter
leiden müssen . . Ich wünschte, Du sähest mal das Meer; vielleicht
begriffest Du die Wollust, die mir jede Welle einflößt.
Ich bin ein Fisch mit heißem Blute und schwatzendem Maule;
auf dem Lande befinde ich mich wie ein Fisch auf dem Lande. . .

* * *

Himmel, grau und wochentäglich!
Auch die Stadt ist noch dieselbe!
Und noch immer blöd' und kläglich
Spiegelt sie sich in der Elbe.

Lange Nasen, noch langweilig
Werden sie wie sonst geschneuzet,
Und das buckt sich noch scheinheilig,
Oder bläht sich, stolz gespreizet.

Schöner Süden, wie verehr' ich
Deinen Himmel, deine Götter,
Seit ich diesen Menschenkehricht
Wiederseh' und dieses Wetter!

(An **Karl Immermann.** Hamburg, ben 17. November 1829.)

Gestern Morgen habe ich den Grafen Platen ausgepeitscht und gestern Abend Karl Immermann applaudirt. Zu ersterem Geschäfte, das erst zur Hälfte gediehen, habe ich doch endlich gehen müssen, hab's lang genug aufgeschoben, und ich selbst war ebenso wie die anderen sehr neugierig, was ich thun würde. Sie, Immermann, haben den Richter gespielt, ich will den Scharfrichter spielen, oder vielmehr recht ernsthaft darstellen. — Durch den Tod meines Vaters war ich lange trübsinnig und erst jetzt komme ich allmählich wieder in bessere Stimmung.

Der alte Cotta ist sehr brav. Einige Abende vor meiner Abreise von München, als ich ihm sagte, daß in seinem Verlage das Platen'sche Pasquil erschiene, sagte er mir, daß ich es mir von seinen Leuten geben lassen solle. Es hätte mir nur ein Wort gekostet, und der Druck wäre unterblieben, aber ich lehnte es ab, wie Sie wohl denken können . . .

(Hamburg, ben 22. December 1829.)

Anbei, lieber Immermann, mein Buch, dessen zweite Hälfte etwas werth ist, da ich darin zum ersten Male versucht habe, einen Charakter leben und sprechen zu lassen. Es ist dies Stück, „Die Bäder von Lucca", nur Fragment eines größeren Reiseromans, den ich Ihnen vielleicht nächsten Herbst vollendet schicke . . . Wenn mal das Ganze gedruckt wird, wird auch der Herr Graf, wie ihm gebührt, aus dem Buche herausgeschmissen . . .

Nicht gegen ihn habe ich Groll, sondern gegen seine Committenten, die ihn mir angehetzt. Ich sah den guten Willen, daß man mich in der öffentlichen Meinung vernichten wollte, und ich wäre ein Thor oder ein Schurke gewesen, wenn ich Rücksichten und Verhältnisse halber schonen wollte. Mein Leben ist so rein, daß ich ruhig erwarten kann, daß man allen Skandal gegen mich aufwühle . . . Während Platen bei Cotta wedelte, schrieb er an Schenk, daß Cotta ihn verhungern lasse, daß man etwas bei dem König für ihn thun müsse, daß er ja doch nicht lange leben könne, er sei in der Auflösung. Zu jener Zeit beschwor mich Beer, gegen Schenk nichts Nachtheiliges von Platen zu sagen, weil von Schenk die königliche 600 = Gulden = Gnade abhinge. — Ich sprach zu seinen Gunsten, ich stimmte Madame

Cotta für ihn, ich that noch mehr, was ich jetzt verschweigen muß, und zu derselben Zeit schrieb der Elende den „Oedipus"... Nach einer Schlacht bin ich immer die Milde selbst, wie Napoleon, der immer sehr gerührt war, wenn er nach dem Siege über ein Schlachtfeld ritt. Der arme Platen! — C'est la guerre! Es galt kein scherzendes Tournier, sondern Vernichtungskrieg, und bei aller Besonnenheit kann ich die Folge meines Buches noch nicht überschauen...

(An *Friederike* Robert. Hamburg, den 23. December 1829.)

Ach, schöne Friederike, ich bin unglücklich, und in solcher Lage hat man kaum das Recht, an schöne Frauen zu denken, viel weniger ihnen zu schreiben. Ich leide nämlich an einem hohlen Zahn und an einem hohlen Herzen, die beide eben wegen ihrer Hohlheit mir viel Qual verursachen. Leider habe ich nicht die Courage, mich der heilsamsten Operation zu unterziehen — ich meine in Betreff des Herzens... Wenn ich sagte, ich wäre in Sie verliebt, so löge ich; wenn ich aber sage, daß ich an Sie mit außerordentlicher Liebe denke, so sage ich die Wahrheit. Ich sterbe täglich mehr und mehr, ich bin fast ein Todter und solche Leute haben das Recht, die Wahrheit zu sagen, da ihnen die Lüge keinen Spaß mehr macht... Von der letzten amourischen Bekanntschaft ist nichts übrig geblieben als ein öber Katzenjammer, ein widerwärtiger Spuk, ein gespenstiger Aerger; manchmal um Mitternacht miaut eine todte Katze in den Ruinen meines Herzens.

(An **Varnhagen von Ense**. Hamburg, den 3. Januar 1830.)

Seit meiner Rückkehr aus dem Bade lebte ich hier zurückgezogen, und schrieb und druckte zugleich an dem dritten Bande meiner „Reisebilder".. An wen ich bei der Abfassung dachte und auf wessen Beifall ich zunächst rechnete, werden Sie gleich merken. Hiernächst wünsche ich, daß die „Bäder von Lucca" Ihnen mit ihren Gestalten gefallen mögen. Mein Hyacinth ist die erste ausgeborene Gestalt, die ich jemals in Lebensgröße geschaffen habe. Sowohl im Lustspiel wie im Roman werde ich dergleichen weitere Schöpfungen versuchen. Hier ist wieder ein Narr, der sich für den Marchese Gumpelino ausgiebt und Mordjo schreit und fatale Sprünge macht.[92]) In Betreff Platen's bin ich

Ihres Urtheils am begierigsten. Ich verlange kein Lob und weiß, daß Tadel ungerecht wäre. Ich habe gethan, was meines Amtes war; mag die Folge sein, was da will. Anfangs war man gespannt: Was wird dem Platen geschehen? Jetzt, wie immer bei Executionen, kommt das Mitleid, und ich hätte nicht so stark ihn treffen sollen. Ich sehe aber nicht ein, wie man jemand gelinder umbringen kann. Man merkt nicht, daß ich in ihm nur den Repräsentanten seiner Partei gezüchtigt. Es war Krieg des Menschen gegen den Menschen, und eben der Vorwurf, den man mir jetzt im Publikum macht, daß ich, der Niedriggeborene, den hochgeborenen Stand etwas schonen sollte, bringt mich zum Lachen — denn das eben trieb mich, ich wollte so ein Beispiel geben, mag entstehen, was da will. —

Dazu kommen häusliche Verdrüsse, Aerger über meine Verleger. — Mißverstehen Sie mich nicht, meine Noth ist theils literarisch, theils für meine persönliche Sicherheit, theils für meine Zukunft, indem ich sehe, wie man mir überall das Wasser abgräbt. Ich bemerke Ihnen dieses alles, weil ich Sie fragen will: Soll ich nach Berlin kommen? ..

(Hamburg, den 4. Februar 1830.)

Keiner fühlt es tiefer als ich selbst, daß ich mir durch das Platen'sche Capitel unsäglich geschadet, daß ich das Publikum, und zwar das bessere, verletzt — aber ich fühle zugleich, daß ich mit all' meinen Talenten nichts Besseres hervorbringen konnte, und, daß ich dennoch — coûte que coûte — ein Exempel statuiren mußte.

Die Satisfactionsfrage kommt schon auf's Tapet. Sie erinnern sich, daß ich von Anfang an daran dachte .. Dann wieder die Klage, ich hätte gethan, was in der deutschen Literatur unerhört sei. Als ob die Zeiten noch dieselben wären! Der Schiller-Goethe'sche Xenienkampf war doch nur ein Kartoffelkrieg: es war die Kunstperiode, es galt den Schein des Lebens, die Kunst, nicht das Leben selbst — jetzt gilt es die höchsten Interessen des Lebens selbst, die Revolution tritt in die Literatur und der Krieg wird ernster.

Ich sage das, weil ich in der Platen'schen Geschichte auf keine Bürgerkrone Ansprüche machen will; ich sorgte zunächst für mich — aber die Ursachen dieser Sorgen entstanden aus dem allgemeinen Zweikampf. Als mich die Pfaffen in München zuerst angriffen und mir den Juden zuerst auf's Tapet brachten, lachte ich — ich hielt's für bloße Dummheit. Als ich aber System roch, als ich sah, wie das lächerliche Spukbild allmählich ein Vampyr wurde, als ich die Absicht der Platen'schen Satyre durchschaute, als ich durch Buchhändler von der Existenz ähnlicher Produkte hörte, die, mit demselben Gift getränkt, manuskriptlich herumkrochen — da gürtete ich meine Lenden und schlug so scharf als möglich, so schnell als möglich. Robert, Gans, Michel Beer und andere haben immer, wenn sie wie ich angegriffen wurden, christlich geduldet, klug geschwiegen. — Ich bin ein anderer und das ist gut. Es ist gut, wenn die Schlechten den rechten Mann einmal finden, der rücksichtslos und schonungslos für sich und für andere Vergeltung übt. . . .

Zwölftes Capitel.

Hamburger Leben.

Bei Aufzählung der Merkwürdigkeiten der Republik Hamburg kann ich nicht umhin, zu erwähnen, daß zu meiner Zeit der Apollosaal auf der Drehbahn sehr brillant war. Jetzt ist er sehr heruntergekommen, und es werden dort philharmonische Concerte gegeben, Taschenspielerkünste gezeigt und Naturforscher gefüttert. Einst war es anders! Es schmetterten die Trompeten, es wirbelten die Pauken, es flatterten die Straußfedern, und Heloise und Minka rannten durch die Reihen der Oginski-Polonaise, und alles war sehr anständig. Schöne Zeit, wo mir das Glück lächelte! Und das Glück hieß Heloise! Es war ein süßes, liebes, beglückendes Glück mit Rosenwangen, Liliennäschen, heißduftigen Nelkenlippen, Augen wie der blaue Bergsee; aber etwas Dummheit lag auf der Stirne, wie ein trüber Wolkenflor über einer prangenden Frühlingslandschaft. Sie war schlank wie eine

Pappel und lebhaft wie ein Vogel, und ihre Haut war so zart, daß sie zwölf Tage geschwollen blieb durch den Stich einer Haarnadel. Ihr Schmollen, als ich sie gestochen hatte, dauerte aber nur zwölf Secunden, und dann lächelte sie — Schöne Zeit, als das Glück mir lächelte! . . . Minka lächelte seltener, denn sie hatte keine schöne Zähne. Desto schöner aber waren ihre Thränen, wenn sie weinte, und sie weinte bei jedem fremden Unglück, und sie war wohlthätig über alle Begriffe. Den Armen gab sie ihren letzten Schilling. Sie war so seelengut. Dieser weiche, nachgiebige Charakter contrastirte gar lieblich mit ihrer äußeren Erscheinung. Eine kühne, junonische Gestalt; weißer, frecher Nacken, umringelt von wilden schwarzen Locken, wie von wollüstgen Schlangen; Augen, die unter ihren düsteren Siegesbogen so weltbeherrschend strahlten; purpurstolze, hochgewölbte Lippen, marmorne, gebietende Hände, worauf leider einige Sommersprossen; auch hatte sie in der Form eines kleinen Dolches ein braunes Muttermal an der linken Hüfte.

Wenn ich dich in sogenannte schlechte Gesellschaft gebracht, lieber Leser, so tröste dich damit, daß sie dir wenigstens nicht so viel gekostet wie mir. Doch es wird später in diesem Buche nicht an idealischen Frauenspersonen fehlen, und schon jetzt will ich dir zur Erholung zwei Anstandsdamen vorführen, die ich damals kennen und verehren lernte. Es ist Madame Pieper und Madame Schnieper. Erstere war eine schöne Frau in ihren reiffsten Jahren, große schwärzliche Augen, eine große weiße Stirne, schwarze falsche Locken, eine kühne altrömische Nase, und ein Maul, das eine Guillotine war für jeden guten Namen. In der That, für einen Namen gab es keine leichtere Hinrichtungsmaschine als Madame Pieper's Maul; sie ließ ihn nicht lange zappeln, sie machte keine langwichtige Vorbereitungen; war der beste gute Name zwischen ihre Zähne gerathen so lächelte sie nur — aber dieses Lächeln war wie ein Fallbeil, und die Ehre war abgeschnitten und fiel in den Sack. Sie war immer ein Muster von Anstand, Ehrsamkeit, Frömmigkeit und Tugend. Von Madame Schnieper ließ sich dasselbe rühmen. Es war eine zarte Frau, kleine ängstliche Brüste, gewöhnlich mit einem wehmüthig dünnen Flor umgeben, hellblonde Haare, hellblaue Augen, die entsetzlich klug hervorstachen aus dem weißen Gesichte.

Es hieß, mann könne ihren Tritt nie hören, und wirklich, ehe man sich dessen versah, stand sie oft neben einem, und verschwand dann wieder ebenso geräuschlos. Ihr Lächeln war ebenfalls tödtlich für jeden guten Namen, aber minder wie ein Beil, als vielmehr wie jener afrikanische Giftwind, von dessen Hauch schon alle Blumen verwelken; elendiglich verwelken mußte jeder gute Name, über den sie nur leise hinlächelte. Sie war immer ein Muster von Anstand, Ehrsamkeit, Frömmigkeit und Tugend.

Ich würde nicht ermangeln, mehre von den Söhnen Hammonias ebenfalls hervorzuloben und einige Männer, die man ganz besonders hochschätzt — namentlich diejenigen, welche man auf einige Millionen Mark Banco zu schätzen pflegt — aufs Prächtigste zu rühmen; aber ich will in diesem Augenblick meinen Enthusiasmus unterdrücken, damit er späterhin in desto helleren Flammen emporlodere. Ich habe nämlich nichts Geringeres im Sinn, als einen Ehrentempel Hamburgs herauszugeben, ganz nach demselben Plane, welchen schon vor zehn Jahren ein berühmter Schriftsteller entworfen hat... Aber gleichviel aus welchem Grunde, das Werk ist nicht zu Stande gekommen; und da ich ja doch einmal aus angeborener Neigung etwas Großes thun wollte in dieser Welt, und immer gestrebt habe, das Unmögliche zu leisten, so habe ich jenes ungeheure Project wieder aufgefaßt, und ich liefere einen Ehrentempel Hamburgs, ein unsterbliches Riesenbuch, worin ich die Herrlichkeit aller seiner Einwohner ohne Ausnahme beschreibe, worin ich die edlen Züge von geheimer Mildthätigkeit mittheile, die noch gar nicht in der Zeitung gestanden, worin ich Großthaten erzähle, die keiner glauben wird, und worin mein eigenes Bildniß, wie ich auf dem Jungfernstieg vor dem Schweizerpavillon sitze und über Hamburgs Verherrlichung nachdenke, als Vignette paradiren soll...

Für Leser, denen die Stadt Hamburg nicht bekannt ist — und es giebt deren vielleicht in China und Ober=Baiern — für diese muß ich bemerken, daß der schönste Spaziergang der Söhne und Töchter Hammonia's den rechtmäßigen Namen Jungfernstieg führt; daß er aus einer Lindenallee besteht, die auf der einen Seite von einer Reihe Häuser, auf der anderen Seite von dem großen Alsterbassin begrenzt wird; und daß vor letzterem, ins

Wasser hineingebaut, zwei zeltartige lustige Kaffeehäuschen stehen, die man Pavillons nennt. Besonders vor dem einen, dem sogenannten Schweizerpavillon, läßt sich gut sitzen, wenn es Sommer ist, und die Nachmittagssonne nicht zu wild glüht, sondern nur heiter lächelt und mit ihrem Glanze die Linden, die Häuser, die Menschen, die Alster und die Schwäne, die sich darauf wiegen, fast märchenhaft lieblich übergießt. Da läßt sich gut sitzen, und da saß ich gut gar manchen Sommernachmittag, und dachte, was ein junger Mensch zu denken pflegt, nämlich gar nichts, und betrachtete, was ein junger Mensch zu betrachten pflegt, nämlich die jungen Mädchen, die vorübergingen — und da flatterten sie vorüber, jene holden Wesen mit ihren geflügelten Häubchen und ihren verdeckten Körbchen, worin nichts enthalten ist — da trippelten sie dahin, die bunten Vierländerinnen, die ganz Hamburg mit Erdbeeren und eigener Milch versehen, und deren Röcke noch immer viel zu lang sind — da stolzirten die schönen Kaufmannstöchter, mit deren Liebe man auch so viel baares Geld bekömmt — da hüpft eine Amme, auf den Armen ein rosiges Knäbchen, das sie beständig küßt, während sie an ihren Geliebten denkt — da wandeln Priesterinnen der schaumentstiegenen Göttin, hanseatische Vestalen, Dianen, die auf die Jagd gehen, Najaden, Dryaden, Hamadryaden und sonstige Predigerstöchter — ach! da wandelt auch Minka und Heloise! Wie oft saß ich vor dem Pavillon und sah sie vorüberwandeln in ihren rosagestreiften Roben — die Elle kostet vier Mark und 3 Schilling, und Herr Seligmann hat mir versichert, die Rosastreifen würden im Waschen die Farbe behalten — Prächtige Dirnen riefen dann die tugendhaften Jünglinge, die neben mir saßen. . .

Ich selber sagte nie etwas, und ich dachte meine süßesten Garnichtsgedanken, und betrachtete die Mädchen und den heiter sanften Himmel und den langen Petrithurm mit der schlanken Taille und die stille blaue Alster, worauf die Schwäne so stolz und so lieblich und so sicher umherschwammen. Die Schwäne! Stundenlang konnte ich sie betrachten, diese holden Geschöpfe mit ihren sanften langen Hälsen, wie sie sich üppig auf den weichen Fluthen wiegten, wie sie zuweilen selig untertauchten und wieder auftauchten, und übermüthig plätscherten, bis der Himmel dunkelte, und die goldnen Sterne hervortraten, verlangend, verheißend, wunderbar zärtlich, verklärt. Die Sterne!

Sind es goldne Blumen am bräutlichen Busen des Himmels? Sind es verliebte Engelsaugen, die sich sehnsüchtig spiegeln in den blauen Gewässern der Erde und mit den Schwänen buhlen?
— — — Ach! Das ist nun lange her. Ich war damals jung und thöricht. Jetzt bin ich alt und thöricht. Manche Blume ist unterdessen verwelkt und manche sogar zertreten worden. Manches seidne Kleid ist unterdessen zerrissen, und sogar der rosagestreifte Kattun des Herrn Seligmann hat unterdessen die Farbe verloren. Er selbst aber ist ebenfalls verblichen — die Firma ist jetzt „Seligmanns selige Wittwe" — und Heloisa, das sanfte Wesen, das geschaffen schien, nur auf weichbeblümten indischen Teppichen zu wandeln und mit Pfauenfedern gefächelt zu werden, sie ging unter in Matrosenlärm, Punsch, Tabaks= rauch und schlechter Musik. Als ich Minka wiedersah — sie nannte sich jetzt Kathinka und wohnte zwischen Hamburg und Altona — da sah sie aus wie der Tempel Salomonis, als ihn Nebukadnezar zerstört hatte und roch nach assyrischem Knaster — und als sie mir Heloisa's Tod erzählte, weinte sie bitterlich und riß sich verzweiflungsvoll die Haare aus, und wurde schier ohn= mächtig, und mußte ein großes Glas Branntwein austrinken, um zur Besinnung zu kommen.

Und die Stadt selbst, wie war sie verändert! Und der Jungfernstieg! Der Schnee lag auf den Dächern, und es schien, als hätten sogar die Häuser gealtert und weiße Haare bekommen. Die Linden des Jungfernstiegs waren nur todte Bäume mit dürren Aesten, die sich gespenstisch im kalten Winde bewegten. Der Himmel war schneidend blau und dunkelte hastig. Es war Sonntag, fünf Uhr, die allgemeine Fütterungsstunde, und die Wagen rollten, Herren und Damen stiegen aus mit einem ge= frorenen Lächeln auf den hungrigen Lippen — Entsetzlich! in diesem Augenblick durchschauerte mich die schreckliche Bemerkung, daß ein unergründlicher Blödsinn auf allen diesen Gesichtern lag, und daß alle Menschen, die eben vorbeigingen, in einem wunderbaren Wahnwitz befangen schienen. Ich hatte sie schon vor zwölf Jahren um dieselbe Stunde mit denselben Mienen, wie die Puppen einer Rathhausuhr, in derselben Bewegung ge= sehen, und sie hatten seitdem ununterbrochen in derselben Weise gerechnet, die Börse besucht, sich einander eingeladen, die Kinn= backen bewegt, ihre Trinkgelder bezahlt, und wieder gerechnet:

zweimal zwei ist vier — Entsetzlich! rief ich, wenn einem von
diesen Leuten, während er auf dem Comptorbock säße, plötzlich
einfiele, daß zweimal zwei eigentlich fünf sei, und daß er also
sein ganzes Leben verrechnet und sein ganzes Leben in einem
schauderhaften Irrthum vergeudet habe! Auf einmal aber ergriff
mich selbst ein närrischer Wahnsinn, und als ich die vorüber=
wandelnden Menschen genauer betrachtete, kam es mir vor, als
seien sie selber nichts anderes als Zahlen, als arabische Ziffern;
und da ging eine krummfüßige Zwei neben einer fatalen Drei,
ihrer schwangeren und vollbusigen Frau Gemahlin; dahinter ging
Herr Vier auf Krücken; einherwatschelnd kam eine fatale Fünf,
rundbäuchig mit kleinem Köpfchen; dann kam eine wohlbekannte
kleine Sechse und eine noch wohlbekanntere böse Sieben — doch
als ich die unglückliche Acht, wie sie vorüberschwankte, ganz genau
betrachtete, erkannte ich den Assekuradeur, der sonst wie ein
Pfingstochs geputzt ging, jetzt aber wie die magerste von Pharaos
mageren Kühen aussah — blasse hohle Wangen wie ein leerer
Suppenteller, kaltrothe Nase wie eine Winterrose, abgeschabter
schwarzer Rock, der einen kümmerlich weißen Widerschein gab,
ein Hut, worin Saturn mit der Sense einige Luftlöcher ge=
schnitten, doch die Stiefel noch immer spiegelblank gewichst —
und er schien nicht mehr daran zu denken, Heloisa und Minka
als Frühstück und Abendbrod zu verzehren, er schien sich vielmehr
nach einem Mittagessen von gewöhnlichem Rindfleisch zu sehnen.
Unter den vorüberrollenden Nullen erkannte ich noch manchen
alten Bekannten. Diese und die anderen Zahlenmenschen rollten
vorüber, hastig und hungrig, während unfern längs den Häusern
des Jungfernstieg's noch grauenhafter drollig ein Leichenzug sich
hinbewegte. Ein trübsinniger Mummenschanz! hinter dem Trauer=
wagen, einher stelzend auf ihren dünnen schwarzseidenen Beinchen,
gleich Marionetten des Todes, gingen die wohlbekannten Raths=
diener, privilegirte Leidtragende in parodirt altburgundischem
Kostüm; kurze schwarze Mäntel und schwarze Pluderhosen, weiße
Perrücken und weiße Halsberge, wozwischen die rothen bezahlten
Gesichter gar possenhaft hervorgucken, kurze Stahldegen an den
Hüften, unterm Arm ein grüner Regenschirm.

Aber noch unheimlicher und verwirrender als diese Bilder,
die sich wie ein chinesisches Schattenspiel schweigend vorbeibewegten,
waren die Töne, die von einer anderen Seite in mein Ohr drangen.

17*

Es waren heisere, schnarrende, metalllose Töne, ein unsinniges Kreischen, ein ängstliches Plätschern und verzweifelndes Schlürfen, ein Keichen und Schollern, ein Stöhnen und Aechzen, ein unbeschreibbar eiskalter Schmerzlaut. Das Bassin der Alster war zugefroren, nur nahe am Ufer war ein großes breites Viereck in der Eisdecke ausgehauen, und die entsetzlichen Töne, die ich eben vernommen, kamen aus den Kehlen der armen weißen Geschöpfe, die darin herumschwammen, in entsetzlicher Todesangst schrieen, und ach! es waren dieselben Schwäne, die einst so weich und heiter meine Seele bewegten. Ach! die schönen weißen Schwäne, man hatte ihnen die Flügel gebrochen, damit sie im Herbst nicht auswandern konnten nach dem warmen Süden, und jetzt hielt der Norden sie festgebannt in seinen dunkeln Eisgruben — und der Marqueur des Pavillons meinte, sie befänden sich wohl darin, und die Kälte sei ihnen gesund. Das ist aber nicht wahr, es ist einem nicht wohl, wenn man ohnmächtig in einem kalten Pfuhl eingekerkert ist, fast eingefroren, und einem die Flügel gebrochen sind, und man nicht fortfliegen kann nach dem schönen Süden, wo die schönen Blumen, wo die goldnen Sonnenlichter, wo die blauen Bergseen — Ach! auch mir erging es einst nicht viel besser, und ich verstand die Qual dieser armen Schwäne, und als es gar immer dunkler wurde, und die Sterne oben hell hervortraten, dieselben Sterne, die einst in schönen Sommernächten so liebeheiß mit den Schwänen gebuhlt, jetzt aber so winterkalt, so frostig klar und fast verhöhnend auf sie herabblickten — wohl begriff ich jetzt, daß die Sterne keine liebende, mitfühlende Wesen sind, sondern nur glänzende Täuschungen der Nacht, ewige Trugbilder in einem erträumten Himmel, goldne Lügen im dunkelblauen Nichts — — —

Dreizehntes Capitel.

Die Juli-Revolution.

(An **Varnhagen v. Ense.**) Wandsbeck, den 5. April 1830.)

Ich bin so isolirt, daß Sie in diesem Augenblick die einzigen pouvoirs intermédiataires zwischen dem bessern Mir und der bessern Erscheinungswelt sind. Seit zehn Tagen wohne ich ganz allein in Wandsbeck, wo ich seitdem noch mit Niemanden gesprochen, außer mit Thiers und dem lieben Gott — ich lese nämlich die Revolutionsgeschichte des einen und die Bibel des andern Verfassers. Das Bedürfniß der Einsamkeit wird mir nie fühlbarer als beim Anfange des Frühjahrs, wenn das Erwachen der Natur sich auch in den Gesichtern der Stadtphilister zeigt und unerträglich gemüthliche Grimmassen darin hervorbringt. Wie viel nobler und einfacher gebärden sich die Bäume, die ruhig grün werden und bestimmt wissen, was sie wollen! . .

Während des vorigen Monats, besonders seit dem Ende des Carnevals, ist es mir in Hamburg nur allzu gut ergangen. Ich habe kein Talent, recht leidend gar zu lange hinzukränkeln, und als ich, außer meinem körperlichen Unwohlsein, auch mit geistigem Mißbehagen, welches größtentheils durch mein letztes Buch verursacht wurde, zu schaffen bekam, griff ich zu meinem gewöhnlichen Hausmittel, welches darin besteht, daß man nicht mehr zu Hause eingezogen lebt, und daß man dem kranken verdrießlichen Leibe so viel Lebensfreuden als möglich abtrotzt. Nach solchem Leben pflegt aber mit der Ermüdung auch eine ernste Arbeitssehnsucht bei mir einzutreten, und die Leichtigkeit und Gleichgültigkeit, womit ich Hamburgs Fleischtöpfe und Fleischtöpfinnen, seine Theater- und Ballvergnügungen, seine guten und schlechten Gesellschaften verlassen habe, um mich in Einsamkeit und Studien zu vergraben, giebt mir die Ueberzeugung, daß ich noch anders bin — als die anderen. Große Vorsätze wälzen sich in meinem Geiste, und ich hoffe, daß auch öffentlich dieses Jahr manches davon zur Erscheinung komme.

Ob man mir zu dergleichen Ausführungen genug äußere Ruhe lassen wird, das kann ich nicht wissen.

* * *

(Helgoland, den 1. Julius 1830.)

Ich selber bin dieses Guerilla=Krieges müde und sehne mich nach Ruhe, wenigstens nach einem Zustand, wo ich mich meinen natürlichen Neigungen, meiner träumerischen Art und Weise, meinem phantastischen Sinnen und Grübeln ganz fesselos hingeben kann. Welche Ironie des Geschickes, daß ich, der ich mich so gerne auf die Pfühle des stillen beschaulichen Gemüthslebens bette, daß eben ich dazu bestimmt war, meine armen Mitdeutschen aus ihrer Behaglichkeit hervorzugeißeln und in die Bewegung hineinzuhetzen! Ich, der ich mich am liebsten damit beschäftige, Wolkenzüge zu beobachten, metrische Wortzauber zu erklügeln, die Geheimnisse der Elementargeister zu erlauschen, und mich in die Wunderwelt alter Märchen zu versenken . . . ich mußte politische Annalen herausgeben, Zeitinteressen vortragen, revolutionäre Wünsche anzetteln, die Leidenschaften aufstacheln, den armen deutschen Michel beständig an der Nase zupfen, daß er aus seinem gesunden Riesenschlaf erwache . . . Freilich, ich konnte dadurch bei dem schnarchenden Giganten nur ein sanftes Nießen, keineswegs aber ein Erwachen bewirken . . . Und riß ich auch heftig an seinem Kopfkissen, so rückte er es sich doch wieder zurecht mit schlaftrunkener Hand . . . Einst wollte ich aus Verzweiflung seine Nachtmütze in Brand stecken, aber sie war so feucht von Gedankenschweiß, daß sie nur gelinde rauchte . . . und Michel lächelte im Schlummer . . .

Ich bin müde und lechze nach Ruhe. Ich werde mir ebenfalls eine deutsche Nachtmütze anschaffen und über die Ohren ziehen. Wenn ich nur wüßte, wo ich jetzt mein Haupt niederlegen kann. In Deutschland ist es unmöglich. Jeden Augenblick würde ein Polizeidiener herankommen und mich rütteln, um zu erproben, ob ich wirklich schlafe; schon diese Idee verdirbt mir alles Behagen. Aber in der That, wo soll ich hin? Wieder nach Süden? Nach dem Lande, wo die Citronen blühen und die Goldorangen? Ach! vor jedem Citronenbaum steht dort eine österreichische Schildwache, und donnert dir ein schreckliches „Wer da!" entgegen. Wie die Citronen, so sind auch die Goldorangen jetzt sehr sauer. Oder soll ich nach Norden? Etwa nach Nordosten? Ach, die Eisbären sind jetzt gefährlicher als je, seitdem sie sich civilisiren und Glacéhandschuhe tragen. Oder soll ich wieder nach dem verteufelten England, wo ich nicht in effigie hängen, wie viel weniger in Person leben möchte!

(Helgoland, den 1. August.)

— — Du haſt keinen Begriff davon, wie das dolce far niente mir hier behagt. Ich habe kein einziges Buch, das ſich mit den Tagesintereſſen beſchäftigt, hierher mitgenommen. Meine ganze Bibliothek beſteht aus Paul Warnefrieb's Geſchichte der Longobarden, der Bibel, dem Homer und einigen Scharteken über Hexenweſen. Ueber letzteres möchte ich gern ein intereſſantes Büchlein ſchreiben. Zu dieſem Behufe beſchäftigte ich mich jüngſt mit Nachforſchung über die letzten Spuren des Heidenthums in der getauften modernen Zeit. Es iſt höchſt merkwürdig, wie lange und unter welchen Vermummungen ſich die ſchönen Weſen der griechiſchen Fabelwelt in Europa erhalten haben.

Es iſt heute junges Licht, und trotz aller wehmüthigen Zweifelſucht, womit ſich meine Seele hin und her quält, be= ſchleichen mich wunderliche Ahnungen . . . Es geſchieht jetzt etwas außerordentliches in der Welt . . . Die See riecht nach Kuchen, und die Wolkenmönche ſahen vorige Nacht ſo traurig aus, ſo betrübt . . .

Ich wandelte einſam am Strand in der Abenddämmerung. Ringsum herrſchte feierliche Stille. Der hochgewölbte Himmel glich der Kuppel einer gothiſchen Kirche. Wie unzählige Lampen hingen darin die Sterne; aber ſie brannten düſter und zitternd. Wie eine Waſſerorgel rauſchten die Meereswellen; ſtürmiſche Choräle, ſchmerzlich verzweiflungsvoll, jedoch mitunter auch triumphirend. Ueber mir ein luftiger Zug von weißen Wolken= bildern, die wie Mönche ausſahen, alle gebeugten Hauptes und kummervollen Blickes dahinziehend, eine traurige Prozeſſion . . . Es ſah faſt aus, als ob ſie einer Leiche folgten . . . Wer wird begraben? Wer iſt geſtorben? ſprach ich zu mir ſelber. Iſt der große Pan todt?

(Helgoland, den 6. Auguſt.)

Während ſein Heer mit den Longobarden kämpfe, ſaß der König der Heruler ruhig in ſeinem Zelte und ſpielte Schach. Er bedrohte mit dem Tode denjenigen, der ihm eine Niederlage melden würde. Der Späher, der, auf einem Baume ſitzend, dem Kampf zuſchaute, rief immer: Wir ſiegen! wir ſiegen! — bis er endlich laut aufſeufzte: Unglücklicher König! Unglück= liches Volk der Heruler! Da merkte der König, daß die Schlacht

verloren, aber zu spät! Denn die Longobarden drangen zu
gleicher Zeit in sein Zelt und erstachen ihn . . .

Eben diese Geschichte las ich in Paul Warnefried, als das
dicke Zeitungspacket mit den warmen, glühend heißen Neuigkeiten
vom festen Lande ankam. Es waren Sonnenstrahlen, eingewickelt
in Druckpapier und sie entflammten meine Seele bis zum
wildesten Brand. Mir war, als könnte ich den ganzen Ocean
bis zum Nordpol anzünden mit den Gluthen der Begeisterung
und der tollen Freude, die in mir loderten. Jetzt weiß ich
auch, warum die ganze See nach Kuchen roch. Der Seine=Fluß
hatte die gute Nachricht unmittelbar ins Meer verbreitet, und
in ihren Krystallpalästen haben die schönen Wasserfrauen, die von
jeher allem Heldenthum hold, gleich einen Thé dansant gegeben,
zur Feier der großen Begebenheiten, und deshalb roch das ganze
Meer nach Kuchen. Ich lief wie wahnsinnig im Hause herum,
und küßte zuerst die dicke Wirthin, und dann ihren freundlichen
Seewolf, auch umarmte ich den preußischen Justizkommissarius,
um dessen Lippen freilich das frostige Lächeln des Unglaubens
nicht ganz verschwand. Sogar den Holländer drückte ich an
mein Herz . . .

(Helgoland, den 10. August.)

Lafayette, die dreifarbige Fahne, die Marseillaise . . .

Fort ist meine Sehnsucht nach Ruhe. Ich weiß jetzt wieder,
was ich soll, was ich muß . . . Ich bin der Sohn der Revolution
und greife wieder zu den gefeiten Waffen, worüber meine Mutter
ihren Zaubersegen ausgesprochen . . . Blumen! Blumen! Ich
will mein Haupt bekränzen bis zum Todeskampf. Und auch die
Leier, reicht mir die Leier, damit ich ein Schlachtlied singe . . .
Worte gleich flammenden Sternen, die aus der Höhe herab=
schießen und die Paläste verbrennen und die Hütten erleuchten
. . . Worte gleich blanken Wurfspeeren, die bis in den siebenten
Himmel hinaufschwirren und die frommen Heuchler treffen, die
sich dort eingeschlichen ins Allerheiligste . . . Ich bin ganz
Freude und Gesang, ganz Schwert und Flamme!

* *
*

(An Karl Immermann. Helgoland, den 10. August 1830.)

Täglich das Briefschreiben aufschiebend, muß ich mich jetzt
in aller Eile zum Schreiben entschließen, da das Schiff, womit
ich diese Zeilen befördere, in einigen Stunden absegeln will,

und ich mich mit Schrecken erinnere, daß ich vor vier Wochen an meine Schwester nach Ems schrieb, bei ihrer Reise nach Düsseldorf sollte sie noch bei Ihnen einen Brief von mir vorfinden. Ich kann nicht umhin, Ihnen zu bemerken, daß letztere, Frau von Embden, unsäglich von mir geliebt wird, daß ich ihr mit zärtlichen Gefühlen, wie sie bei Brüdern selten sind, zugethan bin, und daß ich jede Freundlichkeit, die Sie dem lieben Wesen Gelegenheit hätten zu erzeigen, weit inniger und dankbarlicher empfinden werde, als das, was mir selbst erzeigt wird. Die junge Dame ist leider sehr krank. — Mit meiner Gesundheit sieht es dies Jahr besser aus und ich habe hier zur Befestigung derselben. Leider habe ich, außer der allgemeinen Weltgeschichte, noch so viel Privatgeschichten um die Ohren, daß ich die letzten Monate fast in stupider Betäubung zugebracht. Hier sind die Weiber meine Plage. Ich glaube, wenn ich nach Nova-Zembla ginge, würde ich dort von Sängerinnen und Tänzerinnen gemartert werden. Von erſterer Sorte habe ich die eine kaum abgefertigt, als mir die andere schon über den Hals kommt. Wie viel Privat-Bühnenkenntniß ich täglich erwerbe, davon haben Sie keine Idee, lieber Immermann. Ich fürchte, ich gehe am Ende unter die Bühnendichter und werde ein Comödienzettelmensch...

(Den 29. November 1830.)

Es war eine niedergedrückte, arretirte Zeit in Deutschland, als ich den zweiten Band der „Reisebilder" schrieb und während des Schreibens drucken ließ. Ehe er aber erschien, verlautete schon etwas davon im Publikum, es hieß, mein Buch wolle den eingeschüchterten Freiheitsmuth wieder aufmuntern, und man treffe schon Maßregeln, es ebenfalls zu unterdrücken. Bei solchem Gerüchte war es rathsam, das Werk um so schneller zu fördern und aus der Presse zu jagen. Da es eine gewisse Bogenzahl enthalten mußte, um den Ansprüchen einer hochlöblichen Censur zu entgehen, so glich ich in jener Noth dem Benvenuto Cellini, als er beim Guß des Perseus nicht Erz genug hatte, und zur Füllung der Form alle zinnerne Teller, die ihm zur Hand lagen, in den Schmelzofen warf. Es war gewiß leicht, das Zinn, besonders das zinnerne Ende des Buches, von dem besseren Erze zu unterscheiden; doch wer das Handwerk verstand, verrieth den Meister nicht.

Wie aber alles in der Welt wiederkehren kann, so geschieht es auch, daß sich zufälligerweise bei diesem Bande eine ähnliche Bedrängniß ereignet, und ich habe wieder eine ganze Menge Zinn in den Guß werfen müssen, und ich wünsche, daß man meine Zinngießereien nur der Zeitnoth zuschreibe.

Ach! ist ja das ganze Buch aus der Zeitnoth hervorgegangen, ebenso wie die früheren Schriften ähnlicher Richtung; die näheren Freunde des Verfassers, die seiner Privatverhältnisse kundig sind, wissen sehr gut, wie wenig ihn die eigene Selbstsucht zur Tribüne drängt, und wie groß die Opfer sind, die er bringen muß für jedes freie Wort, das er seitdem gesprochen — und, will's Gott! noch sprechen wird. Jetzt ist das Wort eine That, deren Folgen sich nicht abmessen lassen; kann doch keiner genau wissen, ob er nicht gar am Ende als Blutzeuge auftreten muß für das Wort.

Seit mehreren Jahren warte ich vergebens auf das Wort jener kühnen Redner, die einst in den Versammlungen der deutschen Burschenschaft so oft ums Wort baten und mich so oft durch ihre rhetorischen Talente überwunden, und eine so vielversprechende Sprache gesprochen; sie waren sonst so vorlaut, und sind jetzt so nachstill. Wie schmähten sie damals die Franzen und das welsche Babel und den undeutschen, frivolen Vaterlandsverräther, der das Franzenthum lobte. Jenes Lob hat sich bewährt in der großen Woche.

Ach, die große Woche von Paris! Der Freiheitsmuth, der von dort herüberwehte nach Deutschland, hat freilich hie und da die Nachtlichter umgeworfen, so daß die rothen Gardinen an einigen Thronen in Brand geriethen und die goldnen Kronen heiß wurden unter den lodernden Schlafmützen; — aber die alten Häscher, denen die Reichspolizei anvertraut, schleppten schon die Löscheimer herbei, und schnüffeln jetzt um so wachsamer und schmieden um so fester die heimlichen Ketten, und ich merke schon, unsichtbar wölbt sich eine noch dichtere Kerkermauer um das deutsche Volk.

Armes, gefangenes Volk! verzage nicht in deiner Noth! — O daß ich Katapulta sprechen könnte! O daß ich Falarika hervorschießen könnte aus meinem Herzen!

Von meinem Herzen schmilzt die vornehme Eisrinde, eine seltsame Wehmuth beschleicht mich — ist es Liebe und gar Liebe für das deutsche Volk? Oder ist es Krankheit? ..

Die Julirevolution. 267

Eine gewaltige Lust ergreift mich! Während ich sitze und schreibe, erklingt Musik unter meinem Fenster, und an dem elegischen Grimm der langgezogenen Melodie erkenne ich jene Marseiller Hymne, womit der schöne Barbaroux und seine Gefährten die Stadt Paris begrüßten, jenen Kuhreigen der Freiheit, bei dessen Tönen die Schweizer in den Tuilerien das Heimweh bekamen, jenen triumphirende Todesgesang der Gironde, das alte, süße Wiegenlied. —

Welch ein Lied! Es durchschauert mich mit Feuer und Freude, und entzündet in mir die glühenden Sterne der Begeisterung und die Raketen des Spottes. Ja, diese sollen nicht fehlen bei dem großen Feuerwerk der Zeit. Klingende Flammenströme des Gesanges sollen sich ergießen von der Höhe der Freiheitslust, in kühnen Cascaden, wie sich der Ganges herabstürzt von Himalaya! Und du, holde Satyra, Tochter der gerechten Themis und des bocksfüßigen Pan, leih mir deine Hilfe, du bist ja mütterlicher Seite dem Titanengeschlechte entsprossen, und hassest gleich mir die Feinde deiner Sippschaft, die schwächlichen Usurpatoren des Olymps. Leih mir das Schwert deiner Mutter, damit ich sie richte, die verhaßte Braut, und gieb mir die Pickelflöte deines Vaters, damit ich sie zu Tode pfeife. —

Schon hören sie das tödtliche Pfeifen, und es ergreift sie der panische Schrecken, und sie entfliehen wieder in Thiergestalten wie damals, als wir den Pelion stülpten auf den Ossa. —

Aux armes, citoyens!

Ich kann nicht weiter schreiben, denn die Musik unter meinem Fenster berauscht mir den Kopf, und immer gewaltiger greift herauf der Refrain:

Aux armes, citoyens!

* * *

(An **Varnhagen von Ense.**) Hamburg, den 19. November 1830.)

Wie es Vögel giebt, die irgend eine physische Revolution, etwa Gewitter, Erdbeben, Ueberschwemmungen, vorausahnen, so giebt's Menschen, denen die socialen Revolutionen sich im Gemüth voraus ankündigen, und denen es dabei lähmend, betäubend und seltsam stockend zu Muthe wird. So erkläre ich mir meinen diesjährigen Zustand bis zum Ende Juli. Ich befand mich frisch und gesund und konnte nichts treiben, als Revolutionsgeschichte, Tag und Nacht. Zwei Monat badete ich in Helgoland, und als die Nachricht der großen Woche dort anlangte, war's mir, als verstände sich das von selbst, als sei es nur eine Fortsetzung meiner Studien. Auf dem Continente erlebte ich die hiesigen Ereignisse, die einem minder starken Herzen wohl das Schönste verleiden konnten. Nichtsdestoweniger, gestört von allen Seiten, unternehme ich es, ein zeitbeförderndes Büchlein, aus schon alten Materialen, auf die Beine zu bringen; ich betitelte es „Nachträge zu den Reisebildern", ich hab' es schon seit 14 Tagen nach Leipzig, wo es nämlich gedruckt wird für Hoffmann und Campe, geschickt, und denke, daß Sie es in 3 Wochen sehen. Sie werden sich nicht täuschen lassen durch meine politische Vorrede und Nachrede, worin ich glauben mache, daß das Buch ganz von früherem Datum sei. In der ersten Hälfte sind etwa drei Bogen schon alt; in der zweiten Hälfte ist nur der Schlußaufsatz neu. Das Buch ist vorsätzlich so einseitig. Ich weiß sehr gut, daß die Revolution alle socialen Interessen umfaßt, und Adel und Kirche nicht ihre einzigen Feinde sind. Aber ich habe, zur Festlichkeit, die letzteren als die einzig verbündeten Feinde dargestellt, damit sich der Ankampf konsolidire. Ich selbst hasse die aristocratie bourgeoise noch weit mehr. . .

(Hamburg, den 30. November 1830.)

In der Aufgeregtheit der Zeit und des eigenen Schaffens konnte ich auf meinen eigenen Vortheil nicht wie sonst acht haben, und ich fürchte, ich werde noch mehr betrogen, als ich jetzt weiß. Das wird alles vorübergehen, ein neuer Frühling wird kommen, und damit ich ihn dann ganz genießen kann, ungestört, so mache ich jetzt die Frühlingslieder, die dazu gehören. Drei Dutzend habe ich in dieser schlimmen Zeit gemacht, auf Veranlassung eines hiesigen Musikers, der etwas Neues komponiren wollte (A. Methfessel).[96]) Ich hoffe, sie Ihnen Neujahr mittheilen zu können.

(An **Wolfgang Menzel**.) Hamburg, den 9. Dezember 1830.)

Ich gestehe Ihnen, Sie selbst und Ihr persönliches Treiben interessirt mich weit mehr als Ihr literarisches — ja der ge=

druckte Menzel wird mir manchmal sehr verleidet, und dann ist
es gut, daß ich sehr vernünftig bin und billig und duldsam.
Ich muß manchmal seufzen über Ihre Verblendung, Ihre Miß=
kenntniß der eigenen Interessen, Ihre genialen Widersprüche, es
thut mir weh — doch ich bin heute sehr weich gestimmt, und
ich will mich in diesem Zuge nicht weiter gehen lassen.

Nur eins muß ich erwähnen — Ihre letzte Behandlung
Immermanns; doch bedarf es bei Ihrem Scharfsinn keiner be=
sonderen Auseinandersetzung, wie sehr Sie mich dadurch gekränkt.
War das Ihre Absicht, so muß ich über Ihre Verblendung auch
die Achsel zucken. Der Himmel weiß, wie wenig mich jede
Unbill, die nur mich selbst trifft, verletzen kann. Ich gestatte
Ihnen in dieser Hinsicht die freundschaftlichsten Experimente; —
ich glaube, es wird Ihnen nicht so leicht gelingen, die Vorliebe,
die ich nun mal für Sie hege, abzutödten. Wenn Sie sich gar
als Philister verkappen, um mir eins ins Moralische zu ver=
setzen, so muß ich lachen. Ich meine hier Ihr (sic!) Tadel des
Persönlichen in meiner Satyre. Just Wolfgang Menzel weiß
besser als jeder andere, daß Satyre durchaus persönlich sein
muß. Und gar meine Hinrichtung Platens! Wissen Sie doch
sehr gut, daß ich mit den Haaren dazu gezwungen worden und
ich nicht für meine Person, sondern für die Ideen, mit denen
ich mich indentifizirt, gegen den unflätigsten Geburtsdünkel das
Schwert ergriffen. Ich hoffe, lieber Menzel, wir werden noch
alt zusammen, und Sie werden sehen, wie wenig ich aus Eigen=
sucht handle. . .

(An Varnhagen von Ense. Hamburg, den 1. April 1831.)

Als ich nach dem letzten Juli bemerkte, wie der Liberalismus
plötzlich so viel Mannschaft gewann, ja wie die ältesten Schweizer
des alten Regime plötzlich ihre rothen Röcke zerschnitten, um
Jakobinermützen davon zu machen, hatte ich nicht üble Neigung,
mich zurückzuziehen und Kunstnovellen zu schreiben. Als die
Sache aber lauter wurde, und Schreckensnachrichten, wenn auch
falsche, aus Polen anlangten und die Schreier der Freiheit ihre
Stimmen dämpften, schrieb ich eine Einleitung zu einer Adel=
schrift, die Sie in 14 Tagen erhalten, und worin ich mich, be=
wegt von der Zeitnoth, vielleicht vergaloppirt, und — Sie
werden der absichtlichen Unvorsichtigkeiten genug darin finden,

und diese, sowie auch den angstvollen schlechten Stil, billigst
entschuldigen.⁹⁷) Unterdessen schrieb ich noch Tolleres, welches ich
in den Ofen warf, als es sich wieder erfreulicher gestaltete. —
Was jetzt? Jetzt glaube ich an neue Rückschritte, bin voller
schlechten Prophezeihungen — und träume jede Nacht, ich packe
meinen Koffer und reise nach Paris, um frische Luft zu schöpfen,
ganz den heiligen Gefühlen meiner neuen Religion mich hin=
zugeben, und vielleicht als Priester derselben die letzten Weihen
zu empfangen. —

Sehnsucht nach der Fremde.

Daß ich bequem verbluten kann,
Gebt mir ein edles, weites Feld!
O, laßt mich nicht ersticken hier
In dieser engen Krämerwelt!

Sie essen gut, sie trinken gut,
Erfreun sich ihres Maulwurfglücks,
Und ihre Großmuth ist so groß
Als wie das Loch der Armenbüchs.

Cigarren tragen sie im Maul
Und in der Hosentasch' die Händ';
Auch die Verdauungskraft ist gut —
Wer sie nur selbst verdauen könnt'!

Sie handeln mit den Spezerein
Der ganzen Welt, doch in der Luft,
Trotz allen Würzen, riecht man stets
Den faulen Schellfischseelenduft.

O, daß ich große Laster säh',
Verbrechen, blutig, kolossal, —
Nur diese satte Tugend nicht,
Und zahlungsfähige Moral!

Ihr Wolken droben, nehmt mich mit,
Gleichviel nach welchem fernen Ort!
Nach Lappland oder Afrika,
Und sei's nach Pommern — fort! nur fort!

O, nehmt mich mit — sie hören nicht —
Die Wolken droben sind so klug!
Vorüberreisend dieser Stadt,
Aengstlich beschleun'gen sie den Flug.

Viertes Buch.

Im Exil.
(1831—1848.)

Erstes Kapitel.

Erste Eindrücke von Paris.

Ich hatte viel gethan und gelitten, und als die Sonne der Juliusrevolution in Frankreich aufging, war ich nachgerade sehr müde geworden und bedurfte einiger Erholung. Auch ward mir die heimatliche Luft täglich ungesunder, und ich mußte ernstlich an eine Veränderung des Klimas denken. Ich hatte Visionen; die Wolkenzüge ängstigten mich und schnitten mir allerlei fatale Fratzen. Es kam mir manchmal vor, als sei die Sonne eine preußische Kokarde; des Nachts träumte ich von einem häßlichen schwarzen Geier; der mir die Leber fraß, und ich ward sehr melancholisch. Dazu hatte ich einen alten Berliner Justizrath kennen gelernt, der viele Jahre auf der Festung Spandau zugebracht und mir erzählte, wie es unangenehm sei, wenn man im Winter die Eisen tragen müsse. Ich fand es in der That sehr unchristlich, daß man den Menschen die Eisen nicht ein bischen wärme. Wenn man uns die Ketten ein wenig wärmte, würden sie keinen so unangenehmen Eindruck machen, und selbst fröstelnde Naturen könnten sie dann gut ertragen; man sollte auch die Vorsicht anwenden, die Ketten mit Essenzen von Rosen und Lorbeeren zu parfümiren, wie es hierzulande geschieht. Ich frug meinen Justizrath, ob er zu Spandau oft Austern zu essen bekommen. Er sagte nein, Spandau sei zu weit vom Meere entfernt. Auch das Fleisch, sagte er, sei dort rar, und es gebe dort kein anderes Geflügel, als die Fliegen, die einem in die Suppe fielen. Zu gleicher Zeit lernte ich einen französischen commis voyageur kennen, der für eine Weinhandlung reiste und mir nicht genug zu rühmen wußte, wie lustig man jetzt in

Paris lebe, wie der Himmel dort voller Geigen hänge, wie man dort von Morgens bis Abends die Marseillaise und „En avant, marchons!" und „Lafayette aux cheveux blancs" singe, und Freiheit, Gleichheit und Brüderschaft an allen Straßenecken geschrieben stehe; dabei lobte er auch den Champagner seines Hauses, von dessen Adresse er mir eine große Anzahl Exemplare gab, und er versprach mir Empfehlungsbriefe für die besten Pariser Restaurants, im Fall ich die Hauptstadt zu meiner Erheiterung besuchen wollte. Da ich nun wirklich einer Aufheiterung bedurfte, und Spandau zu weit vom Meere entfernt ist, um dort Austern zu essen, und mich die Spandauer Geflügelsuppen nicht sehr lockten, und auch obendrein die preußischen Ketten im Winter sehr kalt sind und meiner Gesundheit nicht zuträglich sein konnten, so entschloß ich mich, nach Paris zu reisen und im Vaterland des Champagners und der Marseillaise jenen zu trinken und diese letztere, nebst „En avant, marchons!" und „Lafayette aux cheveux blancs," singen zu hören.

Den 1. Mai 1831 fuhr ich über den Rhein. Den alten Flußgott, den Vater Rhein, sah ich nicht, ich begnügte mich, ihm meine Visitenkarte ins Wasser zu werfen. Er saß, wie man mir sagte, in der Tiefe und studirte wieder die französische Grammatik von Meidinger, weil er nämlich während der preußischen Herrschaft große Rückschritte im Französischen gemacht hatte, und sich jetzt eventualiter aufs neue einüben wollte. Ich glaubte ihn unten konjugiren zu hören: „J'aime, tu aimes, il aime, nous aimons!" — Was liebt er aber? . . Den Straßburger Münster sah ich nur von fern; er wackelte mit dem Kopfe, wie der alte getreue Eckart, wenn er einen jungen Fant erblickt, der nach dem Venusberge zieht.

Zu Saint=Denis erwachte ich aus einem süßen Morgenschlafe, und hörte zum erstenmale den Ruf der Coucouführer: „Paris! Paris!" sowie auch das Schellengeklingel der Coco= Verkäufer. Hier athmet man schon die Luft der Hauptstadt, die am Horizonte bereits sichtbar. Ein alter Schelm von Lohnbedienter wollte mich bereden, die Königsgräber zu besuchen, aber ich war nicht nach Frankreich gekommen, um todte Könige zu sehen; ich begnügte mich damit, mir von jenem Cicerone die Legende dieses Ortes erzählen zu lassen, wie nämlich der böse Heidenkönig dem heiligen Denis den Kopf abschlagen ließ, und dieser mit dem Kopf in der Hand von Paris nach Saint-Denis lief, um sich dort begraben und den Ort nach seinem Namen nennen zu lassen. Wenn man die Entfernung bedenke, sagte mein Erzähler, müsse man über das Wunder staunen, daß jemand so weit zu Fuß ohne Kopf gehen konnte — doch setzte er mit einem sonderbaren Lächeln hinzu: „Dans des cas pareils il n'y a que le premier pas qui coûte." Das war zwei Franken werth, und ich gab sie ihm, pour l'amour Voltaire, dessen Spottlächeln ich hier schon begegnete. In zwanzig Minuten war ich in Paris, und zog ein durch die Triumphpforte des Boulevard Saint-Denis, die ursprünglich zu Ehren Ludwigs XIV. errichtet worden, jetzt aber zur Verherrlichung meines Einzugs in Paris diente. Wahrhaft überraschte mich die Menge von geputzten Leuten, die sehr geschmackvoll gekleidet waren, wie Bilder eines Modejournals. Dann imponirte mir, daß sie alle französisch sprachen, was bei uns ein Kennzeichen der vornehmen Welt; hier ist also das ganze Volk so vornehm, wie bei uns der Adel. Die Männer waren alle so höflich, und die schönen Frauen so lächelnd. Gab mir jemand unversehens einen Stoß, ohne gleich um Verzeihung zu bitten, so konnte ich darauf wetten, daß es ein Landsmann war; und wenn irgend eine Schöne etwas allzu säuerlich aussah, so hatte sie entweder Sauerkraut gegessen, oder sie konnte Klopstock im Original lesen. Ich fand alles so amüsant, und der Himmel war so blau und die Luft so liebenswürdig, so generös, und dabei flimmerten noch hie und da die Lichter der Julisonne; die Wangen der schönen Lutetia waren noch roth von den Flammenküssen dieser Sonne, und an ihrer Brust war noch nicht ganz verwelkt der bräutliche Blumenstrauß. An den Straßenecken waren freilich hie und da „Liberté, égalité, fraternité" schon wieder abgewischt.

Ich besuchte sogleich die Restaurants, denen ich empfohlen war; diese Speisewirthe versicherten mir, daß sie mich auch ohne Empfehlungsschreiben gut aufgenommen hätten, da ich ein so honettes und distingirtes Aeußere besäße, daß sich von selbst empfehle. Nie hat mir ein deutscher Garkoch dergleichen gesagt, wenn er auch ebenso dachte; so ein Flegel meint, er müsse uns das Angenehme verschweigen, und seine deutsche Offenheit verpflichte ihn, nur widerwärtige Dinge uns ins Gesicht zu sagen. In den Sitten und sogar in der Sprache der Franzosen ist so viel köstliche Schmeichelei, die so wenig kostet, und doch so wohlthätig und erquickend. Meine Seele, die arme Sensitive, welche die Scheu vor vaterländischer Grobheit so sehr zusammengezogen hatte, erschloß sich wieder jenen schmeichlerischen Lauten der französischen Urbanität. Gott hat uns die Zunge gegeben, damit wir unsern Mitmenschen etwas Angenehmes sagen.

Mit dem Französischen haperte es etwas bei meiner Ankunft; aber nach einer halbstündigen Unterredung mit einer kleinen Blumenhändlerin im Passage de l'Opera ward mein Französisch, das seit der Schlacht bei Waterloo eingerostet war, wieder flüssig, ich stotterte mich wieder hinein in die galantesten Conjugationen und erklärte der Kleinen sehr verständlich das Linné'sche System, wo man die Blumen nach ihren Staubfäden eintheilt; die Kleine folgte einer andern Methode und theilte die Blumen ein in solche, die gut röchen, und in solche, welche stänken. Ich glaube, auch bei den Männern beobachtete sie dieselbe Classification. Sie war erstaunt, daß ich trotz meiner Jugend so gelehrt sei, und posaunte meinen gelehrten Ruf im ganzen Passage de l'Opera. Ich sog auch hier die Wohldüfte der Schmeichelei mit Wonne ein, und amüsirte mich sehr. Ich wandelte auf Blumen, und manche gebratene Taube flog mir ins offne gaffende Maul. Wie viel Amüsantes sah ich hier bei meiner Ankunft! Alle Notabilitäten des öffentlichen Ergötzens und der officiellen Lächerlichkeit. Die ernsthaften Franzosen waren die amüsantesten. Ich sah Arnal, Bouffé, Déjazet, Debureau, Odry, Mademoiselle Georges und die große Marmite im Invalidenpalaste. Ich sah die Morgue, die Académie française, wo ebenfalls viele unbekannte Leichen ausgestellt, und endlich die Nekropolis des Luxembourg, worin alle Mumien des Meineids, mit den einbalsamirten falschen Eiden, die sie allen Dynastien der französischen Pharaonen geschworen. Ich sah im Jardin-des-Plantes die Giraffe, den Bock mit drei Beinen und die Kängurus, die mich ganz besonders amüsirten. Ich sah auch Herrn von Lafayette und seine weißen Haare, letztere aber sah ich apart, da solche in einem Medaillon befindlich waren, welches einer schönen Dame am Halse hing, während er selbst, der Held beider Welten, eine braune Perücke trug, wie alle alten Franzosen. Ich besuchte die königliche Bibliothek, und sah hier den Konservateur der Medaillen, die eben gestohlen worden; ich sah dort auch in einem obscuren Corridor den Zodiakus von Denderah, der einst soviel Aufsehen erregt hatte, und am selben Tage sah ich Madame Recamier, die berühmteste Schönheit zur Zeit der Merowinger, sowie auch Herrn Ballanche, der zu den Pièces justificatives ihrer Tugend gehörte, und den sie seit undeutlicher Zeit überall mit sich herumschleppte. Leider sah ich nicht Herrn von Chateaubriand, der mich gewiß amüsirt hätte. Dafür sah ich aber in der Grande Chaumière den Père la Hire, in einem Momente, wo er bougrement en colére war; er hatte eben zwei junge Robespierre mit weit aufgeklappten weißen Tugendwesten bei den Krägen erfaßt und vor die Thür gesetzt; einem kleinen Saint-Just, der sich mausig machte, schmiß er ihnen nach, und einige hübsche Citoyennes des Quartier Latin, welche über Verletzung der Menschheitsrechte klagten, hätte schier dasselbe Schicksal betroffen. In einem andern, ähnlichen Local sah ich den berühmten Chicard, den berühmten Lederhändler und Cancantänzer, eine vierschrötige Figur, deren roth aufgedunsenes Gesicht gegen die blendend weiße Cravatte vortrefflich abstach; steif und ernsthaft, glich er einem Mairie-Adjunkten, der sich eben anschickt, eine Rosière zu bekränzen. Ich bewunderte seinen Tanz, und ich sagte ihm, daß derselbe große Aehnlichkeit habe mit dem antiken Silenostanz, den man bei den Dionysien tanzte und der von dem würdigen Erzieher des Bacchos, dem Silenos, seinen Namen empfangen. Auch Herr Chicard sagte mir viel Schmeichelhaftes über meine Gelehrsamkeit, und präsentirte mich einigen Damen seiner Bekanntschaft, die ebenfalls nicht ermangelten, mein gründliches Wissen herumzurühmen, so daß sich bald mein Ruf in ganz Paris verbreitete, und die Direktoren von Zeitschriften mich aufsuchten, um meine Collaboration zu gewinnen.

Paris ergötzte mich sehr durch die Heiterkeit, die sich in allen Erscheinungen dort kundgiebt und auch auf ganz verdüsterte Gemüther ihren Einfluß ausübt. Sonderbar! Paris ist der Schauplatz, wo die größten Tragödien der Weltgeschichte aufgeführt werden, Tragödien, bei deren Erinnerung sogar in den entferntesten Ländern die Herzen zittern und die Augen naß werden; aber dem Zuschauer dieser großen Tragödien ergeht es hier in Paris, wie es mir einst an der Porte Saint-Martin erging, als ich die „Tour de Nesle" aufführen sah. Ich kam nämlich hinter eine Dame zu sitzen, die einen Hut von rosarother Gaze trug, und dieser Hut war so breit, daß er mir die ganze Aussicht auf die Bühne versperrte, daß ich alles, was dort tragirt wurde, nur durch die rothe Gaze dieses Hutes sah, und daß mir also alle Greuel der „Tour de Nesle" im heitersten Rosenlichte erschienen. Ja, es giebt in Paris ein solches Rosenlicht, welches alle Trögödien für den nahen Zuschauer erheitert, damit ihm dort der Lebensgenuß nicht verleidet wird. Sogar die Schrecknisse, die man im eignen Herzen mitgebracht hat nach Paris, verlieren dort ihre beängstigenden Schauer. Die Schmerzen werden sonderbar besänftigt. In dieser Luft von Paris heilen alle Wunden viel schneller als irgend anderswo; es ist in dieser Luft etwas so Großmüthiges, so Mildreiches, so Liebenswürdiges wie im Volke selbst.

Was mir am besten an diesem Pariser Volke gefiel, das war sein höfliches Wesen und sein vornehmes Ansehen. Süßer Ananasduft der Höflichkeit! wie wohlthätig erquicktest du meine kranke Seele, die in Deutschland so viel Tabaksqualm, Sauerkrautsgeruch und Grobheit eingeschluckt! Wie Rossini'sche Melodie erklangen in meinem Ohr die artigen Entschuldigungsreden eines Franzosen, der am Tage meiner Ankunft mich auf der Straße nur leise gestoßen hatte. Ich erschrak fast vor solcher süßen Höflichkeit, ich, der ich an deutsch flegelhafte Rippenstöße ohne Entschuldigung gewöhnt war. Während der ersten Woche meines Aufenthaltes in Paris suchte ich vorsätzlich einigemal gestoßen zu werden, bloß um mich an dieser Musik der Entschuldigungsreden zu erfreuen. Aber nicht bloß wegen dieser Höflichkeit, sondern auch schon seiner Sprache wegen hatte für mich das französische Volk einen gewissen Anstrich von Vornehmheit. Denn, wie Sie wissen, bei uns im Norden gehört die französische Sprache zu den Attributen des hohen Adels, mit Französisch-sprechen hatte ich von Kindheit an die Idee der Vornehmheit verbunden. Und so eine Pariser Dame de la Halle sprach besser Französisch als eine deutsche Stiftsdame von vierundsechzig Ahnen.

Wegen dieser Sprache, die ihm ein vornehmes Ansehen verleiht, hatte das französische Volk in meinen Augen etwas allerliebst Fabelhaftes. Dieses entsprang aus einer anderen Reminiscenz meiner Kindheit. Das erste Buch nämlich, worin ich

Französisch lesen lernte, waren die Fabeln von Lafontaine; die naiv vernünftigen Redensarten derselben hatten sich meinem Gedächtnisse am unauslöschlichsten eingeprägt, und als ich nun nach Paris kam und überall Französisch sprechen hörte, erinnerte ich mich beständig der Lafontaine'schen Fabeln, ich glaubte immer die wohlbekannten Thierstimmen zu hören; jetzt sprach der Löwe, dann wieder sprach der Wolf, dann das Lamm oder der Storch oder die Taube, nicht selten vermeinte ich auch den Fuchs zu vernehmen, und in meiner Erinnerung erwachten manchmal die Worte:

Eh! bonjour, monsieur du Corbeau!
Que vous êtes joli! que vous me semblez beau!

Solche fabelhafte Reminiscenzen erwachten aber in meiner Seele noch viel öfter, wenn ich zu Paris in jene höhere Region gerieth, welche man die Welt nennt. Dieses war ja eben jene Welt, die dem seligen Lafontaine die Typen seiner Thiercharaktere geliefert hatte. Die Wintersaison begann bald nach meiner Ankunft in Paris, und ich nahm theil an dem Salonleben, worin sich jene Welt mehr oder minder lustig herumtreibt. Als das Interessanteste dieser Welt frappirte mich nicht sowohl die Gleichheit der feinen Sitten, die dort herrscht, sondern vielmehr die Verschiedenheit ihrer Bestandtheile. Manchmal, wenn ich mir in einem großen Salon die Menschen betrachtete, die sich dort friedlich versammelt, glaubte ich mich in jenen Raritätenboutiken zu befinden, wo die Reliquien aller Zeiten kunterbunt nebeneinander ruhen; ein griechischer Apollo neben einer chinesischen Pagode, ein mexikanischer Vizlipuzli neben einem gothischen Eccehomo, ägyptische Götzen mit Hundeköpfchen, heilige Fratzen von Holz, von Elfenbein, von Metall u. s. w. Da sah ich alte Mousquetairs, die einst mit Marie Antoinette getanzt, Republikaner von der gelinden Observanz, die in der Assemblee Nationale vergöttert wurden, Montagnards ohne Barmherzigkeit und ohne Flecken, ehemalige Directorialmänner, die im Luxembourg gethront, Großwürdenträger des Empires, vor denen ganz Europa gezittert, herrschende Jesuiten der Restauration, kurz lauter abgefärbte, verstümmelte Gottheiten aus allen Zeitaltern, und woran niemand mehr glaubt. Die Namen heulen, wenn sie sich berühren, aber die Menschen sieht man friedsam und freundlich nebeneinander stehen, wie die Antiquitäten in den erwähnten Boutiken des Quai Voltaire. In germanischen Landen, wo die Leidenschaften weniger disciplinirbar sind, wäre ein gesellschaftliches Zusammenleben so heterogener Personen etwas ganz Unmögliches. Auch ist bei uns im kalten Norden das Bedürfniß des Sprechens nicht so stark wie im wärmeren Frankreich, wo die größten Feinde, wenn sie sich in einem Salon begegnen, nicht lange ein finsteres Stillschweigen beobachten können. Auch ist in Frankreich die Gefallsucht so groß, daß man eifrig dahin strebt, nicht bloß den Freunden, sondern auch den Feinden zu gefallen. Da ist ein beständiges Drapiren und Minaudiren, und die Weiber haben hier ihre liebe Mühe, die Männer in der Koketterie zu übertreffen; aber es gelingt ihnen dennoch.

Ich will mit dieser Bemerkung nichts Böses gemeint haben, beileibe nichts Böses in Betreff der französischen Frauen, und am allerwenigsten in Betreff der Pariserinnen. Bin ich doch der größte Verehrer derselben, und ich verehre sie ihrer Fehler wegen noch weit mehr als wegen ihrer Tugenden. Ich kenne nichts Treffenderes, als die Legende, daß die Pariserinnen mit allen möglichen Fehlern zur Welt kommen, daß aber eine holde Fee sich ihrer erbarmt und jedem ihrer Fehler einen Zauber verleiht, wodurch er sogar als ein neuer Liebreiz wirkt. Diese holde Fee ist die Grazie. . .

* *
*

(An **Varnhagen von Ense.** Paris, den 27. Juni 1831.)

La force des choses, die Macht der Dinge! Ich habe wahrhaftig nicht die Dinge auf die Spitze gestellt, sondern die Dinge haben mich auf die Spitze gestellt, auf die Spitze der Welt, auf Paris — ja gestern Morgen stand ich sogar auf der Spitze dieser Spitze, auf dem Pantheon. . .

Ich bin umgeben von Spionen, obgleich ich mich den politischen Intriguen fern halte, fürchten sie mich doch alle am meisten. Freilich, da man mir den Krieg macht, so wissen sie, daß ich losschlage und zwar nach besten Kräften. Ach, vor sechs Monaten sah ich Alles voraus, und hätte mich gern in die Poesie zurückgezogen und andern Leuten das Schlächterhandwerk überlassen — aber es ging nicht: la force des choses, wir werden auf die Spitze getrieben. In

Frankfurt, wo ich acht Tage mich aufhielt und mehrere
Congregationisten sprach, entdeckte ich die Quellen mancher eigener
Uebel, die mir unerklärlich waren. Ich habe zuletzt in Hamburg
ein unerquickliches Leben geführt, ich fühlte mich nicht sicher und
da mir eine Reise nach Paris schon längst im Gemüthe dämmerte,
so war ich leicht beredet, als mir eine große Hand gar besorglich
winkte. Indessen fliehen wäre leicht, wenn man nicht das
Vaterland an den Schuhsohlen mit sich schleppte!.. Ich bleibe
wahrscheinlich noch vier Wochen hier, dann geh' ich nach Bonlogne
in's Bad, und dann hierher zurück — auf wie lange? Es kann
mir hier nicht schlechter gehen wie in der Heimath, wo ich nichts
als Kampf und Noth habe, wo ich nicht sicher schlafen kann,
wo man mir alle Lebensquellen vergiftet. Hier freilich ertrinke
ich im Strudel der Begebenheiten, der Tageswellen, der brausenden
Revolution; obendrein bestehe ich jetzt ganz aus Phosphor, und
während ich in einem wilden Menschenmeere ertrinke, verbrenne
ich auch durch meine eigene Natur...

(An **Moses Moser.** Paris, den 27. Juni 1831.)

Du willst mein Stillschweigen als eine Poeteneitelkeit aus=
deuten, diesen Irrthum muß ich Dir entziehen. Ich war nie
empfindlich über ein Urtheil von Dir, das den Poeten betraf;
auch ob du irgend eine meiner Handlungen, die ich als Mensch
übte, getadelt oder gelobt hast, war mir, wenn auch nicht gleich=
gültig, doch keineswegs verletzlich. Ich bin überhaupt weder von
Dir verletzt, noch beleidigt, und mein Stillschweigen ist keine
stumme Klage. Ich klage nur über die Götter, die mich so
lange Zeit in Irrthum ließen über die Art, wie Du mein Leben
und Streben begriffest. Du hast letzteres nicht verstanden, und
das ist es, was mir Kummer gemacht. Du verstehst es noch
nicht, hast nie mein Leben und Streben verstanden, und unsere
Freundschaft hat daher nicht aufgehört, sondern vielmehr nie
existiret. Wir verlangen von einem Freunde nie Beistimmung,
sondern Verständniß unserer Handlungen, er mag sie loben oder
tadeln je nach seinen eigenen Prinzipien, aber immer soll er sie
verstehen, ihre Nothwendigkeit begreifen, von unserem besonderen
Standpunkte aus, wenn auch der seinige ganz verschieden ist. —

Leb wohl, besorge Einlage nicht durch die Stadtpost, sondern durch besondere Zuschickung, und sei überzeugt von meiner Achtung und Liebe.

(An den Grafen **Magnus von Moltke.** Paris, den 25. Juli 1831.)

Die Schrift, die ich gegen Sie herausgegeben, ist mir selbst noch nicht zu Gesicht gekommen... Die Einleitung ist leider in Haß und Leidenschaft geschrieben und es ist beim Druck noch allerlei Mißliches vorgefallen. Es ist möglich, daß ich die Schrift in dieser Gestalt desavouiren muß. Auf jeden Fall, sind Sie, Herr Graf, etwa nicht glimpflich genug drin behandelt, so bitte ich Sie um Verzeihung...[98])

Ich muß in Betreff des Grafen Moltke hier nachträglich erwähnen, daß derselbe Juli vorigen Jahres hier in Paris war, und mich in einen Federkrieg über den Adel verwickeln wollte, um dem Publikum zu zeigen, daß ich seine Principien mißverstanden und willkürlich entstellt hätte. Es war mir aber gerade damals bedenklich, in meiner gewöhnlichen Weise ein Thema öffentlich zu erörtern, das die Tagesleidenschaften so furchtbar ansprechen mußte. Ich habe diese Besorgnisse dem Grafen mitgetheilt und er war anständig genug, nichts gegen mich zu schreiben. Da ich ihn zuerst angegriffen, so hätte ich seine Antwort nicht ignoriren dürfen, und eine Replik hätte wieder von meiner Seite erfolgen müssen. Wegen jener Einsicht verdient der Graf das beste Lob, das ich ihm hiermit zolle, und zwar um so bereitwilliger, da ich in ihm persönlich einen geistreichen und, was noch mehr sagen will, einen wohlbenkenden Mann gefunden, der es wohl verdient hätte, in der Vorrede zu den Kahldorf'schen Briefen nicht wie ein gewöhnlicher Adeliger behandelt zu werden. Seitdem habe ich seine Schrift über Gewerbefreiheit gelesen, worin er, wie bei vielen anderen Fragen, den liberalsten Grundsätzen huldigt...

* * *

Die politische Situation.

(An **Johann Friedrich v. Cotta.**   Paris, den 31. October 1831.)

Trübselige Umstände machen es nöthig, daß ich noch eine Reihe Jahre in fremden Ländern herumwandern muß. Das Leben in Paris, wo ich so lange als möglich bleiben will, ist just nicht wohlfeil; auf viele frühere Ressourcen muß ich verzichten und seit der großen Woche bin ich sehr reduzirt worden, ebenso gut wie meine meisten Freunde in Berlin und Hamburg, die alle viel Geld eingebüßt... Hier ist jetzt Alles still. Wird es lebhafter und passirt etwas Bedeutendes, so sollen Sie darüber Berichte für die „Allgemeine Zeitung" erhalten...

* * *

Als ich im Sommer 1831 nach Paris kam, war ich über nichts mehr verwundert, als über die damals eröffnete Gemälde=Ausstellung, und, obgleich die wichtigsten politischen und religiösen Revolutionen meine Aufmerksamkeit in Anspruch nahmen, so konnte ich doch nicht unterlassen, erst über die große Revolution zu schreiben, die hier im Reiche der Kunst stattgefunden und als deren bedeutsamste Erscheinung der erwähnte Salon zu betrachten war. Nicht minder als meine übrigen Landsleute hegte ich auch die ungünstigsten Vorurtheile gegen die französische Kunst, namentlich gegen die französische Malerei, deren letzte Entwicklung mir ganz unbekannt geblieben. Es hat aber auch eine eigene Bewandtniß mit der Malerei in Frankreich. Auch sie folgte der socialen Bewegung und ward endlich mit dem Volke selbst verjüngt.

* * *

Ach, wohl thut es Noth, daß die liebe unverwüstliche melodische Geschichte der Menschheit unsere Seele tröste in dem mißtönenden Lärm der Weltgeschichte.⁹⁹) Ich höre in diesem Augenblick dröhnender, betäubender als jemals diesen mißtönenden Lärm, dieses sinnverwirrende Getöse; es zürnen die Trommeln, es klirren Waffen; ein empörtes Menschenmeer mit wahnsinnigen Schmerzen und Flüchen ballt sich durch die Gassen, das Volk von Paris, und heult: „Warschau ist gefallen"....

Bei solchem Lärm verwirren und verschieben sich alle Gedanken und Bilder ... Ich vermochte dennoch gestern an diesem

Berichte weiter zu schreiben, nachdem ich einmal unterdessen nach den Boulevards gegangen, und wo ich einen todtblassen Menschen vor Hunger und Elend niederfallen sah. Aber wenn auf einmal ein ganzes Volk niederfällt auf den Boulevards von Europa — dann ist es unmöglich, ruhig weiterzuschreiben.

Wenn die Augen des Kritikers von Thränen getrübt werden, dann ist auch sein Urtheil wenig mehr werth.

Meine alte Prophezeihung von dem Ende der Kunstperiode, die bei der Wiege Goethe's anfing und bei seinem Sarge aufhören wird, scheint ihrer Erfüllung nahe zu sein... Die jetzige Kunst muß zu Grunde gehen, weil ihr Princip noch im abgelebten alten Regime, in der heiligen römischen Reichsvergangenheit wurzelt ... Die neue Zeit wird auch eine neue Kunst gebären, die mit ihr selbst im begeisterten Einklang stehen wird, die nicht aus der verblichenen Vergangenheit ihre Symbolik zu borgen braucht und die sogar eine neue Technik, die von der seitherigen verschieden, hervorbringen muß ..

* * *

Es war im Herbst 1831, ein Jahr nach der Juliusrevolution, als ich zu Paris den Doctor Ludwig Börne wiedersah. Ich besuchte ihn im Gasthof „Hotel de Castille", und nicht wenig wunderte ich mich über die Veränderung, die sich in seinem ganzen Wesen aussprach. Das bischen Fleisch, das ich früher an seinem Leibe bemerkt hatte, war jetzt ganz verschwunden, vielleicht geschmolzen von den Strahlen der Juliussonne, die ihn leider auch ins Gehirn gedrungen. Aus seinen Augen leuchteten bedenkliche Funken. Er saß oder vielmehr er wohnte in einem großen buntseidenen Schlafrock wie eine Schildkröte in ihrer Schale, und wenn er manchmal argwöhnisch sein dünnes Köpfchen hervorbeugte, ward mir unheimlich zu Muthe. Aber das Mitleid überwog, wenn er aus dem weiten Aermel die arme abgemagerte Hand zum Gruße oder zum freundschaftlichen Händedruck ausstreckte. In seiner Stimme zitterte eine gewisse Kränklichkeit, und auf seinen Wangen grinsten schon die schwindsüchtigrothen Streiflichter. Das schneidende Mißtrauen, das in allen seinen Zügen und Bewegungen lauerte, war vielleicht eine Folge der Schwerhörigkeit, woran er früher schon litt, die aber immer zunahm und nicht wenig dazu beitrug, mir seine Conversation zu verleiden. „Willkommen in Paris!" rief er mir entgegen. — „Das ist brav! Ich bin überzeugt, die Guten, die es am besten machen, werden alle bald hier sein. Hier ist der Convent der Patrioten von ganz Europa und zu dem großen Werke müssen sich alle Völker die Hände reichen."

* * *

(Paris, den 10. Februar 1831.)

Während Bedrängnisse und Nöthen aller Art das Innere des Staates durchwühlen, und die äußeren Angelegenheiten bedenklich verwickelter werden; während alle Institutionen, selbst die königlich höchste, gefährdet sind; während der politische Wirrwarr alle Existenzen bedroht, ist Paris diesen Winter noch immer das alte Paris, die schöne Zauberstadt, die dem Jüngling so holdselig lächelt, den Mann so gewaltig begeistert, und den Greis so sanft tröstet. Hier kann man das Glück entbehren, sagte einst Frau von Staël, — ein treffendes Wort, das aber in ihrem Munde seine Wirkung verlor, da sie sich lange Zeit nur deshalb unglücklich fühlte, weil sie nicht in Paris leben durfte, und da also Paris ihr Glück war. So liegt in dem Patriotismus der Franzosen größtentheils die Vorliebe für Paris, und wenn Danton nicht floh, „weil man das Vaterland nicht an den Schuhsohlen mitschleppen kann", so hieß das wohl auch, daß man im Auslande die Herrlichkeiten des schönen Paris entbehren würde. Aber Paris ist eigentlich Frankreich; dieses ist nur die umliegende Gegend von Paris. Abgerechnet die schönen Landschaften und den liebenswürdigen Sinn des Volks im allgemeinen, so ist Frankreich ganz öde, auf jeden Fall ist es geistig öde; alles, was sich in der Provinz auszeichnet, wandert früh nach der Hauptstadt, dem Foyer alles Lichts und alles Glanzes. Frankreich sieht aus wie ein Garten, wo man alle schönen Blumen gepflückt hat, um sie zu einem Strauße zu verbinden, und dieser Strauß heißt Paris. Es ist wahr, er duftet jetzt nicht mehr so gewaltig, wie nach jenen Blüthetagen des Julius, als die Völker von diesem Dufte betäubt wurden. Er ist jedoch noch immer schön genug, um bräutlich zu prangen an dem Busen Europas. Paris ist nicht bloß die Hauptstadt von

Frankreich, sondern der ganzen civilisirten Welt, und ist ein
Sammelplatz ihrer geistigen Notabilitäten. Versammelt ist hier
alles, was groß ist durch Liebe oder Haß, durch Fühlen oder
Denken, durch Wissen oder Können, durch Glück oder Unglück,
durch Zukunft oder Vergangenheit. Betrachtet man den Verein
von berühmten oder ausgezeichneten Männern, die hier zusammen=
treffen, so hält man Paris für ein Pantheon der Lebenden.
Eine neue Kunst, eine neue Religion, ein neues Leben wird hier
geschaffen, und lustig tummeln sich hier die Schöpfer einer neuen
Welt. Die Gewalthaber gebärden sich kleinlich, aber das Volk
ist groß und fühlt seine schauerlich erhabene Bestimmung. Die
Söhne wollen wetteifern mit den Vätern, die so ruhmvoll und
heilig ins Grab gestiegen. Es dämmern gewaltige Thaten, und
unbekannte Götter wollen sich offenbaren. Und dabei lacht und
tanzt man überall, überall blüht der leichte Scherz, die heiterste
Moquerie, und da jetzt Carneval ist, so maskiren sich viele als
Doctrinäre und schneiden possirlich pedantische Gesichter...

Zweites Capitel.

Die Cholera.

(An Varnhagen v. Ense. Paris, Mitte Mai 1832.)

Schon an die zwei Monat schleppe ich mich mit dem Ge=
danken, Ihnen zu schreiben. Aber da kam unterdessen die ver=
maledeite Cholera, und jetzt leide ich ungewöhnlich heftig, seit
vierzehn Tagen, an meinem Kopfe. Jetzt hat mich gottlob die
Cholera von manchem überlästigen Gesellen befreit, nämlich die
Furcht vor derselben. — Es war nicht eigentlicher Muth, daß
ich nicht ebenfalls von Paris entfloh, als der panische Schrecken
einriß; ehrlich gesagt, ich war zu faul. — Börne hatte längst
reisen wollen, und man thut ihm unrecht, wenn man seine Ab=
reise der Furcht beimaß. Indessen, ich hatte ihn vierzehn Tage
vorher nicht gesehen, wir stehen sehr schlecht, er hatte einige

jacobinische Ränke gegen mich losgelassen, die mir sehr mißfielen. Ich betrachte ihn als einen Verrückten.

(Paris, den 19. April 1832.)

Ich wurde in dieser Arbeit viel gestört, zumeist durch das grauenhafte Schreien meines Nachbars, welcher an der Cholera starb. Ueberhaupt muß ich bemerken, daß die damaligen Umstände auch auf die folgenden Blätter mißlich eingewirkt; ich bin mir zwar nicht bewußt, die mindeste Unruhe empfunden zu haben, aber es ist doch sehr störsam, wenn einem beständig das Sichelwetzen des Todes allzu vernehmbar ans Ohr klingt. Ein mehr körperliches als geistiges Unbehagen, dessen man sich doch nicht erwehren konnte, würde mich mit den andern Fremden ebenfalls von hier verscheucht haben; aber mein bester Freund lag hier krank darnieder.[100]) Ich bemerke dieses, damit man mein Zurückbleiben in Paris für keine Bravade ansehe. Nur ein Thor konnte sich darin gefallen, der Cholera zu trotzen. Es war eine Schreckenszeit, weit schauerlicher als die frühere, da die Hinrichtungen so rasch und so geheimnißvoll stattfanden. Es war ein verlarvter Henker, der mit einer unsichtbaren Guillotine ambulante durch Paris zog. „Wir werden einer nach dem andern in den Sack gesteckt!" sagte seufzend mein Bedienter jeden Morgen, wenn er mir die Zahl der Todten oder das Verscheiden eines Bekannten meldete. Das Wort „in den Sack stecken" war keine Redefigur; es fehlte bald an Särgen, und der größte Theil der Todten wurde in Säcken beerdigt. Als ich vorige Woche einem öffentlichen Gebäude vorbeiging und in der geräumigen Halle das lustige Volk sah, die springend munteren Französchen, die nieblichen Plaudertaschen von Französinnen, die dort lachend und schäkernd ihre Einkäufe machten, da erinnerte ich mich, daß hier während der Cholerazeit, hoch aufeinander geschichtet, viele hundert weiße Säcke standen, die lauter Leichname enthielten, und daß man hier sehr wenige, aber desto fatalere Stimmen hörte, nämlich wie die Leichenwächter mit unheimlicher Gleichgültigkeit ihre Säcke den Todtengräbern zuzählten und diese wieder, während sie solche auf ihre Karren luden, gedämpfteren Tones die Zahl wiederholten oder gar sich grell laut beklagten, man habe ihnen einen Sack zu wenig geliefert, wobei nicht selten ein sonderbares Gezänk entstand. Ich erinnere mich, daß zwei kleine

Knäbchen mit betrübter Miene neben mir standen, und der eine mich frug, ob ich ihm nicht sagen könne, in welchem Sacke sein Vater sei.

Die folgende Mittheilung hat vielleicht das Verdienst, daß sie gleichsam ein Bülletin ist, welches auf dem Schlachtfelde selbst und zwar während der Schlacht geschrieben worden, und daher unverfälscht die Farbe des Augenblicks trägt. Thukydides, der Historienschreiber, und Boccacio, der Novellist, haben uns freilich bessere Darstellungen dieser Art hinterlassen; aber ich zweifle, ob sie genug Gemüthsruhe besessen hätten, während die Cholera ihrer Zeit am entsetzlichsten um sie her wüthete, sie gleich als schleunigen Artikel für die Allgemeine Zeitung von Korinth oder Pisa so schön und meisterhaft zu beschreiben. . .

Man hatte jener Pestilenz um so sorgloser entgegen gesehen, da aus London die Nachricht angelangt war, daß sie verhältnißmäßig nur Wenige hingerafft. Es schien anfänglich sogar darauf abgesehen zu sein, sie zu verhöhnen, und man meinte, die Cholera werde ebensowenig wie jede andere große Reputation sich hier in Ansehen erhalten können. Da war es nun der guten Cholera nicht zu verdenken, daß sie aus Furcht vor dem Ridikül zu einem Mittel griff, welches schon Robespierre und Napoleon als probat befunden, daß sie nämlich, um sich in Respekt zu setzen, das Volk dezimirt. Bei dem großen Elende, das hier herrscht, bei der kolossalen Unsauberkeit, die nicht bloß bei den ärmern Klassen zu finden ist, bei der Reizbarkeit des Volkes überhaupt, bei seinem grenzenlosen Leichtsinne, bei dem gänzlichen Mangel an Vorkehrungen und Vorsichtsmaßregeln, mußte die Cholera hier rascher und furchtbarer als anderswo um sich greifen. Ihre Ankunft war den 29. März offiziell bekannt gemacht worden, und da dieses der Tag der Mi-carême und das Wetter sonnig und lieblich war, so tummelten sich die Pariser um so lustiger auf den Boulevards, wo man sogar Masken erblickte, die in karifirter Mißfarbigkeit und Ungestalt die Furcht vor der Cholera und die Krankheit selbst verspotteten. Desselben Abends waren die Redouten besuchter als jemals; übermüthiges Gelächter überjauchzte fast die lauteste Musik, man erhitzte sich beim Chahut, einem nicht sehr zweideutigem Tanze, man schluckte dabei allerlei Eis und sonstig kaltes Getrinke — als plötzlich der lustigste der Arlequine eine allzu große Kühle in den Beinen verspürte und die Maske abnahm, und zu aller Welt Verwunderung ein veilchenblaues Gesicht zum Vorscheine kam. Man merkte bald, daß solches kein Spaß sei, und das Gelächter verstummte, und mehrere Wagen voll Menschen fuhr man von der Redoute gleich nach dem Hôtel-Dieu, dem Centralhospitale, wo sie, in ihren abenteuerlichen Maskenkleidern anlangend, gleich verschieden. Da man in der ersten Bestürzung an Ansteckung glaubte, und die älteren Gäste des Hôtel-Dieu ein gräßliches Angstgeschrei erhoben, so sind jene Todten, wie man sagt, so schnell beerdigt worden, daß man ihnen nicht einmal die buntscheckigen Narrenkleider auszog, und lustig, wie sie gelebt haben, liegen sie auch lustig im Grabe...

* * *

Eine Todtenstille herrscht in ganz Paris. Ein steinerner Ernst liegt auf allen Gesichtern. Mehrere Abende lang sah man sogar auf den Boulevards wenig Menschen, und diese eilten einander schnell vorüber, die Hand oder ein Tuch vor dem Munde. Die Theater sind wie ausgestorben. Wenn ich in einen Salon trete, sind die Leute verwundert, mich noch in Paris zu sehen, da ich doch hier keine nothwendigen Geschäfte habe. Die meisten Fremden, namentlich meine Landsleute sind gleich abgereist. Gehorsame Eltern hatten von ihren Kindern Befehl erhalten, schleunigst nach Hause zu kommen. Gottesfürchtige Söhne erfüllten unverzüglich die zärtliche Bitte ihrer lieben Eltern, die ihre Rückkehr in die Heimat wünschten; ehre Vater und Mutter, damit du lange lebest auf Erden! Bei Andern erwachte plötzlich eine unendliche Sehnsucht nach dem theuren Vaterlande, nach den romantischen Gauen des ehrwürdigen Rheins, nach den geliebten Bergen, nach dem holdseligen Schwaben, dem Lande der frommen Minne, der Frauentreue, der gemüthlichen Lieder und der gesündern Luft. Man sagt, auf dem Hôtel-de-Ville seien seitdem über 120000 Pässe ausgegeben worden. Obgleich die Cholera sichtbar zunächst die ärmere Klasse angriff, so haben doch die Reichen gleich die Flucht ergriffen. Gewissen Parvenüs war es nicht zu verdenken, daß sie flohen; denn sie dachten wohl, die Cholera, die weit her aus Asien komme, weiß nicht, daß wir in der letzten Zeit viel Geld an

der Börse verdient haben, und sie hält uns vielleicht noch für
einen armen Lump, und läßt uns ins Gras beißen. Herr
Aguado, einer der reichsten Bankiers und Ritter der Ehrenlegion,
war Feldmarschall bei jener großen Retirade.[101]) Der Ritter soll
beständig mit wahnsinniger Angst zum Kutschenfenster hinaus=
gesehen und seinen blauen Bedienten, der hinten aufstand, für
den leibhaftigen Tod, den Cholera morbus, gehalten haben.

Das Volk murrte bitter, als es sah, wie die Reichen flohen,
und bepackt mit Aerzten und Apotheken sich nach gesündern
Gegenden retteten. Mit Unmuth sah der Arme, daß das Geld
auch ein Schutzmittel gegen den Tod geworden. Der größte
Theil des Justemilieu und der haute finance ist seitdem eben=
falls davon gegangen und lebt auf seinen Schlössern. Die
eigentlichen Repräsentanten des Reichthums, die Herren von
Rothschild, sind jedoch ruhig in Paris geblieben, hierdurch be=
urkundend, daß sie nicht bloß in Geldgeschäften großartig und
kühn sind. . .

Mein Barbier erzählte mir, daß eine alte Frau auf dem
Faubourg Montmartre die ganze Nacht am Fenster sitzen
geblieben, um die Leichen zu zählen, die man vorbeitrüge; sie
habe dreihundert Leichen gezählt, worauf sie selbst, als der
Morgen anbrach, von dem Froste und den Krämpfen der Cholera
ergriffen ward und bald verschied. Wo man nur hinsah auf
den Straßen, erblickte man Leichenzüge oder, was noch melancho=
lischer aussieht, Leichenwagen, denen niemand folgte. Da die
vorhandenen Leichenwagen nicht zureichten, mußte man allerlei
andere Fuhrwerke gebrauchen, die, mit schwarzem Tuch überzogen,
abenteuerlich genug aussahen. Auch daran fehlte es zuletzt, und
ich sah Särge in Fiakern fortbringen; man legte sie in die
Mitte, so daß aus den offenen Seitenthüren die beiden Enden
herausstanden. Widerwärtig war es anzuschauen, wenn die
großen Möbelwagen, die man beim Ausziehen gebraucht, jetzt
gleichsam als Todtenomnibusse, als omnibus mortuis, herumfuhren,
und sich in den verschiedenen Straßen die Särge aufladen ließen,
und sie dutzendweise zur Ruhestätte brachten.

Die Nähe eines Kirchhofs, wo die Leichenzüge zusammen=
trafen, gewährte erst recht den trostlosesten Anblick. Als ich

einen guten Bekannten besuchen wollte und eben zur rechten Zeit kam, wo man seine Leiche auflud, erfaßte mich die trübe Grille, eine Ehre, die er mir mal erwiesen, zu erwidern, und ich nahm eine Kutsche und begleitete ihn nach Père=la=Chaise. Hier nun, in der Nähe dieses Kirchhofs, hielt plötzlich mein Kutscher still, und als ich aus meinen Träumen erwachend mich umsah, erblickte ich nichts als Himmel und Särge. Ich war unter einige hundert Leichenwagen gerathen, die vor dem engen Kirchhofsthore gleich= sam Queue machten, und in dieser schwarzen Umgebung, unfähig mich herauszuziehen, mußte ich einige Stunden ausdauern. Aus Langerweile frug ich den Kutscher nach dem Namen meiner Nachbarleiche, und, wehmüthiger Zufall! er nannte mir da eine junge Frau, deren Wagen einige Monate vorher, als ich zu Lointier nach einem Balle fuhr, in ähnlicher Weise einige Zeit neben dem meinigen stille halten mußte. Nur daß die junge Frau damals mit ihrem haftigen Blumenköpfchen und lebhaften Mondscheingesichtchen öfters zum Kutschenfenster hinausblickte und über die Verzögerung ihre holdeste Mißlaune ausdrückte. Jetzt war sie sehr still und vielleicht blau. Manchmal jedoch, wenn die Trauerpferde an den Leichenwagen sich schaudernd un= ruhig bewegten, wollte es mich bedünken, als regte sich die Ungeduld in den Todten selbst, als seien sie des Wartens müde, als hätten sie Eile, ins Grab zu kommen; und wie nun gar an dem Kirchhofsthore ein Kutscher dem andern vorauseilen wollte und der Zug in Unordnung gerieth, die Gendarmen mit blanken Säbeln dazwischen fuhren, hie und da ein Schreien und Fluchen entstand, einige Wagen umstürzten, die Särge ausein= anderfielen, die Leichen hervorkamen, da glaubte ich die entsetz= lichste aller Emeuten zu sehen, eine Todtenmeute.

Ich will, um die Gemüther zu schonen, hier nicht erzählen, was ich auf dem Père=la=Chaise gesehen habe. Genug, gefesteter Mann wie ich bin, konnte ich mich doch des tiefsten Grauens nicht erwehren. Man kann an den Sterbebetten das Sterben lernen und hernach mit heiterer Ruhe den Tod erwarten; aber das Begrabenwerden unter die Choleraleichen, in die Kalkgräber, das kann man nicht lernen. Ich rettete mich so rasch als mög= lich auf den höchsten Hügel des Kirchhofs, wo man die Stadt so schön vor sich liegen sieht. Eben war die Sonne unterge= gangen, ihre letzten Strahlen schienen wehmüthig Abschied zu nehmen, die Nebel der Dämmerung umhüllten wie weiße Laken das kranke Paris, und ich weinte bitterlich über die unglückliche Stadt, die Stadt der Freiheit, der Begeisterung und des Martyrthums, die Heilandstadt, die für die weltliche Erlösung der Menschheit schon so viel gelitten!

Drittes Capitel.

Französische Zustände.

(An Friedrich Merckel.   Dieppe, den 24. August 1832.)

Ich erlebe viele große Dinge in Paris, sehe die Weltgeschichte mit eigenen Augen an, verkehre amicalement mit ihren größten Helden, und werde einst, wenn ich am Leben bleibe, ein großer Historiker. Im Schreiben von belletristischer Art habe ich in der letzten Zeit wenig Glück gehabt. Der Strudel war zu groß, worin ich schwamm, als daß ich poetisch frei arbeiten konnte. Ein Roman ist mir mißglückt;[102]) doch werde ich wohl in einer Sammlung, welche ich diesen Winter besorge, und worin ich auch den „Rabbi" hineinschmeiße, einige Romanstücke geben. — Ich habe wenig Gedichte gemacht, und doch muß ich sie bei einem besonderen Abdruck des „Neuen Frühlings" hinzufügen, damit dieser etwas buchlich erscheine. — Ich bin übrigens fleißiger als sonst, und zwar aus dem einfachen Grunde, weil ich in Paris sechsmal so viel Geld brauche, als in Deutschland. . .

(An Ferdinand Hiller.   Paris, den 24. October 1832.)

Fragt Sie Jemand, wie ich mich hier befinde, so sagen Sie: „Wie ein Fisch im Wasser," oder vielmehr, sagen Sie den Leuten, daß, wenn im Meere ein Fisch den andern nach seinem Befinden fragt, so antworte dieser: „Ich befinde mich wie Heine in Paris."

Grüßen Sie in Frankfurt den Professor Oppenheim, den Copisten meines Gesichts und bitten ihn, im Fall er von meiner Lithographie ein oder zwei Exemplare mir als Geschenk zukommen lassen will, Ihnen solche mitzugeben. Sie finden mich noch immer im alten Logis und bis an den Hals im süßesten Gesellschaftsleben schwimmend. Ich habe, wie jedes Jahr, wieder zwei Monate am Meere zugebracht und mich, zum ersten Male, am Meere ennuyirt. Ich bin jetzt ein fleißiger Besucher der Oper, ein Anhänger von Ludwig Philipp, meine Backen sind roth, zwei Finger an der linken Hand sind gelähmt, ich trage helle Röcke und bunte Westen. — Sie werden mich kaum wieder erkennen.

(An **Varnhagen v. Ense.** Paris, den 28. März 1833.)

Ich kann Ihnen noch immer nicht schreiben. Sowie ich die Feder ergreife, um Ihnen ein Wort zu sagen, ist mir der Kopf wie betäubt und die Brust in der schmerzlichsten Bewegung. Und ich bin sonst so ruhig und die Selbstbeherrschung selbst.

Aber es fallen auch in diesem Augenblick Dinge vor in meinem Leben, die auch einen Stein erschüttern könnten. Diesen Morgen erhalte ich die Todesnachricht meines Oheims v. Geldern in Düsseldorf, der zu einer Zeit starb, wo ich dieses Unglück tiefer als je empfinden mußte. Ach, lieber Varnhagen, ich fühle jetzt die Bedeutung der römischen Worte: Leben ist Kriegführen. So stehe ich nun auf der Bresche und sehe, wie die Freunde rings um mich her fallen. Unsere Freundin hat immer wacker gestritten, und hat wohl einen Lorbeer verdient. Ich kann in diesem Augenblick vor Weinen nicht schreiben — ach! wir armen Menschen, mit Thränen in den Augen müssen wir kämpfen. Welch ein Schlachtfeld, diese Erde![103]

Heute Morgen ist bei Heideloff allhier ein Buch von mir ausgegeben worden, nämlich ein Artikel über Literatur (die ich für die Europe littéraire geschrieben) in deutscher Sprache. Ich will Ihnen beide Versionen schicken: es sind gute Schwertschläge drin, und ich habe meine Soldatenpflicht streng ausgeübt.

Ich weiß, ich tröste Sie schlecht, lieber Varnhagen. Aber trösten kann kein Mensch, sondern nur die Zeit. Die Zeit, der schlaue Saturn, er heilt uns von jeder Wunde, um uns mit seiner Sense wieder eine neue Wunde ins Herz hineinzuschneiden.

Warum ich bei Robert's Erlöschen und bei dem Absterben seiner Frau Ihnen nicht schrieb, werden Sie wohl begriffen haben.

Wenn meine Artikel in der „Allg. Zeitung" Ihnen gefallen, ist es für mich tröstlich. Denn ich traue ihrem Werthe nicht; ich schrieb sie, theils um mich auf diese Weise geltend zu machen, theils des baaren Vortheils wegen. Halten Sie es der Mühe werth, ein Dutzend solcher Artikel als Buch späterhin in die Welt zu jagen? Es ist eine wenig gebrauchte Form. . .

* *

„Die Heimkehr", welche zuerst in den „Reisebildern" erschien, ist der seligen Friederike Varnhagen von Ense gewidmet, und ich darf mich rühmen, der erste gewesen zu sein, der diese große Frau mit öffentlicher Huldigung verehrte. Es war eine große That von August Varnhagen, daß er, alles kleinliche Bedenken abweisend, jene Briefe veröffentlichte, worin sich Rahel mit ihrer ganzen Persönlichkeit offenbart.[104]) Dieses Buch kam zur rechten Zeit, wo es eben am besten wirken, stärken und trösten konnte. Das Buch kam zur trostbedürftig rechten Zeit. Es ist, als ob die Rahel wußte, welche posthume Sendung ihr beschieden war. Sie glaubte freilich, es würde besser werden, und wartete; doch als das Warten kein Ende nahm, schüttelte sie ungeduldig den Kopf, sah Varnhagen an, und starb schnell — um desto schneller auferstehen zu können. Sie mahnt mich an die Sage jener anderen Rahel, die aus dem Grabe hervorstieg und an der Landstraße stand und weinte, als ihre Kinder in die Gefangen=schaft zogen.

Ich kann ihrer nicht ohne Wehmuth gedenken, der liebreichen Freundin, die mir immer die unermüdlichste Theilnahme widmete, und sich oft nicht wenig für mich ängstigte in jener Zeit meiner jugendlichen Uebermüthen, in jener Zeit, als die Flamme der Wahrheit mich mehr erhitzte, als erleuchtete . . .

(An **Varnhagen v. Ense.** Paris, den 16. Juli 1833.)

Es geht mir äußerlich noch immer sehr gut, ja besser als je, auch mein körperliches Unwohlsein ist in der letzten Zeit nicht so drückend gewesen. Doch muß ich noch immer gegen mein

Nervenübel kämpfen; dieses hindert mich in meinen Arbeiten, und doch habe ich viel zu thun, aber wieder lauter Kleinkram. Mein Leben ist ein wahres Geschäft geworden, ein grämliches Krämergeschäft.

Die verlangten Briefe hatte ich nicht schicken können, weil sie in Deutschland geblieben. Nur einen Brief habe ich mitgenommen, weil er eben eins der schmerzhaftesten Gefühle, die mich eben bewegten, am tiefsten aussprach. Mein größter Kummer vor zwei Jahren bestand nämlich darin, daß ich meine kleine Familie, besonders meiner Schwester jüngstes Kind, verlassen mußte. Und doch riethen Pflicht und Klugheit zur Abreise. Ich hatte die Wahl zwischen gänzlichem Waffenniederlegen oder lebenslänglichem Kampfe, und ich wählte diesen, und wahrlich nicht mit Leichtsinn. Daß ich aber einst die Waffen ergriff, dazu war ich gezwungen durch fremden Hohn, durch frechen Geburtsdünkel — in meiner Wiege lag schon meine Marschroute für das ganze Leben...

* * *

(Paris, November 1832.)

Wie ich vernehme, ist die Vorrede zu den „Französischen Zuständen" in einer so verstümmelten Gestalt erschienen, daß mir wohl die Pflicht obliegt, sie in ihrer ursprünglichen Ganzheit herauszugeben.[105]) Indem ich nun hier einen besonderen Abdruck davon liefere, bitte ich mir keineswegs die Absicht beizumessen, als wollte ich die jetzigen Machthaber in Deutschland ganz besonders reizen oder gar beleidigen. Ich habe vielmehr meine Ausdrücke, so viel es die Wahrheit erlaubte, zu mäßigen gesucht. Ich war deshalb nicht wenig verwundert, als ich merkte, daß man jene Vorrede in Deutschland noch immer für zu herbe gehalten. Lieber Gott! was soll das erst geben, wenn ich mal dem freien Herzen erlaube, in entfesselter Rede sich ganz frei auszusprechen! Und es kann dazu kommen. Die widerwärtigen Nachrichten, die täglich über den Rhein zu uns herüberseufzen, dürften mich wohl dazu bewegen.

Verzeih, lieber Leser, daß diese Zeilen dem Ernste der Zeit nicht ganz angemessen sind. Aber meine Feinde sind gar zu lächerlich! Ich sage Feinde, ich gebe ihnen aus Courtoisie diesen Titel, obgleich sie meistens nur meine Verläumder sind. Es sind kleine Leute, deren Haß nicht einmal bis an meine Waden reicht. Mit stumpfen Zähnen nagen sie an meinen Stiefeln. Das bellt sich müd da unten.

Mißlicher ist es, wenn die Freunde mich verkennen. Das dürfte mich verstimmen, und wirklich, es verstimmt mich...

Da giebt es nämlich unter unseren jakobinischen Enragé's, die seit den Juliustagen so laut geworden, einige Nachahmer jener Polemik, die ich während der Restaurationsperiode mit fester Rücksichtslosigkeit und zugleich besonnener Selbstsicherung geführt habe. Jene aber haben ihre Sache sehr schlecht gemacht, und statt die persönlichen Bedrängnisse, die ihnen daraus entstanden, nur ihrer eigenen Ungeschicklichkeit beizumessen, fiel ihr Unmuth auf den Schreiber dieser Blätter, den sie unbeschädigt sahen. Es ging ihnen wie dem Affen, der zugesehen hatte, wie sich ein Mensch rasirte. Als dieser nun das Zimmer verließ, kam der Affe und nahm das Barbierzeug wieder aus der Schublade hervor, und seifte sich ein und schnitt sich dann die Kehle ab. Ich weiß nicht, in wie weit jene deutschen Jakobiner sich die Kehle abgeschnitten; aber ich sehe, daß sie stark bluten. Auf mich schelten sie jetzt. Seht, rufen sie, wir haben uns ehrlich eingeseift und bluten für die gute Sache, der Heine meint es aber nicht ehrlich mit dem Barbieren, ihm fehlt der wahre Ernst beim Gebrauche des Messers, er schneidet sich nie, er wischt sich ruhig die Seife ab, und pfeift sorglos dabei, und lacht über die blutigen Wunden der Kehlabschneider, die es ehrlich meinen.

Gebt euch zufrieden; ich habe mich diesmal geschnitten...

Ich gebe hier eine Reihe Artikel und Tagesberichte, die ich nach dem Begehr des Augenblicks, in stürmischen Verhältnissen aller Art, zu leicht errathbaren Zwecken, unter noch leichter errathbaren Beschränkungen, für die „Augsburger Allgemeine Zeitung" geschrieben habe. Diese anonymen, flüchtigen Blätter soll ich nun unter meinem Namen als festes Buch herausgeben, damit kein anderer, wie ich bedroht worden bin, sie nach eigener Laune zusammenstellt und nach Willkür umgestaltet, oder gar jene fremden Erzeugnisse hineinmischt, die man mir irrthümlich zuschreibt.

Ich benutze diese Gelegenheit, um auf's bestimmteste zu erklären, daß ich seit zwei Jahren in keinem politischen Journal

Deutschlands, außer der „Allgemeinen Zeitung", eine Zeile drucken lassen. Letztere, die ihre weltberühmte Autorität so sehr verdient, und die man wohl die Allgemeine Zeitung von Europa nennen dürfte, schien mir eben wegen ihres Ansehens und ihres unerhört großen Absatzes das geeignete Blatt für Berichterstattungen, die nur das Verständniß der Gegenwart beabsichtigen. Wenn wir es dahin bringen, daß die große Menge die Gegenwart versteht, so lassen die Völker sich nicht mehr von den Lohnschreibern der Aristokratie zu Haß und Krieg verhetzen, das große Völkerbündniß, die heilige Alliance der Nationen, kommt zu Stande, wir brauchen aus wechselseitigem Mißtrauen keine stehenden Heere von vielen hunderttausend Mördern mehr zu füttern, wir benutzen zum Pflug ihre Schwerter und Rosse, und wir erlangen Friede und Wohlstand und Freiheit. Dieser Wirksamkeit bleibt mein Leben gewidmet; es ist mein Amt. Der Haß meiner Feinde darf als Bürgschaft gelten, daß ich dieses Amt bisher recht treu und ehrlich verwaltet. Ich werde mich jenes Hasses immer würdig zeigen. Meine Feinde werden mich nie verkennen, wenn auch die Freunde im Taumel der aufgeregten Leidenschaften, meine besonnene Ruhe für Lauheit halten möchten. Jetzt freilich, in dieser Zeit werden sie mich weniger verkennen, als damals, wo sie am Ziel ihrer Wünsche zu stehen glaubten, und Siegeshoffnung alle Segel ihrer Gedanken schwellte; an ihrer Thorheit nahm ich keinen Theil, aber ich werde immer Theil nehmen an ihrem Unglück. Ich werde nicht in die Heimath zurückkehren, so lange noch ein einziger jener edlen Flüchtlinge, die vor allzu großer Begeisterung keiner Vernunft Gehör geben konnten, in der Fremde, im Elend weilen muß...

(An Heinrich Laube. Paris, den 10. Juli 1833.)

Sie haben keinen Begriff davon, wie es in diesem Augenblick um mich her tost und stürmt. Ich habe hier das Justemilieu, die heuchlerisch katholische Carlistenpartei und die preußischen Spione auf den Hals. Meine „Französischen Zustände" sind nämlich in französischer Sprache erschienen, begleitet von meiner ganzen, unverstümmelten Vorrede. Diese ist jetzt auch bei Heideloff in deutscher Sprache erschienen, und kann jetzt ungefähr schon in Leipzig sein, wo Sie sie sehen. Ich würde sie Ihnen schicken, wenn ich nicht fürchtete, daß Sie dadurch compromittirt werden könnten. Nehmen Sie sich in acht. Hier nicht einmal ist man sicher. Vorigen Samstag sind hier mehrere Deutsche arretirt, und auch ich befürchte jeden Augenblick arretirt zu werden.

Vielleicht ist mein nächster Brief aus London datirt. Ich bedeute Ihnen das alles, um Sie zur Vorsicht und Mäßigung zu bewegen.

Für alles, was Sie mir Freundliches geschrieben und über mich gedruckt haben, danke ich mit ganzer Seele. Seien Sie überzeugt, daß ich Sie verstehe, und also wahrhaft schätze und ehre. Sie stehen höher als alle Anderen, die nur das Aeußerliche der Revolution und nicht die tieferen Fragen derselben verstehen. Diese Fragen betreffen weder Formen noch Personen, weder die Einführung einer Republik, noch die Beschränkung einer Monarchie, sondern sie betreffen das materielle Wohlsein des Volkes. Die bisherige spiritualistische Religion war heilsam und nothwendig, so lange der größte Theil der Menschen im Elend lebte und sich mit der himmlischen Religion vertrösten mußte. Seit aber durch die Fortschritte der Industrie und der Oekonomie es möglich geworden, die Menschen aus ihrem materiellen Elende heraus= zuziehen und auf Erden zu beseligen, seitdem — Sie verstehen mich. Und die Leute werden uns schon verstehen, wenn wir ihnen sagen, daß sie in der Folge alle Tage Rindfleisch statt Kar= toffeln essen sollen, und weniger arbeiten und mehr tanzen werden...

(An Varnhagen v. Ense. Paris, den 16. Juli 1833.)

Mein Buch, die französische Uebersetzung der „Zustände", macht allgemein Glück. Ich hab' dem Uebersetzer zu danken, daß die unverstümmelte Vorrede dazu gekommen. Diese, das leidenschaftliche Product meines Unmuths über die bundestäglichen Beschlüsse, versperrt mir vielleicht auf immer die Rückkehr nach Deutschland; aber sie rettet mich vielleicht vor dem Laternentod bei der nächsten Insurrection, indem jetzt meine holden Lands= leute mich nicht mehr des Einverständnisses mit Preußen be= schuldigen können.

Mein Buchhändler in Hamburg hatte die Vorrede besonders gedruckt, und zwar mit fremden Zwischensätzen. Obgleich ich ihm verbot, sie auszugeben, hatte er doch einige Exemplare an Polen mitgetheilt, und mit solch einem Exemplar und der französischen Ausgabe hat ein hiesiger Deutscher die Vorrede ergänzt und auf

eigene Hand herausgegeben. — Ich erzähle Ihnen das, damit
Sie mich nicht der größten Thorheiten beschuldigen. — Ich habe
wahrlich nicht die Absicht, demagogisch auf den Moment zu
wirken, glaube auch nicht mal an die Möglichkeit einer momen=
tanen Wirkung auf die Deutschen. Ich ziehe mich übrigens von
der Tagespolitik zurück, und beschäftige mich jetzt meistens mit
Kunst, Religion und Philosophie.

Viertes Capitel.

Der Saint-Simonismus.

(An Varnhagen von Ense.) Paris, Mitte Mai 1832.)

Ich beschäftige mich jetzt viel mit der französischen Revolutions=
geschichte und dem Saint=Simonismus. Ueber beide werde ich
Bücher schreiben. Ich muß aber noch viel studiren. Habe jedoch
im letzten Jahre durch die Anschauung des Parteitreibens und
der saintsimonistischen Erscheinungen sehr vieles verstehen gelernt:
z. B. den „Moniteur" von 1793 und die Bibel. Mir fehlt
jetzt nur Gesundheit und eine sorglose Existenz. Hatte unter=
dessen manchmal Gelegenheit, mir eine solche zu erwerben,
aber es sollte unter Bedingungen geschehen, wogegen ich, nicht
als Patriot, sondern als vornehmer Mann, eine bestimmte
Repugnanz hatte. — Was Sie mir in Betreff des St. Simonismus
schreiben, ist ganz meine Ansicht. Michel Chevalier ist mein sehr
lieber Freund, einer der edelsten Menschen, die ich kenne.[106]) Daß
sich die St. Simonisten zurückgezogen, ist vielleicht der Doctrin
selbst sehr nützlich; sie kommt in klügere Hände. Besonders der
politische Theil, die Eigenthumslehre, wird besser verarbeitet
werden. Was mich betrifft, ich interessire mich eigentlich nur
für die religiösen Ideen, die nur ausgesprochen zu werden
brauchten, um früh oder später ins Leben zu treten. Deutsch=
land wird am kräftigsten für seinen Spiritualismus kämpfen;
mais l'avenir est à nous. —

Paris, 16. Juli 1833.)

Mit Michael Chevalier, der Sie tiefsinnigst grüßen läßt, habe ich stundenlange Berathungen über Religion.

(An **Prosper Enfantin** in Aegypten. Paris, den 8. April 1835.)

Sie haben gewünscht, den Fortschritt der Ideen in Deutschland während der jüngsten Zeit kennen zu lernen, um die Beziehungen zu verstehen, in welchen die geistige Bewegung dieses Landes zu der Synthese Ihrer Doctrin steht.

Ich danke Ihnen für die Ehre, die Sie mir dadurch erwiesen haben, daß Sie mich aufforderten, Ihnen über diese Dinge Auskunft zu geben, und es freut mich, daß ich dabei Gelegenheit finde, mit Ihnen über den Raum weg verkehren zu können.

Erlauben Sie mir, Ihnen dieses Buch („Zur Geschichte der Religion und Philosophie in Deutschland") zu widmen; ich glaube wohl, daß es der Richtung Ihres Denkens zu entsprechen vermag. Wie dem auch sei, bitte ich Sie, es als ein Zeichen von Achtung und Sympathie annehmen zu wollen.

Zu jener Zeit war der Name, welchem ich diese Widmung zugeeignet hatte, sozusagen ein Schibolet und bezeichnete die vorgeschrittenste Partie im Emancipationskampfe der menschlichen Gesellschaft, welche von den Gensdarmen und Höflingen der alten Gesellschaft eben niedergeworfen worden war. Indem ich die Besiegten patronisirte, schleuderte ich ihren Gegnern eine übermüthige Herausforderung zu und bekannte offen meine Sympathien für die Märtyrer, die man damals mißhandelte und ohne Mitleid in den Zeitungen und in der Gesellschaft verhöhnte. Ich fürchtete nicht, mich der Lächerlichkeit preis zu geben, mit welcher ihre gute Sache, man muß es gestehen, doch ein wenig behaftet war. Die Lage hat sich seit jener Zeit geändert, die Märtyrer von damals werden nicht mehr verhöhnt und verfolgt, sie tragen nicht mehr das Kreuz, wenn es nicht zufällig das Kreuz der Ehrenlegion ist; sie durchlaufen nicht mehr barfuß die Wüsten Arabiens, um dort das freie Weib zu suchen; — diese Befreier vom Ehejoche, diese Zerbrecher der ehelichen Ketten haben sich nach ihrer Rückkehr aus dem Orient verheirathet und sind die unerschrockensten Freier des Occidents geworden; sie tragen sogar Stiefel. Die meisten dieser Märtyrer leben jetzt im Wohlstand; mehrere von ihnen sind neugebackene Millionäre und viele sind zu den ehrenvollsten und lukrativsten Stellen gelangt — man fährt schnell mit den Eisenbahnen. Die frühern Apostel, die von einem goldenen Zeitalter für die ganze Menschheit schwärmten, haben sich nun damit begnügt, ein Zeitalter des Silbers zu predigen, die Herrschaft dieses Silbergottes, welcher Vater und Mutter von allen und allem ist — es ist vielleicht derselbe Gott, den man mit den Worten verkündigt hat: Alles ist in ihm, nichts ist außer ihm, ohne ihn ist nichts. — Aber das ist nicht der Gott, welchem der Autor dieses Buches huldigt. . .

Da die Franzosen unsere deutsche Schulsprache nicht verstehen, habe ich bei einigen, das Wesen Gottes betreffenden Erörterungen diejenigen Ausdrücke gebraucht, mit denen sie durch den apostolischen Eifer der Saint=Simonisten vertraut geworden sind; da nun diese Ausdrücke ganz nackt und bestimmt meine Meinung aussprechen, habe ich sie auch in der deutschen Version beibehalten. Junker und Pfaffen, die in der letzten Zeit mehr als je die Macht meines Wortes gefürchtet, und mich deshalb zu depopularisiren gesucht, mögen immerhin jene Ausdrücke mißbrauchen, um mich mit einigem Schein des Materialismus oder gar des Atheismus zu beschuldigen; sie mögen mich immerhin zum Juden machen oder zum Saint=Simonisten; sie mögen mit allen möglichen Verketzerungen mich bei ihrem Pöbel anklagen: — keine feigen Rücksichten sollen mich jedoch verleiten, meine Ansicht von den göttlichen Dingen mit den gebräuchlichen zweideutigen Worten zu verschleiern. Auch die Freunde mögen mir immerhin darob zürnen, daß ich meine Gedanken nicht gehörig verstecke, daß ich die delicatesten Gegenstände schonungslos enthülle, daß ich ein Aergerniß gebe: — weder die Böswilligkeit meiner Feinde, noch die pfiffige Thorheit meiner Freunde soll mich davon abhalten, über die wichtigste Frage der Menschheit, über das Wesen Gottes, unumwunden und offen mein Bekenntniß auszusprechen.

Ich gehöre nicht zu den Materialisten, die den Geist verkörpern; ich gebe vielmehr den Körpern ihren Geist zurück, ich durchgeistige sie wieder, ich heilige sie.

Ich gehöre nicht zu den Atheisten, die da verneinen; ich bejahe.

Die Indifferentisten und sogenannten klugen Leute, die sich über Gott nicht aussprechen wollen, sind die eigentlichen Gottesleugner. Solche schweigende Verleugnung wird jetzt sogar zum bürgerlichen Verbrechen, indem dadurch den Mißbegriffen gefröhnt wird, die bis jetzt noch immer dem Despotismus als Stütze dienen.

Anfang und Ende aller Dinge ist in Gott.

Fünftes Capitel.

Der Salon.

(Paris, 17. October 1833.)

„Ich rathe Euch, Gevatter, laßt mich auf Euer Schild keinen goldenen Engel, sondern einen rothen Löwen malen; ich bin mal dran gewöhnt, und Ihr werdet sehen, wenn ich Euch auch einen goldenen Engel male, so wird er doch wie ein rother Löwe aussehn."

Diese Worte eines ehrsamen Kunstgenossen soll gegenwärtiges Buch (der erste Band des „Salon") an der Stirne tragen, da sie jedem Vorwurf, der sich dagegen auffinden ließe, im Voraus und ganz eingeständig begegnen. Damit alles gesagt sei, erwähne ich zugleich, daß dieses Buch, mit geringen Ausnahmen, im Sommer und Herbst 1831 geschrieben worden, zu einer Zeit, wo ich mich meistens mit den Cartons zu künftigen rothen Löwen beschäftigte. Um mich her war damals viel Gebrülle und Störniß jeder Art.

Die Scheinheiligen von allen Farben werden über manches Gedicht in diesem Buche wieder sehr tief seufzen — aber es kann ihnen nichts mehr helfen. Ein zweites, „nachwachsendes Geschlecht" hat eingesehen, daß all mein Wort und Lied aus einer großen, gottfreudigen Frühlingsidee emporblühte, die, wo nicht besser, doch wenigstens ebenso respectabel ist, wie jene triste, modrige Aschermittwochsidee, die unser schönes Europa trübselig entblumt und mit Gespenstern und Tartüffen bevölkert hat. Wogegen ich einst mit leichten Waffen fronbirte, wird jetzt ein offener ernster Krieg geführt — ich stehe sogar nicht mehr in den ersten Reihen.

Gottlob! die Revolution des Julius hat die Zungen gelöst, die so lange stumm geschienen; ja, da die plötzlich Erweckten alles, was sie bis dahin verschwiegen, auf einmal offenbaren wollten, so entstand viel Geschrei, welches mir mitunter gar unerfreulich die Ohren betäubte. Ich hatte manchmal nicht übel Lust, das ganze Sprechamt aufzugeben; doch das ist nicht so leicht thunlich wie etwa das Aufgeben einer geheimen Staatsrath=stelle, obgleich letztere mehr einbringt, als das beste öffentliche Tribunat. Die Leute glauben, unser Thun und Schaffen sei eitel Wahl, aus dem Vorrath der neuen Ideen griffen wir eine heraus, für die wir sprechen und wirken, streiten und leiden wollten, die etwa sonst ein Philolog sich seinen Classiker aus=wählte, mit dessen Commentirung er sich sein ganzes Leben hindurch beschäftigte — nein, wir ergreifen keine Idee, sondern die Idee ergreift uns, und knechtet uns, und peitscht uns in die Arena hinein, daß wir, wie gezwungene Gladiatoren, für sie kämpfen. So ist es mit jedem echten Tribunat oder Apostolat. Es war ein wehmüthiges Geständniß, wenn Amos sprach zu König Amazia: „Ich bin kein Prophet, noch keines Propheten Sohn, sondern ich bin ein Kuhhirt, der Maulbeeren abliefet; aber der Herr nahm mich von der Schafherde und sprach zu mir: Gehe hin und weissage!"[107]) Es war ein wehmüthiges Ge=ständniß, wenn der arme Mönch, der vor Kaiser und Reich zu Worms angeklagt stand ob seiner Lehre, dennoch, trotz aller Demuth seines Herzens, jeden Widerruf für unmöglich erklärte und mit den Worten schloß: „Hier stehe ich, ich kann nicht anders, Gott helfe mir, Amen!"

Wenn ihr diese heilige Zwingniß kenntet, ihr würdet uns nicht mehr schelten, nicht mehr schmähen, nicht mehr verleumden — wahrlich, wir sind nicht die Herren, sondern die Diener des Wortes. Es war ein wehmüthiges Geständniß, wenn Maximilian Robespierre sprach: „Ich bin ein Sclave der Freiheit."

Und auch ich will jetzt Geständnisse machen. Es war nicht eitel Lust meines Herzens, daß ich alles verließ, was mir Theures im Vaterland blühte und lächelte — mancher liebte mich dort z. B. meine Mutter — aber ich ging, ohne zu wissen warum; ich ging, weil ich mußte. Nachher ward mir sehr müde zu Muthe;

so lange vor den Juliustagen hatte ich das Prophetenamt ge=
trieben, daß das innere Feuer mich schier verzehrt, daß mein
Herz von den gewaltigen Worten, die daraus hervorgebrochen,
so matt geworden wie der Leib einer Gebärerin . . .

Ich dachte: — Habt meiner nicht mehr nöthig, will auch
einmal für mich selber leben, und schöne Gedichte schreiben,
Komödien und Novellen, zärtliche und heitere Gedankenspiele, die
sich in meinem Hirnkasten angesammelt, und ich will mich wieder
ruhig zurückschleichen in das Land der Poesie, wo ich als Knabe
so glücklich gelebt.

Und keinen Ort hätte ich wählen können, wo ich besser im
Stande war, diesen Vorsatz in Ausführung zu bringen. Es war
auf einer kleinen Villa dicht am Meer, nahe bei Havre=de=Grâce
in der Normandie. Wunderbar schöne Aussicht auf die große
Nordsee, ein wenig wechselnder und doch einfacher Anblick; heute
grimmer Sturm, morgen schmeichelnde Stille; und drüberhin
die weißen Wolkenzüge, riesenhaft und abenteuerlich, als wären
es die spukenden Schatten jener Normannen, die einst auf diesen
Gewässern ihr wildes Wesen getrieben. Unter meinem Fenster
aber blühten die lieblichsten Blumen und Pflanzen: Rosen, die
liebesüchtig mich anblickten, rothe Nelken mit verschämt bittenden
Düften, und Lorbeeren, die an die Mauer zu mir heraufrankten,
fast bis in mein Zimmer hereinwuchsen, wie jener Ruhm, der
mich verfolgt. Ja, einst lief ich schmachtend hinter Daphne einher,
jetzt läuft Daphne nach mir, wie eine Metze, und drängt sich in
mein Schlafgemach. Was ich einst begehrte, ist mir jetzt unbequem,
ich möchte Ruhe haben, und wünschte, daß kein Mensch von mir
spräche, wenigstens in Deutschland. Und stille Lieder wollte
ich dichten, und nur für mich, oder allenfalls um sie irgend
einer verborgenen Nachtigall vorzulesen. Es ging auch im An=
fang; mein Gemüth ward wieder umfriedet von dem Geist der
Dichtkunst, wohlbekannte edle Gestalten und goldene Bilder
dämmerten wieder empor in meinem Gedächtnisse, ich ward wieder
so traumselig, so märchentrunken, so verzaubert wie ehemals, und
ich brauchte nur mit ruhiger Feder alles aufzuschreiben, was ich
eben fühlte und dachte — ich begann.

Nun aber weiß jeder, daß man bei solcher Stimmung nicht
immer ruhig im Zimmer sitzen bleibt, und manchmal mit be=
geistertem Herzen und glühenden Wangen ins freie Feld läuft,

ohne auf Weg und Steg zu achten. So erging's auch mir, und, ohne zu wissen wie, befand ich mich plötzlich auf der Landstraße von Havre, und vor mir her zogen hoch und langsam mehrere große Bauerwagen, bepackt mit allerlei ärmlichen Kisten und Kasten, altfränkischem Hausgeräthe, Weibern und Kindern. Nebenher gingen die Männer, und nicht gering war meine Ueberraschung als ich sie sprechen hörte — sie sprachen deutsch, in schwäbischer Mundart. Leicht begriff ich, daß diese Leute Auswanderer waren, und als ich sie näher betrachtete, durchzuckte mich ein jähes Gefühl, wie ich es noch nie in meinem Leben empfunden; alles Blut stieg mir plötzlich in die Herzkammern und klopfte gegen die Rippen, als müsse es heraus aus der Brust, als müsse es so schnell als möglich heraus, und der Athem stockte mir in der Kehle. Ja, es war das Vaterland selbst, das mir begegnete, auf jenen Wagen saß das blonde Deutschland, mit seinen ernstblauen Augen, seinen traulichen, allzu bedächtigen Gesichtern, in den Mundwinkeln noch jene kümmerliche Beschränktheit, über die ich mich einst so sehr gelangweilt und geärgert, die mich aber jetzt gar wehmüthig rührte — denn hatte ich einst, in der blühenden Lust der Jugend, gar oft die heimathlichen Verkehrtheiten und Philistereien verdrießlich durchgehechelt, hatte ich einst mit dem glücklichen, bürgermeisterlich behäbigen, schneckenhaft trägen Vaterlande manchmal einen kleinen Haushader zu bestehen, wie er in großen Familien wohl vorfallen kann; so war doch all' dergleichen Erinnerung in meiner Seele erloschen, als ich das Vaterland in Elend erblickte, in der Fremde, im Elend; selbst seine Gebrechen wurden mir plötzlich theuer und werth, selbst mit seinen Krähwinkeleien war ich ausgesöhnt, und ich drückte ihm die Hand, ich drückte die Hand jener deutschen Auswanderer, als gäbe ich dem Vaterland selber den Handschlag eines erneuten Bündnisses der Liebe, und wir sprachen deutsch. Die Menschen waren ebenfalls sehr froh, auf einer fremden Landstraße diese Laute zu vernehmen; die besorglichen Schatten schwanden von ihren Gesichtern, und sie lächelten beinahe. Auch die Frauen, worunter manche recht hübsch, riefen mir ihr gemüthliches „Griesch bi Gott!" vom Wagen herab, und die jungen Bübli grüßten erröthend höflich, und die ganz kleinen Kinder jauchzten mich an mit ihren zahnlosen lieben Mündchen. Und warum habt ihr denn Deutschland verlassen? fragte ich diese armen Leute. „Das Land ist gut und wären gern dageblieben," antworteten sie, „aber wir konnten's nicht länger aushalten"...

Was mich betrifft, so blieb mir durch jene Bewegung ein tiefer Kummer, eine schwarze Traurigkeit, eine bleierne Verzagniß im Herzen, dergleichen ich nimmermehr mit Worten zu beschreiben vermag. Ich, der eben noch so übermüthig wie ein Sieger taumelte, ich ging jetzt so matt und krank einher wie ein gebrochener Mensch. Es war dieses wahrhaftig nicht die Wirkung eines plötzlich aufgeregten Patriotismus. Ich fühlte, es war etwas Edleres, etwas Besseres. Dazu ist mir seit langer Zeit alles fatal, was den Namen Patriotismus trägt. Ja, es konnte mir einst sogar die Sache selber einigermaßen verleidet werden, als ich den Mummenschanz jener schwarzen Narren erblickte, die aus dem Patriotismus ordentlich ihr Handwerk gemacht, und sich auch eine angemessene Handwerkstracht zugelegt und sich wirklich in Meister, Gesellen und Lehrlinge eingetheilt, und ihre Zunftgrüße hatten, womit sie im Lande fechten gingen.

Es ist eine eigene Sache mit dem Patriotismus, mit der wirklichen Vaterlandsliebe. Man kann sein Vaterland lieben und achtzig Jahr dabei alt werden, und es nie gewußt haben; aber man muß dann auch zu Hause geblieben sein. Das Wesen des Frühlings erkennt man erst im Winter, und hinter dem Ofen dichtet man die besten Mailieder. Die Freiheitsliebe ist eine Kerkerblume, und erst im Gefängnisse fühlt man den Werth der Freiheit. So beginnt die deutsche Vaterlandsliebe erst an der deutschen Grenze, vornehmlich aber beim Anblick deutschen Unglücks in der Fremde.

Ich versichere euch, ich bin kein Patriot, und wenn ich an jenem Tage geweint habe, so geschah es wegen des kleinen Mädchens. Es war schon gegen Abend, und ein kleines deutsches Mädchen, welches ich vorher schon unter den Auswanderern bemerkt, stand allein am Strande, wie versunken in Gedanken, und schaute hinaus ins weite Meer. Die Kleine mochte wohl acht Jahr alt sein, trug zwei niedlich geflochtene Haarzöpfchen, ein schwäbisch kurzes Röckchen von wohlgestreiftem Flanell, hatte ein bleich kränkelndes Gesichtchen, groß ernsthafte Augen, und mit weich besorgter, jedoch zugleich neugieriger Stimme frug sie mich, ob das das Weltmeer sei? — —

Bis tief in die Nacht stand ich am Meere und weinte. Ich

schäme mich nicht dieser Thränen. Auch Achilles weinte am Meer, und die silberfüßige Mutter mußte aus den Wellen emporsteigen, um ihn zu trösten. Auch ich hörte eine Stimme im Wasser, aber minder trostreich, vielmehr aufweckend, gebietend, und doch grundweise. Denn das Meer weiß alles, die Sterne vertrauen ihm des Nachts die verborgensten Räthsel des Himmels, in seiner Tiefe liegen mit den fabelhaft versunkenen Reichen auch die uralten, längst verschollenen Sagen der Erde, an allen Küsten lauscht es mit tausend neugierigen Wellenohren, und die Flüsse, die zu ihm hinabströmen, bringen ihm alle Nachrichten, die sie in den entferntesten Binnenlanden erkundet oder gar aus dem Geschwätze der kleinen Bäche und Bergquellen erhorcht haben. — Wenn einem aber das Meer seine Geheimnisse offenbart und einem das große Welterlösungswort ins Herz geflüstert, dann Ade, Ruhe! Ade, stille Träume! Ade, Novellen und Comödien, die ich schon so hübsch begonnen, und die nun schwerlich so bald fortgesetzt werden!

Die goldenen Engelsfarben sind seitdem auf meiner Palette fast eingetrocknet, und flüssig blieb darauf nur ein schreiendes Roth, das wie Blut aussieht, und womit man nur rothe Löwen malt. Ja, mein nächstes Buch wird wohl ganz und gar ein rother Löwe werden, welches ein verehrungswürdiges Publicum nach obigem Geständnisse gefälligst entschuldigen möge. —

Sechstes Capitel.

Die französische Uebersetzung der Reisebilder.

(An **Maximilian Heine.** Paris, den 21. April 1833.)

Rathe mir als Arzt, was thue ich gegen Kopfweh, das mich seit zwei Monaten stärker als je heimsucht? Es ist vielleicht Folge großer Geistesbewegung. Nicht als hätte ich in der letzten Zeit soviel gearbeitet, sondern vielmehr die Widerwärtigkeiten, die ich, in Folge der politischen Begebenheiten, zu erleiden hatte, verhinderten mich meistens am Arbeiten. Meine Lage ist nur von außen glänzend, ich werde von den außerordentlichsten Ehrenbezeugungen fast erdrückt. Du hast keine Idee davon, welche colossale Reputation hier auf mir lastet — aber das ist eine Last wie jede andere und hat genug Noth, Aerger, Verlegenheit, Mühe und Qual zur Folge.

Ich begreife jetzt sehr gut, warum alle berühmte Männer ein unglückliches Leben geführt. Rathe mir, lieber Max, soll ich dies Jahr wieder ein Seebad besuchen? Schlecht, eigentlich schlecht ist mir die See noch nicht bekommen. Hat mir aber vorig Jahr nicht viel geholfen. Auf jeden Fall kann ich erst August Paris verlassen, denn ich lasse jetzt meine „Reisebilder" ins Französische übersetzen, und mein Uebersetzer ist so schlecht, daß ich die meiste Arbeit dabei habe.[108] Dann habe ich noch eine Reihe Artikel über Deutschland zu schreiben, versprochene Arbeit, die ich unterlassen würde, wenn ich hier nicht enormes Geld brauchte. Enorme Summen seit einem Jahre ausgegeben. . .

Als ich das Uebersetzungstalent des seligen Loeve-Veimars für verschiedene Artikel benutzte, mußte ich bewundern, wie derselbe während solcher Collaborationen mir nie meine Unkenntniß der französischen Sprachgewohnheiten oder gar seine eigne linguistische Ueberlegenheit fühlen ließ. Wenn wir nach langstündigem Zusammenarbeiten endlich einen Artikel zu Papier gebracht hatten, lobte er meine Vertrautheit mit dem Geiste des französischen Idioms so ernsthaft, so scheinbar erstaunt, daß ich am Ende wirklich glauben mußte, alles selbst übersetzt zu haben, um so mehr, da der feine Schmeichler sehr oft versicherte, er verstände das Deutsche nur sehr wenig.

Es war in der That eine sonderbare Marotte von Loeve-Veimars, daß derselbe, der das Deutsche ebenso gut verstand, wie ich, dennoch allen Leuten versicherte, er verstände kein Deutsch...

* * *

(Paris, den 20. Mai 1834.)

Es wird immer eine schwere Frage bleiben, zu entscheiden, wie man einen deutschen Schriftsteller ins Französische übersetzen

soll. Soll man etwa Gedanken und Bilder hier und da aus=
merzen, wenn sie dem civilisirten Geschmack der Franzosen nicht
entsprechen, und wenn sie ihnen als eine unangenehme oder viel=
leicht sogar lächerliche Uebertreibung erscheinen könnten? Oder
soll man etwa den ungeleckten Deutschen mit seiner ganzen über=
rheinischen Originalität mit all' seinen Germanismen, phantastisch
colorirt und überladen mit hyperromantischen Verzierungen, in
die schöne Welt von Paris einführen? Ich für mein Theil meine
nicht, daß man das ungeleckte Deutsch in das gezähmte Französisch
übersetzen soll, und so stelle ich mich hier selbst in meinem heimath=
lichen Barbarenzustande vor nach Art der Charruasindianer,
welchen ihr im vorigen Sommer einen so wohlwollenden Em=
pfang bereitet habt. Und auch ich bin ein Kriegsheld, wie es
der große Takuabeh gewesen. Jetzt ist er todt, und seine sterb=
liche Hülle wird im Museum des Jardin des Plantes, diesem
zoologischen Pantheon des Thierreiches, sorgfältig aufbewahrt.

Dieses Buch ist ein Ausstellungstheater. Tretet ein ohne
Angst. Ich bin nicht so böse wie ich aussehe. Ich habe nur
mein Gesicht mit wilden Farben bemalt, um meine Feinde in
der Schlacht mehr zu erschrecken. Im Grunde bin ich sanft wie
ein Lamm. Beruhigt euch also und gebt mir die Hand. Ihr
könnt auch meine Waffen berühren, selbst die Köcher und die
Pfeile, denn ich habe ihre Spitzen abgestumpft, wie es bei uns
Barbaren Sitte ist, wenn wir uns einem geweihten Orte nähern.
Unter uns gesagt, waren die Pfeile nicht nur spitzig, sondern
auch stark vergiftet. Heute sind sie ganz unschädlich und harm=
los, und ihr könnt euch die buntfarbigen Federn daran zum
Spaß ansehen, selbst eure Kinder könnten sich derselben als eine
Art Spielzeug bedienen. —

Der Stil, die Verkettung der Gedanken, die Uebergänge,
die grotesken Einfälle, die ungewöhnlichen Ausdrücke, kurz der
ganze Character des deutschen Originals ist so weit wie möglich
Wort für Wort, in dieser französischen Uebersetzung der Reise=
bilder wiedergegeben. Der Schönheitssinn, die Eleganz, die
Anmuth und Grazie sind überall unbarmherzig der buchstäblichen
Treue geopfert worden. Es ist jetzt ein deutsches Buch in
französischer Sprache, und dieses Buch erhebt nicht den Anspruch,
dem französischen Publikum zu gefallen, wohl aber dieses Publikum
mit einer fremden Originalität bekannt zu machen. Kurz: ich

will belehren, nicht bloß amüsiren. In dieser Weise haben wir Deutsche die fremden Schriftsteller übersetzt, und hatten dabei den Nutzen, daß wir neue Gesichtspunkte, Wortformen und Sprachwendungen gewonnen haben. Eine ähnliche Acquisition könnte euch nicht schaden. Nachdem ich mir vorgenommen habe, euch vor allem mit dem Character dieses exotischen Buches bekannt zu machen, so war mir weniger daran gelegen, es euch unverkürzt darzubieten, einmal weil mehrere Stellen nur auf lokalen und Zeitanspielungen, auf Wortwitzen und anderen Specialitäten dieses Genres beruhen, und deshalb nicht französisch reproducirt werden konnten; sodann aber, weil verschiedene Parteien in der feindseligsten Weise gegen hierzulande unbekannte Personen gerichtet sind, die, französisch wiederholt, zu den unangenehmsten Mißverständnissen Anlaß geben könnten...

Dieses Buch wurde mit Ausnahme weniger Blätter vor der Julirevolution geschrieben. Zu jener Zeit hatte der politische Druck in Deutschland eine allgemeine dumpfe Stille zuwege gebracht; die Geister waren in eine Lethargie der Verzweiflung versunken, und wer damals noch zu sprechen wagte, mußte sich mit um so größerer Leidenschaft äußern, je mehr er am Siege der Freiheit verzweifelte, und je erbitterter die Partei des Pfaffenthums und der Aristokratie gegen ihn wüthete. Ich gebrauche die Ausdrücke „Pfaffenthum" und „Aristokratie" aus Gewohnheit, weil ich mich damals, als ich, allein, diese Polemik gegen jene Champions der Vergangenheit unterhielt, stets dieser Worte bedient habe. Diese Worte wurden ja damals in der ganzen Welt verstanden, und ich muß gestehen: ich hielt mich damals noch an die Terminologie von 1789, und verschwendete einen großen Luxus von Tiraden wider Clerus und Adel, oder, wie ich sie nannte, gegen das Pfaffenthum und die Aristokratie. Aber ich bin seither auf der Bahn des Fortschritts weiter gegangen und meine lieben Deutschen, die durch die Julikanonen geweckt, in meine Fußstapfen getreten sind, und heute die Sprache von 1789 oder gar von 1793 reden, sind noch so weit von mir entfernt, daß sie mich aus den Augen verloren haben und sich einreden, ich sei zurückgeblieben hinter ihnen. Ich werde der allzu großen Mäßigung, des Einverständnisses mit den Aristokraten beschuldigt, und ich sehe schon den Tag anbrechen, wo ich auch wegen der Connivenz mit dem Pfaffenthum angeklagt werde.

Die Wahrheit ist, daß ich heute unter dem Wort „Aristokratie" nicht allein den Adel der Geburt verstehe, sondern vielmehr alle diejenigen, welchen Namen sie auch tragen mögen, die auf Kosten des Volkes leben. Die schöne Formel, die wir eben so wie viele andere treffliche Dinge, den Saint-Simonisten zu verdanken haben: „Exploitation de l'homme par l'homme" (Ausbeutung des Menschen durch den Menschen) überhebt uns aller Declamationen gegen die Privilegien der Geburt. Unser altes Feldgeschrei gegen den Priesterstand ist ebenfalls schon durch eine bessere Parole ersetzt worden. Es handelt sich nicht mehr darum, die alte Kirche gewaltsam zu zerstören, sondern die neue aufzubauen, und weit entfernt, das Priesterthum vernichten zu wollen, denken wir vielmehr heutzutage daran, uns selbst zu Priestern zu machen. —

Für Deutschland ist ohne Zweifel die Periode der Negation noch nicht vorüber, sie hat eben erst begonnen. In Frankreich dagegen scheint sie zu Ende zu gehen; wenigstens däucht es mir, daß man sich hier viel mehr positiven Bestrebungen widmen und alles wieder aufrichten müßte, was uns die Vergangenheit an Gutem und Schönem hinterlassen hat.

Aus einer Art von schriftstellerischem Aberglauben lasse ich meinem Buche seinen deutschen Titel. Unter diesem Namen „Reisebilder" hat es seinen Weg in die Welt gemacht (mit besserem Erfolg als der Autor selbst), und ich habe gewünscht, daß es diesen glücklichen Titel auch in der französischen Ausgabe beibehalte.

Siebentes Capitel.

Ueber Deutschland.

Zu den Personen, die ich bald nach meiner Ankunft in Paris sah, gehört auch Victor Bohain, und ich erinnere mich mit Freude dieser jovialen, geistreichen Figur, die durch liebenswürdige Anregungen viel dazu beitrug, die Stirne des deutschen

Träumers zu entwölken und sein vergrämtes Herz in die Heiterkeit des französischen Lebens einzuweihen. Er hatte damals die „Europe littéraire" gestiftet, und als Director derselben kam er zu mir mit dem Ansuchen, einige Artikel über Deutschland in dem Genre der Frau von Staël für seine Zeitschrift zu schreiben. Ich versprach die Artikel zu liefern, jedoch ausdrücklich bemerkend, daß ich sie in einem ganz entgegengesetzten Genre schreiben würde. „Das ist mir gleich," — war die lachende Antwort — „außer dem Genre ennuyeux gestatte ich, wie Voltaire, jedes Genre." Damit ich armer Deutscher nicht in das Genre ennuyeux verfiele, lud Freund Bohain mich oft zu Tische und begoß meinen Geist mit Champagner. Niemand wußte besser, wie er, ein Diner anzuordnen, wo man nicht bloß die beste Küche, sondern auch die köstlichste Unterhaltung genoß; Niemand wußte so gut, wie er, als Wirth die Honneurs zu machen, Niemand so gut zu repräsentiren, wie Victor Bohain — auch hat er gewiß mit Recht seinen Actionären der „Europe littéraire" hunderttausend Franken Repräsentationskosten angerechnet. Seine Frau war sehr hübsch und besaß ein niedliches Windspiel, welches Ji=Ji hieß. Zu dem Humor des Mannes trug sogar sein hölzernes Bein etwas bei, und wenn er, allerliebst um den Tisch herumhumpelnd, seinen Gästen Champagner einschenkte, glich er dem Vulkan, als derselbe das Amt Hebe's verrichtete in der jauchzenden Götterversammlung. Wo ist er jetzt? Ich habe lange nichts von ihm gehört. Zuletzt, vor etwa zehn Jahren, sah ich ihn in einem Wirthshause zu Granville; er war von England, wo er sich aufhielt, um die colossale englische Nationalschuld zu studiren und bei dieser Gelegenheit seine kleinen Privatschulden zu vergessen, nach jenem Hafenstädchen der Basse=Normandie auf einen Tag herübergekommen, und hier fand ich ihn an einem Tischchen sitzend neben einer Bouteille Champagner und einem vierschrötigen Spießbürger mit kurzer Stirn und aufgesperrtem Maule, dem er das Projekt eines Geschäftes auseinandersetzte, woran, wie Bohain mit beredsamen Zahlen bewies, eine Million zu gewinnen war. Bohain's speculativer Geist war immer sehr groß, und wenn er ein Geschäft erdachte, stand immer eine Million Gewinn in Aussicht, nie weniger als eine Million. Die Freunde nannten ihn daher auch Messer Millione, wie einst Marco Polo in Venedig genannt wurde, als derselbe nach seiner

Rückkehr aus dem Morgenlande den maulaufsperrenden Lands=
leuten unter den Arkaden des Sanct Marco=Platzes von den
hundert Millionen und wieder hundert Millionen Einwohnern
erzählte, welche er in den Ländern, die er bereist, in China, der
Tartarei, Indien u. s. w., gesehen habe. Die neuere Geographie
hat den berühmten Venetianer, den man lange für einen Auf=
schneider hielt, wieder zu Ehren gebracht, und auch von unserm
Pariser Messer Millione dürfen wir behaupten, daß seine
industriellen Projecte immer großartig richtig ersonnen waren,
und nur durch Zufälligkeiten in der Ausführung mißlangen;
manche brachten große Gewinne, als sie in die Hände von
Personen kamen, die nicht so gut die Honneurs eines Geschäftes
zu machen, die nicht so prachtvoll zu repräsentiren wußten, wie
Victor Bohain. Auch die „Europe littéraire" war eine vortreff=
liche Conception, ihr Erfolg schien gesichert, und ich habe ihren
Untergang nie begriffen. Noch den Vorabend des Tages, wo
die Stockung begann, gab Victor Bohain in den Redactionssälen
des Journals einen glänzenden Ball, wo er mit seinen drei=
hundert Actionären tanzte, ganz so wie einst Leonidas mit seinen
dreihundert Spartanern den Tag vor der Schlacht bei den
Thermopylen. Jedesmal, wenn ich in der Galerie des Louvre
das Gemälde von David sehe, welches diese antik heroische Scene
darstellt, denke ich an den erwähnten letzten Tanz des Victor
Bohain; ganz ebenso, wie der todesmuthige König des David'schen
Bildes, stand er auf einem Beine; es war dieselbe classische
Stellung. — Wanderer! wenn du in Paris die Chaussee d'Antin
nach den Boulevards herabwandelst, und dich am Ende bei einem
schmutzigen Thal, das die Rue basse du rempart geheißen,
befindest, wisse! du stehst hier vor den Thermopylen der „Europe
littéraire", wo Victor Bohain heldenkühn fiel mit seinen drei=
hundert Aktionären . . .

Die Aufsätze, die ich, wie gesagt, für jene Zeitschrift zu ver=
fassen hatte und darin abdrucken ließ, gaben mir Veranlassung,
in weiterer Ausführung über Deutschland mich auszusprechen, und
mit Freuden begrüßte ich auch die Aufforderung des Directors
der „Revue des deux mondes", für sein Journal eine Reihe
von Aufsätzen über die geistige Entwickelung meines Vaterlands
zu schreiben. Dieser Director war nichts weniger als ein lustiger
Cumpan, wie Messer Millione; sein Fehler war vielmehr ein

übergroßer Ernst. Es ist ihm seitdem durch gewissenhafte und ehrenwerthe Arbeit gelungen, seine Zeitschrift zu einer wahren Revue beider Welten zu machen, d. h. zu einer Revue, die in allen civilisirten Ländern verbreitet ist, wo sie den Geist und die Größe der französischen Litteratur repräsentirt. In dieser Revue also veröffentlichte ich meine neuen Arbeiten über die geistige und sociale Geschichte meines Vaterlands. Der große Widerhall, den diese Aufsätze fanden, gab mir den Muth, sie zu sammeln und zu vervollständigen. . .

Ich wollte nicht bloß seinen Zweck, seine Tendenz, seine geheimste Absicht, sondern auch die Genesis des Buches hier offenbaren, damit jeder um so sicherer ermitteln könne, wie viel Glauben und Zutrauen meine Mittheilungen verdienen. Ich schrieb nicht im Genre der Frau von Staël, und wenn ich mich auch bestrebte, so wenig ennuyant wie möglich zu sein, so verzichtete ich doch im Voraus auf alle Effekte des Stiles und der Phrase, die man bei Frau von Staël, dem größten Autor Frankreichs, während dem Empire, in so hohem Grade antrifft. Ja, die Verfasserin der „Corinne" überragt nach meinem Bedünken alle ihre Zeitgenossen, und ich kann das sprühende Feuerwerk ihrer Darstellung nicht genug bewundern; aber dieses Feuerwerk läßt leider eine übelriechende Dunkelheit zurück, und wir müssen eingestehen, ihr Genie ist nicht so geschlechtlos, wie nach der früheren Behauptung der Frau von Staël das Genie sein soll; ihr Genie ist ein Weib, besitzt alle Gebrechen und Launen des Weibes, und es war meine Pflicht als Mann, dem glänzenden Cancan dieses Genies zu widersprechen. Es war um so nothwendiger, da die Mittheilungen in ihrem Buch „De l'Allemagne" sich auf Gegenstände bezogen, die den Franzosen unbekannt waren und den Reiz der Neuheit besaßen, z. B. alles, was Bezug hat auf die deutsche Philosophie und romantische Schule. Ich glaube, in meinem Buche absonderlich über erstere die ehrlichste Auskunft ertheilt zu haben, und die Zeit hat bestätigt, was damals, als ich es vorbrachte, unerhört und unbegreiflich schien. . .

Ich that dieses in einer Reihe Artikel, welche ich bald darauf als vollständiges Buch unter dem Titel „De l'Allemagne" herausgab. Es fällt mir nicht ein, durch diese Titelwahl mit dem Buche der berühmten Frau in eine literarische Rivalität treten zu wollen. Ich bin einer der größten Bewunderer ihrer geistigen Fähigkeiten, sie hat Genie, aber leider hat dieses Genie ein Geschlecht, und zwar ein weibliches. Es war meine Pflicht als Mann, jenem brillanten Cancan zu widersprechen, der um so gefährlicher wirkte, da sie in ihren deutschen Mittheilungen eine Masse von Dingen vorbrachte, die in Frankreich unbekannt, und durch den Reiz der Neuheit die Geister bezauberte. Ich ließ mich auf die einzelnen Irrthümer und Fälschungen nicht ein, und beschränkte mich zunächst den Franzosen zu zeigen, was eigentlich jene romantische Schule bedeutete, die Frau von Staël so sehr rühmte und feierte. . .

Dann wollte ich auch über die deutsche Philosophie eine wahre Auskunft geben, und ich glaube, ich hab' es gethan. Ich hab' unumwunden das Schulgeheimniß ausgeplaudert, das nur den Schülern der ersten Classe bekannt war, und hierzulande stutzte man nicht wenig über diese Offenbarung. Ich erinnere mich, wie Pierre Leroux mir begegnete und mir offen gestand, daß auch er immer geglaubt habe, die deutsche Philosophie sei ein gewisser mystischer Nebel, und die deutschen Philosophen seien eine Art frommer Seher, die nur Gottesfurcht athmeten. Ich habe freilich den Franzosen keine ausführliche Darstellung unserer verschiedenen Systeme geben können — auch liebte ich sie zu sehr, als daß ich sie dadurch langweilen wollte — aber ich habe ihnen den letzten Gedanken verrathen, der allen diesen Systemen zu Grunde liegt, und der eben das Gegentheil ist von allem, was wir bisher Gottesfurcht nannten. Die Philosophie hat in Deutschland gegen das Christenthum denselben Krieg geführt, den sie einst in der griechischen Welt gegen die ältere Mythologie geführt hat, und sie erfocht hier wieder den Sieg.

Seitdem das mehrerwähnte Buch erschienen, habe ich für das Publikum nichts über Deutschland veröffentlicht. . .

Ich kann nicht eindringlich genug hervorheben, daß ich nicht die Absicht hatte, ein vollständiges Bild von Deutschland zu geben. Ich wollte nur an verschiedenen Stellen den Schleier lüften, welcher dieses geheimnißvolle Land bisher verhüllt; und wenn der Leser nicht alles oder doch nur einen kleinen Theil gesehen hat, so hat er wenigstens diesen kleinen Theil in seiner natürlichen Wahrheit gesehen; dagegen wird er wenig oder gar nichts aus den Büchern lernen, in denen man ihm die vollständigste Belehrung verspricht und am Ende nichts mehr als eine trockene, gedankenlose, wenn auch exakte und gewissenhafte Aufzählung und Nomenklatur bietet. Was die deutsche Literatur anbetrifft, so umfaßt mein Buch nur die Geschichte der sogenannten romantischen Schule, und indem ich mir vornahm, die genauesten Informationen zu geben über die Schriftsteller, die hierher gehören, war ich genöthigt, von ihnen mehr Details zu bieten, als ich es von den deutschen Poeten ersten Ranges, die mit viel mehr Talent begabt sind, welche aber nicht zur romantischen Schule gehören, gethan habe. Ich habe sogar mehrere große Schriftsteller mit Schweigen übergangen, welche man zuweilen zu den Anhängern dieser Schule zählt, welche aber meiner Ansicht nach keineswegs zu ihr gehören, wie z. B. Heinrich von Kleist und meine verstorbenen Freunde Karl Immermann und Christian Grabbe, alle drei Dichter von großem Genie. Das sind Riesen, wenn man sie mit jenen Schriftstellern der romantischen Schule vergleicht, von welchen ich in meinem Buche gesprochen und sie können widerspruchslos als die ausgezeichnetsten Poeten Deutschlands während der Goethe=Periode angesehen werden. Jedenfalls sind sie seither noch nicht übertroffen worden, obgleich das deutsche Theater der Gegenwart zwei Dichter von seltenstem Verdienst in der Person meiner Freunde Friedrich Hebbel, dem Dichter der „Judith", und Alfred Meißner, dem Autor der Tragödie „Das Weib des Urias", besitzt. Der erste ist ein Geistesverwandter von Kleist und Grabbe, und es ist nicht die Sache eines banalen Kritikers, sein Genie zu würdigen; der andere, Alfred Meißner, ist dem Verständniß der Massen zugänglicher, sein Publikum ist größer; er hat eine leidenschaftliche Seele, und ich bin überzeugt, daß er eines Tages die Popularität von Friedrich Schiller erobern wird, dessen präsumtiver Nachfolger er in Deutschland ist.

Ich habe eben bemerkt, daß ich in meinem Buche über mehrere unserer großen deutschen Dichter nicht sprechen konnte, weil dieselben nicht in den Rahmen paßten, welcher ausschließlich für die romantische Schule bestimmt war. Unter diesen großen Dichtern befinden sich auch manche lyrische Poeten, welche sich der genannten Schule durch die Richtung ihres [von der Romantik

erfüllten Geistes nähern. Auch nennt man sie zuweilen fälschlich
Romantiker. Zu dieser Zahl gehören vier, deren Talent dem
unserer größten Poeten nahe kommt; es sind: mein verstorbener
Freund Adalbert von Chamisso, Franzose von Geburt; dann der
prächtige Friedrich Rückert, dessen Phantasie von einer üppigen
und orientalischen Ueberfülle ist; der dritte ist mein Freund, der
Graf Auersperg, unter dem Namen Anastasius Grün bekannt;
ein lyrischer Dichter, der sehr reich, fast überreich an Metaphern
ist und eine große und edle Seele besitzt; endlich der vierte,
zuletzt aufgetretene, ist Ferdinand Freiligrath, ein Talent ersten
Ranges, ein kräftiger und mit großer Originalität begabter
Coloritmaler.

In einem anderen Werke, welches ich noch zu beendigen hoffe,
werde ich Gelegenheit haben, über viele deutsche Schriftsteller,
welche meine Zeitgenossen waren und von welchen ich in meinem
Buche „Ueber Deutschland" keine Information gegeben habe,
ausführlich zu sprechen. Ich werde dann die Lücken dieses letzten
Werkes reichlich ausführen und ich garantire dafür, daß weder
das Publikum, noch die Schriftsteller, mit denen ich mich heute
nicht beschäftigen konnte, etwas dabei verloren haben sollen, daß
sie gewartet haben.

* * *

Erklärung.

(Paris, den 19. März 1835.)

Der Verfasser des zweiten Theils des „Salon von H. Heine,"
welcher bei Hoffmann und Campe in Hamburg erschienen, be=
nachrichtigt das Publikum, daß dieses Buch, von der Verlags=
handlung eigenmächtig abgekürzt und zugestutzt in einer ver=
stümmelten Gestalt gedruckt worden ist. Diejenigen Zeitungs=
Redactionen, die wenigstens gegen Buchhändlerwillkür die deutsche
Schriftstellerwürde vertreten wollen, werden ersucht, diese Anzeige
der öffentlichen Kunde zu übergeben.

Als die erste Auflage dieses Buches die Presse verließ, und
ich ein Exemplar desselben zur Hand nahm, erschrak ich nicht
wenig ob den Verstümmelungen, deren Spur sich überall kund
gab. Hier fehlte ein Beiwort, dort ein Zwischensatz, ganze

Stellen waren ausgelassen, ohne Rücksicht auf die Uebergänge, so daß nicht bloß der Sinn, sondern manchmal die Gesinnung selbst verschwand. Viel mehr die Furcht Cäsar's, als die Furcht Gottes, leitete die Hand bei diesen Verstümmelungen, und während sie alles politisch Verfängliche ängstlich ausmerzte, verschonte sie selbst das Bedenklichste, das auf Religion Bezug hatte. So ging die eigentliche Tendenz dieses Buches, welche eine patriotisch-demokratische war, verloren, und umheimlich starrte mir daraus ein ganz fremder Geist entgegen, welcher an scholastisch-theologische Klopffechtereien erinnert, und meinem humanistisch-toleranten Naturell tief zuwider ist.

Ich schmeichelte mir anfangs mit der Hoffnung, daß ich bei einem zweiten Abdruck die Lacunen dieses Buches wieder ausfüllen könne; doch keine Restauration der Art ist jetzt möglich, da bei dem großen Brande zu Hamburg das Original-Manuskript im Hause meines Verlegers verloren gegangen. Mein Gedächtniß ist zu schwach, als daß ich aus der Erinnerung nachhelfen könnte, und außerdem dürfte eine genaue Durchsicht des Buches mir wegen des Zustandes meiner Augen nicht erlaubt sein. Ich begnüge mich damit, daß ich nach der französischen Version, welche früher als die deutsche gedruckt worden, einige der größern ausgelassenen Stellen aus dem Französischen zurückübersetze und interkalire. Eine dieser Stellen, welche in unzähligen französischen Blättern abgedruckt, discutirt und auch in der vorjährigen Deputirtenkammer von einem der größten Staatsmänner der Franzosen, dem Grafen Molé, besprochen worden, ist am Ende dieser neuen Ausgabe befindlich und mag zeigen, welche Bewandtniß es hat mit der Verkleinerung und Herabsetzung Deutschlands, deren ich mich, wie gewisse ehrliche Leute versicherten, dem Auslande gegenüber schuldig gemacht haben soll.[109]) Aeußerte ich mich in meinem Unmuth über das alte officielle Deutschland, das verschimmelte Philisterland, — das aber keinen Goliath, keinen einzigen großen Mann hervorgebracht hat, — so wußte man das, was ich sagte, so darzustellen, als sei hier die Rede von dem wirklichen Deutschland, dem großen, geheimnißvollen, so zu sagen anonymen Deutschland des deutschen Volkes, des schlafenden Souveränen, mit dessen Scepter und Krone die Meerkatzen spielen. Solche Insinuation ward den ehrlichen Leuten noch dadurch erleichtert, daß jede Kundgabe meiner wahren Gesinnung mir während einer langen Periode schier unmöglich war, besonders zur Zeit, als die Bundestagsdecrete gegen das junge Deutschland erschienen, welche hauptsächlich gegen mich gerichtet waren und mich in eine exceptionell gebundene Lage brachten, die unerhört in den Annalen der Preßknechtschaft. Als ich späterhin den Maulkorb etwas lüften konnte, blieben doch die Gedanken noch geknebelt.

Das vorliegende Buch ist Fragment, und soll auch Fragment bleiben.

Achtes Capitel.

In der Fremde.

Ein schöner Stern geht auf in meiner Nacht,
Ein Stern, der süßen Trost herniederlacht
Und neues Leben mir verspricht —
O, lüge nicht!

Gleichwie das Meer dem Mond entgegenschwillt,
So fluthet meine Seele, froh und wild,
Empor zu deinem holden Licht —
O, lüge nicht!

Wie Merlin, der eitle Weise,
Bin ich armer Nekromant
Nun am Ende festgebannt
In die eignen Zauberkreise.

Festgebannt zu ihren Füßen
Lieg' ich nun, und immerdar
Schau' ich in ihr Augenpaar;
Und die Stunden, sie verfließen.

Stunden, Tage, ganze Wochen,
Sie verfließen wie ein Traum,
Was ich rede, weiß ich kaum,
Weiß auch nicht, was sie gesprochen.

Manchmal ist mir, als berühren
Ihre Lippen meinen Mund —
Bis in meiner Seele Grund
Kann ich dann die Flammen spüren.

Gesanglos war ich und beklommen
So lange Zeit — nun dicht' ich wieder;
Wie Thränen, die uns plötzlich kommen,
So kommen plötzlich auch die Lieder.

Melodisch kann ich wieder klagen
Von großem Lieben, größerm Leiden,
Von Herzen, die sich schlecht vertragen,
Und dennoch brechen, wenn sie scheiden.

Manchmal ist mir, als fühlt' ich wehen
Ueber dem Haupt die deutschen Eichen —
Sie flüstern gar von Wiedersehen —
Das sind nur Träume — sie verbleichen.

Manchmal ist mir, als hört' ich singen
Die alten deutschen Nachtigallen —
Wie mich die Töne sanft umschlingen! —
Das sind nur Träume — sie verhallen.

Wo sind die Rosen, deren Liebe
Mich einst beglückt? — All ihre Blüthe
Ist längst verwelkt! — Gespenstisch trübe
Spukt noch ihr Duft mir im Gemüthe.

Es treibt dich fort von Ort zu Ort,
Du weißt nicht mal warum;
Im Winde klingt ein sanftes Wort,
Schaust dich verwundert um.

Die Liebe, die dahinten blieb,
Sie ruft dich sanft zurück:
„O komm zurück, ich hab' dich lieb,
Du bist mein einz'ges Glück!"

Doch weiter, weiter, sonder Rast,
Du darfst nicht stille stehn;
Was du so sehr geliebet hast,
Sollst du nicht wiedersehn.

„O, des liebenswürd'gen Dichters,
Dessen Lieder uns entzücken!
Hätten wir ihn in der Nähe,
Seine Lippen zu beglücken!"

Während liebenswürd'ge Damen
Also liebenswürdig dachten,
Mußt' ich hundert Meil' entfernt
In der öden Fremde schmachten.

Und es hilft uns nichts im Norden,
Wenn im Süden schönes Wetter,
Und von zugedachten Küssen
Wird das magre Herz nicht fetter.

———

Mir träumte von einem schönen Kind,
Sie trug das Haar in Flechten;
Wir saßen unter der grünen Lind'
In blauen Sommernächten.

Wir hatten uns lieb und küßten uns gern
Und kosten von Freuden und Leiden.
Es seufzten am Himmel die gelben Stern',
Sie schienen uns zu beneiden.

Ich bin erwacht und schau' mich um,
Ich steh' allein im Dunkeln.
Am Himmel droben, gleichgültig und stumm,
Seh' ich die Sterne funkeln.

———

Du bist ja heut' so grambefangen,
Wie ich dich lange nicht geschaut.
Es perlet still von deinen Wangen,
Und deine Seufzer werden laut.

Denkst du der Heimath, die so ferne,
So nebelferne dir verschwand?
Gestehe mir's, du wärest gerne
Manchmal im theuren Vaterland.

Denkst du der Dame, die so niedlich
Mit kleinem Zürnen dich ergötzt?
Oft zürntest du, dann ward sie friedlich,
Und immer lachet ihr zuletzt.

Denkst du der Freunde, die da sanken
An deine Brust in großer Stund'?
Im Herzen stürmten die Gedanken,
Jedoch verschwiegen blieb der Mund.

Denkst du der Mutter und der Schwester?
Mit beiden standest du ja gut.
Ich glaube gar, es schmilzt, mein Bester,
In deiner Brust der wilde Muth!

Denkst du der Vögel und der Bäume
Des schönen Gartens, wo du oft
Geträumt der Liebe junge Träume,
Wo du gezagt, wo du gehofft?

Es ist schon spät. Die Nacht ist helle,
Trübhell gefärbt vom feuchten Schnee.
Ankleiden muß ich mich nun schnelle
Und in Gesellschaft gehn. O weh!

Ich hatte einst ein schönes Vaterland.
Der Eichenbaum
Wuchs dort so hoch, die Veilchen nickten sanft.
Es war ein Traum.

Das küßte mich auf Deutsch, und sprach auf Deutsch
(Man glaubt es kaum,
Wie gut es klang) das Wort: „Ich liebe dich!"
Es war ein Traum.

Neuntes Capitel.

Mathilde Heine.

(An **J. H. Detmold.** Paris, den 22. März 1835.)

Sie können sich keinen Begriff machen, wie viel zerstreuende Erscheinungen mich umwogen, wie viel Noth, Unsinn, Lebenskampf, Liebe, Haß und + mir um die Ohren sauft. Was Sie in Deutschland etwa von mir hören, ist nur ein gelindes Echo hiesiger Schwertschläge. Ich bitte, schreiben Sie mir viel und oft; in späteren, ruhigeren Tagen verspreche ich, gleiches mit gleichem zu vergelten. Wie wäre es, wenn Sie mir alle sechs

Wochen einen sehr großen Brief über die politischen und litterarischen Vorgänge in Norddeutschland schrieben, den ich in fortlaufender Reihe auf Französisch übersetze und in der „Revue des deux mondes" abdrucken lasse? — Ich habe sehr oft an Sie gedacht, und ich habe Sie immer zu den sehr wenigen Personen gezählt, denen mein Wirken und Schreiben immer klar war, und die den letzten Gedanken alles dessen, was ich treibe und schaffe, immer genau kennen und begreifen . . .

(An **August Lewald**. Paris, den 11. April 1835.)

Wie soll ich mein Stillschweigen gegen Sie entschuldigen! Und Sie haben noch obendrein die Freundschaft, mir die gute Ausrede zu insinuiren, daß Ihr Brief verloren gegangen! Nein, ich will Ihnen die ganze Wahrheit gestehen, ich habe ihn richtig erhalten, aber zu einer Periode, wo ich bis an den Hals in einer Liebesgeschichte saß, aus der ich mich noch nicht herausgezogen. Seit October hat nichts für mich die geringste Wichtigkeit, was nicht hierauf unmittelbar Beziehung hatte. Alles vernachlässige ich seitdem, Niemand sehe ich, und höchstens entfährt mir ein Seufzer, wenn ich an die Freunde denke . . . . und so habe ich oft darüber geseufzt, daß Sie mein Stillschweigen mißverstehen dürften, aber zum wirklichen Schreiben konnte ich doch nicht gelangen. Und das ist alles, was ich Ihnen heute sagen kann; denn die rosigen Wangen umbrausen mich noch immer so gewaltig, mein Hirn ist noch immer so sehr von wüthendem Blumenduft betäubt, daß ich nicht im Stande bin, mich vernünftig mit Ihnen zu unterhalten.

Haben Sie das Hohe Lied des Königs Salomo gelesen? Nun, so lesen Sie es nochmals, und Sie finden darin alles, was ich Ihnen heute sagen könnte.

Warten Sie nur, in Kurzem geht eine Veränderung mit mir vor, und dann will ich auch, wie Sie es wünschen, für die Comödianten schreiben, und die Stücke werden gewiß aufgeführt werden können, wenn man nur die Vorsicht braucht, meine Tragödien als Comödien, und meine Comödien als Tragödien auf den Zetteln anzukündigen.

Lesen Sie das Hohe Lied von König Salomo; ich mache Sie aufmerksam auf diesen Mann. . .

(An **Julius Campe**.) Paris, den 2. Juli 1835.)

„Eh' er singt und eh' er aufhört,
Muß der Dichter leben! —"

Diese Worte, liebster Freund, brauche ich heute zu meiner Justification in jeder Hinsicht. Seit vier Monaten ist mein Leben so stürmisch bewegt, namentlich in den drei letzten Monaten schlagen mir die Wogen des Lebens so gewaltig über den Kopf, daß ich kaum an Sie denken, viel weniger Ihnen schreiben konnte. Ich Thor glaubte, die Zeit der Leidenschaft sei für mich vorüber, ich könnte niemals wieder in den Strudel rasender Menschlichkeit hineingerissen werden, ich sei den ewigen Göttern gleichgestellt in Ruhe, Besonnenheit und Mäßigung — und siehe! ich tobte wieder wie ein Mensch, und zwar wie ein junger Mensch. Jetzt, dank meiner unverwüstlichen Gemüthskraft, ist die Seele wieder beschwichtigt, die aufgeregten Sinne sind wieder gezähmt, und ich lebe heiter und gelassen auf dem Schlosse einer schönen Freundin in der Nähe von Saint-Germain, im lieblichen Kreise vornehmer Personen und vornehmer Persönlichkeiten.[110])

Ich glaube, mein Geist ist von aller Schlacke jetzt endlich gereinigt; meine Verse werden schöner werden, meine Bücher harmonischer. Das weiß ich: vor allem Unklaren und Uneblen, vor allem, was gemein und müssig ist, habe ich in diesem Augenblick einen wahren Abscheu.

Bei solcher Stimmung mögen Sie es gewiß natürlich finden, daß manche unterbrochene Arbeit unvollendet bleibt, wenigstens für jetzt. Indessen hoffe ich, dennoch in diesem Jahre manches Gute, auf jeden Fall besseres, als meine früheren Arbeiten, zu dichten und zu schaffen. Von hier, in kürzester Frist, reise ich nach Boulogne sur mer, welches liebliche Meerstädtchen mir, wie Sie wissen, als beste Arbeitsstube dient. Ein kostbares, welterfreuliches Buch will ich dort schreiben. Ich habe mir vor journalistischen Andringlichkeiten Ruhe geschafft, und trotz der enormen Ausgaben, die ich in diesem Jahr schon bestanden, hoffe ich, daß diese Ruhe nicht durch Finanznöthen gestört wird.

(Paris, 26. Juli 1835.)

Die „Litteratur" wird eins meiner besten Bücher sein, und sie wird in der neuen Gestalt und durch Ihre Betriebsamkeit sich eines neuen Schwungs erfreuen. Sie sind gewöhnt, lieber

Campe, Novitäten zu verlegen, und berechnen den Erfolg eines
Buches immer nach dem ersten Jahre. Ich bin Ihr einziger
Classiker, ich bin der einzige, der ein stehender, auflegbarer
Litteraturartikel geworden — doch wozu ein altes Lied Ihnen
wieder vorleiern, das Sie kennen! Sie wissen so gut wie ich,
daß meine Bücher, gleichviel welche, noch oft aufgelegt werden
müssen — und ich wiederhole meine Bitte, handeln Sie christlich
in der Exemplarzahl der Auflage. O, liebster Campe, ich gäbe
was drum, wenn Sie mehr Religion hätten! Aber das Lesen
meiner eigenen Schriften hat Ihrem Gemüthe viel geschadet,
jenes zarte gläubige Gefühl, daß Sie sonst besaßen, ist verloren
gegangen, Sie glauben nicht mehr, durch gute Werke selig zu
werden, nur der Schund ist Ihnen angenehm, Sie sind ein
Pharisäer geworden, der in den Büchern nur den Buchstaben
sieht und nicht den Geist, ein Sadduzäer, der an keine Auf=
erstehung der Bücher, an keine Auflagen glaubt, ein Atheist, der
im geheim meinen heiligen Namen lästert — o, thun Sie Buße,
bessern Sie sich!

(An **Heinrich Laube**. Boulogne sur mer, den 27. September 1835.)

Dank, herzlichen Dank für die unermüdliche Liebe, die Sie
mir bezeugen! Wenn ich Ihnen selten ein Lebenszeichen gebe,
so, ums Himmels willen, schließen Sie nur nicht auf Indifferenz.
Sie sind der einzige in Deutschland, der mich in jeder Beziehung
interessirt; ich fühle dieses tief, und eben deshalb kann ich Ihnen
selten schreiben. Ich fühle mich zu tief bewegt, wenn ich die
Feder ergreife, um Ihnen zu schreiben, und, wie Sie gewiß
gemerkt haben, ich gehöre zu den Leuten, die vor allen Gemüths=
bewegungen eine zaghafte Scheu hegen und sie soviel als möglich
vermeiden möchten. Ach! trotz der größten Vorsicht erfaßt uns
ja oft genug ein übermächtiges Gefühl, das uns jene Klarheit
des Schauens und Denkens raubt, die ich nicht gern aufgebe.
Sobald unser Sinn getrübt und unser Geist erschüttert ist, sind
wir nicht mehr die Genossen der Götter. Dieser Genossenschaft
— jetzt kann ich es gestehen — habe ich mich lange freuen
können; ich wandelte ruhig und im Lichte; aber seit neun
Monden sind große Stürme wieder in meiner Seele laut ge=
worden, und unabsehbar lange Schatten lagerten sich um mich
her. Dieses Bekenntniß mag Ihnen meine jetzige Unthätigkeit

erklären; ich bin noch immer beschäftigt, die aufgeregte Seele zu
beschwichtigen und wo nicht zum hellen Tage zu gelangen, doch
wenigstens mich aus einer dicken Nacht hervorzuarbeiten.

Ihren Brief, den Sie mir durch einen Homöopathen schickten,
habe ich richtig erhalten; aber den Ueberbringer habe ich leider
nicht sehen können, da ich mich auf dem Lande befand, bei Saint=
Germain, auf dem Schlosse des schönsten und edelsten und geist=
reichsten Weibes . . . in welches ich aber nicht verliebt bin. Ich
bin verdammt, nur das Niedrigste und Thörichtste zu lieben . . .
begreifen Sie, wie das einen Menschen quälen muß, der stolz
und sehr geistreich ist?

Ich war nicht wenig Ihretwegen besorgt während Ihrer
Gefangenschaft; Ihr Brief, so wehmüthig er mich auch stimmte,
war er mir doch ein beruhigendes Labsal. Es wird Ihnen
schon gut gehen, ich hoffe es, obgleich ich doch fürchte, daß Sie
dem Schicksal, welches Leute unserer Art verfolgt, nicht entgehen
werden. Sie gehören auch nun einmal zu jenen Fechtern, die
nur in der Arena sterben.[111])

Eigentlich bin ich böse auf Sie; ich denke so ungern an
Deutschland, und Sie sind schuld, daß ich an Deutschland denken
muß, denn Sie sind dort, und nun gar soll ich Ihnen dorthin
schreiben! Seit zwei Jahren kommt mir aus dem Vaterlande
nie viel Erfreuliches, und die Deutschen, die mir in Paris zu
Gesicht gekommen, haben wahrlich mich vor Heimweh geschützt. . .

(An **Julius Campe**.) Boulogne sur mer, 11. Oktober 1835.)

Vor 4 Wochen ungefähr habe ich Ihnen durch das Dampf=
boot von Havre das Manuscript „Die romantische Schule" zu=
geschickt. Ich zweifle nicht, daß Sie es richtig erhalten haben;
doch ist es Nachlässigkeit, daß ich Sie nicht bat, mir gleich den
Empfang anzuzeigen. Sie werden sich nun mit eigenen Augen
überzeugt haben, daß ich zu den beiden Litteraturbändchen ein
gutes Stück hinzuschreiben mußte, um ein Ganzes zu bilden,
um dem Buch seinen neuen Titel geben zu dürfen; und ich weiß,
es ist für Sie von dem größten Nutzen, daß ich dem Buche mit
Recht einen neuen Titel geben konnte. Ich bin jetzt mit dem
Buch zufrieden; ich glaube, es enthält keine einzige schwache
Stelle, und es wird als nützliches, lehrreiches und zugleich er=
götzlich unterhaltendes Buch länger leben, als der Verfasser und

der Verleger, denen beiden ich doch jedenfalls ein langes Leben wünsche. Einige Stellen im Manuscript, wo ich das Geburts= jahr oder Sterbedatum der Schriftsteller offen gelassen, werden Sie, wie sich von selbst versteht, ergänzt haben. Sie werden bemerkt haben, daß ich auch hie und da Zensur ausübte; und ich rechne darauf, daß mir kein Wort im ganzen Buch aus= gelassen wird. Ist mir es nicht möglich, unverstümmelt gedruckt zu werden, so will ich lieber die ganze deutsche Schriftstellerei aufgeben. Ich hoffe, der Titel „Romantische Schule" gefällt Ihnen. Für mein nächstes Buch habe ich noch keinen Titel, und ich weiß nicht, ob ich es nicht gar lieber als dritten Salontheil erscheinen lasse. Doch darüber zu seiner Zeit, und in solchen Außendingen höre ich gern von Ihnen Rath. Obgleich ich sehr fleißig bin, so rücken meine Arbeiten nur langsam vorwärts. Ich habe die Dummheit begangen, an zwei heterogenen Thematis zu gleicher Zeit zu arbeiten. — Um ungestört arbeiten zu können, entschließ' ich mich vielleicht, noch zwei Monat von Paris ent= fernt zu bleiben. Das ist Heroismus.

Zehntes Capitel.

Das junge Deutschland.

(An **Heinrich Laube.**) Boulogne sur mer, den 23. December 1835.)

Seit etwa $3^1/_2$ Monaten, wo ich von Paris entfernt, habe ich kein deutsches Journal zu Gesicht bekommen und, außer einigen Andeutungen im Briefe meines Verlegers vor vier Wochen, habe ich von dem literarischen Gräuel, der losgebrochen ist, nichts erfahren. — Ich beschwöre Sie bei allem, was Sie lieben, in dem Kriege, den das junge Deutschland jetzt führt, wo nicht Partei zu fassen, doch wenigstens eine sehr schützende Neutralität zu behaupten, auch mit keinem Worte diese Jugend anzutasten. — Machen Sie eine genaue Scheidung zwischen politischen und religiösen Fragen. In den politischen Fragen können Sie so viel Concessionen machen, als Sie nur immer wollen, denn die politischen Staatsformen und Regierungen sind nur Mittel; Monarchie oder Republik, demokratische oder aristokratische Institutionen sind gleichgültige Dinge, solange der Kampf um die ersten Lebensprincipien, um die Idee des Lebens selbst, noch nicht entschieden ist. Erst später kommt die Frage, durch welche Mittel diese Idee im Leben realisirt werden kann . . Durch solche Trennung der Fragen kann man auch die Bedenklichkeiten der Censur beschwichtigen; denn die Diskussion über das religiöse Princip und Moral kann nicht verweigert werden, ohne die ganze protestantische Denkfreiheit und Beurtheilungsfreiheit zu annulliren: hier bekömmt man die Zustimmung der Philister . . Sie verstehen mich, ich sage: das religiöse Princip und Moral, obgleich beides Speck und Schweinefleisch ist, eins und dasselbe. Die Moral ist nur eine in die Sitten übergegangene Religion; wir wollen eine gesunde Religion, damit die Sitten wieder gesunden, damit sie besser basirt werden als jetzt, wo sie nur Unglauben und abgestandene Heuchelei zur Basis haben.

Vielleicht ohne diese Andeutungen werden Sie begriffen haben, warum ich mich immer in der protestantischen Befugniß verschanzt, sowie Sie auch leicht die pöbelhafte List der Gegner begreifen, die mich gern in die Synagoge verweisen, mich, den geborenen Antagonisten des jüdisch-mohammedanisch-christlichen Deismus. Mit welchem Mitleiden ich auf die Würmer herabsehe, davon haben Sie keinen Begriff. Wer das Losungswort der Zukunft kennt, gegen den vermögen die Schächer der Gegenwart sehr wenig. Ich weiß, wer ich bin. Jüngst hat einer meiner saintsimonistischen Freunde in Aegypten ein Wort gesagt, welches mich lachen machte, aber doch sehr ernsthaften Sinn hatte; er sagte, ich sei der erste Kirchenvater der Deutschen.[112])

Dieser Kirchenvater hat in diesem Augenblicke sehr viele Dinge um die Ohren, die ihn in Frankreich sehr andrängend beschäftigen und es ihm unmöglich machen, in Deutschland das neue Evangelium zu vertreten. Wird die Noth groß, so werde ich doch ins Geschirr gehen. Daß man mit Herrn Menzel just zu schaffen hat, ist ekelhaft . . . Uns jetzt anzugreifen! Jetzt wo die Gegenpartei den Fuß auf unseren Nacken hat. Das konnte nur ein Menzel, dem es nie mit unserer Sache Ernst war . . .

Mit dem übrigen jungen Deutschland steh' ich nicht in der

mindesten Verbindung; wie ich höre, haben sie meinen Namen unter die Mitarbeiter ihrer neuen „Revue" gesetzt, wozu ich Ihnen nie Erlaubniß gegeben habe. Einen guten Rückhalt sollen diese jungen Leute dennoch an mir haben, und es wäre mir höchst verdrießlich, wenn es zwischen letzteren und Ihnen zu Reibungen käme.

Ihre Frage in Betreff einer Rückkehr nach Deutschland hat mir sehr weh gethan; und ungern gestehe ich, daß dieses frei= willige Exil eins der größten Opfer ist, die ich dem Gedanken bringen muß. Ich würde bei meiner Rückkehr eine Stellung einnehmen müssen, die mich allen möglichen Mißdeutungen aus= setzen könnte. Ich will auch den Schein des Unwürdigen vermeiden. — Soviel ich weiß kann keine Regierung mir etwas anhaben; ich bin von allen Umtrieben des Jakobinismus entfernt geblieben; die famose Vorrede, die ich bei Campe, als sie schon gedruckt war, zu zernichten gewußt, ist später durch den preußischen Spion Klaproth in die Welt gekommen,[113]) das wußte die Gesandt= schaft, sodaß mir auch nicht einmal ein Preßvergehen stark auf= gebürdet werden kann; von allen Seiten kommen mir freund= schaftliche Stimmen an's Ohr durch die Diplomaten, mit denen ich in Paris sehr gut stehe . . . Aber alles dieses sind Gründe, die mich von einer Heimkehr viel eher abhalten als dazu anreizen. — Hierzu kommt noch die Erbitterung der deutschen Jakobiner in Paris, die, wenn ich nach Hause ginge, um wieder deutsches Sauerkraut zu essen, hierin den Beweis des Vaterlandsverraths sehen würden. Bis jetzt können sie mich doch nur durch Muth= maßungen verleumden; bis jetzt habe ich doch der Verleumbung noch keine Facta in die Küche geliefert. . .

(An Julius Campe.) Boulogne sur mer, den 4. December 1835.)

In drei bis vier Wochen bin ich in Paris, wo ich über den literarischen Bürgerkrieg das Nähere zu ermitteln forsche . . Ich habe hier sehr schlechte Geschäfte gemacht, besonders in Betreff des Fischfanges. Wir haben dieses Jahr wenig Fische gefangen in der Nordsee. Hoffentlich ist es Ihnen auf der Jagd besser gegangen. Sonderbar, der Verleger ist ein Jäger und der Autor ist ein Fischer; dieses verhinderte aber nicht den letzteren, sehr viele Böcke in diesem Jahre zu schießen.

(Paris, den 12. Januar 1836.)

Meine Bücher, die Exemplare der „romantischen Schule" habe ich jetzt erhalten und ich überlasse Ihrer Imagination, sich die Gefühle vorzustellen, die mir die Verstümmelungen daran erregten. Ihre Entschuldigung, daß das Buch dem Censor in die Hand kam zu einer Zeit, als die Denunciationen des Stuttgarter Literaturblattes die Behörden in Alarm setzten, ist gewiß triftig. Ueber den Artikel der „Nüremberger Zeitung", wonach meine Schriften in Preußen nächst denen des übrigen „jungen Deutschland" verboten seien, weiß ich Ihnen heute noch nichts zu sagen. Ich erwarte von Ihnen hierüber noch nähere Bestätigung und Aufschlüsse. Ich denke, auch Sie lassen sich so leicht nicht einschüchtern. Die ganze Verfolgung des „jungen Deutschland" nehme ich nicht so wichtig; Sie werden sehen: viel Geschrei und wenig Wolle. Sollte ich wirklich auf eine Proscriptionsliste gestellt sein, so glaube ich, daß man nur Demarchen von meiner Seite verlangt, um mich davon zu lösen . . . Ich lasse mich nicht verblüffen und bin der Meinung: je keckere Stirne man bietet, je leichter lassen sich die Leute behandeln! Angst ist bei Gefahren das Gefährlichste. Im Bewußtsein, seit vier Jahren nichts gegen die Regierungen geschrieben zu haben, mich, wie es notorisch ist, von dem Jakobinismus geschieden zu haben, kurz, bei gutem loyalen und royalen Gewissen wie ich bin, werde ich nicht so feige sein, die jungen Leute, die politisch unschuldig sind, zu desavouiren, und ich habe im Gegentheil gleich eine Erklärung nach der „Allgemeinen Zeitung" geschickt, worin ich erkläre, daß ich gar keinen Anstand genommen hätte, an der „Deutschen Revue" mitzuarbeiten.[114] —

Spaßhaft genug ist es, daß ohne die letzten Vorfälle ich mir nie in den Sinn kommen lassen, an irgend einer solchen Zeitschrift zu arbeiten; auch habe ich bis auf diese Stunde weder an Gutzkow noch an Wienberg irgend eine Silbe auf ihre Zuschrift geantwortet . . . Und nun leben Sie wohl und laßt uns in schwierigen Zeiten ebenso viel Gelassenheit zeigen wie bei unseren Gegnern stürmische Wuth zum Vorschein kömmt. —

Ich befinde mich gesünder und heiterer als jemals und genieße mit vollsaugender Seele alle Süßigkeiten dieser Luftsaison. Dank den ewigen Göttern!

Der Bundestag.

(An die hohe **Bundesversammlung.**   Paris, den 28. Januar 1836.)

Mit tiefer Betrübniß erfüllt mich der Beschluß, den Sie in Ihrer 31. Sitzung von 1835 gefaßt haben. Ich gestehe Ihnen, meine Herren, zu dieser Betrübniß gesellt sich auch die höchste Verwunderung. Sie haben mich angeklagt, gerichtet und verurtheilt, ohne daß Sie mich weder mündlich noch schriftlich vernommen, ohne daß jemand mit meiner Vertheidigung beauftragt worden, ohne, daß irgend eine Ladung an mich ergangen . . .

Wenn Sie, meine Herren, mir nicht freies Geleit bewilligen wollen, mich vor Ihnen in Person zu vertheidigen, so bewilligen Sie mir wenigstens freies Wort in der deutschen Druckwelt und nehmen Sie das Interdict zurück, welches Sie gegen alles, was ich schreibe, verhängt haben. Diese Worte sind keine Protestation, sondern nur eine Bitte. Wenn ich mich gegen etwas verwahre, so ist es allenfalls gegen die Meinung des Publikums, welches mein erzwungenes Stillschweigen für ein Eingeständniß strafwürdiger Tendenzen oder gar für ein Verleugnen meiner Schriften ansehen könnte. Sobald mir das freie Wort vergönnt ist, hoffe ich auf's Bündigste zu erweisen, daß meine Schriften nicht aus irreligiöser und unmoralischer Laune, sondern aus einer wahrhaft religiösen und moralischen Synthese hervorgegangen sind, einer Synthese, welcher nicht bloß eine neue literarische Schule, benamset „das junge Deutschland", sondern auch unsere gefeiertsten Schriftsteller, sowohl Dichter als Philosophen, seit langer Zeit gehuldigt haben. Wie aber auch, meine Herren, Ihre Entscheidung über meine Bitte ausfalle, so seien Sie doch überzeugt, daß ich immer den Gesetzen meines Vaterlandes gehorchen werde. Der Zufall, daß ich mich außer dem Bereich Ihrer Macht befinde, wird mich nie verleiten, die Sprache des Haders zu führen; ich ehre in Ihnen die höchsten Autoritäten einer geliebten Heimath . . .

(An **Julius Campe.** ———   Paris, den 4. Februar 1836.)

Das Ganze dünkt mir ein Schreckschuß zu sein. Auf jeden Fall aber habe ich es für nöthig gehalten, die alten Perücken ein bißchen zu streicheln und mein kindlich syruplich submisser Brief wird wohl eine gute Wirkung hervorgebracht haben. Der Bundestag wird gerührt sein. Jeder behandelt ihn wie einen Hund, und da wird ihm meine Höflichkeit, meine feine Behand=

lung um so wohler thun. „Messeigneurs, Vosseigneurs!" das ist ihm noch nicht geboten worden! „Seht", wird er sagen, „da ist einmal ein Mensch, welcher menschlich fühlt, welcher uns nicht wie einen Hund behandelt! Und diesen edlen Menschen haben wir verfolgen wollen, haben wir für irreligiös, für unmoralisch erklärt!" Und sechsunddreißig Taschentücher werden von bundestäglichen Thränen benetzt werden...

Es bleibt nun übrig, ein Buch herauszugeben, welches höchst interessant und liebenswürdig sei, ohne weder die Politik, noch die Religion zu berühren. Dieses Buch ist im Manuscript bereit, und ich hatte die Absicht, dasselbe unter dem Titel „Salon, dritter Theil", herauszugeben. Werden Sie dieses Buch **jetzt drucken können? Mit meinem Namen drucken können?**...

(Paris, den 8. März 1836.)

Wie gefällt Ihnen der Titel: „Das stille Buch?" Gefällt Ihnen dieser Titel nicht, so können Sie das Buch „Märchen" tituliren. Es besteht aus drei Partien:

1) „Elementar=Geister", welches eine freie Bearbeitung eines Stückes meiner Allemagne. Alles Politische und Antireligiöse ist ausgemerzt und das Ganze nimmt stoffartiges Interesse in Anspruch.
2) Erste Nacht der „Florentinischen Nächte", worin Sie sehen, daß ich die drei Thürme nicht vergesse.[115]
3) „Zweite florentinische Nacht."

Die Hauptsache ist, daß dieses Buch gar keiner Censur und am allerwenigsten einer preußischen Censur unterworfen wird. Hier ist ein Ehrenpunkt. Können Sie also das Buch nicht ohne Censur drucken, so möge es ungedruckt bleiben...

(Paris, den 22. März 1836.)

Ihr Brief vom 15. März hat mich in eine Bestürzung versetzt, die mir noch den Kopf betäubt. Eine Sache steht jedoch klar in meinem Kopfe: ich werde nicht die deutsche Presse verrathen; ich werde meine Ehre nicht um Buchhonorar verkaufen; ich werde auch nicht den geringsten Makel meinem schönen, reinen Namen anheften; ich werde mich nicht der preußischen Censur unterwerfen!

Ich will gar nichts thun. Das Buch soll, wenn Sie es nicht drucken, gar nicht gedruckt werden und so sauer es mir wird, ich entbehre dadurch in diesem Augenblick das Honorar, welches ich schon in meinem Budget aufgeführt. . . Ich Aermster dachte schon Sie mit einer neuen Tratte zu erfreuen, denn ich bin in einer Geldnoth, von welcher Sie keinen Begriff haben. Ich bin krank vor Gram. Ich sehe ein, daß auch die Partei der Gemäßigten eine geschlagene ist . . . Ich werde jetzt . . . ich weiß wahrhaftig noch nicht, was ich thun werde! Zu allererst rette ich meine Ehre. Ich verstehe hierin keinen Spaß, Campe, und ich hoffe, ich erlange bald mein Manuscript. Früher kann ich nicht schlafen. . .

(An **Heinrich Laube.** Paris, den 31. März 1836.)

Wie beneide ich Ihre Einsamkeit! Ich! der ich verdammt bin, in dem wildesten Strudel der Welt zu leben, und nicht zu mir selber kommen kann, und betäubt bin von den schreienden Tagesnöthen und müde bin wie ein gehetzter Stier, ich will nicht sagen, wie ein Hund. — Wie sehne ich mich nach einer ruhigen deutschen Festung, wo eine Schildwache vor meiner Thür stände und Niemand hineinließe, weder meine Geliebte, noch die übrigen Qualen — mit Leidenschaft lechze ich nach Stille!

Ich hege nicht die geringste Furcht vor den Zusammenrottungen unserer Gegner; diese werden einer nach dem andern zu Grunde gehen. Sehen Sie doch, wie ruinirt ist Menzel, Tieck und Consorten! Wir leben. Traurig sind die Spaltungen unter den Bundesgenossen. Ich habe Mundt und Gutzkow sehr gern, aber in ungetrübter Verbindung könnte ich mit ihnen nicht leben, wie mit Ihnen, dem Einzigen, womit ich ganz und gar sympathisire, und mit welchem ich mich in wohlthuendster Harmonie befinde.

(An **Gustav Kolb.** Paris, den 28. April 1836.)

Soeben ist es mir gelungen, ohne die geringste Bitterkeit und ganz im Tone, den ich für die „Allgemeine Zeitung" geeignet halte, meine Erörterungen über das Bundestagsdekret und seine Wirkung zu schreiben. Ich schicke Ihnen diese kleine Schrift, die gewiß nicht als eine persönliche Rache betrachtet werden kann, die von der äußersten allgemeinen Wichtigkeit, sowohl vom politischen und literarischen Standpunkte — und ich erwarte, daß Sie sie umgehend drucken.

Mit Cotta habe ich in der freundschaftlichsten Weise auch

für seine übrigen Institute wieder angeknüpft. Für die „All=
gemeine" kann ich doch in diesem Augenblick nichts liefern, da
wenig Wichtiges vorfällt . . . Ich stehe aber immer Schildwacht,
und sobald es nöthig wird, wird auch meine Feder nicht feiern.

* * *

Ich habe diesem Buche (dem dritten Theil des „Salon") einige
sehr unerfreuliche Bemerkungen voranzuschicken, und vielmehr über
das, was es nicht enthält, als über den Inhalt selbst mich auszu=
sprechen. Was letzteren betrifft, so steht zu berichten, daß ich von
den „Florentinischen Nächten" die Fortsetzung, worin mancherlei
Tagesinteressen ihr Echo fanden, nicht mittheilen konnte. Die
Elementargeister" sind nur die deutsche Bearbeitung eines Capitels
aus meinem Buche „De l'Allemagne;" alles, was ins Gebiet der
Politik und der Staatsreligion hinüberspielte, ward gewissenhaft
ausgemerzt, und nichts blieb übrig, als eine Reihe harmloser
Märchen, die, gleich den Novellen des Decamerone, dazu dienen
könnten, jene pestilenzielle Wirklichkeit, die uns dermalen um=
giebt, für einige Stunden zu vergessen. Das Gedicht, welches
am Schlusse des Buches, habe ich selber verfaßt, und ich denke,
es wird meinen Feinden viel Vergnügen machen; ich habe kein
besseres geben können.[116] Die Zeit der Gedichte ist überhaupt bei
mir zu Ende, ich kann wahrhaftig kein gutes Gedicht mehr zu
Tage fördern, und die Kleindichter in Schwaben, statt mir zu
grollen, sollten sie mich vielmehr brüderlichst in ihre Schule auf=
nehmen . . Das wird auch wohl das Ende des Spaßes sein,
daß ich in der schwäbischen Dichterschule, mit Fallhütchen auf
dem Kopf, neben den anderen auf das kleine Bänkchen zu sitzen
komme und das schöne Wetter besinge, die Frühlingssonne, die
Maienwonne, die Gelbveiglein und die Quetschenbäume. Ich
hatte längst eingesehen, daß es mit den Versen nicht mehr so
recht vorwärts ging, und deshalb verlegte ich mich auf gute
Prosa. Da man aber in der Prosa nicht ausreicht mit dem
schönen Wetter, Frühlingssonne, Maienwonne, Gelbveiglein und
Quetschenbäumen, so mußte ich auch für die neue Form einen
neuen Stoff suchen; dadurch gerieth ich auf die unglückliche
Idee, mich mit Ideen zu beschäftigen, und ich dachte nach über
die innere Bedeutung der Erscheinungen, über die letzten Gründe

der Dinge, über die Bestimmung des Menschengeschlechts, über die Mittel, wie man die Leute besser und glücklicher machen kann, u. s. w. Die Begeisterung, die ich von Natur für diese Stoffe empfand, erleichterte mir ihre Behandlung und ich konnte bald in einer äußerst schönen, vortrefflichen Prosa meine Gedanken darstellen... Aber ach! Als ich es endlich im Schreiben so weit gebracht hatte, da ward mir das Schreiben selber verboten. Ihr kennt den Bundestagsbeschluß vom Dezember 1835, wodurch meine ganze Schriftstellerei mit dem Interdikte belegt ward. Ich weinte wie ein Kind! Ich hatte mir so viel Mühe gegeben mit der deutschen Sprache, mit dem Accusativ und Dativ, ich wußte die Worte so schön aneinander zu reihen, wie Perl an Perl, ich fand schon Vergnügen an dieser Beschäftigung, sie verkürzte mir die langen Winterabende des Exils, ja, wenn ich deutsch schrieb, so konnte ich mir einbilden, ich sei in der Heimath bei der Mutter... Und nun ward mir das Schreiben verboten! Ich war sehr weich gestimmt, als ich an den Bundestag jene Bittschrift schrieb, die ihr ebenfalls kennt, und die von manchem unter euch als gar zu unterthänig getadelt worden. Meine Konsulenten, deren Responsa ich bei diesem Ereignisse einholte, waren alle der Meinung, ich müsse ein groß Spektakel erheben, große Memoiren anfertigen, darin beweisen: „daß hier ein Eingriff in Eigenthumsrechte stattfände, daß man mir nur durch richterlichen Urtheilsspruch die Ausbeutung meiner Besitzthümer, meiner schriftstellerischen Fähigkeiten, untersagen könne, daß der Bundestag kein Gerichtshof und zu richterlichen Erkenntnissen nicht befugt sei, daß ich protestiren, künftigen Schadenersatz verlangen, kurz Spektakel machen müsse." Zu dergleichen fühlte ich mich aber keineswegs aufgelegt, ich hege die größte Abneigung gegen alle declamatorische Rechthaberei, und ich kannte zu gut den Grund der Dinge, um durch die Dinge selbst aufgebracht zu sein. Ich wußte im Herzen, daß es durchaus nicht darauf abgesehen war, durch jenes Interdikt mich persönlich zu kränken; ich wußte, daß der Bundestag, nur die Beruhigung Deutschlands beabsichtigend, aus bester Vorsorge für das Gesammtwohl gegen den Einzelnen mit Härte verfuhr; ich wußte, daß es der schnödesten Angeberei gelungen war, einige Mitglieder der erlauchten Versammlung, handelnde Staatsmänner, die sich mit der Lektüre meiner neueren Schriften gewiß wenig beschäftigen konnten, über den Inhalt derselben irre zu leiten und ihnen glauben zu machen, ich sei das Haupt einer Schule, welche sich zum Sturze aller bürgerlichen und moralischen Institutionen verschworen habe ... Und in diesem Bewußtsein schrieb ich, nicht eine Protestation, sondern eine Bittschrift an den Bundestag, worin ich, weit entfernt, seine oberrichterlichen Befugnisse in Abrede zu stellen, den betrübsamen Beschluß als ein Contumazialurtheil betrachtete, und, auf alten Präcedencien fußend, demütigst bat, mich gegen die im Beschlusse angeführten Beschuldigungen vor den Schranken der erlauchten Versammlung vertheidigen zu dürfen. Von der Gefährdung meiner pekuniären Interessen that ich keine Erwähnung. Eine gewisse Scham hielt mich davon ab. Nichtsdestoweniger haben viele edle Menschen in Deutschland, wie ich aus manchen erröthenden Stellen ihrer Trostbriefe ersah, aufs tiefste gefühlt, was ich verschwieg. Und in der That, wenn es schon hinlänglich betrübsam ist, daß ich, ein Dichter Deutschlands, fern vom Vaterlande, im Exile leben muß, so wird es gewiß jeden fühlenden Menschen doppelt schmerzen, daß ich jetzt noch obendrein meines litterarischen Vermögens beraubt werde, meines geringen Poetenvermögens, das mich in der Fremde wenigstens gegen physisches Elend schützen konnte.

Ich sage dieses mit Kummer, aber nicht mit Unmuth. Denn wen sollte ich anklagen? Nicht die Fürsten; denn, ein Anhänger des monarchischen Princips, ein Bekenner der Heiligkeit des Königthums, wie ich mich seit der Juliusrevolution, trotz dem bedenklichsten Gebrülle meiner Umgebung, gezeigt habe, möchte ich wahrlich nicht mit meinen besonderen Beklagnissen dem verwerflichen Jacobinismus einigen Vorschub leisten. Auch nicht die Räthe der Fürsten kann ich anklagen; denn, wie ich aus den sichersten Quellen erfahren, haben viele der höchsten Staatsmänner den exceptionellen Zustand, worin man mich versetzt, mit würdiger Theilnahme bedauert und baldigste Abhilfe versprochen; ja, ich weiß es, nur wegen der Langsamkeit des Geschäftsgangs ist diese Abhilfe noch nicht gesetzlich an den Tag getreten, und vielleicht, während ich diese Zeilen schreibe, wird dergleichen in Deutschland zu meinen Gunsten promulgirt. Selbst entschiedenste Gegner unter den deutschen Staatsmännern haben mir wissen lassen, daß die Strenge des erwähnten Bundestagsbeschlusses nicht den **ganzen** Schriftsteller treffen sollte, sondern nur den politischen und religiösen Theil desselben, der poetische Theil desselben dürfe sich unverhindert aussprechen in Gedichten, Dramen, Novellen, in jenen schönen Spielen der Phantasie, für welche ich so viel Genie besitze... Ich könnte fast auf den Gedanken gerathen, man wolle mir einen Dienst leisten und mich zwingen, meine Talente nicht für undankbare Themata zu vergeuden... In der That, sie waren sehr undankbar, haben mir nichts als Verdruß und Verfolgung zugezogen... Gottlob! ich werde mit Gendarmen auf den besseren Weg geleitet, und bald werde ich bei euch sein, ihr Kinder der schwäbischen Schule, und wenn ich nicht auf der Reise den Schnupfen bekomme, so sollt ihr euch freuen, wie fein meine Stimme, wenn ich mit euch das schöne Wetter besinge, die Frühlingssonne, die Maienwonne, die Gelbveiglein, die Quetschenbäume.

Dieses Buch diene schon als Beweis meines Fortschreitens nach hinten. Auch hoffe ich, die Herausgabe desselben wird weder oben noch unten zu meinem Nachtheile mißdeutet werden. Das Manuscript war zum größten Theile schon seit einem Jahre in den Händen meines Buchhändlers, ich hatte schon seit anderthalb Jahren mit demselben über die Herausgabe stipulirt, und es war mir nicht möglich, diese zu unterlassen.

Ich werde zu einer andern Zeit mich ausführlicher über diesen Umstand aussprechen, er steht nämlich in einer Verbindung mit jenen Gegenständen, die meine Feder nicht berühren soll. Dieselbe Rücksicht verhindert mich, mit klaren Worten das Gespinnste von Verleumbungen zu beleuchten, womit es einer in den Annalen deutscher Litteratur unerhörten Angeberei gelungen ist, meine Meinungen als staatsgefährlich zu denunciren und das erwähnte Interdikt gegen mich zu veranlassen. Wie und in welcher Weise dieses geschehen, ist notorisch.

Ich lasse es dahingestellt sein, ob es das Talent oder das Blatt war, wodurch die Stimme des Herrn Menzel so weitreichend gewesen, daß seine Denunciation so betrübsam wirken konnte, daß beschäftigte Staatsmänner, die eher Litteraturblätter als Bücher lesen, ihm auf's Wort glaubten. So viel weiß ich, sein Wort mußte um so lauter erschallen, je ängstlichere Stille damals in Deutschland herrschte... Die Stimmführer der Bewegungspartei hielten sich in einem klugen Schweigen versteckt, oder saßen in wohlvergittertem Gewahrsam und harrten ihres

Urtheils, vielleicht des Todesurtheils . . . Höchstens hörte man manchmal das Schluchzen einer Mutter, deren Kind in Frankfurt die Constablerwache mit dem Bajonette eingenommen hatte und nicht mehr hinauskonnte, ein Staatsverbrechen, welches gewiß ebenso unbesonnen wie strafwürdig war und den feinöhrigsten Argwohn der Regierungen überall rechtfertigte . . Herr Menzel hatte sehr gut seine Zeit gewählt zur Denunciation jener großen Verschwörung, die unter dem Namen: „Das junge Deutschland", gegen Thron und Altar gerichtet ist und in dem Schreiber dieser Blätter ihr gefährlichstes Oberhaupt verehrt.

Sonderbar! Und immer ist es die Religion, und immer die Moral, und immer der Patriotismus, womit alle schlechten Subjekte ihre Angriffe beschönigen! Sie greifen uns an, nicht aus schäbigen Privatinteressen, nicht aus Schriftstellerneid, nicht aus angebornem Knechtsinn, sondern um den lieben Gott, um die guten Sitten und das Vaterland zu retten. Herr Menzel, welcher Jahre lang, während er mit Herrn Gutzkow befreundet war,[116]) mit kummervollem Stillschweigen zugesehen, wie die Religion in Lebensgefahr schwebte, gelangt plötzlich zur Erkenntniß, daß das Christenthum rettungslos verloren sei, wenn er nicht schleunigst das Schwert ergreift und dem Gutzkow von hinten ins Herz stößt . . .

Herr Menzel hat mich nicht persönlich angegriffen, und ich habe wahrlich gegen ihn keinen persönlichen Groll. Wir waren sogar ehemals gute Freunde, und er hat mich oft genug wissen lassen, wie sehr er mich liebe. Es hat mir nie vorgeworfen, daß ich ein schlechter Dichter sei, und auch ich habe ihn gelobt. Ich hatte meine Freude an ihm und ich lobte ihn in einem Journale, welches dieses Lob nicht lange überlebte. Ich war damals ein kleiner Junge, und mein größter Spaß bestand darin, daß ich Flöhe unter ein Mikroskop setzte und die Größe derselben den Leuten demonstrirte. Herr Menzel hingegen setzte damals den Göthe unter ein Verkleinerungsglas, und das machte mir ebenfalls ein kindisches Vergnügen. Die Späße des Herrn Menzel mißfielen mir nicht; er war damals witzig, ohne just einen Hauptgedanken zu haben, eine Synthese, konnte er seine Einfälle sehr pfiffig combiniren und gruppiren, daß es manchmal aussah, als habe er keine losen „Streckverse", sondern ein Buch geschrieben. Er hatte auch einige wirkliche Verdienste um die deutsche Literatur; er stand vom Morgen bis Abend im Kothe, mit dem Besen in der Hand, und fegte den Unrath, der sich in der deutschen Literatur angesammelt hatte...

Ich sage dieses nur, um die Keime und Ursprünge seiner Teutomanie nachzuweisen, nicht um ihn zu kränken, wie ich denn überhaupt, was ich wiederholen muß, nicht aus Groll oder Böswilligkeit ihn bespreche. Sind meine Worte hart, so ist es nicht meine Schuld. Es gilt dem Publikum zu zeigen, welche Bewandtniß es hat mit jenem bramarbasirenden Helden der Nationalität, jenem Wächter des Deutschthums, der beständig auf die Franzosen schimpft und uns arme Schriftsteller des jungen Deutschland für lauter Franzosen und Juden erklärt hat. Für Juden, das hätte nichts zu bedeuten; wir suchen nicht die Allianz des gemeinen Pöbels, und der Höhergebildete weiß wohl, daß Leute, die man als Gegner des Deismus anklagte, keine Sympathie für die Synagoge hegen konnten; man wendet sich nicht an die überwelken Reize der Mutter, wenn einem die alternde Tochter nicht mehr behagt. Daß man uns aber als die Feinde Deutschlands, die das Vaterland an Frankreich verriethen, darstellen wollte, das war wieder ein ebenso feiges wie hinterlistiges Bubenstück...

Wer je seine Tage im Exil verbracht hat, die feuchtkalten Tage und schwarzen langen Nächte, wer die harten Treppen der Fremde jemals auf und abgestiegen, der wird begreifen, weshalb ich die Verdächtigung in Betreff des Patriotismus mit wortreicherem Unwillen von mir abweise, als alle andern Verleumbungen, die seit vielen Jahren in so reichlicher Fülle gegen mich zum Vorschein gekommen, und die ich mit Geduld und Stolz ertrage. Ich sage: mit Stolz; denn ich konnte dadurch auf den hochmüthigen Gedanken gerathen, daß ich zu der Schaar jener Auserwählten des Ruhmes gehörte, deren Andenken im Menschengeschlechte fortlebt, und die überall neben den geheiligten Lichtspuren ihrer Fußstapfen auch die langen, kothigen Schatten der Verleumdung auf Erden zurücklassen.

Auch gegen die Beschuldigung des Atheismus und der Immoralität möchte ich nicht mich, sondern meine Schriften vertheidigen. Aber dieses ist nicht ausführbar, ohne daß es mir gestattet wäre, von der Höhe einer Synthese meine Ansichten über Religion und Moral zu entwickeln. Hoffentlich wird mir dieses, wie ich bereits erwähnt habe, bald gestattet sein. Bis dahin erlaube ich mir nur eine Bemerkung zu meinem Gunsten. Die zwei Bücher, die eigentlich als Corpora delicti wider mich zeugen sollten, und worin man die strafbaren Tendenzen finden will, deren man mich bezichtigt, sind nicht gedruckt, wie ich sie geschrieben habe, und sind von fremder Hand so verstümmelt worden, daß ich zu einer andern Zeit, wo keine Mißdeutung zu befürchten gewesen wäre, ihre Autorschaft abgelehnt hätte. Ich spreche nämlich vom zweiten Theile des „Salon" und von der „Romantischen Schule". Durch die großen, unzähligen Ausscheidungen, die darin stattfanden, ist die ursprüngliche Tendenz beider Bücher ganz verloren gegangen, und eine ganz verschiedene Tendenz ließ sich später hineinlegen. Worin jene ursprüngliche Tendenz bestand, sage ich nicht; aber so viel darf ich behaupten, daß es keine unpatriotische war. Namentlich im zweiten Theile des „Salon" enthielten die ausgeschiedenen Stellen eine glänzendere Anerkennung deutscher Volksgröße, als jemals der forcirte Patriotismus unserer Teutomanen zu Marke gebracht hat; in der französischen Ausgabe, im Buche „De l'Allemagne", findet jeder die Bestätigung des Gesagten. Die französische Ausgabe der inculpirten Bücher wird auch jeden überzeugen, daß die Tendenzen derselben nicht im Gebiete der Religion und der Moral lagen. Ja, manche Zungen beschuldigen mich der Indifferenz in Betreff aller Religions= und Moralsysteme, und glauben, daß mir jede Doctrin willkommen sei, wenn sie sich nur geeignet zeige, das Völkerglück Europa's zu befördern, oder wenigstens bei der Erkämpfung desselben als Waffe zu dienen. Man thut mir aber Unrecht. Ich würde nie mit der Lüge für die Wahrheit kämpfen.

Was ist Wahrheit? Holt mir das Waschbecken, würde Pontius Pilatus sagen.

Ich habe diese Vorblätter in einer sonderbaren Stimmung geschrieben. Ich dachte während dem Schreiben mehr an Deutschland, als an das deutsche Publikum, meine Gedanken schwebten um liebere Gegenstände, als die sind, womit sich meine Feder soeben beschäftigte . . . ja, ich verlor am Ende ganz und gar die Schreiblust, trat an's Fenster und betrachtete die weißen Wolken, die eben, wie ein Leichenzug, am nächtlichen Himmel dahinziehen. Eine dieser melancholischen Wolken scheint mir so bekannt und reizt mich unaufhörlich zum Nachsinnen, wann und wo ich dergleichen Luftbildung schon früher einmal gesehen. Ich glaube endlich, es war in Norddeutschland, vor sechs Jahren, kurz nach der Juliusrevolution, an jenem schmerzlichen Abend, wo ich auf immer Abschied nahm von dem treuesten Waffenbruder, von dem uneigennützigsten Freunde der Menschheit. Wohl kannte er das trübe Verhängniß, dem jeder von uns entgegenging.[117]) Als er mir zum letztenmale die Hand drückte, hub er die Augen gen Himmel, betrachtete lange jene Wolke, deren kummervolles Ebenbild mich jetzt so trübe stimmt, und wehmüthigen Tones sprach er: „Nur die schlechten und die ordinären Naturen finden ihren Gewinn bei einer Revolution. Schlimmsten Falles, wenn sie etwa mißglückt, wissen sie doch immer noch zeitig den Kopf aus der Schlinge zu ziehen. Aber möge die Revolution gelingen oder scheitern, Männer von großem Herzen werden immer ihre Opfer sein."

Denen, die da leiden im Vaterlande, meinen Gruß.

* * *

Ich hätte, beiläufig gestanden, diese kleine Schrift („Ueber den Denuncianten") nicht herausgegeben, wenn mir die Abhandlungen über denselben Gegenstand, die großen Bomben von Ludwig Börne und David Strauß, vorher zu Gesicht gekommen wären. Aber dieser kleinen Schrift, welche die Vorrede zum dritten Theile des „Salons" bilden sollte, ward von dem Censor dieses Buches das Imprimatur verweigert — „aus Pietät gegen Wolfgang Menzel," — und das arme Ding, obgleich in politischer und religiöser Beziehung zahm genug abgefaßt, mußte während sieben Monaten von einem Censor zum andern wandern, bis es endlich nothdürftig unter die Haube kam. Wenn du, geneigter Leser, das Büchlein in der Buchhandlung von Hoffmann und Campe zu Hamburg selber holst, so wird dir dort mein Freund Julius Campe bereitwillig erzählen, wie schwer es war, den „Denuncianten" in die Presse zu bringen, wie das Ansehen desselben durch gewisse Autoritäten geschützt werden sollte, und wie endlich durch unleugbare Urkunden, durch ein Autograph des Denuncianten, der sich in den Händen von Theodor Mundt befindet, der Titel meiner Schrift auf's glänzendste gerechtfertigt wird.

Was der Gefeierte dagegen vorgebracht hat, ist dir vielleicht bekannt, mein theurer Leser. Als ich ihm Stück vor Stück die Fetzen des falschen Patriotismus und der erlogenen Moral vom Leibe riß, da erhub er wieder ein ungeheures Geschrei: die Religion sei in Gefahr, die Pfeiler der Kirche brächen zusammen, Heinrich Heine richte das Christenthum zu Grunde! Ich habe herzlich lachen müssen, denn dieses Zetergeschrei erinnerte mich an einen andern armen Sünder, der auf dem Marktplatz zu Lübeck mit Staupenschlag und Brandmark abgestraft wurde, und plötzlich, als das rothe Eisen seinen Rücken berührte, ein entsetzliches Mordio erhob und beständig schrie: „Feuer! Feuer! Es brennt, es brennt, die Kirche steht in Flammen!" Die alten Weiber erschraken auch diesmal über solchen Feuerlärm, vernünftige Leute aber lachten und sprachen: Der arme Schelm! nur sein eigener Rücken ist entzündet, die Kirche steht sicher auf ihrem alten Platze, auch hat dort die Polizei, aus Furcht vor Brandstiftung, noch einige Spritzen aufgestellt und aus frommer Vorsorge darf jetzt in der Nähe der Religion nicht einmal eine Cigarre geraucht werden! Wahrlich, das Christenthum ward nie ängstlicher geschützt, als eben jetzt.

Bei dieser Gelegenheit kann ich nicht umhin, dem Gerüchte zu widersprechen, als habe Herr Wolfgang Menzel, auf Andrang seiner Collegen, sich endlich entschlossen, jene Großmuth zu benutzen, womit ich ihm gestattete, sich wenigstens von dem Vorwurf der persönlichen Feigheit zu reinigen. Ehrlich gestanden, ich war immer darauf gefaßt, daß mir Ort und Zeit anberaumt würde, wo der Ritter der Vaterlandsliebe, des Glaubens und der Tugend sich bewähren wolle in all' seiner Mannhaftigkeit. Aber leider bis auf diese Stunde wartete ich vergebens, und die Witzlinge in deutschen Blättern moquirten sich obendrein über meine Leichtgläubigkeit...

* * *

Das fehlt mir noch, daß ich auch im Gebiete der Kunst mit Todten zu kämpfen hätte! Leider muß ich es oft genug in anderen Gebieten, und ich versichere euch bei allen Schmerzen meiner Seele! solcher Kampf ist der fataliste und verdrießlichste. Da ist keine glühende Ungeduld, die da hetzt Hieb auf Hieb, bis die Kämpfer wie trunken hinsinken und verbluten. Ach, die

Todten ermüden uns mehr, als sie uns verwunden, und der Streit verwandelt sich am Ende in eine fechtende Langeweile. Kennst du die Geschichte von dem jungen Ritter, der in den Zauberwald zog? Sein Haar war goldig, auf seinem Helm wehten die kecken Federn, unter dem Gitter des Visirs glühten die rothen Wangen und unter dem blanken Harnisch pochte der frischeste Muth. In dem Walde aber flüsterten die Winde sehr sonderbar. Gar unheimlich schüttelten sich die Bäume, die manchmal, häßlich verwachsen, an menschliche Mißbildungen erinnerten. Aus dem Laubwerk guckte hie und da ein gespenstisch weißer Vogel, der fast verhöhnend kicherte und lachte. Allerlei Fabelgethier huschte schattenhaft durch die Büsche. Mitunter freilich zwitscherte auch mancher harmlose Zeisig, und nickte aus den breitblättrigen Schlingpflanzen manch stille schöne Blume. Der junge Fant aber, immer weiter vordringend, rief endlich mit Uebertrotz: Wann erscheint denn der Kämpe, der mich besiegen kann? Da kam, nicht eben rüstig, aber doch nicht allzu schlotterig, herangezogen ein langer, magerer Ritter mit geschlossenem Visir, und stellte sich zum Kampfe. Sein Helmbusch war geknickt, sein Harnisch war eher verwittert als schlecht, sein Schwert war schartig, aber vom besten Stahl, und sein Arm war stark. Ich weiß nicht, wie lange die Beiden miteinander fochten, doch es mag wohl geraume Zeit gedauert haben, denn die Blätter fielen unterdessen von den Bäumen, und diese standen lange kahl und frierend, und dann knospeten sie wieder auf's Neue und grünten im Sonnenschein, und so wechselten die Jahreszeiten — ohne daß sie es merkten, die beiden Kämpfer, die beständig aufeinander loshieben, anfangs unbarmherzig wild, später minder heftig, dann sogar etwas phlegmatisch, bis sie endlich ganz und gar die Schwerter sinken ließen und erschöpft ihre Helmgitter aufschlossen — das gewährte einen betrübenden Anblick! Der eine Ritter, der herausgeforderte Kämpe, war ein Todter, und aus dem geöffneten Visir grinste ein fleischloser Schädel. Der andere Ritter, der als junger Fant in den Wald gezogen, trug jetzt ein verfallen fahles Greisenantlitz und sein Haar war schneeweiß. — Von den hohen Bäumen herab, wie verhöhnend, kicherte und lachte das gespenstisch weiße Gevögel.

Elftes Capitel.

Schriftstellernöthen.

(An **August Lewald**. Coudry, den 3. Mai 1836.)

Seit gestern Mittag bin ich auf dem Lande und genieße den holdseligen Monat Mai . . . es fiel nämlich diesen Morgen ein sanfter Schnee, und die Finger zittern mir vor Kälte. Meine Mathilde sitzt neben mir vor einem großen Kamin und arbeitet an meinen neuen Hemden. Das Feuer übereilt sich nicht im Brennen, ist durchaus nicht leidenschaftlich gestimmt und verkündet seine Gegenwart nur durch einen gelinden Rauch. Ich habe die letzte Zeit in Paris sehr angenehm verlebt, und Mathilde erheiterte mir das Leben durch beständige Unbeständigkeit der Laune; nur höchst selten denke ich daran, mich selbst zu vergiften oder zu asphyxiren; wir werden uns wahrscheinlich auf eine andere Art ums Leben bringen, etwa durch eine Lectüre, bei der man vor Langerweile stirbt. Herr . . . hat ihr soviel Rühmliches über meine Schriften gesagt, daß sie keine Ruhe hatte, bis ich zu Renduel ging und die französische Ausgabe der „Reisebilder" für sie holte. Aber kaum hatte sie eine Seite darin gelesen, als sie blaß wie der Tod wurde, an allen Gliedern zitterte und mich um Gotteswillen bat, das Buch zu verschließen. Sie war nämlich auf eine verliebte Stelle drin gestoßen und, eifersüchtig wie sie ist, will sie auch nicht einmal, daß ich vor ihrer Regierung einer andern gehuldigt haben sollte; ja ich mußte ihr versprechen, daß ich hinfüro auch keine Liebesphrasen an erfundene Idealgestalten in meinen Büchern richten wolle.

Für Ihre Bemühungen, meine reellsten Interessen betreffend, sage ich Ihnen meinen tiefsinnigsten Dank. Meine Finanzen sind durch die miserablen Zeitereignisse in hinlänglich trüben Zustand gerathen, als daß ich nicht jede Förderung von dieser Seite mit Dank anerkennen würde. . . Meine Verhältnisse zu den deutschen Regierungen werden sich wohl aufklären, und sie werden doch am Ende einsehen, daß sie mir ohne Urtheil und Untersuchung mein armes Eigenthum antasten, daß sie die directe Ursache sind, wenn gewisse Leute die größten Beraubungen an mir ausüben.

Schriftstellernöthen.

(An **Julius Campe.**) (Coudry, den 28. Juli 1836.)

Ich befinde mich 10 Stunden von Paris auf dem Lande in ungestörter Einsamkeit, in fruchtbarer Gemüthsruhe, die ich mir auch durchaus nicht stören will — sonst würde ich Ihnen die mißmüthigsten Dinge und Verlegenheiten auseinandersetzen, worin ich eben durch Sie, durch Ihr Verfahren bei den letzten Büchern, gerathen bin. Sie haben mir viel Ungemach und Kummer verursacht — doch hierüber schreibe ich Ihnen von Paris aus, jedenfalls von Boulogne aus, wohin ich mich auch dieses Jahr wohl begeben werde. Ich bin so ermüdet vom vielen Arbeiten, daß ich mehr als jemals nach dem Meere hinschmachte. Ich habe große Reisepläne, hab' zu lange in Paris gehockt, muß noch viel sehen...

Uebrigens, ich muß es Ihnen sagen, denn es wurde mir von hoch herab angedeutet, ist die Firma Hoffmann und Campe an der Strenge schuld, die man gegen mich ausübt.

(Amiens, den 1. September 1836.)

Ich bin ein gehetzter Hund in diesem Augenblick. Die unvorhergesehen peinlichsten Ereignisse stürmen auf mich ein, und alle meine literarischen Interessen müssen darunter leiden.

Dreimal habe ich die Vorrede zu dem „Salon" bis zur Mitte geschrieben und dreimal vernichtet — was hilft mir das Schreiben, wenn mir's nicht gedruckt wird. Ich denke auf ein außerordentliches Mittel das Publikum hierüber in Verständniß zu setzen... Ich bin eben im Alter, wo die Schreibefinger noch rührig sind. Ich habe aus der Schriftstellerei nie ein Handwerk gemacht, gebe deshalb selten, aber Gutes, und ich glaube, hiernach beurtheilt werden zu müssen.

(Marseille, den 7. October 1836.)

Sie dürfen dem Aesculap einen Hahn opfern! Ich stand schon vor den Pforten des Todtenreichs, aber die ewigen Götter ließen aus besonderer Gnade mich noch auf einige Zeit am Leben. Als ich Ihnen von Amiens aus schrieb, fühlte ich schon in mir den Keim der Krankheit, die mich bei meiner Rückkehr nach Paris gleich ergriff; es war eine fürchterliche Gelbsucht, mit Cholera oder sonstig fabelhaft scheußlicher Krankheit accompagnirt. Acht Tage lang nicht gegessen, noch geschlafen, sondern

nur Erbrechung und Krämpfe. Man hat mich nun hierher nach
Marseille geschickt, und vorgestern bin ich hier angelangt, ziemlich
wohl, aber die Nerven sehr irritirt; mit Mühe halte ich die
Feder. Schwerlich werde ich länger als einige Tage hier bleiben;
das Geräusch der schachernden Seestadt wirkt peinigend auf meinen
Körper; Marseille ist Hamburg ins Französische übersetzt, und
ich kann letzteres jetzt auch in der besten Uebersetzung nicht ver=
tragen...

(Aix, den 5. November 1836.)

Ich schreibe Ihnen, liebster Campe, diese Zeilen in Aix,
ehemaliger Hauptstadt der Provinz, wo ich mich auf der Rückreise
nach Paris befinde; es ist mir nicht möglich, meinem Plane
gemäß, hier zu überwintern, die Aerzte sind hier sehr schlecht,
und mein Arzt in Paris ist der einzige, zu welchem ich Ver=
trauen hatte. Ich werde einen traurigen Winter verbringen,
da ich dieses Jahr keine Seebäder nehmen konnte; ich hatte
nämlich in Marseille noch etwas Gelbsucht, und erst dieser Tage
befinde ich mich davon befreit. — Unfern von meinem Fenster
steht die Statue des Königs René, welcher nie einen Groschen
Geld hatte und immer in Geldnoth war, war ich.

In 14 Tagen, höchstens drei Wochen, bin ich in Paris, ver=
wünschend diese fruchtlose Reise. Schon der Gedanke, daß ich
dieses Jahr keine Seebäder nehmen konnte, macht mich elend.

(An August Lewald. Aix, den 5. November 1836.)

... Sie erhalten diesen Brief aus Aix, welches die ehe=
malige Residenz der Grafen von Provence und wegen allerlei
historischer Geschichten, die dort passirt sind, sehr merkwürdig
ist. Seit acht Tagen bin ich hier, nachdem ich auf einer Reise
nach Italien im Hafen von Marseille Schiffbruch gelitten. Vor
drei Wochen wollte ich nach der spanischen Küste, und das Schiff
bekam einen Leck. Es ist in den Sternen geschrieben, daß ich
diesen Winter in Paris zubringen soll; welches mir sehr ver=
drießlich, da ich einige Zeit an der Gelbsucht litt, und meine
Gesundheit ein milderes Klima rathsam macht. Auch auf der
Seine war ich unlängst in Gefahr, zu ersaufen; das Dampfschiff
schlug nämlich nach einer Seite, die Damen auf dem Verdecke
schrieen wie wahnsinnig, ich beruhigte sie aber, indem ich rief:

„Ne craignez rien, Mesdames, nous sommes tous sous la protection de la loi!" — Aber wie dürfte ich ersaufen, ehe ich Antwort vom Bundestag habe auf meine Bittschrift. Schon die bloße Höflichkeit verlangt jetzt, daß ich am Leben bleibe.

Liebster Freund, ich war sehr krank, ganz gegen meine Gewohnheit gar nicht imaginär krank, sondern reell. Deshalb konnte ich mein Ihnen gegebenes Versprechen nicht erfüllen. Kommen Sie in der Carnevalzeit nach Paris, und ich werde Ihnen alles mündlich erklären. In 14 Tagen bis drei Wochen bin ich wieder dort. Ich sehe und höre nichts von Deutschland, und man könnte mich dort todtschlagen und ich erführe es nicht. — Seit drei Monaten habe ich kein Wort deutsch gesprochen.

(An **Moses Moser**. Avignon, den 8. November 1836.)

Wird Dich der Brief, den Du heute von mir empfängst, erfreuen, obgleich die Veranlassung nichts weniger als erfreulich? Wirst Du verstehen, daß dieser Brief der höchste Beweis ist, den ich Dir von der Zuversicht meiner Freundschaft geben konnte? Wirst Du ihn sogar als ein Zeugniß von großer Sinnesart betrachten? Ich glaub' es, und deshalb schreib' ich Dir, zwar betrübten Gemüths, aber ohne Widerstreben, ja sogar mit der wehmüthigen Freude, daß ich doch endlich wieder einmal dazu komme, Dir wirklich einen Brief zu schreiben, und heute meine hohe Gebieterin, die Göttin der Trägheit, mich nicht daran verhindern darf. Gedacht freilich habe ich oft genug an Dich, und als ich unlängst in Paris todtkrank darniederlag und in schlafloser Fiebernacht alle meine Freunde musterte, denen ich wohl die Execution eines letzten Willens mit Sicherheit anvertrauen dürfte: da fand ich, daß ich deren keine zwei auf dieser Erde besitze, und nur auf Dich, vielleicht etwa auch auf meinen Bruder Max, glaubte ich rechnen zu dürfen. Und deshalb wende ich mich auch heute an Dich, und der Freund, dem ich jahrelang nicht geschrieben habe, erhält heute einen Brief von mir, worin ich Geld von ihm verlange. Ich befinde mich nämlich, durch ein höchst tragisches Ereigniß, in einer Geldnoth, von welcher Du keinen Begriff hast, während ich entfernt von den wenigen Ressourcen bin, welche mir, nach den schändlichen Beraubungen, welche Privatpersonen und Regierungen an mir verübt, noch übrig geblieben sind. Ich liebe Dich zu sehr, als daß ich Dich durch eine Schilderung dessen, was mir jetzt begegnet, betrüben möchte; auch darf ich es nicht für den Fall, daß Du nicht im Stande wärest, mein Ansuchen zu erfüllen, und Du alsdann einen verdoppelten Kummer empfinden würdest. Du kannst mir durch ein Darlehn von 400 Thalern in diesem Augenblick, in der schmerzlichsten Passionszeit meines Lebens, einen wichtigen Dienst leisten. Das ist alles, was ich Dir heute sagen will. Kannst Du diese Summe missen, so schick sie mir in einer Anweisung auf Paris, und adressire den Brief: Henri Heine, Cité Bergère Nr. 4, à Paris: es wird mir alsdann nachgeschickt. Was jedoch meine Solvabilität betrifft, so muß ich Dir zu gleicher Zeit sagen: meine Geschäfte stehen in diesem Augenblick so schlecht, daß nur ein Thor oder ein Freund mir jetzt Geld leihen würde. Mit meinem Oheim, dem Millionär, habe ich mich unlängst aufs bitterste überworfen; ich konnte seine Schnödigkeit nicht länger ertragen. Meine französischen Freunde haben mich durch ihren liebenswürdigen Leichtsinn in großen Geldschaden gebracht. Andere haben mich exploitirt. In Deutschland darf ich nichts drucken lassen, als zahme Gedichte und unschuldige Märchen, und doch habe ich ganz andere Dinge im Pulte liegen; daß man ohne Anklage und Urtheil, sozusagen, meine Feder confiscirt hat, ist eine Verletzung der unbestreitbarsten Eigenthumsrechte, des litterarischen Eigenthums, eine plumpe Beraubung. Aber es ist diesen Leuten nur gelungen, mich financiell zu ruiniren.

Ich weiß nicht, theurer Moser, ob ich Dir noch so viel werth bin, wie ehemals; ich weiß nur, daß ich seitdem von meinem inneren Werthe nichts verloren habe. Wäre dieses der Fall, so befände ich mich heute nicht in schmerzlicher Geldnoth, wenigstens würde ich zu ganz anderen Leuten, als zu Dir, meine Zuflucht nehmen. Glaube nicht, was man von mir sagt, urtheile immer nach meinen Handlungen. Keiner Notiz, die nicht mit meinem Namen unterschrieben ist, darfst Du Glauben schenken. Ich werde angefeindet und verleumdet zugleich von Christen und Juden; letztere sind gegen mich erbost, daß ich nicht das Schwert ziehe für ihre Emancipation in Baden, Nassau oder sonstigen Krähwinkelstaaten. O der Kurzsichtigkeit! Nur vor den Thoren Roms kann man Karthago vertheidigen. Hast auch Du mich mißverstanden? ...

* * *

(An **Ferdinand Hiller**. Lyon, ben 19. November 1836.)

Ich komme dieser Tage von Marseille, wo ich im Hafen Schiffbruch gelitten, als ich mich nach Neapel eingeschifft ... Da ich aber abergläubig bin, hielt ich das für ein schlechtes Omen, und beschloß, nach Paris zurückzukehren. Die Cholera mag unterdessen Neapel dafür entschädigen, daß ich diesen Winter nicht dort bin. Im Frühjahr werde ich aber versuchen hinzukommen, und da, wie ich weiß, Sie mit ähnlichen Reiseplänen schwanger sind, möchte ich von Ihnen erfahren, ob Sie etwa diesen Winter nach der Schweiz kommen, und Sie das Frühjahr in Mailand sein werden? Ein Zusammentreffen mit Ihnen wäre mir eben nicht unangenehm, um so mehr da ich, wie ich seit einiger Zeit an mir bemerke, mich zuweilen nach Ihnen sehne. Ich lebe nämlich allein seit zwei Monaten und habe deshalb Muße genug, an meine Freunde zu denken. Liszt hatte mir aus Genf geschrieben, daß er nach Italien reise; ich schrieb ihm von Marseille aus, um über seinen Reiseweg nähere Auskunft zu haben, erhielt aber keine Antwort. Sagen Sie mir doch, ist er in Genf? Schreiben Sie mir unter Adresse meiner alten Wohnung: Cité Bergère Nr. 4. Ende nächster Woche bin ich in Paris. Hier ennuyiere ich mich schrecklich. Das Theater ist meine einzige Rossource. Gestern Abend wurde Robert le diable gegeben. Mein Nachbar im Theater sagte mir: „Meyerbeer ist kein Musiker, sondern ein Gott." Ich antwortete ihm, daß ich ihn persönlich kenne, worauf er mich heute Mittag zu Tische lud. Sie sehen also, wie nützlich es mir ist, wenn meine Freunde große Opern machen und große Musiker werden, oder sogar Götter. Geben Sie sich also ein bischen Mühe, schon aus Liebe zu Ihrem Freunde...

(An **August Lewald**. Lyon, ben 21. November 1836.)

Ich bin sehnlichst begierig nach Nachrichten aus der Heimath. Ich bitte, schreiben Sie mir bald, umsomehr, da ich nicht weiß, wie lange ich in Paris bleibe. Freilich, ich fürchte, daß ich bis zum Frühjahr dort bleiben muß, da Mathilde allzu sehr jammert, und ich aus Schwäche mich gern beschwatzen lasse. Aber immer liegt mir Spanien im Sinne, und es zieht mich unwiderstehlich nach Madrid. Ich will mal den „Don Quixote" in der

Mancha lesen; auch hoffe ich, mich im Assonanzenbau dort sehr zu vervollkommnen.

Wenn Sie den Baron Cotta sehen, so empfehlen Sie mich ihm aufs freundlichste; ich habe das höchste Zutrauen zu ihm, und ich betrachte es als ein großes Glück für uns alle, daß er seinen Vater auf so würdige Weise fortsetzt.

(An Julius Campe. Paris, den 20. December 1836.)

Ich kann oft in der Nacht nicht schlafen, wenn ich denke, wie in der „Romantischen Schule" und im zweiten Salontheil meine Gedanken gemordet wurden, und wie ich gar jetzt nur mit halber Zunge stammeln soll, ich, der ich sonst wie ein Mann gesprochen. Ich habe in der letzten Zeit viele Tausende durch Unglück verloren, und grämte mich um alles Geld nicht so sehr, als um jene Literaturschmerzen. — Meine Mutter schreibt mir, ich gäbe ein Buch heraus mit einem Motto, worin ich Salomon Heine beleidige. Wer mag denn solche Lügen erfinden? Ich stehe schon schlecht genug mit meinem Oheim, ich sitze bis am Hals in großen Zahlungsnöthen, und er läßt mich im Stich, aber ich bin nicht der Mann, der um dergleichen Misere auch nur in einer Zeile sich rächt. Gottlob, als ich meine „Memoiren" schrieb, wo er oft besprochen werden mußte, standen wir noch brillant, und ich habe wahrlich in con amore gezeichnet...

(Paris, den 23. Januar 1837.)

Aus Verzweiflung mußte ich mich entschließen, Dinge zu schreiben, die ich ohnedies viele Jahre lang im Pulte ruhen lassen muß, so daß ich, bei den gequältesten Geldnöthen, die Früchte meines Fleißes nicht ernten kann. Man giebt bei allen Mißgeschicken lieber den anderen, als sich selber, die Schuld, und so, wenn meine Geldnoth am quälendsten wird, pflege ich Julius Campe sehr stark anzuklagen. Ich bin in diesem Augenblick, durch eine Reihe von unbegreiflichsten Ereignissen, in eine Schuldenlast von 20 000 Francs gerathen, und, so wahr mir Gott helfe! ich werde sie in sehr kurzer Frist tilgen. Wäre, statt Julius Campe, ein Cotta mein Buchhändler, so wüßte ich dieses durch meine Feder in Kurzem zu bewerkstelligen. Aber Sie, Campe, haben durch Ihre Knickereien mich mehr vom Schreiben abgehalten, als angeregt, und glaubten Wunder was erreicht zu haben, wenn Sie mich dahin brachten, mit Honoraren vorlieb zu nehmen, wie sie jetzt denjenigen kaum geboten werden, die in mir ihren Meister sehen und nicht den zehnten Theil meiner Popularität genießen. Das ist der zweite Punkt, und bei den edleren Schmerzen, die mich heute bekümmern, habe ich es harmloser, als zu andern Zeiten, aussprechen können. — Ist es nicht qualsam genug, daß ich gegen Herrn Menzel's unbeschränkte Calumnien in der beschränktesten Weise antworten muß? Ich hoffe, daß er diesmal einsieht, was ihm am nützlichsten, ob Feigheit oder Muth, und hoffentlich treibe ich ihn auf die Mensur. Er muß von allen Seiten dazu getrieben werden; ich werde mich diesmal mit dem größten Vergnügen schlagen; es gilt doch einen Verräther zu züchtigen, wenigstens durch einzujagende Furcht. — Leben Sie wohl und bleiben Sie mir freundschaftlich gewogen. Ich bitte den lieben Gott inständigst, Ihnen langes Leben, Gesundheit, Generosität und Reichthum zu schenken, auch bitte ich ihn, Ihren Muth zu renoviren, nicht den persönlichen, woran ich nie zu zweifeln hatte, sondern den buchhändlerischen. Welch ein kühner Jüngling waren Sie einst, Sie sahen mit unerschrockenem Blick in die schwarzen Höhlen, wo die Preßbengel in fürchterlicher Bewegung ... Ich lasse Sie jetzt abmalen mit einer Schlafmütze von Correcturbogen, worauf jedes kühne Wort mit Röthel angestrichen!

(An **August Lewald.**)   Paris, den 25. Januar 1837.)

Wenn man den Leuten gar zu viel zu schreiben hat, unterläßt man das Schreiben ganz und gar, doch die Nothwendigkeit drückt mir heute die Feder in die Hand. — — Ihrem Stile muß ich die höchsten Lobsprüche zollen. Ich bin competent in Beurtheilung des Stils. Nur, beileibe, vernachlässigen Sie sich nicht und studiren Sie immerfort die Sprachwendungen und Wortbildungen von Lessing, Luther, Goethe, Varnhagen und H. Heine; Gott erhalte diesen letzten Klassiker! —

Durch Herrn ** werden Sie den schönen Teppich erhalten haben, den Mathilde für Sie gestickt hat. Durch diese mühsame und langwierige Arbeit hat sie mir bewiesen, daß sie während meiner Abwesenheit sehr fleißig und also auch treu war. An Freiern hat es ihr unterdessen gewiß ebensowenig gefehlt, wie der seligen Penelope, die ihrem heimkehrenden Gatten ein weit

zweideutigeres Zeugniß ihrer Treue überlieferte. Oder glauben
Sie wirklich, daß diese Madame Ulysses des Nachts die Gewebe
wieder aufgetrennt, woran sie des Tags gesponnen? Dieses hat
sie dem Alten weisgemacht, als dieser sich wunderte, warum er
gar kein Werk ihrer Hände vorfand; die Saloppe hat Tag und
Nacht mit ihren Freiern verbracht und nur Intriguen gesponnen.
— Sie glauben kaum, mit welchem liebevollen Fleiße meine
Mathilde an dem Teppich arbeitete, als sie wußte, daß ich Ihnen
denselben zum Geschenk bestimmte. — Wir leben beide sehr
glücklich, d. h. ich habe weder Tags noch Nachts eine Viertel=
stunde Ruhe... ich war immer der Meinung, daß man in der
Liebe besitzen müßte, und habe immer Opposition gebildet
gegen die Entsagungspoesie; aber das Platonische hat auch sein
Gutes, es verhindert einen nicht, am Tage zu träumen und des
Nachts zu schlafen, und jedenfalls ist es nicht sehr kostspielig.

(An August Lewald. Paris, den 11. Februar 1837.)

Wenn Sie die Grippe nicht haben, so rathe ich Ihnen, den
Göttern dafür auf's Schönste zu danken. Ich fühle mich endlich
ebenfalls erreicht von dieser characterlosen Justemilieu=Krankheit,
die Ludwig Philipp erfunden zu haben scheint, wodurch man
weder leben noch sterben kann, eine Cholera ohne Gefahr und
Poesie. In dieser widerwärtigen Periode mußte mir der An=
theil, den Sie an meinen wichtigsten Interessen nehmen, doppelt
erfreulich sein! Ich schreibe vorerst nach Hamburg an meinen
Freund Campe einen zartgefühlten Brief, worin ich ihm den
Stand der Dinge auf's zarteste beizubringen suche, damit er mir
nicht ganz abhold wird, welches mir in diesem Augenblick nicht
sehr genehm wäre... Sie kennen den Mann und verstehen
mich. Verpflichtungen habe ich keine gegen ihn, vielleicht schulde
ich ihm nur einige hundert Francs, was ich aus der Abrechnung
ersehen werde...

(An Julius Campe. Paris, den 1. März 1837.)

Ihre Briefe vom 20. und 21. Februar habe ich richtig er=
halten, und ich eile, zunächst den letzteren zu beantworten. —
Ich habe wohl Verdrießlichkeit, ja gar starkes Poltern von Ihnen
erwartet, aber doch keine offenbare Ungerechtigkeit. Wie sehr ich

mich eben jetzt freundschaftlich gegen Sie erwiesen, will ich Ihnen, obgleich ich heute den rasendsten Kopfschmerz habe, beweisen.

Ich entschloß mich, an meine Mutter zu schreiben, und Ihnen die Exploitation zu einer Gesammtausgabe meiner Werke auf zehn Jahre zu denselben Bedingungen, die ich Scheible zu bewilligen habe, anzubieten.[118])

(Paris, den 17. März 1837.)

Tag und Nacht beschäftige ich mich mit meinem großen Buche, dem Romane meines Lebens, und jetzt erst fühle ich den ganzen Werth dessen, was ich durch den Brand im Hause meiner Mutter an Papieren verloren habe. Ich hatte die Absicht, dieses Buch erst in späteren Zeiten herauszugeben, aber, angeregt durch die Idee der Gesammtausgabe meiner Werke, soll es das Nächste sein, was das Publikum von mir erhält; nichts soll früher von mir herauskommen. Ich habe Ihnen in meinem letzten Briefe bereits gesagt, daß ich mich freue, ein solches Buch Ihnen bieten zu können. Die Verstimmung, die ich vielleicht, durch Geldnoth, unverschuldete Geldnoth gedrängt, bei Ihnen erregt, als ich Ihnen zur ungelegenen Zeit den Verlag der Gesammtausgabe auflud, diese Verstimmung, wenn sie nicht etwa schon ganz verflogen ist, werde ich durch jenes Buch, welches alle früheren an Interessen überbietet, ganz in Vergessenheit bringen. Sie wissen, ich prahle nicht, und ich kann schon jetzt das Außerordentlichste prophezeien, da ich das Publikum kenne und genau weiß, über welche Personen, Zustände und Ereignisse es belehrt und unterhalten sein will. Ich habe Ihnen ebenfalls gesagt, daß Sie bereits jetzt mit mir über dieses Buch contrahiren können.

(Paris, den 3. Mai 1837.)

Ich weiß nicht, ob ich Ihnen schon mal gesagt, daß ich diesen Winter eine Einleitung zum „Don Quixote" geschrieben für Herrn Hvas, den Factor einer mir ganz unbekannten Societät; er gab mir dafür 1000 Francs und erhielt leider das Schlechteste, was ich je geschrieben habe. — Ich hatte die Grippe, als ich dergleichen zur bestimmten Zeit auf Commando und aus Geldnoth schrieb. — An Varnhagen werde ich, in Beziehung auf den besprochenen Prospectus, dieser Tage schreiben; ich habe ihm eben auch zu antworten auf einen bringenden Brief, worin er Rahel's

Briefe von mir verlangt. Er weiß nicht, daß diese, vielleicht über fünfzig Stück, bei meiner Mutter verbrannt sind. Doch habe ich noch einige Briefe, die sie mir über den St. Simonismus hierher schrieb, und die das Bedeutendste sind, was je aus ihrer Feder geflossen. Ich denke für meine Lebensbeschreibung davon Gebrauch zu machen, wo ich überhaupt dieses merkwürdige Weib plastisch darstelle. — Hab' die letzten vierzehn Tage wenig arbeiten können — Weibergeschichten und Männergeschichten, nämlich Liebesklatschereien und Duelle...

(An Julius Campe. Paris, den 10. Mai 1837.)

Ich schreibe Ihnen in einer sehr trüben Stimmung. Verdrießlichkeiten ohne Ende verleiden mir in diesem Augenblicke das schöne Paris dergestalt, daß ich froh bin, es dieser Tage verlassen zu können. Ich wäre im Grunde bereits schon abgereist, wenn ich nicht stündlich das Resultat meiner Vorrede von Ihnen erwartete. Aber Sie schreiben mir bis heute darüber kein Sterbenswort, und Sie fühlen wohl, daß mein Mißbehagen dadurch keineswegs vermindert wird. Bis künftigen Dienstag denke ich noch hier zu sein, und bis dahin hoffe ich Brief von Ihnen zu erhalten. Ich reise diesmal, statt nach der Normandie, auf einige Zeit nach der Bretagne, und finde ich dort einen wohnlichen Ort am Meer, so bade ich dort und verweile bis zum Winter. Ich bedarf der Einsamkeit zu meinen Arbeiten; eine Menge verdrießlicher Aventüren haben mich hier in den letzten vier Wochen zu keiner vernünftigen Zeile gelangen lassen; und es drückt mich, mein Leben, nämlich das geschriebene, zu beendigen.

Mit meinem Oheim Salomon Heine stehe ich sehr schlecht, er hat mir vorig Jahr eine schreckliche Beleidigung zugefügt, wie man sie im reiferen Alter schwerer erträgt, als in der leichten Jugendzeit. Es ist schlimm genug, daß dieser Mann, der, wie ich höre, Institute stiftet, um heruntergekommene Schacherer wieder auf die Beine zu bringen, seinen Neffen mit Weib und Kind in den unverschuldesten Nöthen hungern läßt. — Ich sage: Weib und Kind, aber unter dem ersteren Worte verstehe ich etwas Edleres, als eine durch Geldmäkler und Pfaffen angekuppelte Ehefrau.

Wahrscheinlich erhalten Sie erst vom Meerstrand Brief von

mir. Die Vorrede zum „Don Quixote", die ich diesen Winter für Herrn Hvas schrieb, der jetzt als „Verlag der Classiker" sich ankündigt, muß längst erschienen sein. Ich that's des lieben Geldes wegen, und schon am schlechten Stil werden Sie es merken. — Ich tauge verdammt wenig zum Lohnschreiber. — Dem Gerücht, daß ich mich in Stuttgart niederlassen würde, bitte ich überall zu widersprechen; es liegt mir dran. Auch Cotta, wie ich es aus einem eben erhaltenen Brief ersehe, scheint es zu glauben. — Leben Sie wohl und schreiben Sie mir viel und behalten Sie mich lieb und werth. Ich bin Ihnen jetzt von ganzem Gemüthe zugethan.

(An J. H. Detmold.   Granville, wahrscheinlich den 26. des Wonnemonds 1837.)

Seit drei Tagen bin ich hier, und weiß noch nicht, ob ich hier bleibe. Das hängt davon ab, ob ich ein wohnliches Appartement finde. Manche Annehmlichkeit bietet der Ort, und was die Hauptsache, der Strand ist gut zum Baden. Meine atra cura .... befindet sich wohl, vergnügt und führt sich gut auf, über Erwarten gut. Kindisch amüsirt es sie, am Strande die hübschen Muscheln zu suchen. Erst Morgen oder übermorgen kann ich Ihnen sagen, ob ich hier bleibe.

(An August Lewald.   Granville, den 2. Juni 1837.)

Seit einigen Wochen habe ich Paris verlassen und durchschwärme die Bretagne, theils des Fischfangs wegen, theils auch um die Küsten kennen zu lernen, die für den Geschichtsforscher, besonders in Betreff des Vendéekrieges, interessant sind. — Ich studire gern Geschichte an Ort und Stelle. — Mathilde hat es dies Jahr durchgesetzt, mit mir zu reisen, statt bei ihrer Mutter auf dem Dorfe die schöne Jahrzeit zu genießen. Aber diese Begleitung hat soviel Beschwerliches wegen der Wildheit der theuren Person, wodurch ich mich beständig ängstige.

Ich schreibe in diesem Augenblick eine Reihe von Briefen, gerichtet an August Lewald, worin ich mit Humor von den letzten Gründen der Verschiedenheit des französischen und deutschen Theaters rede.[119] —

Ich höre und sehe nichts aus Deutschland. Lese, wie sich von selbst versteht, keine Blätter und erhalte keine litterarischen Nachrichten.

(An **Julius Campe**. Paris, den 18. Julius 1837.)

Diesen Morgen bin ich wohl und heiter in Paris wieder angelangt, nachdem ich zwei Monate in der Bretagne zugebracht. Ich rechnete bestimmt darauf, hier Brief von Ihnen in Betreff meines Buches vorzufinden, und kann Ihnen nicht sagen, wie sehr es mich afficirt, gar keine Nachricht darüber zu empfangen. Ihr letzter Brief ist mir vor etwa sechs Wochen auf der Höhe des Mont=Michel zugekommen und ich harrte mit Antwort bis zu meiner Rückkehr in Paris, die sich um einige Wochen ver= zögerte. Die Bretagne ist eins der merkwürdigsten Länder, und ich bereue nicht die Zeit, die ich zur Beobachtung der Natur, Menschen und Alterthümer dort angewendet. Leider habe ich in Graville und Saint=Malo dieses Jahr nicht baden können, wegen einer kleinen Unpäßlichkeit, und ich muß dies Jahr noch= mals an's Meer reisen, um zu baden. An meinem Leben habe ich weiter geschrieben. Aus einem Brief, den ich eben vorfinde, sehe ich, daß Lewald für seine Theaterrevue einen Artikel von mir unter einem höchst drolligen Titel ankündigt; in der That habe ich für ihn kurz vor meiner Abreise eine große (über zwölf Druckbogen „Reisebilder"=Format) Arbeit geschrieben, die aber unter dem Titel „Die französische Bühne" in der Lewaldschen Revue erscheinen soll und nur den kleinen Theil eines größeren Ganzen bildet. Ueber falsche Titel für Artikel ärgere ich mich ebenso, wie über falsche Interpunktion.

(An **J. H. Detmold**. Paris, den 29. Juli 1887.)

Seit zehn Tagen befinde ich mich in Paris und reise über= morgen nach Boulogne sur mer, wohin Sie mir Ihre Briefe poste restante adressiren können. In Granville lebte ich zwei Monat froh und glücklich, da ward Mathilde krank, und ich mußte, der Vorsorge wegen, wegen Mangel an guten Aerzten, mit ihr zurück nach Paris reisen, wo wieder mein altes Elend begann. — — — Im Ende des Julius im heißen Schau= spielhaus 4 Vaudeville! O Gott, Du schickst den Winter nach den Kleidern aber nicht den Sommer! Dazu kommt ein finan= zielles Unglück, welches zu weitläufig zum Erzählen, mich aber auf's Kummervollste berührt. Es ist wirklich sonderbar, daß ich in der letzten Zeit so viel Finanzunglück habe. Kaum ordne ich meine Geschäfte mit dem strengsten Ernst, so brouillirt sie

wieder der unvorhergesehenste Zufall. Ueberall vermissen wir
Sie hier. Als wir Sie bei unserer Rückkehr nicht fanden, ward
uns zu Muthe, als hätten wir Sie auf's Neue verloren.
Mathilde spricht beständig von Ihnen; dies tolle, aber gesunde
Herz hat Ihren Werth ganz empfunden, und ich habe daran
meine wehmüthige Freude. Seit unserer Trennung bin ich
wieder allein.

Ich habe in Granville nur zwei Bäder genommen und freue
mich sehr auf den Wellenschlag von Boulogne. Ich habe das
Baden diesmal sehr nöthig; meine linke Hand magert täglich
mehr und mehr ab und stirbt zusehends. — Leben Sie wohl.
Sorgen Sie nur für Ihre Gesundheit — für das Uebrige wird
der Zufall Sorge tragen. Mathilde grüßt. Wir lieben Sie sehr.

(An **Maximilian Heine**. Havre de Grâce, ich glaube den 5. August 1837.)

Einige Stunden vor meiner Abreise von Paris erhielt ich
Mutters Brief, worin sie mir sagte, daß Du mir wahrscheinlich
ein Rendezvous in London geben würdest. Ich reiste nach
Boulogne sur mer und gab in Paris Ordre, mir meine Briefe
dorthin nachzuschicken. Aber eine Reihe von Verdrießlichkeiten,
die mich in Boulogne gleich assaillirten, bewogen mich hierher
nach Havre zu reisen, um meine Bäder zu nehmen, die ich, ach!
so sehr nöthig habe. Ob ich es hier einige Wochen aushalten
kann, weiß ich nicht, aber soviel sage ich, daß ich nicht dieses
Jahr nach London gehen kann, und ich eile Dir dieses zu melden,
für den Fall, daß Du mir in Deinem Briefe, der mich noch
nicht erreicht hat, ein Rendezvous gegeben haben möchtest. Dieses
aber betrübt mich unsäglich; ich hätte Dich gern noch einmal
gesehen; ich sage noch einmal, denn eine schmerzliche Ahnung
belastet mich, daß ich aus der Welt scheiden werde, ohne Dich
wieder mit leiblichen Augen gesehen zu haben. Mit den Augen
des Geistes sehe ich Dich beständig, denn Du bist der einzige
von allen, der mich schweigend verstehen kann, und dem ich nicht
nöthig habe, weitläufig auseinanderzusetzen, wie alle Bekümmer=
nisse meines Lebens nicht durch eigene Schuld entstanden sind,
sondern sich als nothwendige Folge meiner socialen Stellung
und meiner geistigen Begabung erklären lassen. Du weißt, daß
die Größe des Charakters und des Talentes in unserer Zeit
nicht verziehen werden, wenn man ob dieses Verbrechens sich

nicht durch eine Unzahl kleiner Schlechtigkeiten die allerhöchste und allerniedrigste Verzeihung erkaufen will!

Ich bitte Dich, von diesem Briefe an Mutter nichts zu sagen, denn sie könnte ob des Tones desselben sich betrüben. Du siehst auch, wie sehr ich recht hatte, Dir nicht zu schreiben, denn ich darf Dir das Bestimmte nicht sagen und das Unbestimmte würde Dich nur in der weiten Ferne beängstigt haben. — Was man Dir in Hamburg von mir sagt, wirst Du hoffentlich nicht glauben. Am allerwenigsten hoffe ich, daß Du den Schnödigkeiten, die Dir bei Onkel Heine von mir zu Ohren kämen, Glauben schenkst.

In diesem Hause herrschte von jeher eine Aria cattiva, die meinen guten Leumund verpestete. Alles Gewürm, was an meinem guten Leumund zehren wollte, fand in diesem Hause immer die reichlichste Atzung.

Aber es ist dafür gesorgt, daß der Tempel meines Ruhmes nicht auf dem Jungfernstieg oder in Ottensen zu stehen kommt, und einer von Salomon Heine's Hausschmarotzern und Protegé's als Hohepriester meines Ruhmes angestellt wird. —

Sogar was der Onkel Dir von mir sagen möchte, darfst Du nicht buchstäblich glauben. Zur Zeit, als ich durch Krankheit (ich hatte dabei noch die Gelbsucht) und unverschuldetes Unglück bis zur äußersten Bitterkeit gestimmt war, schrieb ich an Onkel in einem Tone, der ihm eher Mitleiden als Zorn einflößen mußte, und der dennoch nur seinen Zorn erregte. Das ist all sein Klagegrund gegen mich! Denn die paar tausend Francs, die ich ihm koste, berechtigen ihn schwerlich zur Klage, ihn, den Millionär, den größten Millionär von Hamburg, dessen Generosität . . . genug davon!

Du weißt, daß ich diesen Mann immer wie meinen Vater geliebt habe, und nun mußt' ich . . . genug davon! Am meisten schmerzt mich die Meinung der Welt, die sich die Härte meines Oheims nicht anders erklären kann, als durch irgend eine schlechte Handlung, die man in meiner Familie mir etwa vorwirft und im Publikum verschweigt . . . ach! wenn ich schlechte Handlungen begehen wollte, ich stünde gut mit der ganzen Welt und . . . genug davon!

Leb wohl, und hast Du mal eine müßige Stunde, so schreibe mir.

Ich befinde mich wohl; körperlich leide ich fast gar nicht, außer an meiner linken Hand, deren Lähmung bis an den Ellenbogen hinansteigt. Ich werde übrigens sehr dick. Wenn ich mich einmal im Spiegel betrachte, erschrecke ich; ich sehe jetzt ganz aus wie mein seliger Vater aussah, nämlich zur Zeit, als er aufhörte, hübsch zu sein. — Ich schreibe viel. Mein wichtigstes Werk sind meine Memoiren, die aber doch nicht so bald erscheinen werden; am liebsten wäre es mir, wenn sie erst nach meinem Tode gedruckt würden! . .

(Havre de Grâce, den 29. August 1837.)

Hier in Havre bleibe ich nur noch einige Tage, weiß aber nicht, ob ich dann direct nach Paris zurückgehe. Meine Badekur ist wieder verpfuscht. Vorig Jahr konnte ich nicht baden, weil ich die Gelbsucht hatte. Dies Jahr, vielleicht weil mich während der letzten Zeit soviel Quälereien heimsuchten, bekamen mir die fünfzehn Bäder, die ich bis jetzt genommen habe, sehr schlecht; wieder leide ich an Migräne, die drei Tage mich quält und zur Arbeit mich unfähig macht. Sogar neue Uebel melden sich, aber ich bin ja, seitdem wir uns nicht gesehen, acht Jahre älter geworden, und bei dem gesetzten Leben, das ich führe, bei der geistigen und leiblichen Aufregung der letzten Jahre, hat sich gewiß die Avantgarde der Decrepitüde schon eingestellt. Die Jugend ist dahin, und nach großen Feldzügen hat man das Recht, müde zu sein. — An Onkel werde ich mit dem zunächst abgehenden Dampfboote schreiben. Der Gedanke schon an diesen Brief erregt allen Mißmuth meiner Seele. Bei Gott, nicht Onkel, sondern ich habe Grund zur Klage, ich bin wie geschunden von den schneidendsten Beschuldigungen, und ich soll um Verzeihung bitten. Es giebt keine Opfer, welche ich für diesen Mann zu bringen nicht bereit wäre, und hätte er mir noch zehn mal mehr Kummer verursacht, ich hätte es gewiß längst verziehen, aber es ist grausam hart, daß ich das himmelschreiende Unrecht, das er an mir begeht, verschweigen soll. Ich bin kein falscher Mensch, sagte mein seliger Vater, und kann nur reden, wie ich es vielleicht fühle. Was kann er mir vorwerfen, als Irrespectuosität in Worten, nicht in Handlungen, und das nur einmal während meines ganzen Lebens — während er doch wissen sollte, daß wir alle in unserer Familie von aufbrausender Natur sind, und daß wir in der nächsten Stunde es bereuen, was wir Verletzendes gesagt haben. — Ich habe wahrhaftig, zu dem Ansehen, das ich in der Welt erlangt, der Beihilfe meiner Familie nicht bedurft; daß aber die Familie nie das Bedürfniß fühlte, dieses Ansehen, und sei es in den kleinsten Dingen, zu befördern, ist mir unbegreiflich. Ja, im Gegentheil, im Hause meines Oheims fanden diejenigen Menschen eine gute Aufnahme, die notorisch als Gegner meines Renommé bekannt waren. Ein miserabler Wurm, der Doctor, der mich auf's Gemeinste angriff, ward, wie man mir jüngst erzählt, bei meinem eigenen Onkel zu Tisch geladen, und von meinem eigenen Onkel bekam die alte Mamsell Speckter, die er heirathen wollte, eine Ausstattung. Dieses Gewürm paßte zusammen, denn in keinem Hause, wie ich durch Campe wußte, hat man während meiner Anwesenheit in Hamburg schändlicher gegen mich als Schriftsteller raisonnirt, als im Speckter'schen Hause. Das ist nur ein Beispiel. — Wir wollen sehen, ob ich recht habe, oder Du? — Schreib mir doch viel während Deiner Abwesenheit aus Rußland; besonders gieb mir detaillirte Nachricht über die Mutter. — Ich werde Euch wohl nie wieder sehen!

Wie ich mich Campe arrangirt, wirst Du wohl wissen. Ich habe in der schlimmsten Zeit ihm meine bisherigen Omnia auf elf Jahre für 20000 Francs verkauft. Durch beispiellose Niederträchtigkeit eines Freundes, für den ich mich garantirt und bei dem ich Gelder deponirt, ward ich damals in eine heillose Lage versetzt. Nur durch die größten Anstrengungen gelang es mir, jeder Anforderung zu genügen, und meinen Feinden keine Blößen zu geben. Das war die Hauptsache. Lebe wohl, handle für Deinen Bruder, der Dich unaussprechlich liebt.

(An **Salomon Heine**.   Havre de Grâce, den 1. September 1837.)

Mit Verwunderung und großem Kummer ersehe ich aus den Briefen meines Bruders Max, daß Sie noch immer Beschwerde gegen mich führen, sich noch immer zu bitteren Klagen berechtigt glauben, und mein Bruder, in seinem Enthusiasmus für Sie, ermahnt mich auf's Dringendste, Ihnen mit Liebe und Gehorsam zu schreiben, und ein Mißverhältniß, welches der Welt so viel Stoff zum Skandal bietet, auf immer zu beseitigen. Der Skandal kümmert mich nun wenig, es liegt mir nichts daran, ob die

Welt mich ungerechter Weise der Lieblosigkeit oder gar der
Undankbarkeit anklage, mein Gewissen ist ruhig, und ich habe
außerdem dafür gesorgt, daß, wenn wir alle längst im Grabe
liegen, mein ganzes Leben seine gerechte Anerkennung findet.
Aber, lieber Onkel, es liegt mir sehr viel daran, die Unliebe,
womit jetzt Ihr Herz wider mich erfüllt ist, zu verscheuchen,
und mir Ihre frühere Zuneigung zu erwerben. Dieses ist jetzt
das schmerzlichste Bedürfniß meiner Seele, und um diese Wohl=
that bitte ich und flehe ich mit der Unterwürfigkeit, die ich
immer Ihnen gegenüber empfunden und deren ich mich nur
einmal im Leben entäußert habe, nur einmal, und zwar zu einer
Zeit, als die unverdientesten Unglücksfälle mich grauenhaft er=
bitterten, und die widerwärtige Krankheit, die Gelbsucht, mein
ganzes Wesen verkehrte, und Schrecknisse in mein Gemüth traten,
wovon Sie keine Ahnung haben. Und dann habe ich Sie nie
anders beleidigt, als mit Worten, und Sie wissen, daß in
unserer Familie, bei userm aufbrausenden und offenen Charakter,
die bösen Worte nicht viel bedeuten, und in der nächsten Stunde,
wo nicht gar vergessen, doch gewiß bereut sind. Wer kann das
besser wissen, als Sie, lieber Onkel, an dessen bösen Worten
man manchmal sterben könnte, wenn man nicht wüßte, daß sie
nicht aus dem Herzen kommen, und daß Ihr Herz voll Güte
ist, voll Liebenswürdigkeit und Großmuth. Um Ihre Worte,
und wären sie noch so böse, würde ich mich nicht lange grämen,
aber es quält mich auf's Gramvollste, es schmerzt mich, es
peinigt mich die unbegreifliche, unnatürliche Härte, die sich jetzt
in Ihrem Herzen selbst zeigt. Ich sage unnatürliche Härte, denn
sie ist gegen Ihre Natur, hier müssen unselige Zuflüsterungen
im Spiel sein, hier ist ein geheimer Einfluß wirksam, den wir
beide vielleicht nie errathen, was um so verdrießlicher ist, da
mein Argwohn jeden in Ihrer Umgebung, die besten Freunde
und Verwandten verdächtigen könnte — mir kann dabei nicht
wohl werden, mehr als alles andere Unglück muß mich dieses
Familienunglück bedrücken, und Sie begreifen, wie nothwendig es
ist, daß ich davon erlöst werde. Sie haben keine Vorstellung
davon, wie sehr ich jetzt unglücklich bin, unglücklich ohne meine
Schuld; ja, meinen besseren Eigenschaften verdanke ich die Küm=
mernisse, die mich zernagen und vielleicht zerstören. Ich habe
tagtäglich mit den unerhörtesten Verfolgungen zu kämpfen, damit

ich nur den Boden unter meinen Füßen behalten kann; Sie kennen nicht die schleichenden Intriguen, die nach den wilden Aufregungen des Parteikampfes zurückbleiben und mir alle Lebensquellen vergiften. Was mich noch aufrecht hält, ist der Stolz der geistigen Obermacht, die mir angeboren ist, und das Bewußtsein, daß kein Mensch in der Welt mit weniger Federstrichen sich gewaltiger rächen konnte, als ich, für alle offene und geheime Unbill, die man mir zufügt. —

Aber Sie sagen mir, was ist der letzte Grund jenes Fluches, der auf allen Männern vom großen Genius lastet? Warum trifft der Blitz des Unglücks die hohen Geister, die Thürme der Menschheit, am öftesten, während er die niedrigen Strohkopfdächer der Mittelmäßigkeit so liebreich verschont? Sagen Sie mir, warum erntet man Kummer, wenn man Liebe säet? Sagen Sie mir, warum der Mann, der so weichfühlend, so mitleidig, so barmherzig ist gegen fremde Menschen, sich jetzt so hart zeigt gegen seinen Neffen?

* * *

(An **Julius Campe**. Havre, den 5. September 1837.)

Seit einigen Tagen leide ich schrecklich an den Augen, und das Schreiben geht mir peinlichst mühsam von statten. Aber sobald ich in Paris retour bin, sollen Sie größeren Brief von mir erhalten. Ich hoffe noch immer, daß Menzel sich schlägt; man muß ihn auf alle mögliche Weise dazu reizen.

Von Süddeutschland schreibt man mir, daß der „Denunciant" das größte Aufsehen erregt. — Ich habe seit drei Wochen fast gar nichts geschrieben. — Börne findet nach seinem Tode große Anerkennung als Mensch. Deutschland verliert in ihm unstreitig seinen größten Patrioten; die Literatur verliert wenig an ihm.

(Paris, den 15. September 1837.)

Seit acht Tagen habe ich Havre verlassen, beängstigt durch ein Augenübel, das sich fast stündlich vergrößerte. Hier angekommen, konnte ich mit dem rechten Auge gar nichts, und mit dem linken nur wenig sehen. Der beste hiesige Augenarzt, Sichel, hat mich aber so weit hergestellt, daß ich heute ausfahren und schreiben kann. Nur kann ich die Buchstaben noch nicht genau sehen. Bin auch schwach wie eine Fliege; habe täglich Blut gelassen und bis diesen Morgen nichts gegessen.

(An J. H. Detmold. Paris, den 17. September 1837.)

Ich bin in Boulogne nur drei Tage geblieben, weil meine Dame dort sich sehr mißfiel. In Havre blieb ich vier Wochen und wäre vielleicht noch dort, wenn ich nicht plötzlich ein Augenübel bekommen, woran ich zu erblinden fürchtete. Ich konnte nicht mehr sehen noch schreiben; doch der Dr. Sichel hier hat mich so weit hergestellt, daß ich beides, Schreiben aber nur mit saurer Mühe, wieder vermöge. Indem ich Ihnen schreibe, sehe ich kaum meine Buchstaben. — Mathilde hat sich auf der Reise gut aufgeführt, nur in Paris ist sie schwer zu ertragen. — Dank, herzlichen Dank für alle die Freundesforge, die sich so liebevoll in Ihrem Briefe ausspricht. Sie sind aber auch der einzige, dem ich vertraue.

(Paris, den 3. October 1837.)

Mit meinen Augen geht es gut, sowie ich mich überhaupt leidlich in jeder Hinsicht befinde. Meine Leidenschaftlichkeit für Mathilde wird täglich chronischer; sie führt sich gut auf — jetzt quält sie mich mehr im Traume als in der Wirklichkeit — aber der geträumte Kummer und düstere Zukunftsgedanken verbittern meine Tage. Ich genieße in vollen Zügen die Schmerzen des Besitzes. — Ich bin unlängst in ihrem Dorfe gewesen und habe die unglaublichste Idylle erlebt. — Ihre Mutter hat mir Mathildens erstes kleines Hembchen geschenkt, und dieses wehmüthige Linnen liegt in diesem Augenblick vor mir auf dem Schreibtisch. . .

(An Julius Campe. Paris, den 19. December 1837.)

Das neue Jahr ist vor der Thüre, und zum freudigen Empfang desselben bringe ich Ihnen heute meinen Glückwunsch. Möge der Himmel Sie erhalten, heiter und in vollem Wohlsein, Sie und Ihre Familie, wozu ich auch Ihre Verlagsautoren rechne. Das schlimmste Uebel ist Krankheit; das habe ich in den letzten Zeiten gemerkt, besonders bei Gelegenheit meiner Augen, die seit einigen Tagen sich wieder verdüstern. Ich folge ängstlich den Vorschriften des Arztes und laß für das Uebrige den Gott der deutschen Literatur sorgen. — Bis auf eine trübe Gemüthsverstimmung befinde ich mich sonst gesund und rüstig; ich kämpfe tapfer den Kampf des Lebens, aber ohne Freude ... viel Unvorhergesehenes stürmt auf mich ein, und das unaufhörliche Ringen wird mir am Ende lästig, schauderhaft lästig.

Von Berlin aus meldet man mir, daß man nur gegen Campe unwirsch sei, dagegen nur den geringsten Wink von mir erwarte, um mich zu überzeugen, wie gern man einlenke. Daß ich mit diesem Winke zögere, bis ich bestimmt weiß, wann Sie den Druck der Gesammtausgabe wirklich beginnen, werden Sie sehr politisch finden; je länger ich zögere, desto gesänftigter finde ich die aufgeregten Behörden, und desto weniger gerathe ich in Verdacht, meiner Privatvortheile wegen meinen Moderantismus kundzugeben. Die politische Aufregung hat sich so sehr, seit drei Jahren, bei mir gelegt, daß ich wahrhaftig jetzt keine Concessionen zu machen brauche, und daß es nur gilt, mich vor dem Verdacht zu schützen, als wäre ich von außen bekehrt worden, als habe man mich durch Geld oder Schmeichelei gewonnen — Gott weiß, daß ich weder durch das eine, noch durch das andere dahin geleitet werden könnte, auch nur eine Silbe gegen meine innere Gesinnung zu schreiben. Es ist nicht hinreichend, ehrlich zu sein, man muß sich auch vor dem Verdacht der Unehrlichkeit hüten.

Zwölftes Capitel.

Theaterbriefe.

(An **August Lewald**.   Geschrieben im Mai 1837, auf einem Dorfe bei Paris.)

Endlich, endlich erlaubt es die Witterung, Paris und den warmen Kamin zu verlassen, und die ersten Stunden, die ich auf dem Lande zubringe, sollen wieder dem geliebten Freunde gewidmet sein. Wie hübsch scheint mir die Sonne aufs Papier und vergoldet die Buchstaben, die Ihnen meine heitersten Grüße überbringen! Ja, der Winter flüchtet sich über die Berge, und hinter ihm drein flattern die neckischen Frühlingslüfte, gleich einer Schaar leichtfertiger Grisetten, die einen verliebten Greis mit Spottgelächter, oder wohl gar mit Birkenreisern, verfolgen. Wie er keucht und ächzt, der weißhaarige Geck! Wie ihn die jungen Mädchen unerbittlich vor sich hintreiben! Wie die bunten Busenbänder knistern und glänzen! Hie und da fällt eine Schleife ins Gras! Die Veilchen schauen neugierig hervor, und mit ängstlicher Wonne betrachten sie die heitere Hetzjagd. Der Alte ist endlich ganz in die Flucht geschlagen, und die Nachtigallen singen ein Triumphlied. Sie singen so schön und so frisch! Endlich können wir die große Oper mitsammt Meyerbeer und Duprez entbehren. Nourrit entbehren wir schon längst. Jeder in dieser Welt ist am Ende entbehrlich, ausgenommen etwa die Sonne und ich. Denn ohne diese Beiden kann ich mir keinen Frühling denken, und auch keine Frühlingslüfte und keine Grisetten und keine deutsche Litteratur! ... Die ganze Welt wäre ein gähnendes Nichts, der Schatten einer Null, der Traum eines Floh's, ein Gedicht von Karl Streckfuß!

Ja, es ist Frühling und ich kann endlich die Unterjacke ausziehen. Die kleinen Jungen haben sogar ihre Röckchen ausgezogen und springen in Hembärmeln um den großen Baum, der neben der kleinen Dorfkirche steht und als Glockenthurm dient. Jetzt ist der Baum ganz mit Blüthen bedeckt, und sieht aus wie ein alter gepuderter Großvater, der ruhig und lächelnd in der Mitte der blonden Enkel steht, die lustig um ihn herumtanzen. Manchmal überschüttet er sie neckend mit seinen weißen Flocken. Aber dann jauchzen die Knaben um so brausender. Streng ist es untersagt, bei Prügelstrafe untersagt, an dem Glockenstrang zu ziehen. Doch der große Junge, der den übrigen ein gutes Beispiel geben sollte, kann dem Gelüste nicht widerstehen, er zieht heimlich an dem verbotenen Strang, und dann ertönt die Glocke wie großväterliches Mahnen.

Späterhin, im Sommer, wenn der Baum in ganzer Grüne prangt und das Laubwerk die Glocke dicht umhüllt, hat ihr Ton etwas Geheimnißvolles, es sind wunderbar gedämpfte Laute, und sobald sie erklingen, verstummen plötzlich die geschwätzigen

Vögel, die sich auf den Zweigen wiegten, und fliegen erschrocken davon.

Im Herbste ist der Ton der Glocke noch viel ernster, noch viel schauerlicher, und man glaubt eine Geisterstimme zu vernehmen. Besonders wenn jemand begraben wird, hat das Glockengeläute einen unaussprechlich wehmüthigen Nachhall; bei jedem Glockenschlag fallen dann einige gelbe kranke Blätter vom Baume herab, und dieser tönende Blätterfall, dieses klingende Sinnbild des Sterbens, erfüllte mich einst mit so übermächtiger Trauer, daß ich wie ein Kind weinte. Das geschah vorig Jahr, als die Margot ihren Mann begrub. Er war in der Seine verunglückt, als diese ungewöhnlich stark ausgetreten. Drei Tage und drei Nächte schwamm die arme Frau in ihrem Fischerboote an den Ufern des Flusses herum, ehe sie ihren Mann wieder auffischen und christlich begraben konnte. Sie wusch ihn und kleidete ihn und legte ihn selbst in den Sarg, und auf dem Kirchhofe öffnete sie den Deckel, um den Todten noch einmal zu betrachten. Sie sprach kein Wort und weinte keine einzige Thräne; aber ihre Augen waren blutig, und nimmermehr vergesse ich dieses weiße Steingesicht mit den blutrünstigen Augen . . .

Aber jetzt ist ein schönes Frühlingswetter, die Sonne lacht, die Kinder jauchzen, sogar lauter als eben nöthig wäre, und hier in dem kleinen Dorfhäuschen, wo ich schon vorig Jahr die schönsten Monate zubrachte, will ich Ihnen über das französische Theater eine Reihe Briefe schreiben, und dabei, Ihrem Wunsche gemäß, auch die Bezüge auf die heimische Bühne nicht außer Augen lassen. Letzteres hat seine Schwierigkeit, da die Erinnerungen der deutschen Bretterwelt täglich mehr und mehr in meinem Gedächtnisse erbleichen. Von Theaterstücken, die in der letzten Zeit geschrieben worden, ist mir nichts zu Gesicht gekommen, als zwei Tragödien von Immermann: „Merlin" und „Peter der Große", welche gewiß beide, der „Merlin" wegen der Poesie, der „Peter" wegen der Politik, nicht aufgeführt werden konnten . . . Und denken Sie sich meine Miene: in dem Packete, welches diese Schöpfungen eines lieben großen Dichters enthielt, fand ich einige Bände beigepackt, welche „Dramatische Werke von Ernst Raupach" betitelt waren!

Von Angesicht kannte ich ihn zwar, aber gelesen hatte ich noch nie etwas von diesem Schooßkinde der deutschen Theaterdirectionen. Einige seiner Stücke hatte ich nur durch die Bühne kennen gelernt, und da weiß man nicht genau, ob der Autor von dem Schauspieler, oder dieser von jenem hingerichtet wird. Die Gunst des Schicksals wollte es nun, daß ich in fremdem Lande einige Lustspiele des Doctors Ernst Raupach mit Muße lesen konnte. Nicht ohne Anstrengung konnte ich mich bis zu den letzten Acten durcharbeiten. Die schlechten Witze möchte ich ihm alle hingehen lassen, und am Ende will er damit nur dem Publikum schmeicheln; denn der arme Hecht im Parterre wird zu sich selber sagen: „Solche Witze kann ich auch machen!" und für dieses befriedigte Selbstgefühl wird er dem Autor Dank wissen. Unerträglich war mir aber der Stil. Ich bin so sehr verwöhnt, der gute Ton der Unterhaltung, die wahre, leichte Gesellschaftssprache ist mir durch meinen langen Aufenthalt in Frankreich so sehr zum Bedürfniß geworden, daß ich bei der Lectüre der Raupach'schen Lustspiele ein sonderbares Uebelfinden verspürte. Dieser Stil hat auch so etwas Einsames, Abgesondertes, Ungeselliges, das die Brust beklemmt. Die Konversation in diesen Lustspielen ist erlogen, sie ist immer nur bauchrednerisch vielstimmiger Monolog, ein ödes Ablagern von lauter hagestolzen Gedanken, Gedanken, die allein schlafen, sich selbst des Morgens ihren Kaffee kochen, sich selbst rasiren, allein spazieren gehen vor's Brandenburger Thor, und für sich selbst Blumen pflücken. Wo er Frauenzimmer sprechen läßt, tragen die Redensarten unter der weißen Musselinrobe ein schmierige Hose von Gesundheitsflanell und riechen nach Tabak und Juchten. . .

Vielleicht liegt dem Urtheil, das mir eben über die Werke des Dr. Raupach entfallen ist, ein geheimer Unmuth gegen die Person des Verfassers zu Grunde. Der Anblick dieses Mannes hat mich einst zittern gemacht, und, wie Sie wissen, das verzeiht kein Fürst. Sie sehen mich mit Befremden an, Sie finden den Dr. Raupach gar nicht so furchtbar, und sind auch nicht gewohnt, mich vor einem lebenden Menschen zittern zu sehen? Aber es ist dennoch der Fall, ich habe vor dem Dr. Raupach einst eine solche Angst empfunden, daß meine Knie zu schlottern und meine Zähne zu klappern begonnen. Ich kann, neben dem Titelblatt der dramatischen Werke von Ernst Raupach, das gestochene Gesicht des Verfassers nicht betrachten, ohne daß mir noch jetzt das Herz in der Brust bebt . . . Sie sehen mich mit großem

Erstaunen an, theurer Freund, und ich höre auch neben Ihnen eine weibliche Stimme, welche neugierig fleht: „Ich bitte, erzählen Sie . . .“

Doch das ist eine lange Geschichte, und dergleichen heute zu erzählen, dazu fehlt mir die Zeit. Auch werde ich an zu viele Dinge, die ich gerne vergäße, bei dieser Gelegenheit erinnert, z. B. an die trüben Tage, die ich in Potsdam zubrachte und an den großen Schmerz, der mich damals in die Einsamkeit bannte. Ich spazierte dort mutterseelenallein in dem verschollenen Sanssouci, unter den Orangenbäumen der großen Rampe . . . Mein Gott, wie unerquicklich, poesielos sind diese Orangenbäume! . .

Ich befand mich, wie gesagt, zu Potsdam nicht sonderlich heiter gestimmt, und dazu kam noch, daß der Leib mit der Seele eine Wette einging, wer von beiden mich am meisten quälen könne. Ach! der psychische Schmerz ist leichter zu ertragen, als der physische, und gewährt man mir z. B. die Wahl zwischen einem bösen Gewissen und einem bösen Zahn, so wähle ich ersteres. Ach, es ist nichts gräßlicher als Zahnschmerz! Das fühlte ich in Potsdam, ich vergaß alle meine Seelenleiden und beschloß nach Berlin zu reisen, um mir dort den kranken Zahn ausziehen zu lassen. Welche schauerliche, grauenhafte Operation! Sie hat so etwas vom Geköpftwerden. Man muß sich auch dabei auf einen Stuhl setzen und ganz still halten und ruhig den schrecklichen Ruck erwarten! Mein Haar sträubt sich, wenn ich nur daran denke. Aber die Vorsehung in ihrer Weisheit hat alles zu unserem Besten eingerichtet, und sogar die Schmerzen des Menschen dienen am Ende nur zu seinem Heile. Freilich, Zahnschmerzen sind fürchterlich, unerträglich; doch die wohlthätig berechnende Vorsehung hat unsern Zahnschmerzen eben diesen fürchterlich unerträglichen Charakter verliehen, damit wir aus Verzweiflung endlich zum Zahnarzt laufen und uns den Zahn ausreißen lassen. Wahrlich, Niemand würde sich zu dieser Operation, oder vielmehr Execution, entschließen, wenn der Zahnschmerz nur im mindesten erträglich wäre!

Sie können sich nicht vorstellen, wie zagen und bangen Sinnes ich während der dreistündigen Fahrt im Postwagen saß. Als ich zu Berlin anlangte, war ich wie gebrochen, und da man in solchen Momenten gar keinen Sinn für Geld hat, gab ich dem Postillon zwölf gute Groschen Trinkgeld. Der Kerl sah mich mit sonderbar unschlüssigem Gesichte an; denn nach dem neuen Nagler'schen Postreglement war es den Postillonen streng untersagt, Trinkgelder anzunehmen. Er hielt lange das Zwölfgroschenstück, als wenn er es wöge, in der Hand, und ehe er es einsteckte, sprach er mit wehmüthiger Stimme: Seit zwanzig Jahren bin ich Postillon und bin ganz an Trinkgelder gewöhnt, und jetzt auf einmal wird uns von dem Herrn Oberpostdirector bei harter Strafe verboten, etwas von den Passagieren anzunehmen; aber das ist ein unausstehliches Gesetz, kein Mensch kann ein Trinkgeld abweisen, das ist gegen die Natur!" Ich drückte dem ehrlichen Mann die Hand und seufzte. Seufzend gelangte ich endlich in den Gasthof, und als ich mich dort gleich nach einem guten Zahnarzt erkundigte, sprach der Wirth mit großer Freude: „Das ist ja ganz vortrefflich, soeben ist ein berühmter Zahnarzt von St. Petersburg bei mir eingekehrt, und wenn Sie an der Table=d'hôte speisen, werden Sie ihn sehen." Ja, dachte ich, ich will erst meine Henkersmahlzeit halten, ehe ich mich aufs Armesünderstühlchen setze. Aber bei Tische fehlte mir doch alle Lust zum Essen. Ich hatte Hunger, aber keinen Appetit. Trotz meines Leichtsinns konnte ich mir doch die Schrecknisse, die in der nächsten Stunde meiner harrten, nicht aus dem Sinne schlagen. Sogar mein Lieblingsgericht, Hammelfleisch mit Teltower Rübchen, widerstand mir. Unwillkürlich suchten meine Augen den schrecklichen Mann, den Zahnhenker aus St. Petersburg, und mit dem Instinkte der Angst hatte ich ihn bald unter den übrigen Gästen herausgefunden. Er saß fern von mir am Ende der Tafel, hatte ein verzwicktes und verkniffenes Gesicht, ein Gesicht wie eine Zange, womit man Zähne auszieht. Es war ein fataler Kauz, in einem aschgrauen Rock mit blitzenden Stahlknöpfen. Ich wagte kaum, ihm ins Gesicht zu sehen, und als er eine Gabel in die Hand nahm, erschrak ich, als nahe er schon meinen Kinnbacken mit dem Brecheisen. Mit bebender Angst wandte ich mich weg von seinem Anblick und hätte mir auch gern die Ohren verstopft, um nur nicht den Ton seiner Stimme zu vernehmen. An diesem Tone merkte ich, daß er einer jener Leute war, die inwendig im Leibe grau angestrichen sind und hölzerne Gedärme haben. Er sprach von Rußland, wo er lange Zeit verweilt, wo aber seine Kunst keinen hinreichenden Spielraum gefunden.

Er sprach mit jener stillen impertinenten Zurückhaltung, die noch unerträglicher ist, als die volllauteste Aufschneiderei. Jedesmal wenn er sprach, ward mir flau zu Muthe und zitterte meine Seele. Aus Verzweiflung warf ich mich in ein Gespräch mit meinem Tischnachbar, und indem ich dem Schrecklichen recht ängstlich den Rücken zukehrte, sprach ich auch so selbstbetäubend laut, daß ich die Stimme desselben endlich nicht mehr hörte. Mein Nachbar war ein liebenswürdiger Mann, von dem vornehmsten Anstand, von den feinsten Manieren, und seine wohlwollende Unterhaltung linderte die peinliche Stimmung, worin ich mich befand. Er war die Bescheidenheit selbst. Die Rede floß milde von seinen sanftgewölbten Lippen, seine Augen waren klar und freundlich, und als er hörte, daß ich an einem kranken Zahne litt, erröthete er und bot mir seine Dienste an. Um Gotteswillen, rief ich, wer sind Sie denn? „Ich bin der Zahnarzt Meier aus St. Petersburg", antwortete er. Ich rückte fast unartig schnell mit meinem Stuhle von ihm weg, und stotterte in großer Verlegenheit: Wer ist denn dort oben an der Tafel der Mann im aschgrauen Rock mit blitzenden Spiegelknöpfen? „Ich weiß nicht", erwiderte mein Nachbar, indem er mich befremdet ansah. Doch der Kellner, welcher meine Frage vernommen, flüsterte mir mit großer Wichtigkeit ins Ohr: „Es ist der Herr Theaterdichter Raupach."

* * *

... Ist es wahr, daß wir Deutschen wirklich kein gutes Lustspiel produciren können, und auf ewig verdammt sind, dergleichen Dichtungen von den Franzosen zu borgen?

Nichts ist haltloser als die Gründe, womit man die Bejahung der oben aufgeworfenen Frage zu unterstützen pflegt. Man behauptet z. B., die Deutschen besäßen kein gutes Lustspiel, weil sie ein ernstes Volk seien, die Franzosen hingegen wären ein heiteres Volk und deshalb begabter für das Lustspiel. Dieser Satz ist grundfalsch. Die Franzosen sind keineswegs ein heiteres Volk. Im Gegentheil, ich fange an zu glauben, daß Lorenz Sterne Recht hatte, wenn er behauptete, sie seien viel zu ernsthaft. Und damals, als Yorik seine sentimentale Reise nach Frankreich schrieb, blühte dort noch die ganze Leichtfüßigkeit und parfümirte Fadaise des alten Regimes, und die Franzosen hatten im Nachdenken noch nicht durch die Gouillotine und Napoleon die gehörigen Lectionen bekommen. Und gar jetzt, seit der Juliusrevolution, wie haben sie in der Ernsthaftigkeit oder wenigstens in der Spaßlosigkeit die langweiligsten Fortschritte gemacht! Ihre Gesichter sind länger geworden, ihre Mundwinkel sind tiefsinnig herabgezogen; sie lernten von uns Philosophie und Tabakrauchen. Eine große Umwandlung hat sich seitdem mit den Franzosen begeben, sie sehen sich selber nicht mehr ähnlich. Nichts ist kläglicher als das Geschwätze unserer Teutomanen, die, wenn sie gegen die Franzosen losziehen, doch noch immer die Franzosen des Empire's, die sie in Deutschland gesehen, vor Augen haben. Sie denken nicht daran, daß dieses veränderungslustiges Volk, ob dessen Unbeständigkeit sie selber immer eifern, seit zwanzig Jahren nicht in Denkungsart und Gefühlsweise stabil bleiben konnte!

Es ist ebenfalls ein Irrthum, wenn man die Unfruchtbarkeit der deutschen Thalia dem Mangel an freier Luft, oder, erlauben Sie mir das leichtsinnige Wort, dem Mangel an politischer Freiheit zuschreibt... Nein, nicht der politische Zustand bedingt die Entwickelung des Lustspiels bei einem Volke, und ich würde dieses ausführlich beweisen, geriethe ich nicht dadurch in ein Gebiet, von welchem ich mich gern entfernt halte. Ja, liebster Freund, ich hege eine wahre Scheu vor der Politik, und jedem politischen Gedanken gehe ich auf zehn Schritte aus dem Wege, wie einem tollen Hunde. Wenn mir in meinem Ideengange unversehens ein politischer Gedanke begegnet, bete ich schnell den Spruch...

Kennen Sie, liebster Freund, den Spruch, den man schnell vor sich hinspricht, wenn man einem tollen Hunde begegnet? Ich erinnere mich desselben noch aus meinen Knabenjahren, und ich lernte ihn damals von dem alten Kaplan Asthöver.[120]) Wenn wir spazieren gingen und eines Hundes ansichtig wurden, der den Schwanz ein bischen zweideutig eingekniffen trug, beteten wir geschwind: „O Hund, du Hund — Du bist nicht gesund — Du bist vermaledeit — In Ewigkeit — Vor deinem Biß — Behüte mich mein Herr und Heiland Jesu Christ, Amen!"

Wie vor der Politik, hege ich auch jetzt eine grenzenlose Furcht vor der Theologie, die mir ebenfalls nichts als Verdruß

eingetränkt hat. Ich lasse mich vom Satan nicht mehr ver=
führen, ich enthalte mich selbst alles Nachdenkens über das
Christenthum, und ich bin kein Narr mehr, daß ich Hengstenberg
und Consorten zum Lebensgenuß bekehren wollte; mögen diese
Unglücklichen bis an ihr Lebensende nur Disteln statt Ananas
fressen und ihr Fleisch kasteien; tant mieux, ich selber möchte
ihnen die Ruthen dazu liefern. Die Theologie hat mich in's
Unglück gebracht; Sie wissen, durch welches Mißverständniß.
Sie wissen, wie ich vom Bundestag, ohne daß ich drum nach=
gesucht hätte, beim jungen Deutschland angestellt wurde, und
wie ich bis auf heutigen Tag vergebens um meine Entlassung
gebeten habe. Vergebens schreibe ich die demüthigsten Bitt=
schriften, vergebens behaupte ich, daß ich an alle meine religiösen
Irrthümer gar nicht mehr glaube.... Nichts will fruchten! Ich
verlange wahrhaftig keinen Groschen Pension, aber ich möchte
gern in Ruhestand versetzt werden. Liebster Freund, Sie thun
mir wirklich einen Gefallen, wenn Sie mich in ihrem Journal
gelegentlich des Obscurantismus und Servilismus beschuldigen
wollten; das kann mir nützen. Von meinen Feinden brauche
ich einen solchen Liebesdienst nicht besonders zu erbitten, sie
verläumden mich mit der größten Zuvorkommenheit...

Sehen Sie, theurer Freund, das ist eben der geheime Fluch
des Exils, daß uns nie ganz wöhnlich zu Muthe wird in der
Atmosphäre der Fremde, daß wir mit unserer mitgebrachten
heimischen Denk= und Gefühlsweise immer isolirt stehen unter
einem Volke, das ganz anders fühlt und denkt als wir, daß
wir beständig verletzt werden von sittlichen, oder vielmehr un=
sittlichen Erscheinungen, womit der Einheimische sich längst aus=
gesöhnt, ja wofür er durch die Gewohnheit allen Sinn verloren
hat, wie für die Naturerscheinungen seines Landes.... Ach!
das geistige Klima ist uns in der Fremde ebenso unwirthlich wie
das physische; ja, mit diesem kann man sich leichter abfinden,
und höchstens erkrankt dadurch der Leib, nicht die Seele!

Ein revolutionärer Frosch, welcher sich gern aus dem dicken
Heimathgewässer erhübe und die Existenz des Vogels in der Luft
für das Ideal der Freiheit ansieht, wird es dennoch im Trocknen,
in der sogenannten freien Luft, nicht lange aushalten können,
und sehnt sich gewiß bald zurück nach dem schweren, soliden
Geburtssumpf. Anfangs bläht er sich sehr stark auf und be=

grüßt freudig die Sonne, die im Monat Juli so herrlich strahlt, und er spricht zu sich selber: „Ich bin mehr als meine Lands=
leute, die Fische, die Stockfische, die stummen Wasserthiere, mir gab Jupiter die Gabe der Rede, ja ich bin sogar Sänger, schon dadurch fühl' ich mich den Vögeln verwandt, und es fehlen mir nur die Flügel. . . ." Der arme Frosch! und bekäme er auch Flügel, so würde er sich doch nicht über alles erheben können, in den Lüften würde ihm der leichte Vogelsinn fehlen, er würde immer unwillkürlich zur Erde hinabschauen, von dieser Höhe würden ihm die schmerzlichen Erscheinungen des irdischen Jammer=
thals erst recht sichtbar werden, und der gefiederte Frosch wird alsdann größere Beengnisse empfinden, als früher in dem deutschesten Sumpf!

* * *

Das Gehirn ist mir schwer und wüst. Ich habe diese Nacht fast gar nicht schlafen können. Beständig rollte ich mich im Bette umher, und beständig rollte mir selber im Kopfe der Ge=
danke: Wer war der verlarvte Scharfrichter, welcher zu Witehall Karl I. köpfte? Erst gegen Morgen schlummerte ich ein, und da träumte mir, es sei Nacht, und ich stände einsam auf dem Pont-neuf zu Paris und schaute hinab in die dunkle Seine. Unten aber zwischen den Pfeilern der Brücke kamen nackte Menschen zum Vorschein, die bis an die Hüften aus dem Wasser hervortauchten, in den Händen brennende Lampen hielten und etwas zu suchen schienen. Sie schauten mit bedeutsamen Blicken zu mir hinauf, und ich selber nickte ihnen hinab, wie im ge=
heimnißvollsten Einverständniß. . . . Endlich schlug die schwere Notredame=Glocke, und ich erwachte. Und nun grüble ich schon eine Stunde darüber nach, was eigentlich die nackten Leute unter dem Pont-neuf suchten? Ich glaube, im Traume wußt ich es und habe es seitdem vergessen.

Die glänzenden Morgennebel versprechen einen schönen Früh=
lingstag. Der Hahn kräht. Der alte Invalide, welcher neben uns wohnt, sitzt schon vor seiner Hausthüre und singt seine napoleonischen Lieder. Sein Enkel, das blondgelockte Kind, ist ebenfalls schon auf seinen nackten Beinchen und steht jetzt vor meinem Fenster, ein Stück Zucker in den Händchen, und will damit die Rosen füttern. Ein Sperling trippelt heran mit den

kleinen Füßchen und betrachtet das liebe Kind wie neugierig, wie verwundert. Mit hastigem Schritt kommt aber die Mutter, das schöne Bauernweib, nimmt das Kind auf den Arm und trägt es wieder in das Haus, damit es sich nicht in der Morgenluft erkälte. . .

* * *

Ich bin diesen Morgen, liebster Freund, in einer wunderlich weichen Stimmung. Der Frühling wirkt auf mich recht sonderbar. Den Tag über bin ich betäubt, und es schlummert meine Seele. Aber des Nachts bin ich so aufgeregt, daß ich erst gegen Morgen einschlafe, und dann umschlingen mich die qualvoll entzückendsten Träume. O schmerzliches Glück, wie beängstigend drücktest du mich an dein Herz vor einigen Stunden! Mir träumte von ihr, die ich nicht lieben will und nicht lieben darf, deren Leidenschaft mich aber dennoch heimlich beseligt. Es war in ihrem Landhause, in dem kleinen, dämmerigen Gemache, wo die wilden Oleanderbäume das Balkonfenster überragen. Das Fenster war offen, und der helle Mond schien zu uns in's Zimmer herein und warf seine silbernen Streiflichter über ihre weißen Arme, die mich so liebevoll umschlossen hielten. Wir schwiegen und dachten nur an unser süßes Elend. An den Wänden bewegten sich die Schatten der Bäume, deren Blüthen immer stärker dufteten. Draußen im Garten, erst ferne, dann wieder nahe, ertönt eine Geige, lange, langsam gezogene Töne, jetzt traurig, dann wieder gutmüthig heiter, manchmal wie wehmüthiges Schluchzen, mitunter auch grollend, aber immer lieblich, schön und wahr . . . „Wer ist das?" flüsterte ich leise. Und sie antwortete: „Es ist mein Bruder, welcher die Geige spielt." Aber bald schwieg draußen die Geige, und statt ihrer vernahmen wir einer Flöte schmelzend verhallende Töne, und die klangen so bittend, so flehend, so verblutend, und es waren so geheimnißvolle Klagelaute, daß sie einem die Seele mit wahnsinnigem Grauen erfüllten, daß man an die schauerlichsten Dinge denken mußte, an Leben ohne Liebe, an Tod ohne Auferstehung, an Thränen, die man nicht weinen kann . . . „Wer ist das?" flüsterte ich leise. Und sie antwortete: „Es ist mein Mann, welcher die Flöte bläst."

Theurer Freund, schlimmer noch als das Träumen ist das Erwachen.

Wie glücklich sind doch die Franzosen! Sie träumen gar nicht. Ich habe mich genau darnach erkundigt, und dieser Umstand erklärt auch, warum sie mit wacher Sicherheit ihr Tagesgeschäft verrichten, und sich nicht auf unklare, dämmernde Gedanken und Gefühle einlassen, in der Kunst wie im Leben. In den Tragödien unsrer großen deutschen Dichter spielt der Traum eine große Rolle, wovon französische Trauerspieldichter nicht die geringste Ahnung haben. Ahnungen haben sie überhaupt nicht. Was derart in neueren französischen Dichtungen zum Vorschein kommt, ist weder dem Naturell des Dichters noch des Publikums angemessen, ist nur den Deutschen nachempfunden, ja am Ende vielleicht nur armselig abgestohlen. Denn die Franzosen begehen nicht bloß Gedankenplagiate, sie entwenden uns nicht blos poetische Figuren und Bilder, Ideen und Ansichten, sondern sie stehlen uns auch Empfindungen, Stimmungen, Seelenzustände, sie begehen Gefühlsplagiate. . .

Ich habe Ihnen über den socialen Zustand der Franzosen, aus besonderen Gründen, nur wenige Andeutungen geben wollen; wie sich aber die Verwickelung lösen wird, das vermag kein Mensch zu errathen. Vielleicht naht Frankreich einer schrecklichen Katastrophe. Diejenigen, welche eine Revolution anfangen, sind gewöhnlich ihre Opfer, und solches Schicksal trifft vielleicht Völker ebenso gut, wie Individuen. Das französische Volk, welches die große Revolution Europas begonnen, geht vielleicht zu Grunde, während nachfolgende Völker die Früchte seines Beginnens ernten.

Aber hoffentlich irre ich mich. Das französische Volk ist die Katze, welche, sie falle auch von der gefährlichsten Höhe herab, dennoch nie den Hals bricht, sondern unten gleich wieder auf den Beinen steht.

Eigentlich weiß ich nicht, ob es naturhistorisch richtig ist, daß die Katzen immer auf die vier Pfoten fallen und sich daher nie beschädigen, wie ich als kleiner Junge einst gehört hatte. Ich wollte damals gleich das Experiment anstellen, stieg mit unserer Katze auf's Dach und warf sie von dieser Höhe in die Straße hinab. Zufällig aber ritt eben ein Kosak an unserem Hause vorbei, die arme Katze fiel just auf die Spitze seiner Lanze und er ritt lustig mit dem gespießten Thiere von dannen. — Wenn es nun wirklich wahr ist, daß Katzen immer unbeschädigt auf die Beine fallen, so müssen sie sich doch in solchem Falle vor den Lanzen der Kosaken in acht nehmen . . .

* * *

Mein theurer, innig geliebter Freund! Mir ist, als trüge ich diesen Morgen einen Kranz von Mohnblumen auf dem Haupte, der all' mein Sinnen und Denken einschläfert. Unwirsch rüttle ich manchmal den Kopf, und dann erwachen wohl darin hie und da einige Gedanken, aber gleich nicken sie wieder ein und schnarchen um die Wette. Die Witze, die Flöhe des Gehirns, die zwischen den schlummernden Gedanken umherspringen, zeigen sich ebenfalls nicht besonders munter, und sind vielmehr sentimental und träge. Ist es die Frühlingsluft, die dergleichen Kopfbetäubungen ver= ursacht, oder die veränderte Lebensart? Hier geh' ich Abends schon um neun Uhr zu Bette, ohne müde zu sein, genieße dann keinen gesunden Schlaf, der alle Glieder bindet, sondern wälze mich die ganze Nacht in einem traumsüchtigen Halbschlummer. Zu Paris hingegen, wo ich mich erst einige Stunden nach Mitter= nacht zur Ruhe begeben konnte, war mein Schlaf wie von Eisen. Kam ich doch erst um acht Uhr vom Tische, und dann rollten wir in's Theater. Der Dr. Detmold aus Hannover, der den verflossenen Winter in Paris zubrachte und uns immer in's Theater begleitete, hielt uns munter, wenn die Stücke auch noch so einschläfernd. Wir haben viel zusammen gelacht und kritisirt und medisirt. Seien Sie ruhig, Liebster, Ihrer wurde nur mit der schönsten Anerkenntniß gedacht. Wir zollten Ihnen das freudigste Lob.

Sie wundern sich, daß ich so oft in's Theater gegangen; Sie wissen, der Besuch des Schauspielhauses gehört nicht eben zu meinen Gewohnheiten. Aus Caprice enthielt ich mich diesen Winter des Salonlebens, und damit die Freunde, bei denen ich selten erschien, mich nicht im Theater sähen, wählte ich gewöhn= lich eine Avantscene, in deren Ecke man sich am besten den Augen des Publikums verbergen kann. Diese Avantscenen sind auch außerdem meine Lieblingsplätze. Man sieht hier nicht bloß, was auf dem Theater gespielt wird, sondern auch was hinter

den Coulissen vorgeht, hinter jenen Coulissen, wo die Kunst
aufhört und die liebe Natur wieder anfängt. Wenn auf der
Bühne irgend eine pathetische Tragödie zu schauen ist, und zu
gleicher Zeit von dem liederlichen Comödiantentreiben hinter den
Coulissen hie und da ein Stück zum Vorschein kömmt, so mahnt
dergleichen an antike Wandbilder oder an die Fresken der
Münchener Glyptothek und mancher italienischer Palazzo's, wo
in den Ausschnitt=Ecken der großen historischen Gemälde lauter
possirliche Arabesken, lachende Götterspäße, Bacchanalien und
Satyridyllen angebracht sind.

 Das Theatre Français besuchte ich sehr wenig; dieses Haus
hat für mich etwas Oedes, Unerfreuliches. Hier spuken noch die
Gespenster der alten Tragödie, mit Dolch und Giftbecher in den
bleichen Händen; hier stäubt noch der Puder der classischen
Perücken. Daß man auf diesem classischen Boden manchmal
der modernen Romantik ihre tollen Spiele erlaubt, oder daß
man den Anforderungen des älteren und des jüngeren Publikums
entgegen kommt, daß man gleichsam ein tragisches Justemilieu
gebildet hat, das ist am unerträglichsten. Diese französischen
Tragödiendichter sind emancipirte Sclaven, die immer noch ein
Stück der alten classischen Kette mit sich herumschleppen; ein
feines Ohr hört bei jedem ihrer Tritte noch immer ein Geklirre,
wie zur Zeit der Herrschaft Agamemnon's und Talma's...

 Ich werde hier unterbrochen von dem Teufelslärm, der vor
meinem Fenster, auf dem Kirchhofe, los ist.

 Bei den Knaben, die eben noch so friedlich um den großen
Baum herumtanzten, regte sich der alte Adam, oder vielmehr
der alte Kain, und sie begannen sich untereinander zu balgen.
Ich mußte, um die Ruhe wieder herzustellen, zu ihnen heraus=
treten, und kaum gelang es mir, sie mit Worten zu beschwichtigen.
Da war ein kleiner Junge, der mit ganz besonderer Wuth auf
den Rücken eines anderen kleinen Jungen losschlug. Als ich
ihn frug: Was hat Dir das arme Kind gethan? sah er mich
großäugig an und stotterte: „Es ist ja mein Bruder."

 Auch in meinem Hause blüht heute nichts weniger als der
ewige Frieden. Auf dem Corridor hörte ich eben einen Spectakel,
als fiele eine Klopstock'sche Ode die Treppe herunter. Wirth
und Wirthin zanken sich, und letztere macht ihrem armen Mann
den Vorwurf, er sei ein Verschwender, er verzehre ihr Heiraths=

gut, und sie stürbe vor Kummer. Krank ist sie freilich, aber vor Geiz. Jeder Bissen, den ihr Mann in den Mund steckt, bekömmt ihr schlecht. Und dann auch, wenn ihr Mann seine Medicin einnimmt und etwas in den Flaschen übrig läßt, pflegt sie selber diese Reste zu verschlucken, damit kein Tropfen von der theuren Medicin verloren gehe, und davon wird sie krank. Der arme Mann, ein Schneider von Nation und seines Handwerks ein Deutscher, hat sich auf's Land zurückgezogen, um seine übrigen Tage in ländlicher Ruhe zu genießen. Diese Ruhe findet er aber gewiß nur auf dem Grabe seiner Gattin. Deshalb vielleicht hat er sich ein Haus neben dem Kirchhof gekauft, und schaut er so sehnsuchtsvoll nach den Ruhestätten der Abgeschiedenen. Sein einziges Vergnügen besteht in Tabak und Rosen, und von letzteren weiß er die schönsten Gattungen zu ziehen. Er hat diesen Morgen einige Töpfe mit Rosenstöcken in das Parterre vor meinem Fenster eingepflanzt. Sie blühen wunderschön. Aber fragen Sie doch Ihre Frau, warum diese Rosen nicht duften? Entweder haben diese Rosen den Schnupfen, oder ich...

* * *

... Und wie geht's der schönen Nixe, die ihren silbernen Schleier so kokett um die grünen Locken zu binden wußte? Verfolgt sie noch immer der weißbärtige Meergott mit seiner närrisch abgestandenen Liebe? Sind bei uns die Rosen noch immer so flammenstolz? Singen die Bäume noch immer so schön in Mondschein?...

Ach! es ist schon lange her, daß ich in der Fremde lebe, und mit meinem fabelhaften Heimweh komme ich mir manchmal vor, wie der fliegende Holländer und seine Schiffsgenossen, die auf den kalten Wellen ewig geschaukelt werden und vergebens zurückverlangen nach den stillen Kaien, Tulpen, Myfrowen, Thonpfeifen und Porzellantassen von Holland... Amsterdam! Amsterdam! wann kommen wir wieder nach Amsterdam! seufzen sie im Sturm, während die Heulwinde sie beständig und herschleudern auf den verdammten Wogen ihrer Wasserhölle. Wohl begreife ich den Schmerz, womit der Kapitän des verwünschten Schiffes einst sagte: Komme ich jemals zurück nach Amsterdam,

so will ich dort lieber ein Stein werden an irgend einer Straßen=
ecke, als daß ich jemals die Stadt wieder verlasse! Armer
Vanderdecken!

Ich hoffe, liebster Freund, daß diese Briefe Sie froh und
heiter antreffen, im rosigen Lebenslichte, und daß es mir nicht
wie dem fliegenden Holländer ergehe, dessen Briefe gewöhnlich
an Personen gerichtet sind, die während seiner Abwesenheit in
der Heimath längst verstorben sind! Ach, wie viele meiner Lieben
sind dahingeschieden, während mein Lebensschiff in der Fremde
von den fatalsten Stürmen hin und hergetrieben wird! Ich
fange an, schwindlich zu werden, und ich glaube, auch die Sterne
am Himmel stehen nicht mehr fest und bewegen sich in leiden=
schaftlichen Kreisen. Ich schließe die Augen, und dann greifen
nach mir die tollen Träume mit ihren langen Armen, und ziehen
mich in unerhörte Gegenden und schauerliche Beängstigungen...
Sie haben keinen Begriff, theurer Freund, wie seltsam, wie
abenteuerlich wunderbar die Landschaften sind, die ich im Traume
sehe, und welche grauenhaften Schmerzen mich sogar im Schlafe
quälen...

Verflossene Nacht befand ich mich in einem ungeheuren Dome.
Es herrschte darin dämmerndes Zwielicht... Nur in den obersten
Räumen, durch die Galerien, die über dem ersten Pfeilerbau
sich erhoben, zogen die flackernden Lichter einer Prozession: roth=
röckige Chorknaben, ungeheure Wachskerzen und Kreuzfahnen vor=
antragend, braune Mönche und Priester, in buntfarbigen Meß=
gewanden hintendrein folgend... Und der Zug bewegte sich
märchenhaft schauerlich in den Höhen, der Kuppel entlang, aber
allmählich herabsteigend, während ich unten, das unglückselige
Weib am Arm, im Schiffe der Kirche immer hin und herfloh.
— Ich weiß nicht mehr, ob welcher Befürchtung: wir flohen
mit herzpochender Angst, suchten uns manchmal hinter einem von
den Riesenpfeilern zu verstecken, jedoch vergebens, und wir flohen
immer ängstlicher, da die Procession, auf Wendeltreppen herab=
steigend, uns endlich nahete... Es war ein unbegreiflich weh=
müthiger Gesang, und was noch unbegreiflicher, voran schritt
eine lange, blasse, schon ältliche Frau, die noch Spuren großer
Schönheit im Gesichte trug und sich mit gemessenen Pas, fast
wie eine Operntänzerin, zu uns hin bewegte. In den Händen
trug sie einen Strauß von schwarzen Blumen, den sie uns mit

theatralischer Gebärde darreichte, während ein wahrer, ungeheurer Schmerz in ihren großen, glänzenden Augen zu weinen schien... Nun aber änderte sich plötzlich die Scene, und, statt in einem dunklen Dome, befanden wir uns in einer Landschaft, wo die Berge sich bewegten und allerlei Stellungen annahmen, wie Menschen, und wo die Bäume mit rothen Flammenblättern zu brennen schienen, und wirklich brannten... Denn als die Berge, nach den tollsten Bewegungen, sich gänzlich verflachten, verloberten auch die Bäume in sich selber, fielen wie Asche zusammen... Und endlich befand ich mich ganz allein auf einer weiten, wüsten Ebene, unter meinen Füßen nichts als gelber Sand, über mir nichts als trostlos fahler Himmel. Ich war allein. Die Gefährtin war von meiner Seite verschwunden, und indem ich sie angstvoll suchte, fand ich im Sande eine weibliche Bildsäule, wunderschön, aber die Arme abgebrochen, wie bei der Venus von Milo, und der Marmor an manchen Stellen kummervoll verwittert. Ich stand eine Weile davor in wehmüthiger Betrachtung, bis endlich ein Reiter angeritten kam. Das war ein großer Vogel, ein Strauß, und er ritt auf einem Kameele, drollig anzusehen. Er machte ebenfalls Halt vor der gebrochenen Statue, und wir unterhielten uns lange über die Kunst. Was ist die Kunst? frug ich ihn. Und er antwortete: „Fragen Sie die große steinerne Sphinx, welche im Vorhof des Museums zu Paris kauert."

Theurer Freund, lachen Sie nicht über mein Nachtgesichte! Oder haben auch Sie ein werkeltägiges Vorurtheil gegen Träume? —

Morgen reise ich nach Paris. Leben Sie wohl!

Dreizehntes Capitel.

Literarische Projecte.

(An J. H. Detmold.)   (Paris, den 17. September 1837.)

Unsern Plan, eine Compilation deutscher guter Schriftsteller zu veranstalten, habe ich nicht fahren gelassen und heute habe ich darüber wieder mit Heideloff gesprochen, der auf das Unternehmen begierig eingeht. Er wünscht eine Ausgabe in zwei großen Bänden zu machen. Ich habe ihm gesagt, daß ich mit Ihnen in Gemeinschaft dies Unternehmen ausführen würde, daß Sie mir dort in Hannover die Excerpte der deutschen Autoren, versehen mit kurzgefaßten biographischen Notizen, hierher schicken würden... Schicken Sie mir eine Uebersicht von dem, was Sie in dem Werke aufnehmen würden. Ich bin der Meinung, man giebt nicht viel Gedichte, etwa $1/8$ des Werks füllend, und meistens Gedichte neuerer Autoren und griechisch heiteren Inhalts, von christlich trübseligen Gedichten nur wenige. Ueberhaupt: Beförderung weltpatriotischer, gefühlsfreier, hellenischer Richtung. Im selben Sinne sind die prosaischen Stücke zu wählen. Die gewählten älteren Autoren müssen in der Gesinnung eine Morgendämmerung des jungen Deutschlands zu sein scheinen, und ich beabsichtige, dem heutigen jungen Deutschland am Schluß fast über ein Viertel des ganzen Buchraumes zu weihen. Sie werden daher gleich anführen, was von diesen Autoren zu geben ist. Auch die untergeordnetsten Geister dieser Richtung werde ich mittheilen, theils um zu zeigen, daß die Heerde recht zahlreich sei, theils auch um der eigenen Partei Vorschub zu leisten. So verliert das Buch den Character einer gewöhnlichen Compilation und wird durch höhere Zwecke geadelt.

(Paris, den 3. October 1837.)

Das anthologische Project soll in jedem Falle ausgeführt werden. Ich beherzige Ihre Bemerkungen. Den Titel des Buches habe ich noch nicht ersonnen. Ich denke aber, er heißt ungefähr: Proben der deutschen schönen Literatur seit Goethe's Geburt. Wer also vor Goethe's Geburt gestorben ist oder sonst in den Goethe'schen Beginn nicht mehr paßt, wird nicht aufgenommen. Die Schriftsteller vor der romantischen Zeit überlasse ich Ihnen ganz auszuwählen. Von den Romantikern werden wohl höchstens 12—15 aufgenommen. Von den dramatischen Dichtern der Kunstperiode (seit Schiller's Herrschaft) wählen wir auch ein Dutzend, wie: Schiller, Werner, Kleist, Grillparzer, Immermann, Oehlschläger, Müllner, Heine, Grabbe u. s. w. — Endlich von neuer Literatur geben wir nicht alle (Sie haben Recht), doch die hervorragendsten, und da könnten doch wohl an die zwanzig zu nehmen sein und meinen Zweck erfüllen.

(An **August Lewald**.) (Erster Januar 1838, um 8 Uhr.)

Angeregt von einigen jungen Deutschen, beschäftige ich mich bereits seit zwei Monaten mit der Ausführung eines Almanach=Projects, und es war zuerst die Rittner'sche Kunsthandlung, mit welcher ich es auf's Brillanteste zu realisiren gedachte, aber von Rittner mußte ich abgehen, und vor 14 Tagen gewann ich einen viel großartigeren Unternehmer zu dem brillantesten Keepsake, den je die deutsche Welt gesehen und wozu mir bereits große Summen bewilligt sind. — Da der Keepsake nur belletristischen Inhalts und Geistes, so glaube ich nicht, daß Preußen ihn verbieten wird, wenn ich mich als Herausgeber auf den Titel stelle. Schlimmsten Falles ist an diesem Verbote nichts gelegen, da Preußen keine theuren Bücher kauft — Oesterreich, mein theures Oesterreich, desto mehr.

(An **J. H. Detmold**.) (Paris, den 16. Januar 1838.)

Ueber mein Project mit Heideloff hatte ich Ihnen geschrieben, daß derselbe mich ersucht, bis nach Neujahr damit zu warten. Im Grunde liegt mir nicht viel dran im Augenblick, wo ich mit weit bedeutenderen Unternehmungen beschäftigt bin. Ueber letztere schreibe ich Ihnen sehr bald, und Sie sollen endlich meinen practischen Sinn bewundern.

* * *

(An **Varnhagen von Ense**.) (Paris, den 12. Februar 1838.)

Wenn nicht alle Zeichen trügen, so scheint jetzt die Zeit eingetreten zu sein, wo die alten Mißverständnisse gelöst werden können, und wo mir die preußische Regierung nichts in den Weg legt, ein altes Project, das Errichten einer deutschen Zeitung in Paris zu executiren. Sollten Sie, bester Varnhagen, etwas mehr thun wollen als die bloße Beförderung meines Briefes an Baron Werther,[121] sollte es Ihnen nicht unpassend sein, ihn in dieser Angelegenheit auch zu sprechen, so dürfen Sie ihm alle möglichen Garantien (die sich mit der Ehre vertragen) in meinem Namen versprechen. Ich unterschreibe, Sie wissen das längst, Alles was mir Ihre Einsicht dictirt. Doch muß hier rasch gehandelt werden, denn, wie ich höre, betreiben Andere ein ähnliches Project.

Eine sonderbare Bewegung fühl' ich, indem ich Ihnen heute

wieder schreibe! O, daß ich so glücklich wäre, Sie mal persön=
lich wiederzusehen! — Schriftlicher Ideenaustausch ist eigentlich
zwischen uns nicht nöthig, befindet sich doch unser Geist in den=
selben Gedankenströmungen, und früh oder spät treffen wir immer
zusammen in selbem Gewässer.

(Paris, den 13. Februar 1838.)

Ich hatte gestern kaum meinen Brief zur Post gegeben, als
es mir einfiel, daß ich in Betreff der projectirten Zeitung selbst,
nämlich ihrem Wesen, nichts gesagt habe. Die Idee derselben,
die Idee ihrer Errichtung und ihres Gelingens, beruht darauf,
daß Paris und London die Stapelplätze aller politischen Bewegungen
sind, und deshalb auch die Correspondenzen aus beiden Orten
in allen deutschen Zeitungen die Hauptsache sind; statt nun, wie
diese, nur wenige und sogar in der Heimath fabricirte Corre=
spondenzen zu geben, würde ich eine dreifache Anzahl solcher
Mittheilungen leicht geben können und dabei im Vortheil sein,
daß ihre locale Echtheit keinem Zweifel unterliegt. Hierauf
begründet sich meine Hoffnung des deutschen Absatzes, welcher
auch ohne Einlaß in Preußen und Oesterreich gesichert ist, aber
keineswegs groß wäre. — In Betreff der Garantien, die ich der
preußischen Regierung für ihre Begünstigung geben kann, bemerke
ich noch Folgendes: Wie ich es seit der Juliusrevolution immer
gethan habe, mit Ueberzeugung gethan habe, werde ich auch hinfüro
dem monarchischen Princip huldigen ... Ich will alle Nachrichten
aus Preußen nur aus Zeitungen, welche die preußische Censur
passirt, entlehnen. Sollte man mir aber erlauben, Privat=
Correspondenzen aus Preußen zu drucken, so werde ich in der
Wahl der Correspondenzen nie das Mißfallen der Regierung
riskiren. Die Interessen der altpreußischen Provinzen sind mir
ebenso unbekannt wie gleichgültig, und es kostet mir keine Ueber=
windung, hierüber entweder ganz zu schweigen, oder nur die
Meinungen Anderer zu referiren. Anders ist es mit den Rhein=
provinzen. Hier ist der Vogel zu Hause. Dieser Boden ist
mir nicht ganz gleichgültig, und es ist mir ebenso sehr Bedürfniß wie
Pflicht, mich über die heimathlichen Vorgänge frei auszusprechen.
Hier muß mir das uneingeschränkte Wort gestattet sein. Aber
die preußische Regierung kann sicher sein, daß bei der jetzigen
Lage der Dinge in Betreff der Rheinlande alle meine Sympa=

thieen auf Seiten Preußens sind, daß ich nie die Verdienste Preußens um dieses Bastardland verkenne, das erst durch Preußen für Deutschland wiedergewonnen und zu deutscher Art und Weise erhoben wird . . .

Dr. Kolb hat einmal in der „Allgemeinen Zeitung" berichtet, wie bestimmt ich mich gegen die deutschen Revolutionäre im Jahre 1832 ausgesprochen, nämlich mit den Worten: „Ihr Lumpen habt nichts zu verlieren, wenn die Franzosen die Rheinlande nehmen, ich aber verliere drei Millionen Leser."

(An August Lewald. Paris, den 1. März 1838.)

Welch ein Glück, einen Freund zu besitzen, dem wir unsere materiellsten Interessen offenbaren können, ohne zu befürchten, daß er das Geistige, das Ideale, das sich darunter verbirgt, verkennen möchte! . . So werden Sie gewiß bei dem Gerüchte, daß ich hier eine „Pariser Zeitung" herausgebe, das Richtige gedacht haben, nämlich, daß ich einestheils viel Geld gewinnen will, um meine Kriege zu führen, anderestheils, daß ich in diesem Kriege eine formidable Bastion aufzurichten gedenke, von wo aus ich meine Kanonen am besten spielen lassen kann. Mit den Regierungen habe ich Frieden gemacht (die Hand, die man nicht abhauen kann, muß man küssen) und nicht mehr auf den politischen, sondern auf dem literarischen Felde werde ich jetzt meinen Flamberg schwingen . . . Viel, sehr viel, ungeheuer viel rechne ich darauf, daß ich mich mit meinem Namen als Redacteur en chef der „Pariser Zeitung" nenne — jeder versichert mir, daß der Name sich nicht bloß auf's Brillanteste und von selbst annonciren wird, sondern auch Zutrauen und Absatz verbürgt. Sie haben keinen Begriff davon, wie schon bei dem ersten Gerüchte, daß ich eine deutsche Zeitung herausgebe, mir hier die Landsmannschaft zujubelte, wie jeder sich gern unter meine Fahne stellen will, und wie man mich als den legitimsten Träger eines solchen Unternehmens betrachtet. Mehr aber noch als auf den Talisman meines Namens, und jedenfalls mehr als auf die Ressourcen meines Talentes, rechne ich auf die Hilfsquellen, die mir die Annoncen und meine Kenntniß dieser geheimsten Parthie des Journalismus bieten.

Die „Pariser Zeitung" wird in Paris geschrieben, in Paris redigirt, in Paris ist ihr Redactionszimmer, und an der deutschen

Grenze ist eine Presse, wo sie gedruckt und von wo aus sie expedirt wird . . .

Mathilde ist auf der Besserung. Gestern ist sie zuerst wieder ausgegangen und ist mit mir nach der Opéra comique gegangen. Nachdem sie in ihr maison de santé zurückgegangen, ging ich auf die Reboute — wo ich bis 5 Uhr mich müde, tobmüde lief — so daß ich heute vor Ermattung kaum schreiben kann. Ueberhaupt habe ich die ganze Woche dem Carneval gehuldigt.

(Paris, den 6. März 1838.)

In Beziehung auf meinen Brief von vorigem Mittwoch habe ich Ihnen heute nachträglich zu melden, erstens, daß mir von Berlin der erfreulichste Bescheid zugekommen, — zweitens, daß es gleichfalls keine Schwierigkeiten haben wird, meiner Zeitung den Eingang in die österreichischen Staaten zu sichern. — In überraschender Weise finde ich sogar von dieser Seite die größte Zuvorkommenheit.

(An Julius Campe.) Paris ben 30. März 1838.)

Endlich, endlich ist dieser wüste verschnupfte, vermaledeite, hundsföttische Winter überstanden. Ich habe während den letzten drei Monaten an einer Verstimmung und inneren Veröbung gelitten, wie ich vorher nie gekannt. Dieses und ein Geschäft, welches meine äußere Thätigkeit mehr als rathsam in Anspruch nahm, war Schuld, daß Sie erst heute Brief erhalten . . . Dieses Geschäft war nichts Geringeres als die Errichtung einer deutschen Zeitung hier in Paris, wobei mir geistige und materielle Mittel zu Gebote standen, die alles übertreffen, was man in dieser Art nur träumen kann — es galt nur, von Preußen die bestimmte Zusicherung zu erlangen, daß sie den Eingang der Zeitung in den preußischen Staaten gestatten — und ich hatte wichtige Gründe, zu hoffen, daß man mir jetzt alles, was ich honetter und billiger Weise verlange, gestatten würde. — Aber zu meiner Verwunderung ist der alte Unmuth noch nicht ganz und gar erloschen gewesen, und meinen Ansprüchen wurde nicht so unbedingt gewillfahrtet, wie ich es hoffte. Man will mir noch keine bestimmte Erlaubniß geben, und mein Zeitungsplan wird wohl scheitern.

Heute habe ich bei Ihnen eine Anfrage zu machen . . . Ich habe nämlich nicht übel Lust (theils um ein Organ für mich

selber zu stiften, theils um eben so gut wie andere Leute den
Sinn für periodische Publikationen zu meinem Vortheil zu
exploitiren) eine Monatsschrift herauszugeben, betitelt: „Paris
und London" oder „London und Paris, eine deutsche Monats=
schrift von Heinrich Heine". Jeden Monat müssen 6—8 Bogen
erscheinen, bei Ihnen in Hamburg. Ich würde diese Zeitschrift
für meine Rechnung herausgeben und wünschte von Ihnen zu
wissen, wie groß die Kosten sind und wieviel Commission Sie
mir berechnen möchten. Und nun leben Sie wohl und seien
Sie überzeugt, daß ich mit großer Liebe Ihre Interessen be=
herzige. Es wird mir immer mehr als leid sein, wenn Sie
nicht mit mir zufrieden. — Aber Sie wissen ja aus der Geschichte
der begabtesten Schriftsteller, daß wir nicht immer können, wie
wir wollen . . .

(An **Varnhagen von Ense.** Paris, den 31. März 1838.)

Ich habe Ihnen noch zu danken für Ihre liebreichen Be=
mühungen in Betreff meiner armen, in der Geburt erstickten
Zeitung. — — Sie haben Recht, auch aus diesen gescheiterten
Verhandlungen läßt sich Nutzen ziehen — der nächste und liebste
Nutzen ist für mich, daß ich Veranlassung fand, Ihre Freund=
schaft auf's Neue zu erproben und mein Andenken in Ihrer
Seele recht lebhaft aufzufrischen.

Was Rahel's Briefe an mich betrifft, so scheinen Sie nicht
zu wissen, daß mir hiermit ein großes, unersetzliches Unglück be=
gegnet; es war ein Packet von mehr als 20 Briefen (obgleich
ich ihr nie direct schrieb, so legte sie doch immer Ihren Schreiben
einen mehr oder minder dicken Brief bei) und bei einem Brand,
welcher in Hamburg das ganze Haus, worin meine Mutter
wohnte, in Asche legte, ist auch jenes Packet nebst allen meinen
übrigen dort zurückgelassenen Papieren verbrannt. — Sonderbar
ist es, daß noch nicht die Zeit gekommen ist und gewiß auch
nicht sobald kommt, wo ich Alles unumwunden sagen dürfte, was
der Rahel aus tiefster Seele gestanden hat, in bewegten Stunden.

Mein Zeitungsproject habe ich, wie gesagt, sobald ich Ihren
Brief erhielt, vor der Hand aufgegeben; denn bei so unsicherer
Stellung zur preußischen Regierung, durfte ich ein Capital von
150 000 Francs, welches ein Freund zu diesem Unternehmen her=
geben wollte, nicht auf's Spiel setzen. — Ganz habe ich jedoch

das Projekt mir nicht aus dem Sinn schlagen können, und ich beschäftige mich mit einer sehr ingeniosen Umwandlung desselben, wovon ich Ihnen nächstens schreibe.

(An **August Lewald**.) Paris, den 2. April 1838.)

Ich war krank, doppelt krank, da Mathilde ebenfalls noch leidend, sich in ihrer maison de santé befindet; dabei harrte ich von Tag zu Tag auf bestimmte Antwort von Berlin; dann sollte Jemand schon vor zehn Tagen nach Berlin reisen, der meine Sache gewiß in Ordnung gebracht hätte — und durch sonderbares Mißgeschick noch nicht abreisen konnte. Daher mein Stillschweigen bis heute, welches Sie bei Leibe keiner Indifferenz für meine Zeitungsprojekte zuschreiben oder gar als eine Aufgabe derselben betrachten dürfen. Ich halte meine Idee, wie ich Ihnen mitgetheilt, als die ingeniöseste Combination fest — nämlich die Herausgabe einer deutschen Pariser Zeitung, deren Redaction in Paris und deren Druckort an der Grenze wäre, und die also weder Stempel noch erhöhtes Porto zu bezahlen hätte und doch das Ansehen einer Pariser Original-Zeitung genöße und alle übrigen deutschen Zeitungen durch größere Hülfsmittel überflügeln könnte.

Vierzehntes Capitel.

Freunde und Feinde.

(An **J. H. Detmold**.) Paris, den 16. Januar 1838.)

Soeben schickt mir Gabe Ihren Brief vom 5. Januar, und aus diesem Datum ersehe ich, daß mein Brief, den ich Ihnen etwa vor 4 Wochen schrieb, Ihnen nicht zu Händen gekommen. Das ist mir sehr verdrießlich; er enthielt zwar nicht die mindeste politische Aeußerung, aber desto mehr auf mein Privatleben Bezügliches. Sie verlieren an dem Briefe nichts, außer Nachrichten über mein Privatleben, das sich seitdem recht wunderlich gestaltet hat. Seit meiner Rückkehr aus Havre hat sich Mathilde so exemplarisch gut aufgeführt, daß ich Besorgnisse für ihr Leben

zu hegen begann. Denn solche radicale Umwandlung pflegt ein Vor=
zeichen des Todes zu sein. Acht Tage lang konnte sie zu Hause bleiben,
sich mit einfachem pot au feu genügend. Theater, kein Gedanken;
es sei doch kostspielig. Die alten Roben selbst renovirt, um
diesen Winter neue zu sparen. Endlich wurde sie ernsthaft
krank, und ich mußte sie in ein maison de santé bringen, wo
sie gut gepflegt wird, und bis zum Frühjahr (den ganzen
Carneval) bleiben wird; denn sie thut mir jetzt alles zu Willen.
— Sie fängt an, so unbedingt liebevoll und zärtlich zu werden,
daß ich am Ende glaube, sie hat die Absicht, mich also zu
machen. — Uebrigens ist sie sehr krank. —

Ich habe cocu diesen Winter meine volle Freiheit, je jouis
de ma pleine liberté, et j'en abuse même.

Ich gehe jetzt oft in's Theater; zu meinem Vergnügen!
Uebrigens befinde ich mich wohl.

— Es ist heute so kalt, daß ich gar nicht schreiben kann;
die Hände sind mir erstarrt. — Das maison de santé, worin
ich Mathilde eingekerkert, ist an der barrière St. Jaques —
denken Sie sich, alle Tage muß ich diesen entsetzlichen Weg
machen! —

(An Julius Campe. Paris, den 16. Juni 1838.)

Dieses sind die ersten Zeilen, die ich seit vier Wochen ge=
schrieben; mein Augenübel ist nämlich in verstärktem Grade
zurückgekehrt, und mein Arzt verbot mir Lesen und Schreiben.
Letzteres fällt mir noch jetzt sehr schwer, und ich kann Ihnen
nur das Nothwendigste hinkritzeln.

Was Sie mir über ein „Jahrbuch der Litteratur" sagen,
gefällt mir. Ich will gern dazu einen Beitrag geben, und viel=
leicht wähle ich dazu einen Stoff, der dem Buch gleich die
außerordentlichste Vogue giebt. Morgen schreib' ich an Gutzkow.
Ich liebe ihn sehr, aber auch ihn soll der Teufel holen, nur in
gelinderer Manier und mit dem gehörigen Respect; denn er ist
ein sehr vornehmer Sünder. Nergelt die ganze Welt und pro=
vocirt überall Feindschaft, selbst da, wo mit ruhigem Abwarten
und mit drei Gran Geduld die wichtigste Freundschaft und
Bundesgenossenschaft zu erwarten stand. Morgen schreib' ich
ihm; jedenfalls sollen Sie ihm schon heute in meinen Namen
danken für das Interesse, das er mir widmet.

(An **Karl Gutzkow**.[122]) Granville (in der Basse Normandie), den 23. August 1838.)

Ich habe, werthester Freund, Ihnen für Ihren Brief vom 6. dieses meinen aufrichtigen Dank zu sagen. Ich habe gleich nach Empfang desselben an Campe geschrieben und ihn ersucht, den zweiten Band des Buchs der Lieder, nämlich den Nachtrag, noch nicht in die Presse zu geben. Ich werde ihn erst späterhin erscheinen lassen, wenn ich ihn nochmals gesichtet und mit einer zweckmäßigen Zugabe ausgestattet habe. Sie mögen gewiß recht haben, daß einige Gedichte darin von Gegnern benutzt werden können; diese (Hypokriten) sind aber so heuchlerisch wie feige. Soviel ich weiß, ist aber unter den anstößigen Gedichten kein einziges, das noch nicht im ersten Theile des Salon's gedruckt wäre; die neue Zugabe ist, wie ich mich zu erinnern glaube, ganz harmloser Natur. Ich glaube überhaupt, bei späterer Herausgabe, kein einziges dieser Gedichte verwerfen zu müssen, und ich werde sie mit gutem Gewissen drucken, wie ich auch den Satiricon des Petron und die römischen Elegien des Goethe drucken würde, wenn ich diese Meisterwerke geschrieben hätte. Wir letztere sind auch meine angefochtenen Gedichte kein Futter für die rohe Menge. Sie sind in dieser Beziehung auf dem Holzwege. Nur vornehme Geister, denen die künstlerische Behandlung eines frevelhaften und allzu natürlichen Stoffes ein geistreiches Vergnügen gewährt, können an jenen Gedichten Gefallen finden. Ein eigentliches Urtheil können nur wenige Deutsche über diese Gedichte aussprechen, da ihnen der Stoff selbst, die abnormen Amouren in einem Welttollhaus, wie Paris ist, unbekannt sind. Nicht die Moralbedürfnisse irgend eines verheiratheten Bürgers in einem Winkel Deutschlands, sondern die Autonomie der Kunst kommt hier in Frage. Mein Wahlspruch bleibt: Kunst ist der Zweck der Kunst, wie Liebe der Zweck der Liebe, und gar das Leben selbst der Zweck des Lebens ist.

Was Sie mir in Betreff des jüngeren Nachwuchses unserer Litteratur schreiben, ist sehr interessant. Indessen ich fürchte nicht die Kritik dieser Leute. Sind sie intelligent, so wissen sie, daß ich ihre beste Stütze bin und sie mich als den ihrigen emporrühmen müssen, in ihrem Ankampf gegen die Alten. Sind sie nicht intelligent — dann sind sie gewiß nicht gefährlich! Ich bin übrigens gar nicht so sorglos, wie Sie glauben — Ich suche meinen Geist für die Zukunft zu befruchten, unlängst las ich den ganzen Shakespeare, und jetzt, hier am Meere, lese ich die Bibel — was die öffentliche Meinung über meine früheren Schriften betrifft, so ist diese sehr abhängig von einem Lauf und Umschwung der Dinge, wobei ich wenig selbstthätig sein kann. Ehrlich gestanden, die großen Interessen des europäischen Lebens interessiren mich noch immer weit mehr als meine Bücher — — que Dieu les prenne en sa sainte et digne garde!

Leben Sie wohl. Ich danke Ihnen nochmals für das Wohlwollen, mit welchem Sie mich auf den Splitter, den Sie in meinem Auge bemerkt haben, aufmerksam machten. Ich wünsche herzlich, Sie kämen mal nach Paris. Ueber Ihre projectirten Jahrbücher der Litteratur schreibe ich nächstens an Campe. Ich hoffe, Sie gewinnen dazu auch Laube, mit welchem Sie es noch nicht so ganz verdorben haben, wie mit Mundt u. s. w. Daß Sie es auch mit mir noch nicht ganz verdorben haben, ist wahrhaftig nicht Ihre Schuld!

Ich habe sehr viel an Ihnen auszusetzen, weit weniger an Ihrer „Seraphine," die zu den oben erwähnten vornehmen Kunstwerken gehört.

(An Julius Campe. Paris, den 19. December 1838.)

Wenn ich Ihnen erst heute schreibe, so liegt die Schuld an der Schwäche meiner Augen; ich muß fast immer dictiren, und dictirter Unwille sieht weit herber aus, als der eigenhändige. Aber heute muß ich Ihnen durchaus schreiben, denn soeben erhalte ich den „Schwabenspiegel".[123]) Hier bin ich wieder verkauft und verrathen, oder wenigstens sind meine theuersten Interessen den kläglichsten Rücksichten, wo nicht gar dem leichtsinnigsten Privatwillen, aufgeopfert. Sie hatten schon genug an mir versündigt durch die ohne mein Wissen zugegebene Verstümmelung des zweiten Salontheils und der „Romantischen Schule" — und jetzt schreibe ich das politisch und censurlich Harmloseste, eine Zurechtweisung der persönlichen Feinde, und selbst in dieser kleinen Arbeit sind die widerwärtigsten Verstümmelungen zugelassen, Verstümmelungen in den wichtigsten Uebergängen und von einer fast tückischen Art, daß ich nicht einmal an Censurroheit glauben kann. In einer solchen Schrift, wo ich mit ganzer Persönlichkeit gegen persönliche Unbill auftrete, mußte Ihnen jeder Buchstabe heilig sein! — Bei Gott! dergleichen habe ich zum letztenmal erduldet, ich werde schon meine Maßregeln nehmen, daß dergleichen nicht mehr vorfällt, und für den gegenwärtigen Fall werde ich ebenfalls Mittel finden, die kleine Schrift, ganz wie ich sie geschrieben habe, dem Publikum mitzutheilen. Ich kann sie aus dem Kopf schon wieder ergänzen. Als ob es nicht genug war, daß durch Ihre Schuld der Druck dieser Schrift neun Monate lang verzögert und ich um meine köstliche Genugthuung, die eben für den Moment ihren Werth hatte, geprellt wurde? Die Imprimaturverweigerung in Gießen ist leicht zu begreifen. An jedem vernünftigen Druckort war dergleichen unmöglich; jedenfalls hätten Sie in acht Tagen ein Resultat gewußt. Alle Gesandten betheuern mir hier, daß, wie für meine Person, so auch für meine Geisteskinder, die ich jetzt in die Welt schicken wolle, keine Böswilligkeit in der Heimath zu fürchten sei. —

Ich schreibe Ihnen dieser Tage, ich bin in diesem Augenblick zu wüthend, zu tief indignirt...

(Paris, den 12. April 1839.)

Ich will gern noch mit Herausgabe der Zeitmemoiren warten; nur ein einziges, kostbares Büchlein, betitelt „Ludwig Börne", möchte ich diesen Herbst erscheinen lassen; aber ich laß' mir nichts mehr verstümmeln. Wenn Gutzkow im „Telegraphen" nichts Gutes über meine Persönlichkeit zu sagen hat, so ersuchen Sie ihn, lieber ganz zu schweigen. Ueber den ästhetischen Werth meiner Schriften kann er sagen, was er will. — Treibt ihn aber sein böser Dämon, meine Person schmähen oder unglimpflich antasten zu wollen, so mag er es in einem Buche oder in einem Blatte thun, worunter nicht der Name Campe als Verleger steht. Sie können überzeugt sein, daß ich nicht so schwachmüthig sein würde, Ihnen künftig nur eine Zeile in Verlag zu geben, wenn mir der Verdruß widerführe... Doch ich schreibe heute unter bösen Voraussetzungen, ich bitte um Verzeihung, wenn ich Ihnen oder Gutzkow damit Unrecht thue — aber ich habe jetzt das Bedürfniß, keinen meiner Gedanken zu verhehlen. Das ist vielleicht heilsam.

Da Sie mir vor einiger Zeit gemeldet, Gutzkow schreibe eine Biographie Börne's, so halte ich es für nöthig, Ihnen zu bemerken, daß das oben erwähnte Büchlein über Börne keine Biographie ist, sondern nur die Schilderung persönlicher Berührungen in Sturm und Noth, und eigentlich ein Bild dieser Sturm- und Nothzeit sein soll. Ich habe $^2/_3$ schon abgeschrieben. Sagen Sie mir: wann erscheint der Gutzkow'sche Börne? Könnte ich ihn etwa in sechs Wochen haben? Mit Freude würde ich glänzend davon in meiner Schrift Notiz nehmen. Collidiren (vergessen Sie nicht, Gutzkow darauf aufmerksam zu machen) werden wir in keinem Fall. Mir steht ein ganz anderes Material durch persönlichen Umgang und Pariser Selbsterlebnisse zu Gebot; will aber das Buch nochmals mit Sorgfalt durchgehen, damit es so geistreich als möglich.

(An **Gustav Kühne**. Paris, den 19. Mai 1839.)

Ich danke Ihnen für die Besorgung meiner Interessen und den Eifer, der sich in Ihrem letzten Briefe aussprach. Die Sachen gehen vortrefflich. Die Hamburger Clique ist gewiß bald gesprengt, die Kerls sind hintereinander gehetzt und ich warte ab, was Campe thun wird. Daß Gutzkow und sein Schildknappe ihn beleidigen, ist schon Gewinn. Daß ersterer gegen mich die ganze Maske fallen ließ, ist ebenfalls Gewinn, und ich denke, auch für andere werde ich diesen Zögling Menzel's unschädlich machen. Gutzkow's Treiben muß dem Publikum deutlich gemacht werden, und in dieser Absicht werde ich auf seine Angriffe, obgleich sie mich nicht im geringsten verletzen, ganz bestimmt antworten. Hab' nur leider viel zu thun, und kann Ihnen die Abfertigung Gutzkow's, welche die 2. Nummer der Schriftstellernöthen bilden soll, erst in 14 Tagen schicken.[124] —

(An **Heinrich Laube**. Granville, den 24. Juni 1839.)

Ich hoffe, daß Sie beide jetzt anfangen, sich in dem wüsten Paris behaglich zu fühlen.[125] Was mich betrifft, so befinde ich mich wie ein Fisch im Wasser; das Wort in seinem wahren Sinn, denn ich bade schon, und wenn ich nicht eben im Meere schwimme, so flanire ich doch am Ufer, betrachte die Wolken, behorche das Wellengeräusch — und schematisire. Ich hoffe, daß Sie Ihre Gutzkowiade bereits abgeschickt; was die meinige betrifft, so muß ich sie noch erst abschreiben, ein langweiliges und ödes Geschäft, und auch schmerzlich wegen des Zustandes meiner Augen, die seit acht Tagen wieder sehr leiden. Aber:

„Der ist besorgt und aufgehoben —
Der Herr wird seine Diener loben."

Meine Gatt= und Göttin befindet sich ganz wohl und hat mich beauftragt, wenn ich schriebe, den Monsieur Laube et sa dame freundlich zu grüßen. — Sie ist in diesem Augenblick in die Messe gegangen . . . sehr geputzt!

(An **Ferdinand Hiller.** Paris, den 7. October 1839.)

In diesem Augenblick habe ich Ihren Brief erhalten, und ich kann Ihnen nicht sagen, wie sehr mich diese Mittheilung betrübt hat.[126] Noch vorgestern Sonnabend, unterhielt ich mich mit Herrn Dr. Sichel von der vortrefflichen Frau, deren Verlust Ihrem Herzen eine so tiefe Wunde schlägt. Wunden dieser Art heilen langsam, aber sie hinterlassen schöne Narben, statt daß manche andere Kümmernisse sehr häßliche Narben lassen, z. B. wenn wir geliebte Personen nicht durch den Tod, sondern durch das Leben verlieren. — Von Tröstung kein Wort; wer in gewissen Fällen getröstet werden kann, der hatte gewiß des Trostes nicht nöthig.

(An **Varnhagen von Ense.** Paris, den 5. Februar 1840.)

Soeben erfahre ich von dem neuen Verluste, der Sie betroffen, und obgleich betäubt und nicht wissend, was ich sagen soll, eile ich Ihnen zu schreiben. Lieber Himmel! Hier hört ja alle Macht des Wortes auf, und das Beste wäre ein stummer Händedruck.[127] Ich fühle ganz, was Sie jetzt leiden werden, armer Freund, nachdem kaum die früheren Heimsuchungen überstanden. Ich habe die Hingeschiedene sehr gut gekannt, sie zeigte mir immer die liebreichste Theilnahme, war Ihnen so ähnlich in der Besonnenheit und Milde, und obgleich ich sie nicht allzu oft sah, so zählte ich sie doch zu den Vertrauten, zu dem heimlichen Kreise, wo man sich versteht, ohne zu sprechen. — Heiliger Gott, wie ist dieser Kreis, diese stille Gemeinde, allmählich geschmolzen seit den letzten zehn Jahren! Einer nach dem andern geht heim — Unfruchtbare Thränen weinen wir ihnen nach — bis auch wir abgehen. — Die Thränen, die alsdann für uns fließen, werden nicht so heiß sein, denn die neue Generation weiß weder, was wir gewollt, noch was wir gelitten!

Und wie sollen sie uns gekannt haben? Unser eigentliches

Geheimniß haben wir nie ausgesprochen, und werden es auch nie aussprechen, und wir steigen ins Grab mit verschlossenen Lippen! Wir, wir verstanden einander durch bloße Blicke, wir sahen uns an und wußten, was in uns vorging — diese Augensprache wird bald verloren sein, und unsere hinterlassenen Schriftmäler, z. B. Rahel's Briefe, werden für die Spätgeborenen doch nur unenträthselbare Hieroglyphen sein. — Das weiß ich, und daran denk' ich bei jedem neuen Abgang und Heimgang. — — Ich kann Ihnen heute nichts Vernünftiges schreiben, lieber Varnhagen; in Kurzem, in beruhigter Stunde, werde ich Ihnen erzählen, wie es mir geht.

(An **Heinrich Laube.**) Februar 1840.)

Mein Uebel fängt an, sehr peinlich zu werden; in einigen Augenblicken wird man mir eine Unzahl Blutegel ansetzen, die mich verhindern, heute und vielleicht auch Morgen Sie zu sehen. Montag blieb ich den ganzen Tag zu Hause, und gestern ging ich nur aus, um meinen Arzt zu sehen. — Welch ein Mißgeschick, daß Ihr Aufenthalt hier präcise in eine Zeit fällt, wo wir beide krank sind. — —

Ich hoffe, Sie werden früher hergestellt sein, als ich, der ich wohl vier Wochen zu leiden habe.

(An **Julius Campe.**) Paris, den 18. Februar 1840.)

Die Spannung und die Neugier, womit mein „Börne" bereits erwartet wird, ängstigte mich ein wenig, um so mehr, da lange kein Buch von mir erschienen. Ich habe mich daher entschlossen, ein ganz besonderes Opfer zu bringen, und aus den Tagebüchern, welche ein integrirender Theil meiner „Memoiren", detachirte ich eine schöne Partie, welche die Enthusiasmusperiode von 1830 schildert, und in meinen „Börne", zwischen dem ersten und zweiten Buche, vortrefflich eingeschaltet werden konnte; was dem Ganzen, wie Sie sehen werden, ein gesteigertes Interesse verleiht. Jetzt bin ich ganz ruhig, und ich glaube, mein „Börne" wird als das beste Werk, das ich geschrieben, anerkannt werden. Das Werk wird daher jetzt aus fünf Büchern, statt aus vieren, bestehen, es wird jetzt um $1/4$ dicker, da das hinzugefügte Buch weit über fünf Druckbogen beträgt. Eine lange Citation soll daher ausfallen und die prägnanteste und überraschendste Wirkung hervorgebracht werden. — Ist nun diese Zugabe nicht ein großes Opfer, und zeigt sich hierin ein Honorargeiz? Sie sehen, ich thue alles für das Werk, und ich sacrificire ihm nicht bloß den Honorarbetrag von fünf bis sechs Druckbogen, sondern auch die weit unberechenbaren Interessen eines meiner kostbarsten Manuscripte. — Sie wissen sehr gut, welch ein unendlicher Vortheil es für Sie, wenn von einem Buche noch keine Zeile vorher gedruckt worden. Dieses ist mit dem „Börne" der Fall, und Sie haben noch immer Vortheil dabei, wenn Sie ihn doppelt so hoch honoriren, wie die „Französischen Zustände", die vorher in allen politischen Blättern abgeklatscht worden, oder wie „Die romantische Schule", die eigentlich eine andre Ausgabe eines schon seit Jahr und Tag existirenden Buches, oder der „Salon", wovon ich ebenfalls das meiste vorher drucken und mir in Frankreich und Deutschland gut honoriren ließ. — Doch wozu die Dinge, die Sie sehr gut wissen, sowie Sie auch wissen, daß mein neues Werk, neben dem Reiz eines humoristischen Unterhaltungsbuchs, noch außerdem einen dauerhaft historischen Werth haben und weit mehr, als meine rein phantastischen Schriften, von der positiven Gegenwart goutirt werden wird. — Sie sagten mir in Ihrem letzten Briefe, daß Gutzkow's Bücher keinen Absatz finden, daß er nicht von der Menge gelesen wird. — Lieber Gott! Das hätten Sie gar nicht nöthig gehabt, mir zu sagen, das weiß ich ... Lieber Campe, wenn man kein Herz in der Brust hat, kann man nicht für die große Menge schreiben.

(Paris, den 8. März 1840.)

Ich habe ein Buch in der Arbeit, betitelt: „Die Juliusrevolution"; ich werde einen Theil davon in der „Revue des deux mondes" und in der „Allgemeinen Zeitung" drucken lassen und berechne Ihnen ein geringeres Honorar. — Ueber ein anderes Buch wollte ich mich schon längst bestimmt gegen Sie aussprechen, da ich des Titels wegen früh oder später bei Ihnen ansprechen muß. Es mag daher gleich geschehen. Ich habe nämlich über französische Kunst eine Arbeit, die ich für eine Zeitschrift bestimmt, die aber darauf berechnet ist, mit den Theaterbriefen, die ich vor drei Jahren für Lewald schrieb, ein Ganzes zu bilden (ich bitte Sie um das heiligste Geheimniß). Eine besondere schöne Einleitung habe ich bereits ausgesonnen, und nun weiß ich nicht, soll ich das Buch „Französische Kunst" tituliren, oder soll ich es als vierten Band dem „Salon" anreihen? Der „Salon" würde alsdann aus vier Bänden bestehen, die mit den „Reisebildern" parallel liefen. Ich bin nicht sehr für den Titel „Französische Kunst", da schon „Französische Zustände" von mir existiren. Auch bei einer neuen Ausgabe des „Salon's" würde ich durch das neu Hinzukommende besser die einzelnen Partien ordnen können. Ist dies Ihre Meinung, so sollen Sie bald Manuscript haben. Es ist kein großes Mord= und Weltspectakelbuch, und obgleich es wohl, als ein Buch von mir, sein Publikum finden wird, so sollen Sie es wohlfeil haben.

(An **Julius Campe.** Paris, den 18. April 1840.)

Eine Last der verdrießlichsten Geschäfte erlaubt mir erst heute, Ihren Brief vom 5. April zu beantworten und das Manuskript des „Börne" abzuschicken. Wegen des neu hinzugekommenen Buches (das Ihnen hoffentlich gefallen wird), muß ich das ganze Manuscript umpaginiren; ich bring' es in einer Stunde zur Post. Ich bin froh, endlich mit Ihnen aufs Reine zu sein und auch, daß das Honorar des vierten „Salon"=Bandes bestimmt ist; ich werde mich gleich dran machen, und ich denke, in sechs Wochen erhalten Sie Manuscript; will das Buch schon hübsch zustutzen. — Thun Sie nur Alles Mögliche für den „Börne", und drucken Sie nicht zu viel Exemplare, damit ich durch eine zweite Auflage für meine grenzenlosen Mühseligkeiten entschädigt werde. Daß der Druck so sorgfältig als möglich sein wird, hoffe ich ebenfalls, sowie auch, daß außer dem Passus über den König von Bayern nichts unterdrückt wird. Ich soll Sie gewähren lassen — aber ich muß Sie nochmals darauf aufmerksam machen, daß das Buch, trotz einiger starken Ausdrücke, dennoch im Grunde nicht von der Art ist, daß es den Regierungen mißfiele; am allerwenigsten die Preußen werden damit unzufrieden sein, und dieses Buches wegen werden Sie wahrlich nicht verfolgt werden. — Zeigen Sie das Buch keinem Menschen und lassen Sie es plötzlich vom Stapel laufen. — Ich habe — auf die Gefahr hin, verkannt zu werden — alle eigene Doctrin im Buche ausgelassen, und mehr, als die Regierungen, werden die Revolutionären über mich ungehalten sein, weil ich sie table, ohne etwas Positives, die eigenen Ideen, auszusprechen. Das

Buch hat einundzwanzig Bogen, und Sie dürfen es getrost ohne Censur drucken, Sie haben hier nichts zu riskiren. Laffen Sie beileibe vom Inhalte des Buches vor dem Erscheinen nichts verlauten. — Ich wiederhole Ihnen, daß ich bei der Abfassung des Buches Ihre Censurnöthen im Auge hatte, daß ich die Selbstcensur sehr gewissenhaft übte, und daß ich sogar ängstlich bin, des Guten zu viel gethan zu haben. Ich bitte, sorgen Sie, daß in dieser Beziehung die öffentliche Meinung nicht irre geleitet wird. Ich hinge lieber alles Bücherschreiben an den Nagel, als daß ich mich des Servilismus beschuldigen ließe. Ich befinde mich wohl und so heiter, als es möglich ist bei den vielen Arbeiten und Quälereien, die auf mir lasten. — Leben Sie wohl und wahren Sie mit Gewissenhaftigkeit meine Interessen; ich verspreche dasselbe zu thun für die Ihrigen.

Paris, den 17. oder 18. Juli 1840.

Ich habe gestern Ihren Brief vom 10. dieses erhalten, und seit diesem Morgen früh bin ich beschäftigt, das Manuscript zum vierten „Salon"-Theile zu besorgen. Damit Sie gleich beschwichtigt werden, eile ich, noch vor Abgang der Post Ihnen das Nöthige zu melden. Der vierte Theil besteht:

1) Aus einem ungedruckten Sittengemälde, wovon ich nur noch ein Fragment besaß (der Rest verbrannte bei meiner Mutter), und welches ich hier ergänzen wollte. Ich ergänze es jetzt nothbürftigst, es wird etwa sieben bis acht Bogen betragen, und ich schicke Ihnen das Manuskript in zwei Sendungen mit der Briefpost. Uebermorgen sende ich schon die erste Partie, so daß der Druck gleich beginnen kann.

2) etwa einen oder zwei Bogen neuer Gedichte.

3) die Briefe aus Lewalds „Theaterrevue", wovon ich nur die Hälfte in diesem Augenblick besitze (das Ende fehlt mir), werde sie aber bald erhalten.

Der Titel des ersten Stücks des vierten „Salon"-Theils ist angeklebt, ginge das Blättchen verloren, so bemerke ich nochmals, der Titel heißt:

Der Rabbi von Bacharach.
Ein Fragment.

Ich habe dieses mittelalterliche Sittengemälde vor etwa fünfzehn Jahren geschrieben, und was ich hier gebe, ist nur die Exposition des Buches, das bei meiner Mutter verbrannt ist —

vielleicht zu meinem Besten. Denn im Verfolg traten die
ketzerischsten Ansichten hervor, die sowohl bei Juden wie Christen
viel Zetergeschrei hervorgerufen hätten.

Ich hoffe, daß Ihnen der „Rabbi" gefällt, und ich glaube,
daß das Thema zeitliche Interessen und Sympathien berühren
wird; wenigstens wird das Buch als ein beachtenswerthes Original=
werk unter meinen anderen Büchern eine honette Stellung ein=
nehmen. Die etwa zwanzig Gedichte, die ich gebe, sind auch
nicht von Stroh.

(An August Lewald. Granville, den 31. August 1840.)

Ich danke Ihnen für die Bogen, die Sie mir zukommen
ließen; leider schickte man sie mir aber nicht sous bande, sondern
in einem Brief, so daß ich siebzehn Francs und sechs Sous
dafür zahlen mußte — wodurch ich fast vor Schrecken gestorben
und noch jetzt krank bin, so daß ich deshalb die Seebäder ge=
brauchen muß. Heute freilich befinde ich mich sehr wohl und
heiter, und ist es nun das schöne Sommerwetter oder das
glänzend stolze Selbstgefühl, eine kostbare Stimmung beseelt mich
in diesem Augenblick, wo ich dem alten Freunde die Hand er=
greife und ihn um einen Dienst, einen Liebesdienst angehe. In
heftigen Lebensnöthen habe ich Sie immer so hilfreich und thätig
für mich erfunden! — Heute sind die Dinge weniger trübe,
aber ich habe Ihrer dennoch nöthig. Indem Sie mich aber jetzt
in einer Sache, die eben von keiner bedeutenden Lebenswichtigkeit,
verpflichten, zerstören Sie auch manche Mißempfindung, die Andere
mir einflößen. — Ich erfahre jetzt, daß Gutzkow bei dem Er=
scheinen meines Buches über Börne das Arsenal seiner Hinterlist
aufgeboten hat, um mir in der öffentlichen Meinung zu schaden,
um das Buch, was er selber über denselben Gegenstand heraus=
geben will, durch Rückwirkung zu heben. Es würde zu weit
führen und auch meine gute Laune trüben, wenn ich Ihnen
ausführlich erzählen wollte, wie er sich Campe's zu bemeistern
und ihn zu meinem Nachtheil auszubeuten wußte.

Sie haben keinen Begriff, welch einen Luxus von Infamien
es giebt, die ich Ihnen erzählen werde, sobald ich Sie wieder=
sehe, denn es ist mir immer, als erwartete ich Sie für den
nächsten Tag. Doch Sie kennen die hamburgischen und über=
haupt die literarischen Cloaken Deutschlands zu gut, um nicht

das Meiste zu errathen. Bei der Anarchie unserer Tageblätter wird es dem edlen Gutzkow leicht gelingen, durch seine Rotte in den deutschen Zeitungen eine Menge perfide Artikelchen gegen mich einzuschmuggeln. — Diesem Unfug sollen Sie nun entgegenwirken, und Ihrer Klugheit überlasse ich die Art und Weise. Ich lebe im Ausland, stehe in keinem literarischen Verkehr, mit Niemand, bin ganz isolirt, und die anonyme Presse kann daheim mit der größten Bequemlichkeit meinen Namen meucheln. — Handeln Sie also schnell, jede Zögerung bringt Gefahr. —

Mathilde ist eine gute Hausfrau geworden, trotz ihrer tollen Laune, und unser Ehestand ist ebenso moralisch, wie der beste in Krähwinkel. — In diesem Augenblick erscheint bei Campe der vierte Theil des „Salon", ein Buch, dem ich mehrere sehr gute Gedichte und die „Theaterbriefe" einverleibt habe. — Ich bleibe etwa noch acht Tage hier, durchstreife dann die Bretagne, und in fünfzehn Tagen denke ich wieder in Paris einzutreffen. —

(An **Heinrich Laube**. Granville, Anfangs September.)

Mein Brief ist gestern nicht abgegangen, und ich eile, das Wichtigste hinzuzufügen. Leider ist mein Kopf ganz betäubt, und ich kann kaum schreiben. Gestern Abend erfuhr ich durch das „Journal des Débats" ganz zufällig den Tod von Immermann. Ich habe die ganze Nacht durch geweint. Welch ein Unglück! Sie wissen, welche Bedeutung Immermann für mich hatte, dieser alte Waffenbruder, mit welchem ich zu gleicher Zeit in der Literatur aufgetreten, gleichsam Arm in Arm! Welch einen großen Dichter haben wir Deutschen verloren, ohne ihn jemals recht gekannt zu haben! Wir, ich meine Deutschland, die alte Rabenmutter! Und nicht bloß ein großer Dichter war er, sondern auch brav und ehrlich, und deshalb liebte ich ihn. Ich liege ganz darnieder vor Kummer. Vor etwa zwölf Tagen stand ich des Abends auf einem einsamen Felsen am Meere und sah den schönsten Sonnenuntergang und dachte an Immermann. Sonderbar!

Und nun leben Sie wohl, und grüßen Sie mir freundlichst Ihre Frau. Ich empfehle mich ihrem innigsten Bedauern. Ich wünschte sie bald wieder in Paris zu sehen, wir haben eine neue Wohnung bezogen; und wunderhübsch eingerichtet hat mich meine Frau.

Ich bin, sonderbar genug, sehr guter Laune, und kann mich noch gar nicht dazu entschließen, mich zu ärgern. Es ist vielleicht Apathie, nicht Gesundheit. —

Fünfzehntes Capitel.

Ludwig Börne.

Was Börne's „Pariser Briefe" betrifft, so gestehe ich, die zwei ersten Bände haben mich nicht wenig erschreckt. Ich war überrascht von diesem ultrarabicalen Tone, den ich am wenigsten von Börne erwartete. Der Mann, der sich in seiner anständigen, geschniegelten Schreibart immer selbst inspicirte und controllirte, und der jede Silbe, ehe er sie niederschrieb, vorher abwog und abmaß . . . der Mann, der in seinem Stile immer etwas beibehielt von der Gewöhnung seines reichsstädtischen Spießbürgerthums, wo nicht gar von den Aengstlichkeiten seines früheren Amtes . . . der ehemalige Polizeiactuar von Frankfurt am Main stürzte sich jetzt in einen Sansculottismus des Gedankens und des Ausdrucks, wie man dergleichen in Deutschland noch nie erlebt hat. Himmel! welche entsetzliche Wortfügungen; welche hochverrätherische Zeitwörter! welche majestätsverbrecherische Accusative! welche Imperative! welche polizeiwidrige Fragezeichen! welche Metaphern, deren bloßer Schatten schon zu zwanzig Jahr Festungsstrafe berechtigte! Aber trotz des Grauens, den mir jene Briefe einflößten, weckten sie in mir eine Erinnerung, die sehr komischer Art, die mich fast bis zum Lachen erheiterte, und die ich hier durchaus nicht verschweigen kann. Ich gestehe es, die ganze Erscheinung Börne's, wie sie sich in jenen Briefen offenbarte, erinnerte mich an den alten Polizeivogt, der, als ich ein kleiner Knabe war, in meiner Vaterstadt regierte. Ich sage: regierte, da er, mit unumschränktem Stock die öffentliche Ruhe verwaltend, uns kleinen Buben einen ganz majestätischen Respect einflößte und uns schon durch seinen bloßen Anblick gleich auseinander jagte, wenn wir auf der Straße gar zu lärmige Spiele trieben. Dieser Polizeivogt wurde plötzlich wahnsinnig und bildete

sich ein, er sei ein kleiner Gassenjunge, und zu unserer unheim=
lichsten Verwunderung sahen wir, wie er, der allmächtige Straßen=
beherrscher, statt Ruhe zu stiften, uns zu dem lautesten Unfug
aufforderte. „Ihr seid viel zu zahm," rief er, „ich aber will
euch zeigen, wie man Spektakel machen muß!" Und dabei fing
er an, wie ein Löwe zu brüllen oder wie ein Kater zu miauen,
und er klingelte an den Häusern, daß die Thürglocke abriß, und
er warf Steine gegen die klirrenden Fensterscheiben, immer
schreiend: „Ich will euch lehren, Jungens, wie man Spektakel
macht!" Wir kleinen Buben amüsirten uns sehr über den Alten
und liefen jubelnd hinter ihm drein, bis man ihn in's Irren=
haus abführte.

Während der Lectüre der Börne'schen Briefe dachte ich wahr=
haftig immer an den alten Polizeivogt, und mir war oft, als
hörte ich wieder seine Stimme: „Ich will euch lehren, wie man
Spektakel macht!"

In den mündlichen Gesprächen Börne's war die Steigerung
seines politischen Wahnsinns minder auffallend, da sie im Zu=
sammenhang blieb mit den Leidenschaften, die in seiner nächsten
Umgebung wütheten, sich beständig schlagfertig hielten und nicht
selten auch thatsächlich zuschlugen. Als ich Börne zum zweiten=
male besuchte, in der Rue de Provence, wo er sich definitiv
einquartirt hatte, fand ich in seinem Salon eine Menagerie
von Menschen, wie man sie kaum im Jardin=des=Plantes finden
möchte. Im Hintergrunde kauerten einige deutsche Eisbären,
welche Tabak rauchten, fast immer schwiegen, und nur dann und
wann einige vaterländische Donnerwetter im tiefsten Brummbaß
hervorfluchten. Neben ihnen hockte auch ein polnischer Wolf,
welcher eine rothe Mütze trug und manchmal die süßlich fadesten
Bemerkungen mit heiserer Kehle heulte. Dann fand ich dort
einen französischen Affen, der zu den häßlichsten gehörte, die ich
jemals gesehen; er schnitt beständig Gesichter, damit man sich
das schönste darunter aussuchen möge.[128]) Das unbedeutendste
Subject in jener Börne'schen Menagerie war ein Herr*, der Sohn
des alten*, eines Weinhändlers zu Frankfurt am Main, der ihn
gewiß in sehr nüchterner Stimmung gezeugt . . . eine lange,
hagere Gestalt, der wie der Schatten einer Eau de Cologne=
Flasche aussah, aber keineswegs wie der Inhalt derselben roch.
Trotz seines dünnen Aussehen trug er, wie Börne behauptete,

zwölf wollene Unterjacken; denn ohne dieselben würde er gar nicht existiren. Börne machte sich beständig über ihn lustig:

„Ich präsentire Ihnen hier einen *, es ist freilich kein * erster Größe, aber er ist doch mit der Sonne verwandt, er empfängt von derselben sein Licht . . . er ist ein unterthäniger Verwandter des Herrn von Rothschild . . . Denken Sie sich, Herr *, ich habe diese Nacht im Traum den Frankfurter Rothschild hängen sehen, und Sie waren es, welcher ihm den Strick um den Hals legte . . ."

Herr * erschrak bei diesen Worten, und wie in Todesangst rief er: „Herr Berne, ich bitte Ihnen, sagen Sie das nicht weiter . . . ich hab Grind . . . ich hab Grind . . ." — wiederholte mehrmals der junge Mensch, und indem er sich gegen mich wandte, bat er mich mit leiser Stimme, ihm in eine Ecke des Zimmers zu folgen, um mir seine delicate „Posiziaun" zu vertrauen. „Sehen Sie," flüsterte er heimlich, „ich habe eine delicate Posiziaun. Die Frau von Herrn von Rothschild ist, sozusagen, meine Tante. Ich bitt Ihnen, erzählen Sie nicht im Hause des Herrn Baron von Rothschild, daß Sie mich hier bei Berne gesehen haben . . . ich hab' Grind."

*   *   *

Börne war von nun an als die Seele der Pariser Propaganda zu betrachten.

Ich habe mich eben des Wortes „Propaganda" bedient; aber ich gebrauche dasselbe in einem andern Sinne als gewisse Delatoren, die unter jenem Ausdruck eine geheime Verbrüderung verstehen, eine Verschwörung der revolutionären Geister in ganz Europa, eine Art blutdürstiger, atheistischer und regizider Maçonnerie. Nein, jene Pariser Propaganda bestand viel mehr aus rohen Händen als aus feinen Köpfen; es waren Zusammenkünfte von Handwerkern deutscher Zunge, die in einem großen Saale des Passage Sauman oder in den Faubourgs sich versammelten, wohl fürnehmlich, um in der lieben Sprache der Heimath über vaterländische Gegenstände mit einander zu conversiren. Hier wurden nun, durch leidenschaftliche Reden im Sinne der rhein-bayrischen Tribüne, viele Gemüther fanatisirt, und da der Republikanismus eine so gerade Sache ist, und leichter begreifbar, als z. B. die conſtitutionelle Regierungsform, wobei ſchon mancherlei Kenntniſſe vorausgeſetzt werden, ſo dauerte es nicht lange, und tauſende von deutſchen Handwerksgeſellen wurden Republikaner und predigten die neue Ueberzeugung. Wenn ich daher las, wie norddeutſche Blätter ſich darüber luſtig machten, daß Börne mit ſechshundert Schneidergeſellen auf den Montmartre geſtiegen, um ihnen eine Bergpredigt zu halten, mußte ich mitleidig die Achſel zucken, aber am wenigſten über Börne, der eine Saat ausſtreute, die früh oder ſpät die furchtbarſten Früchte hervorbringt. Er ſprach ſehr gut, bündig, überzeugend, volksmäßig; nackte, kunſtloſe Rede, ganz im Bergpredigerton. Ich habe ihn freilich nur ein einziges Mal reden hören, nämlich in dem Paſſage Saumon, wo Garnier der „Volksverſammlung" präſidirte... Börne ſprach über den Preßverein, welcher ſich vor ariſtokratiſcher Form zu bewahren habe; Garnier donnerte gegen Nikolaus, den Czar von Rußland; ein verwachſener, krummbeiniger Schuſtergeſelle trat auf und behauptete, alle Menſchen ſeien gleich... Ich ärgerte mich nicht wenig über dieſe Impertinenz... Es war das erſte und letzte Mal, daß ich der Volksverſammlung beiwohnte.

Dieſes eine Mal war aber auch hinreichend... Ich will dir gern, lieber Leſer, bei dieſer Gelegenheit ein Geſtändniß machen, das du eben nicht erwarteſt. Du meinſt vielleicht, der höchſte Ehrgeiz meines Lebens hätte immer darin beſtanden, ein großer Dichter zu werden, etwa gar auf dem Capitol gekrönt zu werden, wie weiland Meſſer Francesco Petrarca... Nein, es waren vielmehr die großen Volksredner, die ich immer beneidete, und ich hätte für mein Leben gern auf öffentlichem Markte vor einer bunten Verſammlung das große Wort erhoben, welches die Leidenſchaften aufwühlt oder beſänftigt und immer eine augenblickliche Wirkung hervorbringt. Ja, unter vier Augen will ich es dir gern eingeſtehen, daß ich in jener unerfahrenen Jugendzeit, wo uns die comödiantenhaften Gelüſte anwandeln, mich oft in eine ſolche Rolle hineindachte. Ich wollte durchaus ein großer Redner werden, und wie Demoſthenes declamirte ich zuweilen am einſamen Meeresſtrand, wenn Wind und Wellen brauſten und heulten; ſo übt man ſeine Lungen und gewöhnt ſich daran, mitten im größten Lärm einer Volksverſammlung zu ſprechen. Nicht ſelten ſprach ich auf freiem Felde vor einer großen Anzahl Ochsen und Kühe, und es gelang mir, das versammelte Rindviehvolk zu überbrüllen. Schwerer schon ist es, vor Schafen eine Rede zu halten. Bei allem, was du ihnen sagst, diesen Schafsköpfen, wenn du sie ermahnst, sich zu befreien, nicht wie ihre Vorfahren gedulbig zur Schlachtbank zu wandern ... sie antworten dir nach jedem Satze mit einem so unerschütterlich gelassenen Mäh! Mäh! daß man die Contenance verlieren kann. Kurz, ich that alles, um, wenn bei uns einmal eine Revolution aufgeführt werden möchte, als deutscher Volksredner auftreten zu können. Aber ach! schon gleich bei der ersten Probe merkte ich, daß ich in einem solchen Stücke meine Lieblingsrolle nimmermehr tragiren kann. Und lebten sie noch, weder Demosthenes, noch Cicero, noch Mirabeau könnten in einer deutschen Revolution als Sprecher auftreten; denn bei einer deutschen Revolution wird geraucht. Denkt euch meinen Schreck, als ich in Paris der obenerwähnten Volksversammlung beiwohnte, fand ich sämmtliche Vaterlandsretter mit Tabakspfeifen im Maule, und der ganze Saal war so erfüllt von schlechtem Knasterqualm, daß er mir gleich auf die Brust schlug und es mir platterdings unmöglich gewesen wäre, ein Wort zu reden...

Ich kann den Tabaksqualm nicht vertragen, und ich merkte, daß in einer deutschen Revolution die Rolle eines Großsprechers in der Weise Börne's und Consorten nicht für mich paßte. Ich merkte überhaupt, daß die deutsche Tribunalcarriere nicht eben mit Rosen, und am allerwenigsten mit reinlichen Rosen bedeckt. So z. B. mußt du allen diesen Zuhörern, „lieben Brüdern und Gevattern" recht derb die Hand drücken. Es ist vielleicht metaphorisch gemeint, wenn Börne behauptet: im Fall ihm ein König die Hand gedrückt, würde er sie nachher ins Feuer halten, um sie zu reinigen; es ist aber durchaus nicht bildlich, sondern ganz buchstäblich gemeint, daß ich, wenn mir das Volk die Hand gedrückt, sie nachher waschen werde.

Man muß in wirklichen Revolutionszeiten das Volk mit eigenen Augen gesehen, mit eigener Nase gerochen haben, man muß mit eignen Ohren anhören, wie dieser souveräne Rattenkönig sich ausspricht, um zu begreifen, was Mirabeau andeuten will mit den Worten: „Man macht keine Revolution mit Lavendelöl." So lange wir die Revolutionen in den Büchern lesen, sieht das alles sehr schön aus, und es ist damit, wie mit jenen Landschaften, die, kunstreich gestochen auf dem weißen Velinpapier, so rein, so freundlich aussehen, aber nachher, wenn man sie in natura betrachtet, vielleicht an Grandiosität gewinnen, doch einen sehr schmutzigen und schäbigen Anblick in den Einzelheiten gewähren; die in Kupfer gestochenen Misthaufen riechen nicht, und der in Kupfer gestochene Morast ist leicht mit den Augen zu durchwaten!

* * *

Es ist weder hier der Ort, noch ist es jetzt an der Zeit, ausführlicher über die Differenzen zu reden, die sich bald nach der Juliusrevolution zwischen mir und den deutschen Revolutionären in Paris kundgeben mußten. Als der bedeutendste Repräsentant der letzteren muß unser Ludwig Börne betrachtet werden, zumal in den letzten Jahren seines Lebens, und neben dem Czaren aller Reußen war es wohl der Schreiber dieser Blätter, den sein rhadamantischer Zorn am stärksten traf...

Ob aber bei Ludwig Börne nicht manchmal ein geheimer Neid im Spiele war? Er war ja ein Mensch, und während er glaubte, er ruinire den guten Leumund eines Andersgesinnten nur im Interesse der Republik, während er sich vielleicht noch etwas darauf zu gute that, dieses Opfer gebracht zu haben, befriedigte er unbewußt die versteckten Gelüste der eigenen bösen Natur, wie einst Maximilian Robespierre, glorreichen Andenkens!

Und namentlich in Betreff meiner hat der Selige sich solchen Privatgefühlen hingegeben, und alle seine Anfeindungen waren am Ende nichts anders, als der kleine Neid, den der kleine Tambour-Maître gegen den großen Tambour-Major empfindet — er beneidete mich ob des großen Federbusches, der so keck in die Lüfte hineinjauchzt, ob meiner reichgestickten Uniform, woran mehr Silber, als er, der kleine Tambour-Maître, mit seinem ganzen Vermögen bezahlen konnte, ob der Geschicklichkeit, womit ich den großen Stock balancire, ob der Liebesblicke, die mir die jungen Dirnen zuwerfen, und die ich vielleicht mit etwas Koketterie erwidere!

Es gab übrigens noch ganz besondere Mißstände, die mir geboten, mich von Börne entfernt zu halten...

Das ganze Reinlichkeitsgefühl meiner Seele sträubte sich in

mir bei dem Gedanken, mit seiner nächsten Umgebung in die
mindeste Berührung zu gerathen.¹²⁹) Soll ich die Wahrheit ge=
stehen, so sah ich in Börne's Haushalt eine Immoralität, die
mich anwiderte...

* * *

Dieses Geständniß mag befremdlich klingen im Munde eines
Mannes, der nie im Zelotengeschrei sogenannter Sittenprediger
einstimmte und selber hinlänglich von ihnen verketzert wurde.
Verdiente ich wirklich diese Verketzerungen? Nach tiefster Selbst=
prüfung kann ich mir das Zeugniß geben, daß niemals meine
Gedanken und Handlungen in Widerspruch gerathen mit der
Moral, mit jener Moral, die meiner Seele eingeboren, die viel=
leicht meine Seele selbst ist, die beseelende Seele meines Lebens.
Ich gehorche fast passiv einer sittlichen Nothwendigkeit, und mache
deshalb keine Ansprüche auf Lorbeerkränze und sonstige Tugend=
preise. Ich habe jüngst ein Buch gelesen, worin behauptet wird,
ich hätte mich gerühmt, es liefe keine Phryne über die Pariser
Boulevards, deren Reize mir unbekannt geblieben. Gott weiß,
welchem ehrwürdigen Correspondenzler solche saubere Anekdoten
nachgesprochen wurden; ich kann aber dem Verfasser jenes Buches
die Versicherung geben, daß ich selbst in meiner tollsten Jugend=
zeit nie ein Weib erkannt habe, wenn ich nicht dazu begeistert
ward durch ihre Schönheit, die körperliche Offenbarung Gottes,
oder durch die große Passion, die ebenfalls göttlicher Art, weil
sie uns von allen selbstsüchtigen Kleingefühlen befreit und die
eiteln Güter des Lebens, ja das Leben selbst hinopfern läßt!...
Und die Welt ist am Ende gerecht, und sie verzeiht die Flammen,
wenn nur der Brand stark und echt ist, und schön lobert und
lange... Gegen eitel verpuffendes Strohfeuer ist sie hart, und
sie verspottet jede ängstliche Halbgluth... Die Welt achtet und
ehrt jede Leidenschaft, sobald sie sich als eine wahre erprobt,
und die Zeit erzeugt auch in diesem Falle eine gewisse Legi=
timität...

Mit Mißbehagen erfüllte mich ferner Börne's beständiges
Kannegießern. Immer politisches Räsonniren und wieder
Räsonniren, und sogar beim Essen, wo er mich aufzusuchen
wußte. Bei Tische, wo ich so gern alle Misere der Welt ver=
gesse, verdarb er mir die besten Gerichte durch seine patriotische

Galle, die er gleichsam wie eine bittere Sauce darüber hinschwatzte. Kalbsfüße à la maître d'Hôtel, damals eine harmlose Lieblings=
speise, er verleidete sie mir durch Hiobsposten aus der Heimath, die er aus den unzuverlässigsten Zeitungen zusammengabelt hatte. Und dann seine verfluchten Bemerkungen, die einem den Appetit verdarben. So z. B. kroch er mir mal nach in den Restaurant der Rue Lepelletier, wo damals nur politische Flücht=
linge aus Italien, Spanien, Portugal und Polen zu Mittag speisten. Börne, welcher sie alle kannte, bemerkte mit freudigem Händereiben: wir Beiden seien von der ganzen Gesellschaft die einzigen, die nicht von ihrer respectiven Regierung zum Tode verurtheilt worden. „Aber ich habe," setzte er hinzu, „noch nicht alle Hoffnung aufgegeben, es ebenso weit zu bringen. Wir werden am Ende alle gehenkt, und Sie ebenso gut wie ich." Ich äußerte bei dieser Gelegenheit, daß es in der That für die Sache der deutschen Revolution sehr förderlich wäre, wenn unsere Regie=
rungen etwas rascher verführen und einige Revolutionäre wirk=
lich aufhingen, damit die übrigen sähen, daß die Sache gar kein Spaß und alles an alles gesetzt werden müsse . . . „Sie wollen gewiß," fiel mir Börne in die Rede, „daß wir nach dem Alphabet gehenkt werden, und da wäre ich einer der ersten und käme schon im Buchstab B., man mag mich nun als Börne oder als Baruch hängen; und es hätte dann noch gute Weile, bis man an Sie käme, tief in's H."

Das waren nun Tischgespräche, die mich nicht sehr erquickten, und ich rächte mich dafür, indem ich für die Gegenstände des Börne'schen Enthusiasmus eine übertriebene, fast leidenschaftliche Gleichgültigkeit affectirte. Z. B. Börne hatte sich geärgert, daß ich gleich bei meiner Ankunft in Paris nichts Besseres zu thun wußte, als für deutsche Blätter einen langen Bericht über die damalige Gemäldeausstellung zu schreiben. Ich lasse dahin ge=
stellt sein, ob das Kunstinteresse, das mich zu solcher Arbeit trieb, so ganz unvereinbar war mit den revolutionären Inter=
essen des Tages; aber Börne sah hierin einen Beweis meines Indifferentismus für die heilige Sache der Menschheit, und ich konnte ihm ebenfalls die Freude seines patriotischen Sauerkrauts verleiden, wenn ich bei Tisch von nichts als von Bildern sprach, von Robert's Schnittern, von Horace Vernet's Judith, von Scheffer's Faust. „Was thaten Sie," frug er mich einst, „am ersten Tag

Ihrer Ankunft in Paris? was war Ihr erster Gang?" Er erwartete gewiß, daß ich ihm die Place Louis XV. oder das Pantheon, die Grabmäler Rousseau's und Voltaire's, als meine erste Ausflucht nennen würde, und er machte ein sonderbares Gesicht, als ich ihm ehrlich die Wahrheit gestand, daß ich nämlich gleich nach meiner Ankunft nach der Bibliothéque royale gegangen und mir vom Aufseher der Manuscripte den Codex der Minnesänger hervorholen ließ. Und das ist wahr; seit Jahren gelüstete mich, mit eigenen Augen die theuren Blätter zu sehen, die uns unter anderen die Gedichte Walter's von der Vogelweide, des größten deutschen Lyrikers, aufbewahrt haben. Für Börne war dieses ebenfalls ein Beweis meines Indifferentismus, und er zieh mich des Widerspruchs mit meinen politischen Grundsätzen. Daß ich es nie der Mühe werth hielt, letztere mit ihm zu diskutiren, versteht sich von selbst; und als er einst auch in meinen Schriften einen Widerspruch entdeckt haben wollte, begnügte ich mich mit der ironischen Antwort: „Sie irren sich, Liebster, dergleichen findet sich nie in meinen Büchern, denn jedesmal ehe ich schreibe, pflege ich vorher meine politischen Grundsätze in meinen früheren Schriften wieder nachzulesen, damit ich mir nicht widerspreche und man mir keinen Abfall von meinen liberalen Principien vorwerfen könne." Aber nicht bloß beim Essen, sondern sogar in meiner Nachtruhe incommodirte mich Börne mit seiner patriotischen Exaltation. Er kam einmal um Mitternacht zu mir heraufgestiegen in meine Wohnung, weckte mich aus dem süßesten Schlaf, setzte sich vor mein Bett, und jammerte eine ganze Stunde über die Leiden des deutschen Volks, und über die Schändlichkeiten der deutschen Regierungen, und wie die Russen für Deutschland so gefährlich seien, und wie er sich vorgenommen habe, zur Rettung Deutschlands gegen den Kaiser Nikolaus zu schreiben und gegen die Fürsten, die das Volk so mißhandelten, und gegen den Bundestag... Und ich glaube, er hätte bis zum Morgen in diesem Zuge fortgeredet, wenn ich nicht plötzlich nach langem Schweigen in die Worte ausbrach: „Sind Sie Gemeindeversorger?" —

Nur zweimal habe ich ihn seitdem wieder gesprochen. Das eine Mal bei der Heirath eines gemeinsamen Freundes, der uns beide als Zeugen gewählt, das andere Mal auf einem Spaziergang in den Tuilerien, dessen ich bereits erwähnte. Bald darauf erschien der dritte und vierte Theil seiner Pariser Briefe, und ich vermied nicht bloß jede Gelegenheit des Zusammentreffens, sondern ich ließ ihn auch merken, daß ich ihm geflissentlich aus= wich, und seit der Zeit habe ich ihm zwar zwei= oder dreimal begegnet, aber nie habe ich seitdem ein einziges Wort mit ihm gesprochen. Bei seiner sanguinischen Art wurmte ihn das bis zur Verzweiflung, und er setzte alle möglichen Erfindungen in's Spiel, um mir wieder freundschaftlich nahen zu dürfen, oder wenigstens eine Unterredung mit mir zu bewirken. Ich hatte also nie im Leben mit Börne einen mündlichen Disput, nie sagten wir uns irgend eine schwere Beleidigung; nur aus seinen gedruckten Reden merkte ich die lauernde Böswilligkeit, und nicht verletztes Selbstgefühl, sondern höhere Sorgen und die Treue, die ich meinem Denken und Wollen schuldig bin, bewogen mich, mit einem Mann zu brechen, der meine Gedanken und Bestrebungen compromittiren wollte. Solches hartnäckige Ablehnen ist aber nicht ganz in meiner Art, und ich wäre vielleicht nachgiebig genug gewesen, mit Börne wieder zu sprechen und Umgang zu pflegen . . . zumal da sehr liebe Personen mich mit vielen Bitten angingen, und die gemeinschaftlichen Freunde oft in Verlegenheit geriethen bei Einladungen, deren ich keine annahm, wenn ich nicht vorher die Zusicherung erhielt, daß Herr Börne nicht ge= laden sei . . . noch außerdem riethen mir meine Privatinteressen, den grimmblüthigen Mann durch solches strenges Zurückweisen nicht allzusehr zu reizen . . . aber ein Blick auf seine Umgebung, auf seine lieben Getreuen, auf den vielköpfigen und mit den Schwänzen zusammengewachsenen Rattenkönig, dessen Seele er bildete, und der Ekel hielt mich zurück von jeder neuen Berührung mit Börne.

So vergingen mehrere Jahre, drei, vier Jahre, ich verlor den Mann auch geistig aus dem Gesicht, selbst von jenen Artikeln, die er in französischen Zeitschriften gegen mich schrieb, und die im ehrlichen Deutschland so verleumderisch ausgebeutet wurden, nahm ich wenig Notiz, als ich eines späten Herbstabends die Nachricht erhielt: Börne sei gestorben. . .

Ich habe seinem Begräbnisse nicht beigewohnt, was unsere hiesigen Correspondenzler nicht ermangelten nach Deutschland zu berichten, und was zu bösen Auslegungen Gelegenheit gab. Nichts ist aber thörichter, als in jenem Umstande, der rein zu=

fällig sein konnte, eine feindselige Härte zu erblicken. Die Thoren, sie wissen nicht, daß es kein angenehmeres Geschäft giebt, als dem Leichenbegängnisse eines Feindes zu folgen!

Ich war nie Börne's Freund, und ich war auch nie sein Feind. Der Unmuth, den er manchmal in mir erregen konnte, war nie bedeutend, und er büßte dafür hinlänglich durch das kalte Schweigen, das ich allen seinen Verketzerungen und Nücken entgegensetzte. Ich habe, während er lebte, auch keine Zeile gegen ihn geschrieben, ich gedachte seiner nie, ich ignorirte ihn complett, und das ärgerte ihn über alle Maßen.

Wenn ich jetzt von ihm rede, geschieht es wahrlich weder aus Enthusiasmus noch aus Mißlaune; ich bin mir wenigstens der kältesten Unparteilichkeit bewußt. Ich schreibe hier weder eine Apologie noch eine Kritik, und indem ich nur von der eigenen Anschauung ausgehe bei der Schilderung des Mannes, dürfte das Standbild, das ich von ihm liefere, vielleicht als ein ikonisches zu betrachten sein. Und es gebührt ihm ein solches Standbild, ihm, dem großen Ringer, der in der Arena unserer politischen Spiele so muthig rang, und, wo nicht den Lorbeer, doch gewiß den Kranz von Eichenlaub ersiegte.

Wir geben sein Standbild mit seinen wahren Zügen, ohne Idealisirung, je ähnlicher desto ehrender für sein Andenken. Er war ja weder ein Genie noch ein Heros; er war kein Gott des Olymp's. Er war ein Mensch, ein Bürger der Erde, er war ein guter Schriftsteller und ein großer Patriot.

Indem ich Ludwig Börne einen guten Schriftsteller genannt, und ihm nur das schlichte Beiwort „gut" zuerkenne, möchte ich seinen ästhetischen Werth weder vergrößern noch verkleinern. Ich gebe überhaupt hier, wie ich bereits erwähnt, keine Kritik, ebensowenig wie eine Apologie seiner Schriften; nur ein unmaßgebliches Dafürhalten darf in diesen Blättern seine Stelle finden. Ich suche dieses Privaturtheil so kurz als möglich abzufassen; daher nur wenig Worte über Börne in rein litterarischer Beziehung.

Soll ich in der Litteratur einen verwandten Character aufsuchen, so böte sich zuerst Gotthold Ephraim Lessing, mit welchem Börne sehr oft verglichen worden. Aber diese Verwandtschaft beruht nur auf der inneren Tüchtigkeit, dem edlen Willen, der patriotischen Passion und dem Enthusiasmus für Humanität. Auch die Verstandesrichtung war in Beiden dieselbe. Hier aber hört der Vergleich auf. Lessing war groß durch jenen offenen Sinn für Kunst und philosophische Speculation, welcher dem armen Börne gänzlich abging. Es giebt in der ausländischen Litteratur zwei Männer, die mit ihm eine weit größere Aehnlichkeit haben; diese Männer sind William Hazlitt und Paul Courrier.[130]) Beide sind vielleicht die nächsten litterarischen Verwandten Börne's, nur daß Hazlitt ihn ebenfalls an Kunstsinn überflügelt und Courrier sich keineswegs zum Börne'schen Humor erheben kann. Ein gewisser Esprit ist allen Dreien gemeinsam, obgleich er bei jedem eine verschiedene Färbung trägt — er ist trübsinnig bei Hazlitt, dem Briten, wo er wie Sonnenstrahlen aus dicken englischen Nebenwolken hervorblitzt; er ist fast muthwillig heiter bei dem Franzosen Courrier, wo er wie der junge Wein der Touraine im Keller braust und sprudelt und manchmal übermüthig emporzischt; bei Börne, dem Deutschen, ist er beides, trübsinnig und heiter, wie der säuerlich ernste Rheinwein und das närrische Mondlicht der deutschen Heimath . . . Sein Esprit wird manchmal zum Humor.

Ja, dieser Börne war ein großer Patriot, vielleicht der größte, der aus Germania's stiefmütterlichen Brüsten das glühendste Leben und den bittersten Tod gesogen! In der Seele dieses Mannes jauchzte und blutete eine rührende Vaterlandsliebe, die ihrer Natur nach verschämt, wie jede Liebe, sich gern unter knurrenden Scheltworten und nergelnden Murrsinn versteckte, aber in unbewachter Stunde desto gewaltsamer hervorbrach. Wenn Deutschland allerlei Verkehrtheiten beging, die böse Folgen haben konnten, wenn es den Muth nicht hatte, eine heilsame Medicin einzunehmen, sich den Staar stechen zu lassen oder sonst eine kleine Operation auszuhalten, dann tobte und schimpfte Ludwig Börne und stampfte und wetterte; — wenn aber das vorausgesehene Unglück wirklich eintrat, wenn man Deutschland mit Füßen trat oder so lange peitschte, bis Blut floß, dann schmollte Börne nicht länger, und er fing an zu flennen, der arme Narr, der er war, und schluchzend behauptete er alsdann, Deutschland sei das beste Land der Welt und das schönste Land, und die Deutschen seien das schönste und edelste Volk, eine wahre Perle von Volk, und nirgends sei man klüger als in Deutschland, und sogar die Narren seien dort gescheit, und die Flegelei sei eigentlich Gemüth, und er sehnte sich ordentlich nach den geliebten Rippenstößen der Heimath, und er hatte manchmal ein Gelüste nach einer recht saftigen deutschen Dummheit, wie eine schwangere Frau nach einer Birne. Auch wurde für ihn die Entfernung vom Vaterlande eine wahre Marter, und manches böse Wort in seinen Schriften hat diese Qual hervorgepreßt. Wer das Exil nicht kennt, begreift nicht, wie grell es unsere Schmerzen färbt, und wie es Nacht und Gift in unsere Gedanken gießt. Dante schrieb seine Hölle im Exil. Nur wer im Exil gelebt hat, weiß auch, was Vaterlandsliebe ist, Vaterlandsliebe mit all' ihren süßen Schrecken und sehnsüchtigen Kümmernissen! Zum Glück für unsere Patrioten, die in Frankreich leben müssen, bietet dieses Land so viele Aehnlichkeit mit Deutschland; fast dasselbe Klima, dieselbe Vegetation, dieselbe Lebensweise. „Wie furchtbar muß das Exil sein, wo diese Aehnlichkeit fehlt," bemerkte mir einst Börne, als wir im Jardin-des-Plantes spazieren gingen, „wie schrecklich, wenn man um sich her nur Palmen und tropische Gewächse sähe und ganz wildfremde Thierarten, wie Kängurus und Zebras... Zu unserem Glücke sind die Blumen in Frankreich ganz so wie bei uns zu Hause, die Veilchen und Rosen sehen ganz wie deutsche aus, auch die Ochsen und Kühe und die Esel sind geduldig und nicht gestreift, ganz wie bei uns, und die Vögel sind gefiedert und singen in Frankreich ganz so wie in Deutschland, und wenn ich gar hier in Paris die Hunde herumlaufen sehe, kann ich mich ganz wieder über den Rhein zurückdenken, und mein Herz ruft mir zu: Das sind ja unsere deutschen Hunde!" ..

Die Verdächtigung seines Patriotismus erregte bei Börne, in der angeführten Stelle, eine Mißlaune, die der bloße Vorwurf jüdischer Abstammung niemals in ihm hervorzurufen vermochte. Es amüsirte ihn sogar, wenn die Feinde, bei der Fleckenlosigkeit seines Wandels, ihm nichts Schlimmeres nachzusagen wußten, als daß er der Sprößling eines Stammes, der einst die Welt mit seinem Ruhme erfüllte und trotz aller Herabwürdigung noch immer die uralt heilige Weihe nicht ganz eingebüßt hat. Er rühmte sich sogar oft dieses Ursprungs, freilich in seiner humoristischen Weise, und den Mirabeau parodirend, sagte er einst zu einem Franzosen: Jésus Christ — qui en paranthèse était mon cousin — a prêché l'égalité u. s. w. In der That, die Juden sind aus jenem Teige, woraus man

Götter knetet; tritt man sie heute mit Füßen, fällt man morgen vor ihnen auf die Kniee; während die einen sich im schäbigsten Kothe des Schachers herumwühlen, ersteigen die anderen den höchsten Gipfel der Menschheit, und Golgatha ist nicht der einzige Berg, wo ein jüdischer Gott für das Heil der Welt geblutet. Die Juden sind das Volk des Geistes, und jedesmal, wenn sie zu ihrem Principe zurückkehren, sind sie groß und herrlich, und beschämen und überwinden ihre plumpen Dränger. Der tiefsinnige Rosenkranz vergleicht sie mit dem Riesen Antäus, nur daß dieser jedesmal erstarkte, wenn er die Erde berührte, jene aber, die Juden, neue Kräfte gewinnen, sobald sie wieder mit dem Himmel in Berührung kommen. Merkwürdige Erscheinung der grellsten Extreme! Während unter diesen Menschen alle möglichen Fratzenbilder der Gemeinheit gefunden werden, findet man unter ihnen auch die Ideale des reinsten Menschenthums, und wie sie einst die Welt in neue Bahnen des Fortschrittes geleitet, so hat die Welt vielleicht noch weitere Initiativen von ihnen zu erwarten . . .

„Die Natur," sagte mir einst Hegel, „ist sehr wunderlich; dieselben Werkzeuge, die sie zu den erhabensten Zwecken gebraucht, benutzt sie auch zu den niedrigsten Verrichtungen . . .

Diejenigen, welche über die Dunkelheit Hegel's klagen, werden ihn hier verstehen, und wenn er auch obige Worte nicht eben in Beziehung auf Israel aussprach, so lassen sie sich doch darauf anwenden.

Wie dem auch sei, es ist leicht möglich, daß die Sendung dieses Stammes noch nicht ganz erfüllt, und namentlich mag dieses in Beziehung auf Deutschland der Fall sein. Auch letzteres erwartet einen Befreier, einen irdischen Messias — mit einem himmlischen haben uns die Juden schon gesegnet — einen König der Erde, einen Retter mit Scepter und Schwert, und dieser deutsche Befreier ist vielleicht derselbe, dessen auch Israel harret . . .

O theurer, sehnsüchtig erwarteter Messias!

Wo ist er jetzt, wo weilt er? Ist er noch ungeboren, oder liegt er schon seit einem Jahrtausend irgendwo versteckt, erwartend die große rechte Stunde der Erlösung? Ist es der alte Barbarossa, der im Kyffhäuser schlummernd sitzt auf dem steinernen Stuhle und schon so lange schläft, daß sein weißer Bart durch

ben steinernen Tisch durchgewachsen? . . . nur manchmal schlaf=
trunken schüttelt er das Haupt und blinzelt mit den halbge=
schlossenen Augen, greift auch wohl träumend nach dem Schwert...
und nickt wieder ein in den schweren Jahrtausendschlaf!

Nein, es ist nicht der Kaiser Rothbart, welcher Deutschland
befreien wird, wie das Volk glaubt, das deutsche Volk, das
schlummersüchtige, das träumende Volk, welches sich auch
seinen Messias nur in der Gestalt eines alten Schläfers
denken kann!

Da machen doch die Juden sich eine weit bessere Vorstellung
von ihrem Messias, und vor vielen Jahren, als ich in Polen
war und mit dem großen Rabbi Manasse ben Naphtali zu
Krakau verkehrte, horchte ich immer mit freudig offenem Herzen,
wenn er von dem Messias sprach . . . Ich weiß nicht mehr, in
welchem Buche des Talmud's die Details zu lesen sind, die mir
der große Rabbi ganz treu mittheilte, und überhaupt nur in den
Grundzügen schwebt mir seine Beschreibung des Messias noch
im Gedächtnisse. Der Messias, sagte er mir, sei an dem Tage
geboren, wo Jerusalem durch den Bösewicht, Titus Vespasian,
zerstört worden, und seitdem wohne er im schönsten Palaste des
Himmels, umgeben von Glanz und Freude, auch eine Krone auf
dem Haupte tragend, ganz wie ein König . . . aber seine Hände
seien gefesselt mit goldenen Ketten!

„Was," frug ich verwundert, „was bedeuten diese goldenen
Ketten?"

„Die sind nothwendig," erwiderte der große Rabbi mit einem
schlauen Blick und einem tiefen Seufzer, „ohne diese Fessel
würde der Messias, wenn er manchmal die Geduld verliert,
plötzlich herabeilen und zu frühe, zur unrechten Stunde, das
Erlösungswerk unternehmen. Er ist eben keine ruhige Schlaf=
mütze. Er ist ein schöner, sehr schlanker, aber doch ungeheuer
kräftiger Mann; blühend wie die Jugend. Das Leben, das
er führt, ist übrigens sehr einförmig. Den größten Theil des
Morgens verbringt er mit den üblichen Gebeten, oder lacht und
scherzt mit seinen Dienern, welche verkleidete Engel sind und
hübsch singen und die Flöte blasen. Dann läßt er sein langes
Haupthaar kämmen, und man salbt ihn mit Narden und bekleidet
ihn mit seinem fürstlichen Purpurgewande. Den ganzen Nach=
mittag studirt er die Kabbala. Gegen Abend läßt er seinen

alten Kanzler kommen, der ein verkleideter Engel ist, ebenso wie die vier starken Staatsräthe, die ihn begleiten, verkleidete Engel sind. Aus einem großen Buche muß alsdann der Kanzler seinem Herrn vorlesen, was jeden Tag passirte ... Da kommen allerlei Geschichten vor, worüber der Messias vergnügt lächelt, oder auch mißmüthig den Kopf schüttelt ... Wenn er aber hört, wie man unten sein Volk mißhandelt, dann geräth er in den furchtbarsten Zorn und heult, daß die Himmel erzittern ... Die vier starken Staatsräthe müssen dann den Ergrimmten zurückhalten, daß er nicht herabeile auf die Erde, und sie würden ihn wahrlich nicht bewältigen, wären seine Hände nicht gefesselt mit den goldenen Ketten ... Man beschwichtigt ihn auch mit sanften Reden, daß jetzt die Zeit noch nicht gekommen sei, die rechte Rettungsstunde, und er sinkt am Ende auf's Lager und verhüllt sein Antlitz und weint ..."

So ungefähr berichtete mir Manasse ben Naphtali zu Krakau, seine Glaubwürdigkeit mit Hinweisung auf den Talmud verbürgend. Ich habe oft an seine Erzählungen denken müssen, besonders in den jüngsten Zeiten, nach der Juliusrevolution. Ja, in schlimmen Tagen glaubte ich manchmal mit eigenen Ohren ein Gerassel zu hören wie von goldenen Ketten, und dann ein verzweifelndes Schluchzen ...

O verzage nicht, schöner Messias, der du nicht bloß Israel erlösen willst, wie die Juden sich einbilden, sondern die ganze leidende Menschheit! O, zerreißt nicht, ihr goldenen Ketten! O, haltet ihn noch einige Zeit gefesselt, daß er nicht zu früh komme, der rettende König der Welt.

* * *

.. Glücklich sind die, welche in den Kerkern der Heimath ruhig hinmodern ... denn diese Kerker sind eine Heimath mit eisernen Stangen, und deutsche Luft weht hindurch, und der Schlüsselmeister, wenn er nicht ganz stumm ist, spricht er die deutsche Sprache! ... Es sind heute über sechs Monde, daß kein deutscher Laut an mein Ohr klang, und alles, was ich dichte und trachte, kleidet sich mühsam in ausländische Redensarten ... Ihr habt vielleicht einen Begriff vom leiblichen Exil, jedoch vom geistigen Exil kann nur ein deutscher Dichter sich eine Vorstellung machen, der sich gezwungen sähe, den ganzen Tag französisch zu sprechen, zu schreiben, und sogar des Nachts am Herzen der Geliebten französisch zu seufzen! Auch meine Gedanken sind exilirt, exilirt in eine fremde Sprache.

Glücklich sind die, welche in der Fremde nur mit der Armuth zu kämpfen haben, mit Hunger und Kälte, lauter natürlichen Uebeln ... Durch die Luken ihrer Dachstuben lacht ihnen der Himmel und alle seine Sterne ... O goldenes Elend, mit weißen Glacéhandschuhen, wie bist du unendlich qualsamer! ... Das verzweifelnde Haupt muß sich frisiren lassen, wo nicht gar parfümiren und die zürnenden Lippen, welche Himmel und Erde verfluchen möchten, müssen lächeln, und immer lächeln ...

Glücklich sind die, welche über das große Leid am Ende ihr letztes bischen Verstand verloren und ein sicheres Unterkommen gefunden in Charenton oder in Bicètre, wie der arme F***, wie der arme B***, wie der arme L*** und so manche andere, die ich weniger kannte ... Die Zelle ihres Wahnsinns dünkt ihnen eine geliebte Heimath, und in der Zwangsjacke dünken sie sich Sieger über allen Despotismus, dünken sie sich stolze Bürger eines freien Staates ... Aber das Alles hätten sie zu Hause ebenso gut haben können!

Nur der Uebergang von der Vernunft zur Tollheit ist ein verdrießlicher Moment und gräßlich ... Mich schaudert, wenn ich daran denke, wie der F*** zum letztenmale zu mir kam, um ernsthaft mit mir zu verhandeln, daß man auch die Mondmenschen und die entferntesten Sternebewohner in den großen Völkerbund aufnehmen müsse. Aber wie soll man ihnen unsere Vorschläge ankündigen? Das war die große Frage. Ein anderer Patriot hatte in ähnlicher Absicht eine Art colossaler Spiegel erdacht, womit man Proclamationen mit Riesenbuchstaben in der Luft abspiegelt, so daß die ganze Menschheit sie auf einmal lesen könnte, ohne daß Censur und Polizei es zu verhindern vermöchten ... Welches staatsgefährliche Project! Und doch geschieht dessen keine Erwähnung in dem Bundestagsberichte über die revolutionäre Propaganda!

Am glücklichsten sind wohl die Todten, die im Grabe liegen, auf dem Père-Lachaise, wie du, armer Börne!

Ja, glücklich sind diejenigen, welche in den Kerkern der Heimath, glücklich die, welche in den Dachstuben des körperlichen Elends, glücklich die Verrückten im Tollhaus, am glücklichsten die Todten! Was mich betrifft, den Schreiber dieser Blätter, ich glaube mich am Ende gar nicht so sehr beklagen zu dürfen, da ich des Glückes aller dieser Leute gewissermaßen theilhaft werde durch jene wunderliche Empfänglichkeit, jene unwillkürliche Mit=empfindung, jene Gemüthskrankheit, die wir bei den Poeten finden und mit keinem rechten Namen zu bezeichnen wissen. Wenn ich auch am Tage wohlbeleibt und lachend dahinwandle durch die funkelnden Gassen Babylon's, glaubt mir's! sobald der Abend herabsinkt, erklingen die melancholischen Harfen in meinem Herzen, und gar des Nachts erschmettern darin alle Pauken und Cymbeln des Schmerzes, die ganze Janitscharenmusik der Weltqual, und es steigt empor der entsetzliche gellende Mummenschanz . . .

O welche Träume! Träume des Kerkers, des Elends, des Wahnsinns, des Todes! Ein schrillendes Gemisch von Unsinn und Weisheit, eine bunte vergiftete Suppe, die nach Sauerkraut schmeckt und nach Orangeblüthen riecht! Welch ein grauenhaftes Gefühl, wenn die nächtlichen Träume das Treiben des Tages verhöhnen, und aus den flammenden Mohnblumen die ironischen Larven hervorgucken und Rübchen schaben, und die stolzen Lorbeer=bäume sich in graue Disteln verwandeln, und die Nachtigallen ein Spottgelächter erheben . . .

Gewöhnlich in meinen Träumen sitze ich auf einem Eckstein der Rue Laffitte, an einem feuchten Herbstabend, wenn der Mond auf das schmutzige Boulevardpflaster herabstrahlt mit langen Streiflichtern, so daß der Koth vergoldet scheint, wo nicht mit blitzenden Diamanten übersäet . . . Die vorübergehenden Menschen sind ebenfalls nur glänzender Koth: Stockjobbers, Spieler, wohl=feile Scribenten, Falschmünzer des Gedankens, noch wohlfeilere Dirnen . . . satte Faulbäuche, die im Café de Paris gefüttert worden und jetzt nach der Academie de Musique hinstürzen, nach der Cathedrale des Lasters, wo Fanny Elsler tanzt und lächelt . . . Dazwischen rasseln auch die Carossen und springen die Lakaien, die bunt wie Tulpen und gemein wie ihre gnädige Herrschaft . . . Und wenn ich nicht irre, in einer jener frechen goldenen Kutschen sitzt der ehemalige Cigarrenhändler Aguado, und seine stampfen=den Rosse bespritzen von oben bis unten meine rosarothen Tricot=kleider . . . Ja, zu meiner eigenen Verwunderung bin ich ganz in rosenrothen Tricot gekleidet, in ein sogenanntes fleischfarbiges Gewand, da die vorgerückte Jahrzeit und auch das Klima keine völlige Nacktheit erlaubt, wie in Griechenland, bei den Thermopylen, wo der König Leonidas mit seinen dreihundert Spartanern am Vorabend der Schlacht ganz nackt tanzte, ganz nackt, das Haupt mit Blumen bekränzt . . . Eben wie Leonidas auf dem Gemälde von David bin ich costumirt, wenn ich in meinen Träumen auf dem Eckstein sitze an der Rue Lafitte, wo der verdammte Kutscher von Aguado mir meine Tricothosen bespritzt . . . Der Lump, er bespritzt mir sogar den Blumenkranz, den ich auf meinem Haupt trage, der aber, unter uns gesagt, schon ziemlich trocken und nicht mehr duftet . . . Ach! es waren frische, freudige Blumen, als ich mich einst damit schmückte, in der Meinung, den andern Morgen ging es zur Schlacht, zum heiligen Todessieg für das Vaterland — — — Das ist nun lange her, mürrisch und müßig sitze ich an der Rue Lafitte und harre des Kampfes, und unterdessen welken die Blumen auf meinem Haupte, und auch meine Haare färben sich weiß, und mein Herz erkrankt mir in der Brust . . . Heiliger Gott! was wird einem die Zeit so lang bei solchem thatlosen Harren, und am Ende stirbt mir noch der Muth . . . Ich sehe, wie die Leute vorbeigehen, mich mitleidig anschauen und einander zuflüstern: „Der arme Narr!"

Wie die Nachtträume meine Tagesgedanken verhöhnen, so geschieht es auch zuweilen, daß die Gedanken des Tages über die unsinnigen Nachtträume sich lustig machen, und mit Recht, denn ich handle im Traum oft wie ein wahrer Dummkopf. Jüngst träumte mir, ich machte eine große Reise durch ganz Europa, nur daß ich mich dabei keines Wagens mit Pferden, sondern eines gar prächtigen Schiffes bediente. Das ging gut, wenn ein Fluß oder ein See sich auf meinem Wege befand. Solches war aber der seltenere Fall, und gewöhnlich mußte ich über festes Land, was für mich sehr unbequem, da ich alsdann mein Schiff über weite Ebenen, Waldstege, Moorgründe, und sogar über hohe Berge fortschleppen mußte, bis ich wieder an einen Fluß oder See kam, wo ich gemächlich segeln konnte. Gewöhnlich aber, wie gesagt, mußte ich mein Fahrzeug selber fortschleppen, was mir sehr viel Zeitverlust und nicht geringe Anstrengung kostete, so daß ich am Ende vor Ueberdruß und Müdigkeit erwachte. Nun aber, des Morgens beim ruhigen Kaffee, machte ich die richtige Bemerkung, daß ich weit schneller und bequemer gereist wäre, wenn ich gar kein Schiff besessen hätte und wie ein gewöhnlicher armer Teufel immer zu Fuß gegangen wäre.

Am Ende kommt es auf eins heraus, wie wir die große Reise gemacht haben, ob zu Fuß oder zu Pferd oder zu Schiff . . . Wir gelangen am Ende alle in dieselbe Herberge, in dieselbe schlechte Schenke, wo man die Thüre mit einer Schaufel aufmacht, wo die Stube so eng, so kalt, so dunkel, wo man aber gut schläft, fast gar zu gut . . .

Ob wir einst auferstehen? Sonderbar! meine Tagesgedanken verneinen diese Frage, und aus reinem Widerspruchsgeiste wird sie von meinen Nachtträumen bejaht. So z. B. träumte mir unlängst, ich sei in der ersten Morgenfrühe nach dem Kirchhof gegangen, und dort, zu meiner höchsten Verwunderung, sah ich, wie bei jedem Grabe ein Paar blankgewichster Stiefel stand, ungefähr wie in den Wirthshäusern vor den Stuben der Reisenden . . . Das war ein wunderlicher Anblick, es herrschte eine sanfte Stille auf dem ganzen Kirchhof, die müden Erdenpilger schliefen, Grab neben Grab, und die blankgewichsten Stiefel, die dort in langen Reihen standen, glänzten im frischen Morgenlicht, so hoffnungsreich, so verheißungsvoll, wie ein sonnenklarer Beweis der Auferstehung. — —

Ich vermag den Ort nicht genau zu bezeichnen, wo auf dem Père-Lachaise sich Börne's Grab befindet. Ich bemerke dieses ausdrücklich. Denn während er lebte, ward ich nicht selten von reisenden Deutschen besucht, die mich frugen, wo Börne wohne, und jetzt werde ich sehr oft mit der Frage behelligt: wo Börne begraben läge? So viel man sagt, liegt er unten auf der rechten Seite des Kirchhofs, unter lauter Generälen aus der Kaiserzeit und Schauspielerinnen des Theatre-Français . . . unter todten Adlern und todten Papageien.

In der „Zeitung für die elegante Welt" las ich jüngst, daß das Kreuz auf dem Grabe Börne's vom Sturme niedergebrochen worden. Ein jüngerer Poet besang diesen Umstand in einem schönen Gedichte,[131]) wie denn überhaupt Börne, der im Leben so oft mit den faulsten Aepfeln der Prosa beschmissen worden, jetzt nach seinem Tode mit den wohlduftigsten Versen beräuchert wird. Das Volk steinigt gern seine Propheten, um ihre Religion desto inbrünstiger zu verehren; die Hunde, die uns heute anbellen, morgen küssen sie gläubig unsere Knochen! — —

Wie ich bereits gesagt habe, ich liefere hier weder eine Apologie noch eine Kritik des Mannes, womit sich diese Blätter beschäftigen. Ich zeichne nur sein Bild, mit genauer Angabe des Ortes und der Zeit, wo er mir saß. Zugleich verhehle ich nicht, welche günstige oder ungünstige Stimmung mich während der Sitzung beherrschte. Ich liefere dadurch den besten Maßstab für den Glauben, den meine Angaben verdienen.

Ist aber einerseits dieses beständige Constatiren meiner Persönlichkeit das geeignetste Mittel, ein Selbsturtheil des Lesers zu fördern, so glaube ich anderseits zu einem Hervorstellen meiner eigenen Person in diesem Buche besonders verpflichtet zu sein, da, durch einen Zusammenfluß der heterogensten Umstände, sowohl die Feinde wie die Freunde Börne's nie aufhörten, bei jeder Besprechung desselben über mein eigenes Dichten und Trachten mehr oder minder wohlwollend oder böswillig zu räsonniren. Die aristokratische Partei in Deutschland, wohl wissend, daß ihr die Mäßigung meiner Rede weit gefährlicher sei, als die Berserkerwuth Börne's, suchte mich gern als einen gleichgesinnten Cumpan desselben zu verschreien, um mir eine gewisse Solidarität seiner politischen Tollheiten aufzubürden. Die radikale Partei, weit entfernt, diese Kriegslist zu enthüllen, unterstützte sie vielmehr, um mich in den Augen der Menge als ihren Genossen erscheinen zu lassen und dadurch die Autorität meines Namens auszubeuten. Gegen solche Machinationen öffentlich aufzutreten, war unmöglich; ich hätte nur den Verdacht auf mich geladen, als desavouirte ich Börne, um die Gunst seiner Feinde zu gewinnen. Unter diesen Umständen that mir Börne wirklich einen Gefallen, als er nicht bloß in kurz hingeworfenen Worten, sondern auch in erweiterten Auseinandersetzungen mich öffentlich angriff, und über die Meinungsdifferenz, die zwischen uns herrschte, das Publikum selber aufklärte. Das that er namentlich im sechsten Bande seiner Pariser Briefe und in zwei Artikeln, die er in der französischen Zeitschrift „Le Réformateur" abdrucken ließ.[132]) Diese Artikel, worauf ich, wie bereits erwähnt worden, nie antwortete, gaben wieder Gelegenheit, bei jeder Besprechung Börne's auch von mir zu reden, jetzt freilich in einem ganz anderen Tone wie früher. Die Aristokraten überhäuften mich mit den perfidesten Lobsprüchen, sie priesen mich fast zu Grunde; ich wurde plötzlich wieder ein großer Dichter, nachdem ich ja eingesehen hätte, daß ich meine

politische Rolle, den lächerlichen Radicalismus, nicht weiter spielen
könne. Die Radicalen hingegen fingen nun an, öffentlich gegen
mich loszuziehen — (privatim thaten sie es zu jeder Zeit) —
sie ließen kein gutes Haar an mir, sie sprachen mir allen Character
ab, und ließen nur noch den Dichter gelten. — Ja, ich bekam
sozusagen meinen politischen Abschied und wurde gleichsam in
Ruhestand nach dem Parnassus versetzt. Wer die erwähnten
zwei Parteien kennt, wird die Großmuth, womit sie mir den
Titel eines Poeten ließen, leicht würdigen. Die einen sehen in
einem Dichter nichts anderes, als einen träumerischen Höfling
müßiger Ideale. Die anderen sehen in dem Dichter gar nichts:
in ihrer nüchternen Hohlheit findet Poesie auch nicht den dürftigsten
Wiederklang.

Was ein Dichter eigentlich ist, wollen wir dahingestellt sein
lassen. Doch können wir nicht umhin, über die Begriffe, die
man mit dem Worte „Charakter" verbindet, unsere unmaßgeb=
liche Meinung auszusprechen.

Was versteht man unter dem Worte „Charakter?"

Charakter hat derjenige, der in den bestimmten Kreisen einer
bestimmten Lebensanschauung lebt und waltet, sich gleichsam mit
derselben identifizirt, und nie in Widerspruch geräth mit seinem
Denken und Fühlen. Bei ganz ausgezeichneten, über ihr Zeit=
alter hinausragenden Geistern kann daher die Menge nie wissen,
ob sie Charakter haben oder nicht, denn die große Menge hat
nicht Weitblick genug, um die Kreise zu überschauen, innerhalb
derselben sich jene hohen Geister bewegen. Ja, indem die Menge
nicht die Grenzen des Wollens und Dürfens jener hohen Geister
kennt, kann es ihr leicht begegnen, in den Handlungen derselben
weder Befugniß noch Nothwendigkeit zu sehen, und die geistig
Blöd= und Kurzsichtigen klagen dann über Willkür, Inconsequenz,
Charakterlosigkeit. Minder begabte Menschen, deren oberfläch=
lichere und engere Lebensanschauung leichter ergründet und über=
schaut wird, und die gleichsam ihr Lebensprogramm in populärer
Sprache ein= für allemal auf öffentlichem Markte proclamirt
haben, diese kann das verehrenswürdige Publikum immer im
Zusammenhang begreifen, es besitzt einen Maßstab für jede ihrer
Handlungen, es freut sich dabei über seine eigene Intelligenz,
wie bei einer aufgelösten Charade, und jubelt: „Seht, das ist
ein Charakter!"

Es ist immer ein Zeichen von Bornirtheit, wenn man von der bornirten Menge leicht begriffen und ausdrücklich als Charakter gefeiert wird. Bei Schriftstellern ist dies noch bedenklicher, da ihre Thaten eigentlich in Worten bestehen, und was das Publikum als Charakter in ihren Schriften verehrt, ist am Ende nichts anderes, als knechtische Hingebung an den Moment als Mangel an Bildnerruhe, an Kunst.

Der Grundsatz, daß man den Charakter eines Schriftstellers aus seiner Schreibweise erkenne, ist nicht unbedingt richtig; er ist bloß anwendbar bei jener Masse von Autoren, denen beim Schreiben nur die augenblickliche Inspiration die Feder führt, und die mehr dem Worte gehorchen als befehlen. Bei Artisten ist jener Grund unzulässig, denn diese sind Meister des Wortes, handhaben es zu jedem beliebigen Zwecke, prägen es nach Willkür, schreiben objectiv, und ihr Charakter verräth sich nicht in ihrem Stil . . .

Die Distinction zwischen Charakter und Dichter ist übrigens zunächst von Börne selbst ausgegangen, und er hatte selber schon allen jenen schnöden Folgerungen vorgearbeitet, die seine Anhänger später gegen den Schreiber dieser Blätter abhaspelten. In den Pariser Briefen und den erwähnten Artikeln des „Reformateur" wird bereits von meinem charakterlosen Poetenthum und meiner poetischen Charakterlosigkeit hinlänglich gezüngelt, und es winden und krümmen sich dort die giftigsten Insinuationen. Nicht mit bestimmten Worten, aber mit allerlei Winken, werde ich hier der zweideutigsten Gesinnungen, wo nicht gar der gänzlichen Gesinnungslosigkeit verdächtigt! Ich werde in derselben Weise nicht bloß des Indifferentismus, sondern auch des Widerspruchs mit mir selber bezichtigt. Es lassen sich hier sogar einige Zischlaute vernehmen, die — (können die Todten im Grabe erröthen?) — ja, ich kann dem Verstorbenen diese Beschämung nicht ersparen: er hat sogar auf Bestechlichkeit hingedeutet . . .

Schöne, süße Ruhe, die ich in diesem Augenblick in tiefster Seele empfinde! Du belohnst mich hinreichend für alles, was ich gethan, und für alles, was ich verschmäht . . . Ich werde mich weder gegen den Vorwurf der Indifferenz, noch gegen den Verdacht der Feilheit vertheidigen. Ich habe es vor Jahren, bei Lebzeiten der Insinuanten, meiner unwürdig gehalten; jetzt fordert Schweigen sogar der Anstand. Das gäbe ein grauen=

haftes Schauspiel . . . Polemik zwischen dem Tod und dem Exil!
— Du reichst mir aus dem Grabe die bittende Hand? . . .
Ohne Groll reiche ich dir die meinige . . . Sieh, wie schön ist
sie und rein! Sie ward nie besudelt von dem Händedruck des
Pöbels, ebensowenig wie vom schmutzigen Golde der Volks=
feinde . . . Im Grunde hast du mich ja nie beleidigt . . .

* * *

Ich möchte herzlich gern die erwähnten zwei Artikel des
„Reformateur" hier mittheilen, aber drei Schwierigkeiten halten
mich davon ab; erstens würden diese Artikel zu viel Raum ein=
nehmen, zweitens, da sie auf Französisch geschrieben, müßte ich
sie selber übersetzen, und drittens, obgleich ich schon in zehn
Cabinets de lecture nachgefragt, habe ich nirgends mehr ein
Exemplar des bereits eingegangenen „Reformateur" auftreiben
können. Doch der Inhalt dieser Artikel ist mir noch hinlänglich
bekannt. Sie enthielten die maliziösesten Insinuationen über
Abtrünnigkeit und Inconsequenz, allerlei Anschuldigung von
Sinnlichkeit, auch wird darin der Katholizismus gegen mich in
Schutz genommen u. s. w. — Von Vertheidigung dagegen kann
hier nicht die Rede sein; diese Schrift, welche weder eine Apologie,
noch eine Kritik des Verstorbenen sein soll, bezweckt auch keine
Justification des Ueberlebenden. Genug, ich bin mir der Red=
lichkeit meines Willens und meiner Absichten bewußt, und werfe
ich einen Blick auf meine Vergangenheit, so regt sich in mir ein
fast freudiger Stolz über die gute Strecke Weges, die ich bereits zu=
rückgelegt. Wird meine Zukunft von ähnlichen Fortschritten zeugen?
Aufrichtig gesagt, ich zweifle dran. Ich fühle eine sonder=
bare Müdigkeit des Geistes; wenn er auch in der letzten Zeit
nicht viel geschaffen, so war er doch immer auf den Beinen.
Ob das, was ich überhaupt schuf in diesem Leben, gut oder
schlecht war, darüber wollen wir nicht streiten. Genug, es war
groß; ich merkte es an der schmerzlichen Erweiterung der Seele,
woraus diese Schöpfungen hervorgingen . . . und ich merke es
auch an der Kleinheit der Zwerge, die davor stehen und schwind=
lig hinaufblinzeln . . .

* * *

Die Könige gehen fort, und mit ihnen gehen die letzten
Dichter. „Der Dichter soll mit dem König gehen," diese Worte

dürften jetzt einer ganz anderen Deutung anheimfallen. Ohne Autoritätsglauben kann auch kein großer Dichter emporkommen. Sobald sein Privatleben von dem unbarmherzigsten Lichte der Presse beleuchtet wird, und die Tageskritik an seinen Worten würmelt und nagt, kann auch das Lied des Dichters nicht mehr den nöthigen Respect finden. Wenn Dante durch die Straßen von Verona ging, zeigte das Volk auf ihn mit Fingern und flüsterte: „Der war in der Hölle!" Hätte er sie sonst mit allen ihren Qualen so treu schildern können? Wie weit tiefer, bei solchem ehrfurchtsvollen Glauben, wirkte die Erzählung der Franceska von Rimini, des Ugolino und aller jener Qualgestalten, die dem Geiste des großen Dichters entquollen…

Nein, sie sind nicht bloß seinem Geiste entquollen, er hat sie nicht gedichtet, er hat sie geliebt, er hat sie gefühlt, er hat sie gesehen, betastet, er war wirklich in der Hölle, er war in der Stadt der Verdammten… er war im Exil! — — —

Die öde Werkeltagsgesinnung der modernen Puritaner verbreitet sich schon über ganz Europa, wie eine graue Dämmerung, die einer starren Winterzeit vorausgeht… Was bedeuten die armen Nachtigallen, die plötzlich schmerzlicher, aber auch süßer als je ihr melodisches Schluchzen erheben im deutschen Dichterwald? Sie singen ein wehmüthiges Ade! Die letzten Nymphen, die das Christenthum verschont hat, sie flüchten ins wildeste Dickicht! In welchem traurigen Zustande habe ich sie dort erblickt, jüngste Nacht!…

Als ob die Bitternisse der Wirklichkeit nicht hinreichend kummervoll wären, quälen mich noch die bösen Nachtgesichte… In greller Bilderschrift zeigt mir der Traum das große Leid, das ich mir gern verhehlen möchte, und das ich kaum auszusprechen wage in den nüchternen Begriffslauten des hellen Tages. — — —

Jüngste Nacht träumte mir von einem großen wüsten Walde und einer verdrießlichen Herbstnacht. In dem großen wüsten Walde, zwischen den himmelhohen Bäumen kamen zuweilen lichte Plätze zum Vorschein, die aber von einem gespenstisch weißen Nebel gefüllt waren. Hie und da aus dem dicken Nebel grüßte ein stilles Waldfeuer. Auf eines derselben hinzuschreitend, bemerkte ich allerlei dunkle Schatten, die sich rings um die Flammen bewegten; doch erst in der unmittelbarsten Nähe konnte ich die schlanken Gestalten und ihre melancholisch holden Gesichter genau erkennen. Es waren schöne, nackte Frauenbilder, gleich den Nymphen, die wir auf den lüsternen Gemälden des Giulio Romano sehen, und die in üppiger Jugendblüthe unter sommergrünem Laubdach sich anmuthig lagern und erlustigen... Ach! kein so heiteres Schauspiel bot sich hier meinem Anblick! Die Weiber meines Traumes, obgleich noch immer geschmückt mit dem Liebreiz ewiger Jugend, trugen dennoch eine geheime Zerstörniß an Leib und Wesen; die Glieder waren noch immer bezaubernd durch süßes Ebenmaß, aber etwas abgemagert und wie überfröstelt von kaltem Elend, und gar in den Gesichtern, trotz des lächelnden Leichtsinns, zuckten die Spuren eines abgrundtiefen Grams. Auch statt auf schwellenden Rosenbänken, wie die Nymphen des Giulio, kauerten sie auf dem harten Boden unter halb entlaubten Eichbäumen, wo, statt der verliebten Sonnenlichter, die quirlenden Dünste der feuchten Herbstnacht auf sie herabsinterten... Manchmal erhob sich eine dieser Schönen, ergriff aus dem Reisig einen lodernden Brand, schwang ihn über ihr Haupt, gleich einem Thyrsus, und versuchte eine jener unmöglichen Tanzpositionen, die wir auf etruskischen Vasen gesehen ... aber traurig lächelnd, wie bezwungen von Müdigkeit und Nachtkälte, sank sie wieder zurück an's knisternde Feuer. Besonders eine unter diesen Frauen bewegte mein ganzes Herz mit einem fast wollüstigen Mitleid. Es war eine hohe Gestalt, aber noch weit mehr, als die anderen, abgemagert an Armen, Beinen, Busen und Wangen, was jedoch, statt abstoßend, vielmehr zauberhaft anziehend wirkte. Ich weiß nicht, wie es kam, aber ehe ich mich dessen versah, saß ich neben ihr am Feuer, beschäftigt, ihre frostzitternden Hände und Füße an meinen brennenden Lippen zu wärmen; auch spielte ich mit ihren schwarzen feuchten Haarflechten, die über das griechisch gradnasige Gesicht und den rührend kalten, griechisch kargen Busen herabhingen... Ja, ihr Haupthaar war von einer fast strahlenden Schwärze, sowie auch ihre Augenbrauen, die üppig schwarz zusammenflossen, was ihrem Blick einen sonderbaren Ausdruck von schmachtender Wildheit ertheilte. Wie alt bist du, unglückliches Kind? sprach ich zu ihr. „Frag mich nicht nach meinem Alter," — antwortete sie mit einem halb wehmüthig, halb frevelhaften Lachen — „wenn ich mich auch um ein Jahrtausend jünger machte, so bliebe ich doch noch ziemlich bejahrt! Aber es wird jetzt immer kälter und mich schläfert, und wenn du mir dein Knie zum Kopfkissen borgen willst, so wirst du deine gehorsame Dienerin sehr verpflichten . . ."

Während sie nun auf meinen Knien lag und schlummerte, und manchmal wie eine Sterbende im Schlafe röchelte, flüsterten ihre Gefährtinnen allerlei Gespräche, wovon ich nur sehr wenig verstand, da sie das Griechische ganz anders aussprachen, als ich es in der Schule, und später auch beim alten Wolf, gelernt hatte . . . Nur so viel begriff ich, daß sie über die schlechte Zeit klagten und noch eine Verschlimmerung derselben befürchteten, und sich vornahmen, noch tiefer waldeinwärts zu flüchten . . . Da plötzlich, in der Ferne, erhob sich ein Geschrei von rohen Pöbelstimmen . . . Sie schrien, ich weiß nicht mehr, was . . . Dazwischen kicherte ein katholisches Mettenglöckchen . . . Und meine schönen Waldfrauen wurden sichtbar noch blasser und magerer, bis sie endlich ganz zerflossen, und ich selber gähnend erwachte. . .

Sechszehntes Capitel.

Oeffentliches Leben.

(Paris, September 1840.)

Ohne sonderbare Ausbeute bin ich dieser Tage von einem Streifzuge durch die Betragne zurückgekehrt. Ein armselig ödes Land und die Menschen dumm und schmutzig. Von den schönen Volksliedern, die ich dort zu sammeln gedachte, vernahm ich keinen Laut. Dergleichen existirt nur noch in alten Sangbüchern, deren ich einige aufkaufte; da sie jedoch in bretonischen Dialekten geschrieben sind, muß ich sie mir erst in's Französische übersetzen lassen, ehe ich etwas davon mittheilen kann. Das einzige Lied, was ich auf meiner Reise singen hörte, war ein deutsches; während ich mich in Rennes barbieren ließ, meckerte Jemand auf der Straße den Jungfernkranz aus dem „Freischütz" in deutscher Sprache. Den Sänger selbst hab' ich nicht gesehen, aber seine veilchenblaue Seide klang mir tagelang noch im Gedächtniß. Es wimmelt jetzt in Frankreich von deutschen Bettlern, die sich mit

Singen ernähren und den Ruhm der deutschen Tonkunst nicht sehr fördern.

(An **Julius Campe.** Paris, den 14. September 1840.)

Seit vorgestern Abend bin ich in Paris heimgekehrt, nach einer angenehmen Reise in der Bretagne, wo ich die köstlichsten Volkslieder gesammelt. Bereits in Saint-Lo fand ich Ihren Brief, und mein Befremden löste sich erst, nachdem ich hier auch den „Telegraphen" erhielt; in diesem Augenblicke, vor einer halben Stunde, erhielt ich auch die anderen Blätter, die Sie nach Granville schickten und die mir hierher nachliefen.

Ich gestehe Ihnen, nur wenig und kaum bis zur Haut, werde ich berührt von den Schändlichkeiten, die der große Intriguant, in Verbindung mit dem Frankfurter Pack, gegen mich ausgesponnen; mein inneres Gemüth bleibt froh und ruhig. Denn an Schimpfen bin ich gewöhnt, und ich weiß: die Zukunft gehört mir. Selbst, wenn ich heute stürbe, so bleiben doch schon vier Bände Lebensbeschreibung oder Memoiren von mir übrig, die mein Sinnen und Wollen vertreten, und, schon ihres historischen Stoffes wegen, der treuen Darstellung der mysteriösesten Uebergangskrise, auf die Nachwelt kommen. Das neue Geschlecht wird auch die Windeln sehen wollen, die seine erste Hülle waren. — Was mich aber verdrießt, lieber Campe, das ist, daß Sie wieder in die Hände meiner Feinde gerathen, als Spielzeug und Waffe gegen mich. Ich weiß jetzt schon alles, und deshalb zürne ich Ihnen nicht. Ja, ich glaube, daß Sie es mit dem Intriguanten und Consorten nicht lange mehr aushalten — denn Ihr besseres Ich wird sich doch am Ende nicht mehr von vorgespiegelten Nothwendigkeiten beschwichtigen lassen — so will ich den Leuten nicht den Gefallen thun, mit Ihnen zu brechen, obgleich alles darauf abzielte, mich dazu zu zwingen. — Sie haben ganz recht, es wird Niemand glauben, daß Sie den Aufsatz des Monsieur Gutzkow nicht lasen, ehe er gedruckt war, und zwar gedruckt in einem Blatte, welches Ihr ehrlicher Name als verantwortlicher Redacteur vertreten muß.[133])

Was ich thun werde, weiß ich noch nicht. Hab' auch bei meiner Rückkehr weit bringendere Geschäfte vorgefunden. — Ich bin geduldig, denn ich bin ewig, sagt der Herr!

Sie haben unverantwortlich gegen mein Buch gehandelt, Sie

kennen sehr gut die Schmiede, worin die verschiedenen Artikel gegen mich fabricirt worden, womit man mein Buch präjudiciren will — und Sie wollen mir glauben machen, auch Sie hielten dergleichen für unparteiisch öffentliche Meinung. — —

(Paris, den 6. Januar 1841.)

Das junge Jahr begann, wie das alte, mit Musik und Tanz. In der großen Oper erklingen die Melodien Donizetti's, womit man die Zeit nothdürftig ausfüllt, bis der Prophet kommt, nämlich das Meyerbeer'sche Opus dieses Namens. Im Odeon, dem italienischen Nachtigallennest, flöten schmelzender als je der alternde Rubini und die ewig junge Grisi, die singende Blume der Schönheit. Auch die Concerte haben schon begonnen in den rivalisirenden Sälen von Herz und Erard, den beiden Holz= künstlern. Wer in diesen öffentlichen Anstalten Polyhymnia's nicht genug Gelegenheit findet, sich zu langweilen, der kann schon in den Privatsoireen sich nach Herzenslust ausgähnen: eine Schaar junger Dilettanten, die zu den fürchterlichsten Hoffnungen be= rechtigen, läßt sich hier hören in allen Tonarten und auf allen möglichen Instrumenten.

Der Ausbruch eines Krieges, der in der Natur der Dinge liegt, ist vorderhand vertagt. Kurzsichtige Politiker, die nur zu Palliativen ihre Zuflucht nehmen, sind beruhigt und hoffen un= getrübte Friedenstage. Besonders unsere Financiers sehen wieder alles im lieblichsten Hoffnungslichte. Auch der größte derselben scheint sich solcher Täuschung hinzugeben, aber nicht zu jeder Stunde. Herr von Rothschild, welcher seit einiger Zeit etwas unpäßlich schien, ist jetzt wieder ganz hergestellt und sieht gesund und wohl aus. Die Zeichendeuter der Börse, welche sich auf die Physiognomie des großen Barons so gut verstehen, versichern uns, daß die Schwalben des Friedens in seinem Lächeln nisten, daß jede Kriegsbesorgniß aus seinem Gesichte verschwunden, daß in seinen Augen keine elektrischen Gewitterfünkchen sichtbar seien, und daß also das entsetzliche Kanonendonnerwetter, das die ganze Welt bedrohte, sich gänzlich verzogen habe. Er niese sogar den Frieden. Es ist wahr, als ich das letzte Mal die Ehre hatte, Herrn von Rothschild meine Aufwartung zu machen, strahlte er vom erfreulichsten Wohlbehagen, und seine rosige Laune ging fast über in Poesie; denn, wie ich schon einmal erzählt, in solchen heiteren Momenten pflegt der Herr Baron den Redefluß seines

Humors in Reimen ausströmen zu lassen. Ich fand, daß ihm das Reimen diesmal ganz besonders gelang; nur auf „Konstantinopel" mußte er keinen Reim zu finden, und er kratzte sich an dem Kopf, wie alle Dichter thun, wenn ihnen der Reim fehlt. Da ich selbst auch ein Stück Poet bin, so erlaubte ich mir, dem Herrn Baron zu bemerken, ob sich nicht auf „Konstantinopel" ein russischer „Zobel" reimen ließe? Aber dieser Reim schien ihm sehr zu mißfallen, er behauptete, England würde ihn nie zugeben, und es könnte dadurch ein europäischer Krieg entstehen, welcher der Welt viel Blut und Thränen und ihm selber eine Menge Geld kosten würde.

Herr von Rothschild ist in der That der beste politische Thermometer; ich will nicht sagen Wetterfrosch, weil das Wort nicht hinlänglich respectvoll klänge. Und man muß doch Respect vor diesem Manne haben, sei es auch nur wegen des Respectes, den er den meisten Leuten einflößt. Ich besuche ihn am liebsten in den Bureau's seines Comptoirs, wo ich als Philosoph beobachten kann, wie sich das Volk, und nicht bloß das Volk Gottes, sondern auch alle andern Völker vor ihm beugen und bücken. Das ist ein Krümmen und Winden des Rückgrats, wie es selbst dem besten Akrobaten schwer fiele. Ich sah Leute, die, wenn sie dem großen Baron nahten, zusammenzuckten, als berührten sie eine voltaische Säule. Schon vor der Thür seines Cabinets ergreift viele ein Schauer der Ehrfurcht, wie ihn einst Moses auf dem Horeb empfunden, als er auf heiligem Boden stand. Ganz so wie Moses alsbald seine Schuhe auszog, so würde gewiß mancher Mäkler oder Agent de Change, der das Privatcabinet des Herrn von Rothschild zu betreten wagt, vorher seine Stiefel ausziehen, wenn er nicht fürchtete, daß alsdann seine Füße noch übler riechen und den Herrn Baron dieser Mißdunst incommodiren dürfte. Jenes Privatcabinet ist in der That ein merkwürdiger Ort, welcher erhabene Gedanken und Gefühle erregt, wie der Anblick des Weltmeers oder des gestirnten Himmels; wir sehen hier, wie klein der Mensch und wie groß Gott ist! Denn das Geld ist der Gott unserer Zeit, und Rothschild ist sein Prophet.

Vor mehreren Jahren, als ich mich einmal zu Herrn von Rothschild begeben wollte, trug eben ein galonirter Bedienter das Nachtgeschirr desselben über den Corridor, und ein Börsen=

speculant, der in demselben Augenblick vorbeiging, zog ehrfurchts=
voll seinen Hut ab vor dem mächtigen Topfe. So weit geht,
mit Respect zu sagen, der Respect gewisser Leute. Ich merkte
mir den Namen jenes devoten Mannes, und ich bin überzeugt,
daß er mit der Zeit ein Millionär sein wird. Als ich einst
dem Herrn * erzählte, daß ich mit dem Baron Rothschild in
den Gemächern seines Comptoirs en famille zu Mittag gespeist,
schlug jener mit Erstaunen die Hände zusammen, und sagte mir,
ich hätte eine Ehre genossen, die bisher nur den Rothschilds
von Geblüt oder allenfalls einigen regierenden Fürsten zu Theil
geworden, und die er selbst mit der Hälfte seiner Nase ein=
kaufen würde. Ich will hier bemerken, daß die Nase des Herrn*,
selbst wenn er die Hälfte einbüßte, dennoch eine hinlängliche
Länge behalten würde. . .

Ueberreichthum ist vielleicht schwerer zu ertragen, als Armuth.
Jedem, der sich in großer Geldnoth befindet, rathe ich, zu Herrn
von Rothschild zu gehen; nicht um bei ihm zu borgen (denn ich
zweifle, daß er etwas Erkleckliches bekömmt), sondern um sich
durch den Anblick jenes Geldelends zu trösten. Der arme Teufel,
der zu wenig hat und sich nicht zu helfen weiß, wird sich hier
überzeugen, daß es einen Menschen giebt, der noch weit mehr
gequält ist, weil er zu viel Geld hat, weil alles Geld in seine
kosmopolitische Riesentasche geflossen, und weil er eine solche
Last mit sich herumschleppen muß, während rings um ihn her
der große Haufe von Hungrigen und Dieben die Hände nach
ihm ausstreckt. Und welche schreckliche und gefährliche Hände! —
Wie geht es Ihnen? frug einst ein deutscher Dichter den Herrn
Baron. „Ich bin verrückt," erwiderte dieser. Ehe Sie nicht
Geld zum Fenster hinauswerfen, sagte der Dichter, glaube ich es
nicht. Der Baron fiel ihm aber seufzend in die Rede: „Das
ist eben meine Verrücktheit, daß ich nicht manchmal das Geld
zum Fenster hinauswerfe."

Wie unglücklich sind doch die Reichen in diesem Leben, —
und nach dem Tode kommen sie nicht einmal in den Himmel!
„Ein Kameel wird eher durch ein Nadelöhr gehen, als daß ein
Reicher in's Himmelreich käme" — dieses Wort des göttlichen
Communisten ist ein furchtbares Anathema und zeugt von seinem
bitteren Haß gegen die Börse und haute finance von Jerusalem.

* *

Die Engel.
(In ein Buch.¹⁵⁴)

Freilich, ein ungläub'ger Thomas,
Glaub' ich an den Himmel nicht,
Den die Kirchenlehre Roma's
Und Jerusalem's verspricht.

Doch die Existenz der Engel,
Die bezweifelte ich nie;
Lichtgeschöpfe sonder Mängel,
Hier auf Erden wandeln sie.

Nur, genäd'ge Frau, die Flügel,
Sprech' ich jenen Wesen ab;
Engel giebt es ohne Flügel,
Wie ich selbst gesehen hab'.

Lieblich mit den weißen Händen,
Lieblich mit dem schönen Blick
Schützen sie den Menschen, wenden
Von ihm ab das Mißgeschick.

Ihre Huld und ihre Gnaden
Trösten jeden, doch zumeist
Ihn, der doppelt qualbeladen,
Ihn, den man den Dichter heißt.

* * *

(An **Gustav Kolb.** Paris, den 27. Januar 1841.)

Ich leide immer noch an meinem Kopfübel, wodurch mir alles Arbeiten verleidet wird. Ich hoffe aber bald wieder in Thätigkeit zu kommen, und jedenfalls können Sie auf mich rechnen für wichtige Vorfälle. Es herrscht hier eine düstere verbissene Stimmung, und man ist noch nicht sicher vor den schrecklichsten Ausbrüchen. Ich habe große Furcht vor dem Gräuel einer Proletarierherrschaft, und ich gestehe Ihnen, aus Furcht bin ich ein Conservativer geworden. Sie werden in diesem Jahr an meinen Artikeln wenig zu streichen haben, und vielleicht über meine Mäßigkeit und Aengstlichkeit lächeln müssen. Ich habe in die Tiefe der Dinge geschaut und es ergreift mich ein sonderbarer Schwindel — ich fürchte, ich falle rückwärts. — Leben Sie wohl und behalten Sie mich lieb in jedem Falle.

(An **Georg von Cotta**. Paris, den 3. März 1841.)

. . . . . . Was das Bezahltwerden betrifft, so bin ich wie eine Köchin, die sehr zartfühlend die Bemerkung macht, daß sie in ihrem Dienste weniger auf Geld sähe, als auf gute Behandlung. . . Herrscht politische Meeresstille, so schreibe ich wenig, manchen Monat gar nicht; sobald es aber wieder fluthet und losstürmt, dürfen Sie auf die gewissenhafteste Tagesberichtung rechnen. Ich bin jetzt zehn Jahr in Paris und verstehe mich auf die Witterung.

Siebzehntes Capitel.

Duell und Heirath.

(An **Gustav Kolb**. Cauterets, Hautes Pyrenées, den 3. Juli 1841.)

Ich schreibe Ihnen heute, und zwar eigenhändig, um Ihnen zunächst zu beweisen, daß ich weder blind, noch sterbenskrank und am allerwenigsten todt bin, wie die französischen Journale behaupten. Ich bin aber sehr abgemattet, infolge der Bäder, die ich hier gebrauche, sehr abgemattet, und es kostet mir Mühe, die Feder in der Hand zu halten.

Cauterets ist eine der wüstesten Schluchten der Pyrenäen, doch nicht so unzugänglich, wie manche ehrliche Leute glauben, die sich wohl einbildeten, ich erführe gar nichts von den Lügen, die sie gegen meinen guten Leumund aushecken; wenigstens, dachten sie, würde ein etwaiger Widerspruch von meiner Seite erst bei meiner Rückkehr in Paris zu erwarten sein, wenn sie nicht gar auf mein gewöhnliches Stillschweigen rechneten. Durch Zufall jedoch kam mir bereits heute eine Nummer der „Mainzer Zeitung" zu Handen, worin das schnöde Märchen, das Sie gewiß mit Verwunderung gelesen. Ich kann kaum meinen Augen trauen! Auch keine Silbe ist daran wahr. Ich bin wahrlich nicht das Lamm, das sich auf der Straße, mitten in Paris, ruhig insultiren ließe, und das Individuum, das sich dessen rühmte, ist gewiß von allen Löwen der letzte, der dieses wagen dürfte!

Das ganze Begegniß reducirt sich auf einige hingestotterte Worte, womit jenes Individuum krampfhaft zitternd sich mir nahte, und denen ich lachend ein Ende machte, indem ich ihm ruhig die Adresse meiner Wohnung gab, mit dem Bescheid, daß ich im Begriff sei, nach den Pyrenäen zu reisen, und daß, wenn „man mit mir zu sprechen habe," man wohl noch einige Wochen bis zu meiner Rückkehr warten könne, indem „man schon zwölf Monate mir nichts geschenkt." — Dies ist das ganze Begegniß, dem freilich kein Zeuge beiwohnte, und ich gebe Ihnen mein Ehrenwort: in dem Strudel der Geschäfte, womit einem der Tag vor der Abreise belastet ist, entschlüpfte es fast meiner besonderen Beachtung. Aber, wie ich jetzt merke, eben die Umstände, daß ihn kein Augenzeuge zurechtweisen könne, daß nach meiner Ab= reise seine alleinige Aussage auf dem Platze bliebe, und daß meine Feinde seine Glaubwürdigkeit nicht allzu genau untersuchen würden, ermuthigten das erwähnte Individuum, jenen Schmäh= artikel zu schmieden, den die „Mainzer Zeitung" abgedruckt hat ... Ich habe es hier mit der Blüthe des Frankfurter Ghetto und einem rachsüchtigen Weibe zu thun ... — ich brauche mich eigentlich nicht zu wundern. Aber was soll ich von Zeitungsredactionen und Correspondenten sagen, die aus Leichtsinn oder Parteiwuth dergleichen Unwesen unterstützen? ...

Ich werde in acht, höchstens zehn Wochen von meiner Reise oder, wie meine muthigen Feinde behaupten, von meiner Flucht wieder in Paris zurückgekehrt sein, und ich denke mit der heitersten Ausbeute ... Vor meinem Fenster stürzt sich über Felsblöcke ein wildes Bergwasser, genannt le Gave, dessen beständiges Geräusch alle Gedanken einschläfert und alle sanften Gefühle weckt. Die Natur ist hier wunderschön und erhaben. Diese himmelhohen Berge, die mich umgeben, sind so ruhig, so leidenschaftslos, so glücklich! Sie nehmen nicht im mindesten Theil an unsern Tagesnöthen und Parteikämpfen; fast beleidigen sie uns durch ihre schauerliche Unempfindlichkeit — aber das ist vielleicht nur ihre starre Außenseite. Im Innern hegen sie vielleicht Mitleid mit den Schmerzen und Gebrechen der Menschen, und wenn wir krank und elend sind, öffnen sich die steinernen Adern, woraus uns die warmen Heilkräfte entgegen rieseln. Die hiesigen Berg= quellen üben täglich Wunderkuren, und auch ich hoffe zu genesen. — Von der Politik erfährt man hier wenig. Das Volk lebt hier ein stilles, umfriedetes Leben, und man sollte kaum glauben, daß Revolution und Kriegsstürme, die wilde Jagd unserer Zeit, ebenfalls über die Pyrenäen gezogen. In ihren hergebrachten Verhältnissen wurzeln diese Leute so fest, so sicher, wie die Bäume in dem Boden ihrer Berge; nur die Wipfel bewegt manchmal ein politischer Windzug, oder es flattert darin ein pfeifender Gedankenzeisig.

Vorläufige Erklärung.
(Cauterets, den 7. Juli 1841.)

Verletzte Eitelkeit, kleiner Handwerksneid, literarische Scheel=
sucht, politische Parteiwuth, Misere jeder Art, haben nicht selten die Tagespresse benutzt, um über mein Privatleben die gehässigsten Märchen zu verbreiten, und ich habe es immer der Zeit über=
lassen, die Absurdität derselben zu Tage zu fördern. Bei meiner Abwesenheit von der Heimath wäre es mir auch unmöglich ge=
wesen, die dortigen Blätter, die mir nur in geringer Anzahl und immer sehr spät zu Gesicht kamen, gehörig zu controlliren, allen anonymen Lügen darin hastig nachzulaufen, und mich mit diesen verkappten Flöhen öffentlich herumzuhetzen. Wenn ich heute dem Publikum das ergötzliche Schauspiel einer solchen Jagd gewähre, so verleitet mich dazu minder die Mißstimmung des eigenen Gemüthes, als vielmehr der fromme Wunsch, bei dieser Gelegen=
heit auch die Interessen der deutschen Journalistik zu fördern. Ich will mich nämlich heute dahin aussprechen, daß die fran=
zösische Sitte, die dem persönlichen Muthe, gegen schnöde Preß=
bengelei, eine nach Ehrengesetzen geregelte Intervention gestattet, auch bei uns eingeführt werden müsse. Früh oder spät werden alle anständigen Geister in Deutschland diese Nothwendigkeit einsehen und Anstalt treffen, in dieser Weise die löschpapierne Roheit und Gemeinheit zu zügeln. Was mich betrifft, so wünsche ich herzlich, daß mir die Götter mal vergönnen möchten, mit gutem Beispiel hier voranzugehen! — Zugleich aber auch bemerke ich ausdrücklich, daß die Vornehmheit der literarischen Kunstperiode mit dieser selbst jetzt ein Ende hat, und daß der königlichste Genius gehalten sein muß, dem schäbigsten Lumpacio Satisfaction zu geben, wenn er etwa über den Weichselzopf desselben nicht mit dem gehörigen Respecte gesprochen. Wir sind jetzt, Gott erbarm' sich unser, alle gleich! Das ist die Consequenz jener demokra=
tischen Principien, die ich selber all' mein Lebtag verfochten.

Erklärung.

Ich habe dieses längst eingesehen und für jede Provocation hielt ich immer die gehörige Genugthuung in Bereitschaft. Wer dieses bezweifelte, hätte sich leicht davon überzeugen können. Es sind aber nie dahin lautende Ansprüche in bestimmter Form an mich ergangen. Was in dieser Beziehung in einem anonymen Artikel der „Mainzer Zeitung" behauptet wird, ist, ebenso wie die dabei mitgetheilte Erzählung von einer Insultirung meiner Person, eine reine oder vielmehr schmutzige Lüge. Auch nicht ein wahres Wort! Meine Person ist nicht im entferntesten von irgend Jemand auf den Straßen von Paris insultirt worden, und der Held, der gehörnte Siegfried, der sich rühmt, mich auf öffentlicher Straße niedergerannt zu haben, und die Wahrhaftigkeit seiner Aussage durch sein eigenes alleiniges Zeugniß, durch seine erprobte Glaubwürdigkeit, wahrscheinlich auch durch die Autorität seines Ehrenworts, bekräftigt, ist ein bekannter armer Schlucker, ein Ritter von der traurigsten Gestalt, der, im Dienste eines listigen Weibes, bereits vor einem Jahre, mit derselben Schamlosigkeit, dieselben Prahlereien gegen mich vorbrachte. Diesmal suchte er die aufgefrischte Erfindung durch die Presse in Umlauf zu bringen, er schmiedete den erwähnten Artikel der „Mainzer Zeitung", und die Lüge gewann wenigstens einen mehrwöchentlichen Vorsprung, da ich nur spät und durch Zufall, hier in den Pyrenäen, an der spanischen Grenze, von dem saubern Gewebe etwas erfahren und es zerstören konnte. Vielleicht rechnete man darauf, daß ich auch diesmals den ausgeheckten Lug nur schweigende Verachtung entgegensetzen würde. Da wir unsere Leute kennen, so wundern wir uns nicht über ihre edlen Berechnungen. — Was soll ich aber von einem Correspondenten der „Leipziger Allgemeinen Zeitung" sagen, der jener bösen Nachrede so gläubig Vorschub leistete und dem auch der miserabelste Gewährsmann genügte, wo es galt meinem Leumund zu schaden? — An einem geeigneteren Orte werden wir ein gerechtes Urtheil fällen. — Die Redactionen deutscher Blätter, die den oben erwähnten Lügen eine so schnelle Publicität angedeihen ließen, wollen wir unterdessen höflichst bitten, die nachhinkende Wahrheit eben so bereitwillig zu fördern.

(An Julius Campe. Paris, den 23. August 1841.)

Monsieur Straus will sich noch immer nicht schießen, erst Mittwoch weiß ich ein Resultat. Aber wir haben desto größere

Kampfluſt, und ohne Pulverdampf wird doch wohl die Sache nicht verrauchen. Ich bin auf alles gefaßt, und während die Gegner ſchimpfen und lärmen, handle ich mit Entſchloſſenheit und Ruhe. Das aber imponirt am meiſten und zeigt auch, auf weſſen Seite die Wahrheit und das Recht.

* * *

(Paris, den 5. September 1841.)

Heute melde ich Ihnen ein Begebniß, welches ich Ihnen bereits mehrere Tage vorenthielt — nämlich meine Vermählung mit dem ſchönen und reinen Weſen, das bereits ſeit Jahren unter dem Namen Mathilde Heine an meiner Seite weilte, immer als meine Gattin geehrt und betrachtet ward, und nur von einigen klatſchſüchtigen Deutſchen aus der Frankfurter Clique mit ſchnöden Epitheten eclabouſſirt ward. Die Ehrenrettung durch geſetzliche und kirchliche Autorität betrieb ich gleichzeitig mit der Angelegenheit meiner eigenen Ehre, die, wenig gefährdet durch die alleinige Ausſage eines Straus, durch das infame Dreimännerzeugniß ſehr in Noth gerieth — ich muß es geſtehen, nie war mein Gemüth ſo niedergeſchlagen, als an dem Tage, wo ich jene infame Er=klärung las, und wär' es mir nicht gelungen, dieſe Hundsfötter zu entlarven und zu entkräften, ſo hätte ich zu den furchtbarſten Mitteln, zu den entſetzlichſten, meine Zuflucht genommen. Jetzt laufen ſie wie tolle Hunde ohne Ehre herum, und wollen mich durchaus zu Manifeſtationen verleiten, wodurch ſie ſich an die Stelle des Straus placiren könnten. — Aber ich laſſe mich nicht vom rechten Wege ablenken, dieſen will ich auf's Terrain haben, und obgleich er alle möglichen Ausflüchte ſucht, ſo hoffe ich doch noch meinen Zweck zu erreichen. Vor einigen Tagen war ich ſchon im Begriff, mich zu ſchlagen, als in der Nacht mir mein Secundant meldet, daß einer der Straus'ſchen Secundanten nicht erſcheinen könne, und daß das Duell, welches am Morgen in der Frühe ſtattfinden ſollte, wieder aufgehoben ſei. Jetzt behauptet Straus, die Polizei wolle ſein theures Haupt ſchützen und man beobachte ihn — aber das iſt nur eine Galgenfriſt, er muß mir auf's Terrain, und müßte ich ihn dahin ſchleppen bis an die chineſiſche Mauer. Wer ſich ſchlagen will, kann alle Hinderniſſe überwinden. Man will mich ermüden, aber es wird nicht ge=lingen. Leben Sie wohl.

(Paris, den 9 September 1841.)

Ich melde Ihnen in der Kürze den Abschluß der falschen Ohrfeigengeschichte, wie man sie zu nennen pflegt. Vorgestern um sieben Uhr hatte ich endlich die Genugthuung, den Herrn Straus auf dem Terrain zu sehen. Er zeigte mehr Muth, als ich ihm zutraute, und der Zufall begünstigte ihn über alle Maßen. Seine Kugel streifte meine Hüfte, die in diesem Augenblick noch sehr angeschwollen und kohlenschwarz; ich muß noch zu Bett liegen und werde sobald nicht gut gehen können. Der Knochen hat wahrscheinlich nicht gelitten, sondern nur einen erschütternden Druck genossen, den ich noch immer empfinde. Ganz glücklich ist die Sache also nicht für mich abgelaufen — in physischer Beziehung, nicht in moralischer. Leben Sie wohl.

Der Himmel war so klar, so blau! Alle Aepfelbäume standen in Blüthe! Ringsum mich stiegen Felddüfte auf, die meine Lebenskraft verhundertfältigten! Ich rief Flora und Pamona an. Im Angesichte des Todes ist mir all' mein Heidenthum ins Herz zurückgekehrt. Gott hat ohne Zweifel nicht gewollt, daß ich in dem Augenblick von einer Kugel getroffen würde, wo mir nur die schönen Dinge dieser Welt im Kopfe herumgingen . . . die, welche nur zu den Sinnen sprechen. . .

*   *   *

(An **Julius Campe.**   (Paris, den 4. October 1841.)

Ihren Brief vom 26. September habe ich richtig erhalten und danke Ihnen für die Theilnahme, die Sie darin meinen persönlichen Angelegenheiten zuwenden. — Ich würde Ihren und meiner Mutter Wünschen herzlich gern entsprechen und auf einige Zeit dort einen Besuch abstatten, aber erstens erlaubt es meine Kassa nicht, neue Ortsveränderungen zu machen, und zweitens dürfte meine Abreise sehr böslich mißdeutet werden. — Uebrigens hat mir das dortige Winterklima nie zugesagt, und ich befinde mich in diesem Augenblick sehr leidend; die unterbrochene Badecur hat meinem armen Kopfe sehr geschadet.

(An **August Lewald.**   Paris, den 13. October 1841.)

— Wenn ich auf Ihr freundliches Schreiben erst heute ant= wortete, so liegt die Schuld ganz an meinem armen Kopf, der, seit ich meine Badecur in den Pyrenäen so traurig unterbrach, an dem alten Uebel sehr leidet; ja, letzteres hat sich so verschlimmert, daß mir mein Arzt gänzlich Feder und Tinte untersagt hat. Meine Feinde rechneten nicht bloß auf meine Abwesenheit, sondern auch auf meinen kranken Zustand, als sie das schändliche Complott gegen mich losließen, daß ich, gottlob! so gründlich enthüllt. Ob aber der große Haufe jetzt die ganze Büberei einsieht, ebenso gut wie die Verständigen im Publikum, das weiß ich nicht, glaub' ich auch nicht, in dieser Hinsicht ist es gewiß gut, wenn noch etwas geschieht, um die ganze Scheußlichkeit des Preßfrevels, der gegen mich verübt worden, nachträglich zu beleuchten. —

— Ich stehe ganz allein — aber ich habe etwas, worauf ich baue: ich habe nie die geringste zweideutige Handlung mir zu Schulden kommen lassen, und meine Feinde haben immer zu Lügen ihre Zuflucht nehmen müssen, die in sich selbst zerfielen. — Ich danke Ihnen für den liebreichen Wunsch, zu Ihnen nach Deutschland zu kommen; es läßt sich jetzt nicht ausführen. — Daß ich einige Tage vor dem Duell, um Mathilden's Position in der Welt zu sichern, in die Nothwendigkeit versetzt war, meine wilde Ehe in eine zahme zu verwandeln, werden Sie erfahren haben. — Dieses eheliche Duell, welches nicht eher aufhören wird, bis einer von uns beiden getödtet, ist gewiß gefährlicher, als der kurze Holmgang mit Salomon Straus aus der Frankfurter Judengasse! Welche Fülle von Intriguen und Bosheiten von dieser Seite gegen mich seit Jahr und Tag ausgegangen, davon haben Sie keinen Begriff. — Damaskus ist wahrlich kein Märchen. — Grüßen Sie mir Laube, wenn Sie ihn sehen; seinen Wunsch, über jene miserable Geschichte das Thatsächlichste zu schreiben, dürfe ich noch nicht erfüllen, sonst würde man mich der Leidenschaft bezichtigen, und doch lebt in meiner Seele nur die kälteste Verachtung für die Clique, die an meiner Ehre einen beispiellosen Meuchelmord begehen wollte.

Mein Leben war schön; ich war der Lieblingspoet der Deutschen geworden, und wurde sogar gekrönt wie ein deutscher Kaiser zu Frankfurt. Mädchen in weißen Kleidern streuten mir Blumen. O, es war schön! Warum mußte ich doch meinen Heimweg durch die Judengasse nehmen, die, wie Sie vielleicht wissen, vom Römer nicht gar weit entfernt ist! Als ich sie auf meinem Triumphzug durchschreite, geht ein häßliches Weib mir quer über den Weg und droht mir, als wolle sie mir Unglück weissagen. — Ich stutze vor der Gestalt, falle einen Schritt zurück, und mein Kranz — mein prächtiger Kranz fällt in den Staub dieser Gasse. Wehe mir! Seitdem klebt ein fataler Geruch an meinem Lorbeer, ein Geruch, den ich nicht weg=bringen kann! Schade um den schönen, schönen Kranz!

Achtzehntes Capitel.

Atta Troll.

(An Julius Campe. Paris, den 1. December 1841.)

Herr Dingelstedt ist hier, hab' ihn aber noch wenig gesehen; ein äußerst liebenswürdiger Mensch; schönes Talent, viel Zukunft, aber in der Prosa.

(An Georg v. Cotta. Paris, den 17. October 1842.)

Ich habe vor einiger Zeit durch Dingelstedt Ihnen andeuten lassen, daß ich ein kleines humoristisches Epos gedichtet, das seiner Form wegen (es besteht nämlich aus sehr kurzen Stücken, wie der Cid) und auch wegen des Inhaltes (es ist nämlich das absichtliche Gegentheil von aller Tendenzpoesie) sehr geeignet wäre für den Abdruck im „Morgenblatte." Es bedarf nur noch der letzten Feile, und ich könnte es schon nächsten Monat ein=senden; aber ich möchte vorher durch ein Wort von Ihnen beruhigt werden, daß es nicht durch die Hände des Herrn Pfitzer geht, der, wie man mir sagt, den metrischen Theil des „Morgen=blattes" redigirt.[135])

(An Julius Campe. Paris, den 17. Mai 1842.)

Es läßt sich kaum sagen, welche tiefe Erschütterung das Unglück, das Euch betroffen, in Paris hervorgebracht, und welche wahrhafte Theilnahme die Franzosen an den Tag gelegt. Was mich betrifft, der ich den dortigen Verhältnissen näher stehe und meine Lieben in Noth wußte, so können Sie denken, in welcher Stimmung ich mich befand, als ich noch keine Nachricht über

die Meinigen hatte und noch nicht das Ende der Katastrophe
voraussehen konnte. Es erzeugte sich bei mir eine Betäubung, die
ich noch jetzt nicht bemeistern kann, und mein Kopf ist öde und wüst.[136])

Welches Schreckniß! Ich hoffe, von Ihnen bald directe Nachricht
zu erhalten; indirect erfahre ich, daß Sie durch kluge Vorsicht vor
der materiellen Schwere des großen Unglücks geschützt sind —
dies bestätigt zu hören, wird mir großes Vergnügen machen.

Es ist ein schauderhaftes Ereigniß, und der Verlust ist
ungeheuer; ich sehe wohl ein, daß hier nicht alles mit Geld
ersetzt werden kann. Aber durch neu geweckte Thätigkeit, durch
neu aufgeregte Kräfte, durch eine moralische Wiedergeburt wird
vielleicht dem Unglück selbst der reichlichste Segen abgewonnen
werden. — Ob der einschläfernden Influenza des Friedens ward
vielleicht von der Vorsehung solche aufrüttelnde Feuermedicin ordinirt.

Hier haben wir unterdessen ebenfalls manchen bittern Löffel
schlucken müssen; das Unglück, das auf der Versailler Eisenbahn
arrivirt, ist gräßlich, über alle Vorstellung gräßlich.

(Paris, den 17. September 1842.)

Nach einer vierwöchentlichen Reise bin ich seit gestern wieder
hier, und ich gestehe, das Herz jauchzte mir in der Brust, als
der Postwagen über das geliebte Pflaster der Boulevard's dahin=
rollte, als ich dem ersten Putzladen mit lächelnden Grisetten=
gesichtern vorüberfuhr, als ich das Glockengeläute der Coco=
verkäufer vernahm, als die holdselige civilisirte Luft von Paris
mich wieder anwehte. Es wurde mir fast glücklich zu Muth,
und den ersten Nationalgardisten, der mir begegnete, hätte ich
umarmen können; sein zahmes, gutmüthiges Gesicht grüßte so
witzig hervor unter der wilden rauhen Bärenmütze, und sein
Bajonett hatte wirklich etwas Intelligentes, wodurch es sich von
den Bajonetten anderer Corporationen so beruhigend unterscheidet.
Warum aber war die Freude bei meiner Rückkehr nach Paris
diesmal so überschwenglich, daß es mich fast bedünkte, als beträte
ich den süßen Boden der Heimath, als hörte ich wieder die Laute
des Vaterlandes? Warum übt Paris einen solchen Zauber auf
Fremde, die in seinem Weichbild einige Jahre verlebt? Viele
wackere Landsleute, die hier seßhaft, behaupten, an keinem Ort
der Welt könne der Deutsche sich heimischer fühlen als eben in
Paris, und Frankreich selbst sei am Ende unserm Herzen nichts
anderes, als ein französisches Deutschland.

Aber diesmal ist meine Freude bei der Rückkehr doppelt
groß — ich komme aus England. Ja, aus England, obgleich
ich nicht den Canal durchschiffte. Ich verweilte nämlich während
vier Wochen in Boulogne-sur-mer, und das ist bereits eine englische Stadt. Man sieht dort nichts als Engländer und hört
dort nichts als englisch von Morgens bis Abends, ach, sogar des
Nachts, wenn man das Unglück hat, Wandnachbarn zu besitzen,
die bis tief in die Nacht bei Thee und Grog politisiren!
Während vier Wochen hörte ich nichts als jene Zischlaute des
Egoismus, der sich in jeder Silbe, in jeder Betonung ausspricht.
Es ist gewiß eine schreckliche Ungerechtigkeit, über ein ganzes
Volk das Verdammungsurtheil auszusprechen. Doch in Betreff
der Engländer könnte mich der augenblickliche Unmuth zu dergleichen verleiten, und beim Anblick der Masse vergesse ich leicht
die vielen wackern und edlen Männer, die sich durch Geist und
Freiheitsliebe ausgezeichnet. Aber diese, namentlich die britischen
Dichter, stachen immer desto greller ab von dem übrigen Volk,
sie waren isolirte Märtyrer ihrer nationalen Verhältnisse, und
dann gehören große Genies nicht ihrem particulären Geburts-
lande, kaum gehören sie dieser Erde, der Schädelstätte ihres
Leidens. Die Masse, die Stock-Engländer — Gott verzeih' mir
die Sünde! — sind mir in tiefster Seele zuwider, und manchmal
betrachte ich sie gar nicht als meine Mitmenschen, sondern ich
halte sie für leidige Automaten, für Maschinen, deren inwendige
Triebfeder der Egoismus.

Ich gestehe es, ich bin nicht ganz unparteiisch, wenn ich von
Engländern rede und mein Mißurtheil, meine Abneigung, wurzelt
vielleicht in den Besorgnissen ob der eigenen Wohlfahrt, ob der
glücklichen Friedensruhe des deutschen Vaterlandes. Seitdem ich
nämlich tief begriffen habe, welcher schnöde Egoismus auch in
ihrer Politik waltet, erfüllen mich diese Engländer mit einer
grenzenlosen, grauenhaften Furcht.

* * *

Unterwelt.
„Blieb ich doch ein Junggeselle!"
Seufzet Pluto tausendmal —
„Jetzt in meiner Ehstandsqual
Merk' ich: früher ohne Weib
War die Hölle keine Hölle.

"Blieb ich doch ein Junggeselle!
Seit ich Proserpinen hab',
Wünsch' ich täglich mich ins Grab!
Wenn sie keift, so hör' ich kaum
Meines Cerberus' Gebelle.

"Stets vergeblich, stets nach Frieden
Ring' ich. Hier im Schattenreich
Kein Verdammter ist mir gleich!
Ich beneide Sisyphus
Und die eblen Danaiden."

* * *

"Zuweilen dünkt es mich, als trübe
Geheime Sehnsucht deinen Blick —
Ich kenn' es wohl, dein Mißgeschick:
Verfehltes Leben, verfehlte Liebe!

"Du nickst so traurig! Wiedergeben
Kann ich dir nicht die Jugendzeit, —
Unheilbar ist dein Herzeleid:
Verfehlte Liebe, verfehltes Leben!"

* * *

(An **Heinrich Laube.** Paris, den 7. November 1842.)

Ihr Brief hat mir viel Vergnügen gemacht. Daß Sie wieder die „Elegante" eingenommen, ist gewiß für uns alle sehr erfreulich; ich sage „u n s" und verstehe darunter den hohen Adel der Literatur, die letzten vornehmen Köpfe, die noch nicht guillotinirt sind. Aber wird der herrschende Plebs sich jetzt nicht noch inniger zusammenrotten und gegen uns losschimpfen? Ich sehe die Sachen aus der Ferne besser ein, und wenigstens für mich sehe ich ein schlimmeres Schicksal voraus, als die Vergessenheit, wenn ich mit euch jetzt Opposition bilde gegen den Phrasen= patriotismus und Zeitgeschmack. Es ist der feigen Lüge eines Gutzkow und Consorten bereits gelungen, meine politischen Ueber= zeugungen zu verdächtigen, und ich, der ich vielleicht der ent= schiedenste aller Revolutionäre bin, der ich auch keinen Finger= breit von der graden Linie des Fortschrittes gewichen, der ich alle großen Opfer gebracht der großen Sache — ich gelte jetzt für einen Abtrünnigen, für einen Servilen! Was wird das erst geben, wenn ich in directem Gegensatz gegen die Scheinhelden und Maul= patrioten und sonstigen Vaterlandsretter auftrete? — Doch ich wollte Ihnen nur zeigen, daß ich voraussehe, welchen Rückzug meine Popularität nehmen wird, bei euch, in der großen Retirade!

Liebster Freund! wir dürfen nicht die Doctrinäre spielen, wir müssen mit den „Halleschen Jahrbüchern" und mit der „Rheinischen Zeitung" harmoniren, wir müssen unsere politischen Sympathien und socialen Antipathien nirgends verhehlen, wir müssen das Schlechte beim rechten Namen nennen, und das Gute ohne Weltrücksichten vertheidigen, wir müssen das wahrhaft sein, was Herr Gutzkow nur scheinen will. — Anders geht es uns noch schlimmer — schlecht geht es uns auf jeden Fall.

Wie gesagt, ich werde die „Elegante", soviel es mir nur irgend möglich, unterstützen. Ich hoffe, in dieser Beziehung mehr zu leisten, als ich heute verspreche. Der Zufall will es, daß ich bereits etwas Außerordentliches thun kann, wodurch den Blättern des ersten Monats sogleich ein sehr großer Schwung gegeben werden dürfte. Ich habe nämlich ein kleines humoristisches Epos geschrieben, das großen Lärm machen wird. Es sind etwa 400 vierzeilige Strophen in 20 Abtheilungen, indem ich auf das „Morgenblatt" Rücksicht nahm, für welches ich die Arbeit bestimmte. — Leider — und das macht mich sehr verdrießlich — habe ich bereits mit Cotta darüber referirt, hab's ihm versprochen, und er hat mir viel Freundliches geantwortet. Nichtsdestoweniger entschließe ich mich, diese Arbeit in der „Eleganten" drucken zu lassen, und Sie haben keinen Begriff davon, welche wichtige Interessen ich hier sacrificire. Wichtige Interessen in pecuniärer Beziehung, da ich Cotta gern mir gewogen erhalte — an dem Morgenblätterruhm selbst liegt mir nichts. Ich bin bereits seit vierzehn Tagen mit dem Durchfeilen des Gedichtes beschäftigt, und in acht Tagen ist es fix und fertig und eigenhändig abgeschrieben. Ich will jetzt noch unablässiger mich diesem Geschäfte unterziehen. Da es aber eine sehr große Arbeit ist, die bereits auf meinem diesjährigen Budget steht, müssen Sie Sorge tragen, daß der Verleger der „Eleganten" mir wenigstens in Beziehung des Honorars dasselbe zahlt, was ich von Cotta für das „Morgenblatt" erhalten hätte. Ich hatte ganz besonders deshalb bei ihm angefragt. Es ist zehn Louisd'or per Druckbogen. Ich glaube, sie wird ihm gewiß das Geld werth sein, da diese Arbeit in zwanzig Nummern der „Eleganten" durchlaufen und derselben als eine colossale Annonce dienen wird; es ist nämlich, unter uns gesagt, das Bedeutendste, was ich in Versen geschrieben habe, Zeitbeziehungen in Fülle, kecker Humor, obgleich in morgenblättlicher Mäßigung, und es wird für das Publikum gewiß ein Evenement sein. Ich bin ungemein neugierig, was Sie dazu sagen werden. Sie sehen, ich hab' wohl daran gedacht, etwas ganz Neues zu liefern und durch neues Geschrei die Vergangenheit zu vertuschen. — Der Held meines kleinen Epos ist ein Bär, der einzige der zeitgenössischen Helden, den ich des Besingens werth hielt. Ein toller Sommernachtstraum. —

* * *

   Traum der Sommernacht! phantastisch
Zwecklos ist mein Lied, ja zwecklos
Wie das Leben, wie die Liebe,
Keinem Zeitbedürfniß dient es.

   Sucht darin nicht die Vertretung
Hoher Vaterlandsintressen;
Diese wollen wir befördern,
Aber nur in guter Prosa.

   Ja, in guter Prosa wollen
Wir das Joch der Knechtschaft brechen —
Doch in Versen, doch im Liede
Blüht uns längst die höchste Freiheit.

   Hier im Reich der Poesien,
Hier bedarf es keiner Kämpfe,
Laßt uns hier den Thyrsus schwingen
Und das Haupt mit Rosen kränzen!

   Traum der Sommernacht! Phantastisch
Zwecklos ist mein Lied. Ja, zwecklos
War die Liebe, wie das Leben,
Wie der Schöpfer sammt der Schöpfung!

   Nur der eignen Lust gehorchend,
Galoppirend oder fliegend,
Tummelt sich im Fabelreiche
Mein geliebter Pegasus.

   Ist kein nützlich tugendhafter
Karrengaul des Bürgerthums,
Noch ein Schlachtpferd der Parteiwuth,
Das pathetisch stampft und wiehert!

   Goldbeschlagen sind die Hufen
Meines weißen Flügelrößleins,
Perlenschnüre sind die Zügel,
Und ich laß' sie lustig schießen.

Trage mich, wohin du willst!
Ueber luftig steilen Bergpfad,
Wo Cascaden angstvoll kreischend
Vor des Unsinns Abgrund warnen!

Trage mich durch stille Thäler,
Wo die Eichen ernsthaft ragen
Und den Wurzelknorrn entriefelt
Uralt süßer Sagenquell!

Laß mich trinken dort und näffen
Meine Augen — ach, ich lechze
Nach dem lichten Wunderwaffer,
Welches sehend macht und wissend.

Jede Blindheit weicht! Mein Blick
Dringt bis in die tieffte Steinkluft,
In die Höhle Atta Troll's —
Ich verstehe seine Reden!

Sonderbar! wie wohlbekannt
Dünkt mir diese Bärensprache!
Hab' ich nicht in theurer Heimath
Früh vernommen diese Laute?

* * *

(An August Varnhagen von Ense.)

„Wo des Himmels, Meister Ludwig,
Habt Ihr all das tolle Zeug
Aufgegabelt?" Diese Worte
Rief der Cardinal von Este.

Als er das Gedicht gelesen
Von des Roland's Rasereien,
Das Ariosto unterthänig
Seiner Eminenz gewidmet.

Ja, Varnhagen, alter Freund,
Ja, ich seh' um deine Lippen
Fast dieselben Worte schweben,
Mit demselben feinen Lächeln.

Manchmal lachst du gar im Lesen!
Doch mitunter mag sich ernsthaft
Deine hohe Stirne furchen,
Und Erinnrung überschleicht dich: —

„Klang das nicht wie Jugendträume,
Die ich träumte mit Chamisso
Und Brentano und Fouqué
In den blauen Mondscheinnächten?

„Ist das nicht das fromme Läuten
Der verlornen Waldkapelle?
Klingelt schalkhaft nicht dazwischen
Die bekannte Schellenkappe?

„In die Nachtigallenchöre
Bricht herein der Bärenbrummbaß,
Dumpf und grollend, dieser wechselt
Wieder ab mit Geisterlispeln!

„Wahnsinn, der sich klug gebärdet!
Weisheit, welche überschnappt!
Sterbeseufzer, welche plötzlich
Sich verwandeln in Gelächter!" . . .

Ja, mein Freund, es sind die Klänge
Aus der längst verscholl'nen Traumzeit;
Nur daß oft moderne Triller
Gaukeln durch den alten Grundton.

Trotz des Uebermuthes wirst du
Hie und dort Verzagniß spüren —
Deiner wohlerprobten Milde
Sei empfohlen dies Gedicht!

Ach, es ist vielleicht das letzte
Freie Waldlied der Romantik!
In des Tages Brand- und Schlachtlärm
Wird es kümmerlich verhallen.

Andre Zeiten, andre Vögel!
Andre Vögel, andre Lieder!
Welch ein Schnattern, wie von Gänsen,
Die das Capitol gerettet!

Welch ein Zwitschern! Das sind Spatzen,
Pfennigslichtchen in den Krallen;
Sie gebärden sich wie Jovis
Adler mit dem Donnerkeil!

Welch ein Gurren! Turteltauben,
Liebesatt, sie wollen hassen,
Und hinfüro, statt der Venus,
Nur Bellona's Wagen ziehen!

Welch ein Sumsen, welterschütternd!
Das sind ja des Völkerfrühlings
Colossale Maienkäfer,
Von Berserkerwuth ergriffen!

Andre Zeiten, andre Vögel!
Andre Vögel, andre Lieder!
Sie gefielen mir vielleicht,
Wenn ich andre Ohren hätte!

* * *

Der Atta Troll entstand im Spätherbste 1841 und ward fragmentarisch abgedruckt in der „Eleganten Welt", als mein Freund Laube wieder die Redaction derselben übernommen hatte. Inhalt und Zuschnitt des Gedichtes mußten den zahmen Bedürfnissen jener Zeitschrift entsprechen; ich schrieb vorläufig nur die Capitel, die gedruckt werden konnten, und auch diese erlitten manche Variante. Ich hegte die Absicht, in späterer Vervollständigung das Ganze herauszugeben, aber es blieb immer bei dem lobenswerthen Vorsatze, und wie allen großen Werken der Deutschen, wie dem Kölner Dome, dem Schelling'schen Gotte, der preußischen Constitution ꝛc., ging es auch dem Atta Troll — er ward nicht fertig. In solcher unfertigen Gestalt, leiblich aufgestutzt und nur äußerlich gerundet, übergebe ich ihn heute dem Publico, einem Drange gehorchend, der wahrlich nicht von innen kommt.

Der Atta Troll entstand, wie gesagt, im Spätherbste 1841, zu einer Zeit, als die große Emeute, wo die verschiedenfarbigsten Feinde sich gegen mich zusammengerottet, noch nicht ganz ausgelärmt hatte. Es war eine sehr große Emeute, und ich hätte nie geglaubt, daß Deutschland so viele faule Aepfel hervorbringt, wie mir damals an den Kopf flogen! Unser Vaterland ist ein gesegnetes Land; es wachsen hier freilich keine Citronen und keine Goldorangen, auch krüppelt sich der Lorbeer nur mühsam fort auf deutschem Boden, aber faule Aepfel gedeihen bei uns in erfreulichster Fülle, und alle unsere deutschen Dichter wußten davon ein Lied zu singen. Bei jener Emeute, wo ich Krone und Kopf verlieren sollte, verlor ich keins von beiden, und die absurden Anschuldigungen, womit man den Pöbel gegen mich aufhetzte, sind seitdem, ohne daß ich mich zu einer Widerrede herabzulassen brauchte, auf's Kläglichste verschollen. Die Zeit übernahm meine Rechtfertigung, und auch die respectiven deutschen Regierungen, ich muß es dankbar anerkennen, haben sich in dieser Beziehung um mich verdient gemacht. Die Verhaftsbefehle, die von der deutschen Grenze an auf jeder Station die Heimkehr des Dichters mit Sehnsucht erwarten, werden gehörig renovirt jedes Jahr, um die heilige Weihnachtszeit, wenn an den Christbäumen die gemüthlichen Lämpchen funkeln. Wegen solcher Unsicherheit der Wege wird mir das Reisen in den deutschen Gauen schier verleidet, ich feiere deshalb meine Weihnachten in der Fremde, und werde auch in der Fremde, im Exil, meine Tage beschließen. Die wackern Kämpen für Licht und Wahrheit, die mich der Wankelmüthigkeit und des Knechtsinns beschuldigten, gehen unterdessen im Vaterlande sehr sicher umher, als wohl= bestallte Staatsdiener oder als Würdenträger einer Gilde, oder als Stammgäste eines Clubs, wo sie sich des Abends patriotisch erquicken am Rebensafte des Vater Rhein und an meerum= schlungenen schleswig=holstein'schen Austern.

Ich habe oben mit besonderer Absicht angedeutet, in welcher Periode der Atta Troll entstanden ist. Damals blühte die so= genannte politische Dichtkunst. Die Opposition, wie Ruge sagt, verkaufte ihr Leder und ward Poesie. Die Musen bekamen die strenge Weisung, sich hinfüro nicht mehr müßig und leichtfertig umherzutreiben, sondern in vaterländischen Dienst zu treten, etwa als Marketenderinnen der Freiheit oder als Wäscherinnen der christlich=germanischen Nationalität. Es erhuben sich im deutschen Bardenhain ganz besonders jener vage, unfruchtbare Pathos, jener nutzlose Enthusiasmusdunst, der sich mit Todesverachtung in einen Ocean von Allgemeinheiten stürzte, und mich immer an den amerikanischen Matrosen erinnerte, welcher für den General Jackson so überschwänglich begeistert war, daß er einst von der Spitze eines Mastbaums ins Meer hinabsprang, indem er aus= rief: „Ich sterbe für den General Jackson!" Ja, obgleich wir Deutschen noch keine Flotte besaßen, so hatten wir doch schon viele Matrosen, die für den General Jackson starben, in Versen und in Prosa. Das Talent war damals eine sehr mißliche Be= gabung, denn es brachte in Verdacht der Charakterlosigkeit. Die scheelsüchtige Impotenz hatte endlich nach tausendjährigem Nach= grübeln ihre große Waffe gefunden gegen die Uebermüthigen des Genius; sie fand nämlich die Antithese von Talent und Charakter. Es war fast persönlich schmeichelhaft für die große Menge, wenn sie behaupten hörte: die braven Leute seien frei= lich in der Regel sehr schlechte Musikanten, dafür jedoch seien die guten Musikanten gewöhnlich nichts weniger, als brave Leute, die Bravheit aber sei in der Welt die Hauptsache, nicht die Musik. Der leere Kopf pochte jetzt mit Fug auf sein volles Herz, und die Gesinnung war Trumpf. Ich erinnere mich eines damaligen Schriftstellers, der es sich als ein besonderes Verdienst anrechnete, daß er nicht schreiben könne; für seinen hölzernen Stil bekam er einen silbernen Ehrenbecher.

Bei den ewigen Göttern! damals galt es die unveräußerlichen Rechte des Geistes zu vertreten, zumal in der Poesie. Wie eine solche Vertretung das große Geschäft meines Lebens war, so habe ich sie am allerwenigsten im vorliegenden Gedicht außer Augen gelassen, und sowohl Tonart als Stoff desselben war ein Protest gegen die Plebiscita der Tagestribünen. Und in der That, schon die ersten Fragmente, die vom „Atta Troll" gedruckt wurden, erregten die Galle meiner Charakterhelden, meiner Römer, die mich nicht bloß der literarischen, sondern auch der gesellschaftlichen Reaction, ja sogar der Verhöhnung heiligster Menschheitsideen, beschuldigten. Was den aesthetischen Werth meines Poem's betrifft, so gab ich ihn gern preis, wie ich es auch heute noch thue; ich schrieb dasselbe zu meiner eigenen Lust und Freude, in der grillenhaften Traumweise jener romantischen Schule, wo ich meine angenehmsten Jugendjahre verlebt, und zuletzt den Schulmeister geprügelt habe. In dieser Beziehung ist mein Gedicht vielleicht verwerflich. Aber du lügst, Brutus, du lügst, Cassius, und auch du lügst, Asinius, wenn ihr behauptet, mein Spott träfe jene Ideen, die eine kostbare Errungenschaft der Menschheit sind und für die ich selber so viel gestritten und gelitten habe. Nein, eben weil dem Dichter jene Ideen in herrlichster Klarheit und Größe beständig vorschweben, ergreift ihn desto unwiderstehlicher die Lachlust, wenn er sieht, wie roh, plump und täppisch von der beschränkten Zeitgenossenschaft jene Ideen aufgefaßt werden können. Er scherzt dann gleichsam über ihre temporelle Bärenhaut. Es giebt Spiegel, welche so verschoben geschliffen sind, daß selbst ein Apollo sich darin als eine Carrikatur abspiegeln muß und uns zum Lachen reizt. Wir lachen aber alsdann nur über das Zerrbild, nicht über den Gott.

Noch ein Wort. Bedarf es einer besondern Verwahrung, daß die Parodie eines Freiligrath'schen Gedichtes, welche aus dem Atta Troll manchmal muthwillig hervorkichert und gleichsam seine komische Unterlage bildet, keineswegs eine Mißwürdigung des Dichters bezweckt? Ich schätze denselben noch, zumal jetzt, und ich zähle ihn zu den bedeutendsten Dichtern, die seit der Juliusrevolution in Deutschland aufgetreten sind . . .

Neunzehntes Capitel.

Reise in die Heimath.

(Paris, den 31. Dezember 1842.)

Ich schreibe diese Zeilen in den letzten Stunden des scheidenden bösen Jahres. Das neue steht vor der Thür. Möge es minder grausam sein als sein Vorgänger! Ich sende meinen wehmüthigsten Glückwunsch zum Neujahr über den Rhein. Ich wünsche den Dummen ein bischen Verstand und den Verständigen ein bischen Poesie. Den Frauen wünsche ich die schönsten Kleider und den Männern sehr viel Geduld. Den Reichen wünsche ich ein Herz und den Armen ein Stückchen Brod. Vor allem aber wünsche ich, daß wir in diesem neuen Jahr einander so wenig als möglich verleumden mögen . . .

(An **Maximilian Heine.** Paris, den 12. April 1843.)

Wenn ich Dir nicht schreibe, so ist der Grund sehr einfach: Ich hätte Dir so viel zu sagen, daß ich nicht weiß, womit anfangen und wie endigen. Aber beständig denke ich an Dich, fast täglich spreche ich von Dir mit meiner Frau, die Dich so gern einmal sähe, und in meinen bittersten Nöthen stärkt mich oft das Bewußtsein, daß ich einen getreuen Bruder habe, der mit ganzer Seele mir ergeben ist. Und es hat mir an Nöthen in den letzten Jahren nicht gefehlt! — Ich lebe in diesem Augenblicke ziemlich ruhig, es herrscht ein Waffenstillstand zwischen mir und meinen Feinden, die aber darum nicht minder rührig im geheimen agiren, und ich muß mich auf alle mögliche Ausbrüche des tödtlichsten Hasses und der feigsten Niederträchtigkeit gefaßt machen. Das hat aber alles nicht viel zu bedeuten, trüge ich nicht meinen schlimmsten Feind in meinem eigenen Leibe, nämlich in meinem Kopfe, dessen Krankheit in letzter Zeit in eine sehr bedenkliche Phase getreten. Fast die ganze linke Seite ist paralysirt, in Bezug auf die Empfindung; die Bewegung der Muskeln ist noch vorhanden. Ueber der linken Augenbraue, wo die Nase anfängt, liegt ein Druck wie Blei, der nie aufhört, seit beinah zwei Jahren ist dieser Druck stationär! Nur in Momenten des starken Anstrengens beim Arbeiten empfand ich ihn

weniger, nachher aber war die Reaction desto größer, und wie
Du denken kannst, darf ich wenig jetzt arbeiten. Welch ein Un=
glück! Damit ist auch das linke Auge sehr schwach und leidend,
stimmt oft nicht zusammen mit dem rechten, und zu Zeiten ent=
steht dadurch eine Verwirrung des Gesichtes, die weit unleid=
licher, als das Dunkel der vollen Blindheit. Seit zwei Monat
habe im Genick ein Haarseil, aber das ist nur ein Palliativ,
und ich habe zu keinem Heilmittel Vertrauen. Ich erzähle Dir
das, nicht weil ich von Dir Rath erwarte, sondern weil ich Deine
ärztliche Neugier zufrieden stellen will. Ich habe wenig Hoff=
nung des Besserwerdens und sehe einer trüben Zukunft entgegen.
— Meine Frau ist ein gutes, natürliches, heiteres Kind, launisch
wie nur irgend eine Französin sein kann, und sie erlaubt mir
nicht, in melancholisches Träumen, wozu ich so viel Anlage habe,
zu versinken. Seit acht Jahren liebe ich sie mit einer Zärtlich=
keit und Leidenschaft, die ans Fabelhafte grenzt. Ich habe seit=
dem schrecklich viel Glück genossen, Qual und Seligkeit in ent=
setzlichster Mischung, mehr als meine sensible Natur ertragen
konnte. Werde ich jetzt die nüchterne Bitterniß des Bodensatzes
schlucken müssen? Wie gesagt, mich graut vor der Zukunft. —
Aber wer weiß, es geht vielleicht besser, als mein getrübter Sinn
es ahnet. — Bleibe Du mir nur zugethan, theuerster Bruder,
und ich gebe meinem Herzen einen Halt an Deiner Brudertreue,
an Deiner sicheren Bruderliebe.

In Hamburg scheint alles in floribus zu sein. Daß Mariechen
eine so gute Partie machte, ist ein groß Glück, für welches ich
dem lieben Gott danke.[187]) Welche Freude für unsere Schwester
und unsere Mutter! Letztere altert sehr, aber das liegt in einem
allgemeinen Menschenschicksal; ich hoffe, sie wird lange bei uns
bleiben, die gute, vortreffliche Mutter.

Mit der Familie stehe ich gut genug, auch mit Onkel Heine,
er giebt mir jährlich achttausend Francs, ungefähr die Hälfte
von dem, was ich brauche. Bin aber zufrieden jetzt, wo ich
körperlich leidend bin und auf meine Arbeit nicht gut rechnen
kann, eine fixe Pension zu haben.

(An Gustav Kolb. Paris, den 10. Juli 1843.)

Sie würden mich verbinden, wenn Sie gelegentlich an Herrn
von Cotta wissen ließen, wie wenig es meine Schuld, daß die

„Allg. Ztg." so lang nichts von mir brachte und vielleicht noch eine Weile lang nichts von mir bringen wird. Ich dürfte vielleicht, wenn ich meine Reisepläne ausführe, Herrn von Cotta nöthig haben. — In etwa acht Tagen gehe ich in's Bad, wo ich mehrere Monate verweile. Ist es mir möglich, so schicke ich Ihnen etwas von dort; ein großer Artikel über die Angriffe der „Revue des deux Mondes" gegen das Buch der Belgiojoso, welche hier so viel Lärm machten, liegt angefangen, und ich hatte keinen Muth weiterzuschreiben.

* * *

O Deutschland, meine ferne Liebe,
Gedenk' ich deiner, wein' ich fast!
Das muntre Frankreich scheint mir trübe
Das leichte Volk wird mir zur Last.

Nur der Verstand, so kalt und trocken,
Herrscht in dem witzigen Paris —
O Narrheitsglöcklein, Glaubensglocken,
Wie klingelt ihr daheim so süß!

Höfliche Männer! Doch verdrossen
Geb' ich den art'gen Gruß zurück. —
Die Grobheit, die ich einst genossen
Im Vaterland, das war mein Glück!

Lächelnde Weiber! Plappern immer,
Wie Mühlenräder stets bewegt!
Da lob' ich Deutschlands Frauenzimmer,
Das schweigend sich zu Bette legt.

Und alles dreht sich hier im Kreise
Mit Ungestüm, wie'n toller Traum!
Bei uns bleibt alles hübsch im Gleise
Wie angenagelt, rührt sich kaum.

Mir ist, als hört' ich fern erklingen
Nachtwächterhörner, sanft und traut;
Nachtwächterlieder hör' ich singen,
Dazwischen Nachtigallenlaut.

Dem Dichter war so wohl daheime
In Schilda's theurem Eichenhain;
Dort wob ich meine zarten Reime
Aus Veilchenduft und Mondenschein.

* * *

Nachtgedanken.

Denk' ich an Deutschland in der Nacht,
Dann bin ich um den Schlaf gebracht,
Ich kann nicht mehr die Augen schließen,
Und meine heißen Thränen fließen.

Die Jahre kommen und vergehn!
Seit ich die Mutter nicht gesehn,
Zwölf Jahre sind schon hingegangen;
Es wächst mein Sehnen und Verlangen.

Mein Sehnen und Verlangen wächst,
Die alte Frau hat mich behext.
Ich denke immer an die alte,
Die alte Frau, die Gott erhalte!

Die alte Frau hat mich so lieb,
Und in den Briefen, die sie schrieb,
Seh' ich, wie ihre Hand gezittert,
Wie tief das Mutterherz erschüttert.

Die Mutter liegt mir stets im Sinn.
Zwölf lange Jahre flossen hin,
Zwölf lange Jahre sind verflossen,
Seit ich sie nicht an's Herz geschlossen.

Deutschland hat ewigen Bestand,
Es ist ein kerngesundes Land!
Mit seinen Eichen, seinen Linden
Werd' ich es immer wieder finden.

Nach Deutschland lechzt' ich nicht so sehr,
Wenn nicht die Mutter dorten wär';
Das Vaterland wird nie verderben,
Jedoch die alte Frau kann sterben.

Seit ich das Land verlassen hab',
So Viele sanken dort ins Grab,
Die ich geliebt — wenn ich sie zähle,
So will verbluten meine Seele.

Und zählen muß ich. — Mit der Zahl
Schwillt immer höher meine Qual;
Mir ist, als wälzten sich die Leichen
Auf meine Brust — Gottlob! sie weichen!

Gottlob! durch meine Fenster bricht
Französisch heitres Tageslicht;
Es kommt mein Weib, schön wie der Morgen,
Und lächelt fort die deutschen Sorgen.

*   *   *

Abschied von Paris.

Ade, Paris, du theure Stadt,
Wir müssen heute scheiden,
Ich lasse dich im Ueberfluß
Von Wonne und von Freuden.

Das deutsche Herz in meiner Brust
Ist plötzlich krank geworden,
Der einzige Arzt, der es heilen kann,
Der wohnt daheim im Norden.

Er wird es heilen in kurzer Frist,
Man rühmt seine großen Curen;
Doch ich gestehe, mich schaudert schon
Vor seinen derben Mixturen.

Ade, du heitres Franzosenvolk,
Ihr meine lustigen Brüder,
Gar närrische Sehnsucht treibt mich fort,
Doch komm' ich in Kurzem wieder.

Denkt euch, mit Schmerzen sehne ich mich
Nach Torfgeruch, nach den lieben
Heidschnucken der Lüneburger Heid',
Nach Sauerkraut und Rüben.

Ich sehne mich nach Tabaksqualm,
Hofräthen und Nachtwächtern,
Nach Plattdeutsch, Schwarzbrot, Grobheit sogar,
Nach blonden Predigerstöchtern.

Auch nach der Mutter sehne ich mich,
Ich will es offen gestehen,
Seit dreizehn Jahren hab' ich nicht
Die alte Frau gesehen.

Ade, mein Weib, mein schönes Weib,
Du kannst meine Qual nicht fassen,
Ich drücke dich so fest an mein Herz,
Und muß dich doch verlassen.

Die lechzende Qual, sie treibt mich fort
Von meinem süßesten Glücke —
Muß wieder athmen deutsche Luft,
Damit ich nicht ersticke.

Die Qual, die Angst, der Ungestüm,
Das steigert sich bis zum Krampfe.
Es zittert mein Fuß vor Ungeduld,
Daß er deutschen Boden stampfe.

Reise nach Deutschland.

Vor Ende des Jahres bin ich zurück
Aus Deutschland, und ich denke
Auch ganz genesen, ich kaufe dir dann
Die schönsten Neujahrsgeschenke.

* *
*

Im traurigen Monat November war's,
Die Tage wurden trüber,
Der Wind riß von den Bäumen das Laub,
Da reist' ich nach Deutschland hinüber.

Und als ich an die Grenze kam,
Da fühlt' ich ein stärkeres Klopfen
In meiner Brust, ich glaube sogar
Die Augen begunnen zu tropfen.

Und als ich die deutsche Sprache vernahm,
Da ward mir seltsam zu Muthe;
Ich meinte nicht anders, als ob das Herz
Recht angenehm verblute.

Ein kleines Harfenmädchen sang,
Sie sang mit wahrem Gefühle
Und falscher Stimme, doch ward ich sehr
Gerühret von ihrem Spiele.

Sie sang von Liebe und Liebesgram,
Aufopfrung und Wiederfinden
Dort oben in jener besseren Welt,
Wo alle Leiden schwinden.

Sie sang vom irdischen Jammerthal,
Von Freuden, die bald zerronnen,
Von Jenseits, wo die Seele schwelgt
Verklärt in ew'gen Wonnen.

Sie sang das alte Entsagungslied,
Das Eiapopeia vom Himmel,
Womit man einlullt, wenn es greint,
Das Volk, den großen Lümmel.

Ich kenne die Weise, ich kenne den Text,
Ich kenne auch die Verfasser;
Ich weiß, sie tranken heimlich Wein
Und predigten öffentlich Wasser.

Ein neues Lied, ein besseres Lied,
O Freunde, will ich euch dichten:
Wir wollen hier auf Erden schon
Das Himmelreich errichten . . .

* *
*

Von Harburg fuhr ich in einer Stund'
Nach Hamburg. Es war schon Abend.
Die Sterne am Himmel grüßten mich,
Die Luft war lind und labend.

Und als ich zu meiner Frau Mutter kam,
Erschrak sie fast vor Freude;
Sie rief: „Mein liebes Kind!" und schlug
Zusammen die Hände beide.

„Mein liebes Kind, wohl dreizehn Jahr'
Verflossen unterdessen!
Du wirst gewiß recht hungrig sein —
Sag an, was willst du essen?

„Ich habe Fisch und Gänsefleisch
Und schöne Apfelsinen."
So gieb mir Fisch und Gänsefleisch
Und schöne Apfelsinen.

Und als ich aß mit großem App'tit,
Die Mutter war glücklich und munter,
Sie frug wohl dies, sie frug wohl das,
Verfängliche Fragen mitunter.

„Mein liebes Kind! und wirst du auch
Recht sorgsam gepflegt in der Fremde?
Versteht deine Frau die Haushaltung,
Und flickt sie dir Strümpfe und Hemde?"

Der Fisch ist gut, lieb Mütterlein,
Doch muß man ihn schweigend verzehren;
Man kriegt so leicht eine Grät' in den Hals,
Du darfst mich jetzt nicht stören.

Und als ich den braven Fisch verzehrt,
Die Gans ward aufgetragen.
Die Mutter frug wieder wohl dies, wohl das,
Mitunter verfängliche Fragen.

„Mein liebes Kind! in welchem Land
Läßt sich am besten leben?
Hier oder in Frankreich? und welchem Volk
Wirst du den Vorzug geben?"

Die deutsche Gans, lieb Mütterlein,
Ist gut, jedoch die Franzosen,
Sie stopfen die Gänse besser als wir,
Auch haben sie bessere Saucen.

Und als die Gans sich wieder empfahl,
Da machten ihre Aufwartung
Die Apfelsinen, sie schmeckten so süß,
Ganz über alle Erwartung.

Die Mutter aber fing wieder an
Zu fragen sehr vergnüglich
Nach tausend Dingen, mitunter sogar
Nach Dingen, die sehr anzüglich.

„Mein liebes Kind! Wie denkst du jetzt?
Treibst du noch immer aus Neigung
Die Politik? Zu welcher Partei
Gehörst du mit Ueberzeugung?"

Die Apfelsinen, lieb Mütterlein,
Sind gut, und mit wahrem Vergnügen
Verschlucke ich den süßen Saft
Und ich lasse die Schalen liegen.

*   *   *

Die Stadt, zur Hälfte abgebrannt,
Wird aufgebaut allmählich;
Wie'n Pudel, der halb geschoren ist,
Sieht Hamburg aus, trübselig.

Gar manche Gassen fehlen mir,
Die ich nur ungern vermisse —
Wo ist das Haus, wo ich geküßt
Der Liebe erste Küsse?

Wo ist die Druckerei, wo ich
Die Reisebilder druckte?
Wo ist der Austernkeller, wo ich
Die ersten Austern schluckte?

Und der Dreckwall, wo ist der Dreckwall hin?
Ich kann ihn vergeblich suchen!
Wo ist der Pavillon, wo ich
Gegessen so manchen Kuchen?

Wo ist das Rathhaus, worin der Senat
Und die Bürgerschaft gethronet?
Ein Raub der Flammen! Die Flamme hat
Das Heiligste nicht verschonet.

Die Leute seufzten noch vor Angst
Und mit wehmüt'gem Gesichte
Erzählten sie mir vom großen Brand
Die schreckliche Geschichte:

„Es brannte an allen Ecken zugleich,
Man sah nur Rauch und Flammen!
Die Kirchenthürme loderten auf
Und stürzten krachend zusammen.

Die alte Börse ist verbrannt,
Wo unsere Väter gewandelt,
Und miteinander Jahrhunderte lang
So redlich als möglich gehandelt.

Die Bank, die silberne Seele der Stadt,
Und die Bücher, wo eingeschrieben
Jedweden Mannes Banko=Werth,
Gottlob! sie sind uns geblieben!

Gottlob, man collectirte für uns
Selbst bei den fernsten Nationen —
Ein gutes Geschäft — die Collecte betrug
Wohl an die acht Millionen."

Aufmunternd sprach ich: Ihr lieben Leut',
Ihr müßt nicht jammern und flennen;
Troja war eine bessere Stadt,
Und mußte doch verbrennen.

Baut eure Häuser wieder auf
Und trocknet eure Pfützen,
Und schafft euch beßre Gesetze an,
Und beßre Feuerspritzen.

* * *

Noch mehr verändert, als die Stadt,
Sind mir die Menschen erschienen,
Sie gehn so betrübt und gebrochen herum
Wie wandelnde Ruinen.

Die Mageren sind noch dünner jetzt,
Noch fetter sind die Feisten,
Die Kinder sind alt, die Alten sind,
Kindisch geworden, die meisten.

Gar manche, die ich als Kälber verließ,
Fand ich als Ochsen wieder;
Gar manches kleine Gänschen ward
Zur Gans mit stolzem Gefieder.

Die alte Gudel fand ich geschminkt
Und geputzt wie eine Sirene;
Hat schwarze Locken sich angeschafft
Und blendend weiße Zähne.[138]

Am besten hat sich conservirt
Mein Freund, der Papierverkäufer;
Sein Haar ward gelb und umwallt sein Haupt,
Sieht aus, wie Johannes der Täufer.

Den * * * *, den sah ich nur von fern,
Er huschte mir rasch vorüber;
Ich höre, sein Geist ist abgebrannt
Und war versichert bei Bieber.

Auch meinen alten Censor sah
Ich wieder. Im Nebel, gebücket,
Begegnet er mir auf dem Gänsemarkt,
Schien sehr darnieder gedrücket.

Wir schüttelten uns die Hände, es schwamm
Im Auge des Manns eine Thräne.
Wie freute er sich, mich wieder zu sehn!
Es war eine rührende Scene.

Nicht alle fand ich. Mancher hat
Das Zeitliche gesegnet.
Ach! meinem Gumpelino sogar
Bin ich nicht mehr begegnet.

Der Edle hatte ausgehaucht
Die große Seele so eben,
Und wird als verklärter Seraph jetzt
Am Throne Jehova's schweben.

Vergebens suchte ich überall
Den krummen Adonis, der Tassen
Und Nachtgeschirre von Porzellan
Feilbot in Hamburgs Gassen.

Ob noch der kleine Meyer lebt,
Das kann ich wahrhaftig nicht sagen;
Er fehlte mir, doch ich vergaß
Bei Cornet nach ihm zu fragen.[180])

Sarras, der treue Pudel, ist todt,
Ein großer Verlust! Ich wette
Daß Campe lieber ein ganzes Schock
Schriftsteller verloren hätte. — —

* * *

Als Republik war Hamburg nie
So groß wie Venedig und Florenz,
Doch Hamburg hat bessere Austern; man speist
Die besten im Keller von Lorenz.

Es war ein schöner Abend, als ich
Mich hinbegab mit Campen;
Wir wollten miteinander dort
In Rheinwein und Austern schlampampen.

Auch gute Gesellschaft fand ich dort,
Mit Freude sah ich wieder
Manch alten Genossen, zum Beispiel Chaufepié,
Auch manche neue Brüder.¹⁴⁰)

Da war der Wille, dessen Gesicht
Ein Stammbuch, worin mit Hieben
Die akademischen Feinde sich
Recht leserlich eingeschrieben.

Da war der Fucks, ein blinder Heid',
Und persönlicher Feind des Jehova,
Glaubt nur an Hegel und etwa noch
An die Venus des Canova.

Mein Campe war Amphitryo
Und lächelte vor Wonne;
Sein Auge strahlte Seligkeit,
Wie eine verklärte Madonne.

Ich aß und trank mit gutem App'tit,
Und dachte in meinem Gemüthe:
„Der Campe ist wirklich ein großer Mann,
Ist aller Verleger Blüthe.

Ein andrer Verleger hätte mich
Vielleicht verhungern lassen,
Der aber giebt mir zu trinken sogar;
Werde ihn niemals verlassen.

Ich danke dem Schöpfer in der Höh',
Der diesen Saft der Reben
Erschuf, und zum Verleger mir
Den Julius Campe gegeben!

Ich danke dem Schöpfer in der Höh',
Der durch sein großes Werde
Die Austern erschaffen in der See
Und den Rheinwein auf der Erde!

Der auch Citronen wachsen ließ,
Die Austern zu behauen —
Nun laß mich, Vater, diese Nacht
Das Essen gut verdauen!"

Der Rheinwein stimmt mich immer weich,
Und löst jedwedes Zerwürfniß
In meiner Brust, entzündet darin
Der Menschenliebe Bedürfniß.

Es treibt mich aus dem Zimmer hinaus,
Ich muß in den Straßen schlendern;
Die Seele sucht eine Seele und späht
Nach zärtlich weißen Gewändern.

* *

Die Heimath.

Es ging mir äußerlich ziemlich gut,
Doch innerlich war ich beklommen,
Und die Beklemmniß täglich wuchs —
Ich hatte das Heimweh bekommen.

Die sonst so leichte französische Luft,
Sie fing mich an zu drücken;
Ich mußte Athem schöpfen hier
In Deutschland, um nicht zu ersticken.

Ich sehnte mich nach Torfgeruch,
Nach deutschem Tabaksdampfe;
Es bebte mein Fuß vor Ungedulb,
Daß er deutschen Boden stampfe.

Ich seufzte des Nachts, und sehnte mich,
Daß ich sie wiedersähe,
Die alte Frau, die am Dammthor wohnt;
Das Lottchen wohnt in der Nähe.

Auch jenem edlen alten Herrn,
Der immer mich ausgescholten
Und immer großmüthig beschützt, auch ihm
Hat mancher Seufzer gegolten.

Ich wollte wieder aus seinem Mund
Vernehmen den „dummen Jungen!"
Das hat mir immer wie Musik
Im Herzen nachgeklungen.[141])

Ich sehnte mich nach dem blauen Rauch,
Der aufsteigt aus deutschen Schornsteinen,
Nach niedersächsischen Nachtigall'n,
Nach stillen Buchenhainen.

Ich sehnte mich nach den Plätzen sogar,
Nach jenen Leidensstationen,
Wo ich geschleppt das Jugendkreuz
Und meine Dornenkronen.

Ich wollte weinen, wo ich einst
Geweint die bittersten Thränen —
Ich glaube, Vaterlandsliebe nennt
Man dieses thörichte Sehnen.

Ich spreche nicht gern davon; es ist
Nur eine Krankheit im Grunde.
Verschämten Gemüthes, verberge ich stets
Dem Publico meine Wunde.

* * *

Das alte Geschlecht der Heuchelei
Verschwindet, Gott sei Dank, heut',
Es sinkt allmählich in's Grab, es stirbt
An seiner Lügenkrankheit.

Es wächst heran ein neues Geschlecht,
Ganz ohne Schminke und Sünden,
Mit freien Gedanken, mit freier Lust —
Dem werde ich alles verkünden.

Schon knospet die Jugend, welche versteht
Des Dichters Stolz und Güte,
Und sich an seinem Herzen wärmt,
An seinem Sonnengemüthe.

Mein Herz ist liebend wie das Licht,
Und rein und keusch wie das Feuer;
Die edelsten Grazien haben gestimmt
Die Saiten meiner Leier.

* * *

(Hamburg, den 17. September 1844.)

Das vorstehende Gedicht „Deutschland, ein Wintermärchen"
schrieb ich im diesjährigen Monat Januar zu Paris, und die freie
Luft des Ortes wehete in manche Strophe weit schärfer hinein, als mir
eigentlich lieb war. Ich unterließ nicht, schon gleich zu mildern und
auszuscheiden, was mit dem deutschen Klima unverträglich schien.
Nichtsdestoweniger, als ich das Manuscript im Monat März
an meinen Verleger nach Hamburg schickte, wurden mir noch
mannigfache Bedenklichkeiten in Erwägung gestellt. Ich mußte
mich dem fatalen Geschäfte des Umarbeitens nochmals unter=
ziehen, und da mag es wohl geschehen sein, daß die ernsten
Töne mehr als nöthig abgedämpft, oder von den Schellen des
Humors gar zu heiter überklingelt wurden. Einigen nackten
Gedanken habe ich im hastigen Unmuth ihre Feigenblätter wieder
abgerissen, und zimmerlich spröde Ohren habe ich vielleicht ver=
letzt. Es ist mir leid, aber ich tröste mich mit dem Bewußt=
sein, daß größere Autoren sich ähnliche Vergehen zu schulden
kommen ließen. Des Aristophanes will ich zu solcher Be=
schönigung gar nicht erwähnen, denn der war ein blinder Heide,
und sein Publikum zu Athen hatte zwar eine klassische Erziehung
genossen, wußte aber wenig von Sittlichkeit. Auf Cervantes
und Molière könnte ich mich schon viel besser berufen; und

Ersterer schrieb für den hohen Adel beider Castilien, Letzterer für den großen König und den großen Hof in Versailles! Ach, ich vergesse, daß wir in einer sehr bürgerlichen Zeit leben, und ich sehe leider voraus, daß viele Töchter gebildeter Stände an der Spree, wo nicht gar an der Alster, über mein armes Gedicht die mehr oder minder gebogenen Näschen rümpfen werden! Was ich aber mit noch größerem Leidwesen voraussehe, das ist das Zeter jener Pharisäer der Nationalität, die jetzt mit den Antipathien der Regierungen Hand in Hand gehen, auch die volle Liebe und Hochachtung der Censur genießen und in der Tagespresse den Ton angeben können, wo es gilt, jene Gegner zu befehden, die auch zugleich die Gegner ihrer allerhöchsten Herrschaften sind. Wir sind im Herzen gewappnet gegen das Mißfallen dieser heldenmüthigen Lakaien in schwarz-roth-goldener Livrée. Ich höre schon ihre Bierstimmen: „Du lästerst sogar unsere Farben, Verächter des Vaterlands, Freund der Franzosen, denen du den freien Rhein abtreten willst!" Beruhigt Euch. Ich werde eure Farben achten und ehren, wenn sie es verdienen, wenn sie nicht mehr eine müßige oder knechtische Spielerei sind. Pflanzt die schwarz-roth-goldene Fahne auf die Höhe des deutschen Gedankens, macht sie zur Standarte des freien Menschenthums, und ich will mein bestes Herzblut für sie hingeben. Beruhigt euch, ich liebe das Vaterland ebenso sehr, wie ihr. Wegen dieser Liebe habe ich dreizehn Lebensjahre im Exile verlebt, und wegen eben dieser Liebe kehre ich wieder zurück in's Exil, vielleicht für immer, jedenfalls ohne zu flennen oder eine schiefmäulige Duldergrimasse zu schneiden. Ich bin der Freund der Franzosen, wie ich der Freund aller Menschen bin, wenn sie vernünftig und gut sind, und weil ich selber nicht so dumm oder so schlecht bin, als daß ich wünschen sollte, daß meine Deutschen und die Franzosen, die beiden auserwählten Völker der Humanität, sich die Hälse brächen zum Besten von England und Rußland und zur Schadenfreude aller Junker und Pfaffen dieses Erdballs. Seid ruhig, ich werde den Rhein nimmermehr den Franzosen abtreten, schon aus dem ganz einfachen Grunde: weil mir der Rhein gehört. Ja, mir gehört er, durch unveräußerliches Geburtsrecht, ich bin des freien Rheins noch weit freierer Sohn, an seinem Ufer stand meine Wiege, und ich sehe gar nicht ein, warum der Rhein irgend einem Andern gehören soll, als den Landeskindern. Elsaß und Lothringen kann ich freilich dem deutschen Reiche nicht so leicht einverleiben, wie ihr es thut, denn die Leute in jenen Landen hängen fest an Frankreich wegen der Rechte, die sie durch die französische Staatsumwälzung gewonnen, wegen jener Gleichheitsgesetze und freien Institutionen, die dem bürgerlichen Gemüthe sehr angenehm sind, aber dem Magen der großen Menge dennoch vieles zu wünschen übrig lassen. Indessen, die Elsasser und Lothringer werden sich wieder an Deutschland anschließen, wenn wir das vollenden, was die Franzosen begonnen haben, wenn wir diese überflügeln in der That, wie wir es schon gethan im Gedanken, wenn wir uns bis zu den letzten Folgerungen desselben empor= schwingen, wenn wir die Dienstbarkeit bis in ihrem letzten Schlupfwinkel, dem Himmel, zerstören, wenn wir den Gott, der auf Erden im Menschen wohnt, aus seiner Erniedrigung retten, wenn wir die Erlöser Gottes werden, wenn wir das arme, glückenterbte Volk und den verhöhnten Genius und die ge= schändete Schönheit wieder in ihre Würde einsetzen, wie unsere großen Meister gesagt und gesungen, und wie wir es wollen, wir, die Jünger — ja, nicht bloß Elsaß und Lothringen, sondern ganz Frankreich wird uns alsdann zufallen, ganz Europa, die ganze Welt — die ganze Welt wird deutsch werden! Von dieser Sendung und Universalherrschaft Deutsch= lands träume ich oft, wenn ich unter Eichen wandle. Das ist mein Patriotismus . . .

Ich werde in einem nächsten Buche auf dieses Thema zurück= kommen, mit letzter Entschlossenheit, mit strenger Rücksichts= losigkeit, jedenfalls mit Loyalität. Den entschiedensten Wider= spruch werde ich zu achten wissen, wenn er aus einer Ueberzeugung hervorgeht. Selbst der rohesten Feindseligkeit will ich alsdann geduldig verzeihen; ich will sogar der Dummheit Rede stehen, wenn sie nur ehrlich gemeint ist. Meine ganze schweigende Verachtung widme ich hingegen dem gesinnungslosen Wichte, der aus leidiger Scheelsucht oder unsauberer Privatgiftigkeit meinen guten Leumund in der öffentlichen Meinung herabzu= würdigen sucht, und dabei die Maske des Patriotismus, wo nicht gar die der Religion und der Moral, benutzt. Der anarchische Zustand der deutschen politischen und literarischen Zeitungsblätterwelt ward in solcher Beziehung zuweilen mit einem Talente ausgebeutet, das ich schier bewundern mußte. Wahrhaftig, Schufterle ist nicht todt, er lebt noch immer und steht seit Jahren an der Spitze einer wohlorganisirten Bande von literarischen Strauchdieben, die in den böhmischen Wäldern unserer Tagespresse ihr Wesen treiben, hinter jedem Busch, hinter jedem Blatt versteckt liegen und den leisesten Pfiff ihres würdigen Hauptmanns gehorchen . . .

* * *

(An **Mathilde Heine**. Bremen, den 28. October 1843.)

Lieber Schatz! Ich bin soeben hier angelangt, nachdem ich zwei Tage und zwei Nächte durch gefahren; es ist acht Uhr Morgens, und ich werde noch heute Abend weiter reisen, so daß ich morgen in Hamburg eintreffe. Ja, morgen bin ich am Ziel meiner Pilgerfahrt, welche höchst langweilig und ermüdend war. Ich bin ganz erschöpft. Ich hatte viel Ungemach und schlechtes Wetter. Alle Welt reist hier im Mantel, ich in einem elenden Paletot, der mir nur bis an die Kniee reicht, welche steif vor Kälte sind. Bei alledem ist mein Herz voller Sorgen: ich habe mein armes Lamm in Paris gelassen, wo es so viel Wölfe giebt. Ich bin die arme Hälfte eines Hahns. Ich habe schon über hundert Thaler verbraucht. — Adieu, ich umarme Dich! — Ich schreibe Dir in einem Zimmer, das voller Leute ist: das Geschrei um mich her verursacht mir die entsetzlichsten Kopfschmerzen. — Tausend Grüße von mir an Madame Darte und unsere vortreffliche, phantastische Aurecia![142]

(Hamburg, den 31. October 1843.)

Schönster Schatz! Seit zwei Tagen befinde ich mich in Hamburg, wo ich all' meine Verwandten in bestem Wohlsein angetroffen habe, mit Ausnahme meines Oheims; obgleich er sich augenblicklich etwas erholt hat, ist sein Zustand doch beunruhigend, und man fürchtet, ihn bei einem nächsten Anfalle seiner Krankheit zu verlieren. Er hat mich mit großer Herzlichkeit, ja mit zuvorkommender Artigkeit empfangen, und da er sieht, daß ich nicht nach Hamburg komme, um Geld zu verlangen, sondern einzig, um ihn und meine Mutter wieder zu sehen, so stehe ich hoch in seiner Gunst. Er hat sich bei mir sehr angelegentlich nach Dir erkundigt und stets auf's Rühmlichste von Dir gesprochen. Ich sehe mit Freuden, daß man im Allgemeinen gut von Dir spricht,

hier in Hamburg, wo man sich grimmiger als anderswo ver=
lästert; es ist ein Nest voll Klatschereien und Schmähsucht.
Was meine Mutter betrifft, so finde ich sie sehr verändert.
Sie ist sehr schwach und entkräftet. Sie ist durch Alter und
Sorgen zusammengeschrumpft. Aengstlich, wie sie ist, regt die
geringste Kleinigkeit sie schmerzlich auf. Ihr größtes Uebel ist
der Stolz. Sie geht nirgends hin, da sie nicht die Mittel hat,
bei sich Besuch zu empfangen. Seit dem Brande bewohnt sie
zwei kleine Zimmer; es ist ein Jammer! Sie hat viel durch
den Brand verloren, da sie bei einer Gesellschaft versichert war,
die nicht bezahlen konnte.

Karl Heine scherzt immer über meine Eifersucht und wundert
sich, daß ich mich habe entschließen können, Dich in Paris zu
lassen! — Du bist meine arme geliebte Frau, und ich hoffe, daß
Du artig und vernünftig bist. Ich bitte Dich inständigst, Dich
nicht zu viel öffentlich zu zeigen, auch nicht nach der Heilanstalt
zu gehen; ich hoffe, daß Du den obersten der Tröpfe nicht bei
Dir empfangen wirst; glaube mir, Du hast Freundinnen und
ehemalige Freundinnen, welche nichts sehnlicher verlangen, als
Dich mir gegenüber zu compromittiren.

(Hamburg, den 2. November 1843.)

Ich hoffe, daß es Dir wohlgeht; mir geht es wohl. Nur leidet
mein abscheulicher Kopf etwas an jener nervösen Krankheit, welche
Du kennst. Gestern dinirte ich bei meinem Oheim, der sehr verstimmt
war; der arme Mann steht schreckliche Leiden aus. Es gelang mir
jedoch, ihn zum Lachen zu bringen. Ich denke nur an Dich, meine
liebe Nonotte. Es ist ein großer Entschluß, daß ich Dich allein in
Paris gelassen, in diesem schrecklichen Abgrunde! Vergiß nicht,
daß mein Auge immer auf Dir ruht; ich weiß alles, was Du
thust, und was ich jetzt nicht weiß, werde ich später erfahren.

Ich kann noch nicht den Tag meiner Abreise bestimmen;
wahrscheinlich wird sich mein Aufenthalt hier in Hamburg bis
zur Mitte dieses Monats verlängern. Glaub' mir, es ist keine
verlorene Zeit. Meine Geschäfte mit meinem Buchhändler sind
verwickelt, und ich habe hier in dieser Hinsicht viel zu thun.

(Hamburg, den 5. November 1843.)

Ich werde hier von aller Welt gehätschelt. Meine Mutter
ist glücklich; meine Schwester ist außer sich vor Entzücken, und

mein Oheim findet an mir alle erdenklichen guten Eigenschaften. Auch bin ich sehr liebenswürdig. Welch saure Arbeit! ich muß den uninteressantesten Leuten gefallen! Bei meiner Rückkehr werde ich so sauertöpfisch wie möglich sein, um mich von den Anstrengungen meiner Liebenswürdigkeit zu erholen.

Ich denke beständig an Dich, und ich vermag nicht ruhig zu sein. Unbestimmte und trübe Sorgen quälen mich Tag und Nacht. Du bist die einzige Freude meines Lebens — mache mich nicht unglücklich!

Alle meine Verwandten machen mir Vorwürfe, daß ich Dich nicht nach Hamburg mitgebracht. Ich habe jedoch wohlgethan, das Terrain ein wenig zu studiren, bevor ich in Deiner Begleitung käme. Wahrscheinlich werden wir den Frühling und Sommer hier verbringen. Ich hoffe, daß Du für Deine jetzige Langeweile hinreichend belohnt werden wirst. Ich werde das Mögliche thun, Dich dafür schadlos zu halten. — Adieu, mein Engel, meine Liebste, mein armes Kind, mein gutes Weib!

(Hamburg, den 19. November 1844.)

Ich hoffe, daß es Dir wohl geht; was mich betrifft, so spielt mein abscheulicher Kopf mir immer noch Possen und hindert mich, meine Geschäfte in Hamburg schnell zu beenden. Ich bin leidend und langweile mich, denn ich denke immer an Dich; ich bin fast toll, wenn meine Gedanken die Richtung nach Chaillôt einschlagen — Was macht jetzt meine Frau, die Tollste der Tollen? Es war Tollheit von mir, Dich nicht mit hierher zu bringen. — Um Gottes willen, thue nichts, worüber ich bei meiner Rückkehr böse werden könnte. Verhalte Dich so still wie möglich in Deinem Nestchen, arbeite, studiere, langweile Dich rechtschaffen, spinne Wolle, wie die biedere Lucretia, welche Du im Odeon gesehen hast.

(Hamburg, den 25. November 1843.)

Ohne Nachrichten von Dir seit so langer Zeit! Mein Gott! Ich versichere Dir, es ist schrecklich! Dennoch muß ich noch bis Ende der nächsten Woche hier bleiben (heute ist Sonnabend). Ich werde direct nach Paris zurückkehren, ohne mich irgendwo aufzuhalten, so daß ich in vierzehn Tagen Dich, mein Schatz, wiedersehen werde. Inzwischen sei ruhig, fleißig und verständig. — Ich habe meine Zeit hier gut angewandt. Meine Angelegenheiten mit meinem Buchhändler sind in's Reine gebracht. Alles ist geordnet, selbst für die Zukunft. Ich übertrage ihm das Recht, meine Werke für alle Zeiten auszubeuten, statt des Termines, welcher in vier Jahren ablief. Er zahlt mir dafür seinerseits eine lebenslängliche Rente von 1200 Mark Banko (das sind ungefähr 2400 Francs). Wenn ich vor Dir sterbe, so wird diese Rente auf Dich übergehen, und mein Buchhändler muß Dir alljährlich dieselbe Summe auszahlen. Diese Rente beginnt erst mit dem Jahre 1848 (nach vier Jahren); aber wenn ich in diesen vier Jahren sterbe, verpflichtet sich mein Buchhändler, schon von da ab Dir Deine 2400 Francs per Jahr zu bezahlen; so daß Dir von heute an diese Summe für Dein ganzes Leben gesichert ist. Das ist die Basis unsres Contractes. Es ist ein großes Geheimniß, das ich Niemanden mittheile; aber da Du Details von mir zu hören wünschest, vermag ich Dir dies neue Arrangement nicht zu verschweigen, das mir in vier Jahren 200 Francs monatlich mehr verschafft, um unseren Lebensunterhalt zu bestreiten. Zugleich ist es ein Anfang, Deine Einnahmen nach meinem Tode zu fixiren, der übrigens nicht sobald eintreten wird, denn ich befinde mich vortrefflich. — Es ist die Pflicht jedes Mannes, für das Schicksal seiner Frau in seinem Todesfalle zu sorgen und seine Wittwe nicht Streitigkeiten ausgesetzt zu lassen. Das ist kein Verdienst, sondern eine Pflicht. — Meinem Oheim geht es besser. Unsere ganze Familie befindet sich wohl. Ich höre nicht auf, von Dir mit meinen Nichten zu sprechen, die vor Begierde brennen, ihre Tante Mathilde zu sehen.

(Hamburg, den 6. December 1843.)

Morgen reise ich ab. Ich habe nicht früher abreisen können wegen meiner Geschäfte und wegen der Grippe, an welcher ich heute noch leide. Gestern hat mein Buchhändler den Contract unterzeichnet, von welchem ich Dir geschrieben; Du hast keine Vorstellung davon, wieviel Scherereien ich wegen dieses Contracts gehabt. Er ist köstlich! Ich bin entzückt davon. —

(Bückeburg, den 10. December 1843.)

Ich bin überzeugt, daß Du nicht weißt, wo Bückeburg, eine sehr berühmte Stadt in den Annalen unserer Familie, liegt.

Aber das thut nichts, die Hauptsache ist, daß ich unterwegs bin, daß ich mich wohlbefinde, daß ich Dich herzlich liebe, und daß ich Dich wahrscheinlich Sonnabend umarmen werde. Ich werde von Sorgen Deinethalb gequält. So lange Zeit ohne Nachrichten von Dir zu sein, o Gott, wie schrecklich! Auch bin ich Dir deshalb böse, und werde Dir bei meiner Ankunft nur fünfhundert Küsse statt tausend geben.

* * *

(An **Julius Campe**. Paris, den 29. December 1843.)

Seit zehn Tagen bin ich wieder hier in meinem Hauptquartier, wo ich Alles besser antraf, als ich mir vorstellte; der Mangel an Nachrichten von Paris verleidete mir meine letzten Tage in Hamburg, so daß mir dort der Kopf davonlief. Jetzt fällt mir noch tausenderlei ein, was ich dort noch hätte thun können. Von meinem Oheim, der mich durchaus nicht fortlassen wollte, schied ich fast ohne Abschied. Die wichtigsten Notizen, die ich einsammeln wollte, rein vergessen. Es freut mich unsäglich, daß ich wenigstens in Bezug auf Sie Alles auf's Erfreulichste für uns Beide geordnet, und die sichere Grundlage für ein gemeinsames Zusammenwirken erreicht habe; die Verwicklungen, die sich durch eine dreizehnjährige Abwesenheit bilden mußten, haben wir entwirrt, uns dadurch die Gegenwart erheitert, und wir dürfen auf eine schöne Zukunft rechnen. — Vor der Hand wünsche ich Ihnen auch Glück und Segen zum neuen Jahre! — Wie ungern ich von Hamburg diesmal abreiste, davon haben Sie keinen Begriff! Eine große Vorliebe für Deutschland grassirt in meinen Herzen, sie ist unheilbar.

(Paris, den 20. Februar 1844.)

Ihren Brief habe ich bereits vor acht Tagen erhalten, und auch heute bin ich noch nicht im Stande, Ihnen ordentlich zu schreiben. Denn seit zehn Tagen ist mein schreckliches Augenübel, schrecklicher als je, wieder eingetreten, und ich schreibe Ihnen diese Zeilen mit der größten Mühe; ich kann kaum die Buchstaben sehen. War just mitten in einer großen Arbeit, als das Malheur wieder kam. Hab', seitdem ich zurück, viel gearbeitet, z. B. ein höchst humoristisches Reise=Epos, meine Fahrt nach Deutschland, ein Cyclus von 20 Gedichten, gereimt, alles gottlob fertig; werde eine Portion Prosa hinzuschreiben und Ihnen also recht bald das nothwendige Bändchen geben. Sie werden sehr mit mir zufrieden sein, und das Publikum wird mich in meiner wahren Gestalt sehen. Meine Gedichte, die neuen, sind ein ganz neues Genre, versificirte Reisebilder, und werden eine höhere Politik athmen, als die bekannten politischen Stänkerreime. Aber sorgen Sie frühe für Mittel, etwas, was vielleicht unter 21 Bogen, ohne Censur zu drucken. —

(Paris, den 17. April 1844.)

Seit vier Wochen bin ich wieder von meinem Augenübel hergestellt. Vorher war ich fast blind. — Nicht schreiben können, und, was noch schrecklicher ist, nicht lesen können — Sie haben keinen Begriff von dem Unmuth, der mich verzehrte. Zum Glück war mein großes Gedicht fast vollendet. Nur der Schluß fehlte, und ich habe ihn vielleicht sehr nothdürftig ersetzt. Seitdem beschäftige ich mit dem Abschreiben dieser Arbeit, und das schöne, reinliche Manuscript liegt jetzt vor mir. Ich will es nur noch mal durchgehen, mit der Lupe, und dann schicke ich es Ihnen direct zu über Havre. Es ist ein gereimtes Gedicht, welches, vier Strophen die Seite berechnet, über 10 Druckbogen betragen mag und die ganze Gärung unserer deutschen Gegenwart in der keckſten, perſönlichſten Weiſe ausſpricht. Es ist politisch-romantisch und wird der prosaisch-bombastischen Tendenzpoesie hoffentlich den Todesstoß geben. Sie wissen, ich prahle nicht, aber ich bin diesmal sicher, daß ich ein Werkchen gegeben habe, das mehr Furore machen wird, als die populärste Broschüre, und das dennoch den bleibenden Werth einer classischen Dichtung haben wird.

Ich hatte Anfangs die Absicht, noch 10 bis 12 Bogen Prosa hinzu zu schreiben und hier die merkwürdigen Veränderungen zu besprechen, die ich in Deutschland vorgefunden. Aber während meiner Blindheit verarbeitete sich dieser Stoff in meinem Kopfe weitläufiger aus, und jetzt sehe ich ein, daß dieser Stoff, wenn ich noch durch eine zweite Reise nach Deutschland das mangelnde Material sammle, eines meiner bedeutendsten Werke hervorbringen kann. Schon allein die Personenschilderungen der verstorbenen Freunde und Bekannten in der Litteratur könnten einen großen interessanten Band liefern: Hegel, Gans, Cotta, Immermann, M. Beer, Schenk, Arnim, Chamisso, Fouqué, Frau v. Varnhagen, Robertz, Maltitz, und noch eine Menge kleiner und großer

Köter — nicht zu vergessen Grabbe, den wichtigsten — kurz, ein Buch von lauter Personen, die mir plastisch vor Augen stehen.

(Paris, den 3. Mai 1844.)

Ich bleibe nur noch vier Wochen hier, dann muß ich meiner Augen wegen (ich bin wieder halb blind) durchaus in's Bad reisen. Leuk in der Schweiz wird mir von den Aerzten an= gerathen. Ich hab' es durchaus nöthig, wenn ich nicht ganz erblinden will. Im Verlauf der letzten 14 Tage habe ich vier große Artikel für die „Allgemeine Zeitung" geschrieben, die, mein Augenübel vermehrend, mir mehr kosten, als sie mir einbringen. Das ist Schriftsteller=Misere: die kranken Augen anstrengen, um die Heilungskosten zu erschwingen. —

(Paris, den 11. Juli 1844.)

Schon seit 4 bis 5 Tagen könnte ich Antwort auf meinen letzten Brief von Ihnen haben, worin ich Ihnen die Verlegenheit meldete, die mir Ihr Stillschweigen verursacht. Letzteres ist mir unbegreiflich, und beunruhigt mich in einer Weise, die ich un= möglich schildern kann. Was geht mit Ihnen vor? Sind Sie krank? Haben Sie meinen Brief nicht erhalten? Plagt Sie der Teufel? Oder bin ich selbst toll? Da lasse ich die schöne Jahreszeit dahingehen, wo ich wegen meines Kopfübels noth= wendig ins Bad gehen müßte, und bleibe hier auf dem brennenden Asphaltpflaster von Paris, in dem dumpfen Wagengerassel, nach grünen Bäumen und reiner Luft lechzend, die Nerven fieberhaft irritirt, vor Ungeduld unfähig die Feder in der Hand zu halten — und das alles, weil ich keine Zeile von Ihnen erhalte! Ich werde wahrscheinlich, indem ich bis Ende der nächsten Woche noch auf Brief von Ihnen warte, gar nicht mehr ins Bad gehen können. — Aber, der Teufel! warum lassen Sie einen Freund in dieser Noth? Sie wissen doch, daß ich keine Ruhe habe, ehe ich über das Schicksal meines Manuscripts Gewißheit erlange. — Ich glaube, ich werde es zuletzt nicht mehr aushalten können und über Hals und Kopf nach Hamburg eilen. — Gestern ging ich mit Hebbel drei Stunden lang auf und ab, und da er eben= falls keine Nachricht von Ihnen hat, brachen wir uns vergebens die Köpfe.

* * *

(An **Mathilde Heine**.)   Hamburg, Montag, den 12. August 1844.)

Ich bin seit Deiner Abreise zu Tode betrübt. Wenn Du diesen Brief empfängst, wirst Du Dich hoffentlich schon von den Anstrengungen Deiner Reise erholt haben. Du hast schönes Wetter gehabt, keinen Wind, und die Ueberfahrt muß weniger unangenehm als auf der Herreise gewesen sein. Alle Welt hier, besonders meine arme Mutter, ist betrübt wegen Deines Fortgangs. Schon drei Tage, daß ich Dich nicht gesehen habe. Diese Tage sind mir wie Schatten entschwunden. Ich weiß nicht, was ich thue, und ich denke gar nichts. — Sonnabend erhielt ich einen Brief von meinem Oheim, worin er mich wegen seiner Anschnauzereien fast um Verzeihung bittet; er gesteht auf eine rührende Weise, daß sein leidender Zustand und die Arbeiten, mit denen er überhäuft, die Ursachen jener schlechten Laune sind, welche bei jeder Gelegenheit losplatzt. Obschon ich an meiner schrecklichen Migräne litt, mußte ich doch gestern, Sonntag, bei ihm speisen. Er war sehr liebenswürdig. Aber mein Kopf ist heute wie ein gebratener Apfel. Du kennst jenen Zustand von Stumpfsinn, in welchem ich mich am nächsten Tage befinde, wenn ich, trotz meiner Migräne, mich angestrengt habe. Ich vermag kaum zu schreiben; ich hoffe, daß Du mein Gekritzel lesen kannst. Schreibe mir bald und viel; Du brauchst Dich vor mir nicht zu geniren. Laß mich wissen, ob Du wohl und munter angekommen bist, ohne Unfall, ohne bestohlen zu sein, ob die Douàne Dich nicht chikanirt hat, ob Du gut untergebracht bist, ob Du Dich wohl befindest, und ob ich D e i n e t = h a l b   r u h i g   s e i n   k a n n. Halte Dich still in Deinem Neste bis zu meiner Rückkehr. Laß die Deutschen nicht Deinen Schlupfwinkel aufspüren; sie haben vielleicht aus dem Geschwätz einiger deutschen Blätter erfahren, daß Du ohne mich nach Frankreich zurückgekehrt bist. Wir kennen einen von ihnen, der nicht allzu zartfühlend ist, und der fähig wäre, nach der Pension zu kommen; vergiß nicht, für diesen Fall Deine Vorsichtsmaßregeln zu treffen.

(Hamburg, den 16. August 1844.)

Man hämmert neben mir, meinem Kopfe geht's noch nicht besser, ich bin trübselig wie eine Nachtmütze, ich bin dreihundert Stunden von Dir entfernt, mit einem Worte, ich bin nicht glücklich. Ich erwarte mit Ungeduld Briefe von Dir; ich beschwöre Dich, mir wenigstens zweimal die Woche zu schreiben, denn wenn ich Deinetwegen nicht ruhig bin, so verliere ich den Kopf, und doch bedarf ich mehr als je dieses armen Kopfes, da der Horizont sich verfinstert und meine Angelegenheiten sich verwirren. Ich brauche zwei Monate, um meine Angelegenheiten zu ordnen — wenn ich inzwischen nicht regelmäßig Nachricht von Dir erhalte, und wenn ich wild werde wie voriges Jahr, so würden daraus unberechenbare Verluste erwachsen. Vergiß nicht, mir auf's Genaueste zu schreiben, wie's Dir geht, ob Du Dich wohlbefindest. Ich habe wohl nicht erst nöthig, Dir recht viel Vorsicht in allem, was Du thust, anzuempfehlen — Du weißt, wie sehr ich die Perfidie der Deutschen und zuweilen selbst der Franzosen zu fürchten habe.

Meinem alten Oheim geht es viel schlimmer; ich hätte ihm vielerlei zu sagen, aber es scheint, daß er nicht mehr Zeit haben wird, es in dieser Welt zu hören. O mein Gott, welches Unglück! Er wird dieses Jahr nicht mehr überleben. Ich werde ihn heute besuchen; mir wird das Herz schwer bei dem bloßen Gedanken, ihn in demselben Zustand wie vorige Woche zu sehen.

Meine Mutter befindet sich bewunderungswürdig wohl, und sie spricht immer von Dir mit ihrer Dame d'Atour, ihrem Factotum, ihrem weiblichen Sancho Pansa, kurz, mit Jette. Meiner Schwester und ihren Kindern geht es gut, sie erwarten mit Ungeduld Nachricht von ihrer Tante.

(Hamburg, den 2. September 1844.)

Ich weiß wohl, daß Du nicht sehr schreiblustig bist, daß Briefe zu schreiben für Dich ein sehr langweiliges Geschäft ist, daß es Dich ärgert, Deine Feder nicht mit verhängtem Zügel von selbst galoppiren lassen zu können — aber Du weißt wohl, daß Du Dich vor mir nicht zu geniren brauchst, und daß ich Deine Gedanken errathe, wie schlecht sie auch ausgedrückt sein mögen. Ich habe in diesem Augenblick viel zu arbeiten, und da ich nur deutsch spreche und schreibe, macht es mir auch schon einige Mühe, französisch zu schreiben. Das mag Dir zugleich erklären, weßhalb ich Dir oft und nicht so lange Briefe schreibe, wie ich es gern möchte; denn ich denke stets an Dich, und ich habe Dir tausenderlei zu sagen. Das Wichtigste, was ich Dir mitzutheilen habe, ist, das ich Dich liebe bis zum Wahnsinn, meine liebe Frau.

Ich hoffe, daß Du die deutsche Sprache noch nicht vergessen hast.

(Hamburg, den 11. September 1844.)

— Ich erhalte keine Nachricht von Dir, und doch solltest Du mir allwöchentlich einmal, wenn nicht zweimal, schreiben. Ich bitte Dich dringend, mich nicht ohne Brief zu lassen, sondern mir viel und so oft wie möglich zu schreiben. Vergiß nicht, daß ich nur für Dich lebe, und wenn Du in diesem Augenblicke nicht glücklich bist, so beunruhige Dich nicht; die Zukunft gehört uns.

(Hamburg, den 4. October 1844.)

Geliebteste! Ich war bereit, heute Abend abzureisen; aber es ist ein abscheuliches Wetter, und meine Mutter erhebt ein großes Geschrei. Ich füge mich also darin, noch einige Tage länger zu bleiben und das nächste Dampfschiff abzuwarten. Mir bleiben nur noch ein paar Minuten, um diesen Brief zu expediren, da ich meinen Onkel Henry erst um sechs Uhr sprechen konnte, um von ihm eine fernere Anweisung auf 100 Francs zu erhalten, welche ich Dir einliegend sende. Ich schicke Dir dies Geld, obschon ich nicht gut bei Kasse und Dich noch nicht auf dem Trockenen glaube; aber ich fürchte immer bei Dir eine Geldverlegenheit. Ich bitte Dich also, nichts davon auszugeben, es sei denn für nothwendige Dinge. Leb wohl, mein Lamm!

Zwanzigstes Capitel.

Der Erbschaftsstreit.

(An Julius Campe. Paris, 19. Dezember 1844.)

Schreiben Sie mir gleich, damit ich Ihnen mit erleichtertem Gemüthe über eine Publication schreiben kann, die sehr drängt; ich muß nämlich eine Reihe Briefe über Deutschland publiciren, voll der wichtigsten Polemik. Schreiben Sie mir umgehend, und rauben Sie mir keine Zeit durch unnütze Auseinandersetzungen.

Ich zögerte mit dem „Atta Troll", weil ich einige Stücke hinzufügen und diese auf dem Schauplatze des Gedichtes, in den Pyrenäen, dieses Frühjahr schreiben wollte. Epische Gedichte müssen überhaupt mehrfach umgearbeitet werden. Wie oft änderte Ariost, wie oft Tasso! Der Dichter ist nur ein Mensch, dem die besten Gedanken erst hintennach kommen. Das Wintermärchen ist auch in der jetzigen Gestalt unvollendet; es bedarf bedeutender Verbesserung, und die Hauptstücke darin fehlen. Ich habe den heißesten Wunsch, diese so bald als möglich zu schreiben und Sie zu bitten, eine umgearbeitete und stark vermehrte neue Ausgabe des Gedichtes zu veranstalten. Sie werden sehen, wie es dadurch vollendet sein wird, und welcher Nachjubel entsteht.

Meine Augen sind im schlechtesten Zustand, und ich habe dictiren müssen. Gott verzeih' es Ihnen, daß Sie mich eben jetzt belästigt, wo ich mit meinen Briefen über Deutschland beschäftigt, die gleichzeitig hier und dort erscheinen sollen.[143] Ich habe gute Laune nöthig, und Sie rauben mir dieselbe. Und sind so reich jetzt, und habe das Meinige dazu beigetragen, Sie zu fördern, und Sie wollen mir noch meine paar Sous nehmen — ich glaub' es nicht, es ist fabelhaft — ein schnödes Wintermärchen.

(Paris, den 8. Januar 1845).

Liebster Campe! Ich weiß, daß trotz unserer jüngsten Differenz Sie mir doch als Freund beistehen, und in der delicatesten Sache wende ich mich an Ihre kluge Thätigkeit. Sie werden die Sache leicht begreifen. Ich schicke Ihnen zwei Briefe: der eine ist ein Brief von Karl Heine, den Sie mir gefälligst aufbewahren wollen. Sie sehen daraus, was man mit mir vorhat. Ich glaube, daß, wenn ich mich knebeln lasse, mir die Pension nach wie vor ausbezahlt würde; man will mich nur in Händen haben, daß ich wegen des Testaments schweige und daß ich gegen die Foulds, nämlich Karl Heine's Frau und Schwiegermutter, deren Interessen ich gekreuzt, nichts unternehme. Dann schicke ich Ihnen einen Brief für Karl Heine, den Sie lesen und in

Abschrift für mich aufbewahren müssen. Das Original schicken Sie unverzüglich versiegelt an Karl Heine. — Ich schreibe in der größten Eile. Soviel werden Sie merken, daß ich einen Todeskampf beginne und neben den Gerichten auch die öffentliche Meinung für mich gewinnen will, im Fall Karl Heine nicht nachgiebt. Ich will mein Recht, und müßte ich es mit meinem Tode besiegeln. Sprechen Sie mit Sieveking, daß er durch Halle, der dabei viel verschuldet, meinem Vetter zu stimmen suche. Wissen Sie sonst Jemand, der mit ihm rede? Ich schreibe in der größten Eil'. Est periculum in mora.

In einigen Tagen schicke ich Ihnen ein Vollmacht für einen Advokaten. Dann schicke ich die auf Beweisführung bezüglichen Papiere; kurz, ich werde ohne Zaudern handeln obgleich ich krank und elend bin und kaum die Feder in der Hand halten kann. Aber welch ein Unglück! ich provocirte wahrlich nichts. Welcher Mistkarren von Dreck — an letzteren bin ich gewöhnt — andere sind daran nicht gewöhnt, und bedenken sich vielleicht, ehe sie das Signal geben, wobei der Pöbel ein Gaudium hat. Ich bin auf Alles gefaßt — erbittert durch unerhörte Dinge. Seit zwei Tagen sitzt meine Frau wie ein Marmorbild am Kamin und spricht kein Wort: das Unerhörte hat sie wie versteinert. Ich bin nie so entschlossen gewesen wie jetzt, und die klugen Leute haben eine große Dummheit begangen, daß sie mich jetzt geschont. Handeln Sie für mich . . .

(An **J. H. Detmold.** Paris, den 9. Januar 1845.)

In großer Noth können Sie immer darauf rechnen, von mir [einen] Brief zu erhalten. Vielleicht haben Sie bereits von Hamburg aus gehört, welch ein großes Unglück mich betroffen. Ich meine nicht den Tod meines Onkels, sondern die Art, wie er meiner gedacht. Aus manchen Dingen hatte ich längst geargwohnt, daß man ihm in den Kopf gesetzt, daß ich doch jede große Summe vergeuden würde, oder von den Regierungen Beschlag darauf gelegt werde. Meine Pension war eine abgemachte Sache. Ehrlich gesagt, ich hoffte nicht auf testamentarisch großes Bedachtsein, sondern auf Erhöhung meiner Pension. Da erhalte ich schon (den 30sten!) 7 Tage nach seinem Tode, einen wahrscheinlich am Begräbnißtage geschriebenen großen Brief von Karl

Heine, worin dieser, der sonst mein sanftester Freund, mir mit den dürrsten Worten ankündigt, mein Oheim habe mir nur 8000 Mk. Bco. in seinem Testamente hinterlassen, von Pension sei nicht die Rede, er aber wolle mir jährlich 2000 Francs geben — unter der Bedingung, daß, wenn ich über seinen Vater schriebe, ich vorher das Manuscript zur Durchsicht einschicken müsse. Gestern antwortete ich ihm, mit hinlänglicher Verachtung, und kündigte ihm einen Proceß an; denn in Betreff der Pension habe ich Beweisthümer der Verpflichtung. Ich erhielt bisher jährlich 4800 Francs, die auf meine Frau nach meinem Tode übergehen sollten. Vielleicht erwartete man, daß ich mich auf's Bitten legen würde, und ich bekäme vielleicht das Geld wieder wie sonst. Aber ich glaube, hier wirke ich stärker durch Drohung, und letztere führt sicherer zum Zweck. Der Proceß ist keine Drohung, ich kann ihn sehr gut machen. Aber man wird, wenn [ich] Ernst mache, schon furchtsam werden und nachgeben. Das Beste muß hier die Presse thun zur Intimidation, und die ersten Kothwürfe auf Karl Heine und namentlich auf Adolf Halle werden schon wirken.[144] Ich überlasse also Ihrer Klugheit, schleunigst eine Menge kleiner Artikel in Blätter, die nach Hamburg kommen, zu fördern, worin mein Oheim vertheidigt wird, warum er anderweitig als durch testamentarische Verfügung für mich sorgen wollte, und wie man jetzt glaubt, mich in Händen zu haben, und mir droht, sogar meine Pension nicht mehr auszuzahlen — wenn ich meine Gedanken über das Testament und über die Ränke, die gegen mich geschmiedet worden, öffentlich aussprüche. Die öffentliche Meinung ist leicht zu gewinnen für den Dichter — gegen Millionäre. — Campe wird Ihnen schreiben. Die Artikel müssen alle aus Hamburg datirt sein. Wenn Sie Freunde in Hamburg hätten, die direct auf Adolf Halle wirken könnten? — Sie sehen, hier steht nicht ein Buch, sondern die Existenz auf dem Spiel. Eilen Sie und gewinnen Sie den Gegnern den Vorsprung ab. Ist es mir möglich, so geh' ich selbst in nächster Woche nach Hamburg, das sag' ich aber nur Ihnen, nicht einmal meiner Mutter oder Schwester, die sich ängstigen würden, denn ich muß durch Deutschland reisen — daher das strengste Geheimniß. Meine Ankunft soll wie eine unerwartete Bombe wirken. — Mathilde habe [ich] etwas beruhigt, indem ich ihr sagte, daß ich Ihnen schriebe, dem großen Helfer in der Noth. Da ich bald reise, so brauchen Sie nicht zu antworten; ist es mir möglich, nächste Woche. Der Schlag traf mich aus heiterem Himmel. Meine hiesigen Feinde, die Fould's, reizen Karl Heine auf gegen mich . . . Es ist eine mystische Geschichte, und ich denke, Sie kommen jetzt nach Hamburg, sobald ich dort bin. Mathilde ist krank vor Schreck und Aerger; alles stürmt zugleich auf uns ein . . .

(An **Julius Campe.** Paris, den 13. Januar 1845.)

Ich kann Ihnen auch heute noch nicht mit Ruhe schreiben. Ich bin so krank, ich kann so wenig sehen, und es drängt dabei so viel Unheimliches auf mich ein. Lever de bouclier meiner Feinde, die den Augenblick günstig glauben. Mr. Strauß und Consorten laufen in allen Zeitungsbureaux und verleumden und zahlen sogar Inserate. Dabei wird der Zustand meiner Frau bedenklicher, und die Nächte sind böse. Aufrecht erhält mich nur mein sittliches Bewußtsein, die Verachtung des Schlechten und mein beleidigtes Rechtsgefühl. Letzteres will ich um jeden Preis befriedigen, und es ist hier nicht bloß eine Geldfrage. Auf geschmeidigen Wegen und durch die gemeinen Mittel könnte ich die Gelddifferenz wohl beseitigen. Ich hab' vergessen, Ihnen zu bemerken, daß sogar die Summen von Karl Heine falsch angegeben wurden; seit meiner Verheirathung erhielt ich von meinem Oheim jährlich 4800 Francs (früher hatte er nur 4000 Francs stipulirt); monatliche Auszahlung von 400 Francs, Lebenslänglichkeit, und übergehend an meine Frau nach meinem Tode. Ich liege und krame in Papieren, wobei mancher beruhigender Fund. E. Arago und Cremieux haben sich unverzüglich consultirt, so daß ich den Proceß, wenn ich ihn machen muß, mit gutem Winde führe. Aber welch ein Unglück, diese Extremität! Und doch setzt man mich in die Nothwendigkeit.

Soeben erhalte ich einen höchst freundschaftlichen Brief vom Präses Adolf Halle. Er feiert darin den Verstorbenen mit dem höchsten Lobe; ja, die Erbschaft hat sein kaltes Blut sogar mit Begeisterung durchglüht. Er ist wegen meiner Gesundheit sehr besorgt, rathet mir eine ernstliche Kur, und erkundigt sich auch mit Interesse nach meinen literarischen Arbeiten — andre erzürnen mich durch ihr plump hämisches Beileid, dieser durch seine kluge Höflichkeit, sein feines Umgehen meiner materiellen Noth,

die er, wo nicht befördert (Gott bewahre mich vor einer An=
klage!), doch ruhig entstehen ließ; er stand gelassen dabei, als
man mich meuchelte. Doch halte ich ihn für den besten von
allen, und ich habe kein Recht, zu fordern, daß er mehr Herz
zeige, als ihm die Natur verliehen.

.An J. H. **Detmold.** (Paris, den 13. Januar 1845.)

Ich will Ihnen heute bloß sagen, daß ich zu unwohl bin,
um zu reisen, daß ich hier bleibe und daß ich also Antwort von
Ihnen empfangen kann, wenn Sie mir bald schreiben. Ich bin
in der That sehr krank, vielleicht einem Nervenfieber nahe. Sie
haben keinen Begriff davon, was für gemeine Ränke ich hier
gegen mich schmieden sehe, wie ich keine Minute Ruhe habe.
Dazu kommt, daß mein Hausvesuv, der seit drei Jahren ruhig
war, jetzt wieder Feuer speit: Mathilde ist in dem aufgeregtesten
Zustand, eine Folge der Hamburger Begebenheit. Letztere lege
ich Ihnen dringend ans Herz. Es gilt, die Basis meiner
Finanzen, meine Pension, zu sichern, die 4800 Frcs., die mein
Oheim mir so feierlich und so bindend gelobt, daß ich wie vom
Blitz getroffen war, als mir mein Vetter verkündigte, daß er
mir nur die Hälfte, und zwar als eine rentable Promesse hin=
füro geben wolle, wenn (ich) die Biographie seines Vates, die
ich schriebe, vorher zur Censur ihm einsende! Ich hoffe, Campe
hat Ihnen die Sachlage geschrieben, und Sie haben schon Maß=
regeln genommen, theils durch die Presse, theils durch direkte
Intervention für mich zu wirken. — Aber meine Pension muß
ich haben, unverkürzt und irrevocabel, nicht an eine Bedingung
geknüpft. Handeln Sie nun, diesem Bekenntniß gemäß.

> Contemnere mundum,
> contemnere se ipsum,
> contemnere, se contemni —

lehrten die alten Mönche, und ich gelange zu diesem Spruch
durch Degout, Lebensdegout, Verachtung der Menschen und der
Presse, durch Krankheit, durch Mathilde. — Es ist ein wüster
Marasmus, eine Müdigkeit des Fühlens und Denkens, ein
Gähnen — die Feder fällt mir aus der Hand.

Mein Freund, denken Sie und handeln Sie für mich —
auch sehe ich nicht mehr, was ich schreibe.

(An **Julius Campe.**) Paris, den 4. Februar 1845.)

Ich danke Ihnen für die Theilnahme, die sich in Ihrem jüngsten Briefe ausspricht, und Ihre Vermittlung ist mir ganz recht; wahrlich, was auf friedlichem Wege zu erlangen ist, darf nicht verabsäumt werden. Ich hätte Ihnen bereits schon früher wieder geschrieben, aber seit 14 Tagen stecke ich bis am Hals in einer Hetze von Quälnissen, hauptsächlich infolge der preußischen Verfolgungen gegen alle, die am „Vorwärts" geschrieben; heute muß schon Marx weg, und ich bin rein wüthend.[145]) Dabei kommen die Umtriebe gemeiner Frankfurter Juden und ihrer Spadassins gegen mich, von feigster Art. Meine Frau krank, und ich halb blind. Sie sehen, ich könnte den Hamburger Successionskrieg wohl entbehren — können Sie mir ihn vom Halse schaffen, desto besser, und ich führe meine anderen Kriege mit desto mehr Macht. Dr. Heise laß' ich herzlich danken für den mir versprochenen juristischen Beistand; er irrt sich aber, wenn er glaubt, Karl Heine werde es nicht zum Eclat kommen lassen; ich kenne Karl Heine besser, der ist ebenso starrköpfig wie verschlossen. Auf dem Wege der Ambition kann man ihm nicht beikommen, denn er ist in dieser Beziehung das Gegentheil des Vaters, der der öffentlichen Meinung wie ein Höfling schmeichelte; Karl Heine'n ist es ganz gleichgültig, was die Leute reden. Er hat nur drei Leidenschaften: die Weiber, Cigarren und Ruhe. Wenn ich die Hamburger Freudenmädchen gegen ihn aufwiegeln könnte, müßte er bald nachgeben. Seine Cigarren kann ich ihm nicht nehmen — aber seine Ruhe. Hier ist die Lücke des Harnisches, die ich benutzen werde, und dazu dient mir eben der Proceß, der nur der Rahmen sein soll zu den Tribulationen, die ich aushecke: da kann ich unaufhörlich in den Zeitungen reclamiren, Memoiren schreiben, Gott und die Welt als Zeugen einmischen, bei jedem Incidenzpunkt einen Eid schwören lassen more majorum — nein, das hält er nicht aus, und er bittet mich um Gottes willen aufzuhören — ehe ich noch den Prozeß verloren habe. Ob ich, um ihn zu gewinnen, hinreichende Beweisthümer besitze, ist Nebensache, obgleich ich auch da gut versorgt bin. Aber ich kenne zu gut die Fatalität des Ortes und der richterlichen Willkür, um auf ein Gewinnen allein zu rechnen.

Da sowohl meine Finanzen als meine Ehre Ihnen am Herzen

liegen, so ertheile ich Ihnen die weiteste Befugniß. Als mein Ultimatum bestimme ich Ihnen zwei Punkte:

1) Die lebenslängliche Pension muß mir unbedingt und unverkürzt, wie ich sie in den letzten Jahren bezog (nämlich 4800 Francs jährlich) legal zugesichert werden, damit ich, wenn ich meinen armen Vetter überlebe (was der Himmel verhüte!), von seinen Rechtsnachfolgern nicht gekränkt werden kann; daß die Hälfte der Pension, im Fall ich vor meiner Frau sterbe, derselben zu Gute kommen solle, wird gewiß Karl Heine schon aus Großmuth bewilligen, da er ja doch die Wittwe von Heinrich Heine nicht vor Hunger sterben lassen darf.

2) Ich meinerseits bin bereit, einen Revers auszustellen, worin ich mein Ehrenwort gebe, nie eine Zeile zu schreiben, die meine Familie verletzen könnte. Die Abfassung dieser Verpflichtung mag so bindend als möglich sein — hat dieselbe Ihre Billigung, so wird die Unterzeichnung unverzüglich erfolgen. Kann ich den Frieden mir sichern, so werde ich ebenso zahm und lenksam sein, wie ich wild und zähe bin, wenn ich Krieg führen muß.

Daß die mir im Testamente vermachten 8000 Mark mir ebenfalls ausbezahlt werden müssen, versteht sich von selbst; diese haben nichts mit meiner Pensionsfrage zu schaffen. Schon vor acht Tagen habe ich bei einem Notar eine Vollmacht aufsetzen lassen, wodurch ich Ihnen die Befugniß ertheile, jene Summe für mich in Empfang zu nehmen. Wegen der vielen gerichtlichen und gesandtschaftlichen Formalitäten werde ich diese Vollmacht erst in einigen Tagen Ihnen schicken können. Ich habe Ihnen darin zugleich in Betreff meiner Pension die hinlänglichsten Befugnisse ertheilt, meine Rechtsansprüche gerichtlich geltend zu machen und auch zu diesem Behufe einem Advokaten die hinlängliche Bevollmächtigung zu ertheilen

Suchen Sie doch die „Revue des deux Mondes" vom 15. Januar zu lesen; es ist ein großer Artikel über mich darin, und Ew. Wohlgeboren darin sehr huldreich erwähnt.

In Betreff meines Ultimatums bemerken Sie noch Folgendes:

Von der Summe der Pension (4800 Francs) kann ich mir keinen Sou abkürzen lassen. Bestehen Sie auch soviel als möglich darauf, daß man die Hälfte nach meinem Ableben meiner Frau bewillige. Finden Sie unüberwindlichen Widerstand, so

geben Sie diesen letzteren Punkt auf. Später denke ich, mit
Karl Heine versöhnt, dieses ergänzen zu können. Die Leute
haben hier Gelegenheit, generöse zu sein oder es zu scheinen.
Es ist mir ganz gleichgültig, daß sie sich das Ansehen geben
mögen, alles aus Generösität gethan zu haben. **In dieser
Beziehung mögen Sie, liebster Campe, ihnen allen
möglichen Vorschub leisten.** In der Erklärung, die Sie
sich anheischig machen sollen zu drucken, um in der Presse das
Ende des Handels anzukündigen, können Sie alle Schuld des
Mißverständnisses auf mich schieben, die Großmuth der Familie
hervorstreichen, kurz mich sacrifiziren. Ich gestehe Ihnen heute
offen, ich habe gar keine Eitelkeit in der Weise anderer Menschen,
mir liegt am Ende gar nichts an der Meinung des Publikums;
mir ist nur eins wichtig, die Befriedigung meines inneren Willens
— die Selbstachtung meiner Seele.

Was den Revers betrifft, den ich zu unterzeichnen erbötig
bin, so liegt mir wenig dran, daß Sie ihn so bindend als mög=
lich ausstellen. Wahrlich, was ich schreibe, überliefere ich
um keinen Preis einer Verwandtencensur, aber ich will
gern meinen Privatgroll verschlucken und gar nichts über das
Lumpenpack schreiben, das sich alsdann seines obskuren Daseins
ruhig erfreuen mag und seiner blöden Vergessenheit nach dem
Tode sicher sei. Komme ich später mit Karl Heine auf besseren
Fuß, so werde ich mich mit ihm leicht verständigen über das,
was ich jetzt unbedingt aufgebe. Sie können daher den Be=
sorgnissen der Leute von meiner Seite die bestimmtesten Garantien
geben und hier jeden zufrieden stellen. Ich habe im Grunde
bessere Personen zu schildern, als die Schwiegersöhne meines
Oheims.

So haben Sie freie Hand, und ich bitte Sie, schaffen Sie
Ruhe meinem Geiste, der wirklich eine bessere Beschäftigung ver=
dient. Ich ward durch die Geschichte in der köstlichsten Arbeit
unterbrochen, und die widerwärtigsten Gelddiskussionen ertödten
in mir alle Poesie! Und gar ein Prozeß! Hätte ich kein Weib
und übernommene Verpflichtungen, ich schmisse dem Volk den
ganzen Bettel vor die Füße. Zum Unglück ist mein Wille auch
so starr wie der eines Wahnsinnigen — das liegt in meiner
Natur. Ich endige vielleicht im Irrenhause . . .

(An **Heinrich Laube**.) Paris, den 24. Mai 1845.)

Ich hätte Ihnen für die Theilnahme, die Sie mir in meinen Familiennöthen bewiesen, längst gedankt; aber der Zustand meiner Augen erlaubt mir wenig nur zu schreiben, und ich bin überhaupt seitdem sehr unpäßlich gewesen. Mein Uebel ist eigentlich eine Paralysie, welche leider zunimmt. Ich arbeite gar nichts, kann keine sechs Zeilen hintereinander lesen und suche mich zu zerstreuen; Herz und Magen, vielleicht auch das Gehirn, ist gesund.

Meine Familienangelegenheiten sind jetzt so halb in halb in Ordnung, und wären sie es nicht, so würde ich mich doch in einem Augenblick, wo ich körperlich so bedenklich angegriffen, wenig darum bekümmern. Meine Stimmung ist eine heitere, ja eine lebenslustige, es fehlt mir nicht an Proviant, ja sogar an Glück, und bin obendrein verliebt — in meine Frau. Körperlich aber geht es mir hundsföttisch schlecht!

Ich wollte nach den Pyrenäen reisen, aber das Wetter ist zu schlecht, meine Augen würde später die Sonne zu sehr angreifen, und ich werde wohl bei Paris aufs Land gehen. Meine Frau, welche sich ebenfalls sehr unpäßlich befindet, läßt Sie und Madame Laube recht freundschaftlich grüßen; ich habe versprochen, diese Grüße neben den meinigen zu besorgen. Wann sehen wir Euch mal wieder in Paris? Da Sie sich jetzt so viel und mit so vielem Glück mit der Bühne beschäftigen, gäbe Ihnen Paris gewiß bessere Ausbeute, als in früherer Zeit.

Ich lebe hier ganz isolirt; was dort vorgeht, weiß ich nicht, selten meldet mir Campe etwas, und ich bitte Sie daher, mich in Kenntniß zu setzen, wenn sich bei Euch etwas ereignet, was für mich von directem Interesse.

Schreiben Sie mir bald; jedes Zeichen freundschaftlichen Interesses thut mir jetzt wohler als je, und Sie gehören zu den drei und ein halb Menschen, die ich in Deutschland liebe.

(An **Julius Campe**.) Montmorency, den 21. Juli 1845.)

Ihren jüngsten Brief hätte ich gleich beantwortet, wenn ich nicht seit 14 Tagen auch bettlägerig gewesen wäre und dabei das Schreiben mit einem halben Auge mich doppelt angegriffen hätte. Heute stehe ich auf, matt und wie zerschlagen, doch mein Erstes sei, Sie über den Zustand meiner Gesundheit zu beruhigen.

Er ist keineswegs so trostloser Art, wie man in Deutschland glaubt, nach den Briefen zu urtheilen, die ich empfange. Zu dem Augenübel hat sich zwar auch eine Lähmung des Oberleibes gesellt, die aber hoffentlich schwindet. Ins Bad reisen konnte ich nicht, und ich zog auf's Land nach Montmorency, wo meine Frau mich liebevoll pflegt. Ich habe ganz meine Geistesheiterkeit bewahrt, denke viel, und erlaubt es später mein physischer Zustand, so werde ich mich noch dieses Jahr auf den litterarischen Gebärstuhl setzen und Ihre Hebammendienste in Anspruch nehmen. Aber vor Allem Wiederherstellung meiner Gesundheit, sie ist mir die Hauptsache, alles andere tritt in den Hintergrund, sogar meine Finanznöthen und Differenzen mit meiner Familie, die sich zwar auszugleichen scheinen, aber noch nicht ganz beendigt sind, da ich mich jetzt um keinen Preis aufregen und mit widerwärtigen Expektorationen beschäftigen darf — daher später das Nähere über meine Stellung zu Karl Heine. Dieser hat sich schrecklich an mir versündigt und ahnt nicht die Bedeutung seiner Missethat.

Ich habe Ihnen noch für Ihren vorletzten Brief zu danken; Ihr treuer Freundschaftseifer hat meinem Gemüthe wohlgethan; ich danke Ihnen aus innigstem Herzen. Zugleich gratulire ich Ihnen nachträglich zu Ihrer Vermählung; möge der Himmel Ihnen auch in dieser Lotterie ein gutes Los beschieden haben! Die Ehe ist überall eine gute Sache, in Deutschland aber ist sie eine Nothwendigkeit.

Es wäre gewiß gut, wenn ich nach Hamburg käme, auch hegte ich die Absicht, aber es ist rein unmöglich; ich muß mich auch vor Emotionen hüten. Lebe ich lange, so gleichen sich meine Familiendifferenzen von selbst aus, und lebe ich nicht lange, so könnte mir doch diese Ausgleichung wenig nutzen. So denke ich jetzt und genieße heute in ländlicher Ruhe einige schmerzlose Momente.

Ihren Wunsch, daß ich Ihnen endlich den „Atta Troll" schicke, werde ich bald erfüllen. Er soll nächste Woche von mir aus dem Pult gezogen werden und ich will mich ernsthaft mit ihm beschäftigen; Sie sollen ihn bald haben.

(Paris, den 31. Oktober 1845.)

Ich habe lange mit Schreiben gezögert, aus dem ganz einfachen Grunde, weil jeder Brief meine armen Augen entsetzlich angreift, und dann auch weil ich mich schäme, den längst versprochenen „Atta Troll" noch nicht eingeschickt zu haben. Letzteres ist aber nicht meine Schuld; die Unglücksfälle dieses Jahres haben so sehr mein Gemüth vertrübt, daß ich bis heute noch auf die heiteren Stunden vergebens geharrt, welche durchaus nöthig, damit ich die heiteren Stücke, die in dem Gedichte fehlen, mit gehöriger Laune schreibe. Ach, theurer Freund, man hat sich schrecklich an mir versündigt, man hat mit unerhörter Schändlichkeit an meinem Genius gefrevelt, ich kann mir die Wunde nicht länger verleugnen, und es werden Jahre hingehen, ehe der alte Humor wieder gesund sprudelt. Ein tieferer Ernst, ein unklarer Ungestüm hat mich ergriffen, der vielleicht eigenthümlich furchtbare Ausbrüche gestattet in Prosa und Versen — aber das ist doch nicht, was mir ziemt und was ich wollte. Einst süßestes Leben, jetzt Verdüsterung und Todeslust.

Mit dem „Atta Troll" bitte ich Sie deshalb noch eine Weile, etwa 6 Wochen oder 2 Monate, zu warten. Ich möchte ihn leicht verderben durch meine jetzige Mißlaune. — Was das das mit meinen Augen geben wird, weiß der liebe Himmel; das linke ist seit Januar immer geschlossen, und auch das rechte ist trüb und lahm. Ich kann gar nichts lesen, aber noch schreiben, und gehe einer gänzlichen Blindheit entgegen. Ich mache mir viel Bewegung, aber auf die Börse gehe ich doch nicht, wie Monsieur Börnstein in den verschiedenen deutschen Blättern insinuirt.[146]) Ich habe in dieses große Spielhaus seit vierzehn Jahren keinen Fuß gesetzt, aber das Eisenbahnwesen, dem meine Freunde (z. B. alle ehemaligen Saint=Simonisten, mit Enfantin an der Spitze) die merkwürdigste Thätigkeit widmen, hat auch mich in finanzieller wie geistiger Hinsicht interessirt und beschäftigt. Für die Folge erwarte ich große Vortheile davon, in der Gegenwart sind sie aber noch nicht realisirt. Ich bin noch immer in sehr engen Tagesnöthen und habe nur höchst dürftiges Auskommen. Ich sage Ihnen das, damit Sie ganz bestimmt wissen, daß ich Ihrer bedarf.

Mit meinem Vetter Karl Heine stehe ich noch immer in der unerquicklichsten Position. Jeder, dem ich die Sache im Vertrauen gestehe, beschwört mich, der Zeit die Ausgleichung zu überlassen, der besseren Natur, die bei Karl Heine endlich hervortreten würde, zu vertrauen; ich würde auch keinen Pfennig ein-

büßen. Das sagte mir noch gestern Abend der wackere Meyer=
beer, der mir jedes Defizit garantirte aus eigenen Mitteln und
mir überdies schon vor geraumer Zeit ein schriftliches Zeugniß
darüber ausstellte, daß Salomon Heine, als er mir die Pension
durch seine Vermittelung bewilligte, sie auf lebenslänglich
constituirte, indem sie namentlich dazu dienen sollte, mich in
meinen alten Tagen vor Nahrungssorgen zu schützen und unter=
dessen meine Geistesfreiheit zu fördern. Aber an Beweisen und
Documenten von meines Oheims eigener Hand fehlte es nicht,
und doch hilft mir das alles nichts, weil ich keinen Prozeß
machen wollte und Karl Heine mit unbegreiflicher Hartnäckigkeit
in seinem vorgefaßten Unrecht beharrt. Ich sage ihm in jedem
Brief, daß ein Keim zu bösen Ausbrüchen zurückbleibt, solange
ich auch nur einen Schilling einbüße an der Pension, die er
verpflichtet ist, im Namen seines Vaters zu zahlen, wenn ich
auch, um mich in der Form nicht eigensinnig zu zeigen, für diese
Auszahlung als für eine Gnadensache dankbar sein wolle, wenn
sie unverkürzt und unbedingt stattfindet. Auf Bedingungen
lasse ich mich jetzt gar nicht ein — meiner Autorwürde, meiner
Federfreiheit, werde ich auch nicht das Geringste vergeben, wenn
ich auch als Mensch den Familienrücksichten mich unterwürfig zeige.

Ich hoffe, Sie sind glücklich in Ihrer Ehe; ich bin es so
ziemlich in der meinigen. Meine Frau ist ein gutes, edles Kind,
leider aber sehr leidend an einer sehr fatalen Krankheit. — Im
März komme ich vielleicht nach Hamburg.

(An **Varnhagen v. Ense.**   Paris, den 3. Januar 1846.)

Es ist dieses der erste Brief, den ich in diesem neuen Jahre
schreibe, und ich beginne ihn mit den heitersten Glückwunsch.
Möge in diesem Jahre leibliches und geistiges Wohlsein Sie
beglücken! Daß Sie von körperlichen Leiden oft niedergedrückt,
höre ich hier mit großer Betrübniß. Ich hätte Ihnen gern
zuweilen ein tröstendes Wort zugerufen, aber Hekuba ist eine
schlechte Trösterin. Mir ging es nämlich in der jüngsten Zeit
spottschlecht, und das Schreiben erinnert mich beständig an mein
körperliches Mißgeschick; ich kann kaum meine eigenen Schrift=
züge sehen, indem ich ein ganz geschlossenes und ein bereits sich
schließendes Auge habe, und jeder Brief mir eine Pein. Ich

ergreife daher mit innigster Freude die Gelegenheit, Ihnen durch einen Freund mündliche Nachrichten von mir zukommen zu lassen, und da dieser Freund eingeweiht ist in allen meinen Nöthen, kann er Ihnen umständlich mittheilen, wie entsetzlich mir von meinen Sippen und Magen mitgespielt worden, und was etwa in dieser Beziehung noch für mich zu thun wäre. Mein Freund, Herr Lassalle, der Ihnen diesen Brief bringt, ist ein junger Mann von den ausgezeichnetsten Geistesgaben: mit der gründlichsten Gelehrsamkeit, mit dem weitesten Wissen, mit dem größten Scharfsinn, der mir je vorgekommen, mit der reichsten Begabniß der Darstellung verbindet er eine Energie des Willens und eine Habilité im Handeln, die mich in Erstaunen setzen, und wenn seine Sympathie für mich nicht erlischt, so erwarte ich von ihm den thätigsten Vorschub. Jedenfalls war diese Vereinigung von Wissen und Können, von Talent und Charakter, für mich eine freudige Erscheinung, und Sie, bei Ihrer Vielseitigkeit im Anerkennen, werden gewiß ihr volle Gerechtigkeit widerfahren lassen. Herr Lassalle ist nun einmal so ein ausgeprägter Sohn der neuen Zeit, die nichts von jener Entsagung und Bescheidenheit wissen will, womit wir uns mehr oder minder heuchlerisch in unserer Zeit hindurchgelungert und hindurchgefaselt. — Dieses neue Geschlecht will genießen und sich geltend machen im Sichtbaren; wir, die Alten, beugten uns demüthig vor dem Unsichtbaren, haschten nach Schattenküssen und blauen Blumengerüchen, entsagten und flennten, und waren doch vielleicht glücklicher als jene harten Gladiatoren, die so stolz dem Kampftode entgegen gehen. Das tausendjährige Reich der Romantik hat ein Ende, und ich selbst war sein letzter und abgedankter Fabelkönig. Hätte ich nicht die Krone vom Haupte fortgeschmissen, und den Kittel angezogen, sie hätten mich richtig geköpft. Vor vier Jahren hatte ich, ehe ich abtrünnig wurde von mir selber, noch ein Gelüste, mit den alten Traumgenossen mich herumzutummeln im Mondschein — und ich schrieb den „Atta Troll", den Schwanengesang der untergehenden Periode, und Ihnen habe ich ihn gewidmet. Das gebührte Ihnen, denn Sie sind mein wahlverwandtester Waffenbruder gewesen in Spiel und Ernst. Sie haben gleich mir die alte Zeit begraben helfen und bei der neuen Hebammendienst geleistet — ja, wir haben sie zu Tage gefördert und erschrecken — Es geht uns wie dem armen Huhn, das

Enteneier ausgebrütet hat und mit Entsetzen sieht, wie die junge Brut sich in's Wasser stürzt und wohlgefällig schwimmt!

Sie merken, theurer Freund, wie vag, wie ungewiß mir zu Muthe ist. Solche schwachmatische Stimmung ist jedoch zumeist in meiner Kränklichkeit begründet; schwindet der Lähmungsdruck, der gleich einem eisernen Reif mir die Brust einklemmt, so wird auch die alte Energie wieder flügge werden. Ich fürchte jedoch, das wird noch lange dauern. Der Verrath, der im Schooße der Familie, wo ich waffenlos und vertrauend war, an mir verübt wurde, hat mich wie ein Blitz aus heiterer Luft getroffen und fast tödtlich beschädigt. Wer die Umstände erwägt, wird hierin einen Meuchelmords-Versuch sehen; die schleichende Mittelmäßigkeit, die zwanzig Jahre lang harrte, ingrimmig neidisch gegen den Genius, hatte endlich ihre Siegesstunde erreicht. Im Grunde ist auch das eine alte Geschichte, die sich immer erneut.

Ja, ich bin sehr körperkrank, aber die Seele hat wenig gelitten; eine müde Blume, ist sie ein bischen gebeugt, aber keineswegs welk, und sie wurzelt noch fest in der Wahrheit und Liebe.

Und nun leben Sie wohl, theurer Varnhagen; mein Freund wird Ihnen sagen, wie viel und wie unaufhörlich an ich an Sie denke, was um so begreiflicher, da ich jetzt gar nicht lesen kann, und bei den langen Winterabenden nur an Erinnerungen mich erheitere.

(An **Alexander v. Humboldt**. Paris, den 11. Januar 1846.)

Das Wohlwollen, womit Sie mich seit Jahren beehren, ermuthigt mich, Sie heute um einen Dienst anzugehen.

Trübselige Familienangelegenheiten rufen mich dieses Frühjahr nach Hamburg, und ich möchte alsdann, die Gelegenheit benutzend, einen Abstecher für einige Tage nach Berlin machen, theils um alte Freunde zu sehen, theils auch um die Berliner Aerzte über ein sehr bedenkliches Uebel zu konsultiren.

Bei einer solchen Reise, deren einziger Zweck Erheiterung und Gesundheit ist, darf ich wahrlich von keiner atra cura beängstigt werden, und ich wende mich an Sie, Herr Baron, mit der Bitte, durch Ihren hohen Einfluß mir von den resp. Behörden die bestimmte Zusicherung zu erwirken, daß ich von denselben während meiner Reise durch die königlich preußischen Staaten, wegen keinerlei Beschuldigungen, welche auf die Vergangenheit

Bezug haben, in Anspruch genommen werden soll. Ich weiß
sehr gut, daß ein solches Gesuch keineswegs in Einklang steht
mit den dortigen administrativen Bräuchen; aber in einer Zeit,
die selbst etwas exzeptionell ist, dürfte man sich vielleicht dazu
verstehen, die alte Registratur mit einer Rubrik für exceptionelle
Zeitgenossen zu bereichern.[147])

(An **Julius Campe.**   Paris, den 5. Februar 1846.)

Möge mein dortiger Aufenthalt, wo ich der heitersten Geistes=
ruhe bedarf, durch keine Nachwehen oder gar Erneuerungen
meiner Familienzwiste gestört werden. Indem ich Karl Heine
jüngst ankündigte, weshalb ich nächstes Frühjahr nach Hamburg
kommen müsse, bat ich ihn, um Gottes willen vorher die
Differenz, die noch obwaltet zwischen uns, zu schlichten. Aber
leider, je mehr ich meinen Stolz kasteie und mich unterwürfig
und flehend zeige, desto patziger und arroganter und beleidigender
wird mein armer Vetter, der die Milde für Schwäche ansieht
und nie begriff, daß ich gegen Jemand, den ich nicht wie ihn
liebte, unbarmherzig meine ganze Stärke angewendet hätte.

Ich will Ihnen keinen Vorwurf machen, daß auch Sie, wie
so viele Andere, die an die Großmuth von Karl Heine glaubten,
mich zu solcher Selbstbemüthigung angetrieben und an die Macht
der versöhnenden Zeit appelliren hießen. Da hab' ich nun den
Weg der Güte versucht, den mir die Freunde und das eigene
Herz, das sich zu einem Kriege mit Karl Heine nicht entschließen
konnte, so bringend angerathen; so habe ich nun meinen weicheren
Gefühlen gefolgt, während der kalte Erfahrungsverstand mir
beständig in die Ohren zischte, daß man in dieser Welt selten
durch Thränen und Flehen, aber durch das Schwert etwas erlangt
von den harten Geldmenschen! Mein Schwert ist meine Feder,
und dieses Schwert dürfte es am Ende wohl aufnehmen mit
den Silberbarren und Advocatenkniffen, die meinem Vetter zu
Gebote stehen! Dieser beständige Widerspruch, in welchem mein
Gemüth und mein Verstand sich in jener Beziehung befanden,
hat mich ein ganzes Jahr lang elend und zagend gemacht, und
erst jetzt, wo ich einsehe, daß in Karl Heine's Brust kein mensch=
liches Herz schlägt, nachdem ich bei ihm gebettelt, statt mein
Recht zu verfechten, alles um nicht nöthig zu haben, das Schwert
zu ziehen, gegen den Jugendfreund und Bruder, jetzt bleibt mir

dennoch nichts übrig als — — Ja, ich bin mit einem entsetz=
lichen Memoire beschäftigt, seit einigen Tagen, wo die Insolenz
von Karl Heine dem Fasse den Boden ausgetreten. Den Proceß
werde ich unterlassen, damit man sehe, es ist hier keine Geld=
frage mehr. — Alle Kniffe von Dr. Halle brauch' ich hier nicht
zu fürchten, auf meinem eignen Feld, wo ich Präsident bin, und
keinem reichsstädtischen Schlendrian ausgesetzt. Meine Pension
achte ich für verloren und ich schlage sie in die Schanze. Ich,
wie mir meine Aerzte (Dr. Roth und Dr. Sichel) aus Freund=
schaft gestanden und weil sie wissen, daß ich ein Mann bin,
den der Tod nicht schreckt, ich habe nicht lange mehr zu leben,
und meine Frau geht alsbann in's Kloster und lebt von dem
geringen Jahrgeld, das Sie ihr geben. Die Geldfrage tritt in
den Hintergrund, ich bin ruhig, seit ich alles gethan, was ein
Mensch thun darf aus Liebe, ja mehr, und der Genius vollbringt
das aufgedrungene Tagewerk der Fatalität. — Sie sehen, theurer
Freund, ich bin sehr zu bedauern, und es ist nicht meine Schuld,
wenn ich jetzt keine heitere Bärenjagden und Wintermärchen
schreibe.

(An **Ferdinand Lassalle.** Paris (ich weiß nicht genau), 1846.)

Mein theuerster Waffenbruder! Ich schreibe Ihnen heute,
obgleich mein Kopf in einem entsetzlichen Zustande ist und jeder
Brief mir ein Stück Leben kostet. Von meinen Augen spreche
ich nicht: die Lippen, Zunge u. s. w. sind weit verdrießlicher
angegriffen, und das Gehirn scheint nicht neutral zu bleiben.
Die Kälte und der Pariser Tumult bekömmt mir so schlecht,
und alle meine Hoffnungen sind auf den Süden gerichtet; —
das rathen mir auch die Aerzte. Den Plan mit Berlin gebe
ich daher auch gerne auf, und wenn die Karl Heine'sche An=
gelegenheit vor der Hand geordnet, gehe ich gar nicht nach Hamburg,
sondern unverzüglich nach Italien, um dort mich bloß mit der
Herstellung meiner Gesundheit zu beschäftigen. — Das bleibt
unter uns. — Ich bin so unglücklich und Elend, wie ich es
nie war, und ließe ich nicht ein hülfloses Weib zurück, so würde
ich ruhig meinen Hut nehmen und der Welt Valet sagen. —
Es ist mir seit vier Wochen nur Erfreuliches passirt, meine
Finanzen heben sich, meine Frau ist liebenswürdiger als je,
meine Eitelkeit wird geschmeichelt, die Krankheit würde ich auch

wohl in dieser Phase mit Resignation ertragen — aber die — —
Angelegenheiten, die ich auch schon mit Gelassenheit betrieb, fangen
seitdem einen solchen Tumult an in meinem Gemüthe, daß ich
wahrlich manchmal fürchte, verrückt zu werden...

Paris, den 27. Februar 1846.)

Mein körperlicher Zustand ist entsetzlich. Ich küsse, fühle
aber nichts dabei, so stark gelähmt sind meine Lippen. Auch
der Gaumen und ein Theil der Zunge sind afficirt, und alles,
was ich esse, schmeckt mir wie Erde. Dieser Tage habe ich
kaiserlich russische Bäder versucht, nach der strengsten Observanz.
An Muth fehlt es mir nicht. —

Mit Ihrer Frau Schwester bin ich sehr viel zusammen, und
ganze Stunden lang plaudern wir von Ihnen. Sie hat außer=
ordentlich viel Geist und die köstlichste Aehnlichkeit mit Ihnen.
Mit meiner Frau kommt sie sehr gut aus. In einigen Tagen
will ich ihr bei mir ein großes Diner geben, wozu ich Roger,
Balzac, Gautier, Gozlan 2c. einlade — könnte ich Sie dabei
sehen! So auf acht Tage möchte ich Sie wieder bei mir haben
(nicht auf längere Zeit). Sogleich nach Ihrer Abreise, in zwei
Morgenstunden, schrieb ich mein Ballett, das vielleicht noch dies
Jahr in London gegeben wird. Auch mit der Börse habe ich
mich wieder beschäftigt, obgleich mit großem Malheur. Ich muß
das thun, sonst wird meine Familienmisere eine stationäre Idee,
die mich verrückt machen könnte. Trotz meines elenden Körper=
zustandes such' ich mich zu zerstreuen, nur nicht bei Weibern,
die mir jetzt den Garaus geben könnten. Leben Sie wohl, ich
dürste darnach, zu wissen, wie es Ihnen geht. Ihren Character
kennend, bin ich Ihretwegen nicht ohne die philisterhafteste Angst.
— Mit Ihrem Schwager plaudere ich Geschäfte, die seinigen
gehen gut, und er ist wahrhaftig ein Genie.[148]

(An Dr. L. **Wertheim**. Barège (Hautes Pyrénées), den 21. Juni 1846.)

Ich bin erst seit gestern hier, denn ich verbrachte 14 Tage
zu Bagnères de Bigorre, weil ich mich zu elend fühlte, um
weiter reisen zu können, obgleich Bagnères nur eine Tagereise
von hier entfernt ist. Ich litt nämlich an einem erschrecklichen

Echauffement, welches hauptsächlich dadurch entstand, daß die seringue mit ihrem kalten Wasser gar keine Wirkung mehr thut. Dabei kann ich gar nichts mehr essen, wegen gesteigerter Lähmung des Mundes und des Schlundes, beständige Ueblichkeiten und Schwindel, kurz und schlecht — es sieht verdrießlich mit mir aus. Ich werde wohl länger hier bleiben müssen, als ich gewillt war.

Meine Heiterkeit verläßt mich nicht, wozu auch die unauslöschlich lachende Munterkeit meiner Frau viel beitragen mag, letztere ist aber doch ein bischen leidend. Der Papagei befindet sich aber gottlob ganz wohl und läßt Sie grüßen.

Schreiben Sie mir bald und viel Neues.

(An Julius Campe. Tarbes, den 1. September 1846.)

Ich habe lange mit Schreiben gezögert, hoffend, es würde mit mir besser gehen, so daß ich Ihnen erfreulichere Dinge zu melden hätte, als heute; leider aber hat mein Zustand, der sich seit Ende Mai bedenklich verschlimmert, in diesem Augenblick eine so ernsthafte Form angenommen, daß ich selbst erschrecke. Während der ersten Wochen, die ich in Barèges zubrachte, hatte ich mich etwas erholt und Hoffnung geschöpft, aber seitdem ging es den Schneckengang; meine Sprachwerkzeuge sind so gelähmt, daß ich nicht sprechen kann, und essen kann ich nicht seit vier Monat, wegen der Schwierigkeit des Kauens und Schluckens und der Abwesenheit des Geschmacks. Auch bin ich entsetzlich abgemagert, mein armer Bauch ist kläglich verschwunden, und ich sehe aus wie ein dürrer einäugiger Hannibal. Traurige Symptome (beständige Ohnmachten) haben mich nun bestimmt, nach Paris zurückzueilen, und gestern hab' ich Barèges verlassen. Ich bin keineswegs ängstlich, sondern sehr gefaßt, und trage, wie bisher, mit Geduld, was sich nicht ändern läßt und ein altes Menschenschicksal ist.

Meine Meinung geht dahin, daß ich nicht mehr zu retten bin, daß ich aber vielleicht noch eine Weile, ein oder höchstens zwei Jahre, in einer trübseligen Agonie mich hinfristen kann. Nun, das geht mich nicht an, das ist die Sorge der ewigen Götter, die mir nichts vorzuwerfen haben, und deren Sache ich immer mit Muth und Liebe auf Erden vertreten habe. Das holdselige Bewußtsein, ein schönes Leben geführt zu haben, erfüllt meine Seele selbst in dieser kummervollen Zeit, wird mich auch hoffentlich in den letzten Stunden bis an den weißen Abgrund begleiten; — Unter uns gesagt, dieser letztere ist das wenigst Furchtbare, das Sterben ist etwas Schauderhaftes, nicht der Tod, wenn es überhaupt einen Tod giebt. Der Tod ist vielleicht der letzte Aberglaube.

Was soll ich zu dem Zufall sagen, der eben in jetziger Zeit eine falsche Todesnachricht von mir in Deutschland verbreitete? Diese hat mich eben nicht ergötzlich gestimmt. Zu anderen Zeiten hätte ich drüber gelacht. Zum Glück hatte ich fast gleichzeitig einen Artikel in der „Allg. Ztg.", der meinen Feinden gewiß eine Freude verdorben hat, wenn sie nicht etwa selbst jene Nachricht geschmiedet.¹⁴⁹)

Sowie ich nach Paris komme, schreibe ich Ihnen in Betreff meiner Gesammtausgabe, die ich jetzt nicht länger verschoben sehen möchte. Daß ich Ihnen den „Troll" noch nicht geschickt, ist wahrlich nicht meine Schuld; die Familiengeschichten hatten mir alle gute Laune geraubt, und die zunehmende Krankheit verhinderte mich, das Gedicht nachträglich so auszurüsten, wie ich es gern thäte; jetzt aber will ich es, wie es auch gehe, schnell fördern, und werde es bei meiner Ankunft in Paris schnell vornehmen. Mein Geist ist klar, sogar schöpferisch geweckt, aber nicht so beseligend heiter wie in den Tagen meines Glücks. Gott verzeihe meiner Familie die Versündigung, die sie an mir verschuldet. Wahrlich nicht die Geldsache, sondern die moralische Entrüstung, daß mein intimster Jugendfreund und Blutsverwandter das Wort seines Vaters nicht in Ehren gehalten hat, das hat mir die Knochen im Herzen gebrochen, und ich sterbe an diesem Bruch. Wie ich höre, hat meine falsche Todesnachricht meinen Vetter sehr erschreckt; er hatte wahrlich erschreckende Gründe.

(An **Heinrich Laube**. Paris, den 19. October 1846.)

Ich bin entzückt über Ihren Vorsatz, hierher zu kommen. Führen Sie ihn nur bald aus. Sie müssen ein bischen eilen, denn obgleich meine Krankheit eine ruhig fortschreitende ist, so kann ich doch nicht einstehen vor einem Salto mortale, und Sie könnten zu spät kommen, um mit mir über Unsterblichkeit, Litteraten= verein, Vaterland und Campe und ähnliche höchste Fragen der Menschheit zu reden; Sie könnten einen sehr stillen Mann an mir finden. Ich bleibe diesen Winter auf jeden Fall hier und wohne vorderhand (ziemlich geräumig) Faubourg Poissennière Nr. 41; und finden Sie mich nicht hier, so suchen Sie mich gefälligst auf dem Cimetière Montmartre, nicht auf dem Père Lachaise, wo es mir zu geräuschvoll ist.

Schicken Sie mir doch meinen Nekrolog; eine solche Freude, ihren eigenen Nekrolog zu lesen, wird selten den Sterblichen geboten. Die falsche Todesnachricht hat mich jedoch sehr verstimmt, und es thut mir leid, daß auch meine Freunde dadurch afficirt wurden; zum Glück kam die rectifizirende Nachricht, wodurch mein Untod gemeldet ward, schnell hinterdrein. Sie wundern sich, daß so viele falsche Nachrichten über mich in Umlauf, und sagen, daß ich complett mythisch werde. Ich könnte leicht den Schlüssel zu diesen Mythen geben und Ihnen überhaupt die Quellen anzeigen, woraus all' die mehr oder minder albernen, aber jedesmal bösgemeinten Notizen über mein Privatleben fließen. Der Monsieur Straus hier hat gestanden, daß er über 4000 Francs ausgegeben für Journale und Journalisten, um seine roh erdachten und von den uns wohlbekannten Spiegelbergen verfeinerten Ver= unglimpfungen meines Privatlebens in's Publikum zu bringen. Ich habe nie dagegen reclamiren wollen, um den Leuten nicht Stoff zu Discussionen zu liefern.

(An Julius Campe.) Paris, den 12. November 1846.)

Was die Gesammtausgabe betrifft, so irren Sie sich, wenn Sie glauben, daß ich für den Fall meines Todes nicht daran gedacht hätte, über die Anordnung etwas gethan zu haben. Ich habe für diesen Fall in meinem Testamente die Freunde Detmold und Laube beauftragt, jene Ausgabe an meiner Statt zu besorgen, und was die Anordnung betrifft, wie ich sie selbst für die ge= eignetste halte, so will ich Ihnen heute darüber einige Worte sagen, damit Sie mit mir sagen, ob Sie mit mir einverstanden; denn ich habe seit zwanzig Jahren Ihre merkantilischen Interessen beständig im Auge behalten — die meinigen hab' ich immer vernachlässigt.

Ich schlage Ihnen vor, die Gesammtausgabe in neunzehn Bänden erscheinen zu lassen . . .

— Die voreilige Nachricht meines Todes hat mir viele Theilnahme gewonnen; rührend eble Briefe in Menge. Auch

Karl Heine schrieb mir den liebreichsten Freundschaftsbrief. Die kleine Trödelei, die lumpige Gelddifferenz, ist ausgeglichen, und dieses that meinem verletzten Gemüthe wahrhaft wohl. Aber das Vertrauen zu meiner Familie ist dahin, und Karl Heine, wie reich er auch ist und wie liebreich er sich mir zuwendet, so wäre er doch der Letzte, an den ich mich in irgend einer Lebens= noth wenden würde. Ich habe hartnäckig darauf bestanden, daß er mir bis auf den letzten Schilling auszahle, wozu ich mich durch das Wort seines Vaters berechtigt glaubte, aber wahrhaftig, ich würde auch keinen Schilling mehr von ihm annehmen. Wir haben beide große Thorheiten begangen, aber ich bezahle sie viel theurer, mit dem Rest meiner Gesundheit. Es sieht mit dieser sehr schlecht aus, es ist möglich, daß mein Tod Ihnen eine sehr vorzügliche Reclame macht für meine Gesammtausgabe; Sie werden mal sehen, wie viel populärer ich alsdann noch werde, obgleich, wie ich aus närrischen Buchhändlerbriefen sehe (nächstens schreibe ich Ihnen darüber), meine Popularität schon sehr groß sein muß. Für einen populären Abriß meines Lebens will einer mir das Erstaunlichste zahlen. — Sein Sie ruhig, ich schreibe gar nichts. Ich will Ruhe haben, und an meinem Ruhme ist mir am wenigsten gelegen.

(An **Heinrich Laube.**)

Komm heute, denn morgen kannst Du einen stillen Mann an mir finden. Die Lähmung meines Körpers schreitet zwar nur langsam vorwärts, und es mag vielleicht noch eine Weile dauern, ehe das Herz oder das Lebenshirn berührt und dem Spaß hienieden ein Ende gemacht wird, aber ich kann doch nicht für einen salto mortale stehen, und ich möchte gern mit Dir Testament machen.

(An **Julius Campe.** Montmorency, den 20. Juni 1847.)

Die Kälte hat auch meine Brust, die im Herbst noch gar nicht leidend war, stark angegriffen. Ich wollte deshalb nach dem Süden gehen und dort zu überwintern suchen, aber meine Finanzen erlauben es nicht, und ich werde daher in Paris bleiben. Laßt uns den Spätherbst und den Anfang des Winters mit der Gesammtausgabe beginnen und fortschreiten, und deshalb geben Sie mir bestimmte Antwort über meinen Prospectus der An=

ordnung; Sie haben keine Silbe darüber gesagt. — Es scheint, als ob Sie meinen Tod zur Herausgabe der Gesammtausgabe, als fördernde Reclame, abwarten wollten; anders kann ich mir Ihr laues Zögern nicht erklären. Seien Sie ohne Sorge, diese Reclame wird nicht ausbleiben, nicht lange.

Ich würde Ihnen auch heute, liebster Campe, noch nicht geschrieben haben, wenn ich Ihnen nicht wegen einer neuen Publication eine Offerte zu machen hätte und bereits länger, als ich sollte, damit gezögert. Sie bezieht sich auf ein Ballet, das ich für meinen Freund Lumley in London geschrieben, ein Gedicht, welches vom Ballet nur die Form hat, sonst aber eine meiner größten und hochpoetischsten Productionen ist. Der Stoff ist für Deutschland von so großem Interesse und so denkwürdig, daß ich darüber gleichzeitig in Briefform eine humoristische Abhandlung geschrieben, und diese, nebst dem Text des Tanzgedichtes und einigen Noten, die ich noch hinzugebe, beträgt 10 Druckbogen, und bildet ein Büchlein, welches vielleicht viel Anfechtung erleidet, für meinen Herrn Verleger aber sehr profitabel sein wird. Was ist der Titel, was ist der Stoff? Vielleicht ist das Geheimniß schon verrathen, aber durch Sie soll es nicht ausgeläutet werden, und ich würde Ihnen das Manuscript nicht eher schicken, bis ich sicher, daß das Ballet in London zur Aufführung gelangt. Für dieses Büchlein verlange ich von Ihnen 1000 Mark Banco.

(An **Betty Heine.** Montmorency, den 28. August 1747.)

Liebe gute Mutter! Deinen lieben Brief vom 3. August habe ich richtig erhalten. Es ist hier alles beim Alten, und ich werde, bis es herbstlich wird, hier bleiben. Meine Augen im selben Zustand und das Schreiben macht mich übel; schreibe daher fast gar nicht. Heute schreibe ich Dir zunächst, um Dir einliegende Papiere zurück zu schicken, die zu diesem Endzweck bereits seit sechs Monaten, wo ich meine Scripturen ordnete, bereit lagen. Wozu soll ich sie im Grunde bei mir behalten? Denn ehrlich gestanden, nur als ein Zeichen Deiner mütterlichen Liebe hatten sie für mich eine Geltung, sonst aber kam es mir nie in den Sinn, davon jemals Gebrauch zu machen. Max wird in dieser Beziehung ganz so denken wie ich; Du mußt nach meinem Rath, die ganze Summe meiner Schwester lassen.[150] —
Mein weib= und kinderloser in Amt und Glück stehender Bruder

Max ist versorgt, wohlversorgt, und auch ich hab' bis an mein Ende genug zu leben; auch für meine Frau ist gesorgt und (sie) ist schon dadurch beglückt, daß Du sie liebst, hier kann also von keinem Opfer die Rede sein.

Sei überzeugt, auch Gustav hat dies Geld ebenso wenig nöthig wie ich und Max. Das ist mein Wunsch und mein Rath, die beide um so mehr Gewicht haben dürften, da ich der Aelteste meiner Geschwister bin, und mein Wort Dich jedenfalls gegen Dich selbst beruhigen darf. —

(An **Dr. L. Wertheim.** Montmorency, den 25. September 1847.)

Mir geht es so schlecht, oder vielmehr es geht gar nicht mehr; seit 14 Tagen sind auch meine Beine und Füße so paralysirt, daß ich nicht das Zimmer verlassen konnte und kaum wenige Schritte zu gehen vermag. Der Unterleib ebenfalls so bedeutend paralysirt und ich bin mehr als unwohl. Ich will deshalb Donnerstag mich wieder nach meiner alten Wohnung (Fbg. Poissonnière 41) verfügen, wo Sie mich Donnerstag Abend oder Freitag früh finden können. So ist mir also auch Montmorency mißglückt, wie voriges Jahr Barèges, und mein Schicksal eilt dem Ende entgegen. Ich trage es mit Ruhe und Stolz...

Fünftes Buch.

Die Matratzengruft.

(1848—1856.)

Erstes Capitel.

Die Krankheit.

(An Dr. L. Wertheim.) Paris, den 16. Februar 1848.)

Seit 10 Tagen befinde ich mich in der maison de santé meines Freundes Faultrier (84, rue de Lourcine) wohin mir seitdem meine ganze Familie (meine Frau, Pauline und die Perüsche) gefolgt ist. Es geht mir leidlich und ich bin ruhig und ziemlich heiter. Hoffe Sie bald wohl zu sehen. Die erwartete große Hämorrhoidalkrise ist glücklich eingetreten. Augen sehr matt, kann mein Geschreibsel nicht lesen.

(An Alfred Meißner.) Paris, den 12. März 1848.)

Meine Gefühle bei dem Umschwung, den ich unter meinen Augen vor sich gehen sah, können Sie sich leicht vorstellen. Sie wissen, daß ich kein Republikaner war, und werden nicht erstaunt sein, daß ich noch keiner geworden. Was die Welt jetzt treibt und hofft, ist meinem Herzen fremd, ich beuge mich vor dem Schicksal, weil ich zu schwach bin, ihm die Stirn zu bieten, aber ich mag ihm den Saum seines Kleides nicht küssen, um keinen nackteren Ausdruck zu gebrauchen ... Daß ich einen Augenblick furchtbar bewegt wurde, daß es mir kalt über den Rücken und die Arme hinauf wie stechende Nadeln lief, das wird Sie nicht verwundern. Nun, es ist vorüber gegangen. Auch war es sehr lästig, als ich rings um mich lauter alte Römergesichter sah, das Pathos an der Tagesordnung war, und Venedey ein Held des Tages. Gerne wollte ich aus dem mich beängstigenden Getümmel des öffentlichen Lebens wegflüchten, in den unvergänglichen Frühling der Poesie und der unvergänglichen Dinge, wenn ich nur besser gehen könnte und nicht so krank wäre. Aber meine Gebresten, die ich allenthalben mitschleppen muß, erdrücken mich schier, und ich glaube, Sie müssen sich sputen, lieber Freund, wenn Sie mich noch sehen wollen.

* * *

Ich kann nicht ohne tiefe Rührung jener Abende des Märzmonats von 1848 gedenken, wo der gute, sanfte Gérard de Nerval alltäglich mich in meiner Einsamkeit an der Barrière de la Santé besuchte, um mit mir ruhig an der Uebersetzung meiner friedlichen deutschen Träumereien zu arbeiten, während rings um uns her alle politischen Leidenschaften tobten und die alte Welt zusammenbrach mit schrecklichem Getöse! Vertieft wie wir waren, in unsere ästhetischen, ja sogar idyllischen Gespräche, hörten wir nicht das Geschrei des entsetzlichen Weibes mit den großen Brüsten, welches damals durch die Straßen von Paris rannte und ihr Lied heulte: „Des lampions! des lampions!" die Marseillaise der Februarrevolution unglücklichen Angedenkens. Leider war mein Freund Gérard selbst in seinen lichten Tagen fortwährenden Störungen unterworfen, und ich entdeckte, aber schon zu spät, um es zu verbessern, daß er sieben Gedichte des Cyklus, welches die „Nordsee" bildet, überschlagen. Ich habe diese Lacune in meiner Dichtung gelassen, um nicht das Ganze zu schädigen, da die harmonische Einheit der Farbe und des Rhythmus durch die Einschiebung von Uebertragungen aus meiner eigenen ungeübten Feder leicht hätte gestört werden können. Gérard's Diction floß mit einer lieblichen und unnachahmlichen Reinheit dahin, die nur der großen Anmuth seiner Seele gleich kam. Er war wirklich vielmehr eine Seele als ein Mensch, ich möchte sagen: eine Engelsseele, wie banal auch das Wort klingt. Diese Seele war in hohem Grade sympathisch, und ohne viel von der deutschen Sprache zu verstehen, errieth Gérard den Sinn eines deutsch geschriebenen Gedichtes besser als jene, die dieser Sprache das Studium ihres ganzen Lebens gewidmet hatten. Und er war ein großer Künstler; die Parfüms seiner Gedanken waren stets in wunderbar ciselirte Goldkästchen eingeschlossen. Und doch fand ich nichts von dem Egoismus eines Künstlers in ihm; er war von einer kindlichen Offenherzigkeit; er hatte einen sensitiven Zartsinn; er war gut, er liebte die ganze Welt; er beneidete Niemanden; er hat nie einer Fliege was zu Leide gethan; und er zuckte die Achseln, wenn ihn zufällig ein Kläffer gebissen. —

Und trotz aller dieser Vorzüge des Talents, der Anmuth und der Güte hat mein Freund Gérard, wie ihr wißt, sein Leben in der verrufenen Gasse de la Veille Laterne beschlossen.

Die Armuth war wohl nicht die Ursache dieses ominösen Vorfalles, aber sie hat mit dazu beigetragen. Jedenfalls ist es Thatsache, daß der Unglückliche in jener fatalen Stunde nicht einmal ein halbwegs anständiges und gutgeheiztes Zimmer zur Verfügung hatte, wo man mit Bequemlichkeit seine Vorkehrungen treffen konnte, um sich zu . . .

Armer Junge! Du verdientest wohl die Thränen, die Deinem Andenken geflossen, und ich kann den meinigen nicht wehren, da ich diese Zeilen niederschreibe. Aber Deine irdischen Qualen haben aufgehört, während die Deines Mitarbeiters von der Barrière de la Santé noch immer ihren Fortgang nehmen. Laß Dich von diesen Worten nicht allzu weichherzig stimmen, theurer Leser; vielleicht ist der Tag nicht fern, an dem Du all' Deines Mitleids für Dich selbst bedürfen wirst. Kennst Du denn Dein eigenes Ende?

* * *

(An **Julius Campe**. Paris, den 25. April 1848.)

Ich habe mir unsägliche Mühe gegeben, meinen trostlosen Zustand meiner Mutter zu verbergen, und ich empfehle Ihnen ernsthafteste Discretion. Vielleicht erspart der Himmel der alten Frau den Kummer, welchen ihr die Kenntniß meines Elends bereiten müßte. Deshalb darf auch meine Schwester nichts wissen, und auch d i e s e habe ich immer zu täuschen gewußt. —

Ich werde, wie gesagt, Ihnen die nächste Woche schreiben — der Kranke rechnet immer auf bessere Tage. Mein Kopf ist frei, geistesklar, sogar heiter. Auch mein Herz ist gesund, fast lebenssüchtig, lebensgierig gesund — und der Leib so gelähmt, so makulaturig. Bin wie lebendig begraben. Sehe Niemand, spreche Niemand.

(Possy, den 7. Juni 1848.)

Seit 12 Tagen lebe ich hier auf dem Lande, elend und unglücklich über alle Maßen. Meine Krankheit hat zugenommen in einem fürchterlichen Grade. Seit acht Tagen bin ich ganz und gar gelähmt, so daß ich nur im Lehnsessel und auf dem Bette sein kann; meine Beine wie Baumwolle und werde wie ein Kind getragen. Die schrecklichsten Krämpfe. Auch meine rechte Hand fängt an zu sterben, und Gott weiß, ob ich Ihnen noch schreiben kann. Dictiren peinigend wegen der gelähmten Kinnladen. Meine Blindheit ist noch mein geringstes Uebel.

Meine Krankheit habe ich meiner Mutter und Schwester mit großer List zu verheimlichen gewußt. Erstere darf nichts wissen; denn trotz meines traurigen Zustandes kann ich die alte Frau vielleicht noch überleben, und ein Kummer wird ihr erspart. Meine Frau wünscht jedoch, daß ich meiner Schwester etwas davon wissen lasse, damit sie ihr, wenn der dunkle Fall eintritt, nichts vorwerfen. Ich gestatte Ihnen daher, mit gehöriger Schonung, meine Schwester über meine wahre Lage in Kenntniß zu setzen. Helfen kann sie mir nicht. Hier sehen möchte ich sie ebenfalls nicht. Ich ersuche Sie bloß, an Max, meinen Bruder, die Verschlimmerung meines Zustandes zu melden; auch die Adresse desselben wünsche ich unverzüglich zu haben; vielleicht schreibe ich ihm selbst.

Retrospective Aufklärung.

(Paris, August 1854.)

Als ich, vielleicht etwas zu beschaulich indifferent, aber mit gutem Gewissen, ganz ohne heuchlerische Tugendgrämelei, über die sogenannte Guizot'sche Corruption schrieb, kam es mir wahrlich nicht in den Sinn, daß ich selber fünf Jahre später als Theilnehmer einer solchen Corruption angeklagt werden sollte! Die Zeit war sehr gut gewählt, und die Verläumbung hatte freien Spielraum in der Sturm- und Drangperiode vom Februar 1848, wo alle politischen Leidenschaften, plötzlich entzügelt, ihren rasenden Veitstanz begannen. Es herrschte überall eine Verblendung, wie sie nur bei den Hexen auf dem Blocksberg oder bei dem Jacobinismus in seinen rohesten Schreckenstagen vorgekommen.

Auch der Name des Schreibers dieser Blätter entging nicht der Verunglimpfung in jener Tollzeit, und ein Correspondent der „Allgemeinen Zeitung" entblödete sich nicht, in einem anonymen Artikel von den unwürdigsten Stipulationen zu sprechen, wodurch ich für eine namhafte Summe meine literarische Thätigkeit den gouvernementalen Bedürfnissen des Ministerium Guizot verkauft hätte.

Ich enthalte mich jeder Beleuchtung der Person jenes fürchterlichen Anklägers, dessen rauhe Tugend durch die herrschende

Corruption so sehr in Harnisch gerathen; ich will diesem muthigen Ritter nicht das Visir seiner Anonymität abreißen, und nur beiläufig bemerke ich, daß er kein Deutscher, sondern ein Italiener ist, der, in Jesuitenschulen erzogen, seiner Erziehung treu blieb, und zu dieser Stunde in den Büreaus der österreichischen Gesandtschaft zu Paris eine kleine Anstellung genießt. Ich bin tolerant, gestatte jedem sein Handwerk zu treiben, wir können nicht alle ehrliche Leute sein, es muß Käuze von allen Farben geben, und wenn ich mir etwa eine Rüge gestatte, so ist es nur die raffinirte Treulosigkeit, womit mein ultramontaner Brutus sich auf die Autorität eines französischen Flugblattes berief, das, der Tagesleidenschaft dienend, nicht rein von Entstellungen und Mißdeutungen jeder Art war, aber in Bezug auf mich selbst sich auch kein Wort zu Schulden kommen ließ, welches obige Bezichtigung rechtfertigen konnte. Wie es kam, daß die sonst so behutsame „Allgemeine Zeitung" ein Opfer solcher Mystification wurde, will ich später andeuten. Ich begnüge mich hier, auf die „Augsburger Allgemeine Zeitung" vom 23. Mai 1848, Außerordentliche Beilage, zu verweisen, wo ich in einer öffentlichen Erklärung über die saubere Insinuation ganz unumwunden, nicht der geringsten Zweideutigkeit Raum lassend, mich aussprach.

Diese Erklärung lautet folgendermaßen: „Die „Revue Retrospective" erfreut seit einiger Zeit die republikanische Welt mit der Publication von Papieren aus den Archiven der vorigen Regierung, und unter anderem veröffentlichte sie auch die Rechnungen des Ministeriums der auswärtigen Angelegenheiten während der Geschäftsführung Guizot's. Der Umstand, daß der Name des Unterzeichneten hier mit namhaften Summen angeführt war, lieferte einen weiten Spielraum für Verdächtigungen der gehässigsten Art, und perfide Zusammenstellung, wozu keinerlei Berechtigung durch die „Revue Retrospective" vorlag, diente einem Correspondenten der „Allgemeinen Zeitung" zur Folie einer Anklage, die unumwunden dahin lautet, als habe das Ministerium Guizot für bestimmte Summen meine Feder erkauft, um seine Regierungsacte zu vertheidigen. Die Redaction der „Allgemeinen Zeitung' begleitet jene Correspondenz mit einer Note, worin sie vielmehr die Meinung ausspricht, daß ich nicht für das, was ich schrieb, jene Unterstützung empfangen habe, „sondern für das, was ich nicht schrieb." Die Redaction der

„Allgemeinen Zeitung", die seit zwanzig Jahren nicht sowohl durch das, was sie von mir druckte, als vielmehr durch das, was sie nicht druckte, hinlänglich Gelegenheit hatte zu merken, daß ich nicht der servile Schriftsteller bin, der sich sein Stillschweigen bezahlen läßt — besagte Redaction hätte mich wohl mit jener levis nota verschonen können. Nicht dem Correspondenzartikel, sondern der Redactionsnote widme ich diese Zeilen, worin ich mich so bestimmt als möglich über mein Verhältniß zum Guizot'schen Ministerium erklären will. Höhere Interessen bestimmen mich dazu, nicht die kleinen Interessen der persönlichen Sicherheit, nicht einmal die der Ehre. Meine Ehre liegt nicht in der Hand des ersten besten Zeitungscorrespondenten, nicht das erste, beste Tagesblatt ist ihr Tribunal; nur von den Assisen der Literaturgeschichte kann ich gerichtet werden. Dann auch will ich nicht zugeben, daß Großmuth aus Furcht interpretirt und verunglimpft werde. Nein, die Unterstützung, welche ich von dem Ministerium Guizot empfing, war kein Tribut; sie war eben nur eine Unterstützung, sie war — ich nenne die Sache bei ihrem Namen — das große Almosen, welches das französische Volk an so viele Tausende von Fremden spendete, die sich durch ihren Eifer für die Sache der Revolution in ihrer Heimath mehr oder weniger glorreich compromittirt hatten und an dem gastlichen Herde Frankreichs eine Freistätte suchten. Ich nahm solche Hilfsgelder in Anspruch kurz nach jener Zeit, als die bedauerlichen Bundestagsdecrete erschienen, die mich, als den Chorführer eines sogenannten jungen Deutschlands, auch finanziell zu ververberben suchten, indem sie nicht bloß meine vorhandenen Schriften, sondern auch alles, was späterhin aus meiner Feder fließen würde, im Voraus mit Interdict belegten, und mich solchermaßen meines Vermögens und meiner Erwerbsmittel beraubten, ohne Urtheil und Recht. Daß mir die Auszahlung der verlangten Hilfsgelder auf die Kasse des Ministeriums der äußeren Angelegenheiten, und zwar auf die Pensionsfonds, angewiesen wurde, die keiner öffentlichen Controlle ausgesetzt, hatte zunächst seinen Grund in dem Umstand, daß die anderen Kassen dermalen zu sehr belastet gewesen. Vielleicht auch wollte die französische Regierung nicht ostensibel einen Mann unterstützen, der den deutschen Gesandtschaften immer ein Dorn im Auge war, und dessen Ausweisung bei mancher Gelegenheit reclamirt worden.

Wie bringend meine königlich preußischen Freunde mit solchen Reclamationen die französische Regierung behelligten, ist männiglich bekannt. Herr Guizot verweigerte jedoch hartnäckig meine Ausweisung und zahlte mir jeden Monat meine Pension, regelmäßig, ohne Unterbrechung. Nie begehrte er dafür von mir den geringsten Dienst. Als ich ihm, bald nachdem er das Portefeuille der auswärtigen Angelegenheiten übernommen, meine Aufwartung machte und ihm dafür dankte, daß er mir trotz meiner radicalen Farbe die Fortsetzung meiner Pension notificiren ließ, antwortete er mit malancholischer Güte: „Ich bin nicht der Mann, der einem deutschen Dichter, welcher im Exile lebt, ein Stück Brod verweigern könnte." Diese Worte sagte mir Herr Guizot im November 1840, und es war das erste und zugleich das letzte Mal in meinem Leben, daß ich die Ehre hatte, ihn zu sprechen. Ich habe der Redaction der „Revue Retrospective" die Beweise geliefert, welche die Wahrheit der obigen Erläuterungen beurkunden, und aus den authentischen Quellen, die ihr zugänglich sind, mag sie jetzt, wie es französischer Loyauté ziemt, sich über die Bedeutung und den Ursprung der in Rede stehenden Pension aussprechen.

Paris, den 15. Mai 1848. „Heinrich Heine."

Dieses waren meine nackten Worte in der besagten Erklärung, ich nannte die Sache bei ihrem betrübsamsten Namen. Obgleich ich wohl andeuten konnte, daß die Hilfsgelder, welche mir als eine „allocution annuelle d'une pension de secours" zuerkannt worden, auch wohl als eine hohe Anerkennung meiner literarischen Reputation gelten mochten, die man mir mit der zartesten Courtoisie notificirt hatte, so setzte ich doch jene Pension unbedingt auf Rechnung der Nationalgroßmuth, der politischen Bruderliebe, welche sich hier ebenso rührend schön kundgab, wie es die evangelische Barmherzigkeit jemals gethan haben mag. Es gab hochfahrende Gesellen unter meinen Exilcollegen, welche jede Unterstützung nur Subvention nannten; bettelstolze Ritter, welche alle Verpflichtung haßten, nannten sie ein Dahrlehen, welches sie später wohlverzinst den Franzosen zurückzahlen würden — ich jedoch bemüthigte mich vor der Nothwendigkeit, und gab der Sache ihren wahren Namen.

Durch ein Decret meiner heimischen Regierung wurden nicht bloß alle Schriften verboten, die ich bisher geschrieben, sondern auch die künftigen, alle Schriften, welche ich hinfüro schreiben würde; mein Gehirn wurde confiscirt, und meinem armen unschuldigen Magen sollten durch dieses Interdict alle Lebensmittel abgeschnitten werden. Zugleich sollte auch mein Name ganz ausgerottet werden aus dem Gedächtniß der Menschen, und an alle Censoren meiner Heimath erging die strenge Verordnung, daß sie sowohl in Tagesblättern, wie in Broschüren und Büchern jede Stelle streichen sollten, wo von mir die Rede sei, gleichviel ob günstig oder nachtheilig. Kurzsichtige Thoren! solche Beschlüsse und Verordnungen waren ohnmächtig gegen einen Autor, dessen geistige Interessen siegreich aus allen Verfolgungen hervorgingen, wenn auch seine zeitlichen Finanzen sehr gründlich zu Grunde gerichtet wurden, so daß ich noch heute die Nachwirkung der kleinlichen Nücken verspüre. Aber verhungert bin ich nicht, obgleich ich in jener Zeit von der bleichen Sorge hart genug bedrängt ward. Das Leben in Paris ist so kostspielig, besonders wenn man hier verheirathet ist und keine Kinder hat. Letztere, diese lieben kleinen Puppen vertreiben dem Gatten, und zumal der Gattin die Zeit, und da brauchen sie keine Zerstreuung außer dem Hause zu suchen, wo dergleichen so theuer. Und dann habe ich nie die Kunst gelernt, wie man die Hungrigen mit bloßen Worten abspeist, um so mehr, da mir die Natur ein so wohlhabendes Aeußere verliehen, daß Niemand an meine Dürftigkeit geglaubt hätte. Die Nothleidenden, die bisher meine Hilfe reichlich genossen, lachten, wenn ich sagte, daß ich künftig selber darben müsse. War ich nicht der Verwandte aller möglichen Millionäre? Hatte nicht der Generalissimus aller Millionäre, hatte nicht dieser Millionärissimus mich seinen Freund genannt, seinen Freund? Ich konnte nie meinen Clienten begreiflich machen, daß der große Millionärissimus mich eben deshalb seinen Freund nenne, weil ich kein Geld von ihm begehre; verlangte ich Geld von ihm, so hätte ja gleich die Freundschaft ein Ende! die Zeiten von David und Jonathan, von Orestes und Pylades seien vorüber. Meine armen, hilfsbedürftigen Dummköpfe glaubten, daß man so leicht etwas von den Reichen erhalten könne. Sie haben nicht, wie ich gesehen, mit welchen schrecklichen eisernen Stangen ihre großen Geldkisten verwahrt sind.

Ja, zu meinen sonderbaren Mißgeschicken gehörte auch, daß nie Jemand an meine eignen Geldnöthen glauben wollte.

So geschah es auch, daß die Verleumbung leichtes Spiel hatte, als sie die Motive, welche mich bewogen, die in Rede stehende Pension anzunehmen, nicht den natürlichsten Nöthen und Befugnissen zuschrieb.

Die Redaction der „Allgemeinen Zeitung" hatte in keinem Fall jenes französische Blatt gekannt, ehe sie den saubern Corruptionsartikel druckte. In der That, der flüchtigste Anblick hätte ihr die abgefeimte Arglist ihres Correspondenten entdeckt. Diese bestand darin, daß er mir eine Solidarität mit Personen auflud, die von mir gewiß ebenso entfernt und ebenso verschieden waren, wie ein Chesterkäse vom Monde. Um zu zeigen, wie das Guizotsche Ministerium nicht bloß durch Aemtervertheilung, sondern auch durch baare Geldspende sein Corruptionssystem übte, hatte die erwähnte französische Revue das Budget, Einnahme und Ausgabe des Departements, dem Guizot vorstand, abgedruckt, und hier sahen wir allerdings jedes Jahr die ungeheuersten Summen verzeichnet für ungenannte Ausgaben, und das anklagende Blatt hatte gedroht, in spätern Nummern die Personen namhaft zu machen, in deren Säckel jene Schätze geflossen. Durch das plötzliche Eingehen des Blattes kam die Drohung nicht zur Ausführung, was uns sehr leid war, da jeder alsdann sehen konnte, wie wir bei solcher geheimen Munificenz, welche direct vom Minister oder seinem Secretair ausging und eine Gratification für bestimmte Dienste war, niemals betheiligt gewesen. Von solchen sogenannten Bons du ministre, den wirklichen Geheimfonds, sind sehr zu unterscheiden die Pensionen, womit der Minister sein Budget schon belastet vorfindet zu Gunsten bestimmter Personen, denen jährlich bestimmte Summen als Unterstützung zuerkannt worden. Es war eine sehr ungroßmüthige, ich möchte sagen: eine sehr unfranzösische Handlung, daß das retrospectivische Flugblatt, nachdem es in Bausch und Bogen die verschiedenen Gesandtschaftsgehalte und Gesandtschaftsausgaben angegeben, auch die Namen der Personen druckte, welche Unterstützungspensionen genossen, und wir müssen solches um so mehr tadeln, da hier nicht bloß in Dürftigkeit gesunkene Männer des höchsten Ranges vorkamen, sondern auch große Damen, die ihre gefallene Größe gern unter einigen Putzflittern verbargen, und jetzt mit Kummer ihr vornehmes Elend enthüllt sahen. Von zarterem Tacte geleitet, wird der Deutsche bem unartigen

Beispiel der Franzosen nicht folgen, und wir verschweigen hier
die Nomenclatur der hochadeligen und durchlauchtigen Frauen,
die wir auf der Liste der Pensionsfonds im Departemente
Guizots verzeichnet fanden. Untern den Männern, welche auf
derselben Liste mit jährlichen Unterstützungssummen genannt
waren, sahen wir Exulanten aus allen Weltgegenden, Flüchtlinge
aus Griechenland und St. Domingo, Armenien und Bulgarien,
aus Spanien und Polen, hochklingende Namen von Baronen,
Generalen und Exministern, von Priestern sogar, gleichsam eine
Aristokratie der Armuth bildend, während auf den Listen der
Kassen anderer Departemente minder brillante arme Teufel
paradirten. Der deutsche Poet brauchte sich wahrlich seiner
Genossenschaft nicht zu schämen, und er befand sich in Gesellschaften
von Berühmtheiten des Talentes und des Unglücks, deren Schicksal
erschütternd. Dicht neben meinem Namen auf der erwähnten
Pensionsliste, in derselben Rubrik und in derselben Kategorie,
fand ich den Namen eines Mannes, der einst ein Reich beherrschte
größer als die Monarchie des Ahasverus, der da König von
Haude bis Kusch, von Indien bis an die Mohren, über hundert
und siebenundzwanzig Länder; — es war Godoi, der Prince
de la Paix, der unumschränkte Günstling Ferdinands VII. und
seiner Gattin, die sich in seine Nase verliebt hatte — nie
sah ich eine umfangreichere, kurfürstlichere Purpurnase, und ihre
Füllung mit Schnupftabak muß gewiß dem armen Godoi mehr
gekostet haben, als sein französisches Jahrgehalt betrug.[151]) Ein
anderer Name, den ich neben dem meinigen erblickte, und der
mich mit Rührung und Ehrfurcht erfüllte, war der meines
Freundes und Schicksalsgenossen, des ebenso glorreichen wie
unglücklichen Augustin Thierry, des größten Geschichtsschreibers
unserer Zeit. Aber anstatt neben solchen respectabeln Leuten
meinen Namen zu nennen, wußte der ehrliche Correspondent
der „Allgemeinen Zeitung" aus den erwähnten Budgetlisten,
wo freilich auch pensionirte diplomatische Agenten verzeichnet
standen, just zwei Namen der deutschen Landsmannschaft herauszuklauben, welche Personen gehörten, die gewiß besser sein mochten
als ihr Ruf, aber jedenfalls dem meinigen schaden mußten, wenn
man mich damals mit ihnen zusammenstellte.

Genug, die Redaction der „Allgemeinen Zeitung" druckte
den eingesandten Corruptionsartikel, doch sie begleitete denselben

mit einer Note, worin sie in Bezug auf meine Pension die Bemerkung machte, „daß ich dieselbe in keinem Falle für das, was ich schrieb, sondern nur für das, was ich **nicht** schrieb, empfangen haben könne."

Ach, diese gewiß wohlgemeinte, aber wegen ihrer allzu witzigen Auffassung sehr verunglückte Ehrenrettungsnote war ein wahres Pavé, ein Pflasterstein, wie die französischen Journalisten in ihrer Coteriesprache eine ungeschickte Vertheidigung nennen, welche den Vertheidigten todtschlägt, wie es der Bär in der Fabel that, als er von der Stirn des schlafenden Freundes eine Schmeiß= fliege verscheuchen wollte und mit dem Quaderstein, den er auf sie schleuderte, auch das Hirn des Schützlings zerschmetterte.

Zeit, Ort und Umstände erlaubten damals keine weiteren Erörterungen, doch heute, wo alle Rücksichten erloschen, ist es mir erlaubt, noch viel thatsächlicher darzuthun, daß ich weder für **das**, was ich schrieb, noch für **das**, was ich **nicht** schrieb, vom Ministerium Guizot bestochen sein konnte. Für Menschen, die mit dem Leben abgeschlossen, haben solche retrospective Recht= fertigungen einen sonderbar wehmüthigen Reiz, und ich überlasse mich demselben mit träumerischer Indolenz. Es ist mir zu Sinne, als ob ich einem Längstverstorbenen eine fromme Genug= thuung verschaffe; jedenfalls stehen hier am rechten Platze die folgenden Erläuterungen über französische Zustände zur Zeit des Ministeriums Guizot.

Das Ministerium vom 29. November 1840 sollte man eigentlich nicht das Ministerium Guizot, sondern vielmehr das Ministerium Soult nennen, da letzterer Präsident des Minister= conseils war. Aber Soult war nur dessen Titularoberhaupt, ungefähr, wie der jedesmalige König von Hannover immer den Titel eines Rectors der Universität Georgia=Augusta führt, während Se. Magnificenz, der zeitliche Prorector zu Göttingen, die wirkliche Rectoratsgewalt ausübt. Man sprach nur von Guizot, und dieser stand während mehreren Jahren im Zenith seiner Popu= larität bei der Bourgeoisie, die von der Kriegslust seines Vorgängers in's Bockshorn gejagt worden; es versteht sich von selbst, daß der Nachfolger von Thiers noch größere Sympathie jenseit des Rheins erregte. Wir Deutschen konnten dem Thiers nie verzeihen, daß er uns aus dem Schlaf getrommelt, aus unserm gemüthlichen Pflanzen= schlaf, und wir rieben uns die Augen und riefen: „Vivat

Guizot!" Besonders die Gelehrten sangen das Lob desselben in Pindarschen Hymnen, wo auch die Prosodie, das antike Silbenmaaß, treu nachgeahmt war, und ein hier durchreisender deutscher Professor der Philologie versicherte mir, daß Guizot ebenso groß sei wie Thiersch. Ja, ebenso groß wie mein lieber menschenfreundlicher Freund Thiersch, der Verfasser der besten griechischen Grammatik![152] Die Begeisterung für Guizot ward in der „Allgemeinen Zeitung" fürnehmlich vertreten von meinem Collegen mit dem Venuszeichen und von meinem Collegen mit dem Pfeil; ersterer schwang das Weihrauchfaß mit sacerdotaler Weihe, letzterer bewahrte selbst in der Extase seine Süße und Zierlichkeit; beide hielten aus bis zur Catastrophe.

Was mich betrifft, so hatte ich, seitdem ich mich ernstlich mit französischer Literatur beschäftigt, die ausgezeichneten Verdienste Guizot's immer erkannt und begriffen, und meine Schriften zeugen noch von meiner frühen Verehrung des weltberühmten Mannes. Ich liebte mehr seinen Nebenbuhler Thiers, aber nur seiner Persönlichkeit wegen, nicht ob seiner Geistesrichtung, die eine bornirt nationale ist, so daß er fast ein französischer Altdeutscher zu nennen wäre, während Guizot's kosmopolitische Anschauungsweise meiner eigenen Denkungsart näher stand. Ich liebte vielleicht im ersteren manche Fehler, deren man mich selber zieh, während die Tugenden des andern beinahe abstoßend auf mich wirkten. Erstern mußte ich oft tadeln, doch geschah es mit Widerstreben; wenn mir letzterer Lob abzwang, so ertheilte ich es gewiß erst nach strengster Prüfung. Wahrlich, nur mit unabhängiger Wahrheitsliebe besprach ich den Mann, welcher damals den Mittelpunkt aller Besprechungen bildete, und ich referirte immer getreu, was ich hörte. Es war für mich eine Ehrensache, die Berichte, worin ich den Charakter und die gouvernementalen Ideen (nicht die administrativen Acte) des großen Staatsmannes am meisten würdigte, hier in diesem Buche ganz unverändert abzudrucken, obgleich dadurch manche Wiederholungen entstehen mußten. Der geneigte Leser wird bemerken, diese Besprechungen gehen nicht weiter als bis gegen Ende des Jahres 1843, wo ich überhaupt aufhörte, politische Artikel für die „Allgemeine Zeitung" zu schreiben, und mich darauf beschränkte, dem Redacteur derselben in unserer Privatcorrespondenz manchmal freundliche Mittheilungen zu machen; nur dann und wann veröffentlichte ich einen Artikel über Wissenschaft und schöne Künste.

Das ist nun das Schweigen, das Nichtschreiben, wovon die „Allgemeine Zeitung" spricht, und das mir als einen Verkauf meiner Redefreiheit ausgedeutet werden sollte. Lag nicht viel näher die Annahme, daß ich um jene Zeit in meinem Glauben an Guizot schwankend, überhaupt an ihm irre geworden sein mochte? Ja, das war der Fall, doch im Jahre 1848 geziemte mir kein solches Geständniß. Das erlaubten damals weder Pietät noch Anstand. Ich mußte mich darauf beschränken, der treulosen Insinuation, welche mein plötzliches Verstummen der Bestechung zuschrieb, in der erwähnten Erklärung bloß das rein Factische meines Verhältnisses zum Guizotschen Ministerio entgegen zu stellen. Ich wiederhole hier diese Thatsachen. Vor dem 29. November 1840, wo Herr Guizot das Ministerium übernahm, hatte ich nie die Ehre gehabt, denselben zu sehen. Erst einen Monat später machte ich ihm einen Besuch, um ihm dafür zu danken, daß die Comptabilität seines Departements von ihm die Weisung erhalten hatte, mir auch unter dem neuen Ministerium meine jährliche Unterstützungspension nach wie vor in monatlichen Terminen auszuzahlen. Jener Besuch war der erste und zugleich der letzte, den ich in diesem Leben dem illustren Manne abstattete. In der Unterredung, womit er mich beehrte, sprach er mit Tiefsinn und Wärme seine Hochschätzung für Deutschland aus, und diese Anerkennung meines Vaterlandes, sowie auch die schmeichelhaften Worte, welche er mir über meine eigenen literarischen Erzeugnisse sagte, waren die einzige Münze, mit welcher er mich bestochen hat. Nie fiel es ihm ein, irgend einen Dienst von mir zu verlangen. Und am allerwenigsten mochte es dem stolzen Manne, der nach Impopularität lechzte, in den Sinn kommen, eine kümmerliche Lobspende in der französischen Presse oder in der Augsburger „Allgemeinen Zeitung" von mir zu verlangen, von mir, der ihm bisher ganz fremd war, während weit gravitätischere, und also zuverlässigere Leute, wie der Baron von Eckstein und der Historiograph Capefigue, welche beide, wie oben bemerkt, ebenfalls Mitarbeiter der „Allgemeinen Zeitung" waren, mit Herrn Guizot in vieljährigem gesellschaftlichem Verkehr gestanden und gewiß ein delicates Vertrauen verdient hätten. Seit der erwähnten Unterredung habe ich

Herrn Guizot nie wieder gesehen; nie sah ich seinen Secretair oder sonst Jemand, der in seinem Büreau arbeitete. Nur zufällig erfuhr ich einst, daß Herr Guizot von transrhenanischen Gesandtschaften oft und dringend angegangen worden, mich aus Paris zu entfernen. Nicht ohne Lachen konnte ich an die ärgerlichen Gesichter denken, welche jene Reclamanten geschnitten haben werden, als sie entdeckten, daß der Minister, von welchem sie meine Ausweisung verlangt, mich obendrein durch ein Jahrgehalt unterstützte. Wie wenig derselbe wünschte, dieses edle Verfahren devulgirt zu sehen, begriff ich ohne besonderen Wink, und discrete Freunde, denen ich nichts verhehlen kann, theilten meine Schadenfreude.

Für diese Belustigung und die Großmuth, womit er mich behandelt, war ich Herrn Guizot gewiß zu großem Dank verpflichtet. Doch als ich in meinen Glauben an seine Standhaftigkeit gegen königliche Zumuthungen irre ward, als ich ihm vom Willen Ludwig Philipp's allzu verderblich beherrscht sah, und den großen entsetzlichen Irrthum dieses autokratischen Starrwillens, dieses unheilvollen Eigensinns begriff: da würde wahrlich nicht der psychische Zwang der Dankbarkeit mein Wort gefesselt haben, ich hätte gewiß mit ehrfurchtsvoller Betrübniß die Mißgriffe gerügt, wodurch das allzu nachgiebige Ministerium, oder vielmehr der bethörte König, das Land und die Welt dem Untergang entgegenführte. Aber es knebelten meine Feder auch brutale physische Hindernisse, und diese reelle Ursache meines Schweigens, meines Nichtschreibens, kann ich erst heute öffentlich enthüllen.

Ja, im Fall ich auch das Gelüste empfunden hätte, in der „Allgemeinen Zeitung" gegen das unselige Regierungssystem Ludwig Philipp's nur eine Silbe drucken zu lassen, so wäre mir solches unmöglich gewesen, aus dem ganz einfachen Grunde, weil der kluge König schon vor dem 29. November gegen einen solchen verbrecherischen Correspondenten-Einfall, gegen ein solches Attentat, seine Maßregeln genommen, indem er höchstselbst geruhte, den damaligen Censor der „Allgemeinen Zeitung" zu Augsburg nicht bloß zum Ritter, sondern sogar zum Offizier der französischen Ehrenlegion zu ernennen. So groß auch meine Vorliebe für den seligen König war, so fand doch der Augsburger Censor, daß ich nicht genug liebte, und er strich jedes mißbeliebige Wort, und sehr viele meiner Artikel über die königliche Politik blieben ganz ungedruckt. Aber kurz nach der

Februarrevolution, wo mein armer Ludwig Philipp in's Exil gewandert war, erlaubte mir weder die Pietät noch der Anstand die Veröffentlichung einer solchen Thatsache, selbst im Fall der Augsburger Censor ihr sein Imprimatur verliehen hätte . . .

Aber, unglücklicher Poet, warst du nicht durch deine französische Naturalisation hinlänglich geschützt gegen Ministerwillkür?

Ach, die Beantwortung dieser Frage entreißt mir ein Geständniß, das vielleicht die Klugheit geböte zu verschweigen. Aber die Klugheit und ich, wir haben schon lange nicht mehr aus derselben Kumpe gegessen — und ich will heute rücksichtslos bekennen, daß ich mich nie in Frankreich naturalisiren ließ, und meine Naturalisation, die für eine notorische Thatsache gilt, dennoch nur ein deutsches Märchen ist. Ich weiß nicht, welcher müßige oder listige Kopf dasselbe ersonnen. Mehrere Landsleute wollten freilich aus authentischer Quelle diese Naturalisation erschnüffelt haben; sie referirten darüber in deutschen Blättern, und ich unterstützte den irrigen Glauben durch Schweigen. Meine lieben literarischen und politischen Gegner in der Heimath, und manche sehr einflußreiche intime Feinde hier in Paris wurden dadurch irre geleitet und glaubten, ich sei durch ein französisches Bürgerrecht gegen mancherlei Vexationen und Machinationen geschützt, womit der Fremde, der hier einer exceptionellen Jurisdiction unterworfen ist, so leicht heimgesucht werden kann. Durch diesen wohlthätigen Irrthum entging ich mancher Böswilligkeit und mancher Ausbeutung von Industriellen, die in geschäftlichen Conflicten ihre Bevorrechtung benutzt hätten. Ebenso widerwärtig und kostspielig wird auf die Länge in Paris der Zustand des Fremden, der nicht naturalisirt ist. Man wird geprellt und geärgert, und zumeist eben von naturalisirten Ausländern, die am schäbigsten darauf erpicht sind, ihre erworbenen Befugnisse zu mißbrauchen. Aus mißmüthiger Fürsorge erfüllte ich einst die Formalitäten, die zu nichts verpflichten und uns doch in den Stand setzen, nöthigenfalls die Rechte der Naturalisation ohne Zögerniß zu erlangen. Aber ich hegte immer eine unheimliche Scheu vor dem definitiven Act. Durch dieses Bedenken, durch diese tiefeingewurzelte Abneigung gegen die Naturalisation, gerieth ich in eine falsche Stellung, die ich als die Ursache aller meiner Nöthen, Kümmernisse und Fehlgriffe während meinem dreiundzwanzigjährigen Aufenthalt in

Paris betrachten muß. Das Einkommen eines guten Amtes hätte hier meinen kostspieligen Haushalt und die Bedürfnisse einer nicht sowohl launischen als vielmehr menschlich freien Lebensweise hinreichend gedeckt — aber ohne vorhergehende Naturalisation war mir der Staatsdienst verschlossen. Hohe Würden und fette Sinecuren stellten mir meine Freunde lockend genug in Aussicht, und es fehlte nicht an Beispielen von Ausländern, die in Frankreich die glänzendsten Stufen der Macht und der Ehre erstiegen. — Und ich darf es sagen, ich hätte weniger als andere mit einheimischer Scheelsucht zu kämpfen gehabt, denn nie hatte ein Deutscher in so hohem Grade, wie ich, die Sympathie der Franzosen gewonnen, sowohl in der literarischen Welt, als auch in der hohen Gesellschaft, und nicht als Gönner, sondern als Kamerad pflegte der Vornehmste meinen Umgang. Der ritterliche Prinz, der dem Throne am nächsten stand, und nicht bloß ein ausgezeichneter Feldherr und Staatsmann war, sondern auch das „Buch der Lieder" im Original las, hätte mich gar zu gern in französischen Diensten gesehen, und sein Einfluß wäre groß genug gewesen, um mich in solcher Laufbahn zu fördern.[153]) Ich vergesse nicht die Liebenswürdigkeit, womit einst im Garten des Schlosses einer fürstlichen Freundin der große Geschichtsschreiber der französischen Revolution und des Empire's, welcher damals der allgewaltige Präsident des Conseil's war, meinen Arm ergriff und, mit mir spazieren gehend, lange und lebhaft in mich drang, daß ich ihm sagen möchte, was mein Herz begehre, und daß er sich anheischig mache, mir alles zu verschaffen. — Im Ohr klingt mir noch jetzt der schmeichlerische Klang seiner Stimme, in der Nase prickelt mir noch der Duft des großen blühenden Magnoliabaums, dem wir vorübergingen, und der mit seinen alabasterweißen vornehmen Blumen in die blauen Lüfte emporragte, so prachtvoll, so stolz, wie damals, in den Tagen seines Glückes, das Herz des deutschen Dichters!

Ja, ich habe das Wort genannt. Es war der närrische Hochmuth des deutschen Dichters, der mich davon abhielt, auch nur pro forma ein Franzose zu werden. Es war eine ideale Grille, wovon ich mich nicht losmachen konnte. In Bezug auf das, was wir gewöhnlich Patriotismus nennen, war ich immer ein Freigeist, doch konnte ich mich nicht eines gewissen Schauers erwehren, wenn ich etwas thun sollte, was nur halbwegs als

ein Lossagen vom Vaterlande erscheinen mochte. Auch im
Gemüth des Aufgeklärtesten nistet immer ein kleines Alräunchen
des alten Aberglaubens, das sich nicht ausbannen läßt; man
spricht nicht gern davon, aber es treibt in den geheimsten
Schlupfwinkeln unsrer Seele sein unkluges Wesen. Die Ehe,
welche ich mit unsrer lieben Frau Germania, der blonden
Bärenhäuterin, geführt, war nie eine glückliche gewesen. Ich
erinnere mich wohl noch einiger schönen Mondscheinnächte, wo
sie mich zärtlich preßte an ihren großen Busen mit den tugend=
haften Zitzen — doch diese sentimentalen Nächte lassen sich
zählen, und gegen Morgen trat immer eine verdrießlich gähnende
Kühle ein, und begann das Keifen ohne Ende. Auch lebten
wir zuletzt getrennt von Tisch und Bett. Aber bis zu einer
eigentlichen Scheidung sollte es nicht kommen. Ich habe es nie
über's Herz bringen können, mich ganz loszusagen von meinem
Hauskreuz. Jede Abtrünnigkeit ist mir verhaßt, und ich hätte
mich von keiner deutschen Katze lossagen mögen, nicht von
einem deutschen Hund, wie unausstehlich mir auch seine Flöhe
und Treue. Das kleinste Ferkelchen meiner Heimath kann sich
in dieser Beziehung nicht über mich beklagen. Unter den vor=
nehmen und geistreichen Säuen von Perigord, welche die Trüffeln
erfunden und sich damit mästen, verleugnete ich nicht die be=
scheidenen Grünzlinge, die daheim im Teutoburger Wald nur
mit der Frucht der vaterländischen Eiche sich ätzen aus schlichtem
Holztrog, wie einst ihre frommen Vorfahren, zur Zeit als
Arminius den Varus schlug. Ich habe auch nicht eine Borste
meines Deutschthums, keine einzige Schelle an meiner deutschen
Kappe eingebüßt, und ich habe noch immer das Recht, daran
die schwarz=roth=goldene Cocarde zu heften. Nein, solcher Schmach
habe ich mich nicht ausgesetzt. Die Naturalisation mag für andere
Leute passen; ein versoffener Advocat, ein Strohkopf mit einer
eisernen Stirn und einer kupfernen Nase, mag immerhin, um ein
Schulmeisteramt zu erschnappen, ein Vaterland aufgeben, das
nichts von ihm weiß und nie etwas von ihm erfahren wird —
aber dasselbe geziemt sich nicht für einen deutschen Dichter,
welcher die schönsten deutschen Lieder gedichtet hat. Es wäre
für mich ein entsetzlicher, wahnsinniger Gedanke, wenn ich mir
sagen müßte, ich sei ein deutscher Poet und zugleich ein naturali=
sirter Franzose. — Ich käme mir selber vor wie eine jener

Mißgeburten mit zwei Köpfchen, die man in den Buden der Jahrmärkte zeigt. Es würde mich beim Dichten unerträglich geniren, wenn ich dächte, der eine Kopf finge auf einmal an, im französischen Truthahnpathos die unnatürlichsten Alexandriner zu scandiren, während der andere in den angeborenen wahren Naturmetren der deutschen Sprache seine Gefühle ergösse. Und, ach! unausstehlich sind mir, wie die Metrik, so die Verse der Franzosen, dieser parfümirte Quark — kaum ertrage ich ihre ganz geruchlosen besseren Dichter. — Wenn ich jene sogenannte Poésie lyrique der Franzosen betrachte, erkenne ich erst ganz die Herrlichkeit der deutschen Dichtkunst, und ich könnte mir alsdann wohl etwas darauf einbilden, daß ich mich rühmen darf, in diesem Gebiete meine Lorbeeren erworben zu haben. — Wir wollen auch kein Blatt davon aufgeben, und der Steinmetz, der unsre letzte Schlafstätte mit einer Inschrift zu verzieren hat, soll keine Einrede zu gewärtigen haben, wenn er dort eingräbt die Worte: „Hier ruht ein deutscher Dichter."

* * *

(An **Caroline Jaubert.** Passy, den 16. Juni 1848.)

Bürgerin! Wenn Sie in Paris sind und eines Tages im Bois de Boulogne spazieren gehen, so bitte ich Sie, einige Minuten anzuhalten in Passy, 64, Grande Rue, wo mitten in einem Garten ein armer deutscher Dichter wohnt, welcher jetzt gänzlich paralysirt ist. Meine Füße sind ganz starr geworden; man trägt und nährt mich wie ein Kind. Gruß und Brüderlichkeit!

Berichtigung. (Paris, 15. April 1849.)

Deutsche Blätter, namentlich die Berliner „Haude- und Spener'sche Zeitung", haben über meinen Gesundheitszustand, sowie auch über meine ökonomischen Verhältnisse, einige Nachrichten in Umlauf gesetzt, die einer Berichtigung bedürfen. Ich lasse dahin gestellt sein, ob man meine Krankheit bei ihrem rechten Namen genannt hat, ob sie eine Familienkrankheit (eine Krankheit, die man der Familie verdankt) oder eine jener Privatkrankheiten ist, woran der Deutsche, der im Auslande privatisirt, zu leiden pflegt, ob sie ein französisches ramollissement de la moëlle épinière oder eine deutsche Rückgratsschwindsucht ist — so viel weiß ich, daß sie eine sehr garstige Krankheit ist, die mich Tag und Nacht foltert, und nicht bloß mein Nervensystem, sondern

auch das Gedankensystem bedenklich erschüttert hat. In manchen
Momenten, besonders wenn die Krämpfe in der Wirbelsäule
allzu qualvoll rumoren, durchzuckt mich der Zweifel, ob der Mensch
wirklich ein zweibeiniger Gott ist, wie mir der selige Professor
Hegel vor fünfundzwanzig Jahren in Berlin versichert hatte.
Im Wonnemond des vorigen Jahres mußte ich mich zu Bett
legen, und ich bin seitdem nicht wieder aufgestanden. Unter=
dessen, ich will es freimüthig gestehen, ist eine große Umwandlung
mit mir vorgegangen. Ich bin kein göttlicher Bipede mehr; ich
bin nicht mehr der „freieste Deutsche nach Goethe", wie mich
Ruge in gesünderen Tagen genannt hat; ich bin nicht mehr der
große Heide Nr. II, den man mit den weinlaubumkränzten
Dionysus verglich, während man meinem Collegen Nr. I den
Titel eines großherzoglich Weimar'schen Jupiters ertheilte; ich
bin kein lebensfreudiger, etwas wohlbeleibter Hellene mehr, der
auf trübsinnige Nazarener heiter herablächelte — ich bin jetzt
nur ein armer, todtkranker Jude, ein abgezehrtes Bild des Jammers,
ein unglücklicher Mensch! So viel über meinen Gesundheits=
zustand aus authentischer Leidensquelle. Was meine Vermögens=
verhältnisse betrifft, so sind sie, ich gestehe es, nicht überaus
glänzend; doch die Berichterstatter der obenerwähnten Tages=
blätter überschätzen meine Armuth, und sie sind von ganz besonders
irrthümlichen Annahmen befangen, wenn sie sich dahin aussprechen,
als habe sich meine Lage dadurch noch verschlimmert, daß mir
die Pension, die ich von meinem seligen Oheim Salomon Heine
genossen, seit dem Ableben desselben entzogen und vermindert
worden sei. Ich will mich mit der Genesis dieses Irrthums
nicht befassen, Erörterungen vermeidend, die ebenso kummervoll
für mich wie langweilig für andere sein möchten. Aber dem
Irrthum selbst muß ich mit Bestimmtheit entgegentreten, damit
nicht mein Stillschweigen einerseits die Freunde in der Heimath
beunruhige, andrerseits nicht einer Verunglimpfung Vorschub leiste,
die just das edelste Gemüth träfe, das jemals sich mit schweigen=
dem Stolze in einer Menschenbrust verschlossen hielt. Trotz
meiner Abneigung gegen Besprechung persönlicher Bezüge, finde
ich es dennoch angemessen, folgende Thatsachen hier hervorzustellen:
Die in Rede stehende Pension ist mir seit dem Ableben meines
Oheims Salomon Heine, ruhmwürdigen Andenkens, keineswegs
entzogen noch vermindert worden, und sie wurde immer richtig

bei Heller und Pfennig ausbezahlt. Der Verwandte, der mit
diesen Auszahlungen belastet steht, hat mir, seitdem sich mein
Krankheitszustand verschlimmert, noch außerordentliche trimestrielle
Zuschüsse angedeihen lassen, die, zu gleicher Zeit mit der Pension
ausgezahlt, den Betrag derselben fast auf das Doppelte erhöhten.
Derselbe Verwandte hat ferner durch eine großmüthige Stipu=
lation zu Gunsten des vieltheuren Weibes, das mit mir ihre
irdische Stütze verliert, auch die bitterste aller Sorgen von meinem
Krankenlager verscheucht. Mancherlei Anfragen und Anträge, die
in liebreichen, jedoch mitunter sehr fehlerhaft adressirten Zuschriften
aus der Heimath an mich ergingen, dürften in obigen Geständ=
nissen ihre Erledigung finden. Den Herzen, welche verbluten
im Vaterland, Gruß und Thräne!

(An **Julius Campe**, Paris, den 30. April 1849.)

Sie haben keinen Begriff davon, wie entsetzlich viel Geld
meine Krankheit täglich auffrißt. Und dabei weiß ich nicht, wie
lange das noch dauern kann! Nie haben die Götter, oder viel=
mehr der liebe Gott (wie ich jetzt zu sagen pflege), einen Menschen
ärger heimgesucht. Nur zwei Tröstungen sind mir geblieben
und sitzen kosend an meinem Bette: meine französische Hausfrau
und die deutsche Muse. Ich knittle sehr viele Verse, und es
sind manche darunter, die wie Zauberweisen meine Schmerzen
kirren, wenn ich sie für mich hinsumme. Ein Poet ist und bleibt
doch ein Narr!

(Paris, den 1. Juni 1850.)

In einer Zeit, wo in der Außenwelt die größten Revolutionen
vorfielen, und auch in meiner inneren Geisteswelt bedeutende
Umwälzungen stattfanden, hätte schnell in's Publikum gefördert
werden müssen, was geschrieben vorhanden lag, nicht weil es
sonst für das Publikum minder kostbar geworden wäre, sondern
weil ich es jetzt nicht mehr herausgeben durfte aus freiem Willen,
wenn ich nicht eine Sünde gegen den heiligen Geist, einen Verrath
an meinen eigenen Ueberzeugungen, jedenfalls eine zweideutige
Handlung begehen wollte. Ich bin kein Frömmler geworden,
aber ich will darum doch nicht mit dem lieben Gott spielen; wie
gegen die Menschen, will ich auch gegen Gott ehrlich verfahren,
und alles, was aus der früheren blasphematorischen Periode
noch vorhanden war, die schönsten Giftblumen hab' ich mit ent=

schlossener Hand ausgerissen, und bei meiner physischen Blindheit vielleicht zugleich manches unschuldige Nachbargewächs in den Kamin geworfen. Wenn das in den Flammen knisterte, ward mir, ich gestehe es, gar wunderlich zu Muthe; ich wußte nicht recht mehr, ob ich ein Heros oder ein Wahnsinniger sei, und neben mir hörte ich die ironisch tröstende Stimme irgend eines Mephistopheles, welche mir zuflüsterte: „Der liebe Gott wird dir das alles weit besser honoriren, als Campe, und du brauchst jetzt nicht mit dem Druck dich abzuquälen, oder noch gar vor dem Druck mit Campe zu handeln wie um ein Paar alte Hosen." Ach, liebster Campe, ich wünsche manchmal, Sie glaubten an Gott, und wär' es auch nur auf einen Tag; es würde Ihnen dann auf's Gewissen fallen, mit welchem Undank Sie mich behandeln zu einer Zeit, wo ein so grauenhaftes und unerhörtes Unglück auf mir lastet. — Schreiben Sie mir bald Antwort, ehe es zu spät ist. Liegt Ihrer Schreibversäumniß irgend eine politische Hesitation oder ein merkantilisches Bedenken zu Grunde, so sagen Sie es aufrichtig, und ich will die gehörigen Instructionen hinterlassen für den Fall, daß ich vor dem Beginn des Drucks meiner Gesammtausgabe das Zeitliche segne. Erschrecken Sie nicht über das Wort „das Zeitliche segnen"; es ist nicht pietistisch gemeint; ich will damit nicht sagen, daß ich das Zeitliche mit dem Himmlischen vertausche, denn wie nahe ich auch der Gottheit gekommen, so steht mir doch der Himmel noch ziemlich fern; glauben Sie nicht den umlaufenden Gerüchten, als sei ich ein frommes Lämmlein geworden. Die religiöse Umwälzung, die in mir sich ereignete, ist eine bloß geistige, mehr ein Act meines Denkens, als des seligen Empfindelns, und das Krankenbett hat durchaus wenig Antheil daran, wie ich mir fest bewußt bin. Es sind große, erhabene, schauerliche Gedanken über mich gekommen, aber es waren Gedanken, Blitze des Lichtes, und nicht die Phosphordünste der Glaubensbisse. Ich sage Ihnen das besonders in der Absicht, damit Sie nicht wähnen, ich würde, wenn ich auch selber die Gesammtausgabe besorge, in unfreier Weise etwas darin ausmerzen; quod scripsi, scripsi.

(An **Gustav Kolb**. Paris, den 21. April 1851.)

Es ist nun eine Ewigkeit, daß ich keine Nachrichten von Ihnen erhalten, und ich hatte immer die Idee im Kopfe, daß

Sie einmal, die Eisenbahnen benützend, eines frühen Morgens vor meinem Bette stehen würden. Ich bin nämlich noch immer bettlägerig, liege beständig auf meinem kranken Rücken, worin die fürchterlichsten Krämpfe hausen, und was im Publikum von meiner Krankheit erzählt wird, ist nur eine Kleinigkeit im Vergleich mit meinem wirklichen Leiden. Und das Alles ertrage ich mit religiöser Geduld. Ich sage religiös, weil ich doch nicht in Abrede stellen kann, was man von meiner jetzigen Gottgläubigkeit erzählt. Aber ich muß Ihnen in dieser Beziehung versichern, daß hier große Uebertreibungen herrschen und daß ich nicht im entferntesten zu den sogenannten frommen Seelen gehöre. Die Hauptsache besteht darin, daß ich schon längst eine große Abneigung gegen den deutschen Atheismus empfand, schon längst bessere Ueberzeugungen in Betreff der Existenz Gottes hegte und mit der Manifestation derselben eine geraume Zeit warten wollte, vielleicht um dem lieben Gott eine Surprise zu machen. Unberechtigte gobe-mouches haben jedoch flüchtige Aussprüche von mir aufgefangen und mich in das allerdümmste Gerede gebracht. Ich witterte dabei sogar die Absichtlichkeit gewisser Leute, die mich als einen fetten Braten für ihren Himmel gern canonisirt hätten; es ist dafür gesorgt, daß meine sogenannte Bekehrung ihren Committenten keine Indigestion verursachen wird.

Zweites Capitel.

Der „Romanzero".

Ich habe dieses Buch „Romanzero" genannt, weil der Romanzenton vorherrschend in den Gedichten, die hier gesammelt. Mit wenigen Ausnahmen schrieb ich sie während den letzten drei Jahren unter mancherlei körperlichen Hindernissen und Qualen. Gleichzeitig mit dem „Romanzero" lasse ich in derselben Verlagshandlung ein Büchlein erscheinen, welches „Der Doctor Faust", ein Tanzpoem, nebst kuriosen Berichten über Teufel, Hexen und Dichtkunst" betitelt ist. Ich empfehle solches einem verehrungs=

würdigen Publico, das sich gern ohne Kopfanstrengung über
dergleichen Dinge belehren lassen möchte; es ist eine leichte
Goldarbeit, worüber gewiß mancher Grobschmied den Kopf schütteln
wird. Ich hegte ursprünglich die Absicht, dieses Product dem
„Romanzero" einzuverleiben, was ich aber unterließ, um nicht
die Einheit der Stimmung, die in letzterem waltet und gleichsam
sein Colorit bildet, zu stören. Jenes Tanzpoem schrieb ich nämlich
im Jahre 1847, zu einer Zeit, wo mein böses Siechthum bereits
bedenklich vorgeschritten war, aber doch noch nicht seine gräm-
lichen Schatten über mein Gemüth warf. Ich hatte damals
noch etwas Fleisch und Heidenthum an mir, und ich war noch
nicht zu dem spiritualistischen Skelette abgemagert, das jetzt seiner
gänzlichen Auflösung entgegenharrt. Aber existire ich wirklich
noch? Mein Leib ist so sehr in die Krümpe gegangen, daß
schier nichts übrig geblieben, als die Stimme, und mein Bett
mahnt mich an das tönende Grab des Zauberers Merlinus,
welches sich im Walde Brozeliand in der Bretagne befindet, unter
hohen Eichen, deren Wipfel wie grüne Flammen gen Himmel
lodern. Ach, um diese Bäume und ihr frisches Wehen beneide
ich dich, College Merlinus, denn kein grünes Blatt rauscht herein
in meine Matratzengruft zu Paris, wo ich früh und spat nur
Wagengerassel, Gehämmer, Gekeife und Claviergeklimper vernehme. Ein Grab ohne Ruhe, der Tod ohne die Privilegien
der Verstorbenen, die kein Geld auszugeben und keine Briefe oder
gar Bücher zu schreiben brauchen. — Das ist ein trauriger
Zustand. Man hat mir längst das Maß genommen zum Sarg,
auch zum Nekrolog, aber ich sterbe so langsam, daß solches nachgerade langweilig wird für mich, wie für meine Freunde. Doch
Geduld, alles hat sein Ende. Ihr werdet eines Morgens die
Bude geschlossen finden, wo euch die Puppenspiele meines Humors
so oft ergötzten . . .

Wenn man auf dem Sterbebette liegt, wird man sehr
empfindsam und weichselig, und möchte Frieden machen mit Gott
und der Welt. Ich gestehe es, ich habe manchen gekratzt, manchen
gebissen, und war kein Lamm. Aber glaubt mir, jene gepriesenen
Lämmer der Sanftmuth würden sich minder frömmig gebärden,
besäßen sie die Zähne und die Tatzen des Tigers. Ich kann
mich rühmen, daß ich mich solcher angebornen Waffen nur selten
bedient habe. Seit ich selbst der Barmherzigkeit Gottes bedürftig,

habe ich allen meinen Feinden Amnestie ertheilt; manche schöne Gedichte, die gegen sehr hohe und sehr niedrige Personen gerichtet waren, wurden deshalb in vorliegender Sammlung nicht aufgenommen. Gedichte, die nur halbweg Anzüglichkeiten gegen den lieben Gott selbst enthielten, habe ich mit ängstlichstem Eifer den Flammen überliefert. Es ist besser, daß die Verse brennen, als der Versiser. Ja, wie mit der Creatur, habe ich auch mit dem Schöpfer Frieden gemacht, zum größten Aergerniß meiner aufgeklärten Freunde, die mir Vorwürfe machten über dieses Zurückfallen in den alten Aberglauben, wie sie meine Heimkehr zu Gott zu nennen beliebten. Das himmlische Heimweh überfiel mich und trieb mich fort durch Wälder und Schluchten, über die schwindlichsten Bergpfade der Dialektik. Auf meinem Wege fand ich den Gott der Pantheisten, aber ich konnte ihn nicht gebrauchen, da er im Grunde gar kein Gott ist, sowie überhaupt die Pantheisten eigentlich nur verschämte Atheisten sind, die sich weniger vor der Sache, als vor dem Schatten, den sie an die Wand wirft, vor dem Namen, fürchten. Auch haben die Meisten in Deutschland während der Restaurationszeit mit dem lieben Gotte dieselbe fünfzehnjährige Comödie gespielt, welche hier in Frankreich die constitutionellen Royalisten, die größtentheils im Herzen Republikaner waren, mit dem Königthume spielten. Nach der Julius-Revolution ließ man jenseits wie diesseits des Rheines die Maske fallen!

Je entschiedener die Gemüther, desto leichter werden sie das Opfer solcher Dilemmen. Was mich betrifft, so kann ich mich in der Politik keines sonderlichen Fortschritts rühmen; ich verharrte bei denselben demokratischen Principien, denen meine früheste Jugend huldigte und für die ich seitdem immer flammender erglühte. In der Theologie hingegen muß ich mich des Rückschreitens beschuldigen, indem ich, was ich bereits oben gestanden, zu dem alten Aberglauben, zu einem persönlichen Gotte zurückkehrte. Das läßt sich nun einmal nicht vertuschen, wie es mancher aufgeklärte und wohlmeinende Freund versuchte. Ausdrücklich widersprechen muß ich jedoch dem Gerüchte, als hätten mich meine Rückschritte bis zur Schwelle irgend einer Kirche oder gar in ihren Schoß geführt. Nein, meine religiösen Ueberzeugungen und Ansichten sind frei geblieben von jeder Kirchlichkeit: kein Glockenklang hat mich verlockt, keine Altarkerze hat mich geblendet. Ich habe mit keiner Symbolik gespielt und meiner Vernunft nicht ganz entsagt. Ich habe nichts abgeschworen, nicht einmal meine alten Heidengötter, von denen ich mich zwar abgewendet, aber scheidend in Liebe und Freundschaft. Es war im Mai 1848, an dem Tage, wo ich zum letztenmale ausging, als ich Abschied nahm von den holden Idolen, die ich angebetet in den Zeiten meines Glücks. Nur mit Mühe schleppte ich mich bis zum Louvre, und ich brach fast zusammen, als ich in den erhabenen Saal trat, wo die hochgebenedeite Göttin der Schönheit, Unsere liebe Frau von Milo, auf ihrem Postamente steht. Zu ihren Füßen lag ich lange und ich weinte so heftig, daß sich dessen ein Stein erbarmen mußte. Auch schaute die Göttin mitleidig auf mich herab, doch zugleich so trostlos, als wollte sie sagen: „Siehst du denn nicht, daß ich keine Arme habe und also nicht helfen kann?" . . .

Ich breche hier ab, denn ich gerathe in einen larmoyanten Ton, der vielleicht überhand nehmen kann, wenn ich bedenke, daß ich jetzt auch von dir, teurer Leser, Abschied nehmen soll. Eine gewisse Rührung beschleicht mich bei diesem Gedanken; denn ungern trenne ich mich von dir. Der Autor gewöhnt sich am Ende an sein Publikum, als wäre es ein vernünftiges Wesen. Auch dich scheint es zu betrüben, daß ich dir Valet sagen muß; du bist gerührt, mein theurer Leser, und kostbare Perlen fallen aus deinen Thränensäckchen. Doch beruhige dich, wir werden uns wiedersehen in einer besseren Welt, wo ich dir auch bessere Bücher zu schreiben gedenke.

Wie sträubt sich unsere Seele gegen den Gedanken des Aufhörens unserer Persönlichkeit, der ewigen Vernichtung! Der horror vacui, den man der Natur zuschreibt, ist vielmehr dem menschlichen Gemüthe angeboren. Sei getrost, theurer Leser, es giebt eine Fortdauer nach dem Tode.

Und nun, lebe wohl, und wenn ich dir etwas schuldig bin, so schicke mir deine Rechnung. —

(Geschrieben zu Paris, den 30. September 1851.)

* *
*

Aber einst wird kommen der Tag, und die Gluth in meinen Adern ist erloschen, in meiner Brust wohnt der Winter, seine

weißen Flocken umflattern spärlich mein Haupt, und seine Nebel
verschleiern mein Auge. In verwitterten Gräbern liegen meine
Freunde, ich allein bin zurückgeblieben, wie ein einsamer Halm,
den der Schnitter vergessen, ein neues Geschlecht ist hervor=
geblüht mit neuen Wünschen und neuen Gedanken, voll Ver=
wunderung höre ich neue Namen und neue Lieder, die alten
Namen sind verschollen, und ich selbst bin verschollen, vielleicht
noch von wenigen geehrt, von vielen verhöhnt, und von Nie=
manden geliebt! Und es springen heran zu mir die rosenwangigen
Knaben, und drücken mir die alte Harfe in die zitternde Hand,
und sprechen lachend: Du hast schon lange geschwiegen, du fauler
Graukopf, sing' uns wieder Gesänge von den Träumen deiner
Jugend.

Dann ergreif' ich die Harfe, und die alten Freuden und
Schmerzen erwachen, die Nebel zerrinnen, Thränen blühen wieder
aus meinen todten Augen, es frühlingt wieder in meiner Brust,
süße Töne der Wehmuth beben in den Saiten der Harfe, ich
sehe wieder den blauen Fluß und die marmornen Paläste und
die schönen Frauen= und Mädchengesichter — und ich singe ein
Lied von den Blumen der Brenta.

Es wird mein letztes Lied sein, die Sterne werden mich an=
blicken wie in den Nächten meiner Jugend, das verliebte Mond=
licht küßt wieder meine Wangen, die Geisterchöre verstorbener
Nachtigallen flöten aus der Ferne, schlaftrunken schließen sich
meine Augen, meine Seele verhallt wie die Töne meiner Harfe
— es duften die Blumen der Brenta.

Ein Baum wird meinen Grabstein beschatten. Ich hätte
gern eine Palme, aber diese gedeiht nicht im Norden. Es wird
wohl eine Linde sein, und Sommerabends werden dort die
Liebenden sitzen und kosen; der Zeisig, der sich lauschend in den
Zweigen wiegt, ist verschwiegen, und meine Linde rauscht traulich
über den Häuptern der Glücklichen, die so glücklich sind, daß
sie nicht einmal Zeit haben zu lesen, was auf dem weißen Leichen=
steine geschrieben steht. Wenn aber späterhin der Liebende sein
Mädchen verloren hat, dann kommt er wieder zu der wohl=
bekannten Linde, und seufzt und weint, und betrachtet den Leichen=
stein, lang und oft, und liest darauf die Inschrift: — Er liebte
die Blumen der Brenta.

* * *

Rückschau.

Ich habe gerochen alle Gerüche
In dieser holden Erdenküche;
Was man genießen kann in der Welt,
Das hab' ich genossen wie je ein Held!
Hab' Kaffee getrunken, hab' Kuchen gegessen,
Hab' manche schöne Puppe besessen;
Trug seidne Westen, den feinsten Frack,
Mir klingelten auch Dukaten im Sack.
Wie Gellert ritt ich auf hohem Roß;
Ich hatte ein Haus, ich hatte ein Schloß.
Ich lag auf der grünen Wiese des Glücks,
Die Sonne grüßte goldigsten Blicks;
Ein Lorbeerkranz umschloß die Stirn,
Er duftete Träume mir ins Gehirn,
Träume von Rosen und ewigem Mai —
Es ward mir so selig zu Sinne dabei,
So dämmersüchtig, so sterbefaul —
Mir flogen gebratne Tauben ins Maul,
Und Englein kamen, und aus den Taschen
Sie zogen hervor Champagnerflaschen . . .
Das waren Visionen, Seifenblasen, —
Sie platzten — Jetzt lieg' ich auf feuchtem Rasen,
Die Glieder sind mir rheumatisch gelähmt,
Und meine Seele ist tief beschämt.
Ach, jede Lust, ach, jeden Genuß
Hab' ich erkauft durch herben Verdruß;
Ich ward getränkt mit Bitternissen
Und grausam von den Wanzen gebissen,
Ich ward bedrängt von schwarzen Sorgen,
Ich mußte lügen, ich mußte borgen
Bei reichen Buben und alten Vetteln —
Ich glaube sogar, ich mußte betteln.
Jetzt bin ich müd' vom Rennen und Laufen,
Jetzt will ich mich im Grabe verschnaufen.
Lebt wohl! Dort oben, ihr christlichen Brüder,
Ja, das versteht sich, dort sehn wir uns wieder.

Gedächtnißfeier.

Keine Messe wird man singen,
Keinen Kadosch wird man sagen,
Nichts gesagt und nichts gesungen
Wird an meinen Sterbetagen.

Doch vielleicht an solchem Tage,
Wenn das Wetter schön und milde,
Geht spazieren auf Montmartre
Mit Paulinen Frau Mathilde.

Mit dem Kranz von Immortellen
Kommt sie, mir das Grab zu schmücken,
Und sie seufzet: „Pauvre homme!"
Feuchte Wehmuth in den Blicken.

Leider wohn' ich viel zu hoch,
Und ich habe meiner Süßen
Keinen Stuhl hier anzubieten;
Ach! sie schwankt mit müden Füßen.

Süßes, dickes Kind, du darfst
Nicht zu Fuß nach Hause gehen;
An dem Barrieregitter
Siehst du die Fiaker stehen.

An die Engel.

Das ist der böse Thanatos,
Er kommt auf einem fahlen Roß;
Ich hör' den Hufschlag, hör' den Trab,
Der dunkle Reiter holt mich ab —
Er reißt mich fort, Mathilden soll ich lassen,
O, den Gedanken kann mein Herz nicht fassen!

Sie war mir Weib und Kind zugleich,
Und geh' ich in das Schattenreich,
Wird Wittwe sie und Waise sein!
Ich lass' in dieser Welt allein
Das Weib, das Kind, das trauend meinem Muthe
Sorglos und treu an meinem Herzen ruhte.

Ihr Engel in den Himmelshöhn,
Vernehmt mein Schluchzen und mein Flehn;
Beschützt, wenn ich im öden Grab,
Das Weib, das ich geliebet hab';
Seid Schild und Vögte eurem Ebenbilde,
Beschützt, beschirmt mein armes Kind, Mathilde.

Bei allen Thränen, die ihr je
Geweint um unser Menschenweh,
Beim Wort, das nur der Priester kennt
Und niemals ohne Schauder nennt,
Bei eurer eignen Schönheit, Huld und Milde,
Beschwör' ich euch, ihr Engel, schützt Mathilde.

Enfant perdu.

Verlorner Posten in dem Freiheitskriege,
Hielt ich seit dreißig Jahren treulich aus.
Ich kämpfte ohne Hoffnung, daß ich siege,
Ich wußte, nie komm' ich gesund nach Haus.

Ich wachte Tag und Nacht — ich konnt' nicht schlafen,
Wie in dem Lagerzelt der Freunde Schar —
(Auch hielt das laute Schnarchen dieser Braven
Mich wach, wenn ich ein bischen schlummrig war.)

In jenen Nächten hat Langweil' ergriffen
Mich oft, auch Furcht — (nur Narren fürchten nichts) —
Sie zu verscheuchen, hab' ich dann gepfiffen
Die frechen Reime eines Spottgedichts.

Ja, wachsam stand ich, das Gewehr im Arme,
Und nahte irgend ein verdächt'ger Gauch,
So schoß ich gut und jagt' ihm eine warme,
Brühwarme Kugel in den schnöden Bauch.

Mitunter freilich mocht' es sich ereignen,
Daß solch ein schlechter Gauch gleichfalls sehr gut
Zu schießen wußte — ach, ich kann's nicht leugnen —
Die Wunden klaffen — es verströmt mein Blut.

Ein Posten ist vacant! — Die Wunden klaffen —
Der Eine fällt, die Andern rücken nach —
Doch fall' ich unbesiegt, und meine Waffen
Sind nicht gebrochen — Nur mein Herze brach.

Drittes Capitel.

Das Testament.

(An Julius Campe. Paris, den 21. August 1851.)

Mein Gesundheitszustand oder vielmehr meine Krankheitslage ist noch immer dieselbe. Ich leide außerordentlich viel, und erdulde wahrhaft prometheische Schmerzen, durch Rancune der Götter, die mir grollen, weil ich den Menschen einige Nachtlämpchen, einige Pfennigslichtchen mitgetheilt. Ich sage: die Götter, weil ich mich über den lieben Gott nicht äußern will. Ich kenne jetzt seine Geier, und habe allen Respect vor ihnen. — Mein Arzt giebt mir Hoffnung für diesen Winter. Wäre ich nur transportabel, so würden Sie mich bald in Hamburg wiedersehen.

(Paris, den 15. October 1851.)

Meine literarischen Sorgen haben so sehr meinen Kopf in den letzten acht Tagen in Anspruch genommen, daß ich ganz vergaß, daß heute der Tag sei, wo die Miethe bezahlt wird, und nachdem Mademoiselle Pauline in meinem Secretär nachsah, wie viel Geld noch vorräthig, fand sich zum Glück, daß es zur Zahlung der Miethe ausreichte, und daß mir noch 33 Sous übrig bleiben. Da sage mir nun jemand, ich sei kein Dichter!

(An **Georg Weerth**.[154]) (Paris, den 5. November 1851.)

Ich hoffe, daß Ihnen mein „Romanzero", besonders aber mein „Faust" gefallen wird. Gott weiß, daß ich auf diese Bücher keinen großen Werth lege, und daß sie nicht so bald das Tageslicht gesehen hätten, wenn Campe mir nicht die Daumschrauben angelegt. Ueber das Schicksal meiner Bücher bin ich ganz in Unwissenheit, da Campe, seit er alles hat, was er er braucht, mir keine fernere Nachricht darüber giebt. Trifft dieser Brief Sie in Hamburg, so erfahre ich vielleicht etwas darüber von Ihnen, wenn Sie mich ferner mit einer Zuschrift erfreuen.

Ich bin so betäubt von Opium, das ich zu wiederholten Malen eingenommen, um meine Schmerzen zu betäuben, daß ich kaum weiß, was ich dictire. Dazu kommt, daß schon diesen Morgen ein dummer Teufel von Landsmann bei mir war, der in einer langen und langweiligen Unterredung Ideen mit mir austauschte; durch diesen Austausch von Ideen habe ich vielleicht seine dummen Ideen im Kopfe behalten, und ich habe vielleicht einige Tage nöthig, ehe ich mich derselben ganz entäußern und wieder einen vernünftigen Gedanken fassen kann.

Welche schreckliche Sache ist das Exil! Zu den traurigsten Widerwärtigkeiten desselben gehört auch, daß wir dadurch in schlechte Gesellschaft gerathen, die wir nicht vermeiden können, wenn wir uns nicht einer Coalisation aller Schufte aussetzen wollen . . .

* * *

Vor den unterzeichneten Notaren zu Paris, Herrn Ferdinand Léon Ducloux und Herrn Charles Louis Emile Rousse; und in Gegenwart von

1) Herrn Michel Jacot, Bäcker, wohnhaft zu Paris, Rue d'Amsterdam Nr. 60; und

2) Herrn Eugène Grouchy, Gewürzkrämer, wohnhaft zu Paris, Rue d'Amsterdam Nr. 52;

Welche beide Zeugen den gesetzlich vorgeschriebenen Bedingungen entsprechen, wie sie den unterzeichneten Notaren auf separat an Jeden von ihnen gerichtete Anfrage erklärt haben;

Und im Schlafzimmer des nachfolgend benannten Herrn Heine, belegen im zweiten Stock eines Hauses, Rue d'Amsterdam Nr. 50; in welchem Schlafzimmer, das durch ein auf den Hof gehendes Fenster erhellt wird, die oben genannten, vom Testator gewählten Notare und Zeugen sich auf ausdrückliches Verlangen Desselben versammelt haben,

Erschien

Herr Heinrich Heine, Schriftsteller und Doctor der Rechte, wohnhaft zu Paris, Rue d'Amsterdam Nr. 50;

Welcher, krank an Körper, aber gesunden Geistes, Gedächtnisses und Verstandes, wie es den genannten Notaren und Zeugen bei der Unterhaltung mit ihm vorgekommen ist, — im Hinblick auf den Tod, dem genannten Herrn Ducloux, in Gegenwart des Herrn Rousse und der Zeugen, sein Testament in folgender Weise dictirt hat:

§ 1. Ich ernenne zu meiner Universalerbin Mathilde Crescence Heine, geb. Mirat, meine rechtmäßige Ehefrau, mit welcher ich seit vielen Jahren meine guten und schlimmen Tage verbracht habe, und welche mich während der Dauer meiner langen und schrecklichen Krankheit gepflegt hat. Ich vermache ihr als volles und völliges Eigenthum, und ohne jede Bedingung oder Beschränkung, Alles, was ich besitze und was ich bei meinem Ableben besitzen mag, und alle meine Rechte auf irgend ein künftiges Besitzthum.

§ 2. Zu einer Epoche, wo ich an eine begüterte Zukunft für mich glaubte, habe ich mich meines ganzen literarischen Eigenthums unter sehr mäßigen Bedingungen entäußert; unglückliche Ereignisse haben später das kleine Vermögen, welches ich besaß, verschlungen, und meine Krankheit gestattet mir nicht, meine Vermögensverhältnisse zu Gunsten meiner Frau etwas zu verbessern. Die Pension, welche ich von meinem verstorbenen Oheim Salomon Heine inne habe, und welche immer die Grundlage meines

Budgets war, ist meiner Frau nur theilweise zugesichert; ich
selbst hatte es so gewollt. Ich empfinde gegenwärtig das tiefste
Bedauern, nicht besser für das gute Auskommen meiner Frau
nach meinem Tode gesorgt zu haben. Die oben erwähnte Pension
meines Oheims repräsentirte im Princip die Rente eines Capitals,
welches dieser väterliche Wohlthäter nicht gern in meine geschäfts=
unkundigen Poetenhände legen wollte, um mir besser den dauernden
Genuß davon zu sichern. Ich rechnete auf dies mir zugewiesene
Einkommen, als ich eine Person an mein Schicksal knüpfte, die
mein Oheim sehr schätzte, und der er manches Zeichen liebevoller
Zuneigung gab. Obwohl er in seinen testamentarischen Ver=
fügungen Nichts in officieller Weise für sie gethan hat, so ist
doch nichtsdestoweniger anzunehmen, daß solches Vergessen viel=
mehr einem unseligen Zufalle als den Gefühlen des Verstorbenen
beizumessen ist; er, dessen Freigebigkeit so viele Personen be=
reichert hat, die seiner Familie und seinem Herzem fremd waren,
darf nicht einer kärglichen Knauserei beschuldigt werden, wo es
sich um das Schicksal der Gemahlin eines Neffen handelte, der
seinen Namen berühmt machte. Die geringsten Winke und Worte
eines Mannes, der die Großmuth selber war, müssen als groß=
müthig ausgelegt werden. Mein Vetter Karl Heine, der würdige
Sohn seines Vaters, ist sich mit mir in diesen Gefühlen begegnet,
und mit edler Bereitwilligkeit ist er meiner Bitte nachgekommen,
als ich ihn ersuchte, die förmliche Verpflichtung zu übernehmen,
nach meinem Ableben meiner Frau als lebenslängliche Rente die
Hälfte der Pension zu zahlen, welche von seinem seligen Vater
herrührte. Diese Uebereinkunft hat am 25. Februar 1847 statt=
gefunden, und noch rührt mich die Erinnerung an die edlen
Vorwürfe, welche mein Vetter, trotz unserer damaligen Zwistig=
keiten, mir über mein geringes Vertrauen in seine Absichten Be=
treffs meiner Frau machte; als er mir die Hand als Unterpfand
seines Versprechens reichte, drückte ich sie an meine armen kranken
Augen und benetzte sie mit Thränen. Seitdem hat sich meine
Lage verschlimmert und meine Krankheit hat viele Hilfsquellen
versiegen machen, die ich meiner Frau hätte hinterlassen können.
Diese unvorhergesehenen Wechselfälle und andere gewichtige Gründe
zwingen mich, von Neuem mich an die würdigen und rechtlichen
Gefühle meines Vetters zu wenden: ich fordere ihn dringend auf,
meine oben erwähnte Pension nicht um die Hälfte zu schmälern,

indem er sie nach meinem Tode auf meine Frau überträgt, sondern ihr dieselbe unverkürzt auszuzahlen, wie ich sie bei Lebzeiten meines Oheims bezog. Ich sage ausdrücklich: „Wie ich sie bei Lebzeiten meines Oheims bezog", weil mein Vetter Karl Heine seit nahezu fünf Jahren, seit meine Krankheit sich stark verschlimmert hat, die Summe meiner Pension thatsächlich mehr als verdoppelte, für welche edelmüthige Aufmerksamkeit ich ihm großen Dank schulde. Es ist mehr als wahrscheinlich, daß ich nicht nöthig gehabt hätte, diesen Appell an die Liberalität meines Vetters zu richten; denn ich bin überzeugt, daß er mit der ersten Schaufel Erde, die er, nach seinem Rechte als mein nächster Anverwandter, auf mein Grab werfen wird, wenn er sich zur Zeit meines Abscheidens in Paris befindet, all' jene peinlichen Beklagnisse vergessen wird, die ich so sehr bedauert und durch ein langwieriges Sterbelager gesühnt habe; er wird sich dann gewiß nur unserer einstmaligen herzlichen Freundschaft erinnern, jener Verwandtschaft und Uebereinstimmung der Gefühle, die uns seit unserer zarten Jugend verband, und er wird der Wittwe seines Freundes einen echt väterlichen Schutz angedeihen lassen; aber es ist für die Ruhe der Einen wie der Andern nicht unnütz, daß die Lebenden wissen, was die Todten von ihnen begehren.

§ 3. Ich wünsche, daß nach meinem Ableben all' meine Papiere und meine sämmtlichen Briefe sorgfältig verschlossen und zur Verfügung meines Neffen Ludwig von Embden gehalten werden, dem ich meine fernerweitigen Bestimmungen über den Gebrauch, den er davon machen soll, ertheilen werde, ohne Präjudiz für die Eigenthumsrechte meiner Universalerbin.

§ 4. Wenn ich sterbe, bevor die Gesammtausgabe meiner Werke erschienen ist, und wenn ich nicht die Leitung dieser Ausgabe habe übernehmen können, oder selbst wenn mein Tod eintritt, bevor sie beendet ist, so bitte ich meinen Verwandten, Herrn Doctor Rudolf Christiani, mich in der Leitung dieser Publication zu ersetzen, indem er sich streng an den Prospectus hält, den ich ihm zu diesem Zweck hinterlassen werde. Wenn mein Freund, Herr Campe, der Verleger meiner Werke, irgendwelche Aenderungen in der Art und Weise wünscht, wie ich meine verschiedenen Schriften in dem genannten Prospectus geordnet habe, so wünsche ich, daß man ihm in dieser Hinsicht keine Schwierigkeiten bereite, da ich mich immer gern seinen buchhändlerischen Bedürfnissen gefügt habe. Die Hauptsache ist, daß in meinen Schriften keine Zeile eingeschaltet werde, die ich nicht ausdrücklich zur Veröffentlichung bestimmt habe, oder die ohne die Unterschrift meines vollständigen Namens gedruckt worden ist; eine angenommene Chiffre genügt nicht, um mir ein Schriftstück zuzuschreiben, das in irgend einem Journal veröffentlicht worden, da die Bezeichnung des Autors durch eine Chiffre immer von den Chefredacteuren abhing, die sich niemals die Gewohnheit versagten, in einem bloß mit einer Chiffre bezeichneten Artikel Aenderungen am Inhalt oder der Form vorzunehmen. Ich verbiete ausdrücklich, daß unter irgendwelchem Vorwande irgend ein Schriftstück eines Anderen, sei es so klein wie es wolle, meinen Werken angehängt werde, falls es nicht eine biographische Notiz aus der Feder eines meiner alten Freunde wäre, den ich ausdrücklich mit einer solchen Arbeit betraut hätte. Ich setze voraus, daß mein Wille in dieser Beziehung, d. h. daß meine Bücher nicht dazu dienen, irgend ein fremdes Schriftstück ins Schlepptau zu nehmen oder zu verbreiten, in seinem vollen Umfange loyal befolgt wird.

§ 5. Ich verbiete, meinen Körper nach meinem Hinscheiden einer Autopsie zu unterwerfen; nur glaube ich, da meine Krankheit oftmals einem starrsüchtigen Zustande glich, daß man die Vorsicht treffen sollte, mir vor meiner Beerdigung eine Ader zu öffnen.

§ 6. Wenn ich mich zur Zeit meines Ablebens in Paris befinde, und nicht zu weit von Montmartre entfernt wohne, so wünsche ich auf dem Kirchhofe dieses Namens beerdigt zu werden, da ich eine Vorliebe für dies Quartier hege, wo ich lange Jahre hindurch gewohnt habe.

§ 7. Ich verlange, daß mein Leichenbegängniß so einfach wie möglich sei, und daß die Kosten meiner Beerdigung nicht den gewöhnlichen Betrag derjenigen des geringsten Bürgers übersteigen. Obschon ich durch den Taufact der lutherischen Confession angehöre, wünsche ich nicht, daß die Geistlichkeit dieser Kirche zu meinem Begräbnisse eingeladen werde; ebenso verzichte ich auf die Amtshandlung jeder andern Priesterschaft, um mein Leichenbegängniß zu feiern. Dieser Wunsch entspringt aus keiner freigeistigen Anwandlung. Seit vier Jahren habe ich allem philo=

sophischen Stolze entsagt, und bin zu religiösen Ideen und Gefühlen zurückgekehrt; ich sterbe im Glauben an einen einzigen Gott, den ewigen Schöpfer der Welt, dessen Erbarmen ich anflehe für meine unsterbliche Seele. Ich bedaure, in meinen Schriften zuweilen von heiligen Dingen ohne die ihnen schuldige Ehrfurcht gesprochen zu haben, aber ich wurde mehr durch den Geist meines Zeitalters als durch meine eigenen Neigungen fortgerissen. Wenn ich unwissentlich die guten Sitten und die Moral beleidigt habe, welche das wahre Wesen aller monotheistischen Glaubenslehren ist, so bitte ich Gott und die Menschen um Verzeihung. Ich verbiete, daß irgend eine Rede, deutsch oder französisch, an meinem Grabe gehalten werde. Gleichzeitig spreche ich den Wunsch aus, daß meine Landsleute, wie glücklich sich auch die Geschicke unsrer Heimath gestalten mögen, es vermeiden, meine Asche nach Deutschland hinüber zu führen; ich habe es nie geliebt, meine Person zu politischen Possenspielen herzugeben. Es war die große Aufgabe meines Lebens, an dem herzlichen Einverständnisse zwischen Deutschland und Frankreich zu arbeiten und die Ränke der Feinde der Demokratie zu vereiteln, welche die internationalen Vorurtheile und Animositäten zu ihrem Nutzen ausbeuten. Ich glaube mich sowohl um meine Landsleute wie um die Franzosen wohlverdient gemacht zu haben, und die Ansprüche, welche ich auf ihren Dank besitze, sind ohne Zweifel das werthvollste Vermächtniß, das ich meiner Universalerbin zuwenden kann.

§ 8. Ich ernenne Herrn Maxime Joubert, Rath am Kassations-Gerichtshofe, zum Testamentsvollstrecker, und ich danke ihm für die bereitwillige Uebernahme dieses Amtes.

Das vorliegende Testament ist so von Herrn Heinrich Heine dictirt, und ganz von der Hand des Herrn Ducloux, eines der unterzeichneten Notare, geschrieben worden, wie es der Testator ihm dictirt hat, Alles in Gegenwart der benannten Notare und der Zeugen, welche, darüber befragt, erklärt haben, daß sie nicht mit dem Erblasser verwandt seien.

Und nachdem es, in Gegenwart derselben Personen, dem Testator vorgelesen worden, hat er erklärt, dabei als bei dem genauen Ausdruck seines Willens zu verharren.

Geschehen und vollzogen zu Paris im oben bezeichneten Schlafzimmer des Herrn Heine.

Im Jahre achtzehnhundert einundfünfzig, Donnerstag, den dreizehnten November, gegen sechs Uhr Nachmittags.

* * *

(An **Alfred Meißner.**)　　　　　　　　Paris, den 1. März 1852.)

Unbegreiflich ist es mir, daß ich in meiner jetzigen tiefsten Misere noch den „Romanzero" schreiben konnte. Sie haben recht, wenn Sie sagten, daß seit Buchhändlergedenken kein Buch bei seinem Erscheinen, und gar eine Gedichtsammlung, ein solches Glück gemacht hat. Zwei Monat nach seinem Erscheinen war schon eine vierte Auflage (gar eine Stereotypausgabe) vergriffen, und Campe gesteht mir, daß er nie unter 5 bis 6000 Exemplare bei jeder Auflage abdruckt.

(An **Julius Campe.**)　　　　　　　　Paris, den 6. April 1852.)

Von Deutschland aus gelangen täglich an mich die rührendsten Zeichen von Sympathie; jeder möchte mir helfen, aber niemand vermag es; ich gehe oder vielmehr ich liege ruhig meinem Grabe entgegen. Ich habe dieser Tage unter meinen Papieren einen erfreulichen Fund gemacht, von welchem ich nächstens rede.

Viertes Capitel.

Die Geständnisse.

(An **Julius Campe.**)　　　　　　　　Paris, den 7. Juni 1852.)

In meinem Geiste formirt sich ein Buch, welches Blüthe und Frucht, die ganze Ausbeute meiner Forschungen während einem Vierteljahrhundert in Paris, sein wird, und, wo nicht als Geschichtsbuch, doch gewiß als eine Chrestomathie guter publicistischer Prosa, sich in der deutschen Literatur erhalten wird. Nach dem „Romanzero", versicherten mir längst Freunde, verlangte man Prosa von mir, und ich hoffe auch dieser Forderung mit Gottes

Hülfe auf's beste zu entsprechen. Ich werde dabei durch merk=
würdige Zufälle noch besonders begünstigt. Ich werde Ihnen
recht bald darüber Bestimmtes schreiben, da ich mit reiner Herzens=
freude, mit voller Behaglichkeit mich dieser Arbeit überlassen und
von vornherein alles beseitigen will, was nur im mindesten
störsam auf meinen Geist wirken könnte. Bei meinem trüben
Gesundheitszustand muß ich alle Influenzen berechnen, wenn ich
mich den mühseligsten Geschäften hingeben soll. Doch genug für
heute. Ich bemerke nur soviel, daß ich hoffe, noch in diesem
Jahre ein paar Bände zu liefern, die den Abschluß meines
literarischen Treibens bilden und die vorhandenen Leistungen
rühmlich ergänzen werden.

Ich nenne das Buch: „Vermischte Schriften von Heinrich
Heine, zwei Theile."

Der erste Theil enthält:

1) „Geständnisse"; etwa acht bis zehn Bogen betragend, eine
Schrift, die Ihnen sehr zusagen wird, weil sie gleichsam
den Vorläufer zu meinen „Memoiren" bildet, die freilich
in einem populäreren und noch viel pittoreskeren Stil
geschrieben werden —

2) „Gedichte"; ein ganz neuer Ton, und zu dem Eigen=
thümlichsten gehörend, das ich gegeben; etwa sechs Druck=
bogen —

3) „Die Götter im Exil"; zusammengezogen, so daß sie nebst
einem Anhang, welcher „Die Göttin Diana" betitelt ist,
höchstens sechs Bogen betragen —

4) Etwa zwei Druckbogen über die jüngste politische Um=
wälzung und das Empire, welche ich am Ende des
zweiten Bandes geben wollte, der mir aber dadurch zu
dick würde.

Der zweite Band der „Vermischten Schriften" enthält in
bunter Reihe die besten Aufsätze, die ich in der „Allgemeinen
Zeitung" während der kurzen Zeit des Thiers'schen Ministeriums
und zu Anfang des Ministeriums Guizots geliefert, so daß ich
hier die Blütheperiode des parlamentarischen Regimes, also ein
Ganzes, gebe. Die Berichte über schöne Künste, Theater, Salons,
musikalische Saisons, Tanzböden, Volksleben, untermischt mit
vielen Porträts, das alles, gottlob reichlich mit Witz gepfeffert,
raubt der Politik ihre Monotonie, und manche neuere Zuthat

oder ungedruckt Gebliebenes wird Sie sehr ergötzen. Ich titulire das Ganze: "Briefe und Berichte aus der Glanzperiode des parlamentarischen Regimentes." Das Buch wird hoffentlich eine Chrestomathie der Prosa, und der Bildung des Stils für populare Themata sehr förderlich sein. Das ist mein Verdienst, aber Sie werden den Gewinn haben.

(Paris, den 3. August 1854.)

Die Poesien sind etwas ganz Neues, und geben keine alten Stimmungen in alter Manier; aber zu ihrer Würdigung sind nur die ganz naiven und die ganz großen Kritiker berufen. Die "Geständnisse" sind ebenfalls nicht Jedem zugänglich, doch sind sie wichtig, indem die Einheit aller meiner Werke und meines Lebens besser begriffen wird. Die "Lutetia" hat ihr innwohnendes Interesse, und man wird allenfalls sich darüber aufhalten, daß die Caricaturen, die darin vorkommen, ihre Eigennamen behalten. Die verbündeten Mittelmäßigkeiten mögen immerhin die Gevatter= schaft schonen; ich gehöre zu keiner solchen Companeia, die sich einander trägt und belorbeert, und schuld daran ist, daß die tüchtigsten Kerle in Deutschland nicht aufkommen und beachtet werden können. Es mag Sie daher nicht befremden, wenn ich mit manchen Leuten nichts zu schaffen haben will, die momentan meinem Buche nützlich sein könnten, aber später mit widerwärtigen Ansprüchen mich belästigen dürften; und es mag Sie noch weniger befremden, wenn von solcher Seite aus an meinem Buche dieselben Treulosigkeiten ausgeübt werden, die wir schon früher erfahren. Es gilt, treu und ehrlich gegen sich selber sein, und man kommt dann schon zum Ziele, wenn auch etwas später.

(An Gustav Kolb. Paris, den 22. März 1853.)

Die Veranlassung meines heutigen Briefes ist folgende: Ich habe für die "Revue des deux Mondes" eine Arbeit übernommen, wovon den 1. April schon ein Theil gedruckt erscheint; sie heißt "Les dieux en exil", und ich verfolge darin ein altes Lieblings= thema. Einen Theil dieser ersten Parthie gab ich schon vor vielen Jahren in Deutschland heraus in meinem "Salon", zwei Drittel dieses Artikels hingegen sind ganz neu, und ich bin der Gefahr ausgesetzt, daß ein deutscher Uebersetzer darüber herfällt, sobald die "Revue des deux Mondes" erscheint. Ich muß daher nothwendigerweise eine deutsche Version dessen, was ich neu geschrieben habe, zugleich in Deutschland erscheinen lassen.

Politisches schreibe ich Ihnen nicht, da die Dinge zu betrübt sind. Trotz meiner Ihnen bekannten Gesinnung würde ich überhaupt jetzt nicht wagen, in der „Allgemeinen" meine jetzigen Ansichten zu veröffentlichen. Ich befinde mich übrigens noch immer in demselben elenden Zustande, und bitte Gott täglich, mir meine endliche Erlösung zu gönnen.

(An **Julius Campe.**) Paris, den 5. October 1854.)

Die „Götter im Exil" waren ein in meinem Kopfe ganz fertiges großes Buch, das ich nicht schrieb, weil mein Herr Verleger mir das Schreiben verleidete, und ich gab ein Stück desselben nur nothgedrungen an die „Revue des deux Mondes", weil ich ein großes Gedicht, das ich ihr zugesagt hatte, nicht ebenso schnell beendigen konnte. Dabei bin ich sehr krank und eine Last von Geschäften drückt mich nieder, so daß ich eher Ermunterung als Verhinderung bei Ihnen finden sollte.

(An den **Fürsten Hermann Pückler-Muskau.**) Paris, den 8. April 1854.)

Ew. Durchlaucht danke ich von ganzer Seele für die edle und liebenswürdige Theilnahme und Bemühung, die Sie mir widmen. Das Wort Abreise in Ihrem Billette schnitt mir durch's Herz, und es erschüttert mich der Gedanke, daß ich Sie so wenig hier sehen konnte und Sie doch gewiß in diesem Leben nicht wieder erblicke. Wenn es Ihnen nur irgend möglich, kommen Sie doch zweimal noch zu mir, statt einmal.

(An **Julius Campe.**) Paris, den 21. September 1854.)

Ich bin im Augenblicke ungewöhnlich krank und geplagt durch außerordentliche Fatalitäten, die theils in meiner Localveränderung begründet, theils auch durch Todesfälle entstanden sind. Die Mutter meines Lector's, die an der Cholera starb, wurde heute begraben, und seit acht Tagen fehlt mir jederlei Vorlesung. Als Contrast erlebe ich in diesem Augenblick einen großen Triumph; nämlich mein Artikel der „Revue des deux Mondes" macht, trotz seiner Verstümmelung, die ungeheuerste Furore, und wie mir gestern der Redacteur der Revue sagte, wird in diesem Augenblick nur von diesem Artikel geredet, und viele, welche deutsch verstehen, erwarteten mit Spannung, das Ganze im Deutschen zu lesen. Wie mir der Director der Revue sagte, habe noch nie ein Aufsatz ein so großes Aufsehen erregt, und er stünde nicht im geringsten Vergleich mit dem Succeß der „Götter im Exil".

(An **Alexander Dumas.**) Paris, den 18. März 1854.)

Die Chronik Ihres Journals annoncirt, daß ich in diesem Augenblicke ein neues Gedicht veröffentliche, dessen Titel sie sogar angiebt. Das ist eine falsche Nachricht.

Ich habe nie ein Poem geschrieben, welches irgend eine Beziehung zu diesem Titel haben könnte, und ich bitte Sie, mein theurer Freund, diese Richtigstellung in Ihrem Blatte zu bringen.

Ich würde nicht böse sein, wenn Sie die Gewogenheit hätten, zu gleicher Zeit Ihren Lesern mitzutheilen, daß ich binnen Kurzem eine vollständige Ausgabe meiner, theils von mir selbst, theils von befreundeten Mitarbeitern aus dem Deutschen übersetzten Gedichte werde erscheinen lassen.

Vor ein paar Wochen sprachen Sie in Ihrem Journal die Absicht aus, mich bald besuchen zu wollen. Das war ein guter Gedanke. Aber ich komme Ihnen mit der Mittheilung zuvor, daß es, wenn Sie mit Ihrem Besuche noch lange zögern, wohl passiren könnte, daß Sie mich in meiner jetzigen Wohnung, Rue d'Amsterdam Nr. 50, nicht mehr anträfen, sondern daß ich schon in eine andere Wohnung gezogen wäre, die mir selbst so unbekannt ist, daß ich nicht einmal für den Fall, wenn etliche saumselige Freunde wie Sie dort nach mir fragen sollten, dem Portier meine neue Adresse hinterlassen könnte. Ich mache mir keine großen Ideen über meine zukünftige Residenz; ich weiß nur, daß man in dieselbe durch ein dunkles und übelriechendes Couloir geht, und daß schon dieser Eintritt mir von vornherein mißfällt; auch meine Frau weint, wenn ich von dieser Wohnungsveränderung spreche.

Madame Heine hat all die Liebenswürdigkeiten, welche Sie uns vor zwölf Jahren oder noch früher so reichlich erwiesen haben, in gutem Angedenken.

Seit sechs Jahren liege ich zu Bette. Auf dem Höhepunkte der Krankheit, wenn ich die größten Qualen erduldete, las mir meine Frau Ihre Romane vor, und das war das Einzige, was im Stande war, mich meine Schmerzen vergessen zu lassen.

Ich habe sie auch alle verschlungen, und während des Vor=
lesens rief ich gar oft aus: „Welch ein begabter Dichter ist dieser
Alexander Dumas, genannte große Knabe!"

Sicherlich, nach Cervantes und Madame Schariar, bekannter
unter dem Namen der Sultanin Scheherezade, sind Sie der
amüsanteste Erzähler, den ich kenne.

(An J. H. Detmold.   Paris, den 3. October 1851.)

Der ältere Meister, welcher lahm und caduc ist, wendet sich
heute an den jüngeren Meister, der ihm durch seine noch frische
Kraft und sein ungeschwächtes Ingenium beistehen soll. Ich
hoffe, daß Campe Ihnen die 3 Bände meiner „Vermischten
Schriften", die er im Begriff ist herauszugeben, schon jetzt ge=
schickt hat und Ihnen bereits mittheilte, welchen Dienst ich bei
dieser Gelegenheit von Ihnen erwarte. Aus dem 2ten und 3ten
Theil, nämlich aus dem Buche „Lutetia", werden Sie gleich
ersehen haben, welche neuen Miseren ich mir aufgesackt habe.
Unter uns gesagt, ich that solches zu einer Zeit, wo ich dieselben
leicht zu bewältigen hoffte durch die großen Mittel, die mir zu
Gebot standen, und die Kräfte, die ich noch in mir fühlte. Aber
beides fehlt just in diesem Momente, und durch ein Zusammen=
treffen von Fatalitäten bin ich nicht bloß ganz isolirt, sondern
auch in einem Körperzustande, der so niederträchtig ist, so ent=
setzlich ist, wie ich ihn noch nie ertrug. Mit Campe haperte ich
in der fatalsten Weise, und nur durch die größten Geldopfer
erwarb ich mir Ruhe vor seinen Nucken und Nergeleien: ich
habe an ihm den unsichersten Bundesgenossen, und er stänkert
mich in Feindschaften hinein, die mich gar nichts angehen, und
speculirt auf Absatz durch Scandale, die ich gern vermiede. Ich
habe hier keinen Menschen, der mir eine Silbe nur erzählt von
dem, was vorgeht in der Maculaturwelt, und ich habe dort auch
nicht das geringste Organ zu meiner Verfügung. Früher konnte
ich einigermaßen mich der „Allgemeinen Zeitung" bedienen, aber
diese steckt jetzt ganz zusammen mit der infamen Clique zu München,
und wie Sie aus meinem Buche ersehen haben, ich muß mit
diesen Menschen endlich bestimmt brechen. Sie haben keinen
Begriff davon, wie unter dem Mantel deutscher Biederkeit und
Freundschaft die gemeinste Perfidie sich bei diesen Leuten in Bezug
auf mich verborgen hielt. Die Art und Weise, wie Meyer=

beer seinen Krieg führt, ist Ihnen bekannt. Es giebt kein Journal in der Welt, wobei er nicht seine wachsamen Agenten hat. Es handelt sich nicht, liebster Detmold, wie Sie merken, um einen Lobartikel für mein Buch, sondern es handelt sich darum, dem bösartigen Kleintreiben der Gegner durch dieselben Mittel, die sie anwenden, entgegen zu wirken, durch ganz kurze Notizen in den verschiedenartigsten Blättern zusammenwirkend dem Publikum den Wink zu geben, wie das böse Gewäsche, das vielleicht jetzt gegen mich aufkommt, durch die Machination verletzter Persönlichkeiten und die Coalition derselben hervorgebracht wird. Ich habe es mit den schlimmsten Feinden zu thun. Ich glaube, meine Andeutungen genügen Ihnen, und Sie werden das Mögliche für mich thun . . .

* * *

Wie schwer das Verständniß der Hegel'schen Schriften ist, wie leicht man sich hier täuschen kann, und zu verstehen glaubt, während man nur dialectische Formeln nachzuconstruiren gelernt, das merkte ich erst, als ich mich damit beschäftigte, aus dem abstracten Schul=Idiom jene Formeln in die Muttersprache des gesunden Verstandes und der allgemeinen Verständlichkeit, in's Französische zu übersetzen. Hier muß der Dolmetsch bestimmt wissen, was er zu sagen hat, und der verschämteste Begriff ist gezwungen, die mystischen Gewänder fallen zu lassen und sich in seiner Nacktheit zu zeigen. Ich hatte nämlich den Vorsatz gefaßt, eine allgemein verständliche Darstellung der ganzen Hegel'schen Philosophie zu verfassen, um sie einer neuern Ausgabe meines Buches „De l'Allemagne" als Ergänzung desselben einzuverleiben. Ich beschäftigte mich während zwei Jahren mit dieser Arbeit, und es gelang mir nur mit Noth und Anstrengung, den spröden Stoff zu bewältigen und die abstractesten Partien so populär als möglich vorzutragen. Doch als das Werk endlich fertig war, erfaßte mich bei seinem Anblick ein unheimliches Grauen, und es kam mir vor, als ob das Manuscript mich mit fremden, ironischen, ja boshaften Augen ansähe. Ich war in eine sonderbare Verlegenheit gerathen; Autor und Schrift paßten nicht mehr zusammen. Es hatte sich nämlich um jene Zeit der obenerwähnte Widerwille gegen den Atheismus schon meines

Gemüthes bemeistert, und da ich mir gestehen mußte, daß allen diesen Gottlosigkeiten die Hegel'sche Philosophie den furchtbarsten Vorschub geleistet, ward sie mir äußerst unbehaglich und fatal.

Die Repräsentationskosten eines Gottes, der sich nicht lumpen lassen will und weder Leib noch Börse schont, sind ungeheuer; um eine solche Rolle mit Anstand zu spielen, sind besonders zwei Dinge unentbehrlich: viel Geld und viel Gesundheit. Leider geschah es, daß eines Tages — im Februar 1848 — diese beiden Requisiten mir abhanden kamen, und meine Göttlichkeit gerieth dadurch sehr in's Stocken. Zum Glück war das verehrungswürdige Publikum in jener Zeit mit so großen, unerhörten, fabelhaften Schauspielen beschäftigt, daß dasselbe die Veränderung, die damals mit meiner kleinen Person vorging, nicht besonders bemerken mochte. Ja, sie waren unerhört und fabelhaft, die Ereignisse in jenen tollen Februartagen, wo die Weisheit der Klügsten zu schanden gemacht und die Auserwählten des Blödsinns auf's Schild gehoben wurden. Die Letzten wurden die Ersten, das Unterste kam zu oberst, sowohl die Dinge wie die Gedanken waren umgestürzt, es war wirklich die verkehrte Welt. — Wäre ich in dieser unsinnigen, auf den Kopf gestellten Zeit ein vernünftiger Mensch gewesen, so hätte ich gewiß durch jene Ereignisse meinen Verstand verloren, aber verrückt, wie ich damals war, mußte das Gegentheil geschehen, und sonderbar! just in den Tagen des allgemeinen Wahnsinns kam ich selber wieder zur Vernunft! Gleich vielen anderen heruntergekommenen Göttern jener Umsturzperiode, mußte auch ich kümmerlich abdanken und in den menschlichen Privatstand wieder zurücktreten. Das war auch das Gescheiteste, das ich thun konnte. Ich kehrte zurück in die niedere Hürde der Gottesgeschöpfe, und ich huldigte wieder der Allmacht eines höchsten Wesens, das den Geschicken dieser Welt vorsteht, und das auch hinfüro meine eigenen irdischen Angelegenheiten leiten sollte. Letztere waren während der Zeit, wo ich meine eigene Vorsehung war, in bedenkliche Verwirrung gerathen, und ich war froh, sie gleichsam einem himmlischen Intendanten zu übertragen, der sie mit seiner Allwissenheit wirklich viel besser besorgt. Die Existenz eines Gottes war seitdem für mich nicht bloß ein Quell des Heils, sondern sie überhob mich auch aller jener quälerischen Rechnungsgeschäfte, die mir so verhaßt, und ich verdanke ihr die größten Ersparnisse. Wie für mich, brauche ich jetzt auch nicht mehr für Andere zu sorgen, und seit ich zu den Frommen gehöre, gebe ich fast gar nichts mehr aus für Unterstützung von Hilfsbedürftigen; — ich bin zu bescheiden, als daß ich der göttlichen Fürsehung, wie ehemals, in's Handwerk pfuschen sollte, ich bin kein Gemeinde= versorger mehr, kein Nachäffer Gottes, und meinen ehemaligen Clienten habe ich mit frommer Demuth angezeigt, daß ich nur ein armseliges Geschöpf bin, eine seufzende Creatur, die mit der Weltregierung nichts mehr zu schaffen hat, und daß sie sich hinfüro in Noth und Trübsal an den Herrgott wenden müßten, der im Himmel wohnt.

Nach obigen Geständnissen wird der geneigte Leser leichtlich begreifen, warum mir meine Arbeit über die Hegel'sche Philosophie nicht mehr behagte. Ich sah gründlich ein, daß der Druck der= selben weder dem Publikum noch dem Autor heilsam sein konnte, ich sah ein, daß die magersten Spittelsuppen der christlichen Barmherzigkeit für die verschmachtende Menschheit noch immer erquicklicher sein dürften, als das gekochte graue Spinnweb der Hegel'schen Dialektik; — ja, ich will Alles gestehen, ich bekam auf einmal eine große Furcht vor den ewigen Flammen — es ist freilich ein Aberglaube, aber ich hatte Furcht — und an einem stillen Winterabend, als eben in meinem Kamin ein starkes Feuer brannte, benutzte ich die schöne Gelegenheit, und ich warf mein Manuscript über die Hegel'sche Philosophie in die lodernde Gluth; die brennenden Blätter flogen hinauf in den Schlot mit einem sonderbaren kichernden Geknister.

Gottlob, ich war sie los! Ach könnte ich doch Alles, was ich einst über deutsche Philosophie drucken ließ, in derselben Weise vernichten! Die Wiedererweckung meines religiösen Gefühls verdanke ich der Bibel, jenem heiligen Buche, und dasselbe ward für mich ebenso sehr eine Quelle des Heils, als ein Gegenstand der frömmigsten Bewunderung. Sonderbar! Nachdem ich mein ganzes Leben hindurch mich auf allen Tanzböden der Philosophie herumgetrieben, allen Orgien des Geistes mich hingegeben, mit allen möglichen Systemen gebuhlt, ohne befriedigt worden zu sein, — jetzt befinde ich mich plötzlich auf demselben Stand= punkt, worauf auch der Onkel Tom steht, auf dem der Bibel, und ich kniee neben dem schwarzen Betbruder nieder in derselben Andacht . . .

Ich hatte Moses früher nicht sonderlich geliebt, wahrscheinlich weil der hellenische Geist in mir vorwaltend war, und ich dem Gesetzgeber der Juden seinen Haß gegen alle Bildlichkeit, gegen die Plastik, nicht verzieh. Ich sah nicht, daß Moses, trotz seiner Befeindung der Kunst, dennoch selber ein großer Künstler war und den wahren Künstlergeist besaß. Nur war dieser Künstlergeist bei ihm, wie bei seinen ägyptischen Landsleuten, nur auf das Colossale und Unverwüstliche gerichtet. Aber nicht wie diese Aegypter formirte er seine Kunstwerke aus Backstein und Granit, sondern er baute Menschenpyramiden, er meißelte Menschenobelisken, er nahm einen armen Hirtenstamm und schuf daraus ein Volk, das ebenfalls den Jahrhunderten trotzen sollte, ein großes, ewiges, heiliges Volk, ein Volk Gottes, das allen andern Völkern als Muster, ja der ganzen Menschheit als Prototyp dienen konnte: er schuf Israel! Mit größerm Rechte, als der römische Dichter, darf jener Künstler, der Sohn Amrams und der Hebamme Jochebed, sich rühmen, ein Monument errichtet zu haben, das alle Bildungen in Erz überdauern wird!

Wie über den Werkmeister, hab' ich auch über das Werk, die Juden, nie mit hinlänglicher Ehrfurcht gesprochen, und zwar gewiß wieder meines hellenischen Naturells wegen, dem der jüdische Ascetismus zuwider war. Meine Vorliebe für Hellas hat seitdem abgenommen. Ich sehe jetzt, die Griechen waren nur schöne Jünglinge, die Juden aber waren immer Männer, gewaltige, unbeugsame Männer, nicht bloß ehemals, sondern bis auf den heutigen Tag, trotz achtzehn Jahrhunderten der Verfolgung und des Elends. Ich habe sie seitdem besser würdigen gelernt, und wenn nicht jeder Geburtsstolz bei den Kämpen der Revolution und ihrer demokratischen Principien ein närrischer Widerspruch wäre, so könnte der Schreiber dieser Blätter stolz darauf sein, daß seine Ahnen dem edlen Hause Israel angehörten, daß er ein Abkömmling jener Märtyrer, die der Welt einen Gott und eine Moral gegeben, und auf allen Schlachtfeldern des Gedankens gekämpft und gelitten haben.

Die Geschichte des Mittelalters und selbst der modernen Zeit hat selten in ihre Tagesberichte die Namen solcher Ritter des heiligen Geistes eingezeichnet, denn sie fochten gewöhnlich mit geschlossenem Visir. Ebensowenig die Thaten der Juden,

wie ihr eigentliches Wesen, sind der Welt bekannt. Man glaubt
sie zu kennen, weil man ihre Bärte gesehen, aber mehr kam nie
von ihnen zum Vorschein, und, wie im Mittelalter, sind sie auch
noch in der modernen Zeit ein wandelndes Geheimniß. Es mag
enthüllt werden an dem Tage, wovon der Prophet geweissagt,
daß es alsdann nur noch einen Hirten und eine Herde geben
wird, und der Gerechte, der für das Heil der Menschheit geduldet, seine glorreiche Anerkennung empfängt.

Man sieht, ich, der ich ehemals den Homer zu citiren
pflegte, ich citire jetzt die Bibel, wie der Onkel Tom. In der
That, ich verdanke ihr viel. Sie hat, wie ich oben gesagt, das
religiöse Gefühl wieder in mir erweckt; und diese Wiedergeburt
des religiösen Gefühls genügte dem Dichter, der vielleicht weit
leichter als andere Sterbliche der positiven Glaubensdogmen entbehren kann. Er hat die Gnade, und seinem Geist erschließt
sich die Symbolik des Himmels und der Erde; er bedarf dazu
keines Kirchenschlüssels. Die thörichtsten und widersprechendsten
Gerüchte sind in dieser Beziehung über mich in Umlauf gekommen. Sehr fromme, aber nicht sehr gescheite Männer des protestantischen Deutschlands haben mich dringend befragt, ob ich
dem lutherisch-evangelischen Bekenntnisse, zu welchem ich mich
bisher nur in lauer, officieller Weise bekannte, jetzt, wo ich
krank und gläubig geworden, mit größerer Sympathie als zuvor zugethan sei? Nein, ihr lieben Freunde, es ist in dieser
Beziehung keine Aenderung mit mir vorgegangen, und wenn ich
überhaupt dem evangelischen Glauben angehörig bleibe, so geschieht es, weil er mich auch jetzt durchaus nicht genirt, wie
er mich früher nie allzu sehr genirte. Freilich, ich gestehe es
aufrichtig, als ich mich in Preußen und zumal in Berlin befand,
hätte ich, wie manche meiner Freunde, mich gern von jedem kirch-
lichen Bande bestimmt losgesagt, wenn nicht die dortigen Behörden Jedem, der sich zu keiner von den staatlich privilegirten
positiven Religionen bekannte, den Aufenthalt in Preußen und
zumal in Berlin verweigerten.

Jetzt, wo durch das Wiedererwachen des religiösen Gefühls,
sowie auch durch meine körperlichen Leiden, mancherlei Veränderung in mir vorgegangen — entspricht jetzt die lutherische
Glaubensuniform einigermaßen meinem innersten Gedanken? Inwieweit ist das officielle Bekenntniß zur Wahrheit geworden?

Solcher Frage will ich durch keine directe Beantwortung begegnen, sie soll mir nur eine Gelegenheit bieten, die Verdienste zu beleuchten, die sich der Protestantismus, nach meiner jetzigen Einsicht, um das Heil der Welt erworben; und man mag darnach ermessen, inwiefern ihm eine größere Sympathie von meiner Seite gewonnen ward.

Früherhin, wo die Philosophie ein überwiegendes Interesse für mich hatte, wußte ich den Protestantismus nur wegen der Verdienste zu schätzen, die er sich durch die Eroberung der Denkfreiheit erworben, die doch der Boden ist, auf welchem sich später Leibnitz, Kant und Hegel bewegen konnten — Luther, der gewaltige Mann mit der Axt, mußte diesen Kriegern vorangehen und ihnen den Weg bahnen. In dieser Beziehung habe ich auch die Reformation als den Anfang der deutschen Philosophie gewürdigt und meine kampflustige Parteinahme für den Protestantismus justificirt. Jetzt in meinen späteren und reiferen Tagen, wo das religiöse Gefühl wieder überwältigend in mir aufwog und der gescheiterte Metaphysiker sich an die Bibel festklammert: jetzt würdige ich den Protestantismus ganz absonderlich ob der Verdienste, die er sich durch die Auffindung und Verbreitun des heiligen Buches erworben . . .

Ich verlasse den Ocean allgemeiner religiös=moralisch=historischer Betrachtungen, und lenke mein Gedankenschiff wieder bescheiden in das stille Binnenlandgewässer, wo der Autor so treu sein eigenes Bild abspiegelt.

Ich habe oben erwähnt, wie protestantische Stimmen aus der Heimat in sehr indiscret gestellten Fragen die Vermutung ausdrückten, als ob bei dem Wiedererwachen meines religiösen Gefühls auch der Sinn für das Kirchliche in mir stärker geworden. Ich weiß nicht, inwieweit ich merken ließ, daß ich weder für ein Dogma, noch für irgend einen Cultus außerordentlich schwärme und ich in dieser Beziehung derselbe geblieben bin, der ich immer war. Ich mache dieses Geständniß jetzt auch, um einigen Freunden, die mit großem Eifer der römisch=katholischen Kirche zugethan sind, einen Irrthum zu benehmen, in den sie ebenfalls in Bezug auf meine jetzige Denkungsart verfallen sind. Sonderbar! zur selben Zeit, wo mir in Deutschland der Protestantismus die unverdiente Ehre erzeigte, mir eine evangelische Erleuchtung zuzutrauen, verbreitete sich das

Gerücht, als sei ich zum katholischen Glauben übergetreten; ja, manche gute Seelen versicherten, ein solcher Uebertritt habe schon vor vielen Jahren stattgefunden, und sie unterstützten ihre Behauptung mit der Angabe der bestimmtesten Details, sie nannten Zeit und Ort, sie gaben Tag und Datum an, sie bezeichneten mit Namen die Kirche, wo ich die Ketzerei des Protestantismus abgeschworen und den alleinseligmachenden, römisch=katholisch=apostolischen Glauben angenommen haben sollte; es fehlte nur die Angabe, wie viel Glockengeläute und Schellengeklingel der Meßner bei dieser Feierlichkeit spendirt.

Wie sehr solches Gerücht Consistenz gewonnen, ersehe ich aus Blättern und Briefen, die mir zukommen, und ich gerathe fast in eine wehmüthige Verlegenheit, wenn ich die wahrhafte Liebesfreude sehe, die sich in manchen Zuschriften so rührend ausspricht. Reisende erzählen mir, daß meine Seelenrettung sogar der Kanzelberedtsamkeit Stoff geliefert. Junge katholische Geistliche wollen ihre homiletischen Erstlingsschriften meinem Patronate anvertrauen. Man sieht in mir ein künftiges Kirchenlicht. Ich kann nicht darüber lachen, denn der fromme Wahn ist so ehrlich gemeint — und was man auch den Zeloten des Katholicismus nachsagen mag, eins ist gewiß: sie sind keine Egoisten, sie bekümmern sich um ihre Nebenmenschen; leider oft ein bischen zu viel. Jene falschen Gerüchte kann ich nicht der Böswilligkeit, sondern nur dem Irrthum zuschreiben; die unschuldigsten Thatsachen hat hier gewiß nur der Zufall entstellt. Es hat nämlich ganz seine Richtigkeit mit jener Angabe von Zeit und Ort, ich war in der That an dem genannten Tage in der genannten Kirche, die sogar einst eine Jesuitenkirche gewesen, nämlich in Saint=Sulpice, und ich habe mich dort einem religiösen Abte unterzogen. — Aber dieser Act war keine gehässige Abjuration, sondern eine sehr unschuldige Conjugation; ich ließ nämlich dort meine Ehe mit meiner Gattin nach der Civiltrauung auch kirchlich einsegnen, weil meine Gattin, von erzkatholischer Familie, ohne solche Ceremonie sich nicht gottgefällig genug verheirathet geglaubt hätte. Und ich wollte um keinen Preis bei diesem theuren Wesen in den Anschauungen der angebornen Religion eine Beunruhigung oder Störniß verursachen.

Der Unglauben ist in der Ehe jedenfalls gefährlich, und so freigeistisch ich selbst gewesen, so durfte doch in meinem Hause nie ein frivoles Wort gesprochen werden. Wie ein ehrsamer Spießbürger lebte ich mitten in Paris, und deshalb, als ich heirathete, wollte ich auch kirchlich getraut werden, obgleich hierzulande die gesetzlich eingeführte Civilehe hinlänglich von der Gesellschaft anerkannt ist. Meine liberalen Freunde grollten mir deshalb und überschütteten mich mit Vorwürfen, als hätte ich der Klerisei eine zu große Concession gemacht. Ihr Murrsinn über meine Schwäche würde sich noch sehr gesteigert haben, hätten sie gewußt, wie viel größere Concessionen ich damals der ihnen verhaßten Priesterschaft machte. Als Protestant, der sich mit einer Katholikin verheirathete, bedurfte ich, um von einem katholischen Priester kirchlich getraut zu werden, eine besondere Dispens des Erzbischofs, der diese aber in solchen Fällen nur unter der Bedingung erteilt, daß der Gatte sich schriftlich verpflichtet, die Kinder, die er zeugen würde, in der Religion ihrer Mutter erziehen zu lassen. Es wird hierüber ein Revers ausgestellt, und wie sehr auch die protestantische Welt über solchen Zwang schreit, so will mich bedünken, als sei die katholische Priesterschaft ganz in ihrem Rechte, denn wer ihre einsegnende Garantie nachsucht, muß sich auch ihren Bedingungen fügen. Ich fügte mich denselben ganz de bonne foi, und ich wäre gewiß meiner Verpflichtung redlich nachgekommen.

Ich will meinen Bekenntnissen die Krone aufsetzen, indem ich gestehe, daß ich damals, um die Dispens des Erzbischofs zu erlangen, nicht bloß meine Kinder, sondern sogar mich selbst der katholischen Kirche verschrieben hätte. — Aber der Ogre de Rome, der wie das Ungeheuer in den Kindermärchen sich die künftige Geburt für seine Dienste ausbedingt, begnügte sich mit den armen Kindern, die freilich nicht geboren wurden, und so blieb ich ein Protestant, nach wie vor, ein protestirender Protestant, und ich protestire gegen Gerüchte, die, ohne verunglimpfend zu sein, dennoch zum Schaden meines guten Leumunds ausgebeutet werden können.

Von fanatischer Feindschaft gegen die römische Kirche kann bei mir nicht die Rede sein, da es mir immer an jener Borniertheit fehlte, die zu einer solchen Animosität nöthig ist. Ich kenne zu gut meine geistige Taille, um nicht zu wissen, daß ich einem Colosse, wie die Peterskirche ist, mit meinem wüthendsten Anrennen wenig schaden dürfte; nur ein bescheidener Handlanger konnte ich sein bei dem langsamen Abtragen seiner Quadern, welches Geschäft freilich doch noch viele Jahrhunderte dauern mag. Ich war zu sehr Geschichtskundiger, als daß ich nicht die Riesenhaftigkeit jenes Granitgebäudes erkannt hätte; — nennt es immerhin die Bastille des Geistes, behauptet immerhin, dieselbe werde jetzt nur noch von Invaliden vertheidigt; aber es ist darum nicht minder wahr, daß auch diese Bastille nicht so leicht einzunehmen wäre und noch mancher junge Anstürmer an seinen Wällen den Hals brechen wird. Als Denker, als Metaphysiker, mußte ich immer der Consequenz der römisch-katholischen Dogmatik meine Bewunderung zollen; auch darf ich mich rühmen, weder das Dogma, noch den Cultus je durch Witz und Spötterei bekämpft zu haben, und man hat mir zugleich zu viel Ehre und zu viel Unehre erzeigt, wenn man mich einen Geistesverwandten Voltaires nannte. Ich war immer ein Dichter, und deshalb mußte sich mir die Poesie, welche in der Symbolik des katholischen Dogma's und Cultus blüht und lodert, viel tiefer als andern Leuten offenbaren, und nicht selten in meiner Jünglingszeit überwältigte auch mich die unendliche Süße, die geheimißvoll selige Ueberschwänglichkeit und schauerliche Todeslust jener Poesie; auch ich schwärmte manchmal für die hochgebenedeite Königin des Himmels, die Legenden ihrer Huld und Güte brachte ich in zierliche Reime, und meine erste Gedichtesammlung enthält Spuren dieser schönen Madonnaperiode, die ich in späteren Sammlungen lächerlich sorgsam ausmerzte.

Die Zeit der Eitelkeit ist vorüber, und ich erlaube jedem, über diese Geständnisse zu lächeln.

* * *

Ich habe es, wie die Leute sagen, auf dieser schöner Erde zu nichts gebracht. Es ist nichts aus mir geworden, nichts als ein Dichter.

Nein, ich will keiner heuchlerischen Demuth mich hingebend, diesen Namen geringschätzen. Man ist viel, wenn man ein Dichter ist, und gar, wenn man ein großer lyrischer Dichter ist in Deutschland, unter dem Volke, das in zwei Dingen, in der Philosophie und im Liede, alle andern Nationen überflügelt hat. Ich will nicht mit der falschen Bescheidenheit, welche die Lumpen erfunden, meinen Dichterruhm verleugnen. Keiner meiner Landsleute hat in so frühem Alter, wie ich, den Lorbeer errungen, und wenn mein College Wolfgang Goethe wohlgefällig davon singt, „daß der Chinese mit zitternder Hand Werthern und Lotten aufs Glas male", so kann ich, soll doch einmal geprahlt werden, dem chinesischen Ruhm einen noch weit fabelhaftern, nämlich einen japanischen entgegensetzen. Als ich mich etwa vor zwölf Jahren hier im Hôtel de Princes bei meinem Freunde H. Wöhrman aus Riga befand, stellte mir derselbe einen Holländer vor, der eben aus Japan gekommen, dreißig Jahre dort in Nangasaki zugebracht und begierig wünschte, meine Bekanntschaft zu machen. Es war der Dr. Bürger, der jetzt in Leyden mit dem gelehrten Seybold das große Werk über Japan herausgiebt. Der Holländer erzählte mir, daß er einen jungen Japanesen Deutsch gelehrt, der später meine Gedichte in japanischer Uebersetzung drucken ließ, und dieses sei das erste europäische Buch gewesen, das in japanischer Sprache erschienen — übrigens fände ich über diese kuriose Uebertragung einen weitläufigen Artikel in der englischen Review von Calkutta. Ich schicke sogleich nach mehren Cabinets de lecture, doch keine ihrer gelehrten Vorsteherinnen konnte mir die Review von Calkutta verschaffen, und auch an Julien und Pauthier wandte ich mich vergebens.

Seitdem habe ich über meinen japanischen Ruhm keine weiteren Nachforschungen angestellt. In diesem Augenblick ist er mir ebenso gleichgültig, wie etwa mein finnländischer Ruhm. Ach! der Ruhm überhaupt, dieser sonst so süße Tand, süß wie Ananas und Schmeichelei, er ward mir seit geraumer Zeit sehr verleidet; er dünkt mich jetzt bitter wie Wermuth. Ich kann wie Romeo sagen: „Ich bin der Narr des Glücks." Ich stehe jetzt vor dem großen Breinapf, aber es fehlt mir der Löffel. Was nützt es mir, daß bei Festmahlen aus goldnen Pokalen und mit den besten Weinen meine Gesundheit getrunken wird, wenn ich selbst unterdessen, abgesondert von aller Weltlust, nur mit einer schalen Tisane meine Lippen netzen darf! Was nützt es mir, daß begeisterte Jünglinge und Jungfrauen meine marmorne Büste mit Lorbeeren umkränzen, wenn derweilen meinem wirklichen Kopfe von den welken Händen einer alten Wärterin eine spanische Fliege hinter die Ohren gedrückt wird! Was nützt es mir, daß alle Rosen von Schiras so zärtlich für mich glühen und duften — ach, Schiras ist zweitausend Meilen entfernt von der Rue d'Amsterdam, wo ich in der verdrießlichen Einsamkeit meiner Krankenstube nichts zu riechen bekomme, als etwa die Parfüms von gewärmten Servietten. Ach! der Spott Gottes lastet schwer auf mir. Der große Autor des Weltalls, der Aristophanes des Himmels, wollte dem kleinen irdischen, sogenannten deutschen, Aristophanes recht grell darthun, wie die wichtigsten Sarkasmen desselben nur armselige Spötteleien gewesen im Vergleich mit den seinigen, und wie kläglich ich ihm nachstehen muß im Humor, in der colossalen Spaßmacherei.

Ja, die Lauge der Verhöhnung, die der Meister über mich herabgeußt, ist entsetzlich, und schauerlich grausam ist sein Spaß. Demüthig bekenne ich seine Ueberlegenheit, und ich beuge mich vor ihm im Staube. Aber wenn es mir auch an solcher höchsten Schöpfungskraft fehlt, so blitzt doch in meinem Geiste die ewige Vernunft, und ich darf sogar den Spaß Gottes vor ihr Forum ziehen und einer ehrfurchtsvollen Kritik unterwerfen. Und da wage ich nun zunächst die unterthänigste Andeutung auszusprechen, es wolle mich bedünken, als zöge sich jener grausame Spaß, womit der Meister den armen Schüler heimsucht, etwas zu sehr in die Länge; er dauert schon über sechs Jahre, was nachgerade langweilig wird. Dann möchte ich ebenfalls mir die unmaßgebliche Bemerkung erlauben, daß jener Spaß nicht neu ist, und daß ihn der große Aristophanes des Himmels schon bei einer andern Gelegenheit angebracht, und also ein Plagiat an hoch sich selber begangen habe. Um diese Behauptung zu unterstützen, will ich eine Stelle der Limburger Chronik citiren. Diese Chronik ist sehr interessant für diejenigen, welche sich über Sitten und Bräuche des deutschen Mittelalters unterrichten wollen. Sie beschreibt, wie ein Modejournal, die Kleidertrachten, sowohl die männlichen als die weiblichen, welche in jeder Periode aufkamen. Sie giebt auch Nachricht von den Liedern, die in jedem Jahre gepfiffen und gesungen wurden, und von manchem Lieblingsliede der Zeit werden die Anfänge mitgeteilt. So vermelden sie von anno 1480, daß man in diesem Jahre in ganz Deutschland Lieder gepfiffen und gesungen, die süßer und lieblicher als alle Weisen, so man zuvor in deutschen Landen kannte, und jung und alt, zumal das Frauenzimmer, sei ganz davon vernarrt gewesen, so daß man sie von Morgen bis Abend singen hörte; diese Lieder aber, setzt die Chronik hinzu, habe ein junger Clericus gedichtet, der von der Mißselsucht behaftet war und sich, vor aller Welt verborgen, in einer Einöde aufhielt. Du weißt gewiß, lieber Leser, was für ein schauderhaftes Gebreste im Mittelalter die Mißselsucht war, und wie die armen Leute, die solchem unheilbaren Siechthum verfallen, aus jeder bürgerlichen Gesellschaft ausgestoßen waren und sich keinem menschlichen Wesen nahen durften. Lebendig= tote, wandelten sie einher, vermummt vom Haupt bis zu den Füßen, die Capuze über das Gesicht gezogen und in der Hand eine Klapper tragend, die sogenannte Lazarusklapper, womit sie ihre Nähe ankündigten, damit ihnen jeder zeitig aus dem Wege gehen konnte. Der arme Clericus, von dessen Ruhm als Lieder= dichter die obengenannte Limburger Chronik gesprochen, war nun ein solcher Mißselsüchtiger, und er saß traurig in der Oede seines Elends, während jauchzend und jubelnd ganz Deutschland seine Lieder sang und pfiff! O, dieser Ruhm war die uns wohl= bekannte Verhöhnung, der grausame Spaß Gottes, der auch hier derselbe ist, obgleich er diesmal im romantischen Costüme des Mittelalters erscheint. Der blasirte König von Judäa sagte mit Recht: „Es giebt nichts Neues unter der Sonne" — Vielleicht ist die Sonne selbst ein alter aufgewärmter Spaß, der, mit neuen Strahlen geflickt, jetzt so imposant funkelt!

Manchmal in meinen trüben Nachtgesichten glaube ich den armen Clericus der Limburger Chronik, meinen Bruder in Apoll, vor mir zu sehen, und seine leidenden Augen lugen sonderbar stier hervor aus seiner Capuze; aber im selben Augenblick huscht er von bannen, und verhallend, wie das Echo eines Traumes, hör' ich die knarrenden Töne der Lazarusklapper.

Fünftes Capitel.

Lutetia.

(Paris, den 30. März 1855.)

Dieses Buch enthält eine Reihe von Briefen, die ich während der Jahre 1840—1843 für die „Augsburger Allgemeine Zeitung" geschrieben habe. Aus wichtigen Gründen habe ich sie vor einigen Monaten bei Hoffmann und Campe als ein besonderes Buch unter dem Titel „Lutetia" erscheinen lassen, und nicht weniger wesentliche Motive bestimmen mich heute, diese Sammlung in französischer Sprache zu publiciren. Jene Ursachen und Motive sind folgende: Da diese Briefe in der „Augsburger Allgemeinen Zeitung" anonym und nicht ohne beträchtliche Aenderungen und Auslassungen erfahren zu haben erschienen sind, hatte ich zu befürchten, daß man sie nach meinem Tode in dieser mangelhaften Form herausgäbe, oder vielleicht sogar mit Correspondenzen, die meiner Feder vollständig fremd sind, vermengt. Um ein ähnliches posthumes Mißgeschick zu vermeiden, habe ich es vorgezogen, selbst eine authentische Ausgabe dieser Briefe zu unternehmen. Aber indem ich so noch bei Lebzeiten wenigstens den guten Ruf meines Stils gerettet, habe ich unglücklicherweise der Böswilligkeit eine Waffe geliefert, um das gute Renommée meines Gedankens anzugreifen; die linguistischen Lücken in der Kenntniß der deutschen Sprache, die man zuweilen bei den bestgebildeten Franzosen trifft, haben einigen meiner Landsleute beiderlei Geschlechts erlaubt, vielen Personen einzureden, daß ich in meinem Buche „Lutetia" ganz Paris verläumdet, und durch boshafte Scherze die geachtetsten Personen und Dinge in Frankreich herabgewürdigt habe. Es war also für mich ein moralisches Bedürfniß, so rasch wie möglich eine französische Uebersetzung meines Werkes erscheinen zu lassen, und so meiner sehr schönen und sehr guten Lutetia Gelegenheit zu geben, zu beurtheilen, wie ich sie in dem Buche, welchem ich ihren Namen gab, behandelt habe. Sollte ich an manchen Stellen, ohne mein Vorwissen, mir ihre Unzufriedenheit durch irgend eine etwas rüde Redensart oder durch eine unglückliche Bemerkung zugezogen haben, so darf sie mich nicht des

Mangels an Sympathie, sondern nur des Mangels an Bildung und Takt beschuldigen.

Nein, theure Lutetia, ich wollte dir nie Unrecht thun, und wenn böse Zungen sich anstrengen, dich das Gegentheil glauben zu machen, so schenke solchen Verleumdungen keinen Glauben. Zweifle nie, meine Schönste, an der Aufrichtigkeit meiner zärtlichen Liebe, die durchaus uneigennützig ist. Du bist gewiß noch schön genug, als daß du irgendwie zu fürchten hättest, aus anderen Gründen als um deiner schönen Augen willen geliebt zu werden.

Ich erwarte von der Billigkeit des Lesers, daß er die Schwierigkeiten sowohl des Ortes wie der Zeit berücksichtigen werde, mit welchen der Verfasser zu kämpfen hatte, als er diese Briefe zum erstenmal drucken ließ. Ich übernehme jede Verantwortlichkeit für die Wahrheit der Dinge, die ich sagte, aber keineswegs für die Art, wie sie gesagt worden sind. Wer sich nur an die Worte hält, wird leicht in meinen Correspondenzen, wenn er sie absichtlich durchsucht, eine gute Zahl von Widersprüchen, Nachlässigkeiten und sogar einen scheinbaren Mangel an aufrichtiger Ueberzeugung herausfinden können. Aber derjenige, der den Geist meiner Worte erfaßt, wird wohl überall die strengste Einheit des Gedankens und eine unveränderliche Anhänglichkeit an die Sache der Humanität, die demokratischen Ideen der Revolution, anerkennen. Die localen Schwierigkeiten, von welchen ich soeben gesprochen, bestanden in der Censur, und zwar in einer doppelten Censur; denn diejenige, die die „Augsburger Allgemeine Zeitung" ausübte, war noch störender wie die officielle Censur der bayrischen Behörden. Ich war oft gezwungen, am Kahn meines Gedankens Wimpel aufzuziehen, deren Embleme nicht der wahre Ausdruck meiner socialen und politischen Meinungen waren. Aber der journalistische Schmuggler kümmerte sich wenig um die Farbe des Lappens, welcher an dem Mastbaum seines Schiffes hing und mit dem die Winde ihr Flatterspiel trieben; ich dachte nur an die gute Schiffsladung, die ich am Bord hatte, und die ich in den Hafen der öffentlichen Meinung einzuführen wünschte. Ich kann mich rühmen, daß ich bei diesen Unternehmungen oft Glück gehabt habe, und man muß mich nicht wegen der Mittel, die ich zuweilen gebrauchte, um den Zweck zu erreichen, schelten. Da ich die Traditionen der „Augsburger Allgemeinen Zeitung" kannte, mußte ich z. B. auch sehr wohl, daß sie sich von jeher die Aufgabe gestellt hatte, nicht nur mit der größten Schnelligkeit alle Thatsachen zur Kenntniß der Welt zu bringen, sondern sie auch in in ihren Blättern wie in kosmopolitische Archive einzuregistriren. Ich mußte daher beständig daran denken, alles das, was ich dem Publikum insinuiren wollte, in die Form einer Thatsache zu kleiden, das Ereigniß sowohl wie das Urtheil, das ich darüber fällte, kurz alles, was ich dachte und fühlte; und in dieser Absicht stand ich nicht an, oft meine eigenen Meinungen anderen Menschen in den Mund zu legen, oder ich parabolisirte gar meine Ideen. Die Republikaner, die sich über den Mangel an gutem Wollen bei mir beklagen, haben nicht erwogen, daß während zwanzig Jahren, in allen meinen Correspondenzen, ich sie, so oft es nöthig war, ziemlich ernst vertheidigt habe, und daß ich, in meinem Buche „Lutetia", wohl ihre moralische Ueberlegenheit stark hervorhob, indem ich fortwährend den unedlen und lächerlichen Eigendünkel und die gänzliche Nichtigkeit der herrschenden Bourgeoisie bloßstellte. Sie haben eine bischen schwere Fassungskraft, diese braven Republikaner, von denen ich übrigens früher eine bessere Meinung hatte. In Bezug auf die Intelligenz glaubte ich, daß ihre geistige Beschränktheit nur Verstellung war, daß die Republik die Rolle eines Junius Brutus spiele, um durch diese erheuchelte Einfalt das Königthum sorgloser, unvorsichtiger zu machen, und es so eines Tages in die Schlinge hineinfallen zu lassen. Aber nach der Februarrevolution erkannte ich meinen Irrthum; ich sah, daß die Republikaner thatsächlich sehr ehrbare Leute waren, die es nicht verstanden, sich zu verstellen, und die in der That das waren, wonach sie aussahen. — Wenn die Republikaner schon dem Correspondenten der „Augsburger Allgemeinen Zeitung" einen sehr mißlichen Stoff boten, so war es doch in einem viel höheren Maße mit den Socialisten, oder um dieses Monstrum bei seinem wahren Namen zu nennen, bei den Communisten der Fall. Und doch ist es mir gelungen, in der „Augsburger Allgemeinen Zeitung" dieses Thema zu berühren. Viele Briefe wurden durch die Redaction der „Augsburger Allgemeinen Zeitung", die sich des alten Sprichworts: „Man soll den Teufel nicht an die Wand malen" erinnerte, unterdrückt. Aber sie konnte nicht alle meine Mittheilungen vernichten und, wie gesagt, ich habe ein Mittel gefunden, in ihren

weisen Colonnen einen Gegenstand zu behandeln, dessen fürchter=
liche Wichtigkeit in jener Epoche ganz unbekannt war. Ich malte
den Teufel an die Wand meiner Zeitung, oder, wie sich eine
sehr geistreiche Persönlichkeit viel besser ausdrückte, ich machte
ihm eine gute Reclame. Die Communisten, isolirt über alle
Länder verbreitet, und eines klaren Bewußtseins ihrer gemein=
samen Tendenzen entbehrend, erfuhren durch die „Augsburger
Allgemeine Zeitung", daß sie in der That existirten, sie erfuhren
auch bei dieser Gelegenheit ihren wahren Namen, der mehr als
einem dieser armen Findelkinder der alten Gesellschaft völlig
unbekannt war. Durch die „Augsburger Allgemeine Zeitung"
erhielten die zerstreuten Gemeinden der Communisten die authen=
tischen Nachrichten über die unabläsigen Fortschritte ihrer Sache;
sie erfuhren zu ihrem großen Erstaunen, daß sie nicht im ge=
ringsten eine schwache Gemeinschaft seien, sondern die stärkste
aller Parteien seien; daß ihr Tag allerdings noch nicht gekommen,
aber daß ein ruhiges Abwarten kein Zeitverlust für Menschen
sei, denen die Zukunft gehört. Dies Geständniß, daß die Zu=
kunft den Communisten gehört, ich machte es in einem Tone der
äußersten Besorgniß und Beklemmung, und leider! es war keines=
wegs eine Maske! In der That, nur mit Schrecken und Ent=
setzen denke ich an die Epoche, in welcher diese finsteren Bilder=
stürmer an die Herrschaft gelangen werden; mit ihren schwieligen
Händen werden sie ohne Gnade die Marmorstatuen der Schön=
heit, die meinem Herzen so theuer sind, brechen; sie werden alle
diese phantastische Spielzeug und Flitterwerk der Kunst zer=
trümmern, das der Dichter so liebte; sie werden meine Lorbeer=
haine vernichten und daselbst Kartoffeln pflanzen; die Lilien, die
weder spannen noch arbeiteten, und welche doch so wunderbar
gekleidet waren wie König Salomon in all' seiner Pracht, sie
werden dann aus dem Boden der Gesellschaft herausgerissen,
falls sie nicht etwa die Spindel zur Hand werden nehmen wollen;
die Rosen, diese müßige Bräute der Nachtigallen, werden das=
selbe Loos haben; die Nachtigallen, diese unnützen Sänger, werden
fortgetrieben, und ach! mein „Buch der Lieder" wird dem Gewürz=
krämer dazu dienen, um daraus Düten zu drehen, in welchen
er Kaffee oder Schnupftabak für die alten Weiber der Zukunft
hineinschütten wird. Ach! ich sehe das Alles voraus, und ich
bin von einer unaussprechlichen Traurigkeit ergriffen, wenn ich

an den Ruin denke, mit welchem das sieghafte Proletariat meine Verse, die mit der ganzen alten romantischen Welt untergehen werden, bedroht. Und doch, gestehe ich es offen, derselbe Communismus, der so feindlich allen meinen Interessen und Neigungen ist, übt auf meine Seele einen Reiz aus, dessen ich mich nicht erwehren kann; zwei Stimmen erheben sich in meiner Brust zu seinen Gunsten, zwei Stimmen, die sich kein Stillschweigen auferlegen lassen wollen, und die vielleicht im Grunde nur diabolische Anreizungen sind — aber wie dem auch sei, sie beherrschen mich, und keine Macht der Beschwörung wäre im Stande, sie zu bändigen.

Denn die erste dieser Stimmen ist die der Logik. „Der Teufel ist ein Logiker", sagt Dante. Ein fürchterlicher Syllogismus hält mich umstrickt, und wenn ich die Prämisse: „daß die Menschen alle das Recht zu essen haben" nicht widerlegen kann, so bin ich auch gezwungen, mich allen ihren Consequenzen zu unterwerfen." Wenn ich daran zu denken anfange, laufe ich Gefahr, den Verstand zu verlieren, ich sehe alle Dämonen der Wahrheit um mich im Triumph tanzen, und am Ende bemächtigt sich eine großmüthige Verzweiflung meines Herzens und ich rufe laut aus: Sie ist schon seit langer Zeit gerichtet, verurtheilt, diese alte Gesellschaft. Möge ihr Gerechtigkeit widerfahren! Möge sie zertrümmert werden, diese alte Welt, wo die Unschuld zu Grunde ging, wo der Cynismus gedieh, wo der Mensch durch den Menschen exploitirt wurde! Mögen sie von Grund aus zerstört werden, diese übertünchten Grabstätten, wo die Lüge und die Unbilligkeit residirten! Und gesegnet sei der Gewürzkrämer, der eines Tags aus meinen Gedichten die Düten verfertigen wird, und in dieselben den Kaffee und den Tabak hineinschütten für die armen, guten Alten, die in unserer gegenwärtigen Welt der Ungerechtigkeit sich vielleicht ein ähnliches Vergnügen versagen mußten — fiat justitia, pereat mundus!

Die zweite der beiden gebieterischen Stimmen, die mich bestricken, ist noch mächtiger und dämonischer als die erste, denn es ist die des Hasses, des Hasses, den ich der Partei, deren schrecklicher Antagonist der Communismus ist, widme, und welche aus diesem Grunde unser gemeinsamer Feind ist. Ich spreche von der Partei der angeblichen Repräsentanten der Nationalität in Deutschland, von diesen falschen Patrioten, deren Liebe für das Vaterland nur in einer thörichten Annexion gegen den

Fremden und die benachbarten Völker besteht, und die jeden Tag namentlich über Frankreich ihre Galle ausgießen. Ja, diese Ueberreste oder Nachkommen der Teutomanen von 1815, die nur ihr altes Costüm der urdeutschthümlichen Narren modernisirt haben, und sich bischen die Ohren stutzen ließen — ich habe sie gehaßt und bekämpft während meines ganzen Lebens, und jetzt, wo das Schwert der Hand des Sterbenden entfällt, fühle ich mich getröstet durch die Ueberzeugung, daß der Communismus, der sie als die ersten auf seinem Wege findet, ihnen den Gnaden= stoß geben wird.

Ich rede zu viel, in jedem Falle mehr, als mir die Klugheit und das Halsleiden, mit welchem ich augenblicklich behaftet bin, erlauben — darum werde ich nur noch zwei Worte hinzufügen, um zu schließen. Ich glaube ausreichende Andeutungen über die ungünstigen Umstände, in welchem ich die Briefe der Lutetia geschrieben, gegeben zu haben. Außer den localen Schwierig= keiten hatte ich auch, wie gesagt, temporäre Hindernisse zu bekämpfen. Was die Hindernisse, welche mir die Zeit, in der ich diese Briefe schrieb, in den Weg legte, anbetrifft, so wird ein intelligenter Leser sich leicht eine Vorstellung davon machen können; er braucht nur die Daten meiner Correspondenzen anzusehen und sich zu erinnern, daß es in jener Epoche gerade die nationale oder sogenannte patriotische Partei war, die in Deutschland prädominirte. Die Julirevolution hatte sie weniger gegen den Hintergrund der politischen Schaubühne gedrängt, aber die kriegerischen Tapferen der französischen Presse 1840 lieferten diesen Gallophoten die beste Gelegenheit, sich wieder in den Vordergrund zu schieben; sie sangen damals das Lied vom freien Rhein. In der Epoche der Februarrevolution wurde dieses Gekläffe durch vernünftigere Rufe erdrückt, aber diese mußten auch wieder verstummen, als die große europäische Reaction eintrat. Heutzutage herrschen die Nationalitätstrümmer und der ganze böse Nachtrab von 1815 noch einmal in Deutsch= land, und sie heulen mit Erlaubniß des Bürgermeisters und der anderen hohen Behörden des Landes. Heult nur zu! der Tag wird kommen, wo der fatale Fußtritt euch zermalmen wird. In dieser Ueberzeugung kann ich ohne Unruhe diese Welt verlassen.

Ja, es wird ein schöner Tag werden, die Freiheitssonne wird die Erde glücklicher wärmen, als die Aristokratie sämmtlicher Sterne; emporblühen wird ein neues Geschlecht, das erzeugt worden in freier Wahlumarmung, nicht im Zwangsbette und unter der Controlle geistlicher Zöllner; mit der freien Geburt werden auch in den Menschen freie Gedanken und Gefühle zur Welt kommen, wovon wir geborenen Knechte keine Ahnung haben — O! sie werden ebensowenig ahnen, wie entsetzlich die Nacht war, in deren Dunkel wir leben mußten, und wie grauenhaft wir zu kämpfen hatten, mit häßlichen Gespenstern, dumpfen Eulen und scheinheiligen Sündern! O wir armen Kämpfer, die wir unsere Lebenszeit in solchem Kampfe vergeuden mußten, und müde und bleich sind, wenn der Siegestag hervorstrahlt! Die Gluth des Sonnenaufgangs wird unsre Wangen nicht mehr röthen und unsere Herzen nicht mehr wärmen können, wir sterben dahin wie der scheidende Mond — allzu kurz gemessen ist des Menschen Wanderbahn, an deren Ende das unerbittliche Grab.

Ich weiß wirklich nicht, ob ich es verdiene, daß man mir einst mit einem Lorbeerkranze den Sarg verziere. Die Poesie, wie sehr ich sie auch liebte, war immer nur heiliges Spielzeug, oder geweihtes Mittel für himmlische Zwecke. Ich habe nie großen Werth gelegt auf Dichterruhm, und ob man meine Lieder preiset oder tabelt, es kümmert mich wenig. Aber ein Schwert sollt ihr mir auf den Sarg legen; denn ich bin ein braver Soldat im Befreiungskriege der Menschheit.

Sechstes Capitel.

Von der Matratzengruft.
Babylonische Sorgen.

Mich ruft der Tod — Ich wollt', o Süße,
Daß ich dich in einem Wald verließe,
In einem jener Tannenforsten,
Wo Wölfe heulen, Geier horsten
Und schrecklich grunzt die wilde Sau,
Des blonden Ebers Ehefrau.

Mich ruft der Tod — Es wär' noch besser,
Müßt' ich auf hohem Seegewässer
Verlassen dich, mein Weib, mein Kind,
Wenngleich der tolle Nordpol=Wind
Dort peitscht die Wellen, und aus den Tiefen
Die Ungethüme, die dort schliefen,
Haifisch' und Krokodile, kommen
Mit offenem Rachen emporgeschwommen —
Glaub mir, mein Kind, mein Weib, Mathilde,
Nicht so gefährlich ist das wilde,
Erzürnte Meer und der trotzige Wald,
Als unser jetziger Aufenthalt!
Wie schrecklich auch der Wolf und der Geier,
Haifische und sonstige Meerungeheuer:
Viel grimmere, schlimmere Bestien enthält
Paris, die leuchtende Hauptstadt der Welt,
Das singende, springende, schöne Paris,
Die Hölle der Engel, der Teufel Paradies —
Daß ich dich hier verlassen soll,
Das macht mich verrückt, das macht mich toll!

Mit spöttischem Sumsen mein Bett umschwirrn
Die schwarzen Fliegen; auf Nas' und Stirn
Setzen sie sich — fatales Gelichter!
Etwelche haben wir Menschengesichter,
Auch Elephantenrüssel daran,
Wie Gott Ganesa in Hindostan. —
In meinem Hirne rumort es und knackt,
Ich glaube, da wird ein Koffer gepackt,
Und mein Verstand reist ab — o wehe! —
Noch früher, als ich selber gehe.

Affrontenburg.[155])

Die Zeit verfließt, jedoch das Schloß,
Das alte Schloß mit Thurm und Zinne
Und seinem blöden Menschenvolk,
Es kommt mir nimmer aus dem Sinne.

Ich sehe stets die Wetterfahn',
Die auf dem Dach sich rasselnd drehte.
Ein Jeder blickte scheu hinauf,
Bevor er nur den Mund aufthäte.

Wer sprechen wollt', erforschte erst
Den Wind, aus Furcht, es möchte plötzlich
Der alte Brummbär Boreas
Anschnauben ihn nicht sehr ergötzlich.

Die Klügsten freilich schwiegen ganz —
Denn ach, es gab an jenem Orte
Ein Echo, das im Wiederklatsch
Boshaft verfolgte alle Worte.

Inmitten im Schloßgarten stand
Ein sphinxgezierter Marmorbronnen,
Der immer trocken war, obgleich
Gar manche Thräne dort geronnen.

Vermaledeiter Garten! Ach,
Da gab es nirgends eine Stätte,
Wo nicht mein Herz gekränket ward,
Wo nicht mein Aug' geweinet hätte.

Da gab's wahrhaftig keinen Baum,
Worunter nicht Beleidigungen
Mir zugefüget worden sind
Von feinen und von groben Zungen.

Die Kröte, die im Gras gelauscht,
Hat Alles mitgetheilt der Ratte,
Die ihrer Muhme Viper gleich
Erzählt, was sie vernommen hatte.

Die hat's gesagt dem Schwager Frosch —
Und solcherweis erfahren konnte
Die ganze schmutz'ge Sippschaft stracks
Die mir erwiesenen Affronte.

Des Gartens Rosen waren schön,
Und lieblich lockten ihre Düfte;
Doch früh hinwelkend starben sie
An einem sonderbaren Gifte.

Zu Tod ist auch erkrankt seitdem
Die Nachtigall, der edle Sprosser
Der jenen Rosen sang sein Lied; —
Ich glaub', vom selben Gift genoß er.

Vermaledeiter Garten! Ja,
Es war, als ob ein Fluch drauf laste:
Manchmal am hellen, lichten Tag
Mich dort Gespensterfurcht erfaßte.

Mich grinste an der grüne Spuk,
Er schien mich grausam zu verhöhnen
Und aus den Taxusbüschen drang
Alsbald ein Aechzen, Röcheln, Stöhnen.

Am Ende der Allee erhob
Sich die Terrasse, wo die Wellen
Der Nordsee zu der Zeit der Fluth
Tief unten am Gestein zerschellen.

Dort schaut man weit hinaus ins Meer,
Dort stand ich oft in wilden Träumen.
Brandung war auch in meiner Brust —
Das war ein Tosen, Rasen, Schäumen. —

Ein Schäumen, Rasen, Tosen war's,
Ohnmächtig gleichfalls wie die Wogen,
Die kläglich brach der harte Fels.
Wie stolz sie auch herangezogen.

Mit Neid sah ich die Schiffe ziehn
Vorüber nach beglückten Landen —
Doch mich hielt das verdammte Schloß
Gefesselt in verfluchten Banden.

———

Wie langsam kriechet sie dahin,
Die Zeit, die schauderhafte Schnecke!
Ich aber, ganz bewegungslos
Blieb ich hier auf demselben Flecke.

In meine dunkle Zelle bringt
Kein Sonnenstrahl, kein Hoffnungsschimmer;
Ich weiß, nur mit der Kirchhofsgruft
Vertausch' ich dies fatale Zimmer.

Vielleicht bin ich gestorben längst;
Es sind vielleicht nur Spukgestalten,
Die Phantasieen, die des Nachts
Im Hirn den bunten Umzug halten.

Es mögen wohl Gespenster sein,
Altheidnisch göttlichen Gelichters;
Sie wählen gern zum Tummelplatz
Den Schädel eines deutschen Dichters.

Die schaurig süßen Orgia,
Das nächtlich tolle Geistertreiben,
Sucht des Poeten Leichenhand
Manchmal am Morgen aufzuschreiben.

———

Hab' eine Jungfrau nie verführet
Mit Liebeswort, mit Schmeichelei;
Ich hab' auch nie ein Weib berühret,
Wußt' ich, daß sie vermählet sei.

Wahrhaftig, wenn es anders wäre,
Mein Name, er verdiente nicht
Zu strahlen in dem Buch der Ehre;
Man dürft' mir spuken in's Gesicht.

„Nicht gedacht soll seiner werden!"
Aus dem Mund der armen alten
Esther Wolf hört' ich die Worte,
Die ich treu im Sinn behalten.

Ausgelöscht sein aus der Menschen
Angedenken hier auf Erden,
Ist die Blume der Verwünschung —
Nicht gedacht soll seiner werden!

Herz, mein Herz, ström' aus die Fluthen
Deiner Klagen und Beschwerden,
Doch von ihm sei nie die Rede
Nicht gedacht soll seiner werden!

Nicht gedacht soll seiner werden,
Nicht im Liede, nicht im Buche —
Dunkler Hund, im dunkeln Grabe,
Du verfaulst mit meinem Fluche;

Selbst am Auferstehungstage,
Wenn, geweckt von den Fanfaren
Der Posaunen, schlotternd wallen
Zum Gericht die Todtenscharen,

Und alldort der Engel abliest
Vor den göttlichen Behörden
Alle Namen der Geladnen —
Nicht gedacht soll seiner werden!

———

Die Söhne des Glückes beneid' ich nicht
Ob ihrem Leben — beneiden
Will ich sie nur ob ihrem Tod,
Dem schmerzlos raschen Verscheiden.

Im Prachtgewand, das Haupt bekränzt
Und Lachen auf der Lippe,
Sitzen sie froh beim Lebensbankett —
Da trifft sie jählings die Hippe.

Im Festkleid und mit Rosen geschmückt,
Die noch wie lebend blühten,
Gelangen in das Schattenreich
Fortunas Favoriten.

Nie hatte Siechthum sie entstellt,
Sind Todte von guter Miene,
Und huldreich empfängt sie an ihrem Hof
Carewna Proserpine.

Wie sehr muß ich beneiden ihr Los!
Schon sieben Jahre mit herben,
Qualvollen Gebresten wälz' ich mich
Am Boden, und kann nicht sterben!

———

Mein Tag war heiter, glücklich meine Nacht.
Mir jauchzte stets mein Volk, wenn ich die Leier
Der Dichtkunst schlug. Mein Lied war Lust und Feuer,
Hat manche schöne Gluten angefacht.

Noch blüht mein Sommer, dennoch eingebracht
Hab' ich die Ernte schon in meine Scheuer —
Und jetzt soll ich verlassen, was so theuer,
So lieb und theuer mir die Welt gemacht!

Der Hand entsinkt das Saitenspiel. In Scherben
Zerbricht das Glas, das ich so fröhlich eben
An meine übermüth'gen Lippen preßte.

O Gott! wie häßlich bitter ist das Sterben!
O Gott! wie süß und traulich läßt sich leben
In diesem traulich süßen Erdenneste!

―――

Es kommt der Tod — jetzt will ich sagen,
Was zu verschweigen ewiglich
Mein Stolz gebot: für dich, für dich,
Es hat mein Herz für dich geschlagen!

Der Sarg ist fertig, sie versenken
Mich in die Gruft. Da hab' ich Ruh'.
Doch du, doch du, Marie, du,
Wirst weinen oft und mein gedenken.

Du ringst sogar die schönen Hände —
O tröste dich — das ist das Loos,
Das Menschenloos: — was gut und groß
Und schön, das nimmt ein schlechtes Ende.

―――

Lotusblume.
(An die Mouche.)

Wahrhaftig, wir beide bilden
Ein kurioses Paar,
Die Liebste ist schwach auf den Beinen,
Der Liebhaber lahm sogar.

Sie ist ein leidendes Kätzchen,
Und er ist krank wie ein Hund,
Ich glaube im Kopfe sind beide
Nicht sonderlich gesund.

Sie sei eine Lotusblume,
Bildet die Liebste sich ein;
Doch er, der blasse Geselle,
Vermeint der Mond zu sein.

Die Lotusblume erschließet
Ihr Kelchlein im Mondenlicht,
Doch statt des befruchtenden Lebens
Empfängt sie nur ein Gedicht.

———

Nur wissen möcht' ich: wenn wir sterben,
Wohin dann unsre Seele geht?
Wo ist das Feuer, das erloschen?
Wo ist der Wind, der schon verweht?

———

Oben, wo die Sterne glühen,
Müssen uns die Freuden blühen,
Die uns unten sind versagt;
In des Todes kalten Armen
Kann das Leben erst erwarmen,
Und das Licht der Nacht enttagt.

Wo?

Wo wird einst des Wandermüden
Letzte Ruhestätte sein?
Unter Palmen in dem Süden?
Unter Linden in dem Rhein?

Werd' ich wo in einer Wüste
Eingescharrt von fremder Hand?
Oder ruh' ich an der Küste
Eines Meeres in dem Sand?

Immerhin! Mich wird umgeben
Gotteshimmel, dort wie hier,
Und als Todtenlampen schweben
Nachts die Sterne über mir.

———

Siebentes Capitel.

Letzte Lebensjahre.

(An **Joseph Lehmann**. Paris, den 5. October 1854.)

Ich gebe meine Werke auf Französisch bei Michel Levy frères heraus, die man mir als Verleger empfahl. Ich hatte die Wahl zwischen ihnen und einem anderen Verleger, der ein ehemaliger bonnetier, d. h. baumwollener Nachtmützenfabrikant war, und ich gab ersteren den Vorzug, vielleicht eben, weil sie vom Stamme Levy. Ich glaube, daß Herr Levy darum nicht minder ein ehrlicher Mann ist und mein Vertrauen verdient, und wenigstens ich, sollte ich mich auch zu meinem größten Schaden irren, ich darf vom alten Vorurtheil gegen die Juden mich nicht leiten lassen. Ich glaube, wenn man sie Geld verdienen läßt, so werden sie wenigstens dankbar sein und uns weniger übervortheilen, als die christlichen Collegen. Eine große Civilisation des Herzens blieb den Juden durch eine ununterbrochene Tradition von zwei Jahrtausenden. Ich glaube, sie konnten deshalb auch so schnell theilnehmen an der europäischen Cultur, weil sie eben in betreff des Gefühls nichts zu erlernen hatten, und nur das Wissen sich anzueignen brauchten. Doch das wissen Sie alles besser, als ich, und es mag Ihnen nur als Wink dienen zum Verständniß dessen, was ich in meinen „Geständnissen" gesagt habe . . .

(An Julius Campe. Paris, den 12. October 1854.)

Sie hatten ganz recht, daß eine Parterrewohnung für mich nichts taugt, und um nicht durch Kälte und Feuchtigkeit ganz auf den Hund zu kommen, lasse ich in diesem Augenblick in den Champs-Elysées eine wärmere Wohnung einrichten, die ich noch vor Ende des Monats beziehen kann. Ich kann nicht sprechen wegen Halsentzündung. Gottlob, daß ich bei all meinem Leid sehr heiteren Gemüths bin und die lustigsten Gedanken springen mir durchs Hirn. Meine Phantasie spielt mir in schlaflosen Nächten die schönsten Comödien und Possen vor, und zu meinem Glück ist auch meine Frau sehr heiterer Stimmung.

(Paris, den 8. November 1854.)

Ich habe Ihnen die angenehme Nachricht mitzutheilen, daß ich vorgestern Abend ohne mißlichen Vorfall in meiner neuen Behausung angelangt bin, mit welcher ich bis jetzt sehr zufrieden. Die Reise war lang und mühsam, da ich einige Tage vorher eine Operation erlitten hatte, und ich bin in diesem Augenblick äußerst angegriffen und schwach.

* * *

Ich glaube das Recht zu haben, meinen Vetter Karl Heine als den natürlichen Schützer meiner Wittwe zu betrachten. Als er im Winter 1847 zu mir kam, um nicht durch einen Anwalt, sondern direct mit mir sich über unsere Differenzen zu verständigen, zeigte er mir auch in Bezug auf meine Frau die großmüthigste Bereitwilligkeit, allen meinen Wünschen nachzukommen.

Ich verlangte von ihm die Verpflichtung, daß er die Hälfte meiner Pension, wie mir solche sein seliger Vater bereits zugesagt hatte, nach meinem Tode als ebenfalls lebenslängliche Pension auf das Haupt meiner Wittwe übertragen solle. Mein Vetter Karl bewilligte mir dieses mit seinem Ehrenworte. Ich war glücklich genug, ihn versöhnlich gestimmt zu sehen. Er hätte gewiß keinen Augenblick gezögert, mir für meine Wittwe die ganze Pension zuzusagen, wenn ich solches auch nur mit einer Silbe verlangt hätte. Aber ich verlangte es nicht, weil ich überhaupt nur diejenigen Ansprüche geltend machen wollte, wo jede Einrede eine offenbare Ungerechtigkeit gewesen wäre. Daß ich andere Ansprüche hatte, die ebenso gerecht, auch ebenso notorisch, aber minder beweisbar waren, verschwieg ich klüglich, ja böswillig. Und dann glaubte ich damals, daß eine Verkürzung ihrer Pension nicht von allzu großer Wichtigkeit für meine Wittwe sein mochte. Die oberwähnte Stipulation mit meinem Vetter Karl Heine fand statt den 25. Februar 1847.

Damals war meine Lage sowie die Lage der Welt eine ganz andere. Im Bankerott der Februarrevolution gingen auch meine geringen Ersparnisse verloren, welche in Actien der Bank von Gouin und ähnlicher Etablissemente bestand. Dazu kam meine Krankheit, die mich verhinderte, durch angestrengte Arbeit ein bedeutendes Capital zu erwerben, während die zunehmenden Krankheitskosten mich nöthigten, meine letzten Ressourcen zu erschöpfen. Dazu kommt, daß ich schon im Jahre 1846 mein bisheriges literarisches Vermögen, die Eigenthumsrechte auf meine deutschen Schriften für ein äußerst geringfügiges Honorar alienirt hatte zu Gunsten meines Hamburger Buchhändlers, um durch solches Opfer Prozesse zu vermeiden, deren Scandal besonders meinen damals noch lebenden Oheim Salomon unmuthig gemacht hätte, indem derselbe, welcher durch letztwillige Verfügung mir eine glänzende Zukunft zu bereiten versprach, wohl von mir erwarten konnte, daß ich wie bisher meine Talente nicht als Handelsmann zum bloßen Gelderwerb, sondern als Dichter zur Verherrlichung unseres Namens anwenden würde.

Ich gestehe es, ohne die großmüthige Güte meines Vetters Karl, der mir jährlich eine Verdoppelung meiner Pension auszahlte, hätte ich bereits, trotz aller Anstrengung, die Kosten meiner Krankheit nicht erschwingen können.

Unter solchen veränderten Umständen will ich meinen Vetter Karl ebenfalls mit einer posthumen Bitte behelligen, von deren Erfüllung ich so sehr überzeugt bin, daß ich ihm im Voraus meinen Dank abstatte. Ich bitte ihn nämlich, nach meinem Tode nicht die Hälfte meiner Pension, sondern die unverkürzt ganze Pension, wie ich sie bei Lebzeiten seines Vaters genossen, ihr jährlich auszahlen zu lassen; mein Oheim behandelte sie immer mit Liebe und Auszeichnung und auch in dieser Beziehung glaube ich meine Bitte gerechtfertigt. Es ist wahrscheinlich, wie gesagt, überflüssig, daß ich diesen Appell an die Liberalität meines Vetters mache und seiner Generosität vorgreife . . .

* * *

(An **Julius Campe**.) Paris, den 30. Mai 1855.)

Obgleich hundeelend und blinder als je (denn mein rechtes Auge sieht auch nichts mehr), schreibe ich Ihnen dennoch, um nur flüchtig zu melden, daß ich noch lebe und mehr als je in freundschaftlicher Gesinnung für Sie verharre.

Die „Lutetia" hat das Außerordentliche erreicht: während vier Wochen sprach ganz Paris von diesem Buch. Aber welche Arbeit hatte ich! Todtkrank, trotz meiner Krämpfe, arbeitete ich zwei Monat täglich 5 bis 6 Stunden an dieser französischen „Lutetia", und war doch nicht im Stande, ihr die stilistische Rundung zu geben, die das Original besitzt.

Paris, den 1. November 1855.)

Ich habe mit Schreiben gezögert, weil ich seit Monaten jeden Tag meine Schwester hier erwartete, welche mein Bruder, von Wien über Hamburg reisend, zur Ausstellung, begleiten wollte. Ist sie noch nicht abgereist, so wird sie gewiß von Ihnen Aufträge für mich fordern oder fordern lassen.

Mit Gustav werde ich ernsthaft sprechen, und das fruchtet mehr, als alle Briefe; ich werde ihm bestimmt sagen, wie er Ihre Freundschaft für mich und den Werth, den ich darauf lege, mehr beachten solle, als er bisher gethan. Es ist mir aus sehr

vielen Gründen lieb, ihn zu sehen; ich bin noch immer bedeutend
krank und bedarf liebender Zusprüche. Die Hauptsache ist leider,
daß ich in diesem Augenblick verflucht wenig arbeiten kann, und
dieses Jahr ein Deficit von etwa 15000 Francs (durch verfehlte
Hilfsversuche) darbieten dürfte.

(An Alexander Dumas. Paris, den 2. August 1855.)

Ich bin immer in demselben Zustande: meine Brustkrämpfe
sind stets dieselben, und sie hindern mich, lange zu dictiren. Das
Wort „dictiren" erinnert mich an den blöden Bajuvaren, der
in München mein Diener war. Er hatte beobachtet, daß ich oft
ganze Tage lang zu dictiren pflegte, und als ihn einer seiner
würdigen Compatrioten fragte, was eigentlich mein Beruf wäre,
antwortete er: „Mein Herr ist ein Dictator!"

Adieu; ich muß hier meine Dictatur niederlegen, und beeile
mich, Ihnen tausend freundschaftliche Grüße zu senden.

* * *

(An die Mouche.)

Ich bedaure lebhaft, Sie neulich so wenig gesehen zu haben.
Sie haben mir einen sehr angenehmen Eindruck hinterlassen, und
ich empfinde ein großes Verlangen, Sie wiederzusehen. Kommen
Sie von morgen ab, wenn es Ihnen möglich ist, unter allen
Umständen, kommen Sie sobald wie möglich. Ich bin bereit,
Sie zu jeder Stunde zu empfangen, jedoch wäre mir's am
liebsten von 4 Uhr bis — so spät wie Sie wollen.

Ich schreibe Ihnen selbst, trotz meiner schwachen Augen, und
zwar weil ich im Augenblick keinen Secretair habe, auf den ich
mich verlassen kann. Meine Ohren sind betäubt von allerlei
widerwärtigem Geräusch, und ich bin die ganze Zeit über sehr
leidend gewesen.

Ich weiß nicht, warum Ihre liebevolle Sympathie mir so
wohl thut; ich abergläubisches Wesen — bilde mir doch ein,
mich habe eine gute Fee in der Stunde der Trübsal besucht.
Nein, war die Fee gut, so war auch die Stunde eine Stunde
des Glücks. Oder wären Sie eine böse Fee? Ich muß das
bald wissen.

Meine gute, reizende, holde Mouche, komm und sumse mir
um die Nase mit Deinen kleinen Flügeln! Ich kenne ein Lied

von Mendelssohn mit dem Refrain: „Komm bald!" Diese Melodie klingt mir fortwährend durch den Kopf: „Komm bald!"

Ich küsse die beiden lieben Pfötchen, nicht auf einmal, sondern eines nach dem andern.

Ich habe ein großes Verlangen, Dich wiederzusehen, letzte Blume meines trübseligen Herbstes, tolle Geliebte.

Ich danke für die süßherzlichen Zeiten — bin froh, daß Sie wohl sind — ich leider bin immer sehr krank, schwach und unwirrsch, manchmal bis zu Thränen über den geringsten Schicksalsschabernack afficirt. — Jeder Kranke ist eine Ganache. Ungern lasse ich mich in solchem miserablen Zustande sehen, aber die liebe Mouche muß ich dennoch sumsen hören.

Komm Du bald — sobald Ew. Wohlgeboren nur wollen, sobald als möglich, — komm mein theures liebes Schwabengesicht! — Das Gedicht hab' ich aufgekritzelt — pure Charenton-Poesie — der Verrückte an eine Verrückte.

(1. Januar 1856.)

Ich bin sehr leidend und zum Tode verdrießlich. Auch das Augenlid meines rechten Auges fällt zu, und ich kann fast nicht mehr schreiben. Aber ich liebe Dich sehr und denke an Dich, Du Süßeste! Die Novelle hat mich gar nicht ennuyiert und giebt gute Hoffnungen für die Zukunft; Du bist nicht so dumm, als Du aussiehst! Zierlich bist Du über alle Maßen, und daran erfreut sich mein Sinn. Werde ich Dich morgen sehen? Eine weinerliche Verstimmung überwältigt mich. Mein Herz gähnt spasmatisch. Diese bâillements sind unerträglich. Ich wollte, ich wäre todt!

Tiefster Jammer, dein Name ist   H. Heine.

(Mitte Januar 1856.)

Ich stecke noch immer in meinem Kopfschmerz, der vielleicht erst morgen endigt, so daß ich die Liebliche erst übermorgen sehen kann. Welch ein Kummer! Ich bin so krank! My brain is full of madness and my heart is full or sorrow! Nie war ein Poet elender in der Fülle des Glücks, das seiner zu spotten scheint! Leb' wohl.¹⁵⁶)

Noten.

In den folgenden Noten sind die Quellen für die Autobiographie Heine's aus seinen Werken angegeben und zwar nach meiner kritischen Ausgabe von Heinrich Heine's gesammelten Werken (Berlin, G. Grote, 1887 IX). Außerdem sind bei jedem Capitel zum besseren Verständniß die biographischen Thatsachen kurz erwähnt und sonstige Anmerkungen zur Erklärung oder Berichtigung des Textes hinzugefügt.

Erstes Buch.

Einleitung S. 3—4 f. Bd. VII S. 375 ff.

Erstes Capitel. Harry Heine wurde als der älteste von vier Kindern Samson und Betty Heine's in Düsseldorf am 13. December 1799 geboren. Dort verlebte er auch seine Jugendjahre bis 1815. Als Kind besuchte er die ABC-Schule einer Frau Hindermanns. S. 5 Z. 3—10 f. Bd. VIII S. 275. — S. 5 Z. 11—20 f. Bd. IX S. 447. — S. 5. Z. 21—25 f. Bd. VII S. 377. — S. 5 Z. 6. — S. 6 Z. 11 f. Bd. IV S. 124 ff. — S. 6 Z. 12—33 f. Bd. II S. 505. — S. 6 Z. 34. — S. 7 Z. 5 f. Bd. III S. 125. — S. 7 Z. 6—23 f. Bd. II S. 366. — S. 7 Z. 24. — S. 8 Z. 2 f. Bd. III S. 125 ff. — S. 8 Z. 3—34 f. Bd. I S. 161. — S. 8 Z. 35. — S. 12 f. Bd. III S. 126—130.

[1]) Das Geburtsdatum Heines steht noch nicht ganz fest. Auch für das Jahr 1797 sprechen viele Anzeichen. Vgl. meine biographische Einleitung zur Volksausgabe von Heine's Werken (Hamburg 1884) S. 2.

[2]) Isak van Geldern war um 1700 aus Amsterdam nach dem Herzogthum Jülich-Berg ausgewandert. Sein Sohn Lazarus schlug sein Domicil zuerst in Düsseldorf auf. Er hatte zwei Söhne, Simon (1720 bis 1774) und Gottschalk (1726—1795). Gottschalk van Geldern war Arzt; er hatte drei Kinder, Josef, Simon und Betty; Josef (1765 bis 1795) und Simon (1768—1833) waren gleichfalls Aerzte in Düsseldorf, Betty (1771—1859) war die Mutter des Dichters.

[3]) S. oben die Anmerkung zu Cap. I.

[4]) Fritz v. Wizewsky hieß der ertrunkene Knabe, den Heine mit seinem jüngern Bruder Wilhelm verwechselt.

[5]) Das Geburtshaus Heine's steht nicht mehr; es wurde in den dreißiger Jahren abgebrochen. Das neue, an dessen Stelle erbaute Gebäude ist seit 1867 mit einer marmornen Gedenktafel geschmückt.

[6]) Die Statue des Kurfürsten Johann Wilhelm (1610) wurde 1730 in Düsseldorf errichtet.

Zweites Capitel. Von seinem zehnten Lebensjahre an besuchte Heine das Lyceum zu Düsseldorf, welches unter geistlicher Leitung stand, bis zum Jahre 1814. — S. 13. — S. 15 Z. 7 f. Bd. III S. 130 bis 133. — S. 15 Z 8. — S. 16 Z. 19 f. Bd. VII S. 487 ff. — S. 16 Z. 20. — S. 17 Z. 16 f. Bd. III S. 133—135. — S. 17 Z. 17. — S. 18 Z. 20 f. Bd. VII S. 178—179. — S. 18 Z. 21. — S. 21 f. Bd. III S. 134—140.

[7]) Vgl. die Anmerkung 2.

[8]) J. C. Saalfeld (1785—1835), Prof. des Völkerrechts in Göttingen, war ein heftiger Gegner Napoleon's.

Drittes Capitel. S. 21—23 f. VII 380 ff. — S. 23. Z. 30. — S. 26 f. IV 322—325.

[8]) Die Gattin des franz. Marschalls Soult stammte aus der Düsseldorfer Gegend.

[9]) Heine besuchte auch damals eine Zeitlang die Handelsschule von Bahrenkamp.

[10]) S. Anm. 2.

Viertes Capitel. S. 26—56 f. VII 387—420. — S. 56 Z. 3. — S. 57 Z. 8 f. II 217 ff.

[11]) S. Anm. 2.

[12]) Heymann Heine aus Altona war der Großvater des Dichters. Er stammte aus Bückeburg und heirathete Mathe, die zweite Tochter des Hamburger Kaufmanns Meyer Samson Popert. Aus dieser Ehe stammten sechs Söhne: Isak, Samson, Salomon, Meyer, Samuel und Henry Heine.

[13]) Karl (1810—1865) und Therese Heine (1808—1866).

[14]) Brummel wurde der Günstling des englischen Königs Georg IV genannt.

[15]) Heine hat L. wohl mit dem weisen Pittakus verwechselt.

[16]) Bekannte kölnische Carnevalstypen. Kobes=Jakob, Marizebill=Maria Sibylla.

[17]) Samson Heine starb am 2. December 1828.

[18]) Die hier erzählten Geschichten wurden auch von mehreren Jugendfreunden Heine's berichtet.

[19]) Franz v. Zuccalmaglio (1800—1873); vgl. S. 76.

Fünftes Capitel. S. 57—67 f. VII 421—430. — S. 67 Z. 3—21 aus den Erinnerungen an Heine von Fanny Lewald in den „Illustrirten Deutschen Monatsheften", 1887 IV. — S. 67 Z. 22—35 aus dem Schreiben Heine's an den Dekan der juristischen Facultät zu Göttingen.

[20]) Vgl. die franz. Vorrede zum Buch der Lieder I.

Sechstes Capitel. S. 68—69 Z. 34 f. III 386—388. — S. 69 Z. 35. — S. 71 Z. 12 f. V 280—282. — S. 71 Z. 13—351 III 388.

Siebentes Capitel. Im Jahre 1815 war Heine einige Wochen als Volontair im Bankgeschäft von M. B. Rindskopf zu Frankfurt a. M. Doch schon nach kurzer Zeit kehrte er wieder nach

Düsseldorf zurück. — S. 72 Z. 13—25 s. VII 381. — S. 72
Z. 26—73. Aus Gustav Heine's Erinnerungen im Wiener „Fremden=
blatt" 1856. — S. 73 Z. 4. — S. 74 f. VII 239—241. — S. 75—76
Z. 12 f. I.
²¹) S. die Anm. zum Capitel.
²²) J. Fr. Dieffenbach (1794—1847), der berühmte Operateur,
studirte 1820 mit Heine zusammen in Bonn.

Achtes Capitel. Anfangs 1816 ging Heine nach Hamburg,
um dort seine kaufmännische Laufbahn fortzusetzen. Zuerst war er im
Geschäft seines Oheims, dann übernahm er 1818 unter der Firma Harry
Heine u. Comp. ein Commissionsgeschäft in englischen Manufacturen,
das jedoch schon im Frühjahr 1819 liquidiren mußte. Christian Sethe
(1798—1856) war damals der vertrauteste Jugendfreund Heine's. —
S. 76 Z. 16. — S. 77 Z. 8 f. I. — S. 77 Z. 9—78 Z. 11 f. IV
271 ff. — S. 78 Z. 12. — S. 81 Z. 16 f. VIII 329 ff.

Neuntes Capitel. In die Zeit seines Hamburger Aufenthalts
fällt Heine's erste und unglückliche Liebe zu Amalie, der dritten Tochter
Salomon Heine's, der Dichter hat dieselbe später 1822 in seinem „Lyrischen
Intermezzo" treu geschildert. — S. 81 Z. 18. — S. 89 Z. 8 f. I —
S. 89 Z. 9—33 f. II 377 und die Varianten II 585.

Zehntes Capitel. Auf der Rückreise nach Düsseldorf im
Sommer 1819 sah Heine zum ersten Mal die See. — S. 90—92 Z. 6
f. IV 288—291. — S. 92 Z. 7—36 f. I.
²³) Vgl. Bd. IV S. 289 Anm.
²⁴) Vgl. Bd. III S. 85. ff.

Zweites Buch.

Erstes Capitel. Nachdem Heine sich in Düsseldorf mehrere
Monate vorbereitet, wurde er am 11. Dec. 1819 als Studiosus der Rechts=
und Cameralwissenschaften an der Universität zu Bonn immatriculirt, wo
er bis zum Ende des Sommersemesters 1820 blieb. Dann reiste er
während der Universitätsferien nach dem nahen Dörfchen Beul, um dort
ungestört seine Tragödie „Almansor" schreiben zu können. — S. 95
Z. 1—16 f. VII 381 ff. — S. 95 Z. 17—96. 4 f. III 90 ff. — S. 96
Z. 5—97. 3 f. V 212 ff. — S. 97 Z. 4—98. 10 f. I 84 ff. — S. 98
Z. 11—99. 23 f. VIII 335 ff. — S. 99 Z. 24—39 f. I 97. — S. 100
Z. 1—14 f. I. 86. — S. 100 Z. 15. — S. 103 Z. 14 f. I. — S. 103
Z. 15—29 f. I. — S. 103 Z. 30. — S. 104 Z. 6 f. I 91. — S. 104
Z. 7—19 f. I 76.
²⁵) F. Mackeldey (1784—1834), F. Th. Welcker (1790—1869), be=
rühmte Staatsrechtslehrer.
²⁶) Friedrich v. Beughem, ein Westfale, besuchte gleichfalls die
Bonner Universität. Er widmete sich später der juristischen Carrière.
²⁷) Friedrich Steinmann, Josef Neunzig und J. B. Rousseau waren
Commilitonen Heine's. Ebenso der Prinz Alexander von Wittgenstein.
Vgl. S. 104.

²⁸) Bezieht sich auf das berühmte Octoberfest am 18. October 1819.
²⁹) Vgl. Anm. 27.

Zweites Capitel. S. 104 Z. 21—30 s. IV 233. — S. 104 Z. 31. — S. 106 f. III 122—124. — S. 107—109. 29 s. III 142—145. — S. 109 Z. 30—38 aus den „Souvenirs" von C. Jaubert (Paris 1881). — S. 317. — S. 110. — S. 111 Z. 27 s. III 145—147. — S. 111 Z. 28. — S. 114 Z. 11 s. III 168 ff.

³⁰) Josef v. Görres war damals als Herausgeber des „Rheinischen Mercur" am Rhein sehr populair.

³¹) Aus der Ilias VI. 146.

Drittes Capitel. Nach einer Fußreise durch Westfalen kam Heine im Herbst 1820 nach Göttingen, wo er am 4. October sich an der Universität immatriculiren ließ; am 23. Januar 1821 erhielt er wegen eines Duells mit dem Studiosus Wiebel aus Eutin das consilium abeundi. Und Ende Februar verließ er Göttingen. — S. 114 Z. 14 bis 27 s. VIII 6. — S. 114 Z. 28. — S. 116 Z. 17 s. III 4—5. — S. 116 Z. 18—117 s. VIII 337. — S. 118 Z. 1—25 s. VIII 340 ff. — S. 118 Z. 26. — S. 119 Z. 28 s. VIII 342 ff. — S. 119 Z. 29. — S. 123 Z. 17 s. V 350 ff. — S. 123 Z. 18. — S. 125 Z. 3 s. VIII 343 ff.

³²) Anspielungen auf studentische Verhältnisse und Vergnügungslokale in Göttingen.

³³) C. F. H. Marx (1796—1877), Prof. in Göttingen, schreibt in seinem Buche: „Göttingen in medizinischer, physischer und historischer Hinsicht" (Göttingen 1824) S. 138: „Hübsch gebildete Füße will mancher Tadelsüchtige unseren Schönen absprechen; gewiß mit Unrecht."

³⁴) s. die Anm. zu Cap. 1.

³⁵) G. Fr. Benecke, bekannter Germanist; vgl. V 157 Anm.

³⁶) Der beigelegte Aufsatz war der über „Die Romantik", Bd. VIII S. 3 ff. Das Verlagsanerbieten wurde von Brockhaus abgelehnt.

³⁷) Ein Heinrich Kitzler war damals wirklich in Göttingen als stud. phil. immatriculirt.

³⁸) Vanderhoock u. Ruprecht war die Universitätsbuchhandlung in Göttingen.

³⁹) Die Gattin des bekannten Kirchenraths und Professors der Theologie G. J. Planck (1751—1833).

⁴⁰) Vgl. A. Strodtmann: „H. Heine's Leben" (Hamburg 1884) Bd. I S. 129 ff.

Viertes Capitel. Ende Februar 1821 kam Heine nach Berlin, wo er sich am 4. April immatriculiren ließ. In Berlin traf ihn die Nachricht, daß Amalie Heine am 15. August 1821 einem Gutsbesitzer, John Friebländer aus Königsberg, die Hand gereicht habe. Gegen Ende des Jahres erschienen in Berlin seine ersten „Gedichte". Unter seinen dortigen Freunden stand der polnische Graf Eugen v. Breza oben an, den H. in den Sommerferien 1822 auf dessen elterlichen Gute Dzyalin bei Gnesen besuchte. Von besonderer Bedeutung war für den Dichter in Berlin die Bekanntschaft mit K. A. Varnhagen v. Ense und dessen Gattin

Rahel, geb. Levin, mit deren Bruder Ludwig und dessen Gattin Friederike Robert, mit Elise v. Hohenhausen, mit den Genossen der Tafelrunde von Lutter u. Wegener: Chr. D. Grabbe, C. Köchy, Fr. v. Uechtritz, L. Gustorf u. A., mit Hegel, dessen Vorlesungen er hörte, und mit dem „jungen Palästina", dessen Hauptvertreter Eduard Gans, Moses Moser, Leopold Zunz, Josef Lehmann, Ludwig Marcus, David Friedländer u. A. dort seine besten Freunde waren. — S. 125 Z. 6. — S. 126 Z. 17 f. III 181 ff. — S. 126 Z. 18. — S. 128 Z. 32 f. I. 293 ff. — S. 128 Z. 33.—129. 12 f. 1. — S. 129 Z. 13—24 f. VIII 179 ff. — S. 129 Z. 25—130. 4 f. VIII 348. — S. 130 Z. 4—131. 2 f. VIII 348 ff. — S. 131 Z. 3—27 f. VIII 21. — S. 131 Z. 28—36 f. VIII 66. — S. 132 Z. 1—33 f. VI 35. — S. 132 Z. 34—133 5 f. VIII 358. — S. 133 Z. 6—12 f. VIII 369 ff. — S. 133 Z. 13—20 f. VIII 362. — S. 133 Z. 21—136. 11 f. VII 384—387. — S. 136 Z. 12—141 11 f. VIII 247 ff. — S. 141 Z. 12—142. 29 f. VII 463 ff. — S. 142 Z. 30—143. 19 f. VIII 243 ff. — S. 143 Z. 20—146. 2 f. VIII 351—356. — S. 146 Z. 3—147. 23 f. VIII 358—361. — S. 147 Z. 24—148. 6 f. VIII 367 ff.

[41]) Vgl. Strodtmann, l. c. 1 191.

[42]) S. die Anm. zum Capitel.

[43]) Vgl. den „Bemerker" Nr. 5 zum „Gesellschafter" vom 26. Februar 1823.

[44]) Heine meint die Biographie Grabbe's von E. Ziegler (Hamburg 1855).

[45]) Vgl. Grabbe's „gesammelte Werke" (Berlin 1876) Bd. I S. 5.

[46]) Heine hat diese Notizen in seinem „Atta Troll" verwerthet. S. Bd. II S. 168.

[47]) Der „Verein für Cultur und Wissenschaft des Judenthums" wurde am 7. November 1819 begründet und im Sommer 1824 aufgelöst. Heine gehörte demselben seit 4. August 1822 als ordentliches Mitglied an.

[48]) Immanuel Wohlwill (1799—1847), einer der Vorkämpfer der jüdischen Reform in Hamburg.

Fünftes Capitel. Die Tragödie „Almansor" wurde im Herbst 1821, „William Ratcliff" 1822 beendet. Die beiden Tragödien, mit dem „Lyrischen Intermezzo" vereint, erschienen 1823 bei F. Dümmler in Berlin. — S. 148 Z. 10—149. 16 f. VIII 362 ff. — S. 149 Z. 17—22 f. VIII 369. — S. 149 Z. 23—150. 11 f. VIII 476 ff. — S. 150 Z. 12—33 f. VIII 370 ff. — S. 151 Z. 1—25 f. VIII 394 ff. — S. 151 Z. 26—32 f. VIII 385. — S. 152 Z. 1—6 f. I. 114 ff. — Z. 7—15 f. II 3. — Z. 16—34 f. II 67. — Z. 35. — S. 153 f. II 65 ff.

[49]) Der „Zauberring", ein Ritterroman (Nürnberg 1813).

[50]) Ein Irrthum, da Köchy thatsächlich die Aufführung des „Almansor" in Braunschweig, die am 20. August 1823 stattfand, durchgesetzt hat.

[51]) S. dagegen die Anm. zum Capitel.

Sechstes Capitel. Im Mai 1823 reiste Heine nach Lüneburg, wohin sich seine Eltern im Frühjahr 1822 zurückgezogen hatten. — S. 154 Z. 1—156. 17 f. VIII 370—380 ff.

⁵²) Leopold Zunz und dessen Gattin Adelheid waren Heine's Freunde in Berlin.

Siebentes Capitel. Am 22. Juni wohnte Heine der Hochzeit seiner Schwester Charlotte mit dem Kaufmann Moritz Embden bei. Dann ging er nach Hamburg, um sich dort mit seinem Oheim Salomon Heine, der ihm die Mittel zum Studiren gegeben, zu verständigen. Diese Absicht wurde jedoch durch die plötzliche Abreise des Oheims vereitelt. Nur für eine Badereise nach Curhaven gab dieser dem Neffen 10 Louisdor. In Hamburg hatte Heine außer von der Familie auch von den „Tempel= juden" vielfache Angriffe zu bestehen, da er ihre Reformen kleinlich fand. Am 22. Juli ging er nach Curhaven, wo er 6 Wochen badete; dann ging er nach Hamburg zurück, um die Differenzen mit Salomon Heine zu begleichen, und Ende September war er wieder in Hamburg, wo er bis zum 19. Januar 1824 blieb. — S. 156 Z. 20—26 f. VIII 383 ff. — Z. 27. — S. 157 Z. 26 f. VIII 386 ff. — Z. 27. — S. 160 Z. 8 f. I 184. — Z. 9—16 f. VIII 390. — Z. 17. — S. 161 Z. 21 f. VIII 390 ff. — Z. 22—30 f. VIII 398. — Z. 31. — S. 162 Z. 34 f. VIII 399 ff. — Z. 34. — S. 163 Z. 24 f. VIII 406 ff.

⁵³) Chr. Fr. Rühs und J. F. Fries traten damals gegen die deutschen Juden in verschiedenen Schriften auf.

⁵⁴) S. die Anm. zum Capitel.

⁵⁵) Heine hatte sich mit Varnhagen, den er in Hamburg getroffen hatte, entzweit, da dieser ihn ungerechter Weise einer Unwahrheit be= schuldigt hatte.

Achtes Capitel. Am 30. Januar 1824 ließ sich Heine zum zweiten Mal in Göttingen immatriculiren. Schon nach zwei Monaten ging er wieder nach Berlin, wo er bis Anfangs Mai blieb. Im Sommer schrieb er an dem „Rabbi von Bacharach", im September machte er eine vierwöchentliche Fußreise durch den Harz und Thüringen, auf welcher er Goethe und Müllner besuchte, die er sofort nach der Rückkehr zu be= schreiben anfing. Ende November war die Arbeit vollendet. Im Frühjahr 1825 entschloß sich Heine, sein juristisches Examen zu machen. Am 20. Juli fand die Promotion statt. Vorher war Heine am 28. Juni in Heiligenstadt zur protestantischen Religion übergetreten. — S. 163 Z. 27—165. 5 f. VIII 408 ff. — Z. 6—32 f. VIII 415. — Z. 33. — S. 167 Z. 16 f. VIII 418 ff. — Z. 17—36 f. I 202. — S. 168 Z. 1—18 f. VIII 425 ff. — Z. 19—169, 14 f. V 199. — Z. 14—23 f. VIII 428. — Z. 24—170. 4 f. VIII 185. — Z. 5—22 f. VIII 428 f. — Z. 23—171. 21 f. III 201. — Z. 21—23 f. VIII 430. — Z. 24—38 f. I 85. — S. 172 Z. 1—35 f. VIII 427. — Z. 36—173. 7 f. VIII 450. — Z. 7—20 f. VIII 458. — Z. 21—32 f. I 196 ff. — Z. 33—174. 5 f. VIII 438. — Z. 6—19 aus der Litera petitoria an die juristische Facultät in Göttingen. — Z. 20—175. 2 f. VIII 444 ff. — Z. 3—19 f. VIII 179. — Z. 20—31 f. IX 494. — S. 176 f. VIII 442 ff.

⁵⁶) Cäcilie Tychsen, die Braut des Dichters Ernst Schulze.
⁵⁷) Anton Bauer, bedeutender Jurist in Göttingen.
⁵⁸) Franz Bopp, der berühmte Sanskritforscher, war auch mit Heine befreundet.
⁵⁹) Georg Sartorius, hervorragender Geschichtsforscher.
⁶⁰) Gustav Hugo, angesehener Rechtslehrer, damals Dekan der jur. Facultät in Göttingen.

Drittes Buch.

Erstes Capitel. Nach Abschluß der Universitätsstudien ging Heine zunächst nach Norberney in's Seebad, wo er viel mit aristokratischen Badegästen verkehrte. Im Anblick des Meeres dichtete er dort den ersten Theil seiner „Nordseebilder" — S. 179 Z. 3—14 f. VIII 446. — Z. 15. — S. 182 Z. 26 f. III 85—88. — Z. 27. — S. 183 Z. 9 f. VIII 448. — Z. 11. — S. 186 Z. 31 f. I 214—225.
⁶¹) Ferdinand Oesterley, ein Studienfreund Heine's, später Oberbürgermeister von Göttingen.
⁶²) Eine schöne Frau aus Celle, deren Namen nicht bekannt geworden, die Heine aber verehrte.

Zweites Capitel. Anfangs October 1825 ging Heine wieder nach Lüneburg, wo er bis Mitte November blieb. Dann reiste er nach Hamburg, um sich dort als Advokat niederzulassen. Dies unterblieb jedoch, da er für diesen Beruf keine Neigung empfand. Es ist nicht unwahrscheinlich, daß ihn dort eine neue Liebe fesselte, aber keineswegs, wie neuerdings behauptet worden, zu Therese Heine. In Hamburg wurde Heine durch seinen Freund, den Kaufmann Friedrich Merckel, mit dem Buchhändler Julius Campe bekannt, der fortan sein ausschließlicher Verleger wurde. Bei ihm erschien gegen Ende Mai 1826 der erste Band der „Reisebilder". — S. 186 Z. 35—188. 18 f. VIII 449 ff. — Z. 19—34 f. VII 382. — Z. 35. — S. 190 Z. 8 f. I 159, 155, 50 ff. — Z. 10—27 f. VIII 459. — Z. 29. — S. 196 Z. 13 f. VIII 462—477.
⁶³) Karl Simrock war in Bonn ein Studiengenosse Heine's.
⁶⁴) Moser hatte Heine Vorwürfe über seine Angriffe auf die Hamburger Tempelreform gemacht.
⁶⁵) Heine trug sich damals mit der Absicht, nach Berlin zu übersiedeln.

Drittes Capitel. Anfangs Juli 1826 ging Heine wieder in's Seebad Norberney, wo er bis Mitte September blieb. Damals entstand der zweite Theil der „Nordseebilder". — S. 196 Z. 17—197 f. VIII 477—480. — S. 198 Z. 2—199. 22 f. VIII 480—484. — Z. 24. — S. 202 Z. 25 f. I 231—242.
⁶⁶) S. S. 183.
⁶⁷) Fürst Koslowski, russischer Diplomat, ein Freund Varnhagen's v. Ense.

Viertes Capitel. Ende September 1826 kehrte Heine wieder nach Lüneburg zurück, wo er bis Mitte Januar 1827 blieb und den zweiten Theil der „Reisebilder" vollendete. Dann ging er nach Hamburg, wo er bis Mitte April blieb. — S. 202 Z. 29—203 22 f. VIII 485. — Z. 23. — S. 204 Z. 4 f. I 172. — Z. 6. — S. 207 Z. 15 f. VIII 478—498. — Z. 17—26 f. IX 5.

⁶⁸) Ein Hamburger Makler, Namens Josef Friebländer. Vgl. Bd. III. S. 72 Anm.

⁶⁹) Lady Morgan: „Italie" (London 1823.)

Fünftes Capitel. Am Tage des Erscheinens des zweiten Reisebilderbandes verließ Heine Hamburg und ging nach London, wo er bis 8. August 1827 blieb. Von hier aus ging er auf 14 Tage in das Seebad Ramsgate. — S. 208 Z. 2—16 f. IV 8. — Z. 17. — S. 209 Z. 24 f. IV 10 ff. — Z. 26. — S. 212 f. IX 5—13. — S. 213 Z. 2—21 f. I. 319. — Z. 22. — S. 216 Z. 17 f. IV 349—352. — Z. 18. — S. 217 Z. 29 f. VI 65—67. — Z. 30. — S. 218 Z. 36 f. IV 103—104. — Z. 37. — S. 220 Z. 13 f. VII 120.

⁷⁰) Campe hatte ihm im Sommer 1826 vierzig Louisdor als Vorschuß gegeben.

⁷¹) J. H. Detmold, ein Advokat aus Hannover, den Heine 1826 in Heidelberg kennen gelernt hatte.

⁷²) Georg Canning, berühmter liberaler Staatsmann in England.

⁷³) Frederic Lemaitre, hervorragender französischer Schauspieler.

Sechstes Capitel. Schon aus Lüneburg hatte Heine durch Merckel seine Gedichtsammlung Julius Campe anbieten lassen, doch erst nach langem Zögern entschloß sich dieser, gegen Zusicherung sämmtlicher künftigen Auflagen über das Darlehen von 40 Louisdor zu quittiren. Mitte October 1827 erschien das „Buch der Lieder". — S. 220 Z. 17. — S. 221 Z. 25 f. VIII 493—496. — Z. 27—37 f. IX 15 ff. — S. 222—224 f. I 3—9.

Siebentes Capitel. Von London ging Heine direct nach Norderney. Doch blieb er nur 14 Tage dort; dann zog er sich auf die Insel Wangeroge zurück. Ende September war er wieder in Hamburg, wo er bis Ende October verweilte. Dann folgte er einem Rufe des Baron Cotta nach München, um dort mit Dr. F. W. Lindner die Redaction der „Politischen Annalen" zu führen. Ueber Cassel, Frankfurt, Stuttgart reiste er dahin. In Hamburg sah er am 19. October seine alte Liebe. — S. 225 Z. 3—24 f. IX 13 ff. — Z. 25. — S. 226 Z. 13 aus den „Erinnerungen an Heine" von Fanny Lewald, l. c. — Z. 15. — S. 227 Z. 26 f. IX 15 ff. — Z. 27. — S. 232 Z. 12 f. VII 242 ff.

⁷⁴) Walter Scotts „Leben Napoleon's" (London 1827) ist gemeint.

⁷⁵) Siehe die Anm. zum Capitel.

⁷⁶) Moser hatte Heine mitgetheilt, daß in Berlin das Gerücht verbreitet sei, Goethe habe sich über seine Gedichte mißfällig ausgesprochen.

⁷⁷) Jeanette Wohl, die treue Freundin Börne's.

Achtes Capitel. Ende November kam Heine in München an, wo er bis Mitte Juli 1828 blieb. Unter seiner Leitung erschienen zwei Bände der „Neuen Politischen Annalen", für die er einen Theil seiner „Englischen Fragmente" schrieb. — S. 232 Z. 16. — S. 234 Z. 9

f. IX 20—24. — Z. 10. — S. 235 Z. 4 f. III 183 ff. — Z. 6—14
f. IX 26. — Z. 28. — S. 237 Z. 7 f. IX 28—39. — Z. 8. —
S. 238 Z. 17 f. III 189 ff.

[78]) Siehe das Bild vor meinem Buche: „H. Heine und seine Zeitgenossen" (Berlin 1887).

[79]) Es ist der Aufsatz: „Gespräch auf der Themse" Bd. IV S. 5 ff. gemeint.

[80]) Leo v. Klenze, berühmter Architekt.

[81]) Therese Heine hatte sich mit Dr. Adolf Halle, der später Hamburger Senator, verlobt.

[82]) Gustav Kolb, damals Mitarbeiter, später Chefredacteur der „Augsburger Allgemeinen Zeitung".

[83]) S. Bd. VIII S. 127 ff.

[84]) Cotta hatte es übernommen, Heine's Werke König Ludwig I. zu überreichen.

[85]) Mathilde Heine, die Tochter Meyer Heine's, starb am 6. April 1828.

Neuntes Capitel. Am 17. Juli 1828 trat Heine seine italienische Reise an, am 1. Sept. traf er in den Bädern von Lucca ein, wo er vier Wochen verweilte. Dann ging er nach Florenz, wo er das ihm von dem bayrischen Minister Eduard v. Schenk in Aussicht gestellte Decret als Professor vergeblich erwartete. Mitte December trat er die Rückreise an. In Venedig empfing ihn die Nachricht von der Erkrankung seines Vaters; als er in Hamburg ankam, war derselbe bereits begraben.
— S. 238 Z. 30—31 f. III 208. — S. 239 Z. 2. — S. 244 Z. 21 f. IX 40—49. — Z. 22. — S. 245 Z. 15 aus den „Erinnerungen" von Fanny Lewald und Rudolf Christiani.

[86]) Das Bild von Gottlieb Gassen ist seither wieder publicirt worden.

[87]) S. S. 237.

[88]) Feodor v. Tjutscheff, russ. Diplomat.

[89]) Die Cap. XXVI—XXXIV der Reise von „München nach Genua" erschienen zuerst im „Morgenblatt".

[90]) Samson Heine starb am 2. December 1828 in Hamburg, wohin er seit dem Sommer dess. Jahres gezogen war.

Zehntes Capitel. Nach kurzem Besuch bei seiner Familie in Hamburg ging Heine anfangs 1829 nach Berlin, wo er bis Mitte April verweilte. Dann siedelte er nach Potsdam über und blieb dort bis Ende Juli, an seiner italienischen Reisebeschreibung arbeitend. — S. 254 Z. 18. — S. 246 f. IX 51 ff. — S. 247—248 Z. 23 f. IV 327 ff.

Elftes Capitel. Anfangs August ging Heine nach Helgoland und Ende September nach Hamburg, wo er die Polemik gegen den Grafen Platen schrieb, der ihn in seinem „Romantischen Oedipus" herausgefordert hatte. Am Neujahr 1830 erschien der dritte Band der „Reisebilder". — S. 248 Z. 26—250 f. III 317 ff. — Z. 10—10 f. IX 56. — Z. 20—32 f. I. — S. 251 Z. 2. — S. 254 Z. 15 f. IX 59—69.

[91]) Dr. Ignatz Lautenbacher, ein Münchner Schriftsteller und Freund Heine's.

⁹²) Der Bankier Lazarus Gumpel in Hamburg, ein Nachbar und Concurrent Salomon Heine's.

Zwölftes Capitel. S. 254 Z. 17—260 f. IV 274—281.

Dreizehntes Capitel. Ende März 1830 zog Heine von Hamburg nach Wandsbeck, wo er bis Ende Juni lebte. Dann ging er nach Helgoland. Dort badete er bis Anfang September, dort erreichte ihn auch die Botschaft der Julirevolution. Nach Hamburg zurückgekehrt, ließ er die „Nachträge zu den Reisebildern" erscheinen und dichtete den „Neuen Frühling". Inzwischen hatte der Gedanke, nach Paris zu übersiedeln, bei ihm feste Wurzel gefaßt, da alle Versuche, in Deutschland eine Anstellung zu erlangen, mißglückt waren. Mitte April 1831 verließ er Hamburg und Deutschland. — S. 261 f. IX 75 ff. — S. 262—264 Z. 33 f. VII 265—284. — Z. 35. — S. 265 Z. 21 f. IX 92. — Z. 22. — S. 267 Z. 29 f. III 393—396. — Z. 31. — S. 270 Z. 9 f. IX 93—102. — Z. 11—38 f. I 331.

⁹⁶)*) Albert Methfessel, begabter Componist. Vgl. Bd. VIII S. 93 ff.

⁹⁷) Die Einleitung zu „Kahldorfs Briefen über den Adel". Vgl. Bd. VIII S. 155 ff.

Viertes Buch.

Erstes Capitel. Am 3. Mai kam Heine nach Paris, wo er seinen Wohnsitz bis zum Tode beibehielt. — S. 273—277 Z. 29 f. VII 447—454. — Z. 30. — S. 280 Z. 23 f. IV 359—363. — Z. 25. — S. 282 Z. 10 f. IX 103—105. — Z. 11—30 f. VI 143 ff. — S. 283 Z. 2—10 f. IX 105 ff. — Z. 11—23 f. VII 49. — Z. 24. — S. 284 Z. 17 f. VII 44 ff. — Z. 18. — S. 285 Z. 6 f. VII 292. — Z. 7. — S. 286 Z. 17 f. VI 53.

⁹⁸) Vgl. die Anm. 97.

⁹⁹) Am 8. September 1831 war Warschau in die Hände der Russen gefallen.

Zweites Capitel. Am 29. März 1832 hielt die Cholera ihren Einzug in Paris. — S. 286 Z. 21—287. 2 f. IX 110. — Z. 4. — S. 292 Z. 5 f. VI 88—99.

¹⁰⁰) Karl Heine, der einzige Sohn Salomon Heine's.

¹⁰¹) A. M. Aguado, ein vielgenannter Pariser Bankier.

Drittes Capitel. Vom November 1831 bis zum October 1832 schrieb Heine für die „Augsburger Allgemeine Zeitung" politische Berichte, die er 1833 mit einer sehr scharfen Vorrede unter dem Titel „Französische Zustände" herausgab. — S. 292 Z. 9—293. 11 f. IX 112 ff. — Z. 12—294. 8 f. IX 116 ff. — Z. 9—30 f. I 4. — Z. 32—295 Z. 16 f. IX 119. — Z. 17. -- S. 297 Z. 28 f. VI 3—9. — Z. 30. — S. 299 Z. 7 f. IX 118 ff.

¹⁰²) Wahrscheinlich die „Florentinischen Nächte".

---

*) Durch einen Druckfehler folgt im Text auf Anm. 92 alsbald 96. Um Irrungen zu vermeiden, haben wir deshalb diese Reihenfolge auch in den Noten festgehalten.

¹⁰³) Friederike Varnhagen v. Ense starb am 7. März 1833.
¹⁰⁴) „Rahel, ein Buch des Andenkens für ihre Freunde" (Berlin 1833).
¹⁰⁵) Heine ließ die Vorrede als besondere Brochüre erscheinen, da sie im Buche selbst von der Censur arg verstümmelt worden war.

Viertes Capitel. Heine interessirte sich 1832 lebhaft für die Speculationen der St. Simonisten, deren Haupt Prosper S. Enfantin damals war. — S. 299 Z. 11—31 f. IX 111. — S. 300 Z. 2—4 f. IX 120. — Z. 6—18 f. V 10. — Z. 19. — S. 302 Z. 7 f. VI 12 und 148.

¹⁰⁶) Auch der bekannte Nationalökonom Michel Chevalier gehörte damals zu den Häuptern der saintsimonistischen Secte.

Fünftes Capitel. Der erste Theil des „Salon" erschien 1834. — S. 302 Z. 11—307. 23 f. VIII 168 ff.

¹⁰⁷) Vgl. Amos VII 14.

Sechstes Capitel. Im Sommer 1834 erschien die franz. Uebersetzung der „Reisebilder", von denen schon vorher einige Abtheilungen in der „Revue des deux Mondes" veröffentlicht worden waren. — S. 307 Z. 27—308. 17 f. IX 123. — Z. 28—41 f. VIII 260. — Z. 29. — S. 311 Z. 26 f. III 17 ff.

¹⁰⁸) Vgl. Bd. VIII S. 260 ff.

Siebentes Capitel. Heine schrieb für die „Europe litteraire" im Frühjahr 1833 die Abhandlung, die er gleichzeitig deutsch unter dem Titel: „Zur Geschichte der neuern schönen Literatur in Deutschland" herausgab. Ein Jahr darauf schrieb er für die „Revue des deux Mondes" die Abhandlung, die er Anfangs 1835 unter dem Titel: „Zur Geschichte der Religion und Philosophie in Deutschland" als zweiten Band des „Salon" deutsch erscheinen ließ. — S. 311 Z. 29—314 35 f. VII 454—457. — Z. 36. — S. 315 Z. 31 f. VIII 241 ff. — Z. 32. — S. 317 Z. 21 f. V 13 ff. — Z. 24—31 f. V 8. — Z. 33. — S. 319 Z. 9 f. V 4 ff.

¹⁰⁹) Vgl. Bd. V S. 141 ff.

Achtes Capitel. S. 319 Z. 12—322. 24 f. I 310—321.

Neuntes Capitel. Im Winter von 1834 auf 35 machte Heine die Bekanntschaft einer Französin, Mathilde Crescentia Mirat, mit der er fortan zusammenlebte. — S. 322 Z. 28—323. 8 f. IX 125. — Z. 10—37 f. IX 128. — S. 324 Z. 2—35 f. IX 131. — Z. 36. — S. 325 Z. 18 f. IX 132 ff. — Z. 20. — S. 327 Z. 18 f. IX 134 ff

¹¹⁰) Die Fürstin Christiane Belgiojoso.
¹¹¹) Heinrich Laube wurde damals in Berlin verhaftet.

Zehntes Capitel. Die Verfolgungen gegen das „Junge Deutschland", als dessen Haupt Heine angesehen wurde, begannen mit den denunziatorischen Artikeln Wolfg. Menzel's im „Literaturblatt" 1835; darauf folgte der bekannte Bundestagsbeschluß, der alle Schriften der Mitglieder dieser Schule in Deutschland verboten hat. Im dritten Band des „Salon" 1837 gab H. in seinem „Denunzianten" die Antwort auf die Angriffe Menzel's. — S. 327 Z. 22—334. 4 f. IX 135—149. — Z. 5. — S. 343 f. VIII 182 ff.

¹¹²) Prosper St. Enfantin in seinem Sendschreiben an Heine.

¹¹³) Vgl. Bd. VI S. VIII ff.

¹¹⁴) Die „Deutsche Revue" wollten K. Gutzkow und L. Wienbarg herausgeben.

¹¹⁵) Das Wappen der Stadt Hamburg.

¹¹⁶) Vgl. Gutzkow's „Gesammelte Werke" (Jena 1873) Bd. I S. 243 ff.

¹¹⁷) Varnhagen v. Ense.

Elftes Capitel. Im Sommer 1836 wurde Heine auf der Reise nach Boulogne von der Gelbsucht befallen; in Marseille litt er Schiffbruch und unterließ deshalb die beabsichtigte Reise nach Neapel. Gegen Weihnachten traf er wieder in Paris ein. Im folgenden Frühjahr unternahm er mit Mathilde eine Reise in die Bretagne. Financielle Verlegenheiten zwangen ihn damals, das Recht auf seine „Gesammelten Werke" an J. Campe für 20000 Frcs. zu verkaufen. — S. 344 Z. 4—364. 25 f. IX 149—193.

¹¹⁸) S. die Anm. zum Capitel. Scheible in Stuttgart hatte ein gleiches Angebot gemacht.

¹¹⁹) Vgl. Bd. VII S. 80 ff.

Zwölftes Capitel. Im Mai 1837 schrieb Heine für August Lewald's „Theaterrevue" seine Briefe über die französische Bühne. — S. 364 Z. 29—380. 28 f. VII 80—154.

¹²⁰) Caplan Asthöver war ein Lehrer Heine's im Düsseldorfer Lyceum.

Dreizehntes Capitel. Um die Verluste, die er durch das Verbot seiner Schriften erlitten, einzubringen, wollte Heine 1838 eine Deutsche Zeitung in Paris, dann eine Monatsschrift, endlich einen Almanach herausgeben. — S. 380 Z. 32—381. 23 f. IX 186. — Z. 25—39 f. IX 189. — S. 382 Z. 2—387. 20 f. IX 194—207.

¹²¹) Baron Werthern, der damalige preußische Gesandte in Paris.

Vierzehntes Capitel. In die Jahre 1838—40 fallen Heine's Angriffe auf die schwäbische Dichterschule, seine Entzweiung mit Gutzkow, sein Buch über und gegen Börne. — S. 387 Z. 24—388. 20 f. IX 195. Z. 22—38 f. IX 208. — S. 389 Z. 2—390. 19 f. IX 212 ff. — Z. 21—391. 16 f. IX 215 ff. — Z. 17—393. 18 f. IX 229—234. — Z. 20—400 3 f. IX 237—250.

¹²²) Gutzkow hatte ihm vorher über seine „Neuen Gedichte" geschrieben und verschiedene Bedenken dagegen ausgesprochen.

¹²³) Der „Schwabenspiegel" erschien zuerst im „Jahrbuch der Literatur" auf 1839.

¹²⁴) Der betr. Aufsatz ist nicht erschienen und wahrscheinlich verloren gegangen.

¹²⁵) Laube und seine Gattin verlebten den Winter in Paris.

¹²⁶) Die Nachricht von dem Tode der Mutter Hiller's, die Heine sehr gut kannte.

¹²⁷) Der Tod der Schwester Varnhagen's, Rosa Maria Assing.

Fünfzehntes Capitel. S. 400 Z. 5—426. 18 f. VII 297—372.

¹²⁸) Der „Nasenstern", der auch im „Rabbi von Bacharach" vorkommt.

¹²⁹) Madame Wohl. Die Angriffe auf dieselbe hat Heine später zurückgenommen.

¹³⁰) W. Hazlitt, berühmter Literarhistoriker, P. Courrier, politischer Schriftsteller.

¹³¹) Carl Beck.

¹³²) Vgl. Börne's „Ges. Werke" (Wien 1868) V 51 ff.

Sechszehntes Capitel. S. 426 Z. 22—427. 2 f. VI 284. — Z. 4—428 4 f. IX 251. — Z. 6—19 f. VI 308. — Z. 20—430 f. VI 328—330 ff. — S. 431 Z. 3—22 f. II 353. — Z. 24—432. 8 f. IX 254.

¹³³) Der „Telegraph" erschien in Campe's Verlag.

¹³⁴) Der Baronin Betty von Rothschild als Widmung zum „Atta Troll" geschrieben.

Siebzehntes Capitel. Am 14. Januar 1841 wurde Heine von S. Strauß, dem Gatten der Madame Wohl, auf offener Straße beleidigt. In Folge dessen kam es am 17. Sept. zum Duell, bei dem Heine leicht verwundet wurde. Vor dem Duell hatte er die Zukunft seiner Frau sicher gestellt, mit der er sich am 31. August 1841 kirchlich trauen ließ. — S. 432 Z. 12—437. 12 f. IX 255—262. — Z. 13—20 aus den „Souvenirs" von C. Jaubert. — Z. 22—438. 32 f. IX 262 bis 264. — Z. 33—439. 7 aus den „Erinnerungen" von Alfr. Meißner.

Achtzehntes Capitel. Der „Atta Troll" erschien in der „Zeitung für die elegante Welt" 1843 und als Buch erst 1847. — S. 439 Z. 11—13 f. IX 265. — Z. 15—440. 17 f. IX 268 ff. — Z. 18—441. 33 f. VI 362 ff. — Z. 34—442. 18 f. I 337 ff. — Z. 21—444. 8 f. IX 269 ff — Z. 9—445. 20 f. II 115 ff. — Z. 21—446 f. II 180 bis 182. — S. 447—449 f. II 105—108.

¹³⁵) Gustav Pfizer hatte Heine in der „Deutschen Vierteljahresschrift" heftig angegriffen.

¹³⁶) Der Hamburger Brand.

Neunzehntes Capitel. Ende October 1843 reiste Heine nach Hamburg, um seine Mutter wiederzusehen. Am 7. December trat er die Rückreise an. Ende Juli des folgenden Jahres wiederholte er mit seiner Gattin den Besuch in Hamburg, um mit Campe einen Contract über die Gesammtausgabe seiner Schriften abzuschließen. Die Eindrücke der Reise beschrieb er in seinem Gedicht: „Deutschland, ein Wintermärchen", das 1844 erschien. — S. 450 Z. 4—13 f. VI 375 ff. — Z. 15—451. 35 f. IX 272 ff. — Z. 37—452. 9 f. IX 274 ff. — Z. 10—38 f. I 379. — S. 453 f. I 380. — S. 454—455 f. II 189—191. — S. 456—462. 16 f. II 231 ff. — Z. 18—465. 7 f. II 185 ff. — Z. 9—474. 23 f. IX 275—305.

¹³⁷) Marie Embden, die Nichte Heine's.

¹³⁸) Eine reiche Verwandte des Dichters.

¹³⁹) Ein Hamburger Theaterkritiker.

¹⁴⁰) Ein bekannter Arzt, Fr. Wille, Redacteur der „Börsenhalle", Dr. Fuchs, ein Gymnasiallehrer.
¹⁴¹) So nannte Salomon Heine oft den Dichter.
¹⁴²) Mathilde befand sich während Heine's Abwesenheit mit ihrer Freundin Aurecia in der Pension der Madame Darte in Paris.

Zwanzigstes Capitel. Am 23. December 1844 starb.Salomon Heine, und dessen Sohn und Erbe Karl Heine verweigerte alsbald die Fortzahlung der im Testament nicht erwähnten Jahrespension des Dichters von 4800 Frcs. Eine Verständigung fand erst 1847 statt. — S. 474 3. 28—475 23 s. IX 307. — 3. 25—497 s. IX 308—354 ff.

¹⁴³) Vgl. Bd. VIII S. 238 ff.
¹⁴⁴) Ein Schwiegersohn Salomon Heine's.
¹⁴⁵) Eine Pariser Zeitschrift, deren Mitrebacteur Carl Marx war.
¹⁴⁶) H. Börnstein hat diese Mittheilung auch in seinen Lebenserinnerungen wiederholt.
¹⁴⁷) Die Bemühungen Humboldt's scheiterten an den Widerstand der Behörden.
¹⁴⁸) Ferdinand v. Friedland, mit dem sich Heine später entzweite.
¹⁴⁹) Die „Leipziger Allg. Ztg." hatte zuerst die Todesnachricht gebracht.
¹⁵⁰) Betty Heine wollte ihr kleines Vermögen testamentarisch unter ihre Kinder vertheilen.

Fünftes Buch.

Erstes Capitel. Der Streit mit den Verwandten, die Sorge und Aufregung führten bei Heine eine schlagartige Lähmung herbei, die sich zunächst auf die Augen warf, später jedoch die Brust ergriff und immer weitere Fortschritte machte. — S. 501—502. 2 s. IX 354 ff. 3. 3—503. 18 s. I 11 ff. — 3. 19—30 s. IX 356. — 3. 31—504. 16 s. IX. 358. — 3. 18—518. 12 s. VI 396 ff. — 3. 14—19 s. IX 359. — 3. 21—520. 22 s. IX 366 ff. — 3. 23—521 3. 33 s. IX 372. — 3. 35—522 20 s. IX 379 ff.

¹⁵¹) Manuel de Godoi, Herzog von Alcubia.
¹⁵²) Fr. W. Thiersch, der bekannte Sprachforscher.
¹⁵³) Prinz Ferdinand v. Orleans und A. Thiers.

Zweites Capitel. Der „Romanzero" erschien 1851. — S. 522 3. 23—525. 32 s. II 257 ff. — 3. 33—526 s. III 119 ff. — S. 527 3. 2—37 s. II 363. — 3. 38—528. 12 s. II 372. — 3. 14—37 s. II 374. — 3. 38—529. 20 s. II 379.

Drittes Capitel. Das oben veröffentlichte ist von allen Testamenten Heine's das einzig rechtsgültige. — S. 529 3. 24—33 s. IX 384. — S. 530 3. 2—8 s. IX 398. — 3. 10—33 s. IX 403. — Das Testament ist zuerst von mir auszugsweise in der „Breslauer Zeitung" 1869 veröffentlicht worden. — S. 536 3. 4—11 s. IX 416. — 3. 13—18 s. IX 421.

¹⁵⁴) Ein bekannter rheinischer Journalist, Verfasser des „Schnapphanski".

Viertes Capitel. Die „Vermischten Schriften" erschienen 1854 in drei Bänden. — S. 536 3. 20—538. 6 s. IX 424 ff. — 3. 8—27 s.

IX 473. — Z. 29—539. 8 f. IX 444. — Z. 10—17 f. IX 485. — Z. 19—25 f. IX 485. — Z. 27—540. 5 f. IX 479. — Z. 7—541. 6 f. IX 455. — Z. 8— 542. 13 f. IX 482. — Z. 14—553 f. VII 470—492 ff.

   Fünftes Capitel. S. 554 Z. 4—559 f. VI 201—208. — S. 560 Z. 1—23 f. III 224 ff.

   Sechstes Capitel. S. 560 Z. 29—566. 4 f. II 544—567 ff. — Z. 5—28 f. II 567.

  ¹⁵⁵) Erinnerung an das Landhaus Salomon Heine's bei Hamburg.

   Siebentes Capitel. Nach fast achtjährigem Krankenlager starb Heine am 16. Februar 1856. — S. 566 Z. 31—567. 6 f. IX 484 ff. — Z. 17—569. 16 f. im Nachlaß S. 267 ff. — Z. 17—570. 15 f. IX 496. — Z. 16—571 f. IX 507—512 ff.

  ¹⁵⁶) Ueber Heine's letzte Tage schrieb seine Wärterin, Catherine Bourlois, an Gustav Heine Folgendes: „Herr Heine mußte ganze Nächte im Bette sitzend zubringen, ich konnte ihn keinen Augenblick verlassen, zumal ich ihm den vorgeschriebenen Heiltrank nur Tropfen für Tropfen einzuflößen vermochte. Mittwoch, den 13. Februar arbeitete mein armer Herr volle sechs Stunden, was er bereits eine ganze Woche aus Schwäche unterlassen hatte. Ich bat ihn flehentlich, sich Ruhe zu gönnen. Er wies mich mit den Worten ab: „Ich habe nur mehr vier Tage Arbeit, dann ist mein Werk vollendet." Nie hatte er mit mir über literarische Dinge gesprochen. Am Donnerstag quälten ihn heftige Kopfschmerzen. Wir hielten es für seine gewöhnliche Migräne. Herr Heine machte sich Vorwürfe, daß er nicht an seine Mutter geschrieben: „Ich werde der theuren Mutter nicht mehr schreiben können," lautete seine Klage. Freitag, den 15. Februar beschlich mich ein banges Vorgefühl und um neun Uhr Morgens sendete ich nach dem Arzte. Herr Doctor Gruby war nicht zu Hause und Nachmittags wurde ein alter Arzt gerufen, der in der Nachbarschaft wohnte. Dieser befahl, dem Kranken jede halbe Stunde eine halbe Tasse Thee von Orangenblüthen und Wasser mit Vichy zu reichen, auch jedesmal einen Tropfen Laudanum beizufügen. Er bat mich, ich solle, um Doctor Gruby nicht zu beleidigen, geradezu sagen, ich hätte den Thee nach eigenem Gutdünken verabreicht. Gegen Abend kam Doctor Gruby ließ den Thee bei Seite stellen und verordnete andere Medicamente, sowie Eisumschläge auf den Magen. Ich erkannte nunmehr, daß alle Hoffnung verschwunden sei. Erleichterung stellte sich freilich, doch nur vorübergehend ein. Zu wiederholten Malen äußerte Herr Heine: „Ich fühle mich glücklich, daß ich meine gute Schwester noch einmal gesehen habe, denn ach, Catherine, ich bin ein todter Mann!" Am Sonnabend verschlimmerte sich sein Uebel noch mehr, Nachmittags zwischen vier und fünf Uhr flüsterte er dreimal das Wort: „Schreiben". Ich verstand ihn nicht mehr, antwortete aber: „Ja". Dann rief er: „Papier — Bleistift . . ." Dies waren seine letzten Worte. Die Schwäche nahm zu und der Bleistift entfiel seiner Hand . . . Ich richtete ihn auf. Krämpfe stellten sich ein. Qualvolle Pein malte sich in seinen Zügen und der Todeskampf ging zu Ende. Herr Heine behielt bis zum letzten Augenblicke sein volles Bewußtsein."

Druck von C. H. Schulze & Co. in Gräfenhainichen.

www.ingramcontent.com/pod-product-compliance
Lightning Source LLC
Chambersburg PA
CBHW031933290426
44108CB00011B/538